中文社会科学引文索引（CSSCI）来源集刊
中国人文社会科学综合评价（AMI）核心集刊

FOLK LAW

第35卷

主　编·谢　晖　陈金钊　彭中礼
执行主编·张洪新

中南大学法学院 主办

中国出版集团有限公司
研究出版社

图书在版编目(CIP)数据

民间法.第35卷/谢晖,陈金钊,彭中礼主编.
北京:研究出版社, 2024.11. -- ISBN 978-7-5199
-1752-4
Ⅰ.D920.4-53
中国国家版本馆CIP数据核字第2024J0S543号

出 品 人：陈建军
出版统筹：丁　波
责任编辑：张立明

民间法（第35卷）

MINGJIANFA（DI 35 JUAN）

谢　晖　陈金钊　彭中礼　主编

研究出版社 出版发行

（100006　北京市东城区灯市口大街100号华腾商务楼）
北京建宏印刷有限公司印刷　新华书店经销
2024年11月第1版　2024年11月第1次印刷
开本：787mm×1092mm　1/16　印张：26
字数：543千字
ISBN 978-7-5199-1752-4　　定价：92.00元
电话（010）64217619　64217652（发行部）

版权所有•侵权必究
凡购买本社图书，如有印装质量问题，我社负责调换。

民间法

（第35卷）

主　编

谢　晖　陈金钊　彭中礼

执行主编

张洪新

集刊编辑部成员

尤　婷	王林敏	周俊光	陶文泰
王　琦	郑志泽	田炀秋	张雪寒
曹瀚哲	彭　娟	符湘琳	左泽东
刘潇耀	申汪洋	罗翟耀	范学超
邓　玮	侯人峰	谢思思	黄洲舣

总　序

在我国，从梁治平较早提出"民间法"这一概念起算，相关研究已有 25 年左右的历程了。这一概念甫一提出，迅即开启了我国民间法研究之序幕，并在其后日渐扎实地推开了相关研究。其中《民间法》《法人类学研究》等集刊的创办，一些刊物上"民间法栏目"的开办，"民间法文丛"及其他相关论著的出版，一年一度的"全国民间法/民族习惯法学术研讨会"、中国人类学会法律人类学专业委员会年会、中国社会学会法律社会学专业委员会年会、中国法学会民族法学专业委员会年会等的定期召开，以及国内不少省份民族法学研究会的成立及其年会的定期或不定期召开，可谓是相关研究蓬勃繁荣的明显标志和集中展示。毫无疑问，经过多年的积累和发展，我国民间法研究的学术成果，已经有了可观的量的积累。但越是这个时候，越容易出现学术研究"卡脖子"的现象。事实正是如此。一方面，"民间法"研究在量的积累上突飞猛进，但另一方面，真正有分量的相关学术研究成果却凤毛麟角。因此，借起草"《民间法》半年刊总序"之机，我愿意将自己对我国当下和未来民间法研究的几个"看点"（这些思考，我首次通过演讲发表在 2020 年 11 月 7 日于镇江召开的"第 16 届全国民间法/民族习惯法学术研讨会"上）抛出来，作为引玉之砖，供同仁们参考。

第一，民间法研究的往后看。这是指我国的民间法研究，必须关注其历史文化积淀和传承，即关注作为历史文化积淀和传承的民间法。作为文化概念的民间法，其很多分支是人们社会生活长期积累的结果，特别是人们习常调查、研究和论述的习惯法——无论民族习惯法、地方习惯法、宗族习惯法，还是社团习惯法、行业习惯法、宗教习惯法，都是一个民族、一个地方、一个宗族，或者一个社团、一种行业、一种宗教在其历史长河中不断积累的结果。凡交往相处，便有规范。即便某人因不堪交往之烦而拒绝与人交往，也需要在规范上一视同仁地规定拒绝交往的权利和保障他人拒绝交往的公共义务。当一种规范能够按照一视同仁的公正或"正义"要求，客观上给人们分配权利和义务，且当这种权利义务遭受侵害时据之予以救济时，便是习惯法。所以，民间法研究者理应有此种历史感、文化感或传统感。应当有"为往圣继绝学"的志向和气概，在历史中观察当下，预见未来。把史上积淀的民间法内容及其作用的方式、场域、功能，其对当下安排公共交往、组织公共秩序的意义等予以分门别类，疏证清理，发扬光大，是民间法研究者责无旁贷的。在这方面，我国从事民族习惯法，特别是从史学视角从事相关研究的学者，已经做了许多值得赞许的工作，但未尽之业仍任重道远。其他相关习惯法的挖掘整理，虽有零星成果，但系统地整理研究，很不尽人意。因之，往后看的使命绝没有完成，更不是过时，而是必须接续既往、奋力挖掘的民间法学术领域。

第二，民间法研究的往下看。这是指我国的民间法研究，更应关注当下性，即关注当代社会交往中新出现的民间法。民间法不仅属于传统，除了作为习惯（法）的那部分民间法之外，大多数民间法，是在人们当下的交往生活中产生并运行的。即便是习惯与习惯法的当下传承和运用，也表明这些经由历史积淀所形成的规则具有的当下性或当下意义。至于因为社会的革故鼎新而产生的社区公约、新乡规民约、企业内部规则、网络平台规则等，则无论其社会基础，还是其表现形式和规范内容，都可谓是新生的民间法。它们不但伴随鲜活的新型社会关系而产生，而且不断助力于新社会关系的生成、巩固和发展。在不少时候，这些规范还先于国家法律的存在，在国家法供给不及时，以社会规范的形式安排、规范人们的交往秩序。即便有了相关领域的国家法律，但它也不能包办、从而也无法拒绝相关新型社会规范对人们交往行为的调控。这在各类网络平台体现得分外明显。例如，尽管可以运用国家法对网络营运、交易、论辩中出现的种种纠纷进行处理，但在网络交往的日常纠纷中，人们更愿意诉诸网络平台，运用平台内部的规则予以处理。这表明，民间法这一概念，不是传统规范的代名词，也不是习惯规范的代名词，而是包括了传统规范和习惯规范在内的非正式规范的总称。就其现实作用而言，或许当下性的民间法对于人们交往行为的意义更为重要。因此，在当下性视角中调查、整理、研究新生的民间规范，是民间法研究者们更应努力的学术领域。

第三，民间法研究的往前看。这是指我国的民间法研究，不仅应关注过去、关注当下，而且对未来的社会发展及其规范构造要有所预期，发现能引领未来人们交往行为的民间法。作为"在野的"、相对而言自生自发的秩序安排和交往体系，民间法不具有国家法那种强规范的可预期性和集约性，反之，它是一种弱规范，同时也具有相当程度的弥散性。故和国家法对社会关系调整的"时滞性"相较，民间法更具有对社会关系"春江水暖鸭先知"的即时性特征。它更易圆融、自然地适应社会关系的变迁和发展，克服国家法在社会关系调整中过于机械、刚硬甚至阻滞的特点。惟其如此，民间法与国家法相较，也具有明显地对未来社会关系及其规范秩序的预知性。越是面对一个迅速变革的社会，民间法的如上特征越容易得到发挥。而我们所处的当下，正是一个因科学的飞速发展，互联网技术的广泛运用和人工智能的不断开发而日新月异的时代。人类在未来究竟如何处理人的自然智慧和人工智能间的关系？在当下人工智慧不断替代人类体力、脑力，人们或主动亲近人工智慧，或被迫接受人工智慧的情形下，既有民间法是如何应对的？在人类生殖意愿、生殖能力明显下降的情形下，民间法又是如何因应的……参照民间法对这些人类发展可以预知的事实进行调整的蛛丝马迹，如何在国家法上安排和应对这些已然呈现且必将成为社会发展事实的情形？民间法研究者对之不但不能熟视无睹，更要求通过其深谋远虑的研究，真正对社会发展有所担当。

第四，民间法研究的往实看。这是指我国的民间法研究，应坚持不懈地做相关实证研究，以实证方法将其做实、做透。作为实证的民间法研究，在方法上理应隶属于社会学和人类学范畴，因此，社会实证方法是民间法研究必须关注并运用的重要工具。无论社会访谈、调查问卷，还是蹲点观察、生活体验，都是研究民间法所不得不遵循的方法，否则，民间法研究就只能隔靴搔痒，不得要领。在这方面，近20年来，我国研究民间法，特别是研究民族习惯法的一些学者，已经身体力行地做了不少工作。但相较社会学、人类学界的研究，民间法研究的相关成果还远远没有达到那种踏足田野、深入生活的境地。绝大多数实证研究，名为实证，但其实证的材料，大多数是二手甚至三手的。直接以调研获得的一手材料为基础展开研究，虽非没有，但寥若晨星。这势必导致民间法的实证研究大打折扣。这种情形，既与法学学者不擅长社会实证的学术训练相关，也与学者们既没有精力，也缺乏经费深入田野调研相关，更与目前的科研评价体制相关——毕竟扎实的社会学或人类学意义上的实证，不要说十天数十天，即便调研一年半载，也未必能够成就一篇扎实的、有说服力的论文。因此，民间法研究的往实看，绝不仅仅是掌握社会学或人类学的分析方法，更需要在真正掌握一手实证材料的基础上，既运用相关分析工具进行分析，又在此分析基础上充实和完善民间法往实看的方法，甚至探索出不同于一般社会学和人类学研究方法的民间法实证研究之独有方法。

第五，民间法研究的往深看。这是指我国的民间法研究，要锲而不舍地提升其学理水平。这些年来，人们普遍感受到我国的民间法研究，无论从对象拓展、内容提升、方法运用还是成果表达等各方面，都取得了显著的成就，但与此同时，人们又存有另一种普遍印象：该研究在理论提升上尚不尽如人意，似乎这一领域，更"容易搞"，即使人们没有太多的专业训练，也可以涉足，不像法哲学、法律方法、人权研究这些领域，不经过专业训练，就几乎无从下手。这或许正是导致民间法研究的成果虽多，但学理深度不足的主要原因。这尤其需要民间法研究在理论上的创新和提升。我以为，这一提升的基点，应锚定民间法学术的跨学科特征，一方面，应普及并提升该研究的基本理念和方法——社会学和人类学的理念与方法，在研究者能够娴熟运用的同时，结合民间法研究的对象特征，予以拓展、提升、发展。另一方面，应引入并运用规范分析（或法教义学）方法和价值分析方法，以规范分析的严谨和价值分析的深刻，对民间法的内部结构和外部边界予以深入剖析，以强化民间法规范功能之内部证成和外部证成。再一方面，在前述两种理论提升的基础上，促进民间法研究成果与研究方法的多样和多元。与此同时，积极探索民间法独特的研究方法、对象、内容、范畴等，以资构建民间法研究的学术和学科体系——这一体系虽然与法社会学、法人类学、规范法学有交叉，但绝非这些学科的简单剪裁和相加。只有这样，民间法研究往深看的任务才能有所着落。

第六，民间法研究的比较（往外）看。这是指我国的民间法研究，不仅要关注作为非制度事实的本土民间法及其运行，而且要眼睛向外，关注域外作为非正式制度事实的民间法及其运行，运用比较手法，推进并提升我国的民间法研究。民间法的研究，是法律和法学发展史上的一种事实。在各国文明朝着法治这一路向发展的过程中，都必然会遭遇国家法如何对待民间法的问题，因为国家法作为人们理性的表达，其立基的直接事实基础，就是已成制度事实的非正式规范。随着不同国家越来越开放性地融入世界体系，任何一个国家的法治建设，都不得不参照、尊重其他国家的不同规范和国际社会的共同规范。因此，民间法研究的向外看、比较看，既是国家政治、经济、文化关系国际化，人民交往全球化，进而各国的制度作用力相互化（性）的必然，也是透过比较研究，提升民间法学术水平和学术参与社会之能力的必要。在内容上，比较研究既有作为非正式制度事实的民间法之比较研究，也有民间法研究思想、方法之比较研究。随着我国学者走出国门直接观察、学习、调研的机会增加和能力提升，也随着国外学术思想和学术研究方法越来越多地引入国内，从事比较研究的条件愈加成熟。把国外相关研究的学术成果高质量地、系统地迻译过来，以资国内研究者参考，积极参与国际上相关学术活动，组织学者赴国外做专门研究，成立比较研究的学术机构，专门刊发民间法比较研究的学术专栏等，是民间法研究比较看、向外看在近期尤应力促的几个方面。

当然，民间法研究的关注路向肯定不止如上六个方面，但在我心目中，这六个方面是亟须相关研究者、研究机构和研究团体尽快着手去做的；也是需要该研究领域的学者们、研究机构和研究团体精诚团结、长久攻关的事业。因此，在这个序言中，我将其罗列出来，并稍加展开，冀对以后我国的民间法研究及《民间法》半年刊之办刊、组稿能有所助益。

创刊于2002年的《民间法》集刊，从第1卷到第13卷一直以"年刊"的方式出版。为了适应作者及时刊发、读者及时阅读以及刊物评价体系之要求，自2014年起，该集刊改为半年刊。改刊后，由于原先的合作出版社——厦门大学出版社稿件拥挤，尽管责任编辑甘世恒君千方百计地提前刊物的面世时间，但结果仍不太理想。刊物每每不能按时定期出版，既影响刊物即时性的传播效果，也影响作者和读者的权利。《民间法》主编与编辑收到了不少作者和读者对此的吐槽。为此，经与原出版社厦门大学出版社及甘世恒编辑的商量，从2020年第25卷起，《民间法》将授权由在北京的研究出版社出版。借此机会，我要表达之前对《民间法》的出版给予鼎力支持的山东人民出版社及李怀德编审，济南出版社及魏治勋教授，厦门大学出版社及甘世恒编审的诚挚感谢之情；我也要表达对《民间法》未来出版计划做出周备规划、仔细安排的研究出版社及张立明主任的真诚感谢之意。期待《民间法》半年刊作为刊载民间法学术研究成果的专刊，在推进我国民间法研究上，责无旁贷地肩负起其应有的责任，也期待民间法研究者对《民间法》半年刊一如既往地予以宝贵的帮助和支持！

是为序。

陇右天水学士 谢 晖
2020年冬至序于长沙梅溪湖寓所

原　　序

　　自文明时代以来，人类秩序，既因国家正式法而成，亦藉民间非正式法而就。然法律学术所关注者每每为国家正式法。此种传统，在近代大学法学教育产生以还即为定制。被谓之人类近代高等教育始创专业之法律学，实乃国家法的法理。究其因，盖在该专业训练之宗旨，在培养所谓贯彻国家法意之工匠——法律家。

　　诚然，国家法之于人类秩序构造，居功甚伟，即使社会与国家分化日炽之如今，前者需求及依赖于后者，并未根本改观；国家法及国家主义之法理，仍旧回荡并主导法苑。奉宗分析实证之法学流派，固守国家命令之田地，立志于法学之纯粹，其坚定之志，实令人钦佩；其对法治之为形式理性之护卫，也有目共睹，无须多言。

　　在吾国，如是汲汲于国家（阶级）旨意之法理，久为法科学子所知悉。但不无遗憾者在于：过度执著于国家法，过分守持于阶级意志，终究令法律与秩序关联之理念日渐远离人心，反使该论庶几沦为解构法治秩序之刀具，排斥法律调节之由头。法治理想并未因之焕然光大，反而因之黯然神伤。此不能不令人忧思者！

　　所以然者何？吾人以为有如下两端：

　　一曰吾国之法理，专注于规范实证法学所谓法律本质之旨趣，而放弃其缜密严谨之逻辑与方法，其结果舍本逐末，最终所授予人者，不过御用工具耳（非马克斯·韦伯"工具理性"视角之工具）。以此"推进"法治，其效果若何，不说也知。

　　二曰人类秩序之达成，非惟国家法一端之功劳。国家仅藉以强制力量维持其秩序，其过分行使，必致生民往还，惶惶如也。而自生于民间之规则，更妥帖地维系人们日常交往之秩序。西洋法制传统中之普通法系和大陆法系，不论其操持的理性有如何差异，对相关地方习惯之汲取吸收，并无沟裂。国家法之坐大独霸，实赖民间法之辅佐充实。是以19世纪中叶、特别20世纪以降，社会实证观念后来居上，冲击规范实证法学之壁垒，修补国家法律调整之不足。在吾国，其影响所及，终至于国家立法之走向。民国时期，当局立法（民法）之一重大举措即深入民间，调查民、商事习惯，终成中华民、商事习惯之盛典巨录，亦成就了迄今为止中华历史上最重大之民、商事立法。

　　可见，国家法与民间法，实乃互动之存在。互动者，国家法借民间法而落其根、坐其实；民间法借国家法而显其华、壮其声。不仅如此，两者作为各自自治的事物，自表面看，分理社会秩序之某一方面；但深究其实质，则共筑人间安全之坚固堤坝。即两者之共同旨趣，在构织人类交往行动之秩序。自古迄今，国家法虽为江山社稷安全之必备，然与民间法相须而成也。此种情形，古今中外，概莫能外。因之，此一结论，可谓"放之四海而皆准"。凡关注当今国家秩序、黎民生计者，倘弃民间法及民间自生秩序于不顾，即令有谔谔之声，皇皇巨著，也不啻无病呻吟、纸上谈兵，终其然于事无补。

近数年来，吾国法学界重社会实证之风日盛，其中不乏关注民间法问题者。此外，社会学界及其他学界也自觉介入该问题，致使民间法研究蔚然成风。纵使坚守国家法一元论者，亦在认真对待民间法。可以肯定，此不惟预示吾国盛行日久之传统法学将转型，亦且表明其法治资源选取之多元。为使民间法研究者之辛勤耕耘成果得一展示田地，鄙人经与合作既久之山东人民出版社洽商，决定出版《民间法》年刊。

本刊宗旨，大致如下：

一为团结有志于民间法调查、整理与研究之全体同仁，共创民间法之法理，以为中国法学现代化之参照；

二为通过研究，促进民间法与官方法之比照交流，俾使两者构造秩序之功能互补，以为中国法制现代化之支持；

三为挖掘、整理中外民间法之材料，尤其于当代特定主体生活仍不可或缺、鲜活有效之规范，以为促进、繁荣民间法学术研究之根据；

四为推进民间法及其研究之中外交流，比较、推知相异法律制度的不同文化基础，以为中国法律学术独辟蹊径之视窗。

凡此四者，皆须相关同仁协力共进，始成正果。故鄙人不揣冒昧，吁请天下有志于此道者，精诚团结、互为支持，以辟法学之新路、开法制之坦途。倘果真如此，则不惟遂本刊之宗旨，亦能致事功之实效。此乃编者所翘首以待者。

是为序。

陇右天水学士 谢 晖
序于公元 2002 年春

目　录　　民间法（第35卷）

总序/原序　　　　　　　　　　　　　　　　　　　　　　　　谢　晖／I

主题研讨："枫桥经验"研究

新时代"枫桥经验"矛盾纠纷多元化解平台化治理及其机制建设
——基于诸暨市社会治理中心建设的探索实践　　朱继萍　李冰果　董明睿／3

"枫桥式"特色创建的理论阐释与效能提升　　王斌通　仝孟玥／26

矛盾纠纷多元化解机制数字化转型的"枫桥经验"
——基于诸暨市创新实践探索的总结与反思　　王文玉／40

人民法庭指导人民调解的历史考察
——以枫桥人民法庭为例　　代冰洁　余钊飞／58

"枫桥经验"的理论边界与概念重构
——基于 CiteSpace 的文献计量分析　　范学超／74

法理探讨

论商鞅的"立法化俗"思想　　王林敏／97

公共博物馆文化创意产品开发的法治论纲　　姚　锋／114

养子代位继承的新旧法伦理之争
——以民国民法为中心的考察　　沈俊杰／131

作为法律概念的谣言：目的、要素及适用　　修佳星／149

社会情感正义与规则禁止悖反问题之破局　　张若琪／164

"习惯入典"：《民法典》第10条的法理阐释　　苏海平／180

制度分析

业主共有资金信托管理模式的普遍化：问题与方法　　管金平　吴慧仪／205

不完全契约条件下新乡贤激励约束机制的制度性建构
　　——基于皖西华县"能人回归工程"的个案研究　　　　　陈寒非 / 222
算法裁判的路径、功能及限度　　　　　　　　　　　　　　胡聪沛 / 237
知情同意视角下隐私协议的价值证成与优化提升
　　——成文法与民间法的融合探索　　　　　　　　　　　刘鑫鹏 / 252
司法裁判中的优良家风与家庭文明条款　　　　　　　　　　丁　诚 / 268
司法裁量权的行使基准与审查标准　　　　　　　　　　　　栾春明 / 287

经验解释

农地"三权"分置的法权构造与《民法典》的制度回应　　　李语湘 / 305
论互联网空间禁止单方面交流规则面临的挑战及其应对　　　邹梅珠 / 318
论法律舆情作为民间法观念的集中表达　　　　　　　　　　刘世杰 / 332
乡村社会秩序中"后家"权威及其治理效能
　　——基于豫北乡村丧葬仪式的田野考察　　　　　李　霄　王伟亮 / 350

域外经验与会议综述

历史决定论与意义整体论：原旨主义翻译的失败
　　　　　　　　　　　　　［美］乔纳森·吉纳普 著　邹　奕　李思洁 译 / 369
第二十届全国民间法、民族习惯法学术研讨会会议综述　　　向　玥 / 391

主题研讨："枫桥经验"研究

新时代"枫桥经验"矛盾纠纷多元化解平台化治理及其机制建设[*]

——基于诸暨市社会治理中心建设的探索实践

朱继萍 李冰果 董明睿[**]

摘 要 新时代矛盾纠纷多元化解综合机制建设在数字信息技术加持下经历了从搭建平台到平台化治理的发展历程。诸暨市践行并丰富发展新时代"枫桥经验",与时俱进地将数字化思维及其技术运用于矛盾纠纷多元化解,搭建了党委统筹领导下多元主体参与的社会治理中心(工作室)三级架构体系,探索并形成了矛盾纠纷多元化解的平台化治理模式及其机制。新时代"枫桥经验"矛盾纠纷多元化解平台化治理及其机制建设需要根据新情况新问题与时俱进地发展完善,实现把矛盾纠纷解决在基层、化解在萌芽状态的目标追求。

关键词 新时代"枫桥经验" 矛盾纠纷多元化解 平台化治理 平台机制

前 言

矛盾是一种冲突或对立状态,社会矛盾是因资源有限性引发人与人之间利益冲突所导致的对立或对抗状态,纠纷则是社会矛盾的外化形式。[①] 为了应对或解决资源有限性带来

---

[*] 陕西省社会科学联合会专项委托项目"促进陕西省哲学社会科学工作综合立法研究"(编号:2023HZ1467)、陕西省教育厅青年创新团队项目"革命根据地廉政法制建设的实践与经验研究"(编号:23JP177)、西北政法大学省部级科研机构项目"革命根据地廉政法制建设的制度经验研究"(编号:SJJG202309)。

[**] 朱继萍,法学博士,西北政法大学法治学院教授;李冰果,西北政法大学法学硕士研究生;董明睿,西北政法大学法学硕士研究生。

① 如有学者认为,纠纷或争议是指特定主体基于利益冲突而产生的一种双边或多边的对抗行为。参见范愉、李浩:《纠纷解决——理论、制度与技能》,清华大学出版社2010年版,第11页。

的各种利益矛盾冲突，人类在漫长的历史发展过程中不断提高认识、改进技术、创新方式或手段，在推动物质和精神文明进步的同时，也造就了国家这个"自居于社会之上并且日益同社会相异化的力量"，力图将社会控制在一定的秩序范围内，以免那些利益互相冲突的阶级或利益集团在无谓的斗争中把自己和社会消灭。① 社会矛盾外化有各种表现，小至个人之间的纠纷，大到社会冲突乃至社会革命等，这之间难免因"蝴蝶效应"引发从量变到质变的混乱、无序乃至政权危机。② 如何防范和避免"黑天鹅""灰犀牛"等事件，将矛盾纠纷消灭在萌芽状态或解决在可控状态，这对任何时代、任何国家的统治者或执政者来说都是考验治理智慧的严峻挑战。

对于有五千多年文明史的中国来说，从先民茹毛饮血走到现代有数字信息技术加持，在解决社会成员之间不合作、对立乃至敌对状态所形成的治理知识或智慧可圈可点、可资可鉴。远有从历史传承至今被誉为"东方之花"的调解制度，近有新中国成立以来在中国共产党的领导下将传承中华优秀传统文化与弘扬红色革命文化相结合所形成的"枫桥经验"。"枫桥经验"是在党领导下，依靠群众将矛盾纠纷解决在基层、化解在萌芽状态的典型经验，自20世纪60年代形成以来不断创新，现已发展成为新时代"枫桥经验"。2023年9月20日，习近平总书记到"枫桥经验"发源地诸暨市枫桥镇参观枫桥经验陈列馆，了解新时代"枫桥经验"生动实践时指出，要坚持好、发展好新时代"枫桥经验"，坚持党的群众路线，正确处理人民内部矛盾，紧紧依靠人民群众，把问题解决在基层、化解在萌芽状态。③

论及新时代"枫桥经验"，人们经常会提到群众路线、矛盾纠纷、平安建设、基层治理、多元解决机制、诉调对接、源头化解、非诉机制、综合机制、社会协同、排查调处化解、综合机制等高频词，这些当仁不让地构成了新时代"枫桥经验"的问题语境。除了上述高频词以外，我们发现，随着互联网、信息技术、大数据的发展，"平台""平台型治理""平台化治理""平台机制"这类词也频繁地出现在相关理论研究和实践探索之中。与上述词相比，这类词出现较晚且不高频，并经常以信息化、数字化、智能化等高科技面目示人，④ 但这却是新时代"枫桥经验"先行先试实践的真实写照。目前，新时代"枫桥经验"矛盾纠纷多元解决平台化治理及其机制的探索实践已引起了中央领导的关注，⑤ 随着

---

① 参见恩格斯：《家庭、私有制和国家的起源》，人民出版社2009年版，第176－177页。
② "蝴蝶效应"多指一件非常微小的事情能带来巨大的改变。
③ 参见《始终干在实处走在前列勇立潮头 奋力谱写中国式现代化浙江新篇章》，载《人民日报》2023年9月26日，第1版。
④ 在"中国知网"上输入"平台"一词检索出期刊文章上百万篇；输入"平台机制"检索出期刊文章有两千多篇；输入"平台型治理"或"平台化治理"检索出期刊文章数量减少至130、254篇；如果将它们与"矛盾""纠纷"此类词联系，检索出期刊文章的数量则降为两位数。
⑤ 2023年5月16－18日，中共中央政治局委员、中央政法委书记陈文清在浙江杭州、宁波、绍兴调研时指出，要贯彻落实习近平法治思想，善于运用法治思维和法治方式开展工作，研究完善矛盾纠纷化解"路线图"和平台机制建设、信息系统建设，推进矛盾纠纷化解和信访工作法治化。参见新华网：《陈文清在浙江调研时强调 坚持和发展新时代"枫桥经验"推进矛盾纠纷化解法治化》，http://www.news.cn/2023－05/18/c_1129626563.htm，访问日期：2023－01－05。

不断深入发展有可能上升成为普遍性经验。在这种情势下，关注并研究我国基层矛盾纠纷多元化解机制发展的新趋势，不仅是学术研究立足现实关怀的彰显，更是加快构建中国自主话语体系，为推进基层治理体系和治理能力现代化提供理论支撑和智力支持之举。

本文历史地回顾了新时代矛盾纠纷多元化解机制建设在互联网、信息化、大数据等技术加持下从搭建平台到平台化治理的发展趋势，并立足于"枫桥经验"的发源地——诸暨市社会治理中心的建设和发展，展现并分析了我国基层治理在践行新时代"枫桥经验"过程中将数字化思维及其技术运用于矛盾纠纷多元化解所形成的平台化治理场景及其机制，并在揭示其实践特色的基础上对新时代"枫桥经验"矛盾纠纷多元化解平台化治理及其机制的创新发展愿景进行了展望。

一、从平台建设到平台化治理：矛盾纠纷多元化解综合机制建设及其发展趋势

矛盾纠纷多元解决包括了主体、方式和手段等方面，根据主体、方式和手段等的不同可分为诉讼与非诉讼两大类，后者包括了协商谈判、调解、仲裁、行政裁决与复议、信访等。一般来说，矛盾纠纷多元解决是指将诉讼和非诉讼相结合，调动并合理配置各种资源，通过多种方式来预防、化解和处理各种矛盾纠纷，争取把矛盾解决在基层、化解在萌芽状态。当诉讼与非诉讼多种解纷力量都参与到矛盾纠纷解决之中时，它们之间如何建立起优势互补、相互协作的衔接联动机制，这关系到矛盾纠纷多元解决效能的最大化。在不同历史时期不同国家或地区，因为历史传统和国情民情不同，矛盾纠纷多元化解机制建设也会呈现出不同特征，也时常会因为效能低下而不断修正乃至重构。

20世纪末以来，随着市场经济发展所带来的社会关系结构变化以及人们权利意识的高涨，主要依赖诉讼来解决社会矛盾纠纷的现象在我国越来越突出，法院审理案件数量急剧增长，这不仅影响了案件审理的质量，也使得"案结事未了"成为常态。习近平总书记指出："我国国情决定了我们不能成为'诉讼大国'。我国有14亿人口，大大小小的事都要打官司，那必然不堪重负！要推动更多法治力量向引导和疏导端用力，完善预防性法律制度，坚持和发展新时代'枫桥经验'，完善社会矛盾纠纷多元预防调处化解综合机制，更加重视基层基础工作，充分发挥共建共治共享在基层的作用，推进市域社会治理现代化，促进社会和谐稳定。"[①] 为贯彻落实习近平总书记的指示，新时代矛盾纠纷多元化解机制建设在从衔接联动机制到综合机制建设过程中，经历了从重视打造联动融合、开放共治的平台，到依托信息化、数字化等技术手段不断推动平台化治理的发展历程。

（一）矛盾纠纷多元化解从衔接联动机制向综合机制的发展

在矛盾纠纷多元化解体系中，为了使多元主体在通过多种路径采用多种方式解决矛盾

---

① 习近平：《坚定不移走中国特色社会主义法治道路　为全面建设社会主义现代化国家提供有力法治保障》，载《求是》2021年第5期，第13页。

纠纷时相辅相成、协作协同，就必须建立起体系之中诸结构性要素之间衔接联动的机制。在我国，矛盾纠纷多元化解机制建设早自革命根据地建设时期就已经开展。如在抗日战争时期，除司法诉讼外，中国共产党人还注重发挥群团组织和民间调解在矛盾纠纷化解中的作用，在陕甘宁边区、山东抗日根据地、晋察冀边区等相继设立了被称为"人民调解委员会"的调解组织。① 新中国成立之后，尤其是改革开放后，除了诉讼解纷外，我国加快了非诉讼解纷的法治化进程，明确了仲裁、行政裁决、行政复议、行政调解、信访、公证等在矛盾纠纷化解中的法律地位，形成了矛盾纠纷多元化解体系，并不断加强和完善矛盾纠纷多元化解机制建设。

进入21世纪，为了减轻矛盾纠纷越来越多地涌向法院所带来的诉讼压力，基于地方法院开展大调解体系建设取得的成功经验，最高人民法院于2009年发布《关于建立健全诉讼与非诉讼相衔接的矛盾纠纷解决机制的若干意见》（以下简称《意见》）提出，要充分发挥人民法院、行政机关、社会组织、企事业单位以及其他各方面的力量，做好诉讼与非诉讼渠道的相互衔接，为人民群众提供更多可供选择的纠纷解决方式。2010年，中央综治委下发《关于切实做好矛盾纠纷大排查大调解工作的意见》要求，深入推进大调解工作体系建设，进一步完善人民调解、行政调解、司法调解联调联动的衔接机制。之后，随着大调解体系建设工作的进一步开展，除了诉调衔接外，访调对接、行调对接、检调联动等探索实践也在全国各地展开。应当指出的是，这个时期矛盾纠纷多元化解机制建设强调的是诉讼与非诉讼，尤其是诉讼与人民调解相互衔接，基本呈"点—线"或"点—线—面"的一维或二维结构，且因多头发力还存在着条块阻隔，② 亟须通过升维升级提升多元主体化解矛盾纠纷建设的系统性和综合性，以增强多元主体之间的协作和协同。

2013年，习近平总书记就建设平安中国作出指示，要求坚持源头治理、系统治理、综合治理、依法治理，努力解决深层次问题，着力建设平安中国，确保人民安居乐业、社会安定有序、国家长治久安。③ 2014年，习近平总书记在中央政法工作会议上的讲话中再次强调，坚持系统治理、依法治理、综合治理、源头治理，"不能简单地依靠打压管控、硬性维稳，还要重视疏导化解、柔性维稳，注重动员组织社会力量共同参与，发动全社会一起来做好社会稳定工作"。④ 习近平总书记的指示和讲话精神为新时代矛盾纠纷多元化解机制建设指明了方向。2013年，党的十八届三中全会首次提出要"建立调处化解矛盾纠纷

---

① 王霞：《人民调解制度的沿革和发展》，载《学习时报》2018年8月13日，第3版。
② 如有法院主导的，也有行政机关主导的，还有检察机关主导的。参见杨林、赵秋雁：《矛盾纠纷多元预防调处化解综合机制研究——基于三种实践模式的分析》，载《中国行政管理》2022年第6期，第137页。
③ 共产党员网：《习近平就建设平安中国作出重要指示》，https://news.12371.cn/2013/05/31/VIDE1370000815200525.shtml，访问日期：2024-04-23。
④ 中共中央党史和文献研究院编：《习近平关于基层治理论述摘编》，中央文献出版社2023年第1版，第59-60页。

综合机制";① 2014 年，党的十八届四中全会提出要"健全完善社会矛盾纠纷预防化解机制，完善调解、仲裁、行政裁决、行政复议、诉讼等有机衔接、相互协调的多元化纠纷解决机制";② 2019 年，党的十九届四中全会提出"完善社会矛盾纠纷多元预防调处化解综合机制，努力将矛盾化解在基层";③ 2020 年，中共中央《关于制定国民经济和社会发展第十四个五年规划和二〇三五年远景目标的建议》（以下简称《建议》）提出，要完善各类调解联动工作体系，构建源头防控、排查梳理、纠纷化解、应急处置的社会矛盾综合治理机制；④ 2021 年，党的十九届六中全会强调，坚持系统治理、依法治理、综合治理、源头治理，健全社会矛盾纠纷多元预防调处化解综合机制。⑤

由上所述可见，我们党在新时代关于矛盾纠纷多元化解综合机制建设的目标任务，是贯彻习近平总书记关于坚持系统治理、依法治理、综合治理、源头治理的重要指示和讲话所采取的有效举措，也是新时期矛盾纠纷多元化解联动机制的迭代升级或升维。当然，这是一个在总结实践经验基础上不断扩大其外延、丰富其内容、完善其功能的逐步深入的发展过程。如党的十八届三中全会提出建立矛盾纠纷调处化解综合机制时，强调的是人民调解、行政调解、司法调解之间的联动；党的十八届四中全会提出矛盾纠纷多元化解机制建设时将预防纳入其中，并加入了仲裁、行政裁决、行政复议等路径或方式，不仅在表述上还在环节和内容上凸显了多元性；与党的十八届三中、四中全会相比，党的十九届四中全会提出了将矛盾努力化解在基层的要求；中共中央《建议》则提出了社会矛盾综合治理的概念，将应急处置涵盖其中。

（二）新时代矛盾纠纷多元化解综合机制的平台建设

在矛盾纠纷多元化解中，为了统合各方面力量，保证多元主体之间有机衔接、协调联动，使矛盾纠纷得以高效解决，需要加强平台建设。平台是人们之间交往互动的载体，包括空间、场域或环境等。有人类社会以来，人们为便于相互交往就一直在搭建着大大小小、形形色色的平台，有政治、经济、文化和社会的，也有实体和虚拟的，还有制度和机

---

① 《中共中央关于全面深化改革若干重大问题的决定》（二〇一三年十一月十二日中国共产党第十八届中央委员会第三次全体会议通过），《人民日报》2013 年 11 月 16 日，第 1 版。
② 《中共中央关于全面推进依法治国若干重大问题的决定》（二〇一四年十月二十三日中国共产党第十八届中央委员会第四次全体会议通过），载《人民日报》2014 年 10 月 29 日，第 1 版。
③ 《中共中央关于坚持和完善中国特色社会主义制度，推进国家治理体系和治理能力现代化若干重大问题的决定》（2019 年 10 月 31 日中国共产党第十九届中央委员会第四次全体会议通过），载《人民日报》2019 年 11 月 6 日，第 1 版。
④ 《中共中央关于制定国民经济和社会发展第十四个五年规划和二〇三五年远景目标的建议》（二〇二〇年十月二十九日中国共产党第十九届中央委员会第五次全体会议通过），载《人民日报》2020 年 11 月 14 日，第 1 版。
⑤ 《中共中央关于党的百年奋斗重大成就和历史经验的决议》（2021 年 11 月 11 日中国共产党第十九届中央委员会第六次会议通过），载《人民日报》2021 年 11 月 17 日，第 1 版。

制的,等等。新时代以来,随着数智赋能"最多跑一次"改革,① 搭建便捷高效的平台在贯彻以人民为中心、增强政府管理效能、为群众提供高效服务方面发挥着越来越突出的作用。对于矛盾纠纷多元化解来说,为了使参与其中的多元主体、多元路径和多元方式或手段能衔接联动,必须要有平台保障;如果构建的是矛盾纠纷多元化解综合机制,平台建设要求更具系统性和整体性。在这里,机制和平台是同构同塑的关系。没有机制,也就无需平台;没有平台,机制就无法构建。应该指出的是,关于矛盾纠纷多元化解机制的平台建设涉及制度、组织或机构、信息等方面,我们这里主要着眼于组织或机构平台建设,同时兼及其他方面。

早在20世纪初,关于矛盾纠纷多元化解的平台建设在有些地方就开始探索,如2003年,江苏太仓市沙溪镇成立了镇级信访接待矛盾纠纷调解中心;② 2004年,浙江余杭乔司镇(现为乔司街道)建立了全国首个乡镇社会治安综合治理中心(以下简称综治中心),整合了综治办、联调室、司法所、信访办、治安联防大队、警务室、流动人口服务办公室七个部门集中办公化解矛盾纠纷。③ 之后,成立并依托综治中心开展矛盾纠纷多元化解的做法逐渐在全国各地推广开来。江苏南通市于2004年建立了县乡两级社会矛盾纠纷调处中心,在全国率先开始了大调解机制建设实践。④ 2009年,随着最高人民法院《意见》的发布,各地法院开始搭建各种诉调对接平台,不断完善和创新诉调对接机制,以整合基层调解力量,多方联动化解矛盾纠纷。各地检察机关也依托控告申诉检察部门、一站式12309检察服务中心等窗口受理公众涉检涉诉方面的矛盾纠纷。

进入新时代之后,融汇了源头防控、排查梳理、纠纷化解等功能的矛盾纠纷多元解决综合机制需要更高水平、更强能力的平台建设。2018年,浙江省诸暨市建成了全省功能最全的公共法律服务中心,意在整合司法行政各项资源、引入相关部门和社会组织,"一站式"提供法律咨询、法律援助、人民调解、公证、仲裁、司法鉴定、行政复议等法律服务。⑤ 2019年,浙江省安吉县成立了社会矛盾纠纷调处化解中心,公、检、法、司、纪委监委、信访等多部门入驻其中,成为接待信访、化解矛盾的一站式受理中心。⑥ 2020年之

---

① "最多跑一次"改革是浙江在深入学习贯彻习近平总书记全面深化改革重要思想基础上,对照"八八战略"要求于2016年创造性提出的改革措施,在浙江成功实践的基础上,"最多跑一次"改革被推向全国。参见沈轩:《"最多跑一次"改革的实践创新和理论价值》,载《浙江日报》2018年3月12日,第10版。
② 太仓市人民政府:《关于成立镇信访接待矛盾纠纷调解中心的通知》(沙政发〔2003〕37号),http://www.taicang.gov.cn/taicang/tcsxz05/200309/ea1372afd21e4277a1ff768f7928d8e5.shtml,访问日期:2024-01-05。
③ 李洁、金逸尘等:《拿下全国"新时代政法楷模集体",他们为什么能?》,载《浙江法治报》2023年5月15日,第1版。
④ 法制日报:《江苏推广"南通大调解经验"》,https://news.sina.com.cn/o/2004-04-26/16532408538s.shtml,访问日期:2024-01-14。
⑤ 浙江日报:《诸暨建成全省最大功能最全的公共法律服务中心》,https://baijiahao.baidu.com/s?id=1616899661790026337&wfr=spider&for=pc,访问日期:2024-01-14。
⑥ 新华每日电讯:《打造解纷"终点站"避免矛盾"再发酵"——浙江"最多跑一地"改革观察》,https://www.gjxfj.gov.cn/gjxfj/news/gzdt/dfdt/webinfo/2020/06/1590602615015026.htm,访问日期:2024-01-12。

后，为了打造社会治理一体化运行新体系，诸暨市成立了社会治理中心，并将其作为矛盾纠纷多元化解的基础平台。

随着现代信息技术的发展，线上平台建设也在不断发展，与线下平台结合共同致力于矛盾纠纷多元化解的有机衔接和协调联动。2018 年，浙江开发并推广全国首个矛盾纠纷网络化解一体化平台——在线矛盾纠纷多元化解平台（浙江 ODR），这是中央综治委赋予浙江的由浙江省高院负责后续开发推广的创新项目试点，集咨询、评估、调解、仲裁、诉讼五大服务功能于一体，可以同步线上电脑端和手机端 App、微信小程序，极大地方便了矛盾纠纷的在线多元化解。① 2021 年，浙江省委政法委又在"浙里办" APP 推出了"浙江解纷码"功能，提供了线上事线上办、线上事线下办、线下事线上办三大场景，将线上与线下有机地衔接了起来。②

综上所述，为有效预防矛盾纠纷，建立矛盾纠纷定期排查机制、源头发现机制、会商预警机制、分流调处机制乃至管控机制等，需要党委领导、政府负责、社会协同、公众参与、法治保障、科技支撑。为多元主体在矛盾纠纷化解方面能够做到有效对接、沟通顺畅、分工明确、职责清晰，齐心合力地将矛盾纠纷消灭在萌芽状态，搭建高效平台是重中之重。新时代以来，围绕着矛盾纠纷多元化解综合机制建设所搭建的平台在承载量上越来越大、在功能上越来越丰富、在方式和手段上越来越多样化，其数智化能力和水平也得到了进一步提升。

（三）新时代矛盾纠纷多元化解的平台化治理

如前所述，平台一直以来是作为载体在人们的交往互动中发挥着作用。新时代以来，由于互联网、信息化和数字化的加持，平台已成为"一个具有变革性的概念"，不仅影响了经济的发展，还改变了政府和社会乃至公民的行为，催生了平台型经济、平台型政府、平台型社会等。③ 也就是说，平台已不再仅仅是载体，还成为一种治理模式，引发了体系、结构和形态等一系列变革。关于这种治理模式，有称平台型治理，也有称平台化治理，本文采取后一种称呼。

平台化治理肯定需要平台，但有平台并不一定是平台化治理。有学者认为，平台化治理是以信息技术、大数据、人工智能、物联网、区块链等为代表的新兴技术嵌入治理体系之中所形成的以数据为基础、以平台为枢纽的新型治理体系；④ 也有学者认为，平台化治

---

① 高敏：《浙江全面上线在线矛盾纠纷多元化解平台》，浙江日报 https://baijiahao.baidu.com/s?id=1603259085210721932&wfr=spider&for=pc，访问日期：2024 年 1 月 12 日。
② 褚宸舸：《我国基层社会矛盾纠纷综合治理机制的地方实践及完善路径分析》，载《领导科学》2022 年第 7 期，第 141 页。
③ 闵学勤：《从无限到有限：社区平台型治理的可能路径》，载《江苏社会科学》2020 年第 6 期，第 28 页。
④ 参见高恩新、刘璐：《平台的"祛魅"：城市治理数字化转型中的组织—技术互嵌逻辑》，载《东南学术》2023 年第 2 期，第 134 页。

理具有扁平化、开放性、多元性和互动性，是科层化治理的重要补充；① 还有学者认为，平台具有集成、协同、联结三重角色和功能，使得纵向府际间和横向政府与社会间的结构得以发生改变，② 等等。的确，从搭建平台向平台化治理转型，这是从数字信息技术不断迅猛发展并应用于治理领域开始的。这意味着，没有互联网、信息化和数字化等技术，就不可能有平台化治理，平台化治理是将数字信息技术及其思维嵌入其中所构建的多元主体交往互动的集约、便捷和高效的治理模式。首先，平台化治理需要嵌入数字信息技术，但却不能简单等同于数字平台或传统治理的数字化，特别是用于社会治理领域。对于后者来说，平台化治理应当说是互联网、信息化、数字化技术应用于社会治理在理念、机制和方式方法等方面所引发的变革；③ 其次，平台化治理要借助数据信息技术对治理对象进行"标准化设定、数据化表达、结构化分析和流程化处理"，④ 因而能实现全方位、全周期、全过程治理，具有整体性、科学性和精准性，又被称智能化平台；第三，平台化治理是扁平化模式设计，有助于减少和消除科层制治理的条块阻隔，实现治理的便捷性和效能性；第四，平台化治理是通过信息传递实现跨越物理空间限制、通过人机互动实现人人互动的架构或模式，更能充分实现多元主体的协同共治。

关于互联网、信息化和数字化技术等用于基层社会治理，习近平总书记 2020 年在浙江考察时指出："运用大数据、云计算、区块链、人工智能等前沿技术推动城市管理手段、管理模式、管理理念创新，从数字化到智能化再到智慧化，让城市更聪明一些、更智慧一些，是推动城市治理体系和治理能力现代化的必由之路。"⑤ 新时代以来，在党和国家的大力支持和鼓励下，很多地方都在探索社会治理数字化转型，浙江可以说是将数字信息技术应用于社会治理走在全国前列的省份。如前所述，浙江依托数字信息技术、运用数字化思维，本着以人民为中心，融汇线上线下推出"最多跑一次"改革，整合了政务资源、优化了业务办理流程，让企业和社会民众在符合受理条件的情况下只需"一次上门"或"零上门"，实现了"让数据多跑路，让百姓少跑路甚至不跑路"。2021 年，浙江省委全面深化改革委员会出台《关于在衢州等地开展"县乡一体、条抓块统"县域整体智治改革试点的指导意见》（浙委改发〔2021〕6 号）明确要求进行县级社会治理中心建设探索。

---

① 参见熊阿俊：《平台化治理：党建引领基层社会治理的新趋势研究》，中共中央党校（国家行政学院）2021 年博士学位论文，第 28 页。

② 参见钱清逸、钱玉英：《平台驱动社会治理重心下移的机制与路径》，载《中国行政管理》2023 年第 8 期，第 67 页。

③ 对于这场变革，学者们经常用"重塑""重构""再造"之类的词来描述。参见韩万渠、柴琳琳、韩一：《平台型政府：作为一种政府形态的理论构建》，载《上海行政学院学报》2021 年第 5 期，第 60 页。

④ 参见高恩新、刘璐：《平台的"祛魅"：城市治理数字化转型中的组织—技术互嵌逻辑》，载《东南学术》2023 年第 2 期，第 126 页。

⑤ 参见刘菁、杨玉华、屈凌燕、张紫赟：《让城市更聪明 让经济更智慧——各地加快形成数字新动能促经济社会行稳致远》，https：//baijiahao. baidu. com/s? id = 1663317933622458017&wfr = spider&for = pc，访问日期：2024 - 04 - 23。

于是，作为矛调中心迭代升级工程，浙江开始市县、镇（街）、村（居）三级社会治理平台建设，在完成数字化改革从"1512体系"向"1612体系"迭代升级的同时，于2023年5月印发《浙江省"141"基层治理体系标准化建设指南》（以下简称《指南》），要求打造县级社会治理中心、乡镇（街道）"基层治理四平台"、基层网格三个层级，以网格化管理、精细化服务、信息化支撑的基层智治系统，推动基层治理体系重构、业务流程再造、体制机制重塑。

随着基层社会治理的数字化转型，矛盾纠纷多元化解机制建设也经历着由搭建平台向平台化治理的转型，当然，这是逐步深入且仍在进行当中的事业。以诸暨矛盾纠纷多元化解机制建设为例，从2008年开始，诸暨市委、市政府曾发布多个推动大调解体系建设的重要文件，要求开展行调对接、访调对接、检调对接、诉调对接等衔接联动工作机制，并成立了社会矛盾纠纷"大调解"工作体系领导小组、市调解工作指导中心、镇乡（街道）联合调解室、专业性调解委员会等作为市级、镇乡和专业领域的领导组织和工作平台。[①] 但这些都是在传统的科层治理体系中设置的平台，其配置思维仍限于纵向权力层级，主要采取的是人员或部门集成，如集中开会或办公等方式进行衔接联动，并通过文书档案来进行信息沟通，因而基本属于物理空间的平台。随着浙江省积极推动将互联网、信息化，尤其是数字化技术应用于基层治理，诸暨矛盾纠纷多元化解体系建设开始从"线下引导"发展到"线下引导与线上分流相结合"；平台建设也由建立公共法律服务中心到成立社会矛盾纠纷调处化解中心（以下简称"矛调中心"），最后迭代升级为社会治理中心。借助社会治理中心在组织、人员、功能和信息等方面的集约化管理，诸暨关于矛盾纠纷多元化解正在打造一种上下贯通、八方联动、从动态监控到风险识别与管控、全方位全过程覆盖的扁平化的平台化治理模式，力图构建有效化解矛盾纠纷的高效能机制。

诸暨以社会治理中心建设为依托，紧扣矛盾化解"只进一扇门、最多跑一地"目标，做强矛盾纠纷"一站式"化解平台，使全市2023年上半年矛盾纠纷调处率同比提升18.8%、基层信访事项化解率达97.6%，先后创成平安中国建设示范县、全国法治政府示范县、全国信访工作示范县。[②] 鉴于诸暨市在引领新时代"枫桥经验"并创新丰富其内涵方面的成功实践及其作为"枫桥经验"发源地的影响力和感召力，本文将以诸暨市社会治理中心建设为例探究新时代"枫桥经验"矛盾纠纷多元化解平台化治理及其机制建设的实践探索。

二、诸暨市社会治理中心多元化解矛盾纠纷的平台化治理及其机制建设

社会治理中心建设是浙江省"最多跑一次"改革和数字化改革在社会治理领域的体

[①] 中共诸暨市委办公室、诸暨市人民政府办公室《关于加强"大调解"体系建设，有效化解社会矛盾纠纷的实施意见》，诸暨市委〔2015〕131号，2015年12月8日印发。
[②] 这一数据为实地调研获取，以下关于诸暨市社会治理中心的组织、职责、机制及相关资料数据均为实地调研获取。

现，其目标是迈向"平台型、协同型和实效型治理"。① 按照浙江省"1612"数字化改革体系架构与"141"基层治理体系的部署和安排,② 诸暨市于2022年开始了社会治理中心的建设。2022年9月，诸暨市以全面实现群众诉求"一窗式受理、一站式接待、一条龙服务、一揽子解决"为目标，将矛调中心更名为诸暨市社会治理中心。之后，诸暨市按照"大综合一体化"要求，在镇乡（街道）、村（居）两级整合矛调中心、综合信息指挥室、应急指挥中心开展社会治理中心建设，于2023年3月完成了23个镇乡（街道）社会治理中心迭代挂牌工作，并按照镇乡（街道）规模分为一类中心10个、二类中心13个，在村（居）级设立了社会治理工作室。至此，诸暨市社会治理平台建设形成了市、镇、村（居）社会治理中心（工作室）三级架构，这三级架构的角色定位和治理目标为：市级中心为"终点站"，负责统筹协调；镇级中心为"主阵地"，负责集成运作；村（居）作为"前哨所"，负责夯实基础。

应当指出的是，诸暨市社会治理中心（工作室）及其机制建设虽然是围绕着基层治理全方位而非仅是矛盾纠纷多元化解，但都能适用于矛盾纠纷多元化解。一方面，社会治理中心是从矛调中心迭代升级而来的，其体制、体系和机制建设难免打上了矛盾纠纷专项治理的烙印；另一方面，从源头治理角度，矛盾纠纷多元化解可以说涉及基层治理的所有领域或环节。在这个意义上，基于基层治理智治需要所打造的社会治理中心及其平台机制对矛盾纠纷多元化解基本上都是可用的。

（一）诸暨市三级社会治理中心（工作室）的组织架构及其职责

与传统科层制治理模式相比，平台化治理首先是要打造综合（多边）平台，以开放和共享的空间、资源与规则促进参加者互动合作，最大效能地实现平台治理目标。诸暨市社会治理中心（工作室）就是这种综合或多边平台，它聚拢和整合了相关部门、机构、组织及人员的力量，力图实现基层治理效能的最大化。当然，因层级或角色定位不同，诸暨市三级社会治理中心（工作室）的组织及其职责也是不同的。

1. 诸暨市社会治理中心（以下简称市社会治理中心）

市社会治理中心被确定为市委直属的公益一类事业单位，机构规格为正科级，由诸暨市委办公室统筹管理，经费为财政全额拨款，不承担行政职能、不从事生产经营活动。市社会治理中心设主任1名，由市委副书记、政法委书记兼任；副主任2名，分别由政法委

---

① 王朝霞、朱晓燕：《社会矛盾纠纷化解"最多跑一次"改革的制度体系构建》，载《人民司法》2021年第19期，第80页。

② "1612"是浙江省2022年部署的数字化改革目标任务；第一个"1"即一体化智能化公共数据平台（平台+大脑），"6"即党建统领整体智治、数字政府、数字经济、数字社会、数字文化、数字法治六大系统，第二个"1"即基层治理系统，"2"即理论体系和制度规范体系。"141"是浙江省基层智治系统的基本架构，第一个"1"指县级社会治理中心，"4"指乡镇（街道）"基层治理四平台"，第二个"1"指基层网格。按照《浙江省"141"基层治理体系标准化建设指南》要求，到2023年底，全省"141"体系标准化建设要基本完成。

副书记和信访局局长兼任,中层领导干部有6名;内设三个机构,即办公室(挂党建室牌子)、综合业务科、指挥研判科。

市社会治理中心的主要职责有七项,即贯彻落实中央、省委、绍兴市委和市委关于推进县域社会治理现代化的决策部署,协助推进基层治理体系建设工作;对入驻单位、入驻人员进行日常管理、培训和考核等;负责指导镇乡(街道)社会治理中心建设、"基层治理四平台"和综合信息指挥室规范运行,协同推进网格智治,对"141"体系运行情况进行常态化评估等;协助党建统领、经济生态、平安法治、公共服务四条跑道的数据集成、信息共享,对四条跑道重要指标、核心指数运行态势及重大应用运行情况等开展实时监测、预测预警;负责治理事件的一窗受理、流转交办、跟办督办、回访评价等工作,指导基层做好矛盾纠纷调处化解工作;建立功能集成、综合研判、统一指挥、扁平高效的综合指挥体系;负责对全市社会治理有关信息的动态监测、风险识别和管控、数据分析、整体研判,做好预测预警,为市委、市政府科学决策提供工作建议和参考依据。

进驻市社会治理中心的部门、机构或组织是根据事项频率、需求和权重确定的,采用常驻、轮驻、随驻相结合的方式;对进驻单位及其工作人员采取一套班子、双重管理机制,即市社会治理中心负责对进驻人员、事项等的考核管理,业务部门负责对进驻单位的业务管理和指导。目前,市社会治理中心已有25家部门或机构以及14家专业行业性调解组织入驻,共有200多名工作人员。入驻部门主要有市纪委监委、市委政法委、市信访局、市司法局、市检察院、市人民法院、市公安局、市人力社保局、市卫生健康局、市妇联、市工商联、市工会等,入驻机构或组织有司法局行政争议调解中心、卫健局心理服务中心、法院诉讼服务中心、检察院12309检察服务中心、绍兴仲裁委员会诸暨分会、人社局劳动争议调委会、公安局交调委、调解协会、保险行业调委会、工商联总商会调委会金融纠纷调委会、天平调解工作室等。

2. 镇乡(街道)、村(居)社会治理中心(工作室)

镇乡(街道)社会治理中心是镇乡(街道)矛调中心的迭代升级,主要承担信访、矛盾纠纷调处化解、社会治理事件处置、社会风险研判、风险识别管控、应急指挥协调等功能。机构设置采用"1+3+X"模式:"1"即综合信息指挥室,"3"即综合治理办、综合执法办、应急管理办,"X"即吸收纪委监察、民政、人力社保、卫健、公安、司法、城建、法庭、检察、自规、便民服务等相关职能站所以及各类调解组织、社会力量、应急队伍等组成X个协同力量。中心主任由党(工)委书记担任,党(工)委副书记担任常务副主任,相关班子成员担任副主任。一类中心按照"大综合、一体化"要求,采取整体入驻方式,除了"一室三办"全部入驻外,吸收X个协同力量进驻中心;二类中心按照"应入尽入"的要求,采取派员常驻方式,实现"一室三办"功能进驻社会治理中心,同时吸收X个协同力量进驻中心。

村(居)社会治理工作室是基层智治体系架构的基础,也是矛盾纠纷化解的前沿。只有建实村（居）社会工作室，才能形成"10%化解在县、30%化解在乡、60%化解在村"的解纷格局。为了切实强化村（居）站点治理能力，诸暨在原村（居）级综治中心和人民调委会的基础上，吸纳法律顾问、"两代表一委员"、乡贤、志愿者等力量充实社会治理工作室。①

（二）诸暨市三级社会治理中心（工作室）的工作机制

根据《指南》要求，县级社会治理中心采取协调会商机制、多元参与机制、平战结合机制、闭环管控机制。作为对《指南》的具体落实，市社会治理中心具体建立了十大工作机制：(1) 一窗受理机制，如设立无差别受理综合窗口，统一登记群众诉求并及时分流派发至各业务窗口，分类导入办事程序。(2) 调解对接机制，即将适宜调解的事项由综合窗口引导分流至各调解组织。调解不成功或当事人一方不同意继续调解的，应及时导入相应法律程序。调解达成协议的，可通过司法确认、公证等方式增强调解协议的法律效力。(3) 领导领办机制。即一般信访事项由中心分管领导牵头协调处置，重点信访事项由中心主要负责人牵头协调处置，复杂信访事项明确由市级领导包案。(4) 督办指导机制。即对中心转送、交办的有关重要信访和矛盾纠纷事项，要求事权单位限期反馈办理结果；对未及时、未按要求办理并反馈的，按照法定职责履行督查督办职能。(5) 联动指挥机制。即市、镇（街）、村（居）三级要形成事件受理、分流交办、上下联动、分析研判、反馈评价等联动闭环处置，实现对事件处置的统筹、指挥、协调、督办、反馈等全闭环管理，社会治理事件处置平台要协调指挥相关部门处置重大维稳安保、防汛、防台等重大事件。(6) 闭环执法机制。即实现对行政执法活动的统筹、指挥、协调、督办、反馈等全闭环管理。(7) 平战结合机制。即平时定期召开周例会、月例会。遇重大活动、敏感节点或重大突发事件时，根据工作需要由中心视情指定相关部门进驻。(8) 分析研判机制。即落实"日碰头、周例会、月分析"工作机制，及时开展分析研判，形成工作专报。(9) 建议征集机制。即重大决策出台前或针对群众反映比较集中的问题设立征集平台（箱）向社会征集建议。(10) 教育培训机制。即对特殊群体和人员合理配置行政、法律、心理等专业人员开展教育疏导工作，加强进驻人员日常工作管理和教育培训，提高办事效率和服务能力。

镇乡（街道）社会治理中心由综合信息指挥室统筹协调组织"四平台"及辖区内各条块的管理服务力量，建立健全了信息汇总、研判会商、分类处置、联勤联动、督考评价、领导轮值、保密管理、交流培训、首问负责九项工作机制。

（三）诸暨市社会治理中心多元化解矛盾纠纷的优势及特色

诸暨市矛盾纠纷多元化解综合机制建设经历了从公共法律服务中心、矛调中心到社会

---

① 新华社新媒体：《续写基层治理创新篇章——浙江绍兴坚持和发展新时代"枫桥经验"观察》，https://baijiahao.baidu.com/s?id=1781725193321020181&wfr=spider&for=pc，访问日期：2024-01-15。

治理中心的发展，在这个迭代升级过程中，如何解决矛盾纠纷解纷多元参与的协作和协同一直是人们所关注的问题。最初的公共法律服务中心虽整合了司法行政资源，引入了相关部门和社会组织，并嵌入智能机器人、无人律所、公共法律服务自助机等设备，但仍处于平台化治理萌芽阶段，存在因"专科受理""单部门受理"所导致的协调和协作不足以及仍以线下方式为主等问题。诸暨成立矛调中心之后加大数字信息技术的应用力度，建设了在线矛盾纠纷多元化解平台，力图实现"全科受理"和"多部门协同受理"，进入了平台化治理的起步阶段。矛调中心坚持一个窗口无差别受理各类矛盾纠纷，调解为先、科学分流、诉讼断后的原则，依法分类处理信访诉求，实现了矛盾纠纷化解"最多跑一次"，[①] 较之于公共法律服务中心具有更强的综合性、协同性和协调性。由矛调中心迭代升级的社会治理中心对矛盾纠纷多元化解来说，则是更高层次的整合。因为有浙江省"1612"数据化改革和"141"基层治理体系标准化建设的推动，诸暨市社会治理中心目前在化解矛盾纠纷方面已进入了平台化治理的发展阶段。

1. 诸暨市社会治理中心的治理优势

首先，诸暨市社会治理中心坚持系统治理、综合治理、依法治理、源头治理，将党全面领导基层治理贯彻到基层治理的全方位、全领域，充分发挥了党委总揽全局、统筹各方的作用。如前所述，诸暨通过市、镇（街）、村（居）三级平台建设打造了基层智治的平台体系。其中，市社会治理中心是负责统筹协调的枢纽型平台，也是浙江省"141"基层治理体系标准化建设的必选项，[②] 镇（街）、村（居）社会治理中心则是为上下贯通所开展的特色化建设。[③] 与公共法律服务中心由司法局具体负责、矛调中心由信访局具体负责不同的是，市社会治理中心被提格为诸暨市委办公室统管，这使得它不仅能将更多的部门、机构、组织吸纳进中心，还便于实现上下贯通和左右协同。截至目前，入驻中心的25家机构和14个专业调解组织在矛盾纠纷多元化解上，已经打破了基层条块分割、各自为政的局面，形成了统筹推进技术融合、业务融合、数据融合，强化跨层级、跨地域、跨系统、跨部门、跨业务协同联动的综合体系。[④]

其次，市社会治理中心在组织上呈扁平结构，采取的是扁平化治理模式。以市社会治理中心为例，其成员主体是入驻中心的政府相关职能部门、医疗纠纷、物业纠纷等14个专业调委会，以及青少年关怀、心理服务等社会组织。入驻成员之间既非行政隶属关系也

---

① 杨凌燕：《社会矛盾纠纷调处化解中心昨揭牌》，https：//www.zhuji.gov.cn/art/2019/12/3/art_1371583_40725564.html，访问日期：2024-04-17。
② 《浙江省"141"基层治理体系标准化建设指南》只对县级社会治理中心、乡镇（街道）"基层治理四平台"、基层网格作出了建设标准要求，不涉及乡镇（街道）、村（居）。故，浙江有县市如黄岩在镇乡（街道）建立的是综合信息指挥室。
③ 因为不是标准化建设所要求，浙江并非所有县区在镇（街）、村（居）都建设社会治理中心，如浙江台州黄岩在镇街建设的是综合信息指挥室。
④ 参见《浙江省"141"基层治理体系标准化建设指南》中关于县级社会治理中心机制设置的要求。

没有身份等级关系,是因功能集成而形成的平等组合关系,彼此之间因衔接联动强弱存在着不同程度的依赖关系。至于三个内设机构与入驻成员之间则是按照《指南》关于社会治理中心六大职能要求,① 基于治理任务或事件的流程化处理及其相关工作,形成了业务上的指导、辅助以及管理关系。关于矛盾纠纷多元化解,市社会治理中心承担的是矛盾调处统筹功能,即整合相关职能部门和社会力量,实现接访、咨询、调解、仲裁、诉讼、帮扶等功能的一体化运作,彼此之间协作协同来调处化解各种矛盾纠纷。相较于科层组织,社会治理中心基于功能集成所建立的这种扁平组织形式颇为高效。在这个平台上,科层组织的"条"与"块"被置于同一个平面上,基于矛盾纠纷多元化解的需要形成了新的组合(如下表所示),通过职能融合、流程再造形成系统集成、高效协同的整体格局,使矛盾纠纷"只进一扇门""最多跑一地"。与此同时,在党委总揽全局、统筹各方的领导下,社会治理中心依托数字信息技术减少了成员之间的沟通成本,使他们之间的交往更为快捷、衔接更为顺畅、协作更为高效,有助于实现"一窗式受理、一揽子调处、全链式化解"的目标。而在镇(街)层面,各类站所被整合入驻社会治理中心之后,搭建了"共享法庭""政务110"等业务平台,通过"一个中心管治理、一支队伍管执法",在矛盾纠纷化解方面将"零敲碎打"变成了"闭环运行"。

诸暨市社会治理中心入驻体系

来访接待区	纪委信访室	信访局	公安局信访科			
调解服务区	建设局物调委	卫健局医调委	调解协会	工商联总商会调委会	公安局交调委	金融纠纷调委会
	建设局建调委	妇联婚调委	人社局劳动争议调委会	保险行业调委会	市人民调委会	天平调解工作室
心理服务区	卫健局心理服务中心					
社会组织服务区	德林社会工作服务中心(社会组织)	"青枫护航"青少年服务台(社会组织)				
法律服务区	司法局行政复议(行政争议调解中心)	检察院12309检察服务中心	绍兴仲裁委员会诸暨分会	司法局法律援助	工会工作站	营商环境监督服务中心
诉讼服务区	法院诉讼服务中心					

---

① 按照《浙江省"141"基层治理体系标准化建设指南》要求,县级社会治理中心有运行监测功能、协同流转功能、分析研判功能、矛盾调处统筹功能、指挥调度统筹功能、督导考核功能。

再次，市社会治理中心将线下与线上、大数据的支撑功能与网格中心铁脚板的落地作用相结合，是数据平台与实体平台的组合。在浙江省深化数字化改革的大背景下，市社会治理中心将数字信息技术嵌入到矛盾纠纷多元化解综合机制建设之中，使体制机制得以重构重建的同时，力图将信息增效与技术赋能所形成的优势体现在上下贯通、横向协作的流程设计之中，提升了从矛盾纠纷源头防控、排查梳理、纠纷化解到应急处置的整合能力。为了把数智力量融入社会治理，做实数据底座，优化流程再造整合，加强协作协调，首先，市社会治理中心将线下线上相结合，加强全量数据赋码归集。如推进"民呼我为""12345政务服务热线""枫桥民声"等13大平台的数据整合，利用网格排查矛盾源头，建立民声动态分析，持续做好社会矛盾风险隐患和民生热点问题追踪等；其次，市社会治理中心深化"浙江解纷码"的应用，推动全链流转带码化解。如针对线上受理的案件实行"一案一编码、一码管到底、全程可追溯"，明确纠纷处置"一码贯之、码上留痕"，建立健全"源头预防为先、非诉调解挺前、法院诉讼断后"的"枫桥式"矛盾纠纷分层化解机制；再者，市社会治理中心实行全程闭环溯码管控。如设立"码"上溯源考评机制，规范业务办理流程，通过定期检查、动态抽查的形式确保事项实施可跟进、全程可追溯，科学设置"交办提醒、到期催办、缺件退回、审核重办"功能模块，做到办理规范全程提醒、办理进度实时跟踪、办理质效即时督导、办理经验阶段总结。

2. 诸暨市社会治理中心（工作室）的治理特色

所谓平台机制也即平台化治理的工作机制。如前所述，《指南》对此提出了概括性要求，诸暨市社会治理中心（工作室）在贯彻落实中对此进行了细化，应用于矛盾纠纷多元化解之后形成了如下特色。

第一，建立并不断完善党委领导下的统筹协调和考核激励机制。

为了聚拢矛盾纠纷多元化解的力量，提高各类主体化解矛盾纠纷的积极性和主动性，依托现有的"风险闭环管控大平安体系、政法一体化办案体系、综合行政执法体系"三大体系以及"党委领导、政府主导、中心主责、部门协同、镇街协作、社会参与"的矛盾纠纷多元化解联动体制和体系，市社会治理中心在诸暨市委领导下，将综合信息指挥中心建设成为反应灵敏、组织有序的应急指挥系统，形成了协同高效的指挥平台，在横向上统筹党政部门、企事业单位、社团组织等多元力量，实现交融互补；在纵向上贯通市、镇（街）、村（居）三级架构，发挥镇（街）社会治理中心解决纠纷的主战场作用和村（居）社会治理工作室预防纠纷的触角器功能，注重发挥"微网格"在矛盾纠纷多元化解中的作用。为了使多元主体各司其职、积极参与，尤其是使相关职能部门在矛盾纠纷源头治理上承担起责任，市社会治理中心积极参与并推动实施相关考核措施，对入驻单位和人员开展日常管理、培训和考核，对贯通应用的牵头单位履职情况开展评价考核。

第二，建立并不断优化矛盾纠纷分层过滤机制。

诸暨市政法委、人民法院、司法局与社会治理中心联合印发了《关于深化诉源治理推动矛盾纠纷分类分流化解的实施细则》（以下简称《实施细则》），按照"源头预防为先、非诉机制挺前、法院诉讼断后"的思路构建了矛盾纠纷分类分流化解机制。按照《实施细则》要求，市社会治理中心是市级流转中心，负责市级各类调解组织、各镇（街）之间的矛盾纠纷流转；镇（街）综合信息指挥室是镇级流转中心，负责镇（街）辖区内矛盾纠纷流转。市社会治理中心和镇（街）综合受理窗口对所受理的矛盾纠纷按照"分类受理、归口办理、协同处理、闭环管理"的原则，通过浙江解纷码与基层智治综合应用一窗受理、协同交办；对非纠纷类事项，如信访、咨询，根据规定流转；对纠纷类事项，可调解的按照规定流转，不可调解的可流转至镇（街）、市级职能部门处理。当事人要求进入仲裁、诉讼程序的，可引导至绍兴仲裁委诸暨分会、法院诉讼服务中心及各基层法庭处理。

第三，建立并不断健全"信息收集—分类处置—督查考核"闭环机制。

为了抓早抓小、抓源头预防，力争将矛盾纠纷防范在源头、化解在基层，提升矛盾纠纷化解效能，诸暨市研发并推广适用"浙里兴村（治社）共富"和"城市枫桥"系统。为了使系统有效运行并发挥作用，市社会治理中心重视抓好以下工作：（1）做好线上线下信息全量归集。如线下录入群众上报与网格员前端摸排事项，线上实时汇集矛调协同平台、基层智治综合应用等7个平台数据和33677个前端感知设备信息，实现治理事项"多口进，一库聚"；（2）不断优化算法。通过优化算法，有效整合筛选各类矛盾数据，排查风险隐患和敏感信息；（3）做好矛盾纠纷研判分析、预警预测，将预警信息和研判分析及时报送市领导并同步推送至相关单位，将事后化解转为事前事中预防；（4）按照"繁简分流、轻重分离、快慢分道"要求全域流转矛盾纠纷。如横向事项派发至职能部门，纵向则根据"属地首调、专调优先"原则交办至镇（街）、村（居）或行业性专业性调解组织，镇（街）、村（居）受理的疑难事件则上报至市级中心开展联动处置等；（5）做好处置全链衔接。根据"源头预防为先、非诉调解挺前、法院诉讼断后"的"枫桥式"解纷模式，构建调解、信访、仲裁、行政复议、行政裁决、公证、诉讼等多种方式协调联动体系，尤其是引导乡贤、行业协会、群团组织等多方力量参与矛盾纠纷调处化解。

三、新时代"枫桥经验"矛盾纠纷多元化解平台化治理及其机制建设应对挑战若干思考

在浙江在全国率先推动基层治理数智化体系标准建设的大背景下，诸暨借用数字信息技术将数字平台嵌入基层治理实体平台之中，建立了市、镇（街）、村（居）三级架构的社会治理中心，打造了左右协同、上下贯通的矛盾纠纷多元化解平台化治理模式，在矛盾

纠纷多元化解方面取得了丰硕成果。以 2022 年为例，诸暨市万人成讼率为 89.07 件/万人，① 完成了浙江省共同富裕示范区降至 90 以下的年度目标，与 2021 年同比下降了 7.42%；诸暨市法院共计受案（剔除执行恢复、执保以及诉前调解成功后的民初、调解确认案件）24619 件，总量同比下降 14.11%；诸暨市人民调解组织共受理矛盾纠纷 21189 件，调解成功 21096 件，同比上升 21.1%；行业专业性调解组织共调解成功案件 11053 件，同比上升 31.47%；诉前纠纷化解率 40.14%，民事可调撤率 73.03%。② 由上面这组数据可见，人民调解组织、行业专业性调解组织受理案件数量与诸暨市法院受理一审民商事案件数量呈"跷跷板"效应，诉前纠纷化解率与民事可调撤率也比较高，这足以表明诸暨市以社会治理中心为平台所构建的矛盾纠纷多元化解综合机制，在非诉讼解纷方式挺在前、源头化解矛盾纠纷方面取得了显著的成效。但也应当看到，新时代"枫桥经验"矛盾纠纷多元化解平台化治理及其机制建设仍在先行先试阶段，其建设和发展还要直面诸多问题或挑战。

1. 矛盾纠纷多元化解平台化治理及其机制建设面对的挑战

第一，诸暨通过市、镇（街）、村（居）三级架构的社会治理中心建设，搭建起平台化治理体系，形成统筹协调、分层过滤、闭环解决等平台化运行机制，意在解决基层治理的跨界跨级跨层问题，实现矛盾纠纷多元化解的上下贯通和左右协同。然而，社会治理中心是嵌入到科层组织体系之中的平台化治理模式，是针对科层制治理的弊端所进行的修正而非颠覆，这从其三级架构体系以及被置于科层组织体系之中且要依托科层等级权威等方面就反映出来。在这种去科层化却又身处科层体系包围之中的情势下，社会治理中心的平台化治理必定要面对科层组织的权力壁垒，遭遇到科层权力的消极应对乃至阻碍和抵制。

矛盾纠纷多元化解综合机制建设要求系统性和全局性。不管是市级统筹协调还是镇级集成运作与村级夯实基础，也不管是职能部门还是社会组织的配合协同，每个环节每个方面对矛盾纠纷多元有效化解及质效来说都非常重要，且因关系到源头治理需要统筹兼顾。在诸暨，村（居）凭借自 20 世纪 60 年代以来坚持群众路线、创新发展"枫桥经验"的深厚积淀，依托多元化解矛盾纠纷的社会工作室，依靠基层群众、网格员、基层干部，通过自治、法治与德治相结合，目前也开始了集预防、排查、研判、预警与调处于一体的平台化治理，相较于市级、镇（街）平台化治理而言总体还比较薄弱。③ 这使得那些倚重于基

---

① 万人成讼率是指：以某一地区的常住人口和登记在册的流动人口总数为基数，每一万人当中，法院受理的一审民商事案件数。因在一定程度上反映了基层社会治理效果，被很多地方纳入平安建设的考核指标。2022 年 9 月，诸暨市委建设"平安诸暨"领导小组办公室印发《诸暨市"除险保安"诉源治理攻坚行动实施方案》要求，为实现矛盾纠纷多元化解的目标，将建立以万人成讼率作为平安考核指标，意在压实各行业主管部门、镇乡（街道）责任，实现诉源治理。

② 根据我们调研了解到的情况，诸暨市法院受理一审民商事案件从 2018 年到 2023 年 1 月—6 月已连续五年呈下降趋势，近三年下降尤其明显，平均在 11% 以上。

③ 我们在诸暨市社会治理中心座谈调研时，负责同志表示，今后一段时间，将把指导村（居）社会治理工作室建设及坐实工作作为重点工作推进。

层干部和群众化解的纠纷，如婚姻家庭纠纷、邻里纠纷等，当事人因在村（居）没法得到有效解决只好诉至法院有逐渐增多之势，在这个过程中难免出现因矛盾激化发展为恶性案件的情形。① 此外，在涉村（居）、镇（街）、部门的小额工程、征地拆迁等矛盾纠纷解决时，经常出现相关部门、镇（街）不积极从源头上去解决矛盾，反而鼓动当事人向法院起诉，或者在化解矛盾纠纷时就事论事，罔顾衍生问题隐患，任其最后诉向法院等现象，这些不仅影响到村级夯实基础、镇级集成运作，也使市级统筹协调经常会出现"肠梗阻"。

第二，平台化治理是为了"克服治理体系碎片化导致的外部性困境、利益协调机制欠缺导致的合作困境和动员困境""发挥矩阵效应"所形成的治理模式，② 具有开放性、多元性和共享性。如前所述，诸暨市社会治理中心（工作室）正是遵循这种多元共建共治共享的思路开展矛盾纠纷多元化解综合机制建设，力图将矛盾纠纷多元化解各方力量都吸纳到平台中来，为此着力打造了"源头预防为先、非诉机制挺前、法院诉讼断后"的递进式矛盾纠纷分层过滤体系。然而，要把非诉机制挺在前面，非诉解纷力量要有承接化解矛盾纠纷的实力或能力，否则将无法有效地发挥作用。

在诸暨，人民调解作为非诉解纷力量发挥着前端和基础性作用，是矛盾纠纷多元化解"枫桥经验"的特色体现。新时代以来，诸暨在不断深化人民调解化解矛盾纠纷实践同时，根据矛盾纠纷类型及发展变化情况也在拓展和深化着其他非诉解纷方式，如行业性专业性调解。在行业性专业性领域，据2018年到2023年1－6月统计，民间借贷纠纷、买卖合同纠纷、离婚纠纷、机动车交通事故纠纷、金融借款合同纠纷等一直稳居诸暨市法院受理的民事案件前十，城乡建设类、卫生健康类、市场监管类等案件在信访中占比则较高；又据2020年到2022年统计，行业性专业性调解案件的数量与上一年相比增长率分别为44.5%、30%。面对行业性专业性矛盾纠纷迅猛增长的挑战，诸暨市先后成立了婚姻家庭、电力、物业、劳动争议、道路交通事故等16家行业性专业性调解委员会。然而，有些行业性专业性调解组织因力量薄弱或管理措施不得当，其矛盾纠纷化解情况并不尽如人意。如物业纠纷调解委员会目前仅有三名调解员，因人手紧张只能仅受理物业费纠纷，不能顾及其他如物业服务合同纠纷；又如婚姻家庭纠纷调解委员会的调解员，或因年龄较大无法掌握操作系统不能应对数字信息时代的解纷要求，或因激励措施不到位而没有主动调解的积极性。总之，因非诉解纷力量承接力不足或不强，矛盾纠纷多元化解综合机制建设难免出现短板效应，从而制约着平台化治理的整体效果。

第三，矛盾纠纷多元化解平台化治理是将数字信息技术嵌入其中所形构并推动的，这意味着，没有数字信息技术的发展，就不可能有诸暨市社会治理中心（工作室）这种平台

---

① 参见钟常宇：《浙江34岁律师被捅伤后身亡，警方：因邻里建房纠纷发生》，https：//baijiahao.baidu.com/s?id=1795757345132983923&wfr=spider&for=pc，访问日期：2024－04－12.

② 韩万渠、柴琳琳、韩一：《平台型政府：作为一种政府形态的理论构建》，载《上海行政学院学报》2021年第5期，第60页。

化治理模式。然而，数字信息技术平台被嵌入到社会治理中心之中，可能存在因技术滥用所引发的治理偏离风险。数字信息技术是将信息形成可量化的数据之后将其储存、分类与及时反馈的理性工具。① 将其应用于社会治理领域要直面的问题是，社会治理是人的主观意志掺杂其中的现象世界，许多方面属于"难以识别和穿透的屏障"或者"模糊地带"，一旦量化为标准或指标符号，就会牺牲社会关系的复杂性和多面性。② 正因为如此，在矛盾纠纷多元化解数字治理平台运行过程中，量化指标可能并不符合实际，而为量化指标体系所摒弃的在治理当中可能又是不能被忽视的。我们在调研中经常听基层干部或网格员说"矛盾纠纷底数搞不清"，其中部分所反映的正是数字信息技术的形式理性与基层社会治理的实践理性之间不契合使得归集信息出现了偏差，③ 这最终影响了相关分析和决策的科学性或合理性。此外，将数字信息技术运用于矛盾纠纷多元化解的平台化治理，还可能遇到科层管理阻隔所致数字信息跨界共享难，基层干部和网格员为应付系统填报、完成考核等而拼凑数据，平台管理人员关于数据信息的综合分析和研判能力不足等问题，这些都会影响矛盾纠纷多元化解平台化治理的质效。

第四，矛盾纠纷多元化解平台化治理及其机制建设的规范化制度化有待进一步加强。如前所述，关于矛盾纠纷多元化解平台化治理及其机制建设，诸暨市社会治理中心联合其他部门关于平台化治理或平台机制建设发布了很多规范性文件，保证了矛盾纠纷多元化解的有序性和协同性。但这些要求或规定仍存在很多问题，如欠缺整体性或综合性，原则性概括性规定较多，具体流程和相关任务要求还有待进一步细化，尤其是纠纷类与非纠纷类事项、可调解类与不可调解类事项以及不同解纷方式之间的切换过程或程序要求更需要科学性和精细化。总之，要充分发挥矛盾纠纷多元化解综合机制的治理效能，就要重视其制度建设，在保持制度优势的前提下才能将制度优势转化为治理效能。

2. 矛盾纠纷多元化解平台化治理及其机制建设应对挑战之策

第一，继续完善党委领导下"条抓块统"多元共治的体系和机制，强化平台的整合功能

矛盾纠纷多元化解综合机制建设是基层治理的主要和重要任务，加强党委对矛盾纠纷多元化解平台化治理的统筹领导对于其系统性、整体性和协调性是有力保障。一方面，要把矛盾纠纷多元化解综合机制建设纳入党政"一把手"工程，明确参加矛盾纠纷多元共治的部门、单位、组织和网格员的职责和任务，全力推动建立健全属地纠纷镇（街）解、

---

① 董石桃、董秀芬：《技术执行的拼凑应对偏差：数字治理形式主义的发生逻辑分析》，载《中国行政管理》2022年第6期，第67页。

② 董石桃、董秀芬：《技术执行的拼凑应对偏差：数字治理形式主义的发生逻辑分析》，载《中国行政管理》2022年第6期，第71页。

③ 除文中所述情形外，数字化系统无序和过度开发所致信息多口归集且又重复统计也会导致矛盾纠纷底数不清。根据我们在诸暨调研了解到的情况，不同部门、单位乃至村（居）开发或应用的数字化系统最多时达到了四五千个，给基层干部和群众平添了很多重复填报或申报信息的烦恼。

专业纠纷行业解、重大疑难复杂纠纷党委综合解的分级分层非诉解纷模式,并加强多元主体之间的衔接联动机制建设;另一方面,要建立更为科学合理的考核评价体系,压实部门、镇(街)、行业性专业性调解组织的责任。如将万人成讼率纳入部门、镇(街)的目标责任制考核之中,建立类案诉源治理定期通报制度,既抓结果考核也抓过程考核,明确责任划分、落实奖惩制度等,总体而言,通过加强党委统筹领导,加大和加强多元主体之间协作协同、建立健全绩效考核以及奖惩机制等建设,来降低或减少来自科层权力体系的阻隔或阻碍,推动矛盾纠纷多元解决平台化治理的高效运行。

第二,深化自治、法治、德治"三治融合",构建以人民为中心的矛盾纠纷多元化解共治体系,助推矛盾纠纷实质化解

新时代"枫桥经验"是广大人民群众在党的全面领导下创造出来的基层社会治理的典型经验。习近平总书记指出,中国共产党的一切执政活动,中华人民共和国的一切治理活动,都要尊重人民的主体地位,尊重人民首创精神,拜人民为师,把政治智慧的增长、治国理政本领的增强深深扎根于人民的创造性实践之中,使各方面提出的真知灼见都能运用于治国理政。① 党的十九大报告要求,充分发挥基层治理的内在活力,通过政府调节和社会调节相结合的方式,实现良性循环;《中共中央关于党的百年奋斗重大成就和历史经验的决议》提出,要健全党组织领导的自治、法治、德治相结合的城乡基层治理体系。新时代"枫桥经验"在矛盾纠纷多元解决平台化治理及其机制建设过程中,要以人民为中心,顺民意、借民力、用民智,动员和发动各种社会力量,如行业性专业性组织、民间组织、志愿者团体等积极参与到矛盾纠纷多元化解工作中来,实现习近平总书记关于将非诉解纷机制挺在前面的要求。一方面,要加强能发挥非诉解纷作用的社会力量及其队伍建设。除了基层人民调解组织及其力量建设外,还要加强其他非诉调解组织及其力量建设,如行业性专业性调解、社区社会组织或志愿者团体等,并提高调解员的能力和水平、强化群众的法治思维等;另一方面,要做好诉讼解纷与非诉解纷以及非诉解纷之间的衔接联动机制建设,推动"三治融合",使矛盾纠纷能够实质化解。应该指出的是,矛盾纠纷多元解决必须在法治轨道上进行,要在法治轨道上将情、理、法相结合,才能实现源头治理和实质化解。

第三,推进数字信息技术改革,构建线上线下有机融合的"智治"解纷系统,提升矛盾纠纷多元化解的数字保障能力

首先,在数字化改革的背景下,要加快涉矛盾纠纷类业务平台整合,攻坚开发一个跨地域、跨层级、跨系统、跨部门、跨业务为一体的数字化应用,实现矛盾纠纷数据的全量掌控、全程跟踪;要优化算法模式,给基层群众自治、行政自由裁量留有空间和余地,以

---

① 参见习近平:《在庆祝中国人民政治协商会议成立65周年大会上的讲话》,载《人民日报》2014年9月22日,第2版。

弥合数字信息技术的形式理性与基层社会治理的实践理性之间的裂隙；其次，畅通规范各种数据渠道，整合各类百姓诉求反映渠道。如前端允许以区、县（市）为单位建立统一便捷的网络投诉举报平台，后端可将县市区的数据接入省级统一平台。与此同时，要做大做强"浙江解纷码"，引导群众通过"解纷码"平台对家事纠纷、邻里纠纷等适宜人民调解的纠纷进行网上调解；再者，提升数字赋能的质效。如聚焦数字赋能全平台、全链条，依托绍兴市"数智枫桥"综合集成应用，搭建后端服务支撑平台，为县市区提供数据支撑；利用数字技术对警情、诉情、访情大数据进行综合分析研判，建立矛盾纠纷风险监测体系和预警预测模型，形成态势图、预警图，实现矛盾纠纷预防化解的高效化和智能化，等等。

第四，提升矛盾纠纷多元解决平台化治理法治化水平，在法治轨道上推进基层治理现代化

将矛盾纠纷多元化解纳入法治轨道，是加强诉源治理、推动矛盾纠纷源头化解、实现基层治理法治化的必然要求，为此要加强和完善相关制度或法律法规。就目前而言，关于矛盾纠纷多元化解综合机制建设，党中央和国家在很多政策性文件中都提出了要求，中央相关部门、司法机关和地方党政机关也根据党中央和国家的总体部署出台了很多贯彻和落实的规范性文件。在这些政策性和规范性文件的指导下，各地在矛盾纠纷多元解决综合机制建设过程中制定了很多实施性规定，有些地方甚至将相关规定上升为地方性法规。如绍兴市于2022年制定通过了《绍兴市"枫桥经验"传承发展条例》，[①] 这对增强矛盾纠纷多元化解的整体性、系统性和协调性有极大的推动或促进作用。

总体而言，关于矛盾纠纷多元化解综合机制建设目前主要依靠的是党和国家的政策在推进，在不断推进规范化和制度化的同时还要进一步加强并发挥法治的保障作用，一方面，考虑到全国全领域推进矛盾纠纷多元解决综合机制建设以及增强其系统性、整体性等需要，在浙江省矛盾纠纷多元解决平台化治理及其机制建设先行先试探索的基础上，进一步总结其经验成果并提炼普适性，适时上升为国家法律是有必要的，这也将极大地提高我国矛盾纠纷多元解决综合机制建设的规范化法治化水平；另一方面，各地也应及时总结矛盾纠纷多元化解综合机制，尤其是平台化治理及其机制建设方面的成功经验，加大其规范化、制度化和精细化建设的力度，并将其中可复制可推广的成果及时上升为地方性法规或地方规章，充分发挥法治在矛盾纠纷多元化解平台化治理方面的固根本、稳预期、利长远的保障作用，推动"盆景""风景"变为全景。

结　语

基层治理是国家治理的基石。完善矛盾纠纷多元解决机制建设，是推进基层治理体系和治理能力现代化的基本要求，也是国家治理体系和治理能力现代化的重要内容。新时代

---

① 《绍兴市"枫桥经验"传承发展条例》，载《绍兴日报》2022年10月12日，第2版。

"枫桥经验"是在党的领导下，坚持群众路线，紧紧依靠人民群众处理人民内部矛盾的经验。为了实现习近平总书记提出的要求，推动更多法治力量向引导和疏导端用力，就要坚持和发展新时代"枫桥经验"，完善社会矛盾纠纷多元预防调处化解综合机制，在新时代新征程做好社会矛盾纠纷多元化解平台化治理模式及其机制的建设和发展。

　　为践行新时代"枫桥经验"，在浙江省推动数字化改革和"141"基层智治系统建设的背景下，针对矛盾纠纷的跨界性、关联性、复杂性增强的实际，[①] 诸暨市秉持预防在先、源头化解的思路，将系统治理、综合治理、依法治理、源头治理贯彻到矛盾纠纷多元化解综合机制建设之中，依托数字信息技术开展了矛盾纠纷多元化解的平台化治理，不仅推动了矛盾纠纷解决从单一性、个体性和各自为战向多元性、协作性和综合性发展转变，还在多元主体衔接联动、协同协作的有效机制建设方面取得了显著成效。应该指出的是，诸暨市关于矛盾纠纷多元化解平台化治理的先行先试探索仍在进行之中，需应对问题或挑战进一步拓展和深化。

　　守正创新是新时代的主旋律。党的二十大提出，在社会基层坚持和发展新时代"枫桥经验"，完善正确处理新形势下人民内部矛盾机制，加强和改进人民信访工作，畅通和规范群众诉求表达、利益协调、权益保障通道，完善网格化管理、精细化服务、信息化支撑的基层治理平台，健全城乡社区治理体系，及时把矛盾纠纷化解在基层、化解在萌芽状态。[②] 为实现党中央关于矛盾纠纷多元化解机制建设所确立的目标和任务，新时代"枫桥经验"矛盾纠纷多元化解平台化治理及其机制建设，应当立足本地、放眼全国、面向未来与时俱进地创新发展，进一步深化和丰富中国式矛盾纠纷多元化解综合机制建设的探索和实践。

The "Fengqiao Experience" in the new era and the multi-platform governance of resolving contradictions and disputes and its mechanism construction
——Based on the exploration and practice of the construction of Zhuji Social Governance Center

Zhu Jiping, Li Bingguo, Dong mingrui

Abstract: The construction of mechanisms for managing diversified conflicts and disputes in the new era has evolved from platform building to platform governance, supported by digital

---

[①] 参见陈文清：《坚持和发展新时代"枫桥经验" 提升矛盾纠纷预防化解法治化水平》，载《求是》2023年第24期，第20页。

[②] 参见习近平：《高举中国特色社会主义伟大旗帜 为全面建设社会主义现代化国家而团结奋斗——在中国共产党第二十次全国代表大会上的讲话》，载《人民日报》2022年10月26日，第1版。

information technology. Zhuji City's "Fengqiao Experience" practices and enriches this approach in the new era, applying digital thinking and technology to resolve conflicts and disputes through a three – level system of social governance centers with diverse participation under Party Committee leadership. This experience explores and builds a platform governance mode and mechanism for managing diversified conflicts and disputes. The "Maple Bridge Experience" requires continuous development and improvement according to new situations and problems, aiming to solve conflicts at the grassroots level.

Key words: "Fengqiao Experience" in the new era; Multiple solutions to conflicts and disputes; Platform – based governance; Platform mechanism

"枫桥式"特色创建的理论阐释与效能提升[*]

王斌通　仝孟玥[**]

摘　要　"枫桥式"特色创建是各行业领域在坚持发展新时代"枫桥经验"、推进基层社会治理现代化的过程中，贯彻党的群众路线，结合自身发展需要，进行的推动更高水平平安中国建设的专项活动，具有鲜明的引领性、时代性、人民性。高质量推动"枫桥式"特色创建，充分释放和提升其社会治理效能，需要加强制度供给，构建特色分明、衔接联动的规范体系；增强多元共治，形成开放式、立体式的治理结构；重视标本兼治，推动预防性法律制度的整合与应用。

关键词　"枫桥经验"　"枫桥式"工作法　社会治理法治化　预防性法律制度

2023年11月6日，纪念毛泽东同志批示学习推广"枫桥经验"60周年暨习近平总书记指示坚持发展"枫桥经验"20周年大会在京召开，会议强调，坚持和发展新时代"枫桥经验"，提升矛盾纠纷预防化解法治化水平，对实现国家治理体系和治理能力现代化具有重大意义[①]。"枫桥经验"是浙江省诸暨市枫桥镇干部群众创造的一套行之有效的社会治理方案，是中国共产党领导人民推进国家治理体系和治理能力现代化的生动实践。在60

---

[*] 陕西省社会科学基金项目"弘扬'枫桥经验'，推进基层社会治理能力研究"（编号：2023FY09）；陕西省教育厅青年创新团队项目"革命根据地廉政法制建设的实践与经验研究"（编号：23JP377）；西北政法大学省部级科研机构项目"革命根据地廉政法制建设的制度经验研究"（编号：SJJG202309）。

[**] 王斌通，法学博士，西北政法大学法治学院副教授、硕士生导师；仝孟玥，西北政法大学博士研究生。

[①] 《中央政法委、浙江省委召开纪念毛泽东同志批示学习推广"枫桥经验"60周年暨习近平总书记指示坚持发展"枫桥经验"20周年大会》，中国长安网 http://www.chinapeace.gov.cn/chinapeace/c100007/2023-11/09/content_12694116.shtml，访问日期：2024-01-01。

多年传承发展的历程中，从"依靠群众就地化解矛盾"到"善于运用法治思维和法治方式解决涉及群众切身利益的矛盾和问题"①，"枫桥经验"持续迸发出积极的社会治理效能，特别是在社会矛盾纠纷源头预防和多元化解、依法解决好涉及群众切身利益的突出问题等方面进行了有益探索。近年来，全国各行业各领域贯彻党中央的决策部署，发挥以新时代"枫桥经验"为代表的社会治理典型经验的示范引领作用，因地制宜进行"枫桥式"特色创建，为社会治理法治化提供了有力支撑，亦成为更高水平平安中国建设、法治中国建设中光彩夺目的一环。

一、"枫桥式"特色创建的提出及其社会治理意义

作为中国基层社会治理现代化的杰出成果，新时代"枫桥经验"蕴含的基层社会治理思想观念、工作机制、方式方法，具有本土性、人民性、科学性和示范性，对基层社会治理创新具有重要的启迪作用。作为一项平安建设、法治建设领域的专项活动，"枫桥式"特色创建源于浙江诸暨等地的地方探索。自2019年起，公安部为了深入贯彻落实习近平总书记关于"把'枫桥经验'坚持好、发展好，把党的群众路线坚持好、贯彻好"的重要指示精神，在全国范围内开展"枫桥式公安派出所"创建，揭开了中央层面自上而下部署"枫桥式"特色创建的大幕。2022年中央一号文件提出："推进更高水平的平安法治乡村建设。创建一批'枫桥式公安派出所'、'枫桥式人民法庭'"②，再次掀起"枫桥式"特色创建的高潮。同年，最高人民法院发布"打造枫桥式人民法庭 积极服务全面推进乡村振兴"典型案例，在基层司法服务全面推进乡村振兴、服务基层社会治理方面产生积极影响。2023年，公安部继续发布"枫桥式公安派出所"名单，最高人民法院召开"枫桥式人民法庭"创建示范项目动员部署会，国家税务总局隆重举办新时代"枫桥式"税务所（分局、办税服务厅）建设交流推进会，其他中央部门及地方省市也陆续公布了"枫桥式"特色创建的实施方案或先进名单。

目前，"枫桥式"特色创建如火如荼地进行，已然成为平安建设、法治建设领域一个不容小觑的社会现象，其社会治理意义体现如下：

（一）"枫桥式"特色创建是坚持发展新时代"枫桥经验"的有效方式

坚持走中国特色社会主义社会治理之路，推动形成共建共治共享的社会治理格局是《中国共产党政法工作条例》所明确的政法工作基本原则。新时代"枫桥经验"在法治建设中，注重把党的领导、人民当家作主、依法治理有效结合，广泛动员干部群众一体参与

---

① 习近平：《把"枫桥经验"坚持好、发展好把党的群众路线坚持好、贯彻好》，载《人民日报》2013年10月12日，第1版。
② 《中共中央 国务院关于做好2022年全面推进乡村振兴重点工作的意见（2022年1月4日）》，中国政府网 http：//www.gov.cn/zhengce/2022-02/22/content_5675035.htm，访问日期：2024-01-01。

社会事务，突出法治的基础性作用与法治、自治、德治等综合性作用的发挥，以法治方式凝聚社会共识、推动社会治理，实现了提高群众法治素养、维护社会公平正义、促进基层安定有序、营造法治化营商环境、形成共建共治共享社会治理格局的有机统一。因而，新时代"枫桥经验"的发展历程，鲜明地体现出中国基层民主法治不断健全完善的过程。"枫桥式"特色创建或由法治实务部门发起，或由基层政权或组织自发探索，均体现出丰富的法治元素和浓郁的法治氛围。在检验"枫桥式"特色创建成效的标准中，无论是个案办理，还是类案总结，几乎都涉及群众对社会治理和法治建设的满意度。所以，新时代"枫桥经验"须臾不离法治，推进法治进步、着力提升矛盾纠纷预防化解法治化水平成为坚持发展新时代"枫桥经验"题中应有之义。"枫桥式"特色创建并非由一个个方案所推动，其根本在于群策群力运用法治力量、法治思维和法治方式预防矛盾、化解纠纷，增强群众在法治方面的获得感、幸福感、安全感。换言之，群众对"枫桥式"特色创建法治成效的检验是最直接、最可靠的标准。这就说明，"枫桥式"特色创建使新时代"枫桥经验"在法治轨道上创新发展有了兼顾创新性和操作性的路径保障。

（二）"枫桥式"特色创建为提炼推广"枫桥式工作法"提供有力支撑

2023年，中央政法委在全国范围内评选出104个"枫桥式工作法"单位，并举行了隆重的表彰仪式。习近平总书记勉励入选单位"再接再厉，坚持和发展好新时代'枫桥经验'，为推进更高水平的平安中国建设作出新的更大贡献"①。"枫桥式工作法"入选单位涵盖法治实务部门和基层乡镇（街道），集中展现了各地在依法预防化解矛盾纠纷中的体制机制创新成果，其中，既有对邻里纠纷、家庭矛盾等传统问题的应对之道，也有对涉外纠纷、税费争议等热点问题的化解之策，整体呈现出各地通过"一站式"建设，实现"法治建设既要抓末端、治已病，更要抓前端、治未病"的实践智慧②。"枫桥式"特色创建与"枫桥式工作法"并行不悖，二者具有内在的一致性。一方面，"枫桥式"特色创建与"枫桥式工作法"均为坚持发展新时代"枫桥经验"的重要路径探索和方式方法创新，均体现出各行各业对运用新时代"枫桥经验"预防化解矛盾纠纷的重视。另一方面，极少数"枫桥式"特色创建成效明显的单位入选"枫桥式"工作法先进典型，突出了"枫桥式工作法"的示范引领作用。而总结提炼并推广应用各地"枫桥式工作法"，依然需要依靠"枫桥式"特色创建，因地制宜、有的放矢地开展具体工作，达到以点带面、整体增进、系统性助力社会治理现代化的效果。

（三）"枫桥式"特色创建成为提升社会治理法治化水平的重要依托

社会治理直面现阶段社会领域层出不穷的新情况、新问题。增强干部群众尊崇法治、

---

① 《习近平会见全国"枫桥式工作法"入选单位代表》，载《人民日报》2023年11月7日，第1版。
② 《习近平主持召开中央全面深化改革委员会第十八次会议强调　完整准确全面贯彻新发展理念　发挥改革在构建新发展格局中关键作用》，载《人民日报》2021年2月20日，第1版。

恪守法治、运用法治的自觉性，可以对妥善平衡各种错综复杂的社会利益关系有所裨益，也能最大程度预防、消除困扰经济发展和群众生活的风险隐患。新时代"枫桥经验"较好地体现了法治在矛盾纠纷化解中的制度优势和特殊功能。新时代"枫桥经验"强调"矛盾不上交"，这与严格依法办事并不矛盾，严格执法、公正司法并不单纯追求消极惩治，更在于积极预防。所谓"矛盾不上交"，既突出法治力量下沉、资源下沉，在基层一线解决问题，起到防止矛盾扩散、激化和群众利益诉求被漠视的作用，也重视通过法律与情理的综合作用，实现惩治功能与教育功能的融合，寻求最佳的解纷方式和治理效果。同时，新时代"枫桥经验"强调"服务不缺位"，鼓励各级干部改进为民服务态度、方式，提升依法服务群众的能力，变被动受理群众诉求到主动关心群众涉法涉诉利益，使法治建设增进了干部和群众、法律和群众之间的联系，获得道德、舆论的支持和群众的广泛参与和认可，夯实了法治社会的根基。而"枫桥式"特色创建的开展，本身就是一项提升干部群体法治意识、服务意识的行动，也是畅通群众合法诉求表达渠道、优化矛盾纠纷预防化解法治路径的行动。在创建活动中，一批政策文件、行业标准等规范发挥了保障作用，一系列推动诉调对接、诉裁联动的解纷方式得以健全完善，各地形成并丰富了有法可依、功能互补、程序衔接的矛盾纠纷多元预防化解体系，切实推动了社会治理的法治化水平稳步提升。

二、实践与成效："枫桥式"特色创建的展开

"枫桥式"特色创建与新时代"枫桥经验"的创新发展相伴而生，除了中央部门自上而下的号召，作为"枫桥经验"发源地的诸暨市，更是在公安派出所、人民法庭、检察室、退役军人服务站、税务所、供电所、交警中队、消防救援队站和乡镇（街道）、村（社区）等多个领域率先进行了卓有成效地探索，为各行各业参与社会治理、助力法治建设贡献了一批可推广、可复制的优秀做法。2023年6月，诸暨市所在的绍兴市为贯彻落实《绍兴市"枫桥经验"传承发展条例》，推动系列建设更加制度化、品牌化，也出台了《关于坚持发展新时代"枫桥经验" 开展"枫桥式"系列建设的指导意见（试行）》[①]，这是目前国内首份系统谋划并及时发布的"枫桥式"特色创建的指导性规范，在总结吸收了诸暨等地阶段性实践经验的基础上，明确了"枫桥式"示范乡镇（街道）、村（社区）、基层窗口、标志化工程和"枫桥式"工作法的创建标准和工作指引。2023年9月28日，浙江省第十四届人民代表大会常务委员会第五次会议通过《浙江省人民代表大会常务委员会关于坚持和发展新时代"枫桥经验"的决定》，首次以省级地方性立法的形式，鼓励基层推进"枫桥式派出所""枫桥式法庭""枫桥式检察室""枫桥式司法所"等建设。

---

① 《推动"枫桥式"系列建设制度化品牌化》，载《绍兴日报》2023年7月9日，第3版。

至此，从县级诸暨市、地级绍兴市、浙江省、公安部和最高人民法院等构成的"枫桥式"特色创建纵向体系逐级形成。与此同时，其他各省、各行业领域也进行了大量自主性地探索，极大丰富了"枫桥式"特色创建的场域，使这项活动呈现出纵横交错、各展其长、百花齐放、百家争鸣的生动局面。在众多创建典型中，"枫桥式派出所""枫桥式人民法庭""枫桥式检察室""枫桥式司法所""枫桥式税务所"等最具代表性和影响力。

表1 "枫桥式"特色创建代表性单位统计表①

创建活动	创建主体	代表单位	活动内容
枫桥式公安派出所	全国公安系统	浙江省诸暨市公安局枫桥派出所	以"矛盾不上交、服务不缺位、平安不出事"工作理念为引领，构建"党建统领、多元共治、数字赋能、惠民共享、法治保障"五位一体的公安基层治理体系②
		陕西省西安市蓝田县公安局文姬路派出所	创造性提出多元化矛盾调解的"枫桥+乡约"的"1+N"警务模式，以《吕氏乡约》为文化滋养，包片民警会同党政干部、乡贤能人、调解员、网格员等力量，建立"一站式"解纷平台和"大调解"机制
枫桥式人民法庭	全国法院系统	浙江省诸暨市人民法院枫桥法庭	以"办案最公正、解纷最高效、服务最便捷"为追求，探索具有时代特征和地方特色的"枫桥式人民法庭"工作模式③
		陕西省延安市宝塔区人民法院枣园人民法庭	将传承"马锡五审判方式"等红色基因和人民司法优良传统与司法审判、司法调解及人民法庭标准化、规范化建设有机结合，将红色法治信仰转化为服务人民群众的生动实践
枫桥式检察室	部分检察机关	浙江省诸暨市人民检察院枫桥检察室	坚持为民司法，主动融入区域矛盾大调解体系，联合社会治理力量，建立以"书记调""阳关调""圆桌调"为核心的"检治联调"工作法，真正做到案结、事了、人和
		陕西省子洲县人民检察院周家硷镇检察服务站	以驻点接访、个案检察、定期巡防等机制为抓手，着力破解镇村法治建设中检察监督力量不足、衔接不畅等难题，用心用情解决群众急难愁盼问题

---

① 本表暂以浙江省和陕西省"枫桥式"特色创建的典型单位进行比较，凸显"枫桥经验"发源地和创新地的实践面貌，表中陕西省的信息和材料均为实地调研所得。
② 《"枫警"这边独好 诸暨市公安局深化创建"枫桥式公安派出所"》，平安绍兴网 http://pasx.pazjw.gov.cn/fazhishaoxing/202110/t20211027_23277108.shtml，访问日期：2024-01-01。
③ 《最高人民法院发布〈新时代人民法庭建设案例选编（二）〉》，最高人民法院官网 https://www.court.gov.cn/zixun/xiangqing/342421.html，访问日期：2024-01-01。

续表

创建活动	创建主体	代表单位	活动内容
枫桥式司法所	部分司法行政机关	浙江省诸暨市司法局枫桥司法所	围绕"党建示范引领、人民立场坚定、体制机制顺畅、队伍建设过硬、工作实绩显著、基础保障有力"等任务,以点带面、重点突破,提升司法所建设整体水平①
		陕西省安康市平利县司法局城关司法所	推进"矛盾纠纷化解多元化、特殊人群管理个性化、法治宣传教育多样化、公共法律服务便民化、职能发挥作用最大化",努力做到"公平正义有温度、社区矫正有色彩、宣传覆盖有广度、服务群众有速度、法治建设有助手",以"五化五有"助推司法所工作提质增效
枫桥式税务分局	全国税务系统	国家税务总局诸暨市税务局枫桥税务所	以"矛盾不上交、平安不出事、服务不缺位"为目标,以"党建联、服务联、执法联、矛调联"为抓手,在德治、法治和自治的基础上加入智慧治理,打造税务"枫桥经验"品牌②
		国家税务总局延安市税务局	将延安精神与"枫桥经验"相结合,在全市税务系统全面推进"枫桥式"税务局创建工作,探索以红色文化为底蕴、共建共治共享为目标、五大工程("党建强基"提升工程、"依法治税"巩固工程、"咨调中心"建设工程、"涉税调解"提质工程、"智慧税务"保障工程)为主干、张思德品牌为载体、机制创新为驱动的延安税务实践③

从上表及各地实践情况看,现阶段的"枫桥式"特色创建展现出以下成效及特点:

一是纠纷化解与权益维护并重,凸显出治理本质的人民性。新时代"枫桥经验"的核心价值是以人民为中心,注意密切干部与群众之间的关系,尊重人民群众的首创精神,鼓励群众通过自治、法治和德治发挥聪明才智,在政策制定与实施、纠纷预防与化解等方面,始终坚持以人民群众的满意与否作为检视治理成效的根本标尺,将个人利益、集体利益的协调并重作为成功解纷的重要考量。目前发起"枫桥式"特色创建的单位和部门,均肩负着直面群众急难愁盼问题并为群众排忧解难的职责。群众通过"枫桥式"基层单元,既能最低成本、最佳速度解决问题,也能最优方案、最大程度维护利益,因此,"枫桥式"特色建立的制度关怀及于群众生活的细致末梢,较好地顾及了群众对公平正义和案结事了需求的高度统一,体现出"把屁股端端地坐在老百姓这一方面"④的法治本色和鲜明的人

---

① 《浙江司法所工作白皮书》,浙江省司法厅2021年12月发布,第14页,浙江省司法厅官网 https://zjjc-mspublic.oss-cn-hangzhou-zwynet-d01-a.internet.cloud.zj.gov.cn/jcms_files/jcms1/web2747/site/attach/0/cabd6725a95d4b7baec39782db20534e.pdf,访问日期:2024-01-01。
② 《"枫桥经验"发源地挂牌"枫桥式"税务所》,载《中国税务报》2022年9月6日,第7版。
③ 《新时代税务版"枫桥经验"的延安实践》,载《中国税务报》2023年6月30日,第4版。
④ 习仲勋:《习仲勋文选》,中央文献出版社1995年版,第9页。这是习仲勋在陕甘宁边区绥德分区司法会议上的讲话,题为《贯彻司法工作正确方向》,按一九四四年十一月五日《解放日报》刊印。

民性。

二是遵行法治与改进服务并重，凸显出治理功能的综合性。基层单位的解纷能力和服务质量关系着社会治理能否增进干群互动、打通"最后一公里"、促进治理体系与治理能力现代化，无论何种形式的"枫桥式"特色创建，都在这一层面殊途同归。各单位在"枫桥式"特色创建中，普遍运用新时代"枫桥经验"的核心元素，注重"立足法治，预防为主，防调结合"，借鉴使用"组织建设走在工作前，预测工作走在预防前，预防工作走在调解前，调解工作走在计划前"的"四前工作法"，优化改进"预警在先，苗头问题早消化；教育在先，重点对象早转化；控制在先，敏感问题早防范；调解在先，矛盾纠纷早处理"的"四先四早"工作机制，广泛确立"倾听陈述要专心、调查分析要细心、开展疏导要耐心、调处纠纷要诚心、下达结论要公心、遇到反复有恒心"的"六心"调解法，取得干部依法履职水平与服务质效同步提升的综合效果。

三是夯实基层与联动市县并重，凸显出治理基础的系统性。郡县治，天下安。新时代"枫桥经验"长期植根基层，保证了群众所赋予其源源不断的治理活力。"枫桥式"特色创建的主要场域也是基层，但是实践表明，在公安派出所、人民法庭、司法所、税务所创建过程中，并非由某一主体单打独斗，而是各主体根据需要，积极对接各类优势资源，现有创建单位毫无例外均重视横向上争取人民调解、乡贤调解、行业性专业性调解的联动，纵向上争取市县党政机关和各部门、各单位的支持，由此形成解纷资源向一线倾斜、矛盾纠纷向多元分流、化解方式向共治转型的"一站式"法治平台建设格局。在此基础上，细微纠纷即时就地化解，一般纠纷当面调处化解，复杂纠纷上报分流化解，重大纠纷层报合力化解，既满足基层干部群众对稳定社会秩序的期待，也确保达到市域社会治理现代化所要求的"解决市域内影响国家安全、社会安定、人民安宁的突出问题"[①]的目的。

四是文化传承与群众路线并重，凸显出治理方式的创新性。文化对社会治理影响持久。"五千年从未中断的中华法文化，凝聚了中华民族的政治智慧和法律智慧，是中华民族的骄傲，也是中国特色社会主义法治建设极其丰富的资源和宝藏。"[②]"枫桥经验"中不仅延续了中华民族"贵和尚中""亲仁善邻""无讼是求"的朴素心理，传承了古人情理法相统一、礼乐政刑综合为用的治理智慧，也赓续了法治为民、利民、便民的人民司法优良传统和红色法治基因。各单位在"枫桥式"特色创建中，均不约而同地重视创新群众工作方式与传承弘扬优秀文化相结合，特别是以《吕氏乡约》为代表的传统基层自治文化、以马锡五审判方式为代表的红色法治文化在创建活动中，被发掘、重视和更新，与"枫桥经验"交相辉映，反映出各地对以复合型治理方式创新构建法治文化，并以文化赋能"枫桥式"特色创建的努力。

---

① 陈一新：《推进新时代市域社会治理现代化》，载《人民日报》2018年7月17日，第7版。
② 张晋藩：《弘扬中华法文化，构建新时代的中华法系》，载《当代法学》2020年第3期，第151页。

五是监督考核与廉政建设并重,凸显出治理实践的长效性。一项裨益治理、惠及民生的专项创建活动,必须与必要的监督考核、廉政建设等相结合,才能最大程度避免其陷入"形式主义"的泥淖,从而推动该项活动制度化、长效化。早在延安时期,中国共产党就形成了一套比较成熟的监督体制,党内监督、民主监督、群众监督、司法监督和新闻舆论监督相得益彰。在监督考核的驱动下,当时的延安,上至中央领导下至普通党员,真正做到了勤恳工作、廉洁从政、遵纪守法、艰苦奋斗,充分展现了共产党员的先锋模范作用[1]。历史表明,加强监督考核与廉政建设,巩固鱼水情深的党群干群关系,是党推进一系列特色创建活动的重要制度经验。"枫桥式"特色创建由党政机关或行业单位发起,一线窗口均有党员服务,一切工作均接受有效的监督与考核。因此,往往"枫桥式"特色创建卓有成效的单位,党风廉政建设也并驾齐驱,不断保持着工作环境的风清气正和党员干部队伍的廉洁本色。

值得注意的是,在各地实践中,由于典型经验的示范效应,"枫桥式"特色创建还展现出引领性、拓展性、时代性等特征。一方面,"枫桥式"综治中心、监所、信访代办制、退役军人事务站、监察办、供电所、交通运输基层执法站所、消防救援站甚至社工站等在公安派出所、人民法庭的影响下纷纷涌现,极大地拓宽了"枫桥式"特色创建的广度,使新时代"枫桥经验"进一步突破既往政法领域的场域限制,更加符合基层社会治理现代化所倡导的"大平安""大治理"理念和党群同心、多元共治的要求。另一方面,尽管新时代"枫桥经验"发源地浙江省诸暨市在"枫桥式"特色创建虽体现出特有的区域优势,但无论是浙江省内各市,还是全国各省,均参与到"枫桥式"特色创建之中,在某些领域甚至比诸暨市更加主动、更富活力、更显成效。此外,许多行业领域非常重视智慧治理在"枫桥式"特色创建中的作用,诸暨市委政法委"'一站式、一码管'综合解纷工作法"即融合信息化手段与系统治理、依法治理、综合治理、源头治理观念的产物,使创建活动极具向智能化迈进、让群众感受更便捷服务的时代特色。

三、瓶颈及限度:"枫桥式"特色创建之检视

目前,"枫桥式"特色创建虽已取得显著成效,在推动社会治理法治化中释放出积极效能。但其中仍存在一些亟待认真审视并解决的难题,这些难题既是"枫桥式"特色创建的瓶颈,也成为突破这一活动自身限度的关键所在。

(一)规范保障层面:必要而持续的制度供给亟需补足

首先,作为一项专项活动,"枫桥式"特色创建与诸多创建活动一样,需要克服其本身难以避免的即时性。换言之,除了浙江省个别性的地方立法外,当前支撑"枫桥式"特

---

[1] 刘国成:《延安时期从严治党的实践》,载《学习时报》2017年11月27日,第5版。

色创建的规范依据主要是中央部委和各地各行业出台的政策性文件,这些文件往往带有短期内贯彻落实中央精神和上级部署的特点,其稳定性和持续性有待增强。其次,在众多"枫桥式"特色创建中,除了部分系统由中央部门牵头颁布了全国性的统一标准外,其他领域的特色创建目前均未形成国家标准,这就导致即使同一领域不同标准并存的情形大量存在;而且,现有规范性文件中,相当一部分文件侧重宏观指导,创建标准过于模糊,针对性和有效性也需要提升。再次,许多行业领域和各地域之间的创建标准缺乏关联或比较,创建目的、基本原则、方式方法、验收程序等方面差异明显,不利于整体上丰富和发展新时代"枫桥经验"的时代内涵。复次,各地对发源地诸暨标准的"拿来主义"较为突出,一些地区将枫桥镇原创性、地域性烙印的经验做法简单复制到基层治理单元,同质创建现象明显,导致创建效果良莠不齐。此外,部分行业、领域尚存在"枫桥经验是个筐,什么都能往里装"的认识误区,在标准制定上过于宽泛,混淆法治建设、平安建设、特色创建与主责主业的关系,对现有工作产生一定干扰,使创建活动陷入形式主义的泥淖。

(二)共建共治层面:社会力量的参与程度有待加强

"共建共治共享"是"社会治理共同体"的精髓①,基层社会治理的内在要求是多元主体通过共建共治共享达到良法善治。其中,既要发挥党组织的领导作用,明确和落实政府的主责,也需要充分尊重基层群众的首创精神、支持社会力量参与社会治理。特别是在新时代"枫桥经验"创新发展中,一系列品牌调解室、新型调解组织和覆盖教育、养老、健身、文化传承、知识普及的志愿服务力量深度参与,促进了重心下移、资源下沉、优势互补,使各项服务更加精准化、精细化。这些社会力量在完善行业章程、村规民约、社区公约、风俗习惯等社会规范的过程中扮演着不可替代的角色,加速了新时代"枫桥经验"的法治化、制度化进程。然而,当前除了北京、上海、浙江等东部发达地区之外,大量的中西部省份在"枫桥式"特色创建中,几乎均缺乏对优秀社会组织特别是志愿服务组织的引入,也缺乏优秀社会组织对创建成效的评价与监督,使创建活动呈现出主导单位一枝独秀而非共建共治主体异彩纷呈。在某种意义上,这些单位显然没有摆脱传统的"管理"思维,忽视了各种新生力量对社会治理的支撑作用,无意于通过特色创建培养、壮大优秀社会组织,以致在向"治理"的跨越中步履蹒跚,无法呼应急遽变革的社会治理需要,也无法适应社会治理法治化所要求的"政府治理和社会调节、居民自治良性互动"②。

(三)依法治理层面:对预防性法律制度的整合运用亟待改进

坚持和发展新时代"枫桥经验",完善预防性法律制度,是中央全面深化改革委员会

---

① 张文显:《新时代中国社会治理的理论、制度和实践创新》,载《法商研究》2020年第2期,第9页。
② 《中共中央 国务院关于加强基层治理体系和治理能力现代化建设的意见(2021年4月28日)》,载中国政府网 https://www.gov.cn/zhengce/2021-07/11/content_5624201.htm,访问日期:2024-01-01。

作出的重要部署①。预防性法律制度主要是"为防范各类矛盾纠纷发生而制定的一系列法律规范和制度。"② 其要义在于"保障人民群众的发展与安全利益，事先主动采取预防性措施，防止影响发展的重大安全事件尤其是重大犯罪案件的发生。"③ 这与"枫桥式"特色创建的目标不谋而合。而且，"枫桥式"特色创建所普遍采用的多主体参与、前段中段末段全程贯通的调解制度和系列机制建设，实质上不仅推动了预防性法律制度的应用，也确实收获了矛盾纠纷源头预防、前端化解、关口把控的效果。但是，在目前的创建活动中，各类主体各自为政的现象并未消除，一些单位过度依赖事后的纠纷调解，忽视事前预测预防机制的完善，甚至出现了调解一家独大，其他制度机制无用武之地的情况。由此非但没有完全落实把非诉讼纠纷解决机制挺在前面的要求，也与一站式受理、一揽子调处、全链条解决的创建初衷有所背离。因此，各"枫桥式"特色创建单位存在的对预防性法律制度认识不深入、机制衔接不及时、资源整合不到位等问题，须引起充分重视。

还需注意，"枫桥式"特色创建并不完全等同于坚持发展新时代"枫桥经验"的全部举措，也就是说，"枫桥式"特色创建不是万能的，不能误以为选取部分单位开展创建活动就是在全面践行新时代"枫桥经验"，而与社会治理和法治建设所强调的系统性、全局性相违背。"枫桥式"特色创建只是以新时代"枫桥经验"助推社会治理法治化过程中一项具有创新性、可操作性的专项行动，与各项矛盾纠纷预防化解措施不是非此即彼的替代关系。现阶段，并非所有行业领域均需要推进"枫桥式"特色创建，北京东城"微网格"治理、西城"全周期"诉源治理、石景山"可信消费"模式，上海虹口派出所、司法所、律师事务所"虹馨·三所联动"机制、浙江舟山"海上枫桥经验"、黄岩"三化十二制"，以及陕西延安"十个没有"平安创建、内蒙古鄂尔多斯"千里草原安睦隆"、新疆阿勒泰"乌伦古经验"等典型实践均为新时代"枫桥经验"注入了新的内容，但这些实践呈现出的整体性成效，是一个个基层单元治理效能与活力释放的结果，并不意味着所有领域再进行一套系统性的"枫桥式"创建才能保持其经验的进步性。这就说明，是否开展"枫桥式"特色创建，并配备诸多相应的制度、机制和规范性文件，不能一概而论。如此，才能使不同版本的"枫桥经验"充分涌现，使新时代"枫桥经验"从一域的"盆景"发展为全域的"风景"。

四、提升"枫桥式"特色创建效能的路径探索

"枫桥式"特色创建这一事关人民福祉、社会和谐、法治进步和国家安全的专项活动，必须高质量、高标准推进，既需要积极回应和破解各种难题，也要精准把握其发展规律，

---

① 《习近平主持召开中央全面深化改革委员会第十八次会议强调　完整准确全面贯彻新发展理念　发挥改革在构建新发展格局中关键作用》，载《人民日报》2021年2月20日，第1版。
② 潘剑锋：《完善预防性法律制度》，载《人民日报》2021年1月19日，第9版。
③ 刘军：《预防性法律制度的理论阐释与体系构建》，载《法学论坛》2021年第6期，第95页。

充分运用法治思维、法治方式持续推进创建活动。

(一) 加强制度供给，构建特色分明、衔接联动的规范体系

"纠纷多元化解是社会常态，但各种机制不是孤立运作的，而是存在相互联动、互相制约的结构性关系。"① 克服当前规范保障不足、标准种类繁多、部分创建活动"碎片化"及持续性较差的问题，可以从对新时代"枫桥经验"的整体性认识上寻找良方。在传承、发展、创新的过程中，诸暨市一直没有放弃结合时代特征对"枫桥经验"进行与时俱进的整体性塑造。譬如，关于如何学习借鉴"枫桥经验"，早在20世纪90年代，诸暨市就提出了"五有"的建设标准：有一个党政动手、各负其责，确保一方平安的领导责任制；有一个镇村为主、上下协调，实行综合治理的组织网络；有一个依靠群众、立足预防，就地化解矛盾纠纷的工作机制；有一个加强教育、扩大民主，实现群众自觉守法、社会公平正义的人本观念；有一个围绕中心、壮大经济，以改革、发展促稳定的治本意识。② 实践表明，"五有"标准中前瞻性地包含了今天对良法善治、社会治理现代化元素的勾勒，具有较强的生命力和适用性。党的十八大以来，诸暨市又以"群众唱主角、干部来引导、德法加智治、有事当地了"来描绘新时代"枫桥经验"的基本特征③，体现出以"大平安"统筹基层社会治理的理性思维。

因此，各行业各领域在开展"枫桥式"特色创建中，需要结合自身职责特质，有的放矢地提出具有行业特色或治理特点的标准，既不人云亦云，也不亦步亦趋，而是在共性中展现个性，在个性中蕴含共性，实现学习借鉴"枫桥经验"与创新发展"枫桥经验"相统一。譬如，"枫桥式"公安派出所的标准突出维护社会治安、确保一方平安、改进服务能力等要素，"枫桥式"人民法庭的标准突出公正文明司法、高效化解纠纷、维护群众权益等要求，"枫桥式"乡镇（街道）则突出通过党政协同在镇域内加强依法治理、精准施策、化解复杂矛盾，至于"枫桥式"乡村（社区），更须本着夯实全过程人民民主基层基础、充分尊重和保障基层群众自治制度的法治初心，将党组织领导下的自治、法治、德治相结合的治理体系的构建贯穿于标准之中，寻求实现"小事不出村"，将一般或细微矛盾风险消除在一线和萌芽状态。这表明，"枫桥式"特色创建要摆脱目前各自为战的态势，向原则性与灵活性兼顾、开拓性与稳定性并重、规范化与标准化同步的方向转型。在此过程中，仅靠基层的自主探索无法保证创建成效的持续性，必须优化顶层设计，必要时可借鉴"诸暨－绍兴－浙江－中央部委"完整的规范供给链条，通过省级和设区的市的地方性立法，为"枫桥式"特色创建提供坚实有序的制度保障。而且，要通过上级立法或政策

---

① 彭小龙：《"枫桥经验"与当代中国纠纷解决机制结构变迁》，载《中国法学》2023年第6期，第43页。
② 卢芳霞、余钊飞、刘开君等编著：《"枫桥经验"概论》，浙江人民出版社2020年版，第27页。
③ 《全省坚持和发展新时代"枫桥经验"大会在绍兴举行　以典型示范引领新时代实践创新》，载《浙江日报》2023年11月30日，第2版。

性文件，指导诸多下级单位在创建活动中，保持标准之间的关联性，使各式各样的特色创建共同形成矛盾纠纷预防化解法治化的合力，共同服务于新时代"枫桥经验"的系统性创新。

（二）增强多元共治，形成开放式、立体式的治理结构

我国社会领域从"管理"走向"治理"的最深刻变革就在于主体的多元化和社会公共精神的培育，这是走向社会治理现代化的必然要求①。新时代"枫桥经验"被誉为彰显"中国之治"基层创新的"金名片"，已经成为一个以基层党建为引领，多元主体协同，自治、法治、德治、智治相融合，自上而下的党政主导与自下而上的群众参与于一体的社会治理模式。这一模式的鲜明特色在于"开放性"和"立体性"。"开放性"确保了新时代"枫桥经验"能够持续吸收社会治理与法治建设的新生力量，创新"民事民提、民事民议、民事民决、民事民办、民事民评"的群众工作方式方法，促进基层政府、乡村（社区）、行业部门的权力和行为在阳光下运行；"立体性"保障了党委、政府、各类党组织、群众和社会力量既各司其职，又紧密合作，形成共建共治共享的治理共同体。"枫桥式"特色创建也需把握"开放式""立体式"的精髓，一方面，在制度机制建设中注意在突出主责的基础上引进外力，实现单位与单位的联动、单位与行业组织的联动、单位与其他社会力量的联动，同时，向社会公开各项"枫桥式"特色创建标准，保持创建的公开性、客观性、公正性；另一方面，须加强社会力量的培养、扶持，依法引导群众和社会力量参与标准制定、风险预防、矛盾化解、过程监督、成效评估、质量检验，保持创建活动为民、利民、便民的生命力。

为了保证社会力量参与"枫桥式"特色创建的质效，可以借鉴诸暨市的成功做法。例如，诸暨市暨阳街道江新社区出台《社区社会组织参与社区治理规范》，对社区社会组织进行界定，提出社区社会组织是指以本社区的公民、法人和其他组织为主自愿组成的，开展为民服务、邻里互助、公益慈善、平安创建、文体娱乐等活动的非营利性社会组织；包括依法在民政部门登记或经国务院批准免予登记的，在街道备案的社会组织以及不具备登记和备案条件、规模较小、组织较为松散的社区群众活动团体。这一规范还要求社区社会组织在社区党组织的领导下和居民委员会的指导下，开展为民服务、邻里互助、协商议事、公益慈善、平安创建、文体娱乐等活动，以满足社区居民不同方面和层次的需求，助力社区实现共建共治共享。在规范的保障下，各社会组织蓬勃发展，深度参与社会治理和"枫桥式"特色创建工作，有效促进了社区志愿助力矛盾纠纷多元化解的规范化和精细化，营造社区治理平安和谐的良好氛围。因而，各单位在"枫桥式"特色创建中，要重视在创建标准中明确社会力量发挥作用的内容，通过创建活动引导、促进社会组织参与治

---

① 郭晔：《论中国式社会治理现代化》，载《治理研究》2022年第3期，第95页。

理，发现、奖励优秀社会组织，淘汰落伍、僵化组织，培育富有活力的新型组织，彻底完成"管理"向"治理"的转变。

（三）重视标本兼治，推动预防性法律制度的整合与应用

新时代"枫桥经验"发展实践表明，对社会矛盾纠纷的治理，关键在"防""治"结合，预防优先。其中，"防"不仅注重在预警预测和精准研判、综合诊断的基础上进行事前预防，也强调通过心理疏导、跟踪调研、定期回访等制度机制进行事后预防；"治"既包括矛盾纠纷即时或短期内的化解，也涉及解纷后长时期和谐秩序的维系，借以实现案结事了、事心双解、标本兼治。因此，"枫桥式"特色创建须全面梳理、认识现有预防性法律制度资源，既重视发挥调解基础性作用，也遵循"调解不是诉讼必经程序"的法治原则，做到调解程序与诉讼程序及其他程序的衔接联动，又不片面强调大包大揽的治理方式，避免多元治理主体之间无法形成有效合力；还要摆脱"情""理""法"混淆使用的思维，防止以情压法、屈法徇情、情法失当，扭转机械运用法律、只追求法律效果而不顾政治效果、社会效果的狭隘认识，坚持在法治立场的前提下，综合考虑情理，兼顾国家法、民间法在社会矛盾纠纷预防化解中的特殊价值，让群众在解纷过程中感受到法治的温暖，感受到新时代"枫桥经验"与预防性法律制度的优势。

此外，新时代"枫桥经验"中群众参与、群众化解矛盾是个民主参与、民主决策的过程[①]，这就说明，各地实践需要结合"枫桥式工作法"的巩固发展，持续创新群众工作方式方法，坚守为民初心，"动员人民群众评价和参与"[②]，彰显以人为本、以和为贵、以德服人的人文主义情怀，确保"枫桥式"特色创建不偏离群众路线，在群众认可的基础上总结经验、逐步推广，产生一批在本行业领域内成为标杆的"枫桥式"品牌。进而突出典型引领，建立"枫桥式"特色创建指导性案例的遴选、发布制度，让干部在创建活动中见贤思齐，能够和群众共同寻求最佳的解纷方案，也使群众通过"枫桥式"特色创建看到基层社会治理所表现出的主体多元、方式多样、生动活泼、共建共享的特质。为了更好地服务群众，还需要重视咨询服务、法律宣传、案例宣讲、廉政教育等对预防作用的发挥，推动更多法治力量向前端发力。同时，可以借鉴诸暨市以县级社会治理中心为牵引、乡镇（街道）"基层治理四平台"为支撑、村（社区）全科网格为底座所构建的上下贯通、左右联动的"一中心、四平台、一网格"县域社会治理体系（即"141"体系），加强网上"枫桥经验"的拓展与运用，发挥新媒体和智慧化法治平台的运用，提升智慧赋能"枫桥式"特色创建和基层社会治理法治化的能力及水平。

---

① 景汉朝：《新时代"枫桥经验"的基本问题与法治化构建》，载《政法论坛》2024年第2期，第91页。
② 褚宸舸：《我国基层社会矛盾纠纷综合治理机制的地方实践及完善路径分析》，载《领导科学》2022年第7期，第139页。

结　语

实践表明，新时代"枫桥经验"是习近平新时代中国特色社会主义思想的重大成果①，"枫桥式"特色创建是创新发展新时代"枫桥经验"的重要方式。就其初衷、举措和成效而言，"枫桥式"特色创建是各行业各领域坚持和发展新时代"枫桥经验"，立足基层基础，贯彻党的群众路线，因地制宜、与时俱进推进平安法治建设，预防化解矛盾纠纷，改进提升服务能力，推动完善社会治理体系，积极释放社会治理效能的一项重要活动。"基层社会治理现代化需要遵守基层社会治理的内在逻辑，并从制度供给的角度，提供充足资源。"② 在准确认识和把握相关问题的基础上，推进高质量的"枫桥式"特色创建，有助于丰富基层社会治理的制度供给，有效推进更高水平平安中国、法治中国建设，以社会治理现代化深入推进中国式现代化，为人民安居乐业、社会和谐稳定、国家长治久安筑牢基层基础，为人类文明新形态注入具有原创性、人民性、进步性的中国智慧、中国力量。

Theoretical Explanation and Efficiency Enhancement of "Fengqiao style" creation activity

Wang Bintong；Tong Mengyue

Abstract：The "Fengqiao style" creation activity is a special activity in various industries to adhere to the development of the "Fengqiao experience" in the new era and promote the modernization of grassroots social governance. It implements the Party's mass line, combines with its own development needs, and has distinct leadership, timeliness, and people – oriented characteristics. To promote the creation of "Fengqiao style" characteristics with high quality and fully unleash and enhance its social governance efficiency, it is necessary to strengthen institutional supply and build a standardized system with distinct characteristics and linkage；Enhance diversified governance and form an open and three – dimensional governance structure；Pay attention to treating both the root cause and the root cause, and promote the integration and application of preventive legal systems.

Keywords：Fengqiao experience；Fengqiao working method；Legalization of social governance；Preventive legal system

---

① 中国法学会"枫桥经验"理论总结和经验提升课题组：《"枫桥经验"的理论建构》，法律出版社2018年版，第4页。
② 汪世荣：《"枫桥经验"视野下的基层社会治理制度供给研究》，载《中国法学》2018年第4期，第5页。

矛盾纠纷多元化解机制数字化转型的"枫桥经验"*
——基于诸暨市创新实践探索的总结与反思

王文玉**

摘　要　诸暨注重发挥数字技术在提升矛盾纠纷多元化解机制运行质效方面的引领、撬动和赋能作用，积极打造数字创新变革高地，建构出了现代化的矛盾纠纷多元化解数字化运作体系。诸暨矛盾纠纷多元化解机制数字化的创新实践具体表现为：通过数字化方式强化党组织和党员在矛盾纠纷化解中的作用；运用数字技术贯彻矛盾纠纷化解的群众路线；通过数字化方式实现多元矛盾化解主体的联动协同；发挥数字技术提升矛盾纠纷诉源化解能力的优势；应用数字技术为矛盾纠纷多元化解提供强有力的基础支撑。面对数字化系统无序、过度开发，数据壁垒难以打破，数字负担不断加剧等制约矛盾纠纷多元化解机制数字化转型的共性难题，诸暨以问题为导向提出和探索了一系列行之有效的方案，在此基础上，还应当进一步延伸和完善，从而不断擦亮"枫桥经验"这张金名片。

关键词　新时代"枫桥经验"　矛盾纠纷多元化解　数字化　智能化

近年来，大数据、云计算、算法等数字技术取得一系列突破性发展，为提升矛盾纠纷化解的便捷化、高效化、科学化水平提供了难得的契机。正是认识到数字技术在提升矛盾纠纷化解质效方面的积极作用，我国党和政府从顶层设计的角度提出了一系列改革建议。党的二十大报告提出，"应在社会基层坚持和发展新时代'枫桥经验'，完善网格化管理、精细化服务、信息化支撑的基层治理平台，健全城乡社区治理体系，及时将矛盾纠纷化解

---

* 国家社会科学基金西部项目"大数据、法治与国家治理现代化研究"（编号：23XFX001）。
** 王文玉，法学博士，西南大学法学院讲师，西北政法大学枫桥经验与社会治理研究院研究员。

在基层、萌芽状态"。① 2022 年 6 月，国务院印发的《关于加强数字政府建设的指导意见》也提出要"推动数字化治理模式创新，推动基层社会治理模式从单项管理转向双向互动、从线下转向线上线下融合，着力提升矛盾纠纷化解、基层社会治理等领域的数字化治理能力"②。

"枫桥经验"的生命力在于对基层社会治理方式的持续创新和不断发展。新时代，诸暨市十分重视数字技术带来的变革机遇，积极拥抱数字化、智能化的社会变革浪潮，充分借助各类数字平台、智能系统以全面提升纠纷化解的便捷化、高效化、精细化、规范化、联动化水平，从而探索出了适应时代需求、具有枫桥特色的矛盾纠纷多元化解数字化的创新机制。为此，本文基于对诸暨各类纠纷化解机构的走访调研，系统梳理了诸暨市矛盾纠纷多元化解机制数字化的建设概况，围绕党建引领、群众路线、诉源治理、多元联动、基础支撑五个方面全面总结了其中具备"枫桥特色"的做法，从而希望展示出诸暨在矛盾纠纷多元化解数字化建设方面的机制革新、理念更新和模式创新。此外，在数字化改革进程中，诸暨也面临着数字化系统无序和过度开发、数据壁垒难以打破、数字负担不断加剧等现实困境，为此，本文将在诸暨现有努力和探索的基础上进一步延伸和扩展，希望能够为相关困境的化解提供一些具有可行性和参照性的建议和思路。

一、诸暨矛盾纠纷多元化解机制数字化转型的实践概况

面对数字化改革浪潮，诸暨市十分重视发挥数字技术在提升矛盾纠纷多元化解机制运行质效方面的引领、撬动和赋能作用，积极打造数字创新变革高地，从而不断推动新时代"枫桥经验"内涵和手段的创新发展，建构出了现代化的矛盾纠纷多元化解数字化运作体系。

早在 2012 年，诸暨市人民法院作为最高人民法院"扩大诉讼与非诉讼相衔接的矛盾纠纷解决机制改革"的试点机构，便开始尝试通过线上委派、视频调解等方式化解矛盾纠纷。2015 年借助浙江省推动的浙江平安建设信息系统和"一张网"工程"两网融合"改革的东风，诸暨市提出要建立镇乡（街道）"一张网"信息指挥中心，完善矛盾纠纷信息收集、上报、流转、处置、反馈、考核工作机制，形成市、镇、村三级纵向贯通、横向联通、力量整合、网上网下联动的工作机制。2016 年，诸暨在"坚持和发展'枫桥经验'三年行动计划"中提出了较为系统和全面的纠纷化解网络化、数字化改革方案。行动计划提出，"要全力打通'互联网＋'社会背景下治理方式转型的新通道，从而探索打造出上下信息化通畅、内外扁平化打通、条块一体化耦合的'互联网＋'社会治理新模式。"网上枫桥经验"的表述是在 2018 年中央政法工作会议上被首次提出的，会议指出，"应当对

---

① 习近平：《高举中国特色社会主义伟大旗帜　为全面建设社会主义现代化国家而团结奋斗》，人民出版社 2022 年版，第 54 页。
② 《国务院关于加强数字政府建设的指导意见》，https：//www.gov.cn/zhengce/zhengceku/2022－06/23/content_ 5697299.htm，访问日期：2024－04－24。

'网上枫桥经验'予以总结和推广,实现在网上了解社情民意,在网上化解矛盾纠纷,从而推动社会治理由单向管理到双向互动、由线下开展到线下线上相融合、由单一部门监督到社会协同共治的转变。"也是这一年,诸暨矛盾纠纷多元化解机制数字化改革进入了高速发展和全面推广阶段。此后,以数字化改革为依托,诸暨市成为全省乃至全国矛盾纠纷多元化解数字化建设的坚定践行者和创新引领者。

当前,诸暨坚持把"数智化"力量融入矛盾纠纷化解全过程,创新发展网上"枫桥经验",以社会治理领域"最多跑一次"改革为引领,进一步整合"党建统领、经济生态、平安法治、公共服务"四大职能,构建"基层治理四平台"和"全科网格",并在此基础上利用"枫桥民声""浙江解纷码""城市枫桥"等系统应用,建立起了横向到边、纵向到底的数字化解纷矩阵,为群众带来了便捷、高效、可信、可靠的矛盾纠纷整体智治体系。据调研,截至2023年8月20日,浙江省"一体化数字资源系统"(Integrated Resources System,简称IRS)显示,全省共有数字化系统14866个,绍兴市共有1226个,诸暨市则开发应用了166个。根据浙里办APP显示,诸暨当前可供使用的涉及司法公正、纠纷调解、基层治理等的矛盾纠纷化解小程序大致有100个左右。[①] 其中诸暨市作为多元纠纷化解机制数字化改革的先行者和践行者,在现有省市统筹基础上,针对矛盾纠纷化解的地方实际需求,围绕"一中心四平台一网格"的设置,全面整合了接访、咨询、调解、诉讼、仲裁等纠纷化解资源,打通了各类纠纷化解职能部门和数字化系统,从而实现了矛盾纠纷一窗受理、全流程闭环管理以及一站式化解。具体而言,诸暨市为矛盾纠纷多元化解机制数字化建设做出的主要贡献体现在以下三个方面。

(一)积极承接矛盾纠纷多元化解数字化改革的试点工作

诸暨市积极承担全国、浙江省和绍兴市矛盾纠纷多元化解数字化改革的试点工作,为相关数字化系统的试点应用、优化完善以及推广普及做出了持续贡献。如在线矛盾纠纷多元化解平台("ODR平台")既是中央综治委赋予浙江省的创新项目(试点),也是浙江省提升推广新时代"枫桥经验"六大工程之一。2018年1月,浙江省政法委(综治办)在浙江省高院召开平台先行上线运行工作会议,将诸暨确定为全省十个先行上线运行试点地区之一。诸暨法院也积极借助这次改革契机,成功上线运行了"在线纠纷多元化解"平台,深化"一次不用跑"改革,大幅减少了当事人的诉累。又如,2021年7月,诸暨作为试点地区正式上线"浙江解纷码"数字法治应用场景:当群众遇到矛盾纠纷,无论何时何地,拿出手机扫一扫"浙江解纷码",就能"码"上解纷。此后在浙江省委政法委的推动下,"浙江解纷码"成为全省矛盾纠纷统一分流的重要应用。借助数字化改革试点的契机,诸暨市社会治理中心、法院、公安局、司法局等纠纷化解机构不但有效提升了自身纠

---

① 这里可供使用的程序既有浙江省、绍兴市等建立的可供诸暨使用的,也有诸暨自主开发的。

纷化解的能力，还为绍兴市、浙江省乃至全国的矛盾纠纷多元化解数字化改革工作提供了有益的实践经验。

（二）自主创新开发化解矛盾纠纷的数字化系统

诸暨根据地区纠纷化解实际需求自主创新开发了诸多数字化系统，从而全面提升了纠纷化解质效、回应了群众纠纷化解需求。其中一些系统得到了上级部门的肯定，不但获得了许多荣誉，还入选为纠纷化解全国创新案例。如诸暨2021年始创的"村社减负增效（浙里兴村治社）"应用，因能够自上而下统筹整合进村入社事项，打造民情回应机制，推动实现基层纠纷化解的质量变革、效率变革和动力变革，不但成为省级数字化改革"最佳应用"，还入选了全国治理领域创新案例。2022年，诸暨聚焦现代社区建设，在"浙里兴村治社"应用基础上迭代建构了"城市枫桥"应用系统。这一系统因推行"网格预报、街社吹哨、部门报到"流程，形成了"实时监测—分流处置—销号反馈"的问题闭环解决模式，从而成为社区智治的实践样本，并成功入选2022年全国城市数字治理创新十佳案例。此外，诸暨检察院、公安局等也创新开发了许多纠纷化解数字化系统，如诸暨检察院建构的"空壳公司云治理"平台，因能够促进对电信网络诈骗、虚开发票等多发犯罪的诉源治理，从而入选全国政法智能化建设智慧检务创新案例。又如诸暨市公安局自主研发了"执法哨兵"、行刑衔接"两法通"等智慧监督平台，从而强化了对执法的全方位、全要素监管，切实降低了派出所执法风险，提升了执法质量。

（三）为其他地区提供可供复制、推广的数字化系统

诸暨市自主研发的许多纠纷解决智治系统还因具有较强的创新性、实用性而被提级推广使用，为绍兴市、浙江省乃至全国的纠纷化解数字化建设贡献着来自诸暨的创新探索。如诸暨市公安局自主研发的"浙里人口全域治理集成"应用，因能够大幅提升流动人口服务管理效能，形成联动高效的社会治理格局，从而被纳入了省重大改革（重大应用）"一本账S2"，获评2022年全省数字法治好应用、"一地创新、全省共享"项目，并被浙江省公安厅确定为治安管理系统主干应用。诸暨法院开发应用的许多数字化系统也因在化解纠纷方面的优异表现而被浙江省、绍兴市法院系统推广使用。2020年4月，诸暨法院联合有关部门试行不动产司法拍卖"一件事"集成改革，后迭代升级为执行"一件事"改革并获评全国社会治理创新案例、浙江省改革突破银奖。也正是这一执行数字化的改革方案使诸暨成为全省法院系统执行"一件事"改革的发源地。

二、诸暨矛盾纠纷多元化解机制数字化转型的创新实践

（一）通过数字化方式强化党组织和党员在矛盾纠纷化解中的作用

习近平总书记指出，"枫桥经验"最根本的一点，就是充分发挥党的政治优势。党的

领导是"枫桥经验"形成、发展和创新的根本保障。① 在社会治理数字化改革中,诸暨坚持政治引领,把党建优势做强,强化党组织和党员在矛盾纠纷化解中的作用,从而以数字化方式将党建统领这一新时代"枫桥经验"的政治灵魂全面贯彻于矛盾纠纷化解的全过程。

一方面,诸暨健全落实党建统领基层整体智治实践机制,用优化的组织架构和细化的组织网络展现党组织对基层矛盾纠纷化解需求的供给能力。宏观上,通过党建统领整体智治的方式,诸暨在矛盾纠纷多元化解机制数字化改革中取得了傲人的成绩。如网络安全智治相关做法入选省改革突破银奖;始创"村社减负增效(浙里兴村治社)"应用入选省级数字化改革"最佳应用"、获得省改革突破银奖;"城市枫桥"、执行"一件事"成为全国治理领域创新案例,等等。这些在党建统领下的数字化改革成绩为全省乃至全国矛盾纠纷多元化解的数字化改革贡献了诸暨力量。微观上,诸暨通过数字化的方式健全组织网络,提升党组织在基层社会矛盾纠纷化解中的统筹引领作用。如2022年诸暨市开发和推广的"城市枫桥"应用,上线了支部建在网格上等9个功能模块,配套出台了《"城市枫桥·网格e家"建设实施方案》,在线下同步打造实体化运行的"网格e家"党群驿站,从而切实以网格"微治理"实现服务群众"零距离"。

另一方面,诸暨市还积极开发党员管理平台,从而以数字化平台为载体、以党员干部为先锋,提升党员积极参与纠纷化解的凝聚力和向心力。为了深化社会治理和党建融合发展,把党的政治优势、思想优势、组织优势转化为治理胜势,诸暨迭代升级了"先锋微家"微信小程序。这一程序以"居民精准点单—社区精准下单—党员精准接单"为运行模式,在线创新展开机关和企事业单位在职党员到所居住社区(小区)党组织开展"先锋亮旗"行动,从而有效解决了机关在职党员参与社区纠纷化解难题,推动了党组织阵地、服务、活动下沉共享。此外,诸暨还首创社会组织党建云平台,创新推行社会组织党组织组织力指数动态评价办法,制定活跃度、规范化、覆盖率、影响力四个维度共20条量化标准,实现组织力指数自动赋分、动态更新、实时排位。截至2023年2月,诸暨建成党建示范点11个、样本群7个、先行区6个。其中,矛盾纠纷调解类社会组织平均每年能够调解纠纷上万起,调解成功率高达95%以上。②

(二)运用数字技术贯彻矛盾纠纷化解的群众路线

为了群众,依靠群众是"枫桥经验"的核心要义,是"枫桥经验"60年来历久弥新的真谛所在。2013年,习近平在毛泽东同志批示"枫桥经验"50周年纪念大会前夕的批示中指出要"把'枫桥经验'坚持好、发展好,把党的群众路线坚持好、贯彻好"。2020

---

① 陈赛金:《"枫桥经验"何以彰显强大生命力》,载《光明日报》2023年7月3日,第2版。
② 黄书波:《"枫桥经验"进城,"枫"景依然动人》,载《新华每日电讯》2023年7月3日,第1版。

年 3 月,习近平在浙江省安吉县调研时指出:"'枫桥经验'在各个时期都是适用的,把人民群众的事情做好了,处理得有条不紊,老百姓都能够顺心满意,我们这个国家就好,家和万事兴,解决问题的宗旨是为人民服务"。在矛盾纠纷的化解中,诸暨市在"以群众满意为工作追求,以群众参与为工作方法,以群众需求为工作导向"的理念指引下,充分发挥数字化、智能化系统的自动化、流程化、全天候运转特质,从而全面推动了矛盾纠纷多元化解机制的便民化、高效化。

首先,发动、依靠群众实际上就是要激活和依靠社会内生力量主动参与到矛盾纠纷化解中,一旦群众的自治能力被充分发动,社会矛盾便能得以有效化解,进而形成良性的社会发展状态。① 为此,诸暨积极探索通过数字化方式发动和依靠群众处理纠纷,努力激发自治活力、凝聚治理合力。如诸暨公安局自主研发的"诸暨义警平台",设置了活动参与、任务签收、情报提供、纠纷调解等 4 类 13 项积分获取标准,对组织、队员进行"积分制"管理,由总会在平台积分商城上架纪念礼品,实现"以服务换服务",提高队伍积极性。截至 2023 年 5 月,"诸暨义警平台"统计的群防群治队伍总服务时长已达 3.2 万余小时,从而在纠纷的预防和处理中充分发动和整合了群众力量,缓解了纠纷处理资源短缺、民众参与纠纷化解积极性不足的难题。

其次,新时代"枫桥经验"的另一重要特征是服务不缺位,这一特征契合了党的群众路线和习近平总书记提出的以人民为中心的根本立场,其和一切为了群众、一切依靠群众是有机统一的。诸暨市借助数字化改革,将更多的纠纷解决力量下沉到了一线和基层,并全面推动纠纷一站式解决机制建设,从而积极满足群众纠纷化解需求。诸暨法院积极推动"一屏一线"为民解纷的"共享法庭"建设,形成了以中心法庭为主,以"共享法庭"、巡回法庭(审判站)为辅,贯通线上线下的立体化布局体系,结合"一村(社)一法官""三下乡一提升"制度,推动了司法资源不断下沉,将司法服务送到了群众的家门口。截至 2023 年 4 月,诸暨已建设完成了 542 个"共享法庭",全面覆盖了镇街、村社,为群众提供了 10189 次在线立案、开庭、矛盾纠纷化解等服务,开展了 1803 场法治教育活动,共计参与 56310 人次。

最后,诸暨市通过数字化方式全面提升了矛盾纠纷化解服务的精细化水平,满足了群众日益增长的专业化、多元化纠纷化解需求。随着经济社会的持续发展,矛盾纠纷呈现出日益复杂化和多样化的趋势,群众对于纠纷处置的专业化、精细化需求也不断提升。正是认识到民众精细化需求和传统多元纠纷化解机制供给之间的不平衡,诸暨市充分借助数字系统,全面提升了纠纷解决方式、服务内容供给的专业化和精细化水平。如当群众对一些纠纷存在法律上的疑问时,单在浙里办 APP,就可以通过浙江省、绍兴市和诸暨市各类机构研发上架的"暨阳法顾""法律情景咨询""在线法律咨询""法律智能咨询""浙江解

---

① 钱弘道:《论"枫桥经验"的起源和生命力》,载《河北法学》2023 年第 12 期。

纷码""律动浙里"等小程序获得智能系统、律师等法律工作者的远程在线解答。截至2023年1月，单就"暨阳法顾"平台，市场注册主体已达到4286家，入驻法律服务人员312人，累计为全市市场主体提供法治体检1200余次，查找法律风险隐患120余项，法律咨询9200人次，法治宣传和法律培训850余场次，矛盾调处430余次，法律服务引导990余人次，发放宣传资料20000余份。

（三）运用数字化方式推进多元矛盾化解主体之间的联动协同

基层社会矛盾纠纷化解离不开广泛的社会参与，只有充分发挥多元主体的联动协同作用，才能满足多元的矛盾纠纷化解需求，取得应有的成效。[1] 2021年颁布的《中共中央关于党的百年奋斗重大成就和历史经验的决议》指出，要"坚持和发展新时代'枫桥经验'，坚持系统治理、依法治理、综合治理、源头治理，完善信访制度，健全社会矛盾纠纷多元预防调处化解综合机制。"为了解决多元纠纷化解机构职责、权力、资源上的分散化以及不同数字化系统之间壁垒高筑的困境，诸暨市在矛盾纠纷化解的数字化探索中，十分重视联动各类纠纷解决机构及相关数字化系统，以打破机构治理边界、提升部门联动效果、整合纠纷解决资源，从而全面提升了纠纷处理的一体化、高效化和彻底化能力。[2]

一方面，诸暨依托社会治理中心的数字化系统，通过线上线下联动的方式，破解了纠纷化解的联动难题，实现了纠纷的一站式化解和闭环处理。为了深化社会矛盾纠纷调处化解"一件事"改革，构建多部门有机衔接的协调联动机制，诸暨借助省矛调协同应用系统、矛调"枫桥经验"一体化智能化公共数据平台、33677个前端感知设备、解纷码以及综窗受理等线上线下相结合的方式，实现了矛盾纠纷的"多口进，一库集"。而后通过浙江解纷码、以基层智治综合应用为核心的基层治理四平台信息系统以及矛盾纠纷分类分流机制，社会治理中心整合了人民来访接待、公共法律服务、诉讼服务等7个工作平台，吸纳医疗纠纷、物业纠纷等14个专业调委会，引入青少年关怀、心理服务等社会组织，从而有效联动接访、咨询、调解、仲裁、诉讼、帮扶等纠纷化解机构和流程，实现了纠纷的一窗受理、线上线下协同交办。

另一方面，诸暨市各纠纷化解部门也积极利用数字化技术联动不同纠纷化解主体，充分调动各类纠纷化解资源、打通纠纷处理各个环节，从而为群众提供一体化、协同化、高效化的纠纷处理服务。如在执行领域如何实现数据有效共享、业务协同处置、在司法拍卖前展开充分调查以及简化拍后过户手续一直是亟待解决的难题。为此，诸暨法院2020年开发上线了"执行全流程数字协同改革"系统，其联合全市各类职能部门打造出了执行领域全流程数字协同平台，打通了立案、审理、执行、破产等必要环节，建构完善了"信

---

[1] 汪世荣：《"枫桥经验"视野下的基层社会治理制度供给研究》，载《中国法学》2018年第6期。
[2] 余钊飞、林昕洁：《乡村治理的"枫桥经验"数字化重塑模式研究》，载《浙江工业大学学报》（社会科学版）2022年第1期。

息联审""联合惩戒""事项协助"三大模块，从而打造出了严厉性逐步"加码"的三级惩戒机制。这一系统横向上将全市各职能部门予以联通，纵向上则将全市 23 个乡镇街道 492 个村社予以贯通，并实现了和基层治理四平台的联动互通，推动了执行事项一网可见，多职能部门的跨系统协同。应用上线以来，推动执行天数同比下降 18.27 天，司法拍卖一拍成交率和溢价率分别提高 21.43% 和 39.8%。

（四）运用数字化方式提升矛盾纠纷的诉源化解能力

对矛盾纠纷源头预防的探索，源于 20 世纪诸暨推出的"四前"工作法。"矛盾不上交""将矛盾纠纷化解在基层，在萌芽状态""抓早、抓小、抓源头"是"枫桥经验"长期倡导的理念，其核心内容之一是对矛盾纠纷的预防，从源头减少矛盾纠纷的产生或避免纠纷的扩大化。这一做法得到了以习近平同志为核心的党中央的认同，如 2021 年，习近平总书记在中央全面深化改革委员会第十八次会议上指出："要坚持和发展新时代'枫桥经验'，把非诉讼纠纷解决机制挺在前面，推动更多法治力量向引导和疏导端用力，加强矛盾纠纷源头预防、前端化解、关口把控，完善预防性法律制度，从源头上减少诉讼增量。"[①]

借助数字技术和系统，诸暨市创新探索数字治理体系，以"预判精准、预警及时、服务高效"为工作标准，通过数据共享，实现了全市矛盾纠纷数据整体掌握；建立算法模型，整合筛选各类矛盾数据，排查风险隐患和敏感信息，将预警信息报送市领导并同步推送至相关单位，推动问题早介入、早处置；理顺纠纷处置流程，推动实现矛盾纠纷"源头预防、非诉讼纠纷化解机制挺在前端，法院断后"的递进式、全流程机制建设。2022 年 9 月，诸暨市提出要"加快'数智枫桥'诉源治理应用建设，将原先以纠纷化解为主的调处模式转变为以预防为主、数据共享、多跨协同、考核贯穿的预防治理模式。"

具体实践中，诸暨市法院、检察院和司法局等各类纠纷化解机构都积极探索运用数字技术推动提升矛盾纠纷的诉源治理能力。如 2022 年诸暨市人民法院开发应用了"诉源治理协同应用平台"，其通过预测预警板块、定纷止争板块、预防治理板块三个板块对纠纷数据进行汇总分析和深度挖掘，进而开展信息预警、信息流转、症结研判等工作，从而能够对高频纠纷予以全面分类分析、对纠纷产生原因进行深度拆解、针对不同纠纷提供精准建议，建构了"风险监控—预测预警—分流化解—信用评价"的数字闭环治理生态。截至 2023 年 8 月，该应用已形成预测预警规则 13 条，产生并向资规局、住建局、公共资源交易中心等部门及相关镇街发送预警信息 300 余条。[②] 又如诸暨市检察院以"星海守望"平台为基础建构孕育并在全省推广了"预防青少年新型违法犯罪应用平台"，在建库管理

---

① 马俊卿：《习近平主持召开中央全面深化改革委员会第十八次会议强调　完整准确全面贯彻新发展理念 发挥改革在构建新发展格局中关键作用》，http://www.xinhuanet.com/politics/leaders/2021-02/20/c_1127116515.htm?ivk_sa=1023197a，访问日期：2024-04-24。

② 高倩倩：《科技赋能：数字化改革的诉源智治之计》，载《人民法院报》2023 年 8 月 21 日，第 1 版。

时,这一系统将"不良行为、严重不良行为、涉罪"三类未成年人统一纳入其中,通过吸纳各类社会组织人员 70 余名组成帮教团队,开展 1100 余次线上、线下帮教活动,从而实现了预防关口的前移以及精准智能分级干预。自 2021 年运行以来,诸暨市未成年人教育矫治比例同比上升 300%,被纳入平台管理后的罪错未成年人再犯率下降 59%。

(五)运用数字技术为矛盾纠纷多元化解提供强有力的基础支撑

纠纷化解的数字化转型需要新型基础设施的支撑和供给,扎实有力的数字化基础设施是推动"枫桥经验"数字化转型顺利开展的重要基础和"数字底座"。① 为此,2022 年习近平总书记在党的二十大报告中指出,要"在社会基层坚持和发展新时代'枫桥经验',完善网格化管理、精细化服务、信息化支撑的基层治理平台"。② "矛盾不上交,将纠纷化解在基层"是"枫桥经验"的核心内容之一,而要实现这一目标,就需要基层治理体系和平台的支撑。在矛盾纠纷化解现代化改革进程中,诸暨市十分重视基层矛盾化解工作信息化、数字化的建设,希望通过强化基础设施建设,为全面提升基层发现、预防、化解矛盾纠纷的能力提供支持。

诸暨通过数字化技术为矛盾纠纷多元化解机制提供基层基础支撑的典型创新当属研发和推广适用的"浙里兴村(治社)共富"和"城市枫桥"系统。2021 年,诸暨研发"浙里兴村(治社)共富"场景应用,建构了覆盖全域、村镇一体、上下连通、执行有力的基层工作机制,打造出了变革型的基层组织,从而有效推动基层治理体系和治理能力现代化目标的实现。对于矛盾纠纷的诉源治理和及时收集、化解而言,"浙里兴村(治社)共富"实现了基层纠纷事项一口准入、矛盾纠纷化解资源一库共享、纠纷治理一网运行、纠纷预警一图展示、纠纷化解任务一键直达、监管一览无余以及评价的一体联动,从而打造出了基层矛盾化解的全链条场景,为基层矛盾纠纷提供了一体化的智治支撑。

2022 年,诸暨市在迭代更新"浙里兴村(治社)共富"系统基础上,开发了"城市枫桥"场景应用,并于同年 7 月在诸暨市 41 个城市社区推广使用。"城市枫桥"应用聚焦现代社区建设,围绕"共建共治共享"目标,以"上统下分,强街优社"改革为牵引,通过重塑"41 个城市社区—605 个网格—3841 个微网格"三级网格架构,实现了信息一图明晰、处置一网协同、服务一屏归集、预警一览无余、评价一体联动,成功打造了社区智治的实践样本。在矛盾纠纷化解方面,"城市枫桥"应用锚定城市纠纷化解体系运行不畅、多元主体参与不足、解纷资源碎片化等问题,通过打造"网格预报、街社吹哨、部门报到"的运行机制,构建出了"实时监测—分流处置—销号反馈"的问题解决闭环,从

---

① 李建宁、吕毅恒:《"枫桥经验"数字化转型的实践价值与行动策略》,载《浙江警察学院学报》2022 年第 1 期。

② 习近平:《高举中国特色社会主义伟大旗帜 为全面建设社会主义现代化国家而团结奋斗》,人民出版社 2022 年版,第 54 页。

而为城市社区纠纷化解能力的现代化改革提供了强有力的支撑。[1] 此外，纠纷的发掘和感知是纠纷化解的前端和基础，诸暨还扎实推进"雪亮工程"和公共视频监控一体化改革，布建视频监控 20551 路、人脸识别 3475 路、MAC 探针 2140 套组，日均收集处理各类信息 8000 余万条，全域打造"点上覆盖、面上成网、外围成圈"的泛感知防控体系，实现了对社会面的全时空感知、智能化防控。

三、诸暨矛盾纠纷多元化解机制数字化转型的挑战

诸暨矛盾纠纷多元化解机制数字化改革虽然取得了一系列成果，但其仍然处于试点探索、推广应用和发展完善阶段，在实践调研中，我们发现相关转型过程也面临着一些挑战。由于这些挑战具有一定的普遍性和共通性，因而其不但是制约诸暨矛盾纠纷多元化解机制数字化转型的瓶颈，一定程度上也是其他地区推动矛盾纠纷多元化解机制数字化改革同样需要面对的难题。

（一）数字系统无序开发

随着社会治理数字化改革的不断深化，通过建构数字化系统以提升矛盾纠纷化解的高效性、科学性、便民性成为创新矛盾纠纷化解机制的重要组成部分。在"政绩锦标赛"模式下，地方政府往往会将目光投向创新性更强、耗时更短的数字化系统建设，以迎合矛盾纠纷化解现代化改革需求。但为了尽快做出具有亮点和可供宣传的数字系统，不同类型、不同层级的纠纷化解部门之间往往缺乏沟通和协调，从而容易造成纠纷化解系统无序开发的问题。数字化系统的无序、过度开发不但无法助力矛盾纠纷多元化解机制的良性运转，反而可能适得其反，引发数字系统缺乏联通性以及治理资源浪费的问题。首先，在矛盾纠纷多元化解机制数字化转型初期，由于缺乏统一的组织机构和明确的方向指引，相关数字系统往往是基于单个部门纠纷化解需求而各自开发的。这种通过单线条和独立化方式打造的纠纷化解数字化系统之间会因开发部门目的的分散化和委托机构技术的差异化而难以有效对接和顺利联通。系统之间的联通性不足则会进一步造成纠纷化解任务的碎片化、功能的碎片化以及管理的碎片化问题，[2] 进而不利于实现不同纠纷化解机构的有效联合，也无法发挥不同纠纷化解资源之间的合力作用。

其次，在压力型体制下，面对矛盾纠纷化解数字化的全面转型，各类纠纷化解部门都难免被卷入其中。[3] 但由于职能存在交叉，在各类纠纷化解机构纷纷加大系统开发投入力

---

[1] 黄书波：《"枫桥经验"进城，"枫"景依然动人》，载《新华每日电讯》2023 年 7 月 3 日，第 1 版。
[2] 赵玉林、任莹、周悦：《指尖上的形式主义：压力型体制下的基层数字治理》，载《电子政务》2020 年第 3 期。
[3] 范炜烽、白云腾：《何以破解"数字悬浮"：基层数字治理的执行异化问题分析》，载《电子政务》2023 年第 10 期。

度以达成短期内完成考核目标的浪潮下,难免会出现一些数字化系统的功能重叠问题。正如上文指出的,单在"浙里办"就有"暨阳法顾""法律情景咨询""在线法律咨询""法律智能咨询""浙江解纷码""律动浙里"等多个法律咨询服务程序,这些程序之间不可避免地会存在功能上的重复。在当前纠纷化解资源相对紧缺、数字化系统供给并不平衡的背景下,将大量的资金用于重复的系统建设无疑有违合理配置纠纷化解资源的要求。

最后,无序化开发还会造成数字系统被闲置的问题。第一,并不是所有的矛盾纠纷化解都需要通过数字化系统予以流转和处理。在矛盾纠纷化解中,数字系统的价值更多在于推动纠纷化解流程的有效衔接、监督纠纷化解机构的各类活动、宏观统计纠纷化解的成效、优化配置纠纷化解资源等辅助性工作,因而实践中,一些偏离原初价值定位的数字化系统便会因脱离矛盾纠纷化解实际需求而被闲置。第二,矛盾纠纷化解有其独特的运行逻辑,通过外包建构的数字化系统时常会因无法照顾到纠纷化解的地域、文化、经济、心理等需求而难以发挥助力或赋能作用。在调研中我们发现,由于技术人员储备的匮乏,当前绝大多数纠纷化解数字化系统都是通过外包方式建构的。而外包公司的技术人员往往缺乏纠纷化解的专业知识和实践经验,难以全面、精准把握纠纷化解需求,从而造成了他们开发的一些系统在实际运行中会出现难以适配具体业务要求的问题。第三,由于缺乏长远规划以及政府—市场—社会的协同思维,[①] 一些数字化系统在开发时往往只计划了前期投入,对于后期修正、调试以及与之配套的感知设备、基础设施等的投入则往往缺乏规划,这就造成了相关数字系统时常难以根据实践需求而得到持续的更新和完善。

(二)数据壁垒难以打破

真实、全量的数据既是对社会纠纷信息动态全面感知以及常态化分析研判的前提,也是各类纠纷化解数字化系统开展精准、科学决策的保障。但实践中,矛盾纠纷数据的收集和共享工作往往面临着挑战:首先,一些纠纷化解数据并无收集和上传必要。如实践调研中,一些村社干部就指出,村社中的许多纠纷都是通过村社干部、网格员、志愿者、乡贤等口头调解简易处理的,在为基层治理人员全面减负的背景下,[②] 没有必要要求对这些纠纷予以数据化、类型化并上传到相关系统之中。但问题在于,数字系统的建构和运行基础来自纠纷数据,数据收集的不完整、不完善不但会影响纠纷化解的考评成绩,也会对数字系统纠纷化解服务供给的精准化产生影响。

其次,各类纠纷化解机构大多通过垂直管理的方式收集和处理相关数据,不同机构之间的数据共享存在着天然壁垒。当前各类纠纷化解机构之间存在着条块分割的情形,

---

① 王倩、邱锐、李颖:《数字赋能基层治理的"有限性"及超越:基于适配困境的考察》,载《北京行政学院学报》2024年第2期。
② 吴建南、王亚星、陈子韬:《从"增负减能"到"减负增能":基层治理数字化转型的优化路径》,载《南京社会科学》2023年第7期。

"条"所遵循的是纠纷化解专业化逻辑，其重心在于纠纷化解政令的上下畅通、统一指挥，实践中主要体现为管理的垂直化；"块"所遵循的是纠纷化解的系统化逻辑，其强调不同纠纷化解部门之间的联动协同、资源互补，实践中主要表现为横向协同互补。[1] 由于更加注重专业性，"条"往往呈现出较为封闭的特质，但不同种类纠纷化解数据大都也是被"条"所收集和存储的。在条形管理体制下，"条"与"条"之间、"条"与"块"之间难免会产生数据壁垒，从而阻碍纠纷化解数据的共通共享。

最后，一些机构出于部门利益保护或数据安全考虑而不愿全面公开和共享有关数据。[2] 一方面，矛盾纠纷化解数据不止有统计价值，还附带了诸多的经济价值甚至是机构的权力价值。为了保障在纠纷化解中的权威性、主导性，相关部门会遵循部门本位主义和数据保护主义的策略，[3] 进一步强化对数据的控制，乃至阻碍数据共享工作的开展。另一方面，矛盾纠纷数据还会包含政治、经济、文化、安全等社会生活方方面面的信息。尤其是对于那些涉及经济社会发展核心利益、舆情动向、个人隐私以及国家安全的数据信息，相关部门在公开和共享时往往十分谨慎。在当前缺乏清晰的数据分类、共享标准以及合理的风险负担机制背景下，拥有这些数据信息的部门自然不会轻易地将相关纠纷化解数据予以公开和共享。

（三）数字负担持续加重

数字化建设在重塑纠纷化解时空、流程的同时，也存在加剧数字鸿沟、增加纠纷化解人员数字负担的问题。首先，过多的数字化系统会加剧矛盾纠纷化解人员尤其是基层治理人员系统填报、完成考核的负担。数字时代，活动留痕、数据评比、数量考核在助力提升矛盾纠纷化解高效性、透明性的同时，也无形中加剧了矛盾纠纷化解人员的数字负担。调研中，许多基层纠纷化解人员都提出，当前小程序打卡、纠纷排查数据更新、系统登录时长设定、用户活跃度评比等数字化考核和监督制度造成了他们不得不忙于达成各类数字指标，而压缩了能够投入具体工作的时间。过重的数字系统负担不但大大消耗了矛盾纠纷化解人员的精力，而且还会造成纠纷化解人员工作重心的不当转移：面对不断加码的数字考核以及任务指标，一些矛盾纠纷化解人员不得不依照数字系统的设计或根据数字评比的标准而将工作重心转移到对数据的完善和修饰上。[4]

其次，在纠纷化解的数字化转型过程中，一些年龄较大的矛盾纠纷化解人员不得不面对数据鸿沟不断扩张的困境。在矛盾纠纷处理中，一些年龄较大纠纷化解人员的数字意

---

[1] 周振超：《黄洪凯援中国条块体制的内涵意蕴与独特功能》，载《学术界》2023年第1期。
[2] 许鹿、黄未：《资产专用性：政府跨部门数据共享困境的形成缘由》，载《东岳论丛》2021年第8期。
[3] 许阳、胡月：《政府数据治理的概念、应用场域及多重困境：研究综述与展望》，载《情报理论与实践》2022年第1期。
[4] 颜昌武、杨华杰：《以"迹"为"绩"：痕迹管理如何演化为痕迹主义》，载《探索与争鸣》2019年第11期。

识、数字素养和数字能力往往相对欠缺,[1] 难以在短期内快速学习和熟练掌握纠纷化解数字化系统。并且往往是这些年龄较大的人员具备更加丰富的纠纷化解经验和更高的纠纷处理威信,在繁重的工作任务以及纠纷化解实效导向等因素作用下,过多要求这些人员学习和应用数字化系统还可能会导致他们进一步产生抵触情绪的问题。

最后,在多元矛盾纠纷化解机制数字化转型初期,因纠纷化解需求以及数字技术的不断更新,纠纷化解系统的迭代速率也随之提升。而不断更新的数字化系统无疑会加剧数字弱势群体的系统学习和操作困境。并且由于建构纠纷化解数字化系统的各类公司有不同的设备设定标准、操作流程规范、运维体系设定,[2] 使得矛盾纠纷化解人员不得不耗费大量的时间精力反复学习不同类型数字化系统的使用流程,从而进一步加大了数字化系统学习的投入成本。

四、矛盾纠纷多元化解机制数字化转型挑战的应对方案

面对矛盾纠纷多元化解机制数字化转型的现实困境,诸暨市迎难而上,以问题为导向,提出和探索了一系列应对方案。本部分将在诸暨市相关做法的基础上,进一步延伸和优化,从而希望为诸暨乃至其它地区应对矛盾纠纷多元化解机制数字化改革困境提供一些具有可行性和适用性的建议。

(一)打造数字化系统协同建设机制

为了应对系统的无序和过度开发,诸暨市做出了许多有益的探索:如积极贯彻浙江省数字化改革"一张图""一本账"要求,根据地方实际需求开发相关系统;制定"枫桥经验"三年行动计划,为数字化系统建设提供全面、合理的规划,等等。在此基础上,结合调研情况,今后可以从以下几个方面进一步优化矛盾纠纷多元化解数字化的转型实践:其一,应当完善在党委领导下,有计划、有组织地进行数字化系统研发、应用的相关制度。通过进一步强化党委对数字化系统建设的全局统筹和统一领导,可以减少因各类纠纷化解机构独自开发相关系统造成的无序、重复问题。在有了统一的领导之后,还应当转变原有以部门需求为导向的纠纷化解系统建设模式,确立以矛盾纠纷化解的整体部署和现实要求为导向的模式。在党委统一领导和需求导向模式下,再积极打造与之配套的数据、平台、场景联动协调机制,不断完善数字化系统论证、设计、研发、应用的全流程审核、监管机制,便能够全面提升矛盾纠纷多元化解机制数字化转型的一体化、协同化规划和建设水平。

---

[1] 汪斌:《数字红利视角下老年数字失能表现、成因及治理新路径》,载《云南民族大学学报》(哲学社会科学版)2024年第2期。

[2] 唐京华:《数字技术驱动科层组织领域化运作的逻辑——基于浙江"基层治理四平台"的案例分析》载《治理研究》2023年第1期。

其二，进一步优化协同治理中台系统的开发和应用，从而以中台为核心，带动和梳理数字化纠纷化解系统的功能布局与任务分配，形成逐级分层过滤的漏斗型社会解纷模式。对于诸暨而言，需要进一步强化基层智治综合应用系统的中台定位，在丰富、优化、结构化这一系统纠纷化解功能的同时，还要通过这一中台推动相关系统的集成、联动，从而逐步打造纠纷化解数字化系统矩阵，打破现有数字系统难以联通的困境。值得注意的是，这种以中台为核心的纠纷化解体系不单只发挥着工具职能，未来还可能会演化为某种新型的矛盾纠纷化解乃至社会治理模式，从而推动社会治理数字化和现代化转型的实现。①

其三，优化数字化系统建设清单制度和定期清理制度。一方面，应当建构完善的数字化系统建设清单制度，从而为纠纷化解数字化改良提供清晰、明确的规划。合理论证、有效统筹的数字化系统建设清单可以为不同类型和层级的纠纷化解部门划定清晰的系统建设权限和重点关注领域，②从而以分级、分类建设管理的方式避免数字化系统开发的无序化。另一方面，还可以建立数字化系统的定期清理制度。这一制度的重点在于定期组织专家和职能部门对纠纷化解数字化系统进行评估。对于那些重复建设、缺乏实用性的系统，可以要求主管部门及时合并或清理，从而精简数字化系统，减少矛盾纠纷化解人员的系统使用负担。

其四，还应当优化多元矛盾纠纷化解机制数字化改革的激励制度。在正向激励方面，通过"顶层设计—基层执行—试点反馈"或"部门设计—基层试点—顶层监管"的模式，对契合三维框架内的数字化解纷系统给予更多资金、资源上的支持。③除去正向激励之外，还应建立反向惩罚机制，对于那些未经审批、论证就盲目开发，并且事后经审核与现有系统重复或不具备实用性而被搁置的系统，应当对相关负责人进行追责。

（二）稳步打破数据壁垒

面对数据公开共享难题，除去配合省市建构完善统一的大数据管理平台之外，诸暨市也探索了诸多数据共享和集中收集的相关制度，从而保障了社会治理信息收集的全面性和完整性。如诸暨市充分利用社会治理中心的数据集成和管理能力，通过发挥基层智治系统的纠纷信息收集、流转功能，从而推动了纠纷数据收集工作的有效开展。此外，诸暨市社会治理中心根据市委部署，还探索建立了社会治理数据信息逐月报送机制，其要求各部门由数据联络员通过"浙政钉"将相关数据上报到社会治理中心。其中，需要上报的数据包含"市委政法委的维稳信息；市信访局的来访（初访、重复访和集访等）、来信和政务热

---

① 胡铭：《基层社会网格治理数字化及其规制》，载《社会科学辑刊》2023 年第 4 期。
② 王文玉：《算法嵌入政府治理的优势、挑战与法律规制》，载《华中科技大学学报》（社会科学版）2021 年第 4 期。
③ 冯朝睿、徐宏宇：《当前数字乡村建设的实践困境与突破路径》，载《云南师范大学学报》（哲学社会科学版）2021 年第 5 期。

线信息；市公安局的警情信息；市应急管理局的安全生产信息；市法院的案件受理情况、诉前调解情况"。与此同时，社会治理中心还要求各报送单位对相关数据进行同比、环比分析，并将纠纷产生的趋势、苗头以及问题原因的剖析等内容及时上报。

在此基础上，为了应对数据壁垒，还可以从以下几个方面持续改进：首先，应当逐步推动跨部门数据信息整合机制建构。为此，可以进一步强化社会治理中心纠纷化解数据的收集、分析、处理功能，通过制定更加完善的数据信息上报清单制度、数据收集管理制度、数据公开和共享制度，从而实现对矛盾纠纷相关数据的全流程规范管理，保障用于建构纠纷化解系统相关数据的真实性、全面性。在当前数据条块管理体制难以被彻底破除的背景下，可以借助社会治理中心这类综合性的矛盾纠纷协调化解平台，首先将各类涉及纠纷化解的基础性数据予以整合收集。这是由于基础性信息往往不会涉及部门核心利益，因而实现相关数据共享的阻力并不大。此后，还可以在此基础上通过进一步统一数据收集管理的标准、丰富部门之间的互惠渠道、完善类型化纠纷数据互通机制等方式，持续、渐进、稳步推动数据共享活动的开展。

其次，随着社会治理数字化改革的不断深入，对矛盾纠纷等社会治理相关数据信息的收集、处理和报送也将成为常态化的工作内容。但由于相关事项的专业化和烦琐化，为了避免无人负责或加剧原有人员和机构负担的问题，可以在现有明确分管领导和联络员的基础上，通过统一聘请、细化考核、规范管理等方式进一步完善数据收集和处理人员管理机制，从而提升数据收集、报送、监管的高效性、准确性、规范性。[①] 此外，还可以通过加强统一培训、建立不同纠纷化解机构数据管理人员联席会议制度等方式，推动不同部门数据专职管理人员之间的交流互通，从而降低各部门数据共享的阻力。

最后，还应当积极开发简便化的数据统计系统和可靠的数据安全维护系统，从而以技术辅助或技术治理的方式，提升数据统计的全面性，保障数据共享的安全性。一方面，为了保障纠纷化解数据统计的全面性，对于那些简易的纠纷而言，可以专门开发数据简易统计程序，纠纷化解人员只需通过这一程序简单点击或拍照上传相关数据即可。这样便能够在保障纠纷化解数据收集全面性的同时，也避免过度增加纠纷化解人员的统计工作量。另一方面，纠纷数据共享的安全性不但关系到有关部门数据共享的积极性，而且还涉及个人信息保护、国家安全等重要事项。为此，可以通过开发数据安全保障系统以保障数据分享、远程访问的安全性，优化数据脱敏和数据清洗的可靠性，提升数据全周期动态监管的周密性，[②] 从而以技术治理和技术保障的方式进一步降低相关部门数据共享的后顾之忧。

[①] 如可借鉴探索首席数据官制度以实现数据收集、管理的统一化和专业化。参见华子岩：《政府数据共享视域下首席数据官制度的确立及其风险防范》，载《中国科技论坛》2023年第9期。

[②] 郑跃平、梅宏、吴晗睿：《基层政府数据治理缘何艰难？——基于多重堕距视角的分析》，载《广西师范大学学报》（哲学社会科学版）2024年第2期。

(三) 积极推动数字减负和数字素养培育

为了应对数字负担过重以及数字鸿沟问题，诸暨市探索了一些切实可行的做法。如天平调解团队为了培养后备人才，设定了老同志带新同志的调解配置，在这一配置下，如若遇到一些老同志不会使用数字系统的问题时，便可以反向通过以新同志带老同志的方式，助力数字鸿沟的跨越。又如，一些村社安排了专人负责数字化系统内容的输入和信息的接收等活动，从而缓解了某些村社干部因年龄较大而无法使用数字化系统的困境。在此基础上，可以在以下方面继续做出努力：首先，应当进一步简化和优化相关数字化系统的操作界面和操作流程，尽可能降低操作的复杂性。纠纷化解数字化系统的建设应当围绕着"包容性"[1]人机关系展开，一方面应当以用户为中心，通过张贴流程图、播放操作视频、优化操作指引、增加语音对话功能等方式为纠纷化解人员和群众提供清晰的用户使用导航和说明。另一方面还可以通过配备定点和流动咨询服务人员的方式，为需要使用系统的纠纷化解人员和群众提供使用答疑以及操作指导等服务。与此同时，还应当为纠纷的登记、流转等保留一定的人工窗口，以避免群众和纠纷化解人员因不会操作系统而遭受数字歧视。

其次，应当通过加强宣传、培训等方式，进一步强化纠纷化解人员和群众的数字素养和数字能力。矛盾纠纷化解机制数字化转型的成功不能仅仅依赖数字化系统的建设，相关人员数字素养和数字能力的培育对于发挥系统高效、便捷、精准优势意义重大。因而应当建构起立体化、多元化、持续化的数字系统知识宣传、数字素养教育培训体制。为此，可以通过定期培训、实践指导、技能竞赛等方式开展教育和培训活动，并将相关培训考核、知识竞赛结果和职级、奖金评定等事项挂钩，从而激发纠纷化解人员提升数字素养的主动性，帮助相关人员跨越数字鸿沟。

最后，应当以用户中心主义为导向，优化系统设计方、纠纷化解主体和群众之间的沟通交流机制，从而不断降低数字化系统的学习成本，优化数字化系统的修正流程，提升数字化系统的用户友好性。[2]用户中心主义导向要求在多元纠纷化解机制数字化改良过程中，便捷化、顺畅化系统的设计、优化、修正沟通渠道，从而持续提升数字化系统对纠纷化解需求的回应能力。与此同时，还应当进一步完善数字化系统的标准化建设，从而降低系统之间错位对接的概率，减少纠纷化解人员和群众不断学习新类型纠纷化解系统的时间和精力成本。标准化建设也有助于保障话语的统一性，从而化解因纠纷化解诉求和系统运行逻辑不断变动而造成的系统设计层和实践需求层之间难以耦合的困境。

---

[1] 胡卫卫、陈建平、赵晓峰：《技术赋能何以变成技术负能？》，载《电子政务》2021年第4期。
[2] 董青梅、刘熊擎天：《嵌入"枫桥经验"的"在线纠纷多元化解"研究》，载谢晖、陈金钊、蒋传光主编：《民间法》（第21卷），厦门大学出版社2018年版，第181-194页。

五、结语

诸暨主动顺应信息时代的变革趋势,将数字化改革作为第一动力,持续推动党建统领下的矛盾纠纷整体智治新格局建设,从而探索出了一条新时代矛盾纠纷多元化解机制数字化改革的新路径。在改革中,诸暨市全面坚持和发挥党的领导作用,始终以人民群众的纠纷化解需求为改革导向,注重纠纷化解诉源机制建设、基础支撑建设和解纷主体之间的协同联动建设,打造出了"党政动手、依靠群众、源头预防、基础支撑、整体协同"的矛盾化解数字化新格局。在矛盾纠纷多元化解机制数字化转型的探索中,诸暨也面临着系统过度开发、系统联通性不足、数据壁垒难以打破等挑战,并且针对这些问题提出了一些应对思路、开展了一些应对探索。在此基础上,我们还应当通过加强党的领导、强化顶层设计、制定改革清单、提升数字素养等方式,进一步将数字化技术、数字化认知、数字化思维、数字化手段运用到纠纷化解的各方面、全过程,从而以系统观念、数字思维、变革姿态,加快推进了矛盾纠纷多元化解机制的质量变革、效率变革和动力变革,不断擦亮"枫桥经验"这张金名片。

The "Fengqiao Experience" of Digital Transformation of Diversified Resolution to Contradictions
——Summary and Reflection Based on Innovation Practice of Zhuji

Wang Wenyu

Abstract: Zhuji pays attention to the leading, inciting and empowering role of digital technology in improving the quality and efficiency of diversified solution mechanism of contradictions, actively creates a highland of digital innovation and reform, and constructs a modern diversified solution digital operation system of contradictions. The innovative practice of digitization of disputes diversification solution in Zhuji is as follows: strengthening the role of party organizations and party members in resolving contradictions through digitalization; Using digital technology to implement the mass line of resolving contradictions; Realizing the linkage, cooperation of multi-contradiction resolution subjects through digital means; Giving full play to the advantages of digital technology to enhance the ability of tracing and resolving contradictions; applying digital technology to provide strong basic support for diversified solutions of contradictions. Facing the common problems that restrict the digital construction of diversified solution mechanism of contradictions, such as disordered and overdeveloped digital system, data barriers are difficult to break, digital burden continues to deepen, Zhuji proposed and explored a series of effective solutions based on problems. On this basis, it should be further extended and improved, so as to continuously polish the golden calling card of "Fengqiao Experience".

Key words:"Fengqiao Experience" in the new era, diversified solutions to contradictions, digitization, intelligentize

人民法庭指导人民调解的历史考察[*]

——以枫桥人民法庭为例

代冰洁 余钊飞[**]

> **摘 要** 指导人民调解不仅是人民法庭的法定职能，也是新时代人民法庭参与基层社会治理以回应社会转型、解决人民内部矛盾纠纷的有效途径。作为"枫桥经验"发源地的枫桥人民法庭，全过程参与并推动了"枫桥经验"的发展，并在此过程中逐步做实了人民法庭指导调解的法定职能。枫桥人民法庭始终坚持一切为了人民、一切依靠人民的指导调解理念，运用多种指导调解方式，以实现"案结事了""矛盾不上交"的调解效果为目标导向，有效提高了人民调解制度化法治化水平，为人民法庭立足和延伸审判职能，做实指导纠纷调处法定职能树立了标杆和典范，为法庭践行新时代"枫桥经验"，打造"枫桥式人民法庭"起到了示范作用。
>
> **关键词** "枫桥经验" 人民法庭 人民调解 历史考察

引 言

肇始于1963年浙江诸暨的"枫桥经验"，历时60年发展历程，其内涵与时俱进，不断丰富深化。然而，无论是社会主义建设时期所强调的"依靠和发动群众，坚持矛盾不上交，就地化解"、改革开放后逐步形成的"小事不出村，大事不出镇，矛盾不上交，就地化解"，还是进入新时代以来作为基层社会治理的典范，在党的领导下通过调动不同主体、

---

[*] 西北政法大学省部级科研机构项目"革命根据地廉政法制建设的制度经验研究"（编号：SJJG202309）；陕西省教育厅青年创新团队项目"革命根据地廉政法制建设的实践与经验研究"（编号：23JP177）。

[**] 代冰洁，西北政法大学博士研究生；余钊飞，法学博士，经济学博士后，西北政法大学中华法系与法治文明研究院研究员，博士生导师，杭州师范大学沈钧儒法学院教授。

整合各方力量实现矛盾纠纷的就地化解始终是"枫桥经验"的核心主题，其中调解是化解矛盾纠纷的重要方式。

调解的特点在于自愿性、简便性、高效性和灵活性，这些优势使得它在全球范围内被广泛认可和采用，尤其在现代社会的快速节奏和复杂背景下，调解提供了一种相对更为快捷和非对抗性的纠纷解决途径。近年来，中国调解制度的基本原理和运行机制在发达国家和地区都得到了广泛应用。① 在中国，人民调解是一种深植于文化土壤的社会实践，融合了深厚的中华民族文化传统，经过长期的司法实践，形成了一套较为完善的制度体系。这一制度体系强调和谐、互助和共赢的价值观，与中国传统文化中"以和为贵"的精神相契合。作为一种社会现象和事实，人民调解在中国具有其特殊的历史背景和结构，反映了基层社会的运行方式和价值取向，是基层社会治理的一种方式。作为基层社会中国家司法权的象征，作为我国基层人民法院的派出机构和组成部分，人民法庭处在维护社会稳定的第一线，处于化解和调处矛盾纠纷的前沿，② 是参与基层社会治理的重要主体。

2024年2月，最高人民法院以"打造枫桥式人民法庭 做实指导调解法定职能"为主题，发布了40个第六批新时代人民法庭建设案例，旨在引领全国人民法庭进一步坚持和发展新时代"枫桥经验"，做实指导调解的法定职能，推动提升矛盾纠纷预防化解法治化水平，促进诉源治理、社会治理、国家治理。人民法庭指导调解的法定职能最早可追溯到1954年3月施行的《人民调解委员会暂行组织通则》第二条所规定的"调解委员会是群众性的调解组织，在基层人民政府与基层人民法院指导下进行工作"，对人民法庭指导调解的研究不应脱离历史，在人民调解发展的历史长河中，人民法庭对调解的指导发挥了重要作用。"应当在历史过程中把握现实社会问题的根源和实质，因为现实是历史的继续，历史则是现实的过去"。③ 现实中的社会问题和纠纷很多时候都可以在历史的脉络中找到根源，在当前深入推进"枫桥式人民法庭"创建的背景下，梳理枫桥人民法庭指导人民调解的历史尤为重要，首先，处于"枫桥经验"发源地的枫桥人民法庭，始建于1951年，全过程推动并丰富了"枫桥经验"的内涵，具有天然的先发优势，其指导人民调解活动中蕴含的实践智慧和理性是"枫桥经验"理论建构的重要来源。其次，除了审判工作外，枫桥人民法庭始终重视对人民调解工作的指导，有效提高了人民调解制度化法治化水平，为人民法庭立足和延伸审判职能，做实指导纠纷调处法定职能树立了标杆和典范，为法庭践行新时代"枫桥经验"，打造"枫桥式人民法庭"起到了示范作用。最后，梳理枫桥人民法庭指导人民调解的历史进程，提炼出一些行之有效的措施和做法，是新时代发挥"枫桥

---

① 参见宋明、陈佳林：《论司法调解合意原则的适用》，载《山东社会科学》2013年第7期，第134页。
② 参见最高人民法院：《最高人民法院关于全面加强人民法庭工作的决定》，《人民法院报》2005年9月28日，第1版。
③ [法]皮埃尔·布迪厄，[美]华康德《实践与反思——反思社会学导引》，李康、李猛译，中央编译出版社1998年版，第126页。

式人民法庭"品牌效应的题中应有之义。本文选取枫桥人民法庭为考察对象，以时间为脉络，梳理不同时期指导调解的典型做法，为新时代人民法庭做实指导调解的法定职能提供历史借鉴和实践进路。

一、1949－1978：萌芽与确立巩固时期

我国现代调解制度源于革命根据地时期，其发展历程深刻体现了社会变迁和政治发展的影响。这一时期，马锡五审判方式作为典型代表，不仅体现了当时的社会背景和政治需要，也标志着我国从传统调解方式向现代调解制度转型。在陕甘宁革命根据地，党的政策是通过调解的方式来化解复杂的社会矛盾纠纷，这一做法既是为了动员和团结广大群众，也是为了保障和巩固革命政权的稳定性。这种以人民为中心的调解方式在当时的社会环境中具有切实的现实意义，它不仅解决了具体的矛盾纠纷，还增强了人民群众对革命政权的支持和信任。随着革命的深入和扩大，调解制度逐渐从一种临时性的、简易的纠纷处理方法转变成为司法机关解决群众纠纷的一种常态化方式。这种转变体现了调解制度在我国法律体系中的地位和作用的提升，同时也反映了社会治理理念的演变。"调解为主、审判为辅"的理念成为当时司法活动的核心。这一理念的确立，不仅体现了对基层群众自治的重视，也强调了法律服务于人民、适应社会需求的基本原则。它强调在可能的情况下通过调解来和平解决纠纷，减少司法干预，促进社会和谐与稳定。

在新中国成立后的很长时期内，由于国内各项事业亟待重建与恢复，加上诸多外部环境对我国发展的制约，使我国社会主义建设事业面临着巨大的压力和严峻的考验。国家充分汲取人民调解的丰富历史经验，在继承和发展"大众司法"的背景下，全面推进人民调解的制度化和组织化建设，这一举措使得人民调解工作受到了广泛重视，全国各地调解组织迅速成长，并在解决处理社会矛盾纠纷中发挥了显著作用。1953年4月，第二届全国司法会议明确指出，必须开展和加强群众的调解工作，并且按照主观力量和群众基础在全国城乡范围内有领导、有计划地建立调解委员会。[①] 1954年2月25日，《人民调解委员会暂行组织通则》由政务院第206次政务会议通过，并于同年3月22日开始实施。该通则的出台使得各级人民调解组织在开展工作时有章可循，有法可依，不仅是人民调解工作走向制度化和规范化的重要保障，也增强了公众对人民调解工作的认同感和信任感。在这一时期，在法院审判中，对调解的强调也达到了一个新的高度，"调解为主"是当时司法审判中调解与审判的基本关系。[②] 1962年10月出台的《农村人民调解委员会工作试行办法（草案）》为农村地区的人民调解工作指明了方向，增强了人民调解在农村化解矛盾纠纷的效能。1963年8月，最高人民法院发布的《关于民事审判工作若干问题的意见》特别

[①] 参见中共中央文献研究室：《建国以来重要文献选编》（第四册），中央文献出版社2011年版，第148－149页。

[②] 参见常怡：《中国调解的理念变迁》，载《法治研究》2013年第2期，第7页。

强调了建设调解委员会的重要性。这一举措实际上体现了司法系统重新评估与重视调解工作在民事纠纷中的作用，有助于司法系统更加深入地理解人民调解工作的价值，并为未来在民事纠纷中广泛运用调解方式奠定了坚实的基础。

早在1952年，诸暨县人民法院在《诸暨县对当前区乡调解工作的意见》一文中对基层调解的实践经验进行了深入总结。这份文件不仅详细记录了当时的实践经验，也揭示了调解工作的核心理念和原则。首先，针对调解工作的程序，文中明确指出"区乡调解不是诉讼的必经程序"，只有在当事人双方均自愿选择进行调解的情况下，这一程序才会启动。同时，该文件也强调了"任何人不得阻止当事人到人民法院进行诉讼"，体现了对当事人意愿的充分尊重，也确保了调解工作的自愿性。其次，该文件详细阐述了调解工作的依据和原则。调解工作必须严格依据县以上人民政府的政策法令进行，这确保了调解工作的合法性和权威性。在调解过程中，调解人员须采取民主作风，以实事求是的精神对矛盾纠纷进行全面了解，听取矛盾双方的诉求，理解双方的立场，进而采取合适的策略进行说理劝解和耐心教育，只有在双方完全自愿并达成一致意见的情况下，才能签订调解协议。这一过程体现了调解工作的公正性、合理性和自愿性。此外，该文件还强调了区乡调解委员会在人民民主生活和司法体系中的重要地位。作为人民民主生活的一部分，区乡调解委员会是人民群众解决纠纷的重要平台，有助于加强人民团结，减少人民诉讼负担，推动社会主义事业发展和生产建设。同时，作为人民司法的一种辅助程序，区乡调解工作与人民法院的审判工作相辅相成，二者相互结合有助于减轻人民法院的工作负担，集中精力和资源处理较为重大的案件。基层人民法院和相关人民调解组织对调解工作的意义也有了更为深刻的认识，即"处理及时"的人民调解能够在第一时间化解矛盾，防止矛盾进一步激化，从积极方面减少纠纷、预防犯罪，促进社会的和谐稳定，最终达到"培养新社会新道德，推动社会文明进步"的目的。① 这些认识不仅体现了调解工作在纠纷解决方面的作用，也揭示了调解在社会价值观塑造中的重要意义。

在1964年12月26日举行的第三届全国人民代表大会第一次会议上，时任最高人民法院院长谢觉哉在其报告中再次强调了调解委员会的作用："调解委员会是人民群众自我教育和互相帮助解决问题的一种良好形式。"调解委员会在业务上受到人民法庭的指导和监督，人民法庭应当加强同调解委员会的联系，给予调解委员会业务上的具体指导和帮助。② 这一时期，在区委的领导下，枫桥人民法庭对基层的调解工作进行了大量有效的指导，巩固强化了法庭指导人民调解这一职能。

---

① 诸暨市档案馆藏诸暨市人民法院档案：《诸暨县对当前区乡调解工作的意见》（1952年6月），档案编号087-002-004-009。
② 参见叶谷霖：《充分发挥人民调解工作为建设社会主义服务的作用》，载《法学研究》1964年第4期，第17页。

（一）培训调解干部与依靠人民群众相结合

习近平总书记在十九届中央政治局第二十一次集体学习时强调："好干部是选拔出来的，也是培育和管理出来的。要加强干部教育培训，使广大干部政治素养、理论水平、专业能力、实践本领跟上时代发展步伐。"① 枫桥人民法庭在最初指导调解工作时便意识到调解干部不仅是调解工作的具体执行者，更是推动调解工作向前发展的关键力量。枫桥区作为浙江省首批完成社教试点的地区，其下辖的十二个公社均以大队为单位重新建立了调解组织。然而，随着调解组织的重建，新的问题也随之浮现。新当选的调解干部由于缺乏实践经验和专业知识，在开展工作时往往力不从心。同时，由于缺乏系统培训和学习，部分年长的调解干部的政治素养和业务水平也与现实需求有较大差距，难以适应新形势下调解工作的要求。为了提升调解工作的质量和效率，确保其与当前形势同步发展，并更好地服务于生产建设，枫桥人民法庭加大了对调解干部的培训力度。仅1965年4月-8月的四个月内，枫桥人民法庭组织了两次全区调解干部集中培训和两次以公社为单位的集中培训，共计培训了183名调解主任，占调解主任总人数的91%。② 培训内容不仅涵盖了调解工作的基本理论、政策原则，还注重实践操作和案例分析。在培训的过程中，枫桥人民法庭采用了群众自我教育的方法，鼓励调解干部们分小组交流经验。在这种模式下，参与培训的调解干部既是知识的传递者也是学习者。通过对具体调解案例的深入剖析和总结提高，新当选的调解干部能够在一定程度上弥补缺乏实践经验的不足，资深调解干部也能够扩大眼界，防止故步自封。

除了加强对调解干部的专业培训，枫桥人民法庭还积极贯彻了依靠群众办案的方针。马锡五曾感慨："人民群众是真正伟大的，群众的创造力是无穷无尽的。我们只有依靠了人民群众，才是不可战胜的。所以审判工作依靠与联系人民群众来进行时，也就得到了无穷无尽的力量，不论如何复杂的案件和纠纷，也就易于弄清案情和解决。"③ 枫桥人民法庭认识到"法院工作根本任务是对敌专政，但处理大量的人民内部矛盾性质的案件是巩固无产阶级专政的一个重要方面"，④ 只有加强基层建设，积极主动地预防纠纷的产生，充分依靠群众来解决人民内部的问题，才能真正实现团结一致对抗各种敌对势力的目标。对于未结案，枫桥人民法庭按照先中心后一般、先急后缓的原则，下乡巡回办案。对于调解干部有能力解决的纠纷，结合巡回办案的情况，枫桥人民法庭将案情、政策和方法当面交

---

① 习近平：《贯彻落实新时代党的组织路线 不断把党建设得更加坚强有力》，载《求是》2020年第15期。
② 参见诸暨市档案馆藏诸暨市人民法院档案：《枫桥法庭在社教运动后大抓调解干部培训工作》（1965年8月5日），档案编号087-016-001-029。
③ 马锡五：《新民主主义革命阶段中陕甘宁边区的人民司法工作》，载《法学研究》1955年第1期，第10页。
④ 诸暨市档案馆藏诸暨市人民法院档案：《枫桥法庭是怎样贯彻群众路线争取工作主动的》（1965年9月30日），档案编号087-016-001-033。

代给调解干部,请他们调解处理,事后由法庭干部检查验收。枫桥人民法庭自己处理案件则采取了法庭、调解干部、群众"三结合"的方法,首先围绕案件需要解决的中心问题,依靠群众查清事实、分清性质,在提高认识的基础上,统一处理意见;其次通过教育帮助会或个别谈心等方式对当事人进行思想教育,因案制宜地进行调解处理;最后重视落实退赔执行和经常性教育巩固等善后工作,确保调解成果得到巩固,避免问题反复。从1965年4月底开始试行依靠群众办案的工作模式,至同年8月底,枫桥人民法庭共办结案件96件。其中,5件由当事人经法庭调解达成协议,13件由当事人自行调解解决,3件由于涉及当事人隐私没有到群众中处理,5件由于当事人分居两地,因条件有限没有去当地依靠群众处理。除了上述几种情况,其余70件案件均采取了依靠群众处理的方式,占比高达73%。在这些案件中,由枫桥人民法庭指导调解组织调解解决的有17件,法庭就地办案时在调解组织或有关部门的协助下解决的有31件,采取法庭、调解组织、群众"三结合"方法解决的有22件。① 枫桥人民法庭在司法工作中深化了对群众路线的结合,形成了社会主义计划经济时期依靠群众办案的方针,不仅在改造阶级敌人和罪犯、审理案件、清理积案等方面取得了显著成效,并且在预防矛盾纠纷、防范风险等方面也进行了一定的探索,为社会的稳定发展提供了有力的司法保障。

(二) 生活指导与生产指导相结合

1961年颁布的《农业六十条》是中央农村政策的重大调整,② 推动了农业的发展和农村的改革,提高了社员的生产积极性。随着生产活动的增加和所有权观念的增强,集体之间因山林、土地、水利、农具等资源的分配和使用问题而引发的纠纷也大幅度增加。据不完全统计,枫桥区1965年所解决的山林、土地、水利等生产纠纷达646件,是各类纠纷中占比最高的,达到了42.9%。③ 这些纠纷往往涉及农业资源的归属权、使用权以及利益分配等问题,并且牵涉不同集体,属于群众性纠纷,若不及时妥善处理,将会对集体经济发展产生不利影响。

除了对生活中的打架伤害纠纷、婚姻家庭纠纷进行常规的调解指导,枫桥人民法庭在开展调解活动中坚持以生产为中心,培训调解干部和安排调解工作都结合生产进行。培训调解干部时,枫桥人民法庭有计划地将每期培训的时间放在春耕、夏收夏种、秋收冬种前夕,确保培训不耽误生产工作,又将培训成果落实到处理生产纠纷的过程中,为生产服务,收到立竿见影的效果。枫桥人民法庭在培训时向调解干部介绍为生产中心服务的典型

---

① 参见诸暨市档案馆藏诸暨市人民法院档案:《枫桥法庭是怎样依靠群众办案的》(1965年8月),档案编号087-016-001-030。
② 参见辛逸:《〈农业六十条〉制定与修改的历史考察》,载《中共党史研究》2013年第1期,第38页。
③ 参见诸暨市档案馆藏诸暨市人民法院档案:《枫桥区全党办调解 群众办调解 为三大革命运动服务》(1965年12月5日),档案编号087-016-001-035。

经验,并在培训后期专门研究如何处理和预防生产纠纷。在第一期培训时,枫桥人民法庭邀请了七件事实清楚的集体生产纠纷当事人参加培训,以此来解决一部分当事人的本位主义思想,依靠其他参加培训的调解干部发表意见,其中六起纠纷当场达成了调解协议,起到了示范调解的作用。在培训后,枫桥人民法庭与调解干部保持密切联系,督促他们及时处理生产纠纷,并帮助处理较为严重的集体纠纷。第一期培训后枫桥人民法庭与公社、大队调解组织一起,十天内突击处理了集体性生产纠纷二十六件,其中属于枫桥人民法庭受案的有十件。[1] 开展调解活动时,枫桥人民法庭贯彻优先处理生产纠纷的原则,把纠纷解决在萌芽时期。这一阶段,山界、地界不清的问题在集体间引发的矛盾日益突出,群众的长远利益和眼前利益也产生了巨大的矛盾。针对这一现象,各个公社广泛组织贫下中农,学习《农业六十条》,以"三要三不要"[2] 教育社员,使群众懂得政策,明确处理纠纷的原则,在解决纠纷中形成了"人人讲政策原则,处处团结互让"的新风气。在此基础上,各个公社依靠基层调解组织和广大群众对生产纠纷进行了摸底排查,先后发动了干部、群众三百多人,分片分组,逐队上山勘察山界、地界,边寻找证人边进行协商,在枫桥人民法庭的协助下,解决了大小纠纷三百多起,"解决纠纷定了心,落实规划鼓干劲",[3] 调解工作真正做到了为社会主义经济基础服务。

二、1978 – 2002:复苏与改革探索时期

党的十一届三中全会后,随着社会经济体制的改革,社会主义民主和法制建设逐渐恢复发展,具有中国特色的社会治安综合治理概念逐渐形成,这一概念不仅体现了中国社会治理理念的变革,在政治和法律领域也产生了深远影响。人民法庭的职能定位亦顺应时代要求和国内外形势进行了相应的调整,在改革开放的背景下,人民法庭就如何在履行职能中处理好改革、发展和稳定的关系进行了一定的探索。具体而言,人民法庭在继续承担大量审判任务外,[4] 还要参与社会治安综合治理工作,并肩负着为人民调解委员会提供专业指导的职责。在1982年的机构改革中,为了在实践中确保调解工作的贯彻落实,司法部和各级司法行政机关均设立了专门负责管理人民调解工作的职能部门。如司法部设置了人民调解司,各省、自治区、直辖市司法厅(局)设立了人民调解工作处,地(市)、县则设立了人民调解科或股,并且在县级层面有司法局、区级层面有专职司法助理员专门负责

---

[1] 参见诸暨市档案馆藏诸暨市人民法院档案:《枫桥法庭在社教运动后大抓调解干部培训工作》(1965年8月5日),档案编号087 – 016 – 001 – 029。
[2] "三要三不要"指"要以团结为重,算政治账,不要为了争口气,互不让步,扩大矛盾;要从有利于社会主义大业,做到局部服从全局,不要为小单位利益斤斤计较;要按照党的政策办事,不要违法政策原则"。
[3] 诸暨市档案馆藏诸暨市人民法院档案:《枫桥区全党办调解 群众办调解 为三大革命运动服务》(1965年12月5日),档案编号087 – 016 – 001 – 035。
[4] 1992年最高人民法院工作报告指出人民法庭"承担着全国80%以上的民事案件和35%以上的经济纠纷案件和部分刑事自诉案件的审判任务"。参见任建新:《最高人民法院工作报告》,载《人民日报》1992年4月7日,第3版。

指导与管理基层调解工作,由此形成了完整的管理体系。

在此情况下,人民法庭指导调解的必要性受到了质疑。枫桥人民法庭对这一问题做了回应,强调人民法庭对调解组织的专业指导是必不可少的。首先,这是基于法律的明确规定。《中华人民共和国法院组织法》第二十二条明确规定了基层人民法院的职能范围,其中包括"指导人民调解委员会和人民公社司法助理员的工作";同时,《人民调解委员会暂行组织通则》第二条明确指出"调解委员会是群众性的调解组织,在基层人民政府和基层人民法院指导下进行工作"。这些法律规定为人民法庭指导调解组织提供了明确的法律依据,司法行政机关的设立并不影响其效力。其次,从实践中成本和效率的角度而言,人民法庭的指导工作起到了事半功倍的效果。从1977到1981四年间,枫桥全区乡、村两级调解委员会共调处了7279件各类民间纠纷,而同期枫桥人民法庭受理民事案件190件,前者是后者的38.3倍。[1] 这些纠纷如果全部涌入人民法庭,无疑将会给法庭带来沉重的负担,甚至导致案件积压、审理周期延长等问题。人民法庭虽然需要投入一定的时间和精力来指导基层调解组织,但是从长远来看,这种投入能够带来更大的收益——大量矛盾纠纷通过调解组织被化解在基层,解决在萌芽状态,降低了起诉率,从而减轻法庭的负担,提高司法效率。同时,这也是人民法庭对"枫桥经验"中"矛盾不上交"这一理念的具体实践。在具体的指导方式上,枫桥人民法庭采用了多种方法,如理论指导与现场实践相结合、指导调解与主动下访相结合、建设基层调解队伍与加强预防预测相结合、集中指导与分头指导相结合等。

(一)理论指导与现场实践相结合

在明确了人民法庭指导基层调解组织的必要性后,枫桥人民法庭采取了以会议形式进行培训的指导方式,定期召集全区调解干部、乡司法助理员以及村调解主任分别召开会议,由法庭干部和司法助理员讲解调解组织的职责、工作原则、工作方法和工作制度等理论知识,全面提升调解人员的业务能力。调解工作的成效很大程度上取决于调解员的调解技艺实践,这一技艺实践是循法、揆情、酌理之展开,是基于依法调处的法治基本框架,有机整合情、理、法,充分观照各方主体得失损益以期实现公正合理的利益均衡,[2] 而这些能力都需要在实践中不断提高。因此,枫桥区的调解人员在法院干部下乡办理案件时都会在场,无论是调查取证还是调解工作,基层调解干部的参与都有助于法庭工作顺利进行,这对调解干部自身而言也是宝贵的实战机会,以丰富实践经验。枫桥人民法庭在基层调解干部需要专业指导时秉持有问必答、有求必应的原则,协助调解干部解决较为复杂棘手的纠纷。1982年,在枫桥人民法庭的有效指导下,枫桥全区897名调解干部成功调解了

---

[1] 参见诸暨市档案馆藏诸暨市人民法院档案:《枫桥人民法庭继续加强对基层调解组织的业务指导》(1984年3月19日),档案编号087-034-005-009。

[2] 参见吴元元:《人民调解制度的技艺实践考》,载《法学》2022年第9期,第3页。

3277 件各类民事纠纷,是同期人民法庭受理民事案件的 25 倍,① 基本做到了"小纠纷不出村,大纠纷不出乡"。此外,枫桥镇建立了镇、片、村三级调解网络,各级调解组织在枫桥人民法庭的指导下,紧密协作,实现了调解活动常态化、制度化,并被评为 1982 年浙江省先进集体。

(二)指导调解与主动下访相结合

在深化基层调解组织指导工作的同时,枫桥人民法庭亦在矛盾纠纷化解方面展现出高度的主动性和前瞻性。面对可能升级并造成严重后果的矛盾,法庭采取主动下访的策略,力求在矛盾萌芽阶段即予以化解。以 1988 年 5 月枫桥人民法庭受理的一起故意伤害案为例,此案中,自诉人的侄子、侄媳与被告人的儿子、儿媳因琐事产生口角,进而升级为肢体冲突。在此过程中,自诉人被推倒受伤骨折。随后,自诉人委托律师向法院提起诉讼,但因年事已高且身心又遭受打击,自诉人起诉后不久便离世。其亲属因此情绪激愤,扬言要向被告"讨人命"。面对这一严重态势,枫桥人民法庭工作人员意识到如不及时处理,可能酿成血案。于是法庭工作人员迅速前往案发地,在当地基层干部的协助下对自诉人亲属进行耐心劝解和思想教育,同时为双方提供合理的解决方案。在法庭的调解下,双方达成了和解协议,有效平息了事态。这是枫桥人民法庭主动出击、深入基层调解纠纷的典范,力求将可能激化的矛盾及时解决在萌芽状态,收到了良好的社会效果,当地群众评价"多亏法院干部工作做在前,不然祸就闯大了"。②

(三)建设基层调解队伍与加强预防预测相结合

随着改革开放的持续深化和扩大,新旧经济体制转换、社会经济结构变迁以及利益资源重新分配均带来了诸多不稳定因素,导致社会矛盾日益凸显、犯罪活动频发,进而对社会秩序的稳定性造成了冲击。针对新形势下日趋复杂的社会治安现状,枫桥人民法庭一方面通过建设基层调解队伍以夯实基层基础,另一方面着重推动矛盾纠纷的预测预防工作,使 90% 以上的矛盾纠纷在基层得到妥善解决。在综合治理的实践中,枫桥人民法庭特别注重基层调解队伍的建设。在枫桥当地党委、政府以及相关部门的支持下,枫桥区健全了调解工作网络,确保工作层层落实,消除盲点。同时,枫桥人民法庭定期为各乡镇干部进行法律业务培训,帮助乡镇调解干部从法律角度分析疑难复杂问题。此外,法庭较为关注调解干部的工作状态和思想动态,配合党委、政府优化调解队伍配置。这一系列措施显著提升了基层调解队伍处理纠纷的能力。1996 年,枫桥人民法庭辖区内各调解组织受理的 642

---

① 参见诸暨市档案馆藏诸暨市人民法院档案:《枫桥人民法庭继续加强对基层调解组织的业务指导》(1984 年 3 月 19 日),档案编号 087-034-005-009。

② 参见诸暨市档案馆藏诸暨市人民法院档案:《主动做好工作 防止矛盾激化》(1988 年 6 月 21 日),档案编号 087-038-004-016。

起纠纷中有610起被成功调处,调处率高达95%。① 在探索农村社会治安综合治理新路径方面,枫桥人民法庭在深化"枫桥经验"的过程中,结合辖区特点提出了"四前"工作思路:一是队伍建设走在各项工作前,强化基层调解组织的队伍建设;二是预测纠纷走在防范前,运用集体智慧对辖区内情况进行全面分析预测;三是预防工作走在纠纷发生前,对可能发生的纠纷及时采取预防措施;四是解决纠纷走在矛盾激化前,枫桥人民法庭坚持"抓早抓及时、抓小抓苗子",将矛盾纠纷化解在基层。② "四前"工作思路使得枫桥人民法庭在处理矛盾纠纷的过程中始终处于主动地位,这一工作方法也逐步发展成了"四前工作法",③ 在基层社会治理中得到了广泛运用。

(四) 集中指导与分头指导相结合

改革开放后,枫桥镇各行各业发生了深刻的变化,经济发展迅速,人民生活开始富裕起来。至1989年底,枫桥全区拥有市属企业11家,区属企业16家,乡镇企业146家,村办企业177家,联户等其他企业926家,个体工商户2352户,工农业总产值达到2.66亿元。随着商品经济的迅速发展,各类经济纠纷也大幅度增多。为了适应形势的需要,使法庭工作自觉地为经济建设服务,枫桥人民法庭上级法院的指示精神,从1985年起,把主要精力由过去的民事审判而逐步转移到经济审判工作上。1985年至1990年,枫桥人民法庭所办结的各类经济纠纷案件达662件,占全部办结案件的64.2%,这些案件所解决的争议标的金额累计达到631.7万元。在经济审判工作中,枫桥人民法庭贯彻"枫桥经验"的核心理念,努力以调解方式结案,审结的经济纠纷案件中,用调解方式(包括准予当事人撤回起诉)结案的642件,调解率达到97.1%。在这一时期,面对大量经济纠纷,枫桥人民法庭充分意识到光靠人民法院独家处理是无济于事的,需要由村、乡两级调解组织的支持和配合,充分发挥他们的第一道防线作用,才能及时解决和有效地预防、减少各类纠纷。枫桥人民法庭加强对基层调解组织的业务指导,并充分发挥其作用,把大量的经济纠纷解决在基层,既及时缓解了各类矛盾,又使法庭工作有了主动权。首先,枫桥人民法庭与司法特派员密切配合,坚持每季度召开一次乡司法助理员会议,在总结交流工作的同时,对他们提出的司法业务问题进行集中指导。在此基础上,每年年终召开一次村级调解干部会议进行集中培训。其次,对于专门到法庭求教的调解人员,腾出时间,进行热情指导。枫桥人民法庭所在地的枫桥镇,是全区政治、经济、文化中心,交通极为便利,因此,村乡调解干部经常借出差和赶集等机会,来法庭进行法律咨询。每遇到这种情况,法

---

① 参见诸暨市档案馆藏诸暨市人民法院档案:《抓好基础、重视预防,枫桥法庭参与综合治理舍得花力气》(1997年7月30日),档案编号087-047-011-002。
② 参见诸暨市人民法院档案:《枫桥法庭探索参与综治新路子》(1996年5月9日),档案编号87-24-20。
③ "四前工作法"是指"组织建设走在工作前,预测工作走在预防前,预防工作走在调解前,调解工作走在激化前"。

庭工作人员总是不厌其烦进行指导,使他们带疑而来,释疑而归。此外,枫桥人民法庭工作人员利用下乡办案,挤出时间,进行分头指导。由于枫桥人民法庭的辖区较大,为了提高办案效率,审判人员采取定点分片的办法,法庭干部走到哪里办案,都不忘对基层调解组织的业务指导。这种做法不仅使法庭与基层调解组织之间建立了友谊,而且通过对具体案件的承办,使基层调解组织能够直接学到和掌握处理经济纠纷的有关法律规定和政策界限。通过经常性地对基层调解组织的业务指导,立足把矛盾纠纷解决在基层。据历年统计,全区村、乡两级调解组织每年调处的各类经济纠纷均在 2000 件以上,接近法庭办结数的 10 倍。视北乡调解干部任开煊,五年里共解决各类纠纷近 500 件,其中解决各类经济纠纷 94 件,解决讼争标的 30 多万元。乐山乡政府五年来,仅向法庭移送一起离婚案件,其余民事、经济纠纷都由村乡两级调解组织调处,做到小纠纷不出村,较大纠纷不出乡,使全乡出现"捕人少、治安好、经济发展快、人民安居乐业"的可喜局面。[①] 枫桥人民法庭的这一做法,也为 1992 年诸暨推进"撤区扩镇并乡"工作,发展"块状经济",使枫桥镇逐步发展成为中国衬衫之乡提供了坚强的保障。

三、2003 年至今:创新与蓬勃发展期

党的十六大报告明确"社会管理"为政府的四项主要职能之一,并提出"要坚持打防结合、预防为主,落实社会治安综合治理的各项措施,改进社会管理,保持良好的社会秩序",[②] 标志着社会管理成为时代的重要议题。在此背景下,枫桥人民法庭致力于促进平安与法治建设,积极构建与党委、政府的联动协调机制,推动基层社会管理的创新。2010 年出台的《中华人民共和国人民调解法》是对我国人民调解工作长期以来的理论研究和实践做法的总结与升华,标志着我国人民调解工作从此步入了法制化、规范化发展轨道。枫桥人民法庭充分发挥其司法能动性,加强了对人民调解工作的指导,协助乡镇充实和完善村居、企业等人民调解组织,推动人民调解制度在新时期的实践与发展,实现"小事不出村、大事不出镇、矛盾不上交"[③] 的目标。

党的十八届三中全会通过的《关于全面深化改革的若干重大问题的决定》首次提出了"社会治理"这一概念。从"社会管理"到"社会治理",表面上的一字之差实则反映了对社会治理理念的深刻理解和对社会治理发展趋势的精准把握,是对传统社会管理理念和思维的全面升级和深化,是我国社会治理领域的重要发展。在此背景下,枫桥人民法庭积极推动"枫桥经验"在新时代的发展与丰富,对指导人民调解的方法、技术、机制、体

[①] 参见诸暨市档案馆藏诸暨市人民法院档案:《坚持着重调解 搞好经济审判》(1990 年 5 月 15 日),档案编号 087-040-002-005。
[②] 中共中央文献研究室:《十六大以来重要文献选编》(上),中央文献出版社 2011 年版,第 21、28-29 页。
[③] 中共中央文献研究室:《十八大以来重要文献选编》(上),中央文献出版社 2014 年版,第 684 页。

系等方面进行了卓有成效的创新,助力人民调解事业步入蓬勃发展的历史新阶段。

(一) 探索调解工作新方法

枫桥人民法庭致力于深化和发展"枫桥经验",在处理案件的过程中坚持"调解优先、调判结合"的基本原则,以案结事了为终极目标,力求在公正、公平、合理的基础上,通过调解的方式化解纠纷,减少社会矛盾。枫桥人民法庭在调处纠纷时创造性运用了"三前调解法",即在充分尊重当事人意愿的前提条件下,充分发挥调解的作用,力求在案件进入诉讼程序之前、开庭之前以及宣判之前通过调解手段解决纠纷。枫桥人民法庭在此基础上进一步探索创新,建立了三维度诉调同向联调机制,[①] 以提高诉调对接的效率和效果。在调解指导方面,枫桥人民法庭实施了"四环指导法",包括诉前普遍指导、诉时跟踪指导、诉中个别指导、诉后案例指导,将对调解的指导覆盖矛盾纠纷处理的全过程,并兼顾了指导工作的全面性和针对性。

值得一提的是由枫桥人民法庭首创的调解劝导制度。这一制度针对准备起诉的原告设立,旨在通过说服劝诫的方式引导他们正确选择矛盾纠纷的解决方式。枫桥人民法庭向前来起诉的原告发放《人民调解劝导书》,用图文并茂、通俗易懂的方式详细介绍了人民调解的优势和程序,并通过分析纠纷解决的成本效益来展示人民调解的便捷性和高效性,提醒原告审慎行使诉权,因为这"虽然是解决纠纷的最终手段,但并不是解决纠纷的最佳选择",鼓励当事人优先考虑非诉讼方式解决矛盾纠纷。

(二) 推动调解工作数字化

在经济高速发展和社会结构深刻变革的推动下,全社会迈向了信息化、智能化的新阶段。数字技术深刻影响着社会生活的各个领域,人民群众对数字正义、更高效优质的司法服务的需求与日俱增。枫桥人民法庭以数字化改革为驱动,让科技为调解工作赋能增效。枫桥人民法庭邀请辖区内各调解组织、人民调解员、部门站所加入线上交流群,便于及时对人民调解委员会、人民调解员等进行技术培训和业务指导。这一举措不仅为调解工作中的疑难问题提供了便捷高效的线上沟通渠道,还使得法庭工作人员能够随时随地提供业务指导,确保调解工作的顺利进行。

依托互联网技术,枫桥人民法庭开发了在线矛盾纠纷多元化解平台、移动微法院等信息化、数字化平台,提供形式丰富的司法服务。线上与线下相结合的形式打破了传统纠纷

---

① "三维度诉调同向联调机制"是指调解(开庭)前审查诉辩的合理度,对需要核实的相关内容作好基础调查工作,避免因缺乏必要的实地勘察或没有深入了解案情而多次组织调解;调解(庭审)时引导对基本事实的认同度,通过查明事实、摆明观点、说明理由促使各方对案件基本事实取得一致认可,并对案件处理结果作出合理预见;分头(休庭)解说以判决方式结案的基准度,重点解释判决结果的基准,注重对当事人进行辨法析理,作认定事实、适用法律、行为后果、归责原则等方面的解说,促进案件成功调解。

化解模式受时空、区域限制的弊端，让群众实现"掌上办案、指尖诉讼"，足不出户就能解决纠纷，推动"枫桥经验"的"小事不出村"升级成为"解纷不出户"。此外，枫桥人民法庭的智慧法庭是全省首家按照浙江省高院"全域数字法庭"建设标准改建完成的，该法庭配备了智能中控、人脸识别、语音声控、纸屏同步、互联网庭审等先进功能。为了防止出现"数字鸿沟"，枫桥人民法庭通过共享法庭、联系法官、庭务主任、志愿者等多方协作以确保老年人等特殊群体也能享受数字法庭建设所带来的数字红利和数字正义。

（三）打造特色化调解品牌

枫桥人民法庭推出"枫调俞顺"调解指导品牌，对行业协会成员、社会调解组织调解员、村（社）调解员开展两个月一次常态化专题培训，以点带面提升整体调解员的法治素养和调解能力，并以此规范企业、村（社）、群众三方行为。同时，法庭整理出辖区内企业的常发性纠纷，反馈至相关行业协会，并通过指导调解品牌的培训及影响力对行业协会成员进行指导和宣讲，以达到规范交易行为的目的。

此外，枫桥人民法庭充分利用其辖区内的丰富社会组织资源，设立了一系列特色调解室，旨在具有针对性地解决各类不同矛盾纠纷，如大妈调解室主要协助化解婚姻家庭纠纷，乡贤调解室专注于调解继承及邻里纠纷，行业调解室聚焦于专业性较强的服装纺织、汽修汽配等行业内矛盾纠纷，代表委员工作室则承担着监督法庭工作并向群众反馈的重要职责。为了进一步增强诉前调解工作的效果，枫桥人民法庭还特别邀请了当地具有威望、群众工作能力强且调解经验丰富的退休干部加入天平调解工作室，共同参与诉前调解工作，提高纠纷的诉前化解能力，缓解法官的办案压力。

（四）形成调解工作新格局

枫桥镇通过组织变革、制度重塑和数字赋能打造"一站式"社会治理中心，全面推进基层矛盾纠纷多元化解新实践，让百姓"只进一扇门、最多跑一地"。枫桥人民法庭主动融入"一站式"社会治理中心建设，规范以社会治理中心为核心的基层矛盾纠纷多元化解体系，以达到对纠纷诉前精准分流过滤的目的。并通过派员入驻社会治理中心、设立微法庭、指导枫桥乡贤、红枫义警、枫桥大妈等社会团体调解过程和行为，规范人民调解协议的语言表述准确度、内容的可确认度。

为了满足法庭下辖两镇一乡的实际需求，在乡镇层面，枫桥人民法庭设立了指导调解工作室，并在五个重点村居设立了指导调解联络站，有效地将司法服务延伸到了最基层，实现了调解网络的全覆盖。在人力资源的配置上，枫桥人民法庭采取了一种全新的定点业务指导员机制，指派审判员、调解员（陪审员）、书记员作为业务指导员，负责了解定点乡村的实际需求，从而深入了解和掌握基层社会动态，构建法庭、乡镇和村民三位一体的高效沟通渠道，形成了系统的人民调解机制定点联村业务。业务指导员实地走访村庄、深入村民家中，将司法服务送到群众身边，与群众建立密切联系，为其提供畅通的诉求反映渠道，有效解决司法服务与群众间"最后一公里"的难题。同时，业务指导员在日常走访中也加强与乡镇干部的交流沟通，以便及时发现基层社会中存在的矛盾纠纷和潜在的安全隐患。

四、结语

作为我国司法工作的优良传统和有益经验，调解在司法实践中具有重大意义。无论在哪一历史发展阶段，除了日常审判工作，枫桥人民法庭始终高度重视调解工作，并在指导人民调解工作的领域进行了大量的尝试与创新，通过指导人民调解实现矛盾纠纷的就地化解，避免进入诉讼环节，最终达到化解矛盾纠纷和弥合社会关系的目的。枫桥人民法庭在不同历史时期的发展和变革是新时代中国特色社会主义法治道路的生动实践，表明了人民法庭在基层社会治理中发挥着不可或缺的作用。通过对调解工作的有效指导，枫桥人民法庭不仅解决了大量的民间纠纷，也促进了社会和谐稳定。这一过程不仅是对"枫桥经验"的继承和发展，更是对我国司法体系和社会治理模式的一次深刻变革。

就指导调解的理念而言，枫桥人民法庭坚持一切为了人民，一切依靠人民，始终立足群众需要来调整调解内容，解决好人民群众急难愁盼的问题。社会主义计划经济时期，枫桥人民法庭指导调解较为关注生产纠纷和集体纠纷；改革开放后，枫桥人民法庭则更为关注对经济纠纷调解的指导。人民法庭应始终关注人民群众最关心最直接最现实的利益问题，尤其是当下涉及征地拆迁、物业房产、金融借贷等群体性重大矛盾纠纷，人民法庭应提前研判风险、预警联动，通过人民调解、行业调解、行政调解等多元调解机制化解矛盾纠纷。当下，依法办事是时代特征，人民法庭应充分发挥司法审判的专业优势，运用法治思维指导调解，把矛盾纠纷预防化解全面纳入法治轨道，提升指导调解的法治化水平。

就指导调解的方式而言，在枫桥人民法庭指导调解的过程中，针对可能激化造成严重后果的矛盾采取了主动下访调解的方式，针对同一时期大量出现的同类矛盾纠纷采取了集中指导与分头指导相结合的方式，针对处于不同阶段的矛盾纠纷采取了"四环指导法"。在能动司法的背景下，面临当下复杂多样的社会纠纷，优化人民法庭指导人民调解的方式方法是提高调解工作质量和效益的必由之路。人民法庭应立足"抓早、抓小、抓苗头"，将指导调处矛盾纠纷的法定职能严格依法"向外延伸""向前延伸"，不断优化指导调解的方式，推动司法资源运用更及时、更高效。此外，对于较为成熟的指导方式，可以通过制度固定其流程，以推动调解工作制度化、法治化，提高工作质量和工作效率。

就指导调解的效果而言，枫桥人民法庭始终以矛盾纠纷的"就地解决"为目标，这也是"枫桥经验"最为核心的价值导向。"'心结'没有解开，案件也就没有真正了结。"[①]

---

① 《习近平法治思想学习纲要》，人民出版社、学习出版社2021年版，第33页。

"案结事了不是指一味强求调解结案,而是指法院应当注重通过妥善办理个案(定分止争)来最终化解社会矛盾纠纷,强调的是结案与化解矛盾纠纷之间的内在联系"。[①] 为了真正实现"案结事了",彻底解决纠纷,枫桥人民法庭主动检验办案质量,对调解生效的涉婚姻、婚后财产分配、彩礼、家事纠纷、相邻权纠纷等案件,通过各种方式开展"回访",了解情况,及时发现问题、解决问题并总结经验。无论是指导调解的理念还是指导调解的方式,最终都会体现在指导调解的效果中。人民法庭在指导调解的过程中应追求案结事了,坚持矛盾纠纷得到实质性解决。

新时代"枫桥经验"以基层基础为坚实支撑,强调矛盾纠纷的就地化解,已成为基层社会治理的典范;而人民法庭既是扎根基层、服务群众的司法力量,又是就地化解矛盾纠纷的治理力量。在社会转型时期,当常规的司法资源不足以应对高发的社会矛盾时,法院的角色定位就会从法治化偏向治理化。[②] 新时代人民法庭通过参与基层社会治理以回应社会转型、人民内部矛盾纠纷化解的现实需求。人民法庭指导调解不仅是一项法定职能,更是参与基层社会治理的一种方式,是诉源治理背景下对社会力量和资源的整合和调动。做实指导调解的法定职能,有利于人民法庭实现资源共享与优势互补,把握参与基层社会治理的主动权,实现矛盾纠纷的源头化解、诉前化解、基层化解,以推动形成共建共治共享的社会治理新格局。

Historical review of people's court guiding people's mediation
—— Taking Fengqiao People's Court as an example

Dai Bingjie　Yu Zhaofei

Abstract: Guiding people's mediation is not only a statutory function of the people's court, but also an effective way for the people's court to participate in grassroots social governance in the new era, respond to social transformation, and resolve internal contradictions and disputes among the people. As the birthplace of the "Fengqiao Experience", the Fengqiao People's Court has participated in and promoted the development of the "Fengqiao Experience" throughout the process, and gradually fulfilled the statutory function of guiding mediation in the people's court in this process. The Fengqiao People's Court has always adhered to the guiding mediation philosophy of "everything for the people and everything relying on the people" and has utilized various guiding mediation methods, aiming to achieve the goal of "resolving cases disputes without esca-

---

[①] 黄海龙、潘玮璘:《"尽可能一次性解决纠纷"理念的基本内涵与实践要求》,载《中国应用法学》2022年第5期,第37页。

[②] 参见李红勃:《通过政策的司法治理》,载《中国法学》2020年第3期,第133页。

lation" effectively improving the institutionalization and legalization of people's mediation. It has set a benchmark and example for the people's court to establish and extend its judicial functions, fulfill its statutory functions in guiding dispute mediation, and demonstrated the role of practicing the "Fengqiao Experience" in the new era and creating a "Fengqiao – style People's Court."

Key words: Fengqiao Experience; People's Court; People's Mediation; Historical Review

"枫桥经验"的理论边界与概念重构*
——基于 CiteSpace 的文献计量分析

范学超**

摘　要　宽泛理解"枫桥经验",会影响"枫桥经验"研究的严肃性,更有可能偏离其实质内涵。利用 CiteSpace 进行文献计量分析可知,"枫桥经验"研究自 2018 年开始迈入新的理论阶段,但仍然存在研究分散、主题分离、理论不深等问题。既有研究未能很好地提炼出"枫桥经验"研究的三个争议点:"枫桥经验"的定义前提是与枫桥地方的分离,核心特征是依靠群众力量,研究视角需要从管理视角拓展到自治视角。新的概念需要体现新时代的三点理论需求:在运行前提方面,"枫桥经验"必须置身于法治框架;在运行过程方面,"枫桥经验"目前需要党和政府的主导;在发展方向方面,"枫桥经验"未来需要培育公民自治力量。综合以上,"枫桥经验"应当定义为党和政府主导下,在法治框架内依靠群众力量的一系列措施的总和,其核心特征是依靠群众力量,具有化解矛盾、促进和谐、引领风尚、保障发展等功能。

关键词　"枫桥经验"　群众力量　社会治理　社会自治　矛盾化解

引　言

在中国政治实践当中,历来有总结、推广基层经验的传统。自新中国成立以来,各级党政机关有较多优良的经验总结[①],有些经验也曾经有着全国性的影响。但随着历史变迁,大多基层经验都已退出历史舞台,唯有"枫桥经验"自 20 世纪 60 年代诞生至今,伴

---

* 国家社会科学基金项目"环境纠纷指导性案例司法适用及方法优化研究"(编号:23CFX048)。
** 范学超,中南大学法学院博士研究生。
① 如 20 世纪 60 年代毛泽东同志亲笔批示的"工业学大庆""农业学大寨""改造四类分子学枫桥"等。

随时代变迁,一直焕发着穿越时空的生命力。从中国实践来看,"枫桥经验"陆续被写入各类国家重要文件,代表着新时代"枫桥经验"已经成为推进国家治理体系和治理能力现代化的有机组成部分。[①] 党的二十大报告提出,要在社会基层坚持和发展新时代"枫桥经验"。[②] 国家层面的诸多举措为"枫桥经验"的发展提供了规范指导和制度保障,同时,制度革新能力是保证国家治理能力持续稳定存在的坚实根基[③],"枫桥经验"也需要不断地创新发展。然而,正如有学者指出,"枫桥经验"相关研究呈现出现象化、碎片化、虚泛化的问题。[④] 虽然有刊物设置了"枫桥经验"专栏刊发相关研究文章[⑤],但整体上"枫桥经验"的研究还有很多不足。当前,学界普遍认为,"枫桥经验"是在党的领导下,由枫桥等地人民创造和发展起来的,行之有效、具有典型意义和示范作用的一套基层社会治理方法,其功能是化解矛盾、促进和谐、引领风尚、保障发展。[⑥] 笔者认为,当前对于"枫桥经验"的研究成果都回避了一个最关键的问题,即"枫桥经验"的理论边界,学界运用"枫桥经验"概念仍难以脱离政治语境。"枫桥经验"研究的深入,不能对"枫桥经验"停留在一个宽泛的理解上,只有将"枫桥经验"的理论边界予以确定,才能为之后更为深入的学术讨论奠定坚实的研究基础。当前关于"枫桥经验"的研究最易与基层治理、纠纷化解、三治融合等概念相混淆,宽泛的理解"枫桥经验",会影响"枫桥经验"研究的严肃性,更有可能歪曲"枫桥经验"的实质内涵,使人们对"枫桥经验"产生错误的认知。为此,本文基于 CiteSpace 的文献计量分析,尝试对既有研究进行分类,找出发展、总结"枫桥经验"的关键点,提供一个内涵与外延界定清晰的学术概念。

[①] "枫桥经验"陆续被写入《中国共产党农村基层组织工作条例》《为人民谋福利:新中国人权事业发展 70 年》白皮书,之后被写入党的十九届四中全会《中共中央关于坚持和完善中国特色社会主义制度 推进国家治理体系和治理能力现代化若干重大问题的决定》、十九届五中全会《中共中央关于制定国民经济和社会发展第十四个五年规划和二〇三五年远景目标的建议》、十九届六中全会《中共中央关于党的百年奋斗重大成就和历史经验的决议》。

[②] 习近平:《高举中国特色社会主义伟大旗帜 为全面建设社会主义现代化国家而团结奋斗——在中国共产党第二十次全国代表大会上的报告》,《党的二十大报告学习辅导百问》,党建读物出版社、学习出版社 2022 年版,第 41 页。

[③] 参见彭中礼:《国家治理能力是什么:现代法治理论的框架性回应》,载《东岳论丛》2020 年第 4 期,第 136 页。

[④] 参见李振贤:《"枫桥经验"与当代中国基层治理模式》,载《云南社会科学》2019 年第 2 期,第 47 页。

[⑤] 《民间法》刊物在第 29 卷设置"枫桥经验"专栏,刊发的相关研究文章有:汪世荣、李乐凡:《枫桥人民法庭参与基层社会综合治理的机制研究》;马成、李军、赵俊鹏:《新时代"枫桥式"人民法庭的治理功能及完善——兼论子洲县人民法院的创新实践》;褚宸舸、王阳:《人民法院构建涉侨矛盾纠纷调处化解共同体的"青田模式"研究》;王斌通:《"枫桥经验"视域下大调解体系的治理逻辑和制度供给》;杨静、李明升:《新时代"枫桥经验"视阈下人民调解的南海实践研究》;刘力:《"枫桥经验"视角下基层群众自治制度的完善》;尤婷:《枫桥经验视阈下环境污染纠纷人民调解制度研究》;汤冠华、潘晨雨:《以"枫桥经验"为例的民间规范对基层司法的完善作用研究》。参见谢晖、陈金钊、蒋传光主编:《民间法》(第 29 卷),研究出版社 2022 年版,第 3 – 114 页。

[⑥] 中国法学会"枫桥经验"理论总结和经验提升课题组:《"枫桥经验"的理论构建》,法律出版社 2018 年版,第 17 页。

一、"枫桥经验"的文献计量分析

数据获取的准确性是得到精确结论的前提条件。关于"枫桥经验"的研究主要由国内学者做出贡献,因此,本文的数据来源主要为中文文献。在数据的筛选条件中,笔者首先考虑到不同数据库的权威性有所不同,因此为保障研究结果的可信性,选取了 CSSCI 数据库和北大核心数据库作为文献来源。在具体的检索方式上,在中国知网以"主题 or 篇名='枫桥经验';期刊来源 = CSSCI+北大核心"为方法进行检索,共得到分布在 1997 年至 2024 年 5 月的 179 篇文献数据,筛选掉不相关的 5 篇文献①,最终选取了 174 篇文献作为本文计量分析的数据来源,基于文献计量学的方法,将以上数据经过处理,导入 CiteSpace 软件进行可视化分析。在本部分中,对 CiteSpace 的运用主要包括:第一,利用 CiteSpace 对"枫桥经验"研究的文献数据进行初步分析,结合笔者对文献的阅读以及中国知网的相关数据,绘制科研合作图谱以及高被引文献分布表,以此来直观地呈现出二十多年来对"枫桥经验"的研究全貌;第二,利用 CiteSpace 对"枫桥经验"研究的文献数据进行关键词共现分析,利用聚类功能绘制时间图谱,呈现出"枫桥经验"研究的历史演进趋势以及当前的研究动态,通过对以上内容的解读,细致地剖析"枫桥经验"研究的研究热点、研究主题以及研究的演化路径,为下文的论述提供相关基础。

(一)"枫桥经验"研究的文献特征分析

在展开具体分析之前,还有一个现象需要关注,在中国知网中以"主题 or 篇名='枫桥经验'"为方法检索,在不限定期刊数据库来源的情形下,共得文献1800余篇。与限定北大核心或 CSSCI 来源期刊所检索出的 170 余篇文献数量相比,数量之比约为十比一,这一比例反映了关于"枫桥经验"的研究成果非常丰富,但相较于成果的数量基数,高质量研究成果较少。本部分将以 CiteSpace 的文献分析为基础,从文献发表量分布以及"枫桥经验"研究脉络展开对"枫桥经验"研究的文献特征分析。

1. 文献发表量分布

文献发表量直观地呈现出了学界对某一主题的研究热度,是反映研究动态的重要指标。对于分布在 1997 至 2024 年间的 170 余篇研究文献进行时间排列后(图1)发现,"枫桥经验"的研究可以划分为两个阶段。在第一个阶段中"枫桥经验"的研究文献整体较少,在第二个阶段中"枫桥经验"的研究文献数量显著增加。

---

① 排除掉的这些文献分别是:柳国伟:《插画的视觉叙事探究》,载《美术观察》2022 年第 4 期,第 156 - 157 页;孔祖根:《基层金融人的良师益友》,载《中国金融》2020 年第 1 期,第 186 - 187 页;王艳艳:《现代科技在社会工作及新时代文明实践建设中的应用探究》,载《轻合金加工技术》2020 年第 5 期,第 71 页;《导读》,《中国党政干部论坛》,2019 年第 12 期,第 1 页;王建新:《法制报如何围绕"法治"做文章》,载《新闻实践》2001 年第 1 期,第 61 - 62 页。

第一阶段为起始期（1997年至2017年），该阶段"枫桥经验"研究文献数量整体较少，二十年间只有37篇文献，文献数量年度分布也较为平稳。这一时期的文献细化讨论的主题也比较分散，有些研究可以说仅是描述性质、记录"枫桥经验"，未展开学术讨论；[1] 有些研究在相关领域内尝试运用"枫桥经验"，[2] 尤其是在"枫桥经验"与检察工作的结合方面取得了较多研究成果；[3] 有些研究已偏向于更为严肃化的学术性表达；[4] 整体来看，这一时期关于"枫桥经验"的研究停留在"边缘范围"，触及"枫桥经验"的内涵阐释与概念界定方面的研究成果并不多。如果将这一时期的研究分为两类，那么一类是"枫桥经验"在不同领域的运用研究，一类是对"枫桥经验"的历史发展与"枫桥经验"在基层治理中的作用研究。

第二阶段为发展期（2018—2024年），正如图1所呈现，这一时期的年平均发文量约是前一时期的10倍。在前一阶段，虽然不时有关于"枫桥经验"的政治方面的相关指示[5]，但并未形成对"枫桥经验"进行学术化表达的热潮。而在这一时期，由于对"枫桥

---

[1] 参见吕剑光：《"枫桥经验"的前前后后》，载《人民公安》1997年第19期，第46-48页；《让群众满意保一方平安——枫桥派出所工作跃上新台阶》，载《公安研究》1998年第6期，第55-58页；朱思恩：《学习"枫桥经验"维护农村稳定——访浙江省省委常委、公安厅厅长俞国行》，载《人民公安》1998年第8期，第1页。

[2] 参见杨张乔、王翀：《"枫桥经验"：中国乡镇犯罪预防与矫治的社区模式》，载《社会科学》2004年第8期，第57-65页；陈理珍，寿铸：《档案工作是创新发展"枫桥经验"的坚实基础》，载《浙江档案》2004年第10期，第37-38页；杜利平，许迈进：《社会管理模式创新的人本视角与实践——"枫桥经验"对高校基层党建和管理工作的启示》，载《学校党建与思想教育》2012年第31期，第32-33页；宋娟：《学习借鉴"枫桥经验"将劳动人事争议就近就地化解在基层》，载《中国劳动》2014年第3期，第24-25页。

[3] 参见彭新华：《"枫桥经验"语境下的"检调对接"工作机制之探索》，载《中国刑事法杂志》2010年第10期，第94-98页；苗勇：《坚持发展"枫桥经验"基层检察室应做好四项对接工作》，载《人民检察》2010年第24期，第54-55页；方新建、沈燕萍、张磊等：《"枫桥经验"对检察机关参与社会管理的启示——以浙江省杭州市萧山区人民检察院的实践为切入点》，载《人民检察》2011年第19期，第36-38页；曾水明：《"枫桥经验"与不起诉案件处理》，载《人民检察》2013年第22期，第71页；谢剑：《"互联网+"背景下的"新枫桥经验"——浙江省诸暨市检察机关办案实行"三分两集中"》，载《人民检察》2017年第6期，第67-69页。

[4] 参见吴锦良：《"枫桥经验"演进与基层治理创新》，载《浙江社会科学》2010年第7期，第43-49页；黄丽萍：《地方性知识的嵌入与本土化民主发展取向》，载《内蒙古社会科学》2011年第5期，第6-11页；余潇枫：《安全治理：从消极安全到积极安全——"枫桥经验"五十周年之际的反思》，载《探索与争鸣》2013年第6期，第44-47页；卢芳霞：《"枫桥经验"：成效、困惑与转型——基于社会管理现代化的分析视角》，载《浙江社会科学》2013年第11期，第86-91页；杨燮蛟：《基层社会管理法治化与人权保障——浙江"枫桥经验"的成效与完善》，载《山东警察学院学报》2015年第3期，第128-133页；卢芳霞：《从"社会管理"走向"社会治理"——浙江"枫桥经验"十年回顾与展望》，载《中共浙江省委党校学报》2015年第6期，第64-69页；任建通，冯景：《纠纷解决与基层社会治理——以"枫桥经验"为例》，载《社会科学论坛》2016年第1期，第233-239页。

[5] 1998年12月1日，《人民日报》在头版头条发表题为《立足稳定和发展——浙江诸暨"枫桥经验"纪实》的文章，并配发《"枫桥经验"值得总结和推广》的评论员文章，向全国推广"枫桥经验"。2004年6月12日《人民日报》发表长篇通讯《平安是福和谐为乐——浙江省诸暨市创新"枫桥经验"纪实》，并配发题为《"枫桥经验"的启示》的评论员文章。2013年10月9日在纪念毛泽东同志批示"枫桥经验"50周年大会召开前夕，习近平总书记就坚持和发展"枫桥经验"作出重要指示。

经验"理论总结的重视提高了一个新台阶①，以张文显教授为领导小组的研究团队针对"枫桥经验"进行了系统、深入的理论总结，最终形成了《"枫桥经验"的理论建构》一书。② 此外，这一时期有诸多学者都在致力于"枫桥经验"的理论提升。③ 整体来看，这一时期认识到了"枫桥经验"不能仅停留在经验层面的日常表述，缺乏内在逻辑性、体系性、时代性和科学性，而是必须对"枫桥经验"进行经验归纳、概念提炼、规律把握、系统梳理、创新探索等理论提升工作。从结果来看，这一时期的研究成果确实尝试进行了对"枫桥经验"所应当进行的理论构建，起到了深化对"枫桥经验"历史发展的认识的作用。

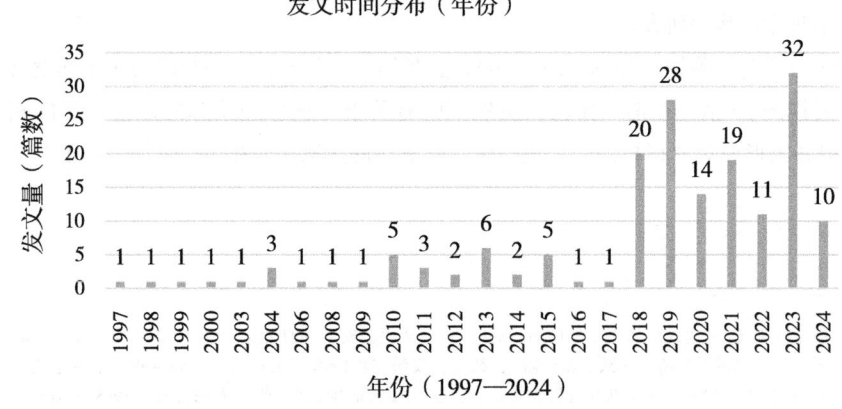

图1 "枫桥经验"发文时间分布图

2. 科研合作情况

良好的合作关系有助于推动学术研究的进一步发展。只有形成良好的科研合作关系，才能在"枫桥经验"研究领域形成科研合力，助力研究体系逐步走向成熟。因此，合作程度是衡量学术研究进展的重要指标，本部分利用 CiteSpace 软件对文献数据进行了机构分布情况的分析，在 CiteSpace 软件中选择"Institution"为节点类型，绘制了科研合作知识

---

① 2018年1月22、23日中央政法工作会议对"枫桥经验"的提炼、总结和推广工作作出了一系列明确要求和重要部署。为落实中央政法工作会议精神，中国法学会同浙江省委政法委设立《"枫桥经验"理论总结和经验提升》重大课题，形成了工作方案，成立了《"枫桥经验"理论总结和经验提升》重大课题领导小组和专家组。
② 中国法学会"枫桥经验"理论总结和经验提升课题组：《"枫桥经验"的理论构建》，法律出版社2018年版。
③ 参见赵蕾：《"枫桥经验"的理论提升》，载《法律适用》2018年第17期，第30–41页；陈立旭：《现代治理与传统的创新性发展——"枫桥经验"的启示》，载《治理研究》2018年第5期，第11–18页；杨学科：《弹性治理："枫桥经验"生发的阐释》，载《治理研究》2018年第5期，第27–34页；刘树枝：《打造"枫桥经验"升级版——新时代"枫桥经验"内涵的思考》，载《人民论坛》2018年第28期，第60–61页；张文显：《新时代"枫桥经验"的理论命题》，载《法制与社会发展》2018年第6期，第2页；张爱民：《新时代"枫桥经验"的理论逻辑及其示范性价值》，载《新视野》2021年第4期，第81–86页；景跃进、杨开峰、余潇枫等：《新时代"枫桥经验"：基层社会治理现代化的中国探索》，载《探索与争鸣》2023年第8期，第4页；景跃进：《"枫桥经验"：中国式现代化的基层实践与表征符号》，载《探索与争鸣》2023年第8期，第5–8页；钱弘道：《论"枫桥经验"的起源和生命力》，载《河北法学》2023年第12期，第2–23页。

图谱,如图2所示,图谱中连线的密集和粗细程度反映了机构间科研合作的紧密程度。具体来说,在机构合作上,"枫桥经验"的研究机构主要集中分布于高校,在合作关系上,"枫桥经验"研究形成了中国人民公安大学—西北政法大学—杭州师范大学、浙江大学—浙江工业大学—中国人民大学—华东政法大学、中南财经政法大学等数个研究中心。但从图示来看,图中代表合作的连线较为短促,连线密度不高,反映出"枫桥经验"研究尚未形成交流密切、联系紧密的学术共同体,学界对"枫桥经验"研究的关注度仍有不足。因此,学界对"枫桥经验"的研究尚未形成较强的科研合力,在科研合作与学术交流上仍需要进一步强化,在未来,需要着重推动扩大"枫桥经验"的研究群体、强化"枫桥经验"的学术交流合作以及促进"枫桥经验"研究的资源知识共享。

图2 "枫桥经验"研究科研合作知识图谱

3. 高频次被引文献分布

文献的被引频次反映了文献在其研究主题中的学术影响力,对"枫桥经验"研究脉络的把握离不开对高频次被引文献的分析。通过整理高频被引文献(表1)并分析相关文献的研究内容,可以了解"枫桥经验"领域研究的知识基础。

排名前10的高频被引文献当中有4篇文献属于根据前文划分的两个时期中的第一时期,6篇文献属于第二时期。其中,2009年与2010年发表的两篇文章占据了引用量第二、第三的位置,[①] 一定程度上反映了关于"枫桥经验"的研究方向、研究观点并没有太大程

[①] 这两篇文章分别是湛洪果:《"枫桥经验"与中国特色的法治生成模式》,载《法律科学》2009年第1期,第17-28页;吴锦良:《"枫桥经验"演进与基层治理创新》,载《浙江社会科学》2010年第7期,第43-49页。

度的转变。作为"枫桥经验"研究的两篇基础性成果,无疑对之后的研究起到了重要影响作用。谌洪果在《"枫桥经验"与中国特色的法治生成模式》一文中提出,枫桥的治理实践体现了意识形态与制度运行等多重关系的复杂交织,并且进一步指出,"枫桥经验"尽管存在一些需要从理论高度进一步总结的问题,但它有可能成为寻求中国未来独特民主和法治道路的一个契机。[①] 吴锦良在《"枫桥经验"演进与基层治理创新》一文中,更多的是梳理了"枫桥经验"的历史演进脉络、分析了新时期"枫桥经验"内涵的延伸和拓展,以及坚持和发展"枫桥经验"对于地方善治的现实意义。[②] 2018 年汪世荣在《中国法学》发表的文章是引用频次最高的文章,他提出,"枫桥经验"的基本做法是完善中央立法、地方立法和社会规范的三层治理制度体系,形成自上而下和自下而上相结合的基层社会制度供给状态。[③] 这篇文章则更多是立足于基层治理视角,研究"枫桥经验"对基层治理的作用。

这十篇文章可以分为三类:第一类,如谌洪果文,试图提高"枫桥经验"的理论层次,将其视为"寻求中国未来独特民主和法治道路的一个契机";第二类,如吴锦良文,系统地梳理"枫桥经验"的历史发展、既有经验以及总结时代价值;第三类,如汪世荣文,基于基层治理理论,以更为深厚的理论框架审视"枫桥经验"的现代贡献。

表 1 "枫桥经验"研究的 10 篇高频被引文献

(统计日期截至 2024 年 5 月 10 日)

序号	作者	篇名	期刊	年份	引用量
1	汪世荣	"枫桥经验"视野下的基层社会治理制度供给研究	中国法学	2018	266
2	谌洪果	"枫桥经验"与中国特色的法治生成模式	法律科学(西北政法大学学报)	2009	178
3	吴锦良	"枫桥经验"演进与基层治理创新	浙江社会科学	2010	161
4	王斌通	新时代"枫桥经验"与基层善治体系创新——以新乡贤参与治理为视角	国家行政学院学报	2018	134
5	宗成峰,朱启臻	"互联网+党建"引领乡村治理机制创新——基于新时代"枫桥经验"的探讨	西北农林科技大学学报(社会科学版)	2020	123

[①] 参见谌洪果:《"枫桥经验"与中国特色的法治生成模式》,载《法律科学》2009 年第 1 期,第 17-28 页。
[②] 参见吴锦良:《"枫桥经验"演进与基层治理创新》,载《浙江社会科学》2010 年第 7 期,第 43-49 页。
[③] 参见汪世荣:《"枫桥经验"视野下的基层社会治理制度供给研究》,载《中国法学》2018 年第 6 期,第 5-22 页。

续表

序号	作者	篇名	期刊	年份	引用量
6	张文显，朱孝清，贾宇，汪世荣，曹诗权	新时代"枫桥经验"大家谈	国家检察官学院学报	2019	85
7	曾哲，周泽中	多元主体联动合作的社会共治——以"枫桥经验"之基层治理实践为切入点	求实	2018	85
8	褚宸舸	基层社会治理的标准化研究——以"枫桥经验"为例	法学杂志	2019	81
9	郭星华，任建通	基层纠纷社会治理的探索——从"枫桥经验"引发的思考	山东社会科学	2015	75
10	李霞	新时代"枫桥经验"的新实践：充分发挥法治在基层社会治理中的作用	法学杂志	2019	75

(二)"枫桥经验"研究脉络分析

1. 研究主题分析

关键词及频次反映了在"枫桥经验"研究中主题热点的分布，关键词的频次越高，表明在"枫桥研究"研究中具有更高的关注度。本部分使用 CiteSpace 软件，以"Keyword"为节点类型，绘制"枫桥经验"研究的关键词共现知识图谱，呈现出"枫桥经验"研究的主题热点分布规律，如图3所示。其中，关键词的字号及节点形状越大，表明其出现的频次越高，在"枫桥经验"研究中越处于中心位置，而不同关键词的连线反映了关键词之间的逻辑关系。由图3可知，"枫桥经验"研究的最大关键词节点包括"枫桥经验""社会治理""基层治理""新时代""法治""诉源治理""多元解纷""合作治理""安全治理""平安建设"，这些关键词占据图谱面积大，处于整个图谱的中心位置，表明在"枫桥经验"领域中具有较高研究热度。

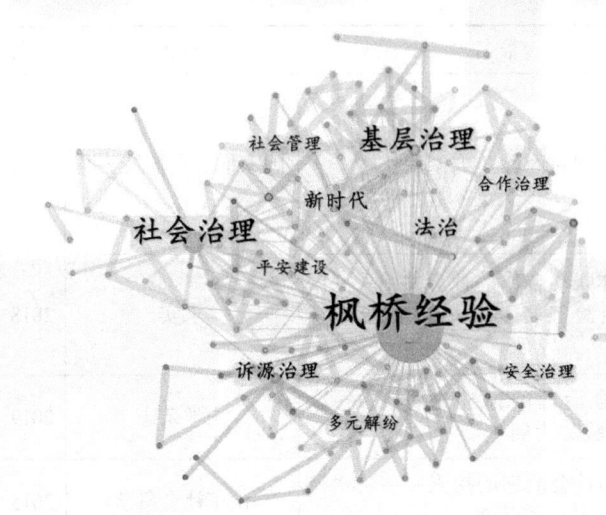

图 3 "枫桥经验"研究关键词共现图谱

2. 研究趋势分析

对于关键词的研究展现"枫桥经验"研究的主题分布,更进一步,通过 CiteSpace 的时间线功能,可以看到"枫桥经验"研究的演进趋势。图 4 蕴含了 CiteSpace 的关键词聚类功能,"枫桥经验"研究的关键词可以分为七类,分别是"枫桥经验""社会治理""基层治理""治理能力""法治""乡村治理""预防性法律制度""习近平"。习近平总书记在"枫桥经验"的发展过程中起到了重要推动作用,[①] 在相关研究中有比较直接地体现。在前六类聚类当中,"枫桥经验"大致有"浙江""治理方式""管理模式""新乡贤""矛盾化解""源头治理""社区警务""社区矫正"等关键词;"社会治理"大致有"政策话语""地方模式""人民法庭""司法改革""公众参与""社会安全"等关键词;"基层治理"大致有"治理向度""纠纷解决""社会共治""社会治安""平安建设""综合机制"等关键词;"治理能力"大致有"习惯法""新型习惯""可持续""治理体系""乡村善治"等关键词;"法治"大致有"安全治理""人权""基层司法""标准化""场域安全"等关键词;"乡村治理"大致有"治理布局""民族地区""乡村治理"等关键词;"预防性法律制度"大致有"调解""诉非对接""诉源治理""塔式解决""能动司法"等关键词。根据时间线进行分析,对"枫桥经验"的研究从总结枫桥地方的相关做法的"经验研究",逐渐向更为宏观的基层治理、社会治理过度,在这一过程当中,有学

[①] 2003 年,习近平总书记在担任浙江省委书记期间,明确提出要"坚持好、发展好'枫桥经验'"并领导全省干部群众不断创新发展推广"枫桥经验"。2023 年 9 月 20 日,在浙江省绍兴市考察的习近平总书记来到"枫桥经验"陈列馆,了解新时代"枫桥经验"创新发展情况;11 月 6 日,习近平总书记在北京人民大会堂亲切会见全国"枫桥式工作法"入选单位代表,勉励他们再接再厉,坚持和发展好新时代"枫桥经验",为推进更高水平的平安中国建设作出新的更大贡献。

者结合法治进行论述，有学者结合预防性法律制度进行论述。从图谱还可以看出，当前的研究趋势一是结合社会治理，强调"枫桥经验"在治理层面的作用；二是结合预防性法律制度，注重"枫桥经验"在预防纠纷方面对构建预防性法律制度的作用。

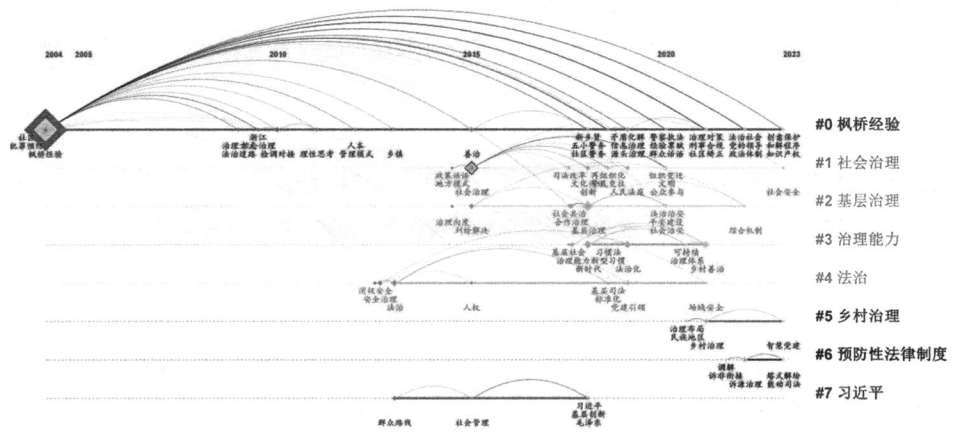

图4 "枫桥经验"研究演进趋势共现图谱

二、"枫桥经验"的理论争议辨析

在前一部分，本文利用CiteSpace对"枫桥经验"的研究文献进行计量分析，分析了关于"枫桥经验"研究的现状。其实，通过上述分析能发现关于"枫桥经验"的研究与其他领域的学术研究在关键地方存在一些比较重要的区别："枫桥经验"的研究成果相互之间并没有非常激烈的观点交锋，这意味着围绕"枫桥经验"相关研究的争议点需要进一步梳理。实际上，"枫桥经验"这一概念在学术讨论中仍然被任意使用，有学者将其运用到政治话语的构建，有学者将其运用到社会治理的制度供给，有学者将其运用到预防性法律制度的完善，也有学者提出"枫桥经验"可以为法治启发一种新模式。造成这一局面的原因是学界对"枫桥经验"概念本身理解上没有形成共识，仍然停留在枫桥地方对于"矛盾不上交"诸多举措的研究。本部分基于前文的研究基础，尝试凝练、总结出关于"枫桥经验"研究的争议点，呈现"枫桥经验"的真正理论定位。

（一）定义前提：与枫桥的分离

"枫桥经验"发源于枫桥镇，枫桥镇也一直是"枫桥经验"的"样板区"。枫桥镇位于浙江省诸暨市，被会稽山西部群山环绕，且自古作为会稽山脉西侧门户，地处浙江省六大文化资源密集区之一的绍兴文化资源密集区内，作为绍兴市域内国家级历史文化名镇之一。自从毛泽东同志亲自批示"枫桥经验"以来，枫桥镇便因"枫桥经验"而闻名遐迩，毛泽东同志赞扬枫桥"治安做得好，社会平安稳定"，其一举成为全国学习的榜样，直至今日，枫桥都以良好的治安受到各种表彰。在改造"四类分子"过程中，枫桥干部在统一思想基础上依靠群众对"四类分子""全面评审、重点斗争"，根据他们的实际表现区别对待，创造出"少捕，矛盾不上交，依靠群众，以说理斗争"，毛泽东同志对此批示"这就叫矛盾不上交，就地解决"，并指示要好好进行总结。在之后"枫桥经验"的宣传推广过程当中，枫桥地方一直是"枫桥经验"的发源地与样板区，为全国范围内各地方提供了先进的"枫桥经验"。

然而，"枫桥经验"如果想要做到全国推广，必须克服两点困难。第一，"枫桥经验"的地方经验难以克服区域差异的挑战。正如有关地方性知识的研究，在强调知识普遍性的同时，地方性知识的相关研究看到了知识同样总是在特定的情境中生成并得到辩护，因此既需要关注普遍性，也应当了解形成知识的具体情景条件，即地方性。而承认与普遍性相对的地方性的存在，是正确定位"枫桥经验"的前提之一。不同地方的情景条件有所不同，枫桥一地之经验，难以抽象为"普遍的"知识，难以对其他情景条件差异过大的地区形成有效的指导作用。第二，"枫桥经验"必须解决智慧来源问题。中国由于幅员辽阔，国情复杂多样，不同地方的习惯均存在地理、历史等因素引起的差异，在这一情况下，"枫桥经验"必须汲取全国范围的智慧才能够推广应用到全国范围。从另一方面来说，当前是数据的时代，数据的价值展现得淋漓尽致，而当前对数据的收集和处理的技术也在飞速发展，数据资源蕴涵着巨大经济价值和战略价值。算法能力的不断提高，大数据的深度应用，人工智能科技的飞速发展，成为国家智慧法治的重要科技手段，科技方法的综合运用可以不断提升国家治理能力，通过科技手段进一步稳固执政党的执政能力，提升政府的治理能力，形塑公民的主体思维，以及整合国家与社会的关系，是新时代国家治理必然面临的重大社会变革，也是国家治理能力现代化的时代宣言。[①] 在这一背景下，广泛地搜集各个地方的"枫桥经验"智慧，将其汇总、整理，抽象总结，并进行全国范围的推广，才是新时代发展和推广"枫桥经验"最为可行的道路。

因此，"枫桥经验"必须实现与枫桥地方的分离，突破"枫桥经验"的来源桎梏，只有在全国范围内汲取先进经验，才能为"枫桥经验"焕发出新的生命力。

(二) 核心特征：依靠群众力量

"枫桥经验"的核心特征在于依靠群众力量。"枫桥经验"虽然是 20 世纪 60 年代诸暨等地人民群众的首创，其生命力却源自中国共产党在革命战争年代形成的群众路线。群众路线本身就是相信、依靠群众与党对群众的正确领导的辩证统一。[②] 有很多研究对"枫桥经验"的特征进行了概括，谌洪果提出，当前"枫桥经验"具有很强的运动治理的特

[①] 参见彭中礼：《智慧法治：国家治理能力现代化的时代宣言》，载《法学论坛》2020 年第 3 期，第 29 页。
[②] 参见《毛泽东选集》(第 3 卷)，人民出版社 1991 年版，第 899 页。

征;① 汪世荣认为，运用社会规范实现矛盾纠纷的全息化解是"枫桥经验"的重要特征;②钱弘道认为，依靠人民群众化解矛盾是"枫桥经验"方法论意义上的最主要特征，此外，钱弘道还概括了许多其他特征：相对于刚性社会管制模式的柔性特征、体现人的正面因素的人性化特征等。③ 学者们所概括的特征非常全面，但这些特征具有不同的层次，其中依靠群众力量是最核心的特征，而其余特征均为由此演化而来。正如化解矛盾是"枫桥经验"的主要功能之一，但并非所有功能都能用化解矛盾概括。

首先，走群众路线是发现和推广"枫桥经验"的逻辑前提和思想基础。人民群众是智慧和力量的源泉，群众路线是中国共产党的生命线和根本工作路线，同时也是发现和推广"枫桥经验"的前置条件。在发现与推广"枫桥经验"之前，毛泽东同志便多次强调要坚持群众路线，而"枫桥经验"实际是对群众路线的具体运用的产物。群众路线中所蕴含的力量是社会内生力量，人民群众组成的社会群体类似于市民社会。市民社会是介于国家和个人之间自发形成的，在过去历史上受生产力制约，同时也制约生产力的交往形式，这就是市民社会。④ 市民社会与国家的关系，并非国家决定市民社会，而是市民社会决定国家。⑤ 因此，市民社会是个人与个人之间发生的社会关系和政治关系。而"枫桥经验"源于群众路线，是市民社会功能的有效发挥，是对自治力量的有效释放，依靠人民群众实际就是强调对社会内生力量的激活，使社会自治能力得到充分运用，从而有效化解社会矛盾。依靠群众、发动群众，充分发挥社会自生力量，是当前社会发展的基本方向，也是"枫桥经验"具有长久生命力的重要原因。

其次，"枫桥经验"是自下而上的群众自治经验的总结。随着社会发展，自治在基层治理中的作用不断增强，"枫桥经验"在新时代的重要优势在于其能够扎根基层，而"枫桥经验"与基层治理的重要联结在于"枫桥经验"能够有效运用自治力量。自治能力依赖社会内生力量，这一力量可以使自治社会进行自我修复。在国家与人民的互动过程中，随着国家政治的深入基层，加之技术的发展推动治理能力的进一步提升，多元化的社会结构趋向一元化。然而，在国家与人民的互动关系中，人民并非处于完全被动的地位。在社会治理过程中，有些治理方式主要受到国家控制，但有些则成为制约国家权力泛滥的保障，促进国家的理性化过程以及公共领域或市民社会的发育。⑥ 以这一视角观察，"枫桥

---

① 参见谌洪果：《"枫桥经验"与中国特色的法治生成模式》，载《法律科学》2009年第1期，第26页。
② 参见汪世荣：《"枫桥经验"视野下的基层社会治理制度供给研究》，载《中国法学》2018年第6期，第15页。
③ 参见钱弘道：《论"枫桥经验"的起源和生命力》，载《河北法学》2023年第12期，第14页。
④ 参见［德］马克思、恩格斯：《德意志意识形态——对费尔巴哈、布·鲍威尔和施蒂纳所代表的现代德国哲学以及各式各样先知所代表的德国社会主义的批判》，载《马克思恩格斯全集》（第3卷），中央编译局编译，人民出版社1995年版，第40页。
⑤ 参见［德］恩格斯：《关于共产主义者同盟的历史》，载《马克思恩格斯全集》（第21卷），中央编译局编译，人民出版社1995年版，第247页。
⑥ 参见李猛：《论抽象社会》，载《社会学研究》1999年第1期，第10-12页。

经验"的理论与实践的发展体现的是人民参与社会治理,成为依法治国的有机组成部分,因此"枫桥经验"的主体永远是具有公民身份的民众本身。"枫桥经验"实际上提供了某种新型的"国家—社会"关系的类型①。所以,对于"枫桥经验"的研究,必须关注"枫桥经验"和民主自治之间的关系,以及来自群众的自治力量。

(三) 研究视角:拓展自治视角

关于"枫桥经验"的研究,需要将研究视角转换为自治视角。当前许多学者将其置身于基层治理框架下,探究"枫桥经验"对基层治理的作用。如汪世荣基于基层治理理论审视"枫桥经验"的现代贡献,提出基层社会治理现代化需要遵守基层社会治理的内在逻辑,而"枫桥经验"能从制度供给的角度,提供充足资源。② 此类研究非常丰富,再如李振贤提出,"枫桥经验"集中体现了中国基层治理的普遍性经验,是中国基层治理的典范模式,并概括出五条"枫桥经验"作为基层治理典范模式的创新性实践。③ 刘力提出,"枫桥经验"在目标指向、内容特征、制度功能等方面与基层群众自治制度存在强关联,"枫桥经验"可以修正基层群众自治制度存在的正式规范与基层实际脱节、非正式规范质量与治理要求仍有差距、行政权力对自治空间的挤压等现实困境。④ 秉持此类研究立场还有很多。⑤ 除此之外,也存在另外一些对"枫桥经验"定位的不同看法,谌洪果认为"枫桥经验"既包含了自上而下的各种动员和教化方式,也体现了自下而上的参与和多元特色,可以作为寻求中国未来独特民主和法治道路的契机。⑥ 此外,还有学者以"枫桥经验"切入,研究在"单位制"式微引发的"去组织化"趋势下,原子化社会个体如何重新嵌入到社会组织网络之中并实现再组织化,探讨如何依靠群众有序参与再造活力与秩序

---

① 参见张杨:《社会运动研究的国家——社会关系视角》,载《学海》2007 年第 5 期,第 56 页。
② 参见汪世荣:《"枫桥经验"视野下的基层社会治理制度供给研究》,载《中国法学》2018 年第 6 期,第 5 - 22 页。
③ 参见李振贤:《"枫桥经验"与当代中国基层治理模式》,载《云南社会科学》2019 年第 2 期,第 47 - 54 页。
④ 刘力:《"枫桥经验"视角下基层群众自治制度的完善》,载谢晖、陈金钊、蒋важ光主编:《民间法》(第 29 卷),研究出版社 2022 年版,第 74 页。
⑤ 参见吴锦良:《"枫桥经验"演进与基层治理创新》,载《浙江社会科学》2010 年第 7 期,第 43 - 49 页;王斌通:《新时代"枫桥经验"与基层善治体系创新——以新乡贤参与治理为视角》,载《国家行政学院学报》2018 年第 4 期,第 133 - 139 页;曾哲,周泽中:《多元主体联动合作的社会共治——以"枫桥经验"之基层治理实践为切入点》,载《求实》2018 年第 5 期,第 41 - 51 页;褚宸舸:《基层社会治理的标准化研究——以"枫桥经验"为例》,载《法学杂志》2019 年第 1 期,第 17 - 27 页;杨学科:《弹性治理:"枫桥经验"生发的阐释》,载《治理研究》2018 年第 5 期,第 27 - 34 页;于浩:《推陈出新:"枫桥经验"之于中国基层司法治理的意义》,载《法学评论》2019 年第 4 期,第 1 - 12 页;余钊飞、代冰洁:《迈向基层社会协同治理:"枫桥经验"的历史形成与启示》,载《行政管理改革》2023 年第 9 期,第 23 - 31 页;景跃进:《"枫桥经验":中国式现代化的基层实践与表征符号》,载《探索与争鸣》2023 年第 8 期,第 5 - 8 页。
⑥ 参见谌洪果:《"枫桥经验"与中国特色的法治生成模式》,载《法律科学》2009 年第 1 期,第 17 - 28 页。

相统一的社会网络。① 那么，不同的研究方式是否影响对"枫桥经验"的研究成果，造成这种现象的原因是什么？

首先，不同的研究视角影响对"枫桥经验"基本立场的看法。从哲学知识论出发，主体认识社会现象存在三种角度：第一，站在事物内部认识，观察其构成，这一角度倾向于同情的理解；第二，站在事物外部认识，以功利主义的视角来评价，这一角度倾向于快乐的利用；第三，超越于内外认识，摆脱功利考虑，而重视其质的定位，倾向于理念的思辨。② 以管理视角观察"枫桥经验"，无论如何相关研究都脱离不了"基层社会治理制度供给"这一研究范畴，以自治视角观察"枫桥经验"，可以发现"枫桥经验"提供了法律规范与社会规范沟通的渠道，实现了公权力与私权利的交流，完成了自上而下的治理与自下而上的自治的结合。因此，如果讨论"枫桥经验"的前提是立足于政府或者公权力，以管理的视角进行研究，便会忽略"枫桥经验"的其他更为重要的价值。

其次，只有将研究视角转化为自治视角，才能契合"枫桥经验"的本质特征，即依靠群众力量。第一，"枫桥经验"可以看作群众力量的象征，在国家与社会二元结构的互动中扮演了重要角色。正如前文所述，"枫桥经验"释放了自治力量，是社会自治功能的有效发挥。第二，将"枫桥经验"的研究视角转化为自治视角，才能观察到激活、依靠群众力量解决问题的全过程。发动人民群众、依靠人民群众实际上就是激活、依靠社会内生力量，运用社会自治能力，促使社会通过自治朝理性方向发展，这是"枫桥经验"具有长久生命力的主要原因。而从自治视角进行观察、研究，才能够直接观察到社会内生力量运用的全过程，才能够更好地提出发动人民群众、依靠人民群众的具体方式，从而对社会自治能力的运用做出更准确的诠释。

三、"枫桥经验"概念的重新界定

前一部分本文梳理了既有研究的争议点，提出"枫桥经验"的进一步发展，必须以与枫桥地方的分离为前提，必须把握住"枫桥经验"的核心特征——依靠群众力量，必须将研究视角从管理视角拓展到自治视角进行理论研究。本部分基于以上基础，探究"枫桥经验"的内涵与外延，一方面尝试给"枫桥经验"做一个概念边界更为清晰的界定，一方面对"枫桥经验"与其他容易混淆的概念进行一定区分，此外本部分尝试对"枫桥经验"的研究范畴进行刻画，并预测未来"枫桥经验"的发展方向。

（一）"枫桥经验"的现代阐释

在运行前提方面，"枫桥经验"必须置身于法治框架。第一，法治社会是"枫桥经

---

① 参见刘开君、王鹭：《辐射型治理：基层社会再组织化的运行逻辑与范式创新——基于新时代"枫桥经验"实践的经验观察与理论分析》，载《南京社会科学》2023年第11期，第79－90页。
② 参见张进军：《论西方主要法学流派的研究视角》，载《法学论坛》2010年第3期，第143页。

验"的当代背景。推进中国式现代化,实现中华民族伟大复兴,要建立在全面依法治国的基础之上,将法治作为最根本的治理方式深嵌在中国特色社会主义现代化国家建设的全过程和各阶段。① 习近平总书记指出,"无论是实现'两个一百年'奋斗目标,还是实现中华民族伟大复兴的中国梦,全面依法治国既是重要内容,又是重要保障……我们要更好发挥法治固根本、稳预期、利长远的保障作用。"② 无论在当前还是在未来,法治一定是长久坚持的道路,"枫桥经验"作为依靠群众力量的自治方式的集合,也必须在法治框架内运行。第二,"枫桥经验"是对完善法治的补充。一方面,以事情发生为分界线,法治强调事情发生后的解决,强调存在法律机构进行司法判决,而在事情发生之前或者事情发生过程中,法律不会自动起作用,事后法治可以单独进行,但是事前、事中的法治,则需要借助其他组织配合方可实施。③ 另一方面,以法治实施的阶段来看,法治的末端需要其他社会力量的支持。全面推进依法治国的决定强调要深入开展多层次多形式法治创建活动,④ 中共中央印发的《法治社会建设实施纲要》也强调要强化社会规范的积极作用。⑤ 可见,"枫桥经验"独具的法治价值在于创新了自下而上的法治制度供给模式,推动了基层社会的法治方式。⑥

在运行过程方面,"枫桥经验"目前需要党和政府的主导。第一,"枫桥经验"的诞生与发展来源于党的领导。1963年党中央部署的社会主义教育运动是"枫桥经验"产生的历史背景,中央作出"一个不杀,大部不捉"的指示为如何转化和化解矛盾提供了政治导向,提供了追求矛盾解决效果的方法论导向,也为"枫桥经验"的诞生提供了基础。改革开放后,我国发展重心转移到了经济建设上,枫桥等地基层党组织根据党中央的方针政策,率先提出"社会治安综合治理",致力于维护基层社会稳定,加强基层社会主义精神文明建设和民主法治建设,为经济建设保驾护航。枫桥等地摒弃过去的管制模式,形成了以综合性社会管理为特征的新经验。党的十八大以来,党中央作出全面建成小康社会、全面深化改革、全面依法治国、全面从严治党重大部署,为新时代"枫桥

---

① 参见彭中礼:《中国式法治现代化的法理意蕴》,载《求索》2023年第3期,第145页。
② 习近平:《加强党对全面依法治国的领导》,《求是》2019年第4期,第8页。
③ 参见邓大才:《走向善治之路:自治、法治与德治的选择与组合——以乡村治理体系为研究对象》,载《社会科学研究》2018年第4期,第35页。
④ 《中共中央关于全面推进依法治国若干重大问题的决定》提出:"深入开展多层次多形式法治创建活动,深化基层组织和部门、行业依法治理,支持各类社会主体自我约束、自我管理。发挥市民公约、乡规民约、行业规章、团体章程等社会规范在社会治理中的积极作用。"
⑤ 《法治社会建设实施纲要(2020-2025年)》提出:"促进社会规范建设。充分发挥社会规范在协调社会关系、约束社会行为、维护社会秩序等方面的积极作用。加强居民公约、村规民约、行业规章、社会组织章程等社会规范建设,推动社会成员自我约束、自我管理、自我规范。深化行风建设,规范行业行为。加强对社会规范制订和实施情况的监督,制订自律性社会规范的示范文本,使社会规范制订和实施符合法治原则和精神。"
⑥ 参见叶阿萍:《论新时代"枫桥经验"的法治化进路》,载《法治研究》2023年第5期,第97页。

经验"的形成创造了条件。① 中国共产党领导建设的法治是全心全意维护人民利益的法治，历史沧海桑田，时代一直发展，但是中国共产党运用法治为人民服务的初心宗旨始终不变，法治为民、立法为民、司法为民的价值追求始终不变。② 因此，党的领导是"枫桥经验"不断发展的重要保障。第二，当前"枫桥经验"主要措施的实现依靠党和政府的领导。党的十八大以来，"枫桥经验"得到了新发展，不断被赋予新的时代内涵。其中包括探索创新了自治、法治、德治"三治融合"和人防物防技防心防"四防并举"等新举措，"枫桥经验"也由乡村向城区拓展，形成乡村治理与市域治理相辅相成、相得益彰的局面等经验做法，促进了经济发展与社会稳定同步推进。③ 然而，实际考察诸多举措的产生与推广过程，不难发现当前的经验总结与推广模式依靠党和政府的主导，尤其是在跨区域的推广阶段。可以预见，未来"枫桥经验"的发展、推广状态仍会保持这一模式。

在发展方向方面，"枫桥经验"未来需要培育公民自治力量。第一，"枫桥经验"的首要特征是依靠群众力量。正如前文所述，走群众路线是发现和推广"枫桥经验"的逻辑前提和思想基础，"枫桥经验"是自下而上的群众自治经验的总结。只有激发公民的自治力量，才能为"枫桥经验"的不断发展提供源源不绝的推动力。第二，当前需要进一步激活公民自治的积极性。基层自治的动力包含两个方面，一是村民自治的制度设置及执行，是自上而下的运行机制，二是村庄的社会关联、利益相关与精英收益等，是自下而上的运行机制，然而，基层治理的一大问题是自治动力的不足，表现为村干部治理村庄缺乏积极性，村民消极参与"四个民主"活动，村民大会难以召开，即使形成意见也难以落实。④ 这表明当前公民自治的积极性仍需要继续提高。

（二）"枫桥经验"概念的内涵

相较于其他学者的定义，⑤ 张文显带领的中国法学会"枫桥经验"理论总结和经验提升课题组对"枫桥经验"的概括总结最为全面。他区分了"枫桥经验"、新"枫桥经验"、新时代"枫桥经验"，认为从"枫桥经验"到新"枫桥经验"，再到新时代"枫桥经验"，

---

① 参见中国法学会"枫桥经验"理论总结和经验提升课题组：《"枫桥经验"的理论构建》，法律出版社2018年版，第18页。
② 参见彭中礼：《中国式法治现代化的法理意蕴》，载《求索》2023年第3期，第150-151页。
③ 参见中国法学会"枫桥经验"理论总结和经验提升课题组：《"枫桥经验"的理论构建》，法律出版社2018年版，第131页。
④ 参见贺海波：《村民自治的社会动力机制与自治单元——以湖北秭归双层村民自治为例》，载《华中农业大学学报（社会科学版）》2018年第6期，第105页。
⑤ 如谌洪果将"枫桥经验"定义为以政治权威为后盾，实现国家目的、传播社会主义价值的过程，同时"枫桥经验"也是人民群众在解决各种矛盾、实现自我管理的过程中创造性智慧的结晶。参见谌洪果：《"枫桥经验"与中国特色的法治生成模式》，载《法律科学》2009年第1期，第28页。

是从管制到管理,再到治理的过程。① 关于"枫桥经验"的具体定义,他提出,"枫桥经验"是在党的领导下,由枫桥等地人民创造和发展起来的,行之有效、具有典型意义和示范作用的一套基层社会治理方法,其功能是化解矛盾、促进和谐、引领风尚、保障发展。② 与本文第二部分的分析相比较,可以发现这一定义有三方面的不足。第一,"枫桥经验"的定义当中不宜突出"枫桥经验"的地方性来源问题。当前限制"枫桥经验"推广的重要原因便是其地方性色彩浓厚,而中国幅员辽阔,各地风土人情各有不同,在这一背景下,应当更加强调"枫桥经验"来源的广泛性,提高"枫桥经验"的普遍适用性。第二,该定义没有突出作为"枫桥经验"核心特征的依靠群众力量。依照这一定义,"'枫桥经验'是……一套基层社会治理方法",那么"枫桥经验"与其他"基层社会治理方法"之间的区别是什么?作为"枫桥经验"的基本定义,必须突出"枫桥经验"之所以为"枫桥经验"的根本原因,也就是"依靠群众力量"。第三,该定义仍然困于"政府视角",将"枫桥经验"的研究限于"基层社会治理方法"。一方面,"枫桥经验"既蕴含了自上而下的各种动员和教化方式,也体现了自下而上的参与和多元特色,而自上而下是为了激活自下而上。另一方面,自上而下的方法并非"枫桥经验"之所以为"枫桥经验"的原因,只有突出自治视角才能把握"枫桥经验"的未来发展脉络。

综上,在原有研究的基础上,本文将"枫桥经验"定义为党和政府主导下,在法治框架内依靠群众力量的一系列措施的总和,其核心特征是依靠群众力量,具有化解矛盾、促进和谐、引领风尚、保障发展等功能。

(三)"枫桥经验"概念的外延

关于"枫桥经验"概念外延的确定,需要将"枫桥经验"与其他相关概念进行一定的比较、辨析,现实中,"枫桥经验"易与基层治理、三治融合、纠纷化解混淆。

"枫桥经验"与基层治理的关系需要从两个方面看待。第一,基层治理不仅依靠"枫桥经验"。基层社会自周朝开始便被纳入国家治理体系的进程,而在当下,基层社会的定义早已发生变化,人群汇聚之地就是基层,人群汇聚之势就是社会,基层社会已经突破了

---

① 狭义上的"枫桥经验"是一套教育改造"四类分子"及游手好闲的"不良人员"的方法,具有"管制"特征,新"枫桥经验",一般泛指改革开放后枫桥等地创造的服务经济发展、维护社会稳定的基层社会治安综合治理方法,这个时期的"枫桥经验"总体上具有"管理"模式的特征,并向"治理"模式的新时代"枫桥经验"过渡。新时代"枫桥经验"是在党的领导下,由枫桥等地人民创造和发展起来的化解矛盾、促进和谐、引领风尚、保障发展的一整套行之有效且具有典型意义和示范作用的基层社会治理方法,其基本元素包括党建统领、人民主体、"三治"结合、共建共治共享、平安和谐等。参见中国法学会"枫桥经验"理论总结和经验提升课题组:《"枫桥经验"的理论构建》,法律出版社2018年版,第17页。

② 中国法学会"枫桥经验"理论总结和经验提升课题组:《"枫桥经验"的理论构建》,法律出版社2018年版,第17页。

传统的定义框架，成为人类自由（实体与意志）的汇集。① 因此，基层治理是一个远比"枫桥经验"内涵更为丰富、理论更为基础的概念，但基层治理并非"枫桥经验"的上位概念。第二，"枫桥经验"不仅是基层治理的经验，其具有自身独立的价值。既有研究表明，"枫桥经验"对基层治理的制度供给起到了非常重要的作用，在基层社会治理中扮演着不可替代的角色。② 但同时，"枫桥经验"也具有自身的独特传统，其在诞生之初便蕴含了道德教化的内容，在发展过程中，又不断地注入了各种现代性和专业性的因素。而所谓现代法治的要求，必须有相应的民情和土壤作为依托，而"枫桥经验"的独特之处在于：它在自觉地整合、维护、经营这样的经验。③ 换言之，"枫桥经验"创新了自下而上的法治制度供给模式，推动了基层社会的法治方式，④ 在当代社会具备独特的法治价值。

"枫桥经验"与三治融合的关系需要从两个方面看待。第一，三治融合与"枫桥经验"都由地方发展、后逐渐推广到全国，但二者的核心内涵有所不同。三治融合是桐乡人民在实践中探索和深化的基层社会治理的经验，之后得到学理化阐释，在不同领域得到了广泛推广和运用。⑤ 这种系统性实践转型关键在于对自治、法治、德治及其融合越来越深入的科学化规律性认识。而"枫桥经验"是党和政府主导下，在法治框架内依靠群众力量的一系列措施的总和，其核心特征是依靠群众力量，核心内涵与三治融合有所区别。第二，三治融合与"枫桥经验"存在互相交融的关系。三治融合丰富和发展了"枫桥经验"，同时也是"枫桥经验"命题的主要实践依据和理论来源。党组织领导的自治、法治、德治相结合的城乡基层治理体系与"枫桥经验"相提并论⑥，也证明了三治融合在经验上的独创性和在价值上的独立性。

"枫桥经验"与纠纷化解的关系需要从两个方面看待。第一，纠纷化解的主要途径不限于"枫桥经验"。"枫桥经验"始终关注纠纷化解，其坚持自上而下的党委政府领导与自下而上的社会参与相结合，内含国家与各类社会主体的分工协作关系，强调全过程的纠纷化解以及多种方式的综合运用，并与当地基本情况深入结合，是纠纷化解的重要方式。

---

① 参见张文显、徐勇、邱泽奇、何显明：《"三治融合"与重构基层社会》，载《治理研究》2023年第6期，第16页。
② 参见汪世荣：《"枫桥经验"视野下的基层社会治理制度供给研究》，载《中国法学》2018年第6期，第5页。
③ 参见谌洪果：《"枫桥经验"与中国特色的法治生成模式》，载《法律科学》2009年第1期，第27页。
④ 参见叶阿萍：《论新时代"枫桥经验"的法治化进路》，载《法治研究》2023年第5期，第97页。
⑤ 参见张文显、徐勇、邱泽奇、何显明：《"三治融合"与重构基层社会》，载《治理研究》2023年第6期，第5页。
⑥ 《中共中央、国务院关于加强基层治理体系和治理能力现代化建设的意见》把建立"自治、法治、德治相结合的基层治理体系"作为推进基层治理体系和治理能力现代化的主要目标之一，其第四节、第五节分别规定了健全基层群众自治制度和推进法治、德治建设。党的十九届六中全会把"党组织领导的自治、法治、德治相结合的城乡基层治理体系"作为习近平新时代中国特色社会主义思想的内容和新时代社会建设与治理的成就和经验，写进《中共中央关于党的百年奋斗重大成就和历史经验的决议》。

有学者概括了纠纷解决机制的四种理想类型,① 虽然"枫桥经验"为纠纷解决机制结构理论的构造提供了现实样本和丰富素材,但其不能成为一个关于纠纷解决机制的现成理论框架。② 总体来说,"枫桥经验"与纠纷化解之间存在较为复杂的互动关系。第二,"枫桥经验"的功能不限于纠纷化解。"枫桥经验"在矛盾化解上既治标又治本,具有成本低、效率高的特点。③ 然而,"枫桥经验"同时还可以促进社会和谐,是一种文化,也是一种精神,可以引领基层社会风尚。"枫桥经验"通过引导人民群众广泛地参与治理,培育民主与法治精神,促进社会主义核心价值观深入人心,通过弘扬传统文化,促进传统文化与现代价值的有机结合,打造人民群众的共同文化家园和精神世界。④ 正如前文所概括的"枫桥经验"的功能,至少包含化解矛盾、促进和谐、引领风尚、保障发展等功能。

四、结语

"枫桥经验"自20世纪60年代诞生以来,始终跟随时代变迁与时俱进,不断为中国现代化进程提供推动力,可以预见,"枫桥经验"在未来的法治化进程中仍会扮演重要角色。通过CiteSpace的文献计量分析对"枫桥经验"的研究图谱进行较为清晰的呈现,结合对文献的梳理,本文尝试对"枫桥经验"进行进一步的理论提升,提炼了"枫桥经验"研究的三个争议点以及新时代对"枫桥经验"的三点理论需求,尝试对"枫桥经验"提供一个更为清晰的学术概念,将"枫桥经验"定义为党和政府主导下,在法治框架内依靠群众力量的一系列措施的总和,其核心特征是依靠群众力量,具有化解矛盾、促进和谐、引领风尚、保障发展等功能,并与相关概念包括基层治理、三治融合、纠纷化解进行了一定的理论辨析以进一步明确理论边界。但限于研究主题与讨论篇幅,关于"枫桥经验"概念的进一步完善、"枫桥经验"的未来发展趋势以及与法治的互动关系等很多内容,都进行更多的理论探讨。总之,"枫桥经验"不断为国家治理的创新探索提供了新的实践样本,激发了社会活力,扩大了政治参与,自诞生以来一直焕发着穿越时空的生命力,在未来的推广过程中则需要学界对其进行进一步的理论提升与总结。

---

① 分别是:第一,纠纷解决服务主要由国家供给,社会自身抑制或解决纠纷的能力较弱的国家主导;第二,纠纷主要依靠社会自身解决,国家无需或者无力介入大部分纠纷的社会主导;第三,国家干预与社会自给都较强,虽有竞争但互动良好的协作互动;第四,国家干预与社会自给都较弱,大量纠纷无法得到及时解决的失序状态。参见彭小龙:《"枫桥经验"与当代中国纠纷解决机制结构变迁》,载《中国法学》2023年第6期,第33、34页。
② 参见彭小龙:《"枫桥经验"与当代中国纠纷解决机制结构变迁》,载《中国法学》2023年第6期,第31页。
③ 参见中国法学会"枫桥经验"理论总结和经验提升课题组:《"枫桥经验"的理论构建》,法律出版社2018年版,第23、24页。
④ 参见中国法学会"枫桥经验"理论总结和经验提升课题组:《"枫桥经验"的理论构建》,法律出版社2018年版,第26页。

The theoretical boundaries and conceptual reconfiguration of "Fengqiao Experience"
——Literary metrics analysis based on CiteSpace

Fan Xuechao

Abstract: A broad interpretation of "Fengqiao Experience" could undermine the seriousness of its study and potentially divert it from its essence. Employing CiteSpace for bibliometric analysis reveals that since 2018, research on the "Fengqiao Experience" has entered a new theoretical phase, yet it still grapples with issues such as scattered research, thematic separation, and lack of depth in theory. While existing research has not adequately teased out three points of contention in the study of "Fengqiao Experience": the defining premise of Fengqiao experience being its separation from the local context, its core characteristic being reliance on the power of the people, and the need for the research perspective to expand from a management-oriented lens to an autonomous one. The new concept must embody the three theoretical requirements of the new era: in terms of operational premises, "Fengqiao Experience" must operate within the framework of law; in terms of operational processes, "Fengqiao Experience" currently requires the leadership of the Party and the State; in terms of development direction, "Fengqiao Experience" will need to cultivate the power of citizen self-governance in the future. In light of this, the "Fengqiao Experience" should be defined as the aggregate of a series of measures implemented under the leadership of the Party and the State within the framework of law, relying on the power of the masses. Its core characteristic lies in its reliance on the people's power, which possesses the functions of resolving conflicts, promoting harmony, leading fashion, and safeguarding development.

Key words: Fengqiao Experience; Popular Power; Social Governance; Social Autonomy; Conflict Resolution

法理探讨

论商鞅的"立法化俗"思想

王林敏[*]

摘　要　由上位者创造的统一模式改造民间行动的多样性，此种思路始于先秦，构成了华夏文明两千年移风易俗的基调。商鞅思想中的"立法化俗"强调通过法律改变民俗。该命题透出强烈的权力支配社会的意味，但在《商君书》构建的法俗关系中，法对俗并不是单向的权力意志输出。"立法化俗"思想由观俗立法、错法成俗、国无异俗三个命题构成，强调在重塑民俗时因循人情、体察民情。在统一六国的进程中，秦当局在法制统一的前提下，根据实际情况处理六国旧俗，从而形成"国无异俗"的边境地带，体现出立法化俗的灵活性。这一系列观念与命题，构成我国传统法俗关系理论的法家路径，与儒家的以礼化俗一起，在秦汉之后共同塑造了华夏文明的民俗发展进程。

关键词　商鞅　法家思想　移风易俗　立法化俗

法俗关系是民间法研究的一个基本论题[①]，也是一个贯穿古今的历史文化课题。先秦诸子的政论就此论题留下了丰富的精彩论断，但这一理论资源却没有得到充分开掘，在移风易俗广泛深入进行的当下，这一学术空缺令人瞩目。究其原因，学界探讨法俗关系往往从西方政治法律思想中寻求理论支持，而忽视了本土思想资源；另外，国学研究者往往注重宏大叙事，对法俗关系这类具体问题缺乏关注。当前，推动传统思想的创造性转化与创新性发展，成为学术研究的重大任务。在这一背景下，重新审视先秦诸子的法俗关系理论，具有重要的理论与实践意义，不仅可以推动传统思想的创造性转化与创新性发展，也可以寻求为民间法研究奠定一个本土的思想基础。在先秦诸子法俗关系理论中，法家思想

---

[*] 王林敏：法学博士，曲阜师范大学法学院副教授。
[①] 民间法与国家法的关系，是民间法研究的一个基本叙事框架；民间法与国家法的冲突问题，是近30年民间法研究的一个核心话题。这不是本文的主题，故不赘述。

无疑居于中心位置,在周秦之变的进程中发挥了核心作用,尤其值得关注。

从思想史的角度来看,"俗"在当代法家研究者视野中虽然很不起眼,实际上却是先秦法家理论的一个中心话题。春秋战国时期华夏民族融合进展剧烈,整合民俗是当时重要的政治议题之一,"俗"被纳入理论视野是很自然的事情。就法俗关系而言,商鞅认为:"夫圣人之立法化俗,而使民朝夕从事于农也,不可不知也。"(《商君书·壹言》)① 圣人"立法化俗",从表述方式看是针对农战提出来的政策性建议,但这个命题抽离出来却具有普遍性,揭示了先秦政治理论关于法俗关系的法家路径:通过法律改变民俗。显然,该命题透出强烈的法的意志性,或者说权力对社会的支配意味。这也符合人们对法家思想的一般认知。那么,在《商君书》构建的法俗关系中,法对俗是不是单向的权力意志输出呢?法家的移风易俗是不是仅仅注重权力支配社会?这就构成本文的主要问题意识。本文拟从"立法化俗"命题入手,分析商鞅思想中法俗关系理论的构成要素、逻辑链条以及相应的政治措施与实践效果,从一个切面揭示先秦法家在周秦之变这个千年大变局中,是如何重塑民众行为模式、引领华夏社会变迁的。

一、法俗关系及其实质

表面上看,"俗"这个概念及其所指在《商君书》中并不突出,在多数论者眼中,农战是《商君书》的核心,其他因素都是围绕农战展开的辅助性因素。就《商君书》的谋篇布局、行文方式而言,此种看法也不无道理。但作为商鞅思想的载体的《商君书》,其主要内容是政法哲学理论,若淡化商鞅思想的战时法治色彩②,从政治统治与社会控制的角度来看,在长焦距、远距离的观察中,"俗"在《商君书》中占有显著的位置。商鞅作为政治家,商鞅思想作为政治法律思想,其关注点不可能离开社会控制,因此就不可能离开"俗"。社会控制涉及三方因素:君-官-民,即君主通过官僚体系控制民众,其中"俗"构成了政治统治运作的背景,是"法"得以展开的对象性因素。因此,从商鞅思想的内部结构来看,"俗"是《商君书》社会控制理论的主题,法俗关系则是《商君书》理论中的一个重要叙事线索。

申明了"俗"在商鞅思想中的理论地位,那么接下来的问题就是何谓"俗"?进而言之,法家视野中的"俗"指的是什么?此处需要辨明的前设问题是:我们讨论所涉及的并不是现代社会中的俗,而是先秦社会中的俗。就语词的内涵和外延、能指与所知而言,现代社会中的俗与先秦社会中的俗之间并不能画等号。就论题来说,探讨法家视野中的"俗"有两个角度:一是现代人眼中的先秦的"俗",二是先秦诸子特别是法家眼中的先秦的"俗"。当下学术界讨论先秦社会中的"俗",这两个角度的叙事纠缠在一起,论者

---

① 高亨:《商君书注译》,清华大学出版社2011年版,第92页。
② 徐运良:《商鞅变法的"战时法治"特征及其启示》,《北京行政学院学报》2011年第3期,第118页。

往往用当代人所认为的俗替代先秦时人眼中的俗。这一点，我们要保持清醒的认知。我们始终要清楚地区分这两个角度，并且需要在两者之间不断切换，也就是在古今思维模式中不断切换。

在现代理论视野中，"俗"是模式化的群体行动，主要与社会大众相关，而与官方相分离、相区别。就结构而言，"俗"包括内在认知与外部行动两个因素。内在的认知支配着外部的行为，而外部的行为则反映着内在的思想，二者之间是一体两面的关系。人有个体与群体之分，"俗"是群体的思想与行为，而非个体的行为习惯。当群体成员的内在思想大体一致、外部行为整齐划一，呈现出明显的结构化、模式化的时候，民间的"俗"就形成了。"俗"的生成，不排除外力干预，但其核心要义在于自然演进。俗是群体行动，而群体则因地域、血缘、宗教等各种因素呈现出多元化，所以俗在形式上自然地呈现出差异化。所谓十里不同风、百里不同俗，说的就是俗的差异化。

就内涵而言，先秦时期已基本具备了对"俗"的上述认知，"俗"这个字在字源上就蕴含着上述两个因素。有论者通过考证认为，先秦语境中的"俗"字具有两个义项，一是"习"即行为实践，二是"欲"即欲望思想；这两个义项结合起来，即内心的欲望表达和行为的多次重复，这表明"俗"字从一出现就涵盖了思想与行为两个方面的内容。① 先秦诸子对"俗"的认知中亦突出了行动的群体化及其差异化。例如儒家经典认为，"凡居民材，必因天地寒暖燥湿。广谷大川异制，民生其间者异俗，刚柔、轻重、迟速异齐。五味异和，器械异制，衣服异宜。修其教，不易其俗。齐其政，不易其宜。中国戎狄，五方之民，皆有性也，不可推移。"（《礼记·王制》）② 此处的"俗"，是指在自然环境影响下形成的习俗，相对而言具有一定的保守性。

就外延而言，史学界的先秦民俗研究者大多根据现代民俗学的理论框架审视先秦社会。在古今之别的视野中，先秦社会中的饮食起居、服饰建筑、生产娱乐、婚丧嫁娶、岁时节令、鬼神崇拜、巫术信仰等方方面面，都属于"俗"的范畴③。这是一种现代视野，除了政治制度之外，先秦社会的方方面面几乎都属于"俗"的范畴。民俗学的研究描绘出一副先秦古人时期生活画面，但在这样一种视野中，古人的"俗"被格式化。华夷之辨分野下，相对发达的华夏礼乐文明的生活样态，作为一个整体被视为现代人眼中的"俗"；而华夏文明内部，齐楚秦晋等诸侯国之间的"俗"的差异化有时被模糊，成了一副同一化的面孔。但事实上，各诸侯国之间俗的差异性是非常显著的④。"俗"被部分当代论者人为地同质化，成为古今之别的一块模板。这种意义上的"俗"，可以与"文化"画等号，

---

① 晁福林：《谈先秦时期的"民"与"俗"》，载《民俗研究》2002年第1期，第144页。
② （清）孙希旦撰：《礼记集解》，沈啸寰、王星贤点校，中华书局2022年版，第340-341页。
③ 参见陈绍棣：《中国风俗通史（两周卷）》，上海文艺出版社2003年版。该书目录展示了作者对先秦"风俗"之外延的认知。
④ 诸侯国之间"俗"的差异性，参见蔡锋：《春秋战国礼俗的差异性及其对社会变革的影响》，载《甘肃理论学刊》1991年第3期，第58页。

先秦风俗大体上就是先秦文化的代名词。

在上述现代视野下，先秦时期的礼、俗差异也被混同。对此，有论者指出："先秦时期礼与俗关系特别密切，以至礼俗连称，礼俗无别。此实为研究先秦民俗之尤需注意者。这一特点的出现，亦与'民'的社会身份与编户齐民时代之'民'有别相关。由于社会上的人都在氏族或（宗族）的帷幕之下，所以社会等级与阶级的界限也就不大明确，在温情脉脉的氏族与宗族里面，'俗'自然也就不大容易区别得很清楚，不大容易看出哪些是贵族之俗，哪些是普通民众之俗。所以如果将先秦时期的民俗与后世相比，也许更具有广泛性质。"① 在这个层面上所描绘的"先秦"礼俗，确切地说是春秋之前的礼俗，并且揭示的是其文化意涵，而不是社会控制功能。若从华夏历史进程来看，礼与俗之间确实存在渊源关系。礼脱胎于俗，但礼在形式化、规范化之后便区别于俗，成为贵族的生活规范。现代人眼中的礼俗不分，其实质是春秋之前的庶人生活样态被贵族生活样态遮蔽/吸收，其政治意义尚未生发出来。换句话说，在春秋之前，庶人的生活方式与生活样态在政治上不重要，它不是不存在，而是不被重视，甚至可以忽略不计。

法家视野中的"俗"，是有庶人参与的集体行动模式，并且主要是在官民对应结构中的民间行动模式。这个意义上的俗，出现在春秋战国时代的诸子的政治理论中。"俗"，即为普通民众参与的社会运作方式。俗的庶人因素，在诸子理论以及先秦历史记载等典籍则有所反映。而先秦诸子理论中，没有"俗"的精确定义。尽管有名学理论的支撑，但先秦诸子没有对"俗"做出明确界定②，法家也不例外③。就《商君书》而言，其中的"俗"涉及俗人、俗务、俗习，其所指视具体情形、具体语境而定。"论至德者不和于俗，成大功者不谋于众。"（《商君书·更法》)④ 其中的俗，指的是世俗之人。"学者成俗，则民舍农从事于谈说，高言伪议。舍农游食，而以言相高也。故民离上，而不臣者成群。此贫国弱兵之教也。"（《商君书·农战》)⑤ 其中的俗，相当于社会风气。"上法古而得其塞，下修令而不时移，而不明世俗之变，不察治民之情，故多赏以致刑，轻刑以去赏。"（《商君书·壹言》)⑥ 其中的俗，指的是社会风俗或习俗。可见，商鞅所谓的"俗"涵义很广泛，其所指大体上就是一个国家的民众的行为模式、社会生活方式与整体文化氛围，或者说是一个国家的风土人情。

若把目光转向历史实践，在战国变法运动中审视"俗"，一个当代人极为熟悉的话题

---

① 晁福林：《谈先秦时期的"民"与"俗"》，载《民俗研究》2002年第1期，第144页。
② 秦汉典籍中的"俗"字释义，可参见[日]池田知久：《睡虎地〈语书〉与〈淮南子·齐俗〉篇——围绕着"风俗"的中央集权和地方分权》，载《湖南大学学报（社会科学版）》2013年第6期，第10–12页。
③ 法家视野中的"俗"，参见曲祯朋：《先秦法家"俗"思想研究》，载《管子学刊》2021年第3期，第95–98页。
④ 高亨：《商君书注译》，清华大学出版社2011年版，第27页。
⑤ 高亨：《商君书注译》，清华大学出版社2011年版，第53–54页。
⑥ 高亨：《商君书注译》，清华大学出版社2011年版，第95页。

就展现出来：移风易俗。① "孝公用商鞅之法，移风易俗，民以殷盛，国以富强，百姓乐用，诸侯亲服。获楚、魏之师，举地千里，至今治强。"（《史记·李斯列传》）② 移风易俗是战国变法运动的主题之一，这既是一个重大的历史实践问题，也是一个重大的理论主题。先秦诸子理论中的移风易俗思想，最早可能是孔子提出来的③。先秦儒家经典中都有关于孔子移风易俗的命题。"移风易俗，莫善于乐；安上治民，莫善于礼。"（《孝经·广要道》）④ "故乐行而伦清，耳目聪明，血气和平，移风易俗，天下皆宁。"（《礼记·乐记》）⑤ "乐者，圣人之所乐也，而可以善民心，其感人深，其移风易俗，故先王导之以礼乐而民和睦。"（《荀子·乐论》）⑥ 礼俗分离，礼成为俗的效仿对象和判断标准，成为精英阶层改造普通民众行为方式的高级样板。

可见，儒家的移风易俗是以礼化俗，而《商君书》中的"立法化俗"是移风易俗的另一种具体方式，即通过法律改变社会整体生活样态。法，代表着国家，代表着以君主为核心的统治阶层。俗，代表着社会，代表着以庶民为主体的被统治阶层；那么，法俗关系其实就是政治统治关系的一个表现形式，精英群体与普通民众在行为模式方面的一个博弈，其中表达出强烈的权力支配系意味。立法化俗，本质上就是精英阶层以法的形式塑造民众的行为模式，在形式上或在学术理论上表达为法俗关系。儒家视野中的礼俗关系与法家的法俗关系，按照当下的眼光来看，其根本性质是一样的，都是权力支配社会的外在表达形式。只不过，儒家从周制，以礼乐作为移风易俗的工具；而法家创新制，以法律作为移风易俗的工具。礼强调"别"，突出贵族与平民之间的阶层地位差别；而法强调"齐"，强调编户齐民法律地位的一致性。但两者的内在思路是相通的：通过自上而下的，以一种由上位者创造的统一模式改造民间行动的多样性，实现民间行动的整齐划一。此种思路构成了华夏文明两千年移风易俗的基调。

二、观俗立法及其要点

商鞅立法化俗理论的第一个要素是"观俗立法"，这是立法化俗的认知前提。前文强调移风易俗中的权力支配关系，政治精英力图按照其设计的理想模式改变普通民众的生活方式。从结构关系方面来看，立法化俗框架中的"俗"，具有一种十分显然的分层意蕴。礼/法在上位，逐步向上升华，与精英阶层结合，成为精英阶层的意志载体；俗在下位，逐渐向下沉淀，与普通民众结合，成为普通民众的行为样态。因此，在"立法化俗"中，

---

① 黄中业：《移风易俗是战国社会改革的重要内容》，载《学术月刊》1991年第1期，第53页。
② （西汉）司马迁：《史记》，韩兆琦译注，中华书局2010年版，第5527-5528页。
③ 张勃：《风俗与善治：中国古代的移风易俗思想》，载《广西民族大学学报（哲学社会科学版）》2015年第5期，第99页。
④ （宋）邢昺疏：《孝经注疏》，上海古籍出版社2006年版，第62页。
⑤ （清）孙希旦撰：《礼记集解》，沈啸寰、王星贤点校，中华书局2022年版，第954页。
⑥ （清）王先谦撰：《荀子集解》，沈啸寰、王星贤点校，中华书局1988年版，第381页。

有两种意义上的高下之分的因素纠缠在一起：一是文明发展程度意义上的高下，即以夏变夷；二是政治统治地位意义上的高低，即以官化民。① 这两个因素的背后是政治，在上下关系的政治统治结构中，一种强势的精英意志力图塑造和改变民众的生活模式。春秋战国时代的精英，包括知识精英以及政治精英。精英阶层试图以自己认为的理想模式改变普通民众的生活方式，知识精英设计理想并提供论证和辩护，政治精英负责将理想模式付诸实施。但普通民众也不是完全被动地接受塑造，而是有一定的能动性。因此，在《商君书》理论中，要求考虑民众因素，根据民众的实际情况采取相应的措施，这就需要"观俗立法"。

按照现代人的思维模式，改变现状需要理由，改革者需要通过说理证明自身观点和方案的可接受性，而这个可接受性的主体是被改变者，也就是切身利益受直接影响的一方。但《商君书》中移风易俗的理由阐释，似乎不是很清楚，仿佛是不证自明、理所当然的。主要原因在于，《商君书》主要阐释变法理论，围绕富国强兵展开政论，移风易俗自然也是以富国强兵为鹄的，也就是服务于君主的利益。因此，与现代移风易俗理论不同，先秦时期的移风易俗，其说理的对象主要是君主，而不是臣民。其逻辑关系是：君主为了江山社稷的重大利益，需要通过变法的方式改变民众的社会样态，达成移风易俗以有利于政治统治的整体利益。所以，我们可以看到，《商君书》的句子往往以"圣人为国"作为"起手式"，这是典型的以君主为说理对象，暗示国君治国理政要效仿圣人。这种借助权威进行心理暗示的说理方式，在现代逻辑学中被视为基本的形式谬误，但在古典时代是最有效的说理方式。借助圣人名义，《商君书》中说：

"故圣人之为国也，观俗立法则治，察国事本则宜。不观时俗，不察国本，则其法立而民乱，事剧而功寡。"（《商君书·算地》）②

"故圣人之为国也，不法古，不修今，因世而为之治，度俗而为之法。故法不察民之情而立之，则不成。治宜于时而行之，则不干。"（《商君书·壹言》）③

这就是商鞅"立法化俗"理论构想中的"观俗立法"命题。"观俗立法"，所强调的重点在于"观俗"而不是"立法"。虽然《商君书》的说理对象是君主，但在法与俗的关系中，法俗二分已经将"俗"的法哲学涵义呈现出来：普通民众的社会生活样态与社会交往模式，已经成为政治统治秩序是否稳定的影响性因素，统治阶层以及政治理论家必须正视而不能无视民俗的存在。前文中不断强调法俗关系中的权力支配，体现着上层统治者对

---

① 在华夏统一的背景下，还有一个因素是以胜化负，即胜利者改造战败方，战国后期整体上体现为秦国以秦制重塑六国民俗。这个因素在《商君书》当中是个隐含因素，体现在秦统一六国的历史进程中。睡虎地出土秦简中的南郡守腾《语书》即反应了此种情形，参见［日］工藤元男：《云梦秦简〈日〉所见法与习俗》，《考古与文物》1993年第5期，第111页。

② 高亨：《商君书注译》，清华大学出版社2011年版，第80页。

③ 高亨：《商君书注译》，清华大学出版社2011年版，第95页。

下层普通民众的政治控制，怎么这里又高调声明法俗关系呈现俗的重要性呢？这不是前后矛盾吗？需要申明的是：此处的重要性，是相比较而言的。在周秦之变的历史进程中，贵族结构被打碎，庶民阶层获得解放，成为政治权力的直接支配对象，在这个环节上，俗是权力支配对象。但恰恰因为贵族结构被打碎，阶级差别被荡平，庶民政治地位相对上升，成为政治统治的社会基础，因此，庶民的生活模式成为政治统治稳定性的决定因素。也就是说，庶民的政治重要性相对提高了。按照《商君书》的说法：

> 有饥寒死亡，不为利禄之故战，此亡国之俗也（《商君书·靳令》)①

所谓"亡国之俗"，换个角度看也就是"俗"在消极意义上能起到亡国的作用。俗的这种强大的解构性与颠覆性力量，揭示了民众在政治统治结构中所蕴含的巨大潜能，政治统治者自然要竭力避免颠覆情形的发生。用荀子的话来说，水亦载舟水亦覆舟。俗，事实上就成为政治成败得失的晴雨表。"观俗"的政治意蕴就在此处，即统治者通过观察"俗"这个政治晴雨表给自己的统治状况把脉，这个方法大约相当于现在所说的"调查研究"。通过观俗掌握第一手资料，为施政提供鉴照，使立法符合国家的风土人情。经此路径，"立法化俗"就不是通过法律的单向强制，而是强调因循民情。因此，观俗立法是一种科学思维，表明法家的政治理论达到相当高的境界。观俗立法理念是典型的良法观，就是放到当代，这种立法观也是非常先进的一种治国理念。圣人"观俗"，其实是诸子政治理论的通说。在这种通识的前提之下，形成了两种不同观俗路径，一种是儒家的观风俗；二是法家的观民俗。

儒家的"观风俗"是一种贵族路径。在思想渊源上，儒家路径传承过去的诗经传统，这种理念一以贯之，是秦汉儒家移风易俗思想的主流。不仅孔子、荀子主张通过礼乐教化移风易俗，汉代儒家士子大多持此种思路。班固认为："凡民函五常之性，而其刚柔缓急，音声不同，系水土之风气，故谓之风；好恶取舍，动静无常，随君上之情欲，故谓之俗。……圣王在上，统理人伦，必移其本而易其末，此混同天下，一之乎中和，然后王教成也。"② 应劭则认为："风者，天气有寒暖，地形有险易，水泉有美恶，草木有刚柔也。俗者，含血之类，像之而生，故言语歌讴异声，鼓舞动作殊形，或直或邪，或善或淫也。圣人作而均齐之，咸归于正；圣人废，则还其本俗。"③ 风俗既包括言语歌谣、舞蹈动作等具体的地方性习惯，也包括这些习惯所蕴含的、表现出来的观念精神；风俗具有差异性，既体现在风俗的地方性，也体现在风俗品性有直邪、善淫的不同；风俗具有可变性，可移易、可齐正；辨风正俗是重要的政治行为，责任人是圣人/圣王。④

---

① 高亨：《商君书注译》，清华大学出版社2011年版，第115页。
② （东汉）班固：《汉书·地理志》，中华书局1962年版，第1640页。
③ （东汉）应劭：《风俗通义》，王利器校注，中华书局2010年版，第8页。
④ 张勃：《风俗与善治：中国古代的移风易俗思想》，载《广西民族大学学报（哲学社会科学版）》2015年第5期，第102页。

法家的路径是"观民俗",这是新兴的平民路径。"民俗"与"风俗"之间一字之差,重点完全不同。诗言志,风就是来自民间的一类诗歌。因此,统治者可以通过采风来了解民志民情。风同"讽",通过诗歌倾听民间的百姓呼声,相应地通过礼乐实现对民的教化。而"民俗"的重点在民的行为模式上,法家通过观察民众的外部行为模式了解社风民情,然后通过法律实现移风易俗。

从方法论而言,先秦诸子十分重视通过水土说明风俗,其中蕴含着很明显的地理环境决定论。水土与民俗之间的关系,重点在于地理环境,一方水土养一方人,"夫齐之水道躁而复,故其民贪粗而好勇;楚之水淖弱而清,故其民轻果而贼;越之水浊重而洎,故其民愚疾而垢;秦之水泔冣而稽,淤滞而杂,故其民贪戾罔而好事;齐晋之水枯旱而运,淤滞而杂,故其民谄谀葆诈,巧佞而好利;燕之水萃下而弱,沈滞而杂,故其民愚戆而好贞,轻疾而易死;宋之水轻劲而清,故其民闲易而好正。"(《管子·水地》)① 这样的风俗关系描述难免脸谱化的嫌疑,并不准确。但其重心在于说明民俗成因及其差异性,而统治者要重视这种民俗差异,因俗而治。

《商君书》中"观俗"理念的具体化就是观秦俗,观俗的对象即秦国的民俗,观俗的主体即秦国的当政者。在儒家思想中,观俗是天子的职责,"天子五年一巡守……觐诸侯,问百年者就见之。命大师陈诗,以观民风;命市纳贾,以观民之所好恶,志淫好辟……"(《礼记·王制》)② 在法家看来,观俗在理论上是圣人的职责,而在实践中则是君主的职责。秦孝公与商鞅都极为重视观民俗。在秦孝公发布的求贤令中,特别指出"诸侯卑秦、夷狄遇之",事实上点出了秦俗在战国中期的最显著的外部特征:夷狄化。夷狄化确实含有东方六国贬低秦国的成分,但秦国立国伊始就被打上了夷狄标签,也属于事实。商鞅在与赵良的对话中说:"始秦戎翟之教,父子无别,同室而居。今我更制其教,而为其男女之别,大筑冀阙,营如鲁卫矣。"(《史记·商君列传》)③ 商鞅的重点也是强调秦俗的夷狄化。从历史渊源来看,"秦人有一个从小到大的发展过程,最初人群较小,可能仅限于嬴姓宗族,后来不同地域、文化背景有别的各类人等加入其中,滚雪球般越滚越大,一起构成了秦人这一共同体。"④ 秦国的民族和文化与戎狄有很密切的关系,其统治阶级即使出自东土氏族,因为处于戎狄之间,习俗文化必多受感染;他们自西周晚期以来的逐渐茁壮即是与戎狄争胜、并且吸收接纳戎狄的结果⑤。夷狄化的背景下,尚武、事功、重利,构成秦俗的显著要素。尚武的另一面是好勇斗狠;事功的另一面则是轻视贤人;重利发展到极致则是轻义。如何处理好这些民俗因素以有利于农战体制的构建,就是当政者观俗立法

---

① 黎翔凤:《管子校注》,中华书局2020年版,第772-773页。
② (清)孙希旦撰:《礼记集解》,沈啸寰、王星贤点校,中华书局2022年版,第310-311页。
③ (西汉)司马迁:《史记》,韩兆琦译注,中华书局2010年版,第4668页。
④ 梁云:《论早期秦文化的来源与形成》,载《考古学报》2017年第2期,第172页。
⑤ 杜正胜:《编户齐民:传统政治社会结构之形成》,联经出版事业公司1990年版,第459页。

要考量的重大问题,这是《商君书》农战理论的着力重点。而在商鞅变法及其之后的秦政当中,上述因素都在秦国的政令中有所体现,其有利于政治目标的被吸收转化,而不利于政治目标的则被排除改造。

三、错法成俗及其措施

商鞅立法化俗理论的第二个要素是"错法成俗",这是立法化俗的政治措施。从发展过程来看,俗的发展可分为自然演进与人为干预两种途径,《商君书》的"立法化俗"思想立显然属于后者。人为干预意味着意志的输出,统治阶层的意志通过法律表达出来,首先转化为制度形态。在法俗关系中,法为俗设定框架,俗的自然演进被打断,按照统治阶层在法律中所设定的模式发展演进。但这只是纸面推演,实践中法对俗要发生实际影响,并非自动发生。既然是人为干预,就需要通过某种执行机制将纸面上的法律转为行动中的规范,才能对俗产生实质影响。在现代法学理论中,这就是通过法律的社会控制,而在商鞅"立法化俗"理论构想中则表达为"错法成俗"命题,《商君书》中说:

"凡用兵,胜有三等,若兵未起则错法,错法而俗成,而用具。"(《商君书·立本》)①

"将立国,制度不可不察也,治法不可不慎也,国务不可不谨也,事本不可不抟也。制度时,则国俗可化,而民从制。治法明,则官无邪。国务壹,则民应用。事本抟,则民喜农而乐战。"(《商君书·壹言》)②

商鞅从农战角度切入分析行法与成俗之间的关系。"错"通"措",即实施、施行,错法即行法。用当下的话而言,"错法成俗"就是通过行法塑造民俗。商鞅对法俗关系认识得极为精准透彻,用四个字便揭示出法律的执行与移风易俗之间的影响关系。与儒家注重礼乐化俗相比,商鞅的错法成俗所采取的方法更加积极,在某些方面甚至比较激进。儒家地处齐鲁,齐鲁之民久受周文化浸染,比较容易接受礼乐教化这种柔和的方式;而秦国地处西戎,秦民来源多样、成分复杂,久受戎狄游牧文化浸染,用柔性的礼乐教化秦民类同对牛弹琴,而通过"错法"这种相对强硬的方式移风易俗见效更快。③ 从这个角度来看,商鞅"错法成俗"命题,是根据秦国的实际情况而提出的移风易俗的方法论,非常具有针对性和适应性。

进而言之,"错法成俗"命题只是提出了一个大致的方法论指导原则。从理论上来看,错法成俗理念中所蕴含的问题是:错法成俗的措施与环节有哪些,方法是什么?成俗的方向是什么,成何种俗?《商君书》对上述两个问题均有所涉及,概括而言,商鞅思想中的

---

① 高亨:《商君书注译》,清华大学出版社2011年版,第106页。
② 高亨:《商君书注译》,清华大学出版社2011年版,第92页。
③ 蒙文通甚至认为法家之学源自戎狄,本身就是顺应戎狄文化的产物。参见蒙文通"法家流变考",载蒙文通:《先秦诸子与理学》,广西师范大学出版社2006年版,第155-160页。

"错法成俗"包括三个环节、两个方向。"错法成俗"的三个环节包括：

第一，因循民情。商鞅变法的一个重要取向，就是因循秦人既有的思维方式与行动模式。夷狄之俗带有几分野蛮的成分，但商鞅"错法成俗"理论却不是来硬的，而是根据秦人中既有的尚武趋利因素顺势而为。"人君不可以不审好恶。好恶者，赏罚之本也。夫人情好爵禄而恶刑罚，人君设二者以御民之志，而立所欲焉。夫民力尽而爵随之，功立而赏随之，人君能使其民信于此如明日月，则兵无敌矣。"《商君书·错法》[1] 通过建章立制引导秦俗的尚武因素发挥正向功能，避免负面效应，从而形成战国时期秦人闻战则喜、勇于公战而怯于内斗的新秦俗。

第二，明法定分。"古之明君错法而民无邪……。夫错法而民无邪者，法明而民利之也。"(《商君书·错法》)[2] "故圣人必为法令置官也，置吏也，为天下师，所以定名分也。名分定，则大诈贞信，巨盗愿悫，而各自治也。"(《商君书·定分》)[3] 通过明法定分，为民众交往设定边界，使民众达到自治的境界。所谓自治即根据法律所设定的名分进行社会交往，民众自治所预期的"贪盗不取"是极高的社会风气。

第三，信赏必罚。"兴国行罚，民利且畏；行赏，民利且爱。国无力而行知巧者必亡。怯民使以刑必勇；勇民使以赏则死。怯民勇，勇民死，国无敌者强，强必王。"(《商君书·去强》)[4] 商鞅信赏必罚的典型事例是对太子犯法的处置。商鞅明确指出"法之不行，自上犯之。"但太子作为储君代表着君权，不可施刑，因此"刑其傅公子虔，黥其师公孙贾"。两个替罪羊都是重量级人物，两人遭到处罚体现了商鞅坚定的执法意志，结果"秦人皆趋令"。"秦人皆趋令"的另一面，就是抛弃旧习俗，形成新风尚，这是最理想的行法效果。

"错法成俗"命题中，错法是手段、成俗是目标，错法与成俗是一体两面，其实质是以新法替代旧俗，使法律成为民众社会交往的规范依据，从而塑造社会风气。韩非子说："古秦之俗，君臣废法而服私，是以国乱兵弱而主卑。商君说秦孝公以变法易俗而明公道，赏告奸，困末作而利本事。"(《韩非子·奸劫弑臣》)[5] 韩非子的评论揭示出商鞅"错法成俗"命题在导向方面包含两个方向，分别是：

其一，消除恶俗。政治统治精英负有义务，识别并消除恶俗。例如，《商君书》中说，"三官生虱六：曰'岁'，曰'食'；曰'美'，曰'好'；曰'志'，曰'行'。六者有朴，必削。农有余食，则薄燕于岁；商有淫利有美好，伤器；官设而不用，志、行为卒。六虱成俗，兵必大败。"(《商君书·弱民》)[6] 显然，《商君书》理论中含有墨家精神的影子，

---

[1] 高亨：《商君书注译》，清华大学出版社2011年版，第98页。
[2] 高亨：《商君书注译》，清华大学出版社2011年版，第97页。
[3] 高亨：《商君书注译》，清华大学出版社2011年版，第198页。
[4] 高亨：《商君书注译》，清华大学出版社2011年版，第59页。
[5] 张觉：《韩非子全译》，贵州人民出版社1995年版，第196页。
[6] 高亨：《商君书注译》，清华大学出版社2011年版，第169页。

提倡节俭、反对奢靡。理由是奢靡可能导致社会风气败坏，最终影响国家整体的战斗力。因此，《商君书》倡导节俭。

其二，塑造良俗。政治精英的另一层任务，是根据他们设想的方案塑造秦俗，达到其理想的"至德复立"境界。以家庭方面的民俗为例，商鞅在与赵良的对话中指出："始秦戎翟之教，父子无别，同室而居。今我更制其教，而为其男女之别，大筑冀阙，营如鲁卫矣。"（《史记·商君列传》）① 在商鞅所颁布的新法中，他只举出与改革风俗直接有关的条款来回答赵良对变法所进行的全面攻击，可见其对改变风俗的意义是何等的重视。② 而赵良对商鞅多有批评，却对商鞅所说的移风易俗没有进行正面反驳，亦可见时人深知商鞅变法的功绩所在。③

商鞅的"错法成俗"思想在实践中取得了相当好的效果。商鞅变法改变了秦俗，"与其说孝公改革是大规模地吸收六国文化并使之制度化，不如说这是一次大规模的移风易俗运动，改造已成为羁绊的传统文化，振奋秦人精神，为秦人树立新的追求目标，整合一切力量，奋发图强。"④ 站在历史的角度，这个判断是非常客观、准确的。商鞅变法，在秦国推行新法，"行之十年，秦民大说，道不拾遗，山无盗贼，家给人足。民勇于公战，怯于私斗，乡邑大治。"（《史记·商君列传》）⑤ 这是对秦孝公时期秦国社会状况的描述。荀子则描述了秦昭襄王时期秦国社会状况："入境，观其风俗，其百姓朴，其声乐不流污，其服不佻，甚畏有司而顺，古之民也。及都邑官府，其百吏肃然，莫不恭俭、敦敬、忠信而不楛，古之吏也。入其国，观其士大夫，出于其门，入于公门；出于公门，归于其家，无有私事也；不比周，不朋党，倜然莫不明通而公也，古之士大夫也。观其朝廷，其朝闲，听决百事不留，恬然如无治者，古之朝也。"（《荀子·强国》）⑥ 荀子对秦国民俗的描述是"古之民"，这在儒家话语结构中是一种极高的评价，荀子所看到的秦俗几乎就是其心目中的理想社会状态。

必须注意的一点是，良俗与恶俗的背后是价值判断。因此，不同文化背景、不同时代背景，其判断可能完全不同。商鞅所代表的秦当政者眼中的"良俗"，在东方六国人士以及汉代士人眼中，未必是良俗。"秦国之俗，贪狼强力，寡义而趋利。"（《淮南子·要略》）⑦ 这是商鞅变法以事功主义主导赏罚的结果，但在汉代士人看来是令人不齿的风俗模式。对于商鞅本人引以为荣的分户令所引导的秦人家庭风俗的改进，汉代的贾谊则颇不

---

① （西汉）司马迁：《史记》，韩兆琦译注，中华书局2010年版，第4668页。
② 黄中业：《移风易俗是战国社会改革的重要内容》，载《学术月刊》1991年第1期，第54页。
③ 钟良灿：《"移风易俗，天下向道"：贾谊对商君变法后秦俗的批判》，载《中国矿业大学学报（社会科学版）》2016年第6期，第29页。
④ 杨瑾：《移风易俗对秦文化变革的影响》，载《西安财经学院学报》2008年第1期，第6页。
⑤ （西汉）司马迁：《史记》，韩兆琦译注，中华书局2010年版，第4657-4658页。
⑥ （清）王先谦撰：《荀子集解》，沈啸寰、王星贤点校，中华书局1988年版，第303页。
⑦ （西汉）刘安：《淮南子》，陈广忠译注，中华书局2012年版，第1272页。

以为然:"商君遗礼义,弃仁恩,并心于进取。行之二岁,秦俗日败。故秦人家富子壮则出分,家贫子壮则出赘。借父耰鉏,虑有德色;母取箕帚,立而谇语。抱哺其子,与公并倨;妇姑不相说,则反唇而相稽。其慈子耆利,不同禽兽者亡几耳。"(《汉书·贾谊传》)① 在贾谊眼中,小家庭制下的秦人亲属关系,与禽兽无别。这是典型的以汉代的标准评价秦代的是非,价值判断扭曲事实判断。商鞅变法改变秦俗的一个导向是以夏化夷,商鞅否定礼治但不排斥周礼,因地制宜、根据秦人的具体情况对周礼加以损益调整。其移风易俗的结果,相对于变法前秦人的夷狄之教而言,其华夏文明的成分是大大增加了;但新秦俗相对于鲁卫华夏传统而言,其华夏程度则相对逊色。要言之,商鞅"错法成俗"的结果,不是使秦国成为周文化,而是在既有秦俗的基础上形成了独具特色的秦文化。因此,贾谊的评价主要是价值评判而不是历史评价,有失公允。

四、国无异俗及其限度

商鞅立法化俗理论的第三个要素是"国无异俗",这是立法化俗的效果预期。移风易俗,人为干预的意志输出打断了俗的自然演进,从而改变了俗的发展路径。俗的自然演进结果是俗的差异化,而人为干预则使俗在一定范围内呈现出统一性。在前文中,我们区分了以礼化俗和以法化俗等两种移风易俗方式,前者倾向于"别",后者倾向于"齐"。法家通过法律进行社会控制,法律的"齐"落实到臣民的行动上,在社会层面即呈现出民众交往模式的"齐"。"齐"即整齐划一,一种经过设计的理想的行为模式通过官方落实到民间,消除了民的差异性,民众在思维方式与行为模式方面呈现出同质化。这种同质化通过社会生活折射出来,就是俗的齐一。从政治统治的角度来看,俗的齐一实质上是民众对政治统治的认同与服从。俗的齐一程度越高,就意味着民众的政治认同度与服从度越高。因此,俗的齐一化,就成为政治统治根基是否稳固的试金石。

俗的齐一化,在《商君书》中表达为"国无异俗"命题,这也是商鞅"立法化俗"思想的理想效果,立法化俗在实施中所要达到的治理目标。"夫明赏不费,明刑不戮,明教不变,而民知于民务,国无异俗。"(《商君书·赏刑》)② 国无异俗,统一思想、统一行动,这是秦当政者追求的一种政治境界,也是法家大一统理论的一个构成要素。需注意的是,此处的"异俗"并不是现代人眼中的奇装异服、特立独行之类的怪异行为,也不是当代各种原始部落的与众不同的风俗习惯,而是统治阶层不希望看到的民众行为模式。这个意义上的异俗也就是前文所说的恶俗。从价值立场来看,恶俗是被当政者根据主流价值观定义为"恶",这种所谓的恶具有特定的时空条件限制,而未必是普世意义上的道德上的恶。

---

① (东汉)班固:《汉书·贾谊传》,中华书局1962年版,第2244页。
② 高亨:《商君书注译》,清华大学出版社2011年版,第135页。

例如,《商君书》里面的"学者成俗",民众好学问在秦国当政者眼中就是异俗。显而易见的是,"学问"本身未必不是好事,齐国倡导的"百家争鸣"一直都是华夏历史的美谈,稷下学宫就是专门的学问场所,并且是齐国官方主办的。但在以耕战为导向的秦国,当政者不提倡"学问",因此,"学问"在秦国就被视为异俗。按照现在的价值标准,贬低学问是一种政治短视;但在战国中后期,这是秦国当政者的一种战略选择。把学问视为异俗、恶俗,当然是有所指的,其背后有其特定的价值偏好。《韩非子》记载了一个"学者成俗"的典故,颇能说明其中暗含的玄机。赵襄子时期,王登为赵氏的中牟令,他举荐中章、胥己,二人都是学问渊博、品行端方,赵襄子采纳王登建议,任命二人为中大夫。中大夫在当时的晋国是极为重要的职位,而王登一日之内就举荐了二位中大夫,委以重任、予之田宅。此举引发非常轰动的示范效应,时人纷纷效仿。"中牟之人弃其田耘、卖宅圃而随文学者,邑之半。"(《韩非子·外储说左上》)[1] 韩非子为了说明学者成俗引发效仿所造成的政治危害性,其说法肯定带有夸张成分。赵襄子此举的实质是尚贤任能,在世卿世禄制度已经遭到破坏的春秋晚期,这是聚拢人才、扩张势力的不二法门。[2] 而战国中后期的法家奉行事功主义,倡导根据战功授官与爵,将臣民导向耕战体制,价值偏好发生改变,尚贤不再是金科玉律,学问被斥为六虱、五蠹,甚至成为破坏耕战体制的"异俗"。

在秦当政者看来,"学问"分散民心,不利于耕战体制的大局。可见,"国无异俗"的深层意义在于凝聚人心,形成举国上下勠力同心一致对外的政治格局。因此,《商君书》的话语结构中的"国无异俗"往往与国家的整体国力结合在一起,也就是说,"国无异俗"是增强国力的必要条件。这是《商君书》作者的一个基本洞见,秦统治阶层的一个基本共识。自商鞅变法之后,秦国统治阶层对"国无异俗"孜孜以求,一直到华夏统一之后的秦王朝,这种政治追求仍然炽烈。在《商君书》理论中,在战国时人的观察和评论中,在秦始皇巡视天下所留下的刻石中,在当下出土的秦代简牍所包含的政令文告中,处处体现着秦统治者对"国无异俗"的追求。在秦统一六国的历史进程中,其"国无异俗"的政治实践大体上可分为三个不同的阶段。

第一个阶段是以商鞅变法为契机,秦国当政者统一民俗的努力。这个阶段中,秦与东方六国的关系相对平衡,互有攻守。此时的统一民俗可称为秦国本土(故土)的"国无异俗"。商鞅变法移风易俗成效显著,荀子观秦显示了秦俗的醇厚,这是对秦俗美恶的判断;而蔡泽与范雎的对话中则直接提到"一民俗"的效果:"夫商君为秦孝公明法令,禁奸本,尊爵必赏,有罪必罚,平权衡,正度量,调轻重,决裂阡陌,以静生民之业而一其俗,劝民耕农利土,一室无二事,力田穑积,习战陈之事,是以兵动而地广,兵休而国

---

[1] 张觉:《韩非子全译》,贵州人民出版社1995年版,第587页。
[2] 白国红:《春秋晋国赵氏研究》,中华书局2007年版,第179页。

富，故秦无敌于天下，立威诸侯，成秦国之业。"(《史记·范雎蔡泽列传》)① 蔡泽与范雎的这番对话，"一民俗"是关键点，前面谈的是变法措施，之后谈的是变法效果，核心点有二：一是"一民俗"的形态，二是"一民俗"的效果。"兵动而地广，兵休而国富"，蔡泽的焦点显然是强调"一民俗"与秦国国力的关联。蔡泽所谓的秦的"一民俗"，主要是秦国本土（故土）的"国无异俗"，这是秦国"国无异俗"的根据地、大本营。

第二个阶段是秦国对外扩张至统一六国之间，秦国对新占领地区民俗的态度，在"国无异俗"的秦国本土（故土）之外，形成了一个"国无异俗"的边境地带。随着秦国对外扩张，秦国的统治体制也随之扩张，秦国在新占领区设置郡县，推行新型制度。② 新郡县中的六国旧法制被废除，但当地民众的社会交往模式不会立即转变，而是继续沿着旧俗惯性进行社会交往。因此，这些新郡县一设立便面临秦国法制同当地旧俗之间的关系问题。于是，秦当政者"国无异俗"便面临着一个巨大的挑战和困境：是立即推行秦法，替代当地旧俗；还是将"国无异俗"作为一个远景目标，设置一个缓冲期，允许当地民众保留旧俗，逐步推进秦法。秦国统治阶层选择了后者，这就产出了"国无异俗"理念的例外，即在秦国扩张过程中，"国无异俗"有一个边境地带，在这个边境地带内，秦国法令名义上有效，而当地旧俗则实质上有效。典型实例就是睡虎地秦简的南郡守腾所颁布的"语书"：

"古者，民各有乡俗，其所利及好恶不同，或不便于民，害于邦。是以圣王作为法度，以矫端民心，……除其恶俗。……凡法律令者，以教道（导）民，去其淫避（僻），除其恶俗，而使之之于为善殹（也）。今法律令已具矣，而吏民莫用，乡俗淫失（泆）之民不止，……甚害于邦，不便于民。故腾为是而脩法律令、田令及为闲私方而下之，令吏明布，令吏民皆明智（知）之，毋巨（距）于罪。"③

在这份政令公告性质的"语书"中，作为行政长官的郡守腾首先卖弄了一番理论素养，其语调俨然是一幅法家面孔。我们知道，秦国从楚国手中夺取南郡在秦昭王二十八年，语书发布的时间是在秦王政二十年，此时秦国已经实际控制南郡长达五十多年，但新上任的南郡守腾④颁布语书所反复强调的核心内容竟然是法俗关系，他勒令当地官吏和民众脱离旧俗，奉行秦法！这至少说明一个事实：秦国统治者在新领地设置郡县之后，并不

---

① （西汉）司马迁：《史记》，韩兆琦译注，中华书局2010年版，第5209－5210页。
② 商鞅时期没有设郡的记载，秦国设郡是商鞅死后的事情。根据杨宽的考证，秦国第一个郡是于公元前316年设置的巴郡，郡治为江州；第二个郡是公元前312年设置的汉中郡，郡治在南郑；第三个郡是公元前304年设置的上郡，郡治是肤施。南郡则设置于公元前278年，相对较晚。（参见杨宽：《战国史》，上海人民出版社2019年版，第732－737页。）
③ 整理小组编：《睡虎地秦墓竹简》，文物出版社1990年版，第13页。
④ 关于南郡守腾其人其事及其上任南郡郡守的考证，参见高敏：《云梦秦简新探》，河南人民出版社1979年版第37－42页。

是以胜利者的姿态立即强硬推行秦法，进行错法成俗、实现国无异俗，而是结合当地旧俗推行多元化的治理体系。或者说，秦法在新占领区的实施遭到当地吏民抵制，但秦国当局并没有强行推行秦法。到了郡守腾上任时，秦当局认为推行秦法的条件已经具备，因此决定实施法律一元化，如果法令颁布之后，南郡吏民仍然坚持旧俗抵制秦法，就可能会遭到制裁。且不论郡守腾颁布法令、厉行秦法替代旧俗的成效如何，"语书"的出土至少证明秦当政者所推行的"国无异俗"有一个边境地带，在秦的新设郡县，"国无异俗"是逐步推行，而不是一步到位①。

可见，这个时期的秦当政者的措施具有一定的灵活性。因为推行"国无异俗"的战略目的是增加民众的凝聚力与国家整体战斗力，而在占领区的新设郡县中强行推行秦法，盲目追求"国无异俗"，有可能导致当地民众的排斥，造成离心离德的不利局面。这样的话，推行"国无异俗"非但达不到形成认同增加战力的目标，这项政策本身反而会成为破坏新设郡县民心的负面因素。

第三个阶段是统一六国之后，以秦始皇为核心的秦当局统一秦帝国之俗的努力。"就秦统一天下而言，海内为郡县，法令由一统，书同文、车同轨、行同伦，其中就有整体疆土、全体臣民的移风易俗。"② 在这个阶段中，"国无异俗"的边境地带消失，秦当局直面六国遗民及其旧俗，何去何从？在急进与渐进之间，秦始皇采纳了"以法为教，以吏为师"的急进政策，试图将整个帝国臣民快速纳入法律轨道。与统一六国之前相比，秦帝国时期的"国无异俗"的所指范围不同，其所面临的问题与难度也不同。横扫八荒、并吞六合的秦始皇认为快速消除六国遗俗并非难题。如琅琊刻石中就明确提出实现"国无异俗"的雄心壮志："上农除末，黔首是富……器械一量，书同文字……匡饬异俗，陵水经地……除疑定法，咸知所辟……以为都县，天下和平"（《史记·秦始皇本纪》）③。但始皇帝的强力意志与乐观期待并不能改变风俗演化的渐进性。攻城略地容易，攻取民心困难。法律政令可以通过行政系统借助强制手段加以推进，在短期内可以实现制度统一；而法律政令落实到臣民、影响到社会，并最终在民俗方面反映出来、实现民俗的统一，这个进程非常缓慢。秦始皇在世时，"匡饬异俗"政策措施获得了一定成效，这在会稽石刻中有所展现。④但随着秦始皇的离世与秦帝国的二世而亡，秦当政者的"国无异俗"的历史实践戛然而止。移风易俗的人为干预按下暂停键，华夏文明的民俗发展又进入自然演进状态，给后人则留下了无限的想象空间。

---

① [日]工藤元男：《睡虎地秦简所见战国时代秦国的法和习俗》，[日]广濑薰雄、曹峰译，上海古籍出版社2018年版，第365－366页。
② 胡大雷：《先秦时期"土宜"的运用与移风易俗》，载《中原文化研究》2021年第1期，第75页。
③ （西汉）司马迁：《史记》，韩兆琦译注，中华书局2010年版，第532页。
④ 臧知非、宋仁桃：《秦始皇会稽刻石与吴地社会新论》，载吴永棋主编：《秦文化论丛》第11辑，三秦出版社2004年版，第210页。

结　语

先秦法家"国无异俗"的历史实践画上句号，但华夏文明移风易俗的脚步从未停止，一直延续到当下。商鞅的立法化俗理论表明，早在两千年之前，先哲已经有了对法俗关系的深刻思考。观俗立法、错法成俗、国无异俗，这一系列观念与命题，构成我国传统法俗关系理论的法家路径，与以礼化俗的儒家路径在秦汉之后共同塑造了华夏文明的民俗发展进程。在历史维度的长焦距中观察，政治精英移风易俗的冲动，在华夏历史进程中从未消停。朝代的更迭、国土的变迁、人口的流动、外部因素的影响，都在不同角度激发着政治精英移风易俗的冲动，不同时期的政治精英前赴后继，试图打造一个基于华夏文明的民俗共同体。移风易俗的冲动只是表象，其根源在于政治支配关系。只要政治对社会的权力支配关系不消亡，移风易俗的政治操作就不会停止。从实践效果而言，"国无异俗"只是精英阶层的一厢情愿，民俗从来就没有统一过。但历史地看，移风易俗的冲动、国无异俗的努力却具有重大的政治文化意蕴，华夏文明正是在移风易俗的历史进程中，不断被塑造、被加强，从而保持着旺盛的生命力。"国无异俗"的愿景虽然从未成为现实，但一个具有高度可识别性的华夏民族却相对稳定地发展下来。这不正是先哲对后世的伟大贡献吗？

An Approach on the ShangYang's Theory of the Transformation of Custom through Legislation

Wang Linmin

Abstract：Modifying the diversity of the folk aciton with a unified pattern created by the superior, this kind of thought, which began from the pre – Qin Dynasty, constituted the keynote of the transformation of the outmoded customs through the history of the Chinese civilization in the past 2000 years. Transforming customs through legislation, which was the idea of ShangYang, emphasized the approach of modifying the custom through law. This proposition implied strong meaning of the domination of the power to the society, however, the relationship between the law and the custom constructed in the ShangYang's Book was not a one – way – straight of the output of the willpower from the law the custom. The idea that transforming the custom through the legislation, included three proposition, which were making law by investigation of the custom, shaping customs by law enforcement, unification of the custom throughout the country, laying stress on the people's feelings and following people's feelings when remolding the custom. During the Unification of the Six Nations, Qin authorities disposed the old custom of the Six Nations according the actual situation, that reflected the flexibility of the idea of transforming the custom through legislation under the condition of the legal unification. The series of ideas and propositions, that formed the Fajia approach on the relationship between the law and the custom, and together with the Confucian approach of transforming the Custom through Li, molded the developing path of the custom of in Chinese civilization.

Key Words: ShangYang; Thoughts of Fajia; Transforming the Custom through Legislation; Transform Outmoded Customs

公共博物馆文化创意产品开发的法治论纲[*]

姚 锋[**]

> **摘 要** 我国博物馆体系远比国外博物馆体系要复杂。公共博物馆在其文化资源基础上开发出的文化创意产品和一般的文化产品不同，其包含着特殊的公法私法混合法律关系，具有典型的跨越公法与私法界限的混合法规范的性质，因此对公共博物馆文化创意产品开发相关法律规范的修改和配置就显为必要，且其应当遵循的根本原则规范等也应该予以重视。各阶层法规范的制定者和施行者可通过宪法垂直调适、公法私法间的转轨条款、强制性规范等法律技术的运用，以对诸多法律法规中的具体条文修改和配置等方式，从整体、动态的角度去实施相关立法、司法和执法，以期形成完善的法治状态。
>
> **关键词** 公共博物馆 文化创意产品 公法私法 规范配置 法治

党的二十届三中全会在《决定》中指出："深化文化体制机制改革""优化文化服务和文化产品供给机制"。[①] 习近平总书记在多个场合、多次提及要将包括文物在内的各类文化资源"活化"利用起来，"要让文物说话，让历史说话，让文化说话"，[②] 要为弘扬中华优秀传统文化、增强文化自信提供坚强支撑。[③] 党的二十大报告则明确提出了要"坚守中华文化立场，提炼展示中华文明的精神标识和文化精髓"；还强调了要"健全现代文化

---

[*] 杭州市哲学社会科学规划重点课题：基于中华优秀传统文化的公共博物馆文创产品开发的法律促进研究（编号：2023JD40）。

[**] 姚锋，博士，湖南大学出版与期刊社副编审，湖南大学新闻学院硕士生导师。

① 《中共中央关于进一步全面深化改革 推进中国式现代化的决定》，载《人民日报》2024年7月22日，第1版。

② 《习近平关于社会主义文化建设论述摘编》，中央文献出版社2017年版，第193页。

③ 《习近平谈治国理政》（第四卷），外文出版社2022年版，第312-314页。

产业体系和市场体系，实施重大文化产业项目带动战略"。① 在领导人的重视和中央政策的助推和指引下，公共博物馆文化创意产品开发已成为文化产业中备受瞩目的领域，② 且在移动互联网时代展现出"出圈化""网红化"的发展趋势。公共博物馆文化创意产品兼具"社会和经济效益"，③ 既能满足公共文化服务的需要，又能产生一定的市场收益，是实现中华优秀传统文化创造性转化与创新性发展的一项重要文化资源。公共博物馆文化创意产品作为一项以创意为核心内容的知识产品，其边界也处于持续拓展中。"创意"和"创新"是公共博物馆文化创意产品开发中的关键所在，如缺少了它们，就等于抽去了灵魂和精神，只剩下苍白而空洞的产品。在公共博物馆文化创意产品开发过程中，在理解其开发的现状、价值及其法理依据的基础上，如何通过对诸多法律法规中的具体条文进行修改和配置等方式，从整体、动态的角度去实施相关立法、司法和执法，形成良好的法治状态，以实现激发创意和促进创新是本文重点探讨的问题。

一、公共博物馆文化创意产品开发的现实难题和法治困境

公共博物馆文化创意产品开发的现实难题和法治困境，可谓是一个问题的两个方面。随着中国由施行了几十年的计划经济转为社会主义市场经济，法治建设过程中难免会存在历史的包袱和时代的迟滞问题，由此导致的现实难题和法律困境同时并存、互相制约，具体体现为在面对频繁修订的民事单行法、具体的规制性法规条例、法律解释、各类规范性文件时，公众和执法主体、司法主体等均被"卡在国家规制和私人自治之间无所适从"。④ 本文论及的公共博物馆文化创意产品开发在这一背景下面临此类现象尤为突出。

（一）公共博物馆文化创意产品开发的现实难题

一是博物馆文化元素的转化率不高且商业化程度较低。2021年到2024年，各地的以博物馆文化元素为基础的各类文创大赛如火如荼：恭王府博物馆文创设计大赛、深圳第二届宝安文创设计大赛暨深圳博物馆IP联名设计大赛、粤港澳大湾区文创设计大赛、第八届河南省博物馆文创大赛、布达拉宫首届文创设计大赛、三星堆博物馆文创设计大赛等陆续举办。但大赛结束后，获奖作品大多并无进行下一步的商业转化，也缺乏系统性的发展路径。换而言之，以博物馆大赛为契机而诞生的众多优质设计，最终多因种种原因未能商品化乃至到达消费者手中。一方面，很多创意人员和设计师在设计之初往往只考虑设计本身，而并未考虑文创的成本、预算、定价、利润等商业化因素，而这些工作往往是上游设

---

① 习近平：《高举中国特色社会主义伟大旗帜为全面建设社会主义现代化国家而团结奋斗》，载《人民日报》2022年10月17日，第2版。
② 金元浦：《文化创意产业概论》，高等教育出版社2023年版，前言。
③ 武英东：《博物馆文化创意产品新解析》，载《大众文艺》2024年第3期，第52-54页。
④ 方新军：《私法和行政法在解释论上的接轨》，载《法学研究》2012年第4期，第33-36页。

计人员的短处。譬如，公共博物馆一款文创丝巾从构思、设计、开发、定制到售卖，除了要考虑使用材质、厚度等生产细节，还应顾及品控管理、成本控制等问题，这就必须综合订单数量、打样费用、耗费精力、版权费用等因素进行权衡。而获奖作品正因有了"获奖文创"的标签和更多附加值，其开发成本一般会高于同类产品，售价也会因此水涨船高，但消费者是否愿意为这部分溢价买单，则是个大问题。在销量无法保证的前提下，又引发出众多创意和设计人员在公共博物馆文化创意商业转化中遇到的最大问题，即其相关产品无法批量生产以形成规模效应，这归根到底是成本控制与销量无法保证情形下的"无钱"的窘境。另一方面，公共博物馆本应借着大赛契机最大化城市的文化、社会、经济效益，在文化效益层面，通过借助社会力量的广泛参与、集思广益，全面打造城市和博物馆新的文化符号，为古老的文物注入现代活力，并借此提升全民对文创、文物与城市文化的关注，进而实现其社会效益及经济效益。但纵观多个知名博物馆主办的文创大赛，尽管在大赛之初就做出赛后提供资金补贴、实物转化经费、商业采购、定向品牌合作等承诺，但后续实则多未得到兑现。

二是非国有博物馆和国有博物馆之间存在着博弈难题。"传统的文物博物馆事业依据单位属性将不同的文物部门划分为国有与非国有两种类型"。而随着我国经济的高度发展和社会的进步，博物馆数量激增，类型多元化程度增加，社会办馆发展迅速。现阶段是我国博物馆增长最快的一个时期，其中非国有博物馆也进入了一个高速发展的阶段，从数量上看，据国家文物局统计，截至2024年5月，我国备案博物馆总数达到6833家。而我国改革开放前，全国博物馆总共不到350家。可见改革开放四十多年来，我国博物馆数量如雨后春笋般增长之快。并且，在可预见的未来，我国博物馆的数量还会稳步增长。从博物馆类型上看，除了原有的国有博物馆越来越受到国家重视外，还出现了大量民间力量办馆热潮，私人博物馆日益增多，我国博物馆的类型也日益多元化。在此背景下，如果还停留在计划经济时代思维模式的一事一议，逐级上报的泛行政化管理和运营模式，难免会让博物馆遇到内外部的管理瓶颈，难以满足全国各类博物馆发展的需求。非国有博物馆数量的增加也使得纯粹针对事业单位的管理模式面临诸多挑战。非国有博物馆作为我国博物馆事业领域的一支生力军，在保护珍贵文物和发挥社会教育方面做出了不小的贡献。但是非国有博物馆与国有博物馆相比较，仍处于相对弱势地位，很多方面不能享有与国有博物馆同等的地位。非国有博物馆难以享受应有的权利，缺少必要的法制保障和政策扶植，导致资金来源单一、藏品来源多样化、日常维护和运营成本居高不下，运营不善而倒闭的情况时有发生。目前的法律法规尚未明确好国有和非国有博物馆的关系，因此也难以协调好二者的发展矛盾。在此情况下，有不少非国有博物馆的负责人或所有人，希望在满足一定条件和获得一定回报的基础上，将其改制为公共博物馆，以实现转型。可以说，要想让非国有博物馆成为我国文化事业中一支重要的有生力量，加强博物馆法治工作就等同于牵住了牛鼻子。总之，只有找到二者的差异点和平衡处，再通过修改《文物保护法》《博物馆条例》等法规和司法解释等形式,以法律形式给予非国有博物馆保障,让非国有博物馆享有同国有博物馆基本同等的法律地位,继而将非国有博物馆真正纳入我国的文化事业中来,才能更好地激发其动力和活力。

三是博物馆的运营存在"成本病"问题。长期以来,文化产业领域存在一个容易被忽视、根本性的"文化成本病"问题,这在世界各国都是普遍存在的难题,而在中国也概莫能外。在大多数国家,普通文化从业者都处于弱势地位,尤其表现在经济层面上,具体表现在,和那些有可供抵押贷款的"固定资产"和"重资产"的一般产业不同,文化产业从业人员他们所拥有的主要资产就是无形的文化创新创意等智慧型劳动,该类劳动在投入之后,在成果固化成型之前(譬如,文字、画作和雕塑等),从外形上是难以察觉的,而后续收益因为市场规律的原因而难以预测,更难以保障。显然,文化从业者仅仅依靠"情怀"是难以持续的,更难以将文化产品进行产业化、规模化和市场化的。在笔者前几年对湖南省博物院调研的过程中,其文创中心的负责人不无感慨文化创新的艰辛和不易:一件刚出土的汉代帛衣,出土时几乎难以辨别,需要付出大量的时间和心血,才能让该文物得以最大限度复原。然而,要实现其"活化"价值,则不仅会面临"成本病",更会迎头撞上开发文化产品过程中的产权不清晰、分配难落实等一系列根本性难题。

(二) 公共博物馆文化创意产品开发的法治困境

一是公共博物馆的文化创意产品开发中有诸多法律风险。要想开发出优秀的文化创意产品首先要对以文物为主的文化资源进行阐释和解读。而在相当长一段时期内,我国绝大多数的公共博物馆将大量的文化资源"档案化",只对少部分文化资源进行开放,而开放的那部分文化资源的文化内涵的阐释权又被个别专家垄断,导致各种形式的"寻租"现象层出不穷。同时,博物馆的文物和艺术品市场一直鱼龙混杂,缺乏规范,文化授权主体、客体和内容不明晰,这增强了开发文化创意产品的法律风险。而越是大型的、实力雄厚的公共博物馆,其知识产权的保护、开发和运营便越成功,相对而言风险更低、纠纷也更少。与之相对,中小型公共博物馆由于各种原因无力进行自身运营,社会力量介入和产生纠纷的可能性相对增大。公共博物馆对此主要有两种态度:消极应对和积极利用。前者让所谓的"侵权"和"维权"新闻不断,但诉诸法庭的少之又少。后者则需要配以外力的促进。譬如,2019年颁布的《博物馆馆藏资源著作权、商标权和品牌授权操作指引》就鼓励公共博物馆以积极心态和举措充分利用本馆文化资源。

二是现行的规范体系存在缺陷。相关政府部门只是看到了工作业绩和政策红利,忽视了文化创意的落地及其持续性,政策配套的规范性文件没有有效搭配,对文创及背后的产业链等了解甚少。自从中央将依法治国理念的重要性不断提升以来,相对于其他领域而言,我国的博物馆法治建设的进程显得缓慢,这与蓬勃发展的博物馆事业及其大受欢迎的文化创意产业并不匹配。我国虽然有一些和博物馆相关的法规条例和规范性文件,但是我国的博物馆法律法规没有形成完备而科学的法治体系，在整体法治建设中仍是一个明显的短板。尽管《博物馆条例》的颁行缓解了部分困难和解决了部分问题，但该条例只是国务院颁布的行政法规，其重要性和影响力和一部真正的法律相比不可同日而语。从长远发展来看，制定一部有中国特色的"博物馆法"显得尤为必要，在前期积累法律法规实施的经验的基础上，以更多的条款和规范进一步明确博物馆的"权责利"，以盘活各方现有资源、调动各方积极性、衔接各方支持力量，再制定符合我国省情的"实施办法"，让我国博物馆在法治的环境中和法律法规的保障下健康长久地发展下去。

三是我国现有博物馆立法偏重于监管模式，具体体现在：立法层级偏低、立法理念错位、立法指导思想不明确；在微观上则表现为：法规零散、盲点较多、可操作性差、与国际接轨不足等。涉及博物馆的法律法规等规范性文件，大多与文物立法糅杂在一起，特别是其中的一些法律法规由于制定时间较早，甚至是改革开放之前的，它们已不能很好地适应我国文化领域日新月异的新发展。而且，"监管型立法"居多，且多涉及出版印刷、电影电视、营业性演出、娱乐场所、互联网信息服务等领域。在现行法律中，属于文化行政方面的"管理条例""管理办法"的数量占大多数，有少部分属于文化遗产方面的"保护条例""保护办法"，只有更少的几部属于保障文化权益、促进文化发展方面的立法，且常见于地方性立法。当下，云储存、移动网络和人工智能等新技术的飞速发展，让公共博物馆文化创意产品开发的生产方式和呈现方式发生变化。因此，我国文博领域立法中的一些规定已不能很好适应当前的形势需要，尤其是缺乏"促进型"和"激励性"法律法规。

二、公共博物馆文化创意产品开发的法理依据

《宪法》对公民权利有明确规定，其中第二十条规定"奖励科学研究成果和技术发明创造"；第四十七条规定"对创造性工作给予鼓励和帮助"；第五十四条更是确立了公民的文化权利。《民法典》第二百六十六条，对私有财产的范围做了界定。第三条就规定，民事主体的"其他合法权益受法律保护"。"其他合法权益"就包括投入文化创意开发的智慧性劳动而应得的合法收入，以及产品化后形成的知识产权带来的收益。其他开发主体从事智力创造和提供劳务所取得的收益，以及在其基础上的财产权利应该为法律认定和保护，这是该类主体进行文化创意活动并获得收益的法律基础。

作为公共博物馆文化资源主体的国有文物，其所有权归全民所有，公共博物馆对文物等藏品的占有仅局限于实体本身，但其无形的文化内涵不应也不可能被独占。因此，公共博物馆不宜以占有或以国家所有为名，禁止其他主体在不损害他人利益的前提下对文物中蕴藏的传统文明因子进行创新性地合理开发和利用。[①] 况且，法律规范的实施和制度运作

---

① 吴增礼、黄阳博：《马克思主义中国化视域下〈论共产党员的修养〉对儒家义利观的吸收借鉴》，载《湖南大学学报（社会科学版）》2023年第5期，第1-6页。

的各类成本非常高昂，不如顺势而为尊重并促进开发主体的经济理性的内驱力。总之，在人人皆媒体的移动网络时代，只要是合法合理地将国有珍贵文物的文化内涵挖掘和解读，开发出受大众欢迎的文化创意产品，本身就是弘扬传统文化的重要表现方式。

文化资源的保护和利用是典型的辩证统一关系。对其保护固然重要，但如果只保护不利用而让其"沉睡"在文物单位的库房中，实质上则是对文化资源的另类浪费和闲置。尤其我国作为实行公有制的社会主义国家，相比私有制为主的西方公共博物馆，更应该对公共博物馆存量资源中属于"全民所有"的文化资源有序开放，容许公众依法依规利用，需要代表公共利益的行政法这只"有形之手"结合代表私人权益的知识产权制度，来共同调控和规制市场自由竞争的"无形之手"。譬如，一直对知识产权利用颇有经验的英美法系国家所开征的高额遗产税就包括了知识产权收益，其实质就是通过行政手段来促进私人知识产权的充分转化利用，而不是任由其沉睡；对公共博物馆中其他主体所拥有著作权的文化资源，则应尊重权利人的人身和财产权利，公共博物馆不能随意处置。

退一步来说，即使开发主体由于对文化资源的传统文化内涵把握不准确而让文化创意产品的设计不受欢迎，或是材质不佳而让产品滞销，这些都属于常规的市场风险，应由开发主体自行承担。换个角度看，要让公共博物馆文化创意产业链的做大做强，让传统文化得到有效传播和弘扬，不仅需要具备先天优势、故宫文创式的"高大上"的"分子式"产品，也需要做"分母"的那一批开发主体及其开发的文化创意产品。这也是我国多年以来文化产业发展繁荣过程中体现出来的一个基本规律。

党的二十大报告提出，将马克思主义基本原理和中华优秀传统文化相结合，还提到与中国具体实际相结合并重的位置，这就为文化创意开拓了新的天地，为文化创意产业发展指明了方向，[①] 即必须以社会主义核心价值观为根本引导，以中华文化为底色来进行文化创意产品开发。2018年的《社会主义核心价值观融入法治建设立法修法规划》，提出了"筑牢全国各族人民团结奋斗的共同思想道德基础"，而社会主义核心价值观融入法治建设已逐渐成为社会共识，二者为"魂体相符"的契合式融入。尤为重要的是，我国长期的法律实践所要求的是，包括文化创意在内的文化或艺术创意和创新应有基本的法律底线，譬如要防止与公共利益相矛盾，遵守公序良俗的基本原则，遵循强制性规范等。其宪法依据则源于现行《宪法》第五十一条的规定，这可以解读为：当文化创意开发与公共利益相抵触时，出于整体利益的衡量，个人权利应适度退让。

从我国当下实行的《文物保护法》整体来看，其还是以"保护"为主要目标，第七条、第十一条的规定更是如此，其强调对文物藏品物理性质上的保护，而对文物的"合理利用"则为次要目标。这样的立法思路较好体现了立法者的底线意识，不过在数字化时代

---

① 参见柳斌杰在2022清华文创论坛中的讲话：《文化创意要围绕四个第一开新局》，刊发于公众号"清华大学文化创意评论"，2022年11月14日。

进行文化创意产品开发时，基本是不需要接触文化资源实体就可很好地实现开发和利用之目的。此外，《文物保护法》中"保护"的客体应作目的性扩张解释，涵盖文物的无形信息，即开发主体在进行文化创意等活动时，不应歪曲文物所蕴藏的优秀文化因素。在利用行政法进行规制方面，国家发展改革委、商务部联合修订的《市场准入负面清单（2022年版）》规定了市场准入的禁止事项，即对规定事项，市场主体不得进入，行政机关不予审批、核准。以此为借鉴，文化创意产业的"禁入清单"也可酌情制定，即列明禁止开发的具体情形，划好开发的法律底线。

总而言之，公共博物馆对进入公有领域（Public Domain）的文化资源，拥有实际占有的先天优势。但那种认为公共博物馆对其文化资源独占，他人进行开发就属于"侵权"的观点不仅于法无据，更与当下提倡文化强国，鼓励文化创意的时代精神相悖，其实质还是计划经济时代"管制"观念的延续。在国家政策鼓励文化创新的大背景下，决策层应该赋予其他主体在一定的范围内享有包括公共博物馆中国有文物在内的部分文化资源的开发权利，具体方式有不少，譬如可以是相关开发主体直接通过公开信息深入研究某文物，以智慧性劳动来构思相关的创意和设计；也可以是公共博物馆主动将馆藏文物的图像和数据有序分类，并向公众开放以供开发。

三、公共博物馆文化创意产品开发中法治的价值和目标

和国外的诸多知名公共博物馆相比，我国博物馆体系远比它们的体系要复杂。因此，找准公共博物馆文化创意产品开发的法治规范的价值意义和目标指向，对于公共博物馆文化创意产品开发的法治建设具有举足轻重的作用。

（一）充分活化公共博物馆的"沉睡"的文化资源

我国除了众多文化文物单位，还有国有和非国有博物馆。各类博物馆中的文化资源又包含遗址、国有文物、普通馆藏藏品等，在这些不同类型的"物"上又分别承载着不同的物权和潜在的知识产权等，它们都可以视为文化资源。然后，在此基础上利用公共博物馆文化资源上的无形文化信息进行文化创意产品开发，又会衍生出新的权利。与此同时，开发过程中还会牵涉根据法律法规对文物或藏品进行分门别类的保护和管理的环节。正因为如此，对公共博物馆文化创意产品开发中的法律关系的调整，宜更多从规范配置上强化公法和私法的协调，制定社会化的非强制性倡议性规范，并在私法条款中纳入强制性规范以及宪法适用条款等。

党的二十大报告在"四个自信"的"文化自信"的基础上，进一步提出了"文化自

强"。① 可见，建设社会主义"文化强国"和制定文化产业政策和法规具有重大而深远的战略意义②，这一战略也给博物馆发展带来了新的机遇和挑战。在文化创新的过程中，公共博物馆通过开发文化创意产品的方式赋予传统文化以崭新的面貌和新时代内涵，同时也不可避免地给文物保护、文物开发利用带来新的法律问题。可以预见，整个过程涉及的公法上的管理制度和私法上的权利义务等法律关系非常庞杂，私益和公益彼此交错。因此，公共博物馆文化创意产品开发中涉及的法律规范的修改和配置需要在新的实践中因时而进，因事而化，因势而动。

（二）充分调动和激发民间的创新创意的活力和智慧

在充分调动和激发民间的创新创意的活力和智慧这一方面，湖南省有一个典型的微观视角范例，即长沙市从2017年开始，通过举办街头艺人征选等活动，评选出优秀的街头艺人，并统一颁发证书，授予其在繁华的黄兴南路步行商业街授权演出的资格。我国可在积累类似经验的基础上，将全国包括博物馆在内的各类藏品、非遗作品和民间传统文化等创意资源，通过行政许可等法律形式"活化"起来，通过行政奖励激发蕴藏在民间的创新创意智慧。

公共博物馆承担着弘扬中华文明和传播中华文化的主要职责，需要全体民众的关注和参与。民间个体作为文化创新主体，既缺少公共博物馆所能获得的国家支持，也没有降低开发文化创意产品的各类显性、隐性成本的方法，更缺乏维持其不断产出的法律机制和保障措施。而在推动公共博物馆文化创意产品开发的过程中，最需要的就是激发出蕴藏在民间的智慧和创新创意精神，并且这一过程本身就有意或无意在事实上承担和履行了弘扬中华文化的社会责任和社会义务，需要从法治的层面予以确认和鼓励，让政府和社会提供特别保护和支持措施。我国可以在这一领域先行先试，探索有效的策略和方法。

（三）对文化创新创意中的智慧性劳动成果予以特别的法治促进

党和国家在多个文件中都提及了"两个结合"，理清了其内在逻辑和哲学意蕴，还通过推动中华优秀传统文化的创造性转化、创新性发展，理清了公共博物馆文化创意产品开发的传统文化继承和发展的关系。随着人工智能使用的日趋深入和广泛，以往那些程序性，重复性劳动越来越具有可替代性。因此，在文化产品开发的过程中，对涉及文化创新和创意的智慧性劳动成果应予以特别扶持和保护，尤其要重视对它们在创始阶段的直接资金扶持，还可让公共博物馆文化创新创意等为代表的智慧型成果等无形资源（产品）实

---

① 《高举中国特色社会主义伟大旗帜为全面建设社会主义现代化国家而团结奋斗》，载《人民日报》2022年10月17日，第1版。
② 周刚志、王星星：《"文化强国"目标下的文化产业政策导向与选择》，载《湖南大学学报（社会科学版）》2022年第1期，第123–131页。

现多渠道、多方式"变现"。

公共博物馆本身就是一个国家的文化和传统的承载场所。我国公共博物馆的法治建设，先要从我国地域辽阔、民族众多以及经济文化发展不平衡的现实国情出发，构建具有中国特色的公共博物馆法治体系。因此，制定中国特色的"博物馆法"就是时代的呼唤、民众的企盼和社会的需要。该法不仅要考虑未来博物馆发展的核心是创造性转化，实现文化遗产从实物"存量"转换为数据"增量"。同时，"博物馆法"在制定时，不仅应考虑预留"转轨条款""空白条款"和"授权条款"等，以便于与现有的法律法规最大限度地对接和组合，还应为该法在涉及公共博物馆文化产品开发规范的适配性和立法"弹性"留下足够的拓展和延伸空间。

四、公共博物馆文化创意产品开发中规范配置和修改的基本遵循

从多年的法律适用来看，我国已形成政策先行、谨慎修法、解释为主的惯例。从成文法来看，我国现行民法强制性规范存在强制程度较高、对权利自由的限制过度、表述不规范和使用不当等诸多问题，其原因在于民法根植的市民社会基础羸弱、立法理念偏颇及立法技术落后。成功市场化运营的公共博物馆文化创意产品开发必将面临产业链的延长和优化，其间会涉及诸多市场主体和众多的公私法规范，形成规范大量交集融合的现象。与此同时，专门性法规及其配套措施却很少，也没有系统化和条理化的规范体系，促进和激励型的规范更是远远不够，让开发主体不仅承担着巨大的各项成本，还要面对因法规和制度匮乏带来的预期利益不明的障碍。针对不同的开发主体，公私法的规范调整和比例应有所区别。从整体来看，公共博物馆由于其事业单位的基本属性和承担的公益职能，其独立开发文化创意产品的法规调整应该以公法规范为主，私法规范为辅；对授权开发主体或其他社会组织开发文化创意产品的法规则宜以私法规范为主，公法规范为辅。就开发流程而言，在确权阶段，应该以公法的强制性规范为主，在流通阶段，则以私法的任意性规范为主。

公共博物馆文化创意产品开发中规范修改和配置的基本遵循主要有以下几个方面。

（一）规范修改和配置的价值导向

一是要强化对开发中的信赖利益的保护。相比同为市场要素的文化资源和物质条件等，"创意"在市场要素中具有高度稀缺性，且由于它的无形性、流变性和知识积累性等特点，对其的保护和激励显得尤为重要。目前涉及公共博物馆文化创意产品开发多是补救型的法律规范，急需一个以促进和激励为导向的规范体系来保障包括创意开发者在内的市场各类主体的信赖利益。譬如，以"行政计划"形式，[1] 通过预算法、财税法、采购法等

---

[1] 翁岳生：《行政法》，中国法制出版社2002年版，第6-21页。

规范配套，事前就采用税费减免、奖励促进和平台支持等方式，形成对包括创意开发者在内的市场主体有较为稳定的预期利益的法律保护。

二是务必意识到公私法的规范互相介入和渗透是有界限的。公私法互通和彼此规范的转轨虽然重要，但"私法渗入公法是必然而有益的，不过私法渗入公法也应当是有边界的"。① 具体到公共博物馆文化创意产品开发，考虑到"实质法秩序观念"②和开发中法律关系的混合性和复杂性，公私法可将彼此介入的边界设置得相对深入一些。

三是要实现庞杂法规范的体系化。法规范是法律体系中最基本的单位，而规范的体系化是其"不可或缺的认识之途"。③ 公共博物馆文化创意产品开发的现行规范庞杂且跨度大、效力不一，法条的竞合和规范的抵牾等情况屡见不鲜，导致"体系违反"，即"规范矛盾""价值判断矛盾"④等现象不时出现，而运用传统意义上的"优位法、上位法优先适用"等方式不能完全解决这些问题。此时，相关公私法的规范就宜进行合乎立法目标的调整和配置，再结合司法部门享有对法规范冲突的查找权、审查权和选择适用权等施行之。若仍无法妥当解决或规范涉嫌违宪时，则人大审查可与司法审查相衔接，积极参与合宪性审查以实现法规条文、规范及其体系良性"互动"。

（二）转轨条款在法律规范修改和配置中的桥梁作用

关于转轨条款，苏永钦有一个形象的比喻："民法典就像一个典雅的中古城堡，尽管在风格各异的现代建筑中显得十分不协调。但城堡还是原来城堡，其预埋下的管道，并不影响建筑之间动线的流畅。"⑤ 在此观点启发下，在不进行频繁修订的同时，可利用立法者预留的连接博物馆、文化产业和公共文化服务等公法领域的"暗门"条款，将相关体现平等和自治的私法条款引入。

从目前来看，公共博物馆文化创意产品开发的相关法律规范既缺少骨架，也缺少血肉，协调能动的神经系统更是阙如，而我国长期以来的立法受传统的大陆法系影响较深，几乎没有英美法系那种以惯例和案例来修补成文法的"缝隙"的方式。申言之，我国公私法多层而交错的关系导致多阶与多元法规范的脱节：公法的垂直依法行政，私法的水平契约自治在各自领域互有渗透，成为各自困境的"避难所"。⑥ 公私法的互通是从宏观角度来适用，要实现公共博物馆文化创意产品开发中公法和私法的融合性适用，从微观角度和

---

① 张淑芳：《私法渗入公法的必然与边界》，载《中国法学》2019年第4期，第84-105页。
② 黄忠：《民法如何面对公法：公、私法关系的观念更新与制度构建》，载《浙江社会科学》2017年第9期，第62-73页。
③ 李琛：《论知识产权法的体系化》，北京大学出版社2005年版，第2页。
④ 黄茂荣：《法学方法和现代民法》，法律出版社2007年版，第39页。
⑤ 苏永钦：《私法自治中的国家强制——从功能法的角度看民事规范的类型与立法释法方向》，载《中外法学》2001年第1期，第66-85页。
⑥ 苏永钦：《寻找新民法》，北京大学出版社2012年版，第310-311页。

技术层面来说，就必须考察具体的法规范，而"转轨条款"在其中即起着桥梁一样的枢纽作用。在法律适用环节，可能会出现强制性规范与任意性规范的分歧，而作为管制与自治工具的公私法规范"相互工具化"就是二者转轨的具体方式，简言之即以私益为诱因，来追求公益的实现。

马俊驹指出，"国有自然资源、国有公共财产及国有营运资产等，均包含国有公物或国有私物的属性"。它们从法理来看，均应"受私法和公法共同调整，是一种特殊的混合法律关系"。① 而公共博物馆对其文化资源的开发和利用则比该观点表述的情形更为复杂，具有典型的跨越公法与私法界限的混合法性质，以动态的、公私法转轨的法规范体系引入到公共博物馆的文化创意产品开发过程中，让各阶层法规范的制定者和施行者从整体、动态的角度去实施立法、司法和执法。为了使法规范的生产和操作不至于外溢为法体系越来越难以承受的成本，法律适用主体特别要善于运用公、私法间的转轨条款，"以直接介入、转为其他条款、司法解释"等方式为主。②

（三）强制性规范在法规范调整和配置中的关键作用

公法和私法的二元的规范体系中，有学者认为存在着任意性规范、强制性规范和混合性规范（也可视之为半强制性规范）之分，学界还提出了倡导性规范（也可称为"宣示性规范"）、授权第三人规范和强制性规范之别。从整体看，这些法规范"既各司其职又相互配合，构成相对完整的法律规范体系"。③ 而强制性规范在其中起着关键的、特殊的作用。"强制性规范"介入民法或商法等私法，以此融通个人与社会的关系，平衡私法自治与国家强制，兼顾形式理性与实质理性，"协调私人利益与公共利益"等，这是民法强制性规范存在的功能基础。具体来说，当法规范竞合或抵触时，法的适用主体可依强制性规范进行法律续造、漏洞补充或者类推适用；当法律滞后时，甚至可以根据强制性规范的精神进行必要的司法创制。苏永钦就指出，在民法之后陆陆续续订定的多如牛毛的行政法令，像"特洛伊城的木马一样，开始涉足私法自治的空间"，④ 而一旦打开它们，"法官解释的宽严将决定公法进入私法的流量"。⑤ 换言之，私法自由的领域中充满了形形色色的国家强制，个人的意思自治只能在国家设置的高低不一的"栅栏"中流动，而对于其中各类规范的不同功能，宜用"最适切的解释方法"，让政府的强制和社会的活力以最有效的

---

① 马俊驹：《国家所有权的基本理论和立法结构探讨》，载《中国法学》2011 年第 4 期，第 89 – 102 页。
② 张红：《论国家政策作为民法法源》，载《中国社会科学》2015 年第 12 期，第 133 – 155 页。
③ 王轶：《民法典的规范类型及其配置关系》，载《清华法学》2014 年第 6 期，第 54 – 63 页。
④ 苏永钦：《私法自治中的国家强制——从功能法的角度看民事规范的类型与立法释法方向》，载《中外法学》2001 年第 1 期，第 66 – 85 页。
⑤ 方新军：《私法和行政法在解释论上的接轨》，载《法学研究》2012 年第 4 期，第 33 – 36 页。

形式达成"辩证统合"。①

具体就公共博物馆而言,其文化创意产品开发就处于"自治"和"管制"之间,即处于公法与私法之间的"模糊地带",②需要以强制性规范为主、授权性规范为辅的方式来修补我国实行法中存在的"缝隙",以实现对多重价值的融合和调适。为实现这一目的,强制性规范就发挥着特殊而关键的作用。譬如,《博物馆条例》或者未来的"博物馆法"就宜设置强制性规范,明确规定公共博物馆文化创意产品开发获取的收益要反哺公共文化事业。而私法领域的知识产权、合同法,则可设置维护公共利益的强制性规范,以保障文化创意产品开发的法律底线不被突破;还可通过强制性规范形成系统化的激励机制来保障开发创意人员的预期利益,调动市场主体的参与积极性。为了适应公共博物馆文化创意产品开发法律关系中的较大弹性空间,相对意思自治的任意性规范而言,规范制定者更需要斟酌强制性规范在哪些领域需要加大强制的力度、哪些领域需要减少强制的力度,甚至是适用半强制性规范,这些则应根据具体问题采取不同的规范配置方式。不过,强制性规范的泛化适用也应注意避免,即强制性规范的规范目的、内容和范围等不得超越母法,也不得僭越立法原则等;在立法技术上则应尽量明确化、具体化,即法规范的文本表述必须清晰且可操作,以此防范公法强制力的恣意和滥用。

(四) 宪法规范在公共博物馆文化创意产品开发的垂直调适作用

如上述所提及的,公共博物馆文化创意产品开发宜从公法和私法两个方向对相关法律规范进行修改和配置,使立法的主要精神和基本原则保持一致,以实现"文化权利保障"和"文化权力规制"的统一。而如何统一,则需要从宪法规范的角度予以审视。

公共博物馆文化创意产品开发过程中承载的法律关系不仅涉及了公私法和诸多部门法,更和新兴的法律部门,譬如经济法、社会法、文化法等紧密相关,牵涉的法律关系亦纷繁复杂,且相关"权利边界未被清晰界定而引起法定权利之间的冲突"。③宪法规制是化解当代社会权利冲突的重要路径。因各部门法规范均在宪法之下,宪法作为"最高法"当对其间的法规范冲突、竞合、漏洞、空白等之合理解决具有垂直调适功能。它们之间"接轨"欲达成,应当妥当处理宪法与各部门法规范的关系。私法中的基本规范、一般条款(公序良俗原则、诚实信用原则等)和不确定概念④是连接宪法与私法的"管道",也是私法规范体系建立的基础。一般而言,宪法规范的效力并不能直接作用于私法,而是

---

① 苏永钦:《私法自治中的国家强制——从功能法的角度看民事规范的类型与立法释法方向》,载《中外法学》2001年第1期,第66-85页。
② 叶金育、熊伟:《民法规范进入税法的立法路径——公法与私法"接轨"的规范配置技术》,载《江西财经大学学报》2013年第4期,第111-121页。
③ 梁迎修:《权利冲突的司法化解》,载《法学研究》2014年第2期,第61-72页。
④ 黄茂荣:《法学方法和现代民法》,法律出版社2007年版,第318页。

"作用于私法中的基本规范"。①

在我国司法实践中，《宪法》第四十七条规定的公民文化权利涵盖了创意创新行为。但这一"基本权利"在法律法规层级上的规范缺失让"法律保留"成为必要。而且如前文所述，现有的规范文化创意开发行为的法规并不能实现国家对其支持和促进的政策目标，导致政府部门，特别是公共博物馆的主管部门对开发文化创意产品力不从心，让海量文化存量资源处于沉睡状态。而一般意义上的公私法的转轨以及公私法规范的调整和配置，多是从条款的微观层面解决公共博物馆文化创意产品开发的部分法律问题，不可能做到全覆盖式解决开发中存在的规范抵牾、规范竞合和法律漏洞等"法律不圆满"现象。因此，相关法律主体除了采用自由裁量、法律解释以及"后法优于前法""特别法优于普通法""优位法优于劣位法"的规范竞合的协调等方式之外，② 更可从宪法的层面，以合宪性审查履行宪法监督权，再配合"合宪性解释"③ 等方式解决开发过程中带有普遍性的、重大的规范冲突或法律漏洞等问题。公共博物馆众多文化资源若要"不再沉睡"，应构建以公益性为根本导向的共用公物制度来予以管理和运营，同时需要先从宪法层面的"文化权利"和"公有制"条款入手修改和阐释，再通过对知识产权法等配套法律法规的修订来解决之。

从公共博物馆文化创意产品开发的宪法调适的具体适用来看，一方面，司法主体要有宪法调适的意识和技术。没有经过公私法转轨训练的一般司法审判人员，通常会依据私法上的合同条款，或依据公法上相关条款来裁判是否保护公共博物馆文化创意产品开发中涉及的权利，譬如对最常见的是否违反"公序良俗"这一法律原则的主要判断依据，就是进入商业流通的文化创意产品是否存在有违风化、色情诱导、歪曲文物原意等情形。而对其他更精细的"公共利益"的衡量与取舍或产品中"创新创意"有无之判断，则需要依赖法律适用主体"具有更高、更广的宪法视野"，并根据立法目的进行司法或执法解释来最终判断。譬如，对于产品是否具备创意创新的认定的技术方面事项，宜借用专业力量。最高人民法院在 2019 年 5 月出台了《最高人民法院关于技术调查官参与知识产权案件诉讼活动的若干规定》，此举说明司法部门开始重视"专业"和"技术"在具体诉讼和裁判活动中的应用，可视为"授权行政机关以法规性命令"④ 以弥补专业知识不足的有益尝试。另一方面，公共博物馆文化创意产品开发的基础，即文化资源，是行政法意义上具有公益性的共用公物；开发主体的具体创意设计行为是智慧性劳动创作，系民事法律行为；而有形化的产品可能具有知识产权属性，其批量生产进入市场的前后，还会产生一系列的合同等等。以上这些法律关系中都蕴含着纷繁复杂、需要取舍和平衡的权利，而权利冲突的实

---

① 许中缘、刘宇：《论宪法对私法的规范效力》，载《中共中央党校学报》2008 年第 2 期，第 87 - 89 页。
② 黄茂荣：《法学方法和现代民法》，法律出版社 2007 年版，第 206 - 212 页。
③ 杜强强：《合宪性解释在我国法院的实践》，载《法学研究》2016 年第 6 期，第 107 - 125 页。
④ 黄茂荣：《法学方法和现代民法》，法律出版社 2007 年版，第 16 页。

质是利益冲突和价值抵牾。司法主体要充分认识到，权利冲突的存在会导致法律适用难题在公共博物馆文化创意产品开发过程中频现。因此，司法主体尤其需要准确把握和深刻领悟相关宪法条文的精神和目的，以此"来确定权利边界并进而化解权利冲突"。①

五、公共博物馆文化创意产品开发中规范修改和配置的具体方式

2023 年，新修订的《立法法》对公共博物馆文化创意产品开发的相关条款的具体修改和配置方式有着根本的技术性的指向，并提供了基本的法律技术和方式，此外，就如何将我国现行的法律法规等制度最大限度地组合利用，有必要依次考虑以下具体方式。

我国《宪法》第四十七条中包含的公民"文化权利"宜具象化，再由上而下"浸润"② 到下级法律法规的相关条款之中。具体修改和配置方式一是应考虑到公共博物馆文化创意产品的权利边界具有模糊性，可以在《文物保护法》《博物馆条例》《著作权法》《商标法》等公法和私法中，对公民的"文化权利"予以明文规定并确定其内容、范围、形式等，构建一个系统化的"文化权利"保护和行使的法律制度。二是保护"文化权利"应重视公私法融合与协调并在相应条款中植入宪法适用条款，为宪法解释或司法解释留出条款"窗口"。具体做法宜在相应条款中增加"合乎我国宪法的立法目的"等文字。三是宪法中第四十七条的"给以鼓励和帮助"，可谓是为开发文化创意产品的促进和激励措施量身定制，其为拟出台的《文化产业促进法》和《促进科技成果转化法》的后续修改中，增加针对"文化创新"的促进和奖励条款提供了合适的宪法依据。

《民法典》的颁布对我国社会经济生活的重大意义自不待言，对公共博物馆文化创意产品开发而言尤为如此。其中最重要的作用在于，《民法典》为构建科学合理的公共博物馆文化创意产品开发的法律体系奠定了规范基础。《民法典》中，包含有"法律另有规定"之处，合计有45处之多，为《民法典》对接现行法律规范和未来拓展立法预留了"接口"。众多转轨条款的设置可以在法典内外相互转轨和引致，形成体系，以此确认公共博物馆对国有文物等文化资源进行文化创意产品开发的权利，其中包括使用权和收益权的支配效力。《民法典》的"物权编"中有不少强制性规范，如其中的第二百五十九条第一款、第二款等，但其都属于约束公共国家财产，不直接调整国家、政府部门和私人之间的法律关系。依靠该法，基本很难对公共博物馆文化创意产品开发中的法律关系进行适当的规制和调整。还有，第二百五十六条虽然规定了"事业单位的收益和处分的权利"，但没有相关配套的条文或规范与之对接。《民法典》的"物权篇"在以后的修订中宜进行条款调整和配置，引入以维护公共利益为立法目的的强制性规范或授权性规范，其中应包括"公用公物""共用公物""行政公物"等条款，以形成"公物法"的基本法律制度并包

---

① 梁迎修：《权利冲突的司法化解》，载《法学研究》2014 年第 2 期，第 61 – 72 页。
② 苏永钦：《寻找新民法》，北京大学出版社 2012 年版，第 349 页。

含相应的利用规则。《民法典》的"合同编"可调整公共博物馆文化创意产品开发中各类参与主体的契约关系。违约中信赖利益赔偿制度的产生是合同法的新发展。信赖利益的保护是否得当、力度是否足够,和对公共博物馆文化创意产品开发主体的激励作用的大小密切相关。从经济学角度看,信赖利益和"经济理性""机会成本""沉没成本"三个概念息息相关。据此,《合同法》应加大对信赖利益的保护范围。具体而言,就是在涉及"违约责任"的第五百七十七条或第五百七十八条中增加如下表述:"赔偿范围可以包括间接损失和非财产性损害。"而且,考虑到我国传统立法中的"赔偿制度一般难以弥补单个主体实施诉讼的成本",① 故个案裁判的司法解释中也宜适当增大赔偿力度。

《文物保护法》作为较为典型的公法,急需改变"重保护、轻利用"的立法现状,确立"保护"和"利用"并举的立法宗旨。第一条中应增加"文物合理利用"这一立法目的,再在其他合适条款中增加鼓励对文物进行文化创意开发等文字,以此建立与"文物利用"相关联的制度。

《民事诉讼法》应该考量到特殊民事行为的诉讼时限一般应短于普通民事诉讼的时限。文化创意的开发行为不仅有其"转瞬即逝性",而且有相关产品因市场需求变化而更新换代速度会更快的商业规律。故,该法第七章"期间、送达"中宜预留相应的转轨条款,增加如下表述:"如有特殊情况,时限长短可依其他法律法规。"

《劳动合同法》应充分考虑到创意产品开发设计和一般劳动的差异性,为突出对创意和创新性劳动的激励力度,宜在其第三十条"劳动报酬"的规定中增加如下表述:"智慧型劳动成果的权利归属及其报酬可根据其他法律法规确定。"

新修订的《著作权法》尽管在 2021 年开始施行,但该法及其配套法规中均没有"文化创意产品"概念,更毋论对其界定和规范了,因此难以适应公共博物馆文化创意产品开发日益发展的现状。故,在我国《著作权法实施条例》第四条的十三项"作品"认定条款中,或在《著作权资产评估指导意见》第二十条第三项"作品类别"中,都宜再增加一项:"文化创意产品"。此外,鉴于我国《著作权法》第一条就明确了该法立法宗旨,可以理解其最终目的是实现人类知识的积累和进步这一"公共利益"。考虑到随着时代的飞速发展,知识迭代更新的速度远超从前,对著作权的财产权利五十年的法律保护期限宜适时调整或缩短。

《科学技术进步法》于 2021 年做了最新的修订,其和 2015 年修订的《促进科技成果转化法》相辅相成,均为在我国较为少见的、具有代表性的行政法意义上的促进型法规。后法第三十三条、第三十四条和第四十三条除了规定基本的"保障措施""技术权益"外,还有不少激励和奖助型条款,相关条文甚至可以修改后直接适用于公共博物馆文化创意产品开发。因此,可在该法第二条增加如下"接口式"表述:"其他法律法规认可的科

---

① 王利明:《论法律解释之必要性》,载《中国法律评论》2014 年第 2 期,第 87-98 页。

技、创意或创新成果,也可以适用本法。"

《博物馆条例》的颁行对公共博物馆文化创意产品开发有着重大的积极意义,可谓是里程碑式的法规,也是本文讨论的条款修改和配置的重点法规。通观该条例全部条款,我国长期以来的立法和司法过程中形成的管理便捷化、简单化的思维惯性也体现在该条例中:管制性条款明显居多,缺乏在具体案件中可供"萃取"的私法规范"大前提",从中不难体会到立法者既不想放松管理的管制导向,同时又想利用文物资源的矛盾心态。这种重公法、轻私法的立法思维在近几年的文化领域立法中没有明显改善。譬如,《非物质文化遗产法》在其草案第五十二到五十七条中原本有关于私权保护和利用的条款,但最终却没有保留,不能不说是一大缺憾。再如,在本文作者近几年所接触的"文化产业促进法"多个版本草案中,基本没有对"创意"单独保护的条文。因此,本文建议在该法中拟增加如下表述:"国家鼓励市场主体进行富有创意和创新的文化产品的表达,并可由其他法律法规制定单行的激励性条例或办法。"

《博物馆条例》第十九条对博物馆的经营行为做出了较为具体的规定。该条最后一句即典型的转轨条款,为法律解释和其他法规立法相衔接预先留了"接口",但条款表述不周全,即文物主管部门无法涵盖对非文物藏品的"商业经营活动"的管理。第三十四条第二款对"文化创意产品"的开发做出肯定式的规定,但仅限于此。从全局来看,该条例囿于体量,可不增加促进和激励文化创意产品开发的更多具体条款,但可以设置对接《民法典》《促进科技成果转化法》或"文化产业促进法"的转介条款。

《博物馆条例》可参照并结合《预算法》《预算法实施条例》和《文物事业单位财务制度》中相关"绩效奖励"和设立"文化专项基金"的表述,在第五条的条文中增加如下表述:"文化创意开发等创新性活动的经费由财务部门单列预算,并可以申请成立文化专项基金。具体方法由其他配套法律法规规定。"

《博物馆条例》还可以借鉴公益导向显著的《公共图书馆法》的相关条款。文化创意产品开发是一项繁杂而艰辛的工作,具体包括调查研究、确定开发品种、提出设计思想、打样试制、生产、销售,跟进反馈。其中基于馆藏文化资源之上带有独创精神的设计思想是开发过程中的核心要素,也是法律应该保护的一种民事权益。现《博物馆条例》虽然也对博物馆文化创意产品开发问题做了相关规定,但仍过于宽泛和笼统。因此,《博物馆条例》相关条文设置,可以一定程度上参照《公共图书馆法》对文化创意产品开发的相关规定,增加如下条文:"公共博物馆应当搭建网上和网下相结合的文化资源信息共享平台,为社会公众提供优质服务。国家鼓励和支持各类博物馆进行文化创意产品开发,传承和发展中华优秀传统文化。"

Legal outline of the development of cultural creative products in public museums

Yao Feng

Abstract: The museum system in our country is far more complex compared to foreign museum system. The cultural creative products developed by public museums on the basis of their cultural resources are different from general cultural products. They contain special mixed legal relations between public law and private law, and are typical mixed legal norms that cross the boundary between public law and private law. Therefore, it is necessary to modify and configure the legal norms for the development of cultural creative products in public museums. And its fundamental compliance should also be paid attention to. The legislators and executors of legal norms at all levels can implement relevant legislation, judicature and enforcement from an overall and dynamic perspective through the vertical adjustment of the constitution, the transfer clause between public and private laws, the application of mandatory norms and other legal techniques, and the modification and configuration of specific provisions in many laws and regulations, so as to form an ideal state of rule of law.

Keywords: Public museums; Cultural and creative products; Public law and private law; Standard configuration; Rule of law

养子代位继承的新旧法伦理之争

——以民国民法为中心的考察

沈俊杰[*]

> **摘 要** 民国民法中养子之代位继承问题，源起于民法规制之阙如与模糊性，又因各司法解释之矛盾而加深，并引发了彼时法学界各家之争辩，其或以代位继承之立法意图出发，或以代位继承之权利性质出发，但均未得出一致之结论。而司法解释之矛盾与理论学界之争辩，均源于彼时新旧法伦理在养子能否代位继承问题上看法有异，进一步而言，则是中国传统家族主义与西方近代个人主义在养子代位继承问题上的激烈碰撞。民国民法虽继受近代西方继承法理论，但仍受到中国传统继承法伦理的制约与影响，故在养子代位继承问题上作出"模糊性"的立法选择。而该争论从律文法理、国家与社会结构以及法律发展之向性三个不同角度分析，由于理论基础与路径不同，故而对于民国民法之养子代位继承之争论会有不同的结论。
>
> **关键词** 养子 代位继承 家族主义 新旧法伦理

引 言

1931年5月5日国民政府颁布的《中华民国民法·承继编》正式开始施行，其中第1140条规定了代位继承："第一千一百三十八条所定第一顺序之继承人，有于继承开始前死亡或丧失继承权者，由其直系血亲卑亲属代位继承其应继分。"[①] 其中第1138条所定第一顺序之继承人就是指直系血亲卑亲属。律文所载之代位继承，仅直系血亲卑亲属可为，

---

[*] 沈俊杰，法学博士，浙江万里学院法学院讲师。
[①] 黄源盛纂辑：《晚清民国民法史料辑注》，犁斋社有限公司2014年版，第1129页。第1138条之规定为："遗产继承人，除配偶外，依左列顺序定之：一、直系血亲卑亲属；二、父母；三、兄弟姊妹；四、祖父母。"

而民国民法中又存在自然属性之血缘关系与法律拟制之血缘关系，此二者在法律上均可被称为血亲，故由此律文引发了学界关于养子代位继承之争论，积极说者认为民法第1140条所称之"直系血亲"包括了法律拟制之血亲关系，故养子可代位继承养亲家庭之遗产，而消极说者则认为律文所载之"直系血亲"仅指在自然属性上具有直系血缘关系之继承人，故养子作为法律拟制之血亲，不可适用代位继承之条款。而彼时关于民国民法中养子代位继承问题的争论，追根溯源，其本质则是中国在法制近代化过程中长期存在的新旧法伦理之争，即中国的传统法伦理和法习惯与西方近代法律思想和法律原则之间存在冲突，无法完全调和，两者在制度和思想层面均存在相当之差别。故本文意在从民国民法中养子代位继承之争论出发，梳理其争议之源起和加深之原因，以及彼时理论学界关于此问题的讨论，进而揭示此争论之本质是近代新旧法伦理冲突在养子代位继承问题上的表现。

一、民法条文规范模糊与争议源起

关于民国民法中养子代位继承问题之争议，主要源于民国民法规制存在缺漏，同时条文规范存在模糊性，进而导致代位继承主体范围不明确，具体而言就是根据民国民法第1140条之内容，并不能完全确定养子是否适用该条款。特别是对律文中"直系血亲"范围是否包括法律拟制之直系血亲，直接影响到了代位继承主体范围的划定。

（一）养子代位继承之规制阙如

民国民法关于代位继承之规定，仅于第1140条进行了规定，即"第一千一百三十八条所定第一顺序之继承人，有于继承开始前死亡或丧失继承权者，由其直系血亲卑亲属代位继承其应继分。"其他则并无相关法律规定。因此从法律规制角度而言，民国民法并未对养子之代位继承问题有明确的法律予以规制。从第1140条之内容可知，民国民法明文规定具有代位继承权之主体为继承人的直系血亲卑亲属，并且该继承人必须在继承开始前就已经死亡或丧失继承权，因此民法条文只是规定了具有何种亲属关系之人在满足条件的情况下获得代位继承之资格，而不是直接规定了何种亲属身份。要确定何者可为代位继承人，则必须通过第1140条与其他相关民法条文结合才可确定，根据民法第967条之规定："称直系血亲者，谓己身所从出，或从己身所出之血亲。称旁系血亲者，谓非直系血亲，而与己身出于同源之血亲。"[①] 通过将民法967条与第1140条之内容结合，可以非常明确地将判断继承人之亲生子可以成为代位继承人。

但民国民法除亲子外，还存在"养子"。一方面民法亲属编第1077条规定了："养子女与父母之关系，除法律另有规定外，与婚生子女同。"[②] 这是从亲属关系上确认了养子

[①] 黄源盛纂辑：《晚清民国民法史料辑注》，犁斋社有限公司2014年版，第1099页。
[②] 黄源盛纂辑：《晚清民国民法史料辑注》，犁斋社有限公司2014年版，第1115页。

与养父母直接具有法律上的直系血亲关系,另一方面民法继承编第 1142 条第 1 款规定:"养子女之继承顺序与婚生子女同。"① 这是从遗产继承角度确认了养子对于养亲的遗产继承权。结合上述律文之规定,可以得出,在法律上养子之于养父母的亲属关系与亲子相同,故在正常的遗产继承中,养子亦有继承权,且其继承顺位与亲子相同,但是对于养子是否可为代位继承,民国民法第 1140 条并未对此有特殊之规定,并且就整部民国民法而言,亦未有法律条文能对此问题有明确的解答。同时,民国民法也未对具有继承权之主体,是否一定具有代位继承权有明确条文予以认定,故关于养子代位继承之问题,民国民法在法律规制上存在缺漏。

(二) 代位继承主体之范围不明

根据前文所述,民国民法中的代位继承主体为继承人之"直系血亲卑亲属",要之于"直系"与"血亲"两点,根据民法第 967 条关于血亲之规定以及第 968 条:"血亲亲等之计算,直系血亲,从己身上下数,以一世为一等亲。"② 可知养子与养亲之间必定为直系一等亲,故其直系亲属关系并无疑问。至于"血亲",传统中国称所谓"血亲者谓有血统联络之人也。易言之,即出于共同祖先之人也。"此谓之自然血亲,同时"血亲,除自然血亲系基于自然之事实而成血亲者外,尚有所谓拟制上之血亲,即本无血统联络之关系而因法律之拟制视为血亲者也。"③ 故在法律上所称之"直系血亲"又有因天然血缘形成与法律拟制形成之分,前者所指主要为亲子,而后者所指即为养子,亲子之代位继承盖无可疑,但养子是否可为代位继承则存疑问。

就民国民法律文内容而言,根据第 967 条之内容,养子并非继承人己身所出之血亲,甚至并无血缘关系,但法律上的收养关系本身"以于当事人间使发生与亲子间同一之亲属关系为目的,即对于养父母关系使取得与婚生子女相同之地位。"④ 同时,民法第 1077 条与第 1142 条分别从亲属关系和继承关系上赋予了养子与婚生子相同的法律地位,即养子作为法律拟制之血亲,通过民法第 1077 条与第 1142 条的赋权,具有与天然血亲几乎相同的法律权利,不论是从亲属关系还是从继承顺位而言,养子与亲子几无二致,⑤ 故亲子可为之代继承,养子亦可为之。但是这就与民法第 967 条与第 1140 条之内容产生了冲突。就法条文意而言,民法第 967 条所称之直系血亲明显仅指具有生物上血缘关系的直系亲属,该条文所重者在于天然的血缘关系,故作为法律拟制血亲的养子并不在适用范围之内,而民法第 1140 条则又将代位继承之主体限定于"直系血亲卑亲属",结合两者很容易

---

① 黄源盛纂辑:《晚清民国民法史料辑注》,犁斋社有限公司 2014 年版,第 1129 页。
② 黄源盛纂辑:《晚清民国民法史料辑注》,犁斋社有限公司 2014 年版,第 1102 页。
③ 罗鼎:《亲属法纲要》,大东书局 1946 年版,第 47 页。
④ 史尚宽:《亲属法论》,中国政法大学出版社 2000 年版,第 585 页。
⑤ 养子与亲子在继承份额上存在略微的差别,根据民国民法第 1142 条第 2 款之规定:"养子女之应继分,为婚生子女之二分之一。但养父母无直系血亲卑亲属继承人时,其应继分与婚生子女同。"

就可推知养子并不能成为代位继承之主体。由于民国民法对于养子代位继承缺乏明确的法律规制，现根据不同的法律条文论证得出了截然相反的结论。根据民法第 1077 条与第 1142 条可推得养子可为代位继承人，而根据民法第 967 条与 1140 条则推得养子不可为代位继承人。两者推理均以民法律文作为理据，故从民法律文之内容上并不能判断养子是否可为代位继承之主体，民国民法因此在养子代位继承之主体范围上是存在模糊性的。

二、司法解释矛盾与争议加深

由于民国民法中养子代位继承法律规制阙如以及主体范围的模糊性，各地法院在处理相关案件时均存疑问，民国司法院为此制定了多条司法解释，但这些司法解释或是前后参酌却存在论证过程之矛盾；或是先后制定却在结论上直接具有冲突。从而致使养子代位继承之争议反而在司法解释的相互矛盾中加深了。

（一）参酌关系的司法解释间存在论证过程矛盾

司法院在二十四年院字第 1382 条解释中指出："业经本院统一解释法令会议议决。民法第一一四零条所谓代位继承其应继分者。以被继承人之直系血亲为限，养子女之子女，对于养子女之养父母。既非直系血亲卑亲属。当然不得适用该条之规定（参照院字第 851 号解释）。"① 而院字第 851 号解释则为："妻依民法第一一四四条继承夫之遗产。即属妻之所有，带产出嫁，无何种限制。至无嗣之寡媳及其收养之子女，关于其翁姑之遗产，依民法第一一四零条并无为其夫或其养父母代位继承之权，但得依民法第一一四九条酌给遗产。"② 故第 851 号解释中养子不得代位继承专指夫亡妻在，配偶单独收养之子不可继承亡夫父母，即该寡妇之翁姑的遗产。一方面民国民法第 1074 条与 1076 条③均规定了若有配偶，收养关系之成立，须得配偶之同意，并且司法院第 907 号解释规定："收养子女，应由收养者自为之，亲族及配偶不得于其身后代为收养，但其配偶得自为收养。"④ 故夫死后寡妇收养之子，并不可将之视为亡夫之养子，而仅可视作寡妇收养之子，故与亡夫之亲属不发生法律拟制的亲属关系。又因寡妇于翁姑而言本为姻亲，并无直接继承亡夫父母财产之权，故其养子亦无继承翁姑遗产之权，更遑论代位继承之权利。另一方面民国民法施行后，夫亡后寡妇收养已无传统寡妇立继之限制条件，如收养非同宗昭穆之子侄，则夫死后寡媳收养之子，在自然血缘关系上与被继承人（即死亡之翁姑）、被代位人（即死亡之夫）均无任何关系；在道德情感上，与两者亦未培养任何父子或祖孙亲情。而民国民法特别规定将养子之继承顺位与婚生子同，乃是为弥补传统立嗣制度在民国民法中的缺失，

---

① 郭卫编辑：《司法院解释例全文》，会文堂新记书局 1946 年版，第 1099 页。
② 郭卫编辑：《司法院解释例全文》，会文堂新记书局 1946 年版，第 692 页。
③ 黄源盛纂辑：《晚清民国民法史料辑注》，犁斋社有限公司 2014 年版，第 1115 页。
④ 郭卫编辑：《司法院解释例全文》，会文堂新记书局 1946 年版，第 736 页。

解决民众的情感慰藉与家族财产继承的现实需求。故第851号解释否定了养子对于寡媳翁姑财产的代位继承权,而第1382条以第851条解释为参酌亦对此持否定态度。即司法院认为民法第1140条所称之"直系血亲卑亲属"应当仅指具有自然血缘关系的直系卑亲属,养子作为法律拟制之直系血亲,不可适用该条款。

但细究上述两则司法解释,虽然两者结论存在参酌之关系,然两个代位继承案件中养子之身份却并不相同,并不可混作一谈。第1382条解释是民国二十四年十二月二十八日司法院指令广西高等法院之呈请所为之,广西高等法院在原呈请中称:"兹有甲之养子乙,于继承开始前死亡,其子丙能否代位继承。"① 该案件中,甲为被继承人,乙为甲之养子,而丙从后续案件的描述中可以得知,为乙之亲生子。故此案之疑问为当养子作为继承人于继承开始前先于被继承人死亡,其亲子能否为代位继承人?而第851号解释本为司法院答复湖南高等法院之呈请解释,呈请中之疑问为:"又寡媳无嗣及寡媳收养子女,是否能继承翁姑之遗产。"② 即夫亡无子,寡媳在夫亡后收养之子女能否代位继承其养父母翁姑之遗产,该案中翁姑为被继承人,已死亡夫为被继承人之亲子,养子为寡媳所收养。故此案之疑问为亲子在继承开始前先于亲生父母死亡,则亲子配偶之养子是否有代位继承之权利?两案虽均涉及养子代位继承之问题,但两案中养子在代位继承中身份并不相同。第1382号解释所涉之案中养子为被代位人,而第851号解释所涉之案中养子为代位继承人,或称代位权人。故第1382条解释虽是参酌了第851号解释,但是案情却与第851号截然不同,养子在代位继承中之身份含混不清,两者所强调之问题核心亦非相同,所得之结论虽均为否定,但因论证过程存在矛盾,故反而加深了养子代位继承问题之争论。

(二) 先后制定的司法解释间存在结论矛盾

司法院又在院字第2747号解释中称:"民法第一千零七十七条所谓养子女与养父母之关系,及民法亲属编施行法第九条所谓嗣子女与其所后父母之关系皆指亲属关系而言(参照院字第二零三七号第二零四八号解释。)婚生子女与其父母之亲属关系为直系血亲关系,养子女或嗣子女与其养父母或所后之亲属关系。依上开各条之规定,既与其父母之亲属关系相同。自亦为直系血亲关系。"③ 该条司法解释直接承认了养子与养父母之间属于直系血亲关系,又根据民国民法第1077条与民法亲属编施行法第9条④之规定,不论是在民国民法施行前后所形成之收养关系,养子与养父母之关系均与婚生子相同,故养子与养父母之间一旦达成收养关系,则养子不仅与养父母之间发生亲属关系,同时亦与养亲家庭的其他成员发生相应的亲属关系,故养子与养父母之父母亦发生直系血亲关系。以上述司法解

---

① 郭卫编辑:《司法院解释例全文》,会文堂新记书局1946年版,第1099页。
② 郭卫编辑:《司法院解释例全文》,会文堂新记书局1946年版,第692页。
③ 郭卫编辑:《司法院解释例全文》,会文堂新记书局1946年版,第2186页。
④ 黄源盛纂辑:《晚清民国民法史料辑注》,犁斋社有限公司2014年版,第1126页。

释观之则养子完全可以适用民法第 1140 条之规定得代位继承。

这就与前述第 851 号与第 1382 号解释在结果上显有矛盾,从司法解释内容可知,第 2747 号解释参照了第 2048 号解释:"民法继承编施行前所立之嗣子女,对于施行后开始之继承,其继承顺序及应继分与婚生子女同,为民法继承编施行法第七条所明定。法律上对其与嗣父同一亲属关系之嗣母。(民法亲属编施行法第九条)并未限制其代位继承。"[1] 民法继承编施行前所立之嗣子,如继承开始于民法继承编施行之后,则其法律地位与婚生子女同,当代位继承之条件满足,可代位嗣母继承外祖父母之遗产。该解释中养子在代位继承中所处之角色与第 851 号解释基本相近,不同者在于收养关系成立之时间在民法继承编施行之前后,但该因素并非关键,有所分歧者在于第 851 号解释侧重于否认养子对于祖父母之财产的代位继承权,对于外祖父母之财产有无代位继承权并未论及。但第 2048 号解释的主要目的就在于承认了养子对于嗣母,即外祖父母财产的代位继承权。若以第 2048 号解释作为第 851 号解释之补充,则可得结论:夫亡妻在,妻子于夫亡后收养之子,不得代位继承祖父母之遗产,但得在条件满足之情况下代位继承其外祖父母之遗产。这就与第 2747 号解释之结论有一定之矛盾,若第 2747 号之嗣子为夫死后寡妻立继之子,同时根据民法亲属编施行法第 9 条之内容,则该种情况下与第 851 号解释之案情基本相同,但第 2747 号解释却承认了该嗣子对于祖父母遗产的代位继承权,与第 851 号解释之结论完全相反。此为第 2747 号解释与第 851 号解释之矛盾,而第 2747 条与第 1382 条解释之间内容和结论存在冲突至为明显,滋不赘述。

故根据上述各司法解释,可以看出第 1382 号解释虽为参酌第 851 号解释所得,但因养子在代位继承中身份有异,即使结果相同,但论证过程存在矛盾;而第 2048 号解释虽可补充第 851 号解释中养子对于外祖父母财产之代位继承权,但在对于祖父母财产之代位继承问题上与第 2747 号之结论在一定程度上存在矛盾;而第 1382 号解释与第 2747 号解释在内容和结论上则相去甚远。故司法院关于养子代位继承问题之解释不但没有给出明确之解决方案或结论,反而进一步加深了理论学界对此问题的争论。

三、法学界的争辩及各家主张

民国民法中养子代位继承立法之阙如与模糊性,以及相关司法解释的矛盾,引发了当时法学理论界对此问题的争论,各家之争议主要是从代位继承之立法意图与代位继承之权利性质两方面出发,就代位继承之立法意图而言,诚如前述各家以养子是否可适用民法第 1140 条所称之直系血亲卑亲属而分积极与消极二说。就代位继承之权利性质而言,对于养子代位继承问题之结论并无疑议,所争者在于养子代位继承权之性质与来源以及与结论之间的逻辑关系。

---

[1] 郭卫编辑:《司法院解释例全文》,会文堂新记书局 1946 年版,第 1612 页。

（一）从代位继承立法意图出发

民法在第 1142 条第 1 款规定了"养子女之继承顺序与婚生子女同"，并且在同条第 2 款但书中规定："但养父母无直系血亲卑亲属继承人时，其应继分与婚生子女同。"而民法第 1138 条已然规定了第一顺位继承人为直系血亲卑亲属，故在立法语例之角度来看其立法之意图，有学者认为民法第 1142 条对养子继承顺位以及但书之规定，意在对养子法律权利进行特殊规定，而在法律没有特别规定的情况下，养子作为法律拟制之血亲，并不可适用民法律文所称之直系血亲卑亲属条款，而民法代位继承之律文未对养子有特殊之规定，故养子并不可适用民法第 1140 条之直系血亲卑亲属条款而为代位继承人，故持此观点者大多主张消极说，如罗鼎就认为："拟制上之直系血亲卑亲属，非法律上别有明文之规定，不得享有继承权也。"原因为："如采积极说，则第一一四二条第一项'养子女之继承顺序与婚生子女同'之规定，无何等之必要，且同条第二项但书，明言养父母无直系血亲卑亲属继承人云云，其不认养子女为民法第一一三八条所定之直系血亲卑亲属，用语例上尤为明显。"[①] 而刘含章之主张则更为直接："本条（指民国民法第 1142 条）不称与直系血亲卑亲属同，仅称与婚生子女同者，乃仅认养子女本身之继承顺序与婚生子女同，并非直视同直系血亲卑亲属，故养子女仅可认为被继承人之卑亲属，不得迳与血亲卑亲属同视之，适用第 1140 条代位继承应继分之规定。"[②]

针对此说，持积极说之学者责则提出质疑，并认为民法第 1142 条规定养子女之继承顺序与婚生子女相同，并非法律之特别规定，而是意在对养子继承顺位的强调。如刘钟英就指出："养子女在我国旧例，向来没有遗产继承权，只可酌给财产，立法者为使用了养子女的地位起见，故在本条（第 1142 条）第一项复有养子女之继承顺序与婚生子女同的规定。所谓与婚生子女同，就是养父母有亲生子女为继承人时，他与养父母的亲生子女立于同等地位，以继承养父母的遗产。"[③] 因此他主张："血亲又有天然的血亲和拟制的血亲之分，天然的血亲固然是直系血亲，拟制的血亲，也是直系血亲卑亲属，所以虽非从被继承人所出的养子女，但已经收养，也便是本款（指民国民法第 1138 条第 1 款）所称的直系血亲卑亲属。"[④] 故民法第 1140 条虽未有对养子之规定，但养子既然适用 1138 条，则当然适用第 1140 条之规定得代位继承。史尚宽亦认为："依民法第 1142 条第 2 项但书之规定，直系血亲卑亲属应不包括养子女在内，然依同条第一项规定'养子女之继承顺序与婚生子女同'及民法第 1077 条规定'养子女与养父母之关系除法律另有规定外与婚生子女同'，则养子女除另有规定外，在法律适用上（民法 1140 条，1143 条，1123 条）亦应与

---

① 罗鼎：《民法继承论》，会文堂新记书局 1946 年版，第 25 页。
② 刘含章：《继承法》，商务印书馆 1946 年版，第 75 页。
③ 刘钟英：《民法继承详解》，上海法学编译社 1932 年版，第 35 页。
④ 刘钟英：《民法继承详解》，上海法学编译社 1932 年版，第 17 页。

直系血亲卑亲属同。"① 同时,亦有学者虽持积极之说,但对于消极说之论证持肯定态度,如胡长清就认为"血亲卑亲属,是否包含养子女在内,不无疑问,余以为就我民法第一一四二条第一项及同条第二项但书之用语例观之,固应采消极说,然自整个立法精神解释,仍以采积极说为适当。"② 故从代位继承之立法意图出发,各家对于养子代位继承问题之论证因理解不同而存在分歧。

(二) 从代位继承权利性质出发

代位继承之权利性质存在固有权说与代位权说之分。固有权说认为代位继承人之权利源于自己固有之权利而直接地继承被继承人,强调的是代位权人与被继承人之间的承继关系;而代位权说则认为代位继承权,源自被代位人(即死亡或失权之继承人)之继承权,所强调者在代位继承人之权利以被代位人本有继承权为前提。我国学者基本采固有权之说。亦有采代位权说者,如胡长清认为代位继承中:"所谓丧失继承权,即原有继承权,嗣因特定情事(即第一一四五条所定各款之情事),剥夺其继承权者而言。因其原有继承权,故于继承权被剥夺时,其直系血亲卑亲属始能代位继承其应继分。否则如其人原无继承权,则是直无为继承人之资格,彼直系血亲卑亲属又何所据而代位继承其应继分?"③ 故其主张代位继承人之权利源自被代位人所原有,但因法定情事丧失之权。若采此说,养子在养亲死亡或失权后,可以继承养亲之继承权,当继承开始后养子可代替养亲继承被继承人之财产。

而采固有权说之学者,多认为继承开始前之继承期待不可作为法定之权利,故代位继承人之权利非由被代位人而来,而是代位权人于继承开始后固有之权利。如陈祺炎主张:"继承开始前之继承权,严格言之,非为原来意义之继承权,不过为一种期待的地位而已。而此期待的地位,固不能为继承之标的,故代位继承人之继承权,乃非由被代位人所承受,而为代位人自己固有之权利,显属明了。"④ 史尚宽亦持相近之观点:"盖以继承开始前之继承期待权,原极薄弱,当难谓为固有之权利,难言继承,故代位继承人之继承权,非由推定继承人继承,乃系基于自己固有的权利,以被代位继承之顺序,直接继承。"⑤ 也有学者从代位权人与被代位人的继承顺序与应继分角度予以分析,如戴炎辉与戴东雄认为:"代位继承人原亦系被继承人之直系血亲卑亲属,自有继承权;仅其应继分,从所谓被代位人之应继分而已。"⑥ 而李宜琛则认为:"并非代位继承人代表继承人被代位继承人之权利,而系本期自己固有之权利,直接继承被继承人,不过于继承顺序上,代袭被代位

---

① 史尚宽:《继承法论》,中国政法大学出版社2000年版,第52页。
② 胡长清:《中国民法继承论》,商务印书馆1946年版,第29页。
③ 胡长清:《中国民法继承论》,商务印书馆1946年版,第280页。
④ 陈祺炎:《民法继承》,三民书局1957年版,第60页。
⑤ 史尚宽:《继承法论》,中国政法大学出版社2000年版,第86页。
⑥ 戴炎辉、戴东雄:《中国继承法》,三文印书馆1987年版,第57页。

继承人之位置而已。"① 不论从何角度分析，采固有权说者均认为若采代位权说，则与代位继承发生之要件矛盾，代位继承之发生是因继承人死亡或丧失继承权，此时继承人之继承权已然丧失，则代位继承人如何可以代位继承人已然丧失之继承权，代位继承亦无从发生。此为两派之核心冲突。

而对于养子之代位继承，固有权说之解释认为：由于民法第1142条已然规定养子之继承顺位与婚生子女同，故养子有继承养父母遗产之权利，则在继承未开始前，养子之继承期待自不待言，该种期待之权并非由被代位人而来。而养子之于被继承人之继承权，只因其应继分从属于被代位人之应继分而被隐藏，其本作为被继承人之法律拟制血亲，同时民国民法第1077条规定："养子女与养父母之关系，除法律另有规定外，与婚生子女同。"② 即养子在收养关系成立之时与亲生子生同一之关系，收养关系一旦成立，养子不独与养父母生亲子关系，与养父母之亲属关系亦然，故对于养父母之父母，即生祖父母与孙之关系，对于养父母之父母兄弟姊妹，即生叔伯与侄之关系。故收养关系成立之时，已赋予养子继承祖父母遗产之继承期待，而代位继承的发生，不过是在条件满足之情况下，本其自身对于被继承人之继承期待与继承之权利予以实现代位继承其应继分。因此从代位继承权之性质出发，固有权说与代位权说均可推得养子可为代位继承，但是因论证原理则截然相反，导致学界对于养子之代位继承问题仍存争议。另因司法院先于第754号中采代位权说，③ 后又在第1051号解释中采固有权之说，④ 也影响了双方对于养子代位继承问题之争论。

四、争议源于新旧法伦理之争

民国民法中养子代位继承之争论，从法律规制之阙如，到司法解释之矛盾，再到法学界各家之争论，均未对此问题得出确切之结论。原因在于民国民法中养子代位继承问题，其立法精神与立法思想源于西方近代民法的继承法理论，突破了传统中国旧有之养子继承习惯，故新旧法律伦理、法律习惯和法律原则在民国养子代位继承问题上存在冲突和交融。而民国民法中养子代位继承之问题，实则也是新旧法伦理在养子代位继承问题上看法有异，本质上则是个人主义与家族主义冲突在养子继承问题上的表现。

（一）新旧法伦理对养子能否代位继承看法有异

民国民法所称之代位继承，"吾国自古已承认代位继承，即所谓嫡孙承重或承祖继

---

① 李宜琛：《现行继承法论》，商务印书馆1946年版，第34页。
② 黄源盛纂辑：《晚清民国民法史料辑注》，犁斋社有限公司2014年版，第1115页。
③ 郭卫编辑：《司法院解释例全文》，会文堂新记书局1946年版，第609页。
④ 郭卫编辑：《司法院解释例全文》，会文堂新记书局1946年版，第843页。

承。"① 我国自古就有宗祧继承与财产继承之分。代位继承在宗祧继承中主要表现为袭祖继承。唐律户婚律之立嫡子违法条有规定："诸立嫡子违法者，徒一年，即嫡妻五十以上无子者，得立庶以长；不以长者，亦如之。"疏议曰："立嫡者，本拟承袭。嫡妻之长子为嫡子，不依此立，是名违法。……无嫡子，及有罪疾，立嫡孙；无嫡孙，以次立嫡子同母弟……"② 唐令之封爵令亦有规定："诸王公侯伯子男，皆子孙承嫡者传袭。若无嫡子即有罪疾，立嫡孙无嫡孙，以次立嫡子同母弟……。"③ 故在宗祧继承中，代位继承早已有之，原因在于宗祧继承的原则是"立贵立长"，即"凡立嗣者，先尽嫡长子，不与庶子论长幼，所谓立子以贵，不以长；立嫡以长，不以贤也。若嫡子有故，已有子者，以嫡长孙承重，不得立次嫡子与庶出子也。"而在财产继承，则表现为"子承父分"。唐令户令之分田宅及财物条规定："诸应分田宅财物者，兄弟均分；……兄弟亡者，子承父分，继绝亦同；兄弟俱亡，则诸子均分。"④ 故传统中国之代位继承，主要是围绕血缘宗法和家族身份而设计，财产方面之代位继承为次要方面，主要是为了保证宗祧延续的稳定性和血脉嗣续的绵延性。

而民国民法中所称之代位继承，始于罗马法之按股继承，犹太、印度、希腊皆此制，日耳曼法后期受到罗马法影响亦逐渐承认该制度，及至民国，世界各国除苏俄之外，皆承有代位继承之制。根据彼时法国民法第 739 条之规定："代位继承为法律上之拟制，其效力在于使代位继承人，以按同一亲等及权利，进入被继承人之地位。"⑤ 而"代位继承制度，系随从法定继承权之发生安定程度而发达。在封建社会，因长子继承制度确立，代位继承从而发生；迨封建社会之单独继承制度，已为近代之平等思想所驱逐，法定均分制度，代之而兴，而代位继承制度又因此新的使命而发达矣。"⑥ 因此近代民法思想中，代位继承之立法目的在于公平原则，即保障继承人可以公正平等地继承其应继分。而民国民法采近代民主平等之思想，舍宗祧而认财产继承，则旧律中以家族为单位，以嫡系主义为基础的代位继承无从发生，而必须在代位继承之立法中衡量各个继承人之继承期待，以遗产继承之公平考虑为先。而"中国传统法律文化是以亲情伦理为灵魂的法律文化。"⑦ 故中国传统法律是一种建立于家庭亲属之上的亲属伦理，而近代西方法律则是源于市民社会，建立于市场交易之上的市民伦理，⑧ 故新旧法伦理之源头与内核截然不同，后世之立

---

① 戴炎辉、戴东雄：《中国继承法》，三文印书馆 1987 年版，第 53 页。
② 刘俊文点校：《唐律疏议笺解》，法律出版社 1999 年版，第 259 页。
③ ［日］仁井田陞：《唐令拾遗》，栗劲、霍存福等编译，长春出版社 1989 年版，第 219 页。
④ ［日］仁井田陞：《唐令拾遗》，栗劲、霍存福等编译，长春出版社 1989 年版，第 155 页。
⑤ 史尚宽：《继承法论》，中国政法大学出版社 2000 年版，第 83 页。
⑥ 李宜琛：《现行继承法论》，商务印书馆 1946 年版，第 33 页。
⑦ 范忠信：《家法人制的公私法基石意义与民法典的中国文化升华》，载《中国法律评论》2020 年第 4 期，第 178 – 191 页。
⑧ 参见范忠信：《中华法系的亲伦精神——以西方法系的市民精神为参照系来认识》，载《南京大学法律评论》1999 年第 1 期，第 105 – 111 页。

法亦因之而有差异。因此新旧法伦理在代位继承之立法上所重者截然不同,而彼时法学界各家对于新旧法伦理之认知与接受程度亦有差别,对于养子代位继承问题必然存有争论。

(二) 争议之本质是家族主义与个人主义冲突

新旧法伦理在民国民法养子代位继承问题上之看法不同,更进一步而言,实则是民国时期家族主义与个人主义在养子代位继承问题上的冲突。1931年民国民法继承编施行之时,正值新旧思想交汇,一方面是中国传统社会固有的继承习惯尚未被打破,另一方面是近代西方平等自由思想的涌入,传统以家族主义为核心的血缘宗法思想受到了西方以个人主义为核心的契约平等思想的冲击,两者因价值目标不同,因此对于养子继承之立场有异,而养子之代位继承由于立法本身之缺漏和模糊,两种主义间之冲突则更为激烈。

在传统家族主义时代,"养子制度,以血统之接继,祖祀之不斩为目的。而以异姓不得乱宗,昭穆不能失序为经纬。"① 故养子之选立必须符合血缘宗法之规定,《大清律例》"立嫡子违法"条中规定:"无子者,许令同宗昭穆相当之侄承继,先尽同父周亲,次及大功、小功、缌麻。如俱无,方许择立远房及同姓为嗣。"② 及至民初现行刑律之民事有效部分仍强调"无子者,许令同宗昭穆相当之侄承继","乞养异姓义子,以乱宗族者,处六等罚。"③ 因此传统家族养子继承,仅同宗昭穆相当之嗣子可为之,异姓养子并无继承之权。立嗣继承"多以养家缺乏子嗣,既罹本身承继无人,又罹祖先之祭祀断绝,故辄收养同宗之卑属男子以为后嗣。"④ 故其目的在于上可以奉祖先之祭祀,下可以延续血统,继承家长之身份,保证宗法家族的绵延不断。家族主义下继承的个体因素已然消融于家族身份之中,故虽然立嗣归之本质,仍是以他人之子为己子,是一种血统联络的假想,但就整个家族之延续而言,所立嗣子符合家族之血缘宗法即可。因此家族主义下之养子继承,以同宗血缘关系为核心,并以整个家族之延续为其目标,因此在养子之代位继承问题上,必然亦是以血缘关系和家族利益为价值考量。

"中世纪而后,家族制度,渐趋崩溃,个人主义,代之以兴。"⑤ 个人主义下社会独立个体成为构成国家的单位,个人财产独立,若无子,则可以收养之子继承其遗产,不致家财流散。因此个人主义之养子继承主要以财产之继承为先,以个人财产之保护与财产之公平分配为其价值目的。民国民法采此主义,舍弃了传统的宗祧继承而仅规定财产继承,并且不区分嗣子与养子,在收养之条件上亦不再划定宗族和血缘之界限,并赋予养子与亲子基本相同之法律地位。对于收养行为,则以"收养为当事人间,以发生养亲子关系为目的

---

① 吴岐:《中国亲属法原理》,中国文化服务社1947年版,第179页。
② 田涛、郑秦点校:《大清律例》,法律出版社1999年版,第179页。
③ 黄源盛纂辑:《晚清民国民法史料辑注》,犁斋社有限公司2014年版,第21页。
④ 赵凤喈:《民法亲属编》,正中书局1946年版,第160页。
⑤ 曹杰:《中国亲属法论》,会文堂新记书局1946年版,第178页。

之意思表示。此种意思表示,法律上直接发生效力,故为法律行为。此种法律行为,成立于当事人间之合意,故为契约。因规定于本编(亲属编),以发生亲属身份效力为本质,故又为亲属法上之契约。"① 因此在个人主义之下,养子之代位继承本质上是基于契约精神的继承行为,所考量的是被继承人、继承人(被代位人)与代位继承人三者个人财产权利的保障以及与其他继承权人或代位继承人之间财产分配的公平性。不同于家族主义下以血缘和家族利益为价值的考量,因此两者在养子代位继承人上之立场迥然不同。

(三)新旧冲突背景下的"立法模糊"选择

民国民法中养子代位继承之争议源于立法的缺漏与模糊,不论是司法解释还是法学理论界对其解释或争论,实质上则是新旧法伦理在此问题上的看法不同,而民国民法颁行之时,也正值中国传统家族主义逐渐瓦解,西方个人主义思想不断涌入的时期。因此民国继承立法的模糊性选择主要源于民国民法所处之独特的历史时期。在民国民法立法之时,中央政治会议便对此问题进行了说明:"个人主义与家属主义之在今日,孰得孰失,固尚有研究之余地,而我国家庭制度,为数千年来社会组织之基础,一旦欲根本推翻之,恐窒碍难行,或影响社会太甚,在事实上似以保留此种组织为宜,在法律上自应承认家制之存在。"② 而学者对此亦有论说:"以吾国现状言之,继承家长权制度,已归湮没,而继承祭祀制度,一采放任主义,则所谓养子者,实合继承宗祧之嗣子与保护收养之养子而为一炉也"③ 而根据民国中央政治会议对于立法院在起草继承法之时的解答可知,民法继承编废止宗祧继承的原因之一在于:"自封建废而宗法亡,社会之组织以家为本位,而不以宗为本位。祖先之祭祀,家各主之,不统于一,其有合族而祭者,则族长主之,非必宗子也,宗子主祭制,不废而废,大宗小宗之名已无所附丽,而为大宗立后之说,久成虚语,此就制度上宗祧继承无继续存在之理由一也。"④ 因此民国民法继承亲属编在立法之时便已然知晓,家族主义之颓势已然不可逆转,然以家族主义为核心之宗祧继承仍为民间社会所认同并重视,而民法继承编中仍废止宗祧继承而仅采财产之继承,因此民国民法在立法之初已然存在两难之抉择。

但民国继承立法既以西方近代继承法思想为主导,以个人主义为立法之精神,且已无嗣子与养子之分,继承也仅以财产对象,然以宗祧之继承与宗族之延续的家族主义影响仍未消弭,并根深于民众之思想中,而立法者在立法过程中亦面临着家族主义与个人主义之矛盾,在坚持理性立法之同时也要兼顾法律之实际施行,故而在继承立法中以模糊性语言增强立法语言的概括性,而"模糊性也是立法语言与生俱来的属性,立法主体受人之认识

---

① 吴岐:《中国亲属法原理》,中国文化服务社1947年版,第179页。
② 谢振民:《中华民国立法史》,河南人民出版社2016年版,第956页。
③ 黄右昌:《民法亲属释义》,会文堂新记书局1937年版,第170页。
④ 谢振民:《中华民国立法史》,河南人民出版社2016年版,第957页。

能力所限，在立法过程中考虑到成文法的适度超前性与稳定性就必须适用一些较为模糊的语言表述。"[1] 因此民国民法中代位继承之立法在主体范围的模糊性，并造成养子是否具有代位继承之权利问题上发生争议，主要是因彼时之中国社会仍处于从家族主义到个人主义过渡之阶段，具有独特的社会历史背景，而立法上亦受到来自中国传统家族法伦理与西方近代继承法理论冲突的压力，同时需要考虑法律之制定与施行之间的自洽，故而在代位继承立法中作以模糊性的选择。

五、不同视角的争议解决路径

民国民法中养子代位继承问题之争议，彼时无论是在司法实践或理论学界并未有一个明确且令人信服的论断。但是从民国民法的立法、司法解释以及相关司法判例中，可以尝试从不同角度对此争论进行分析，进而得出相对客观的结论。笔者试从后来者之角度，从律文法理、国家与社会结构以及法律发展向性三个视角对民国民法中养子代位继承问题之争议予以分析，并得出相对客观之结论

（一）律文法理角度

民国民法养子代位继承之争议在彼时虽然未有定论，但从民国民法的律文内容以及相关司法解释中，实则可以在法理上将彼时的养子代位继承进行类型化的分析，以代位继承人之主体对象可细分为三种情况：第一种情况下，继承人为被继承人之亲子，代位继承人为继承人之养子；第二种情况下，继承人为被继承人之养子，代位继承人为继承人之亲子；第三种情况下：继承人为被继承人之养子，代位继承人亦为继承人之养子。根据前述司法解释第2048号与2747号，第一种情况下养子作为代位继承人，在其他条件满足之情况下有代位继承之权。

第二种情况下养子之代位继承则被司法解释第1382号直接否定，有学者分析："养子女于收养期内亦收养子女，于收养终止时，其养祖孙关系如何，依理亦与养子女之亲生子女的场合同断。盖养祖孙间之发生关系，系养祖与养父母间收养关系之效果，非直接与养祖成立收养契约故也。"[2] 从此观点言之，则养子女之养子女无代位继承之权是为显见。又因 "收养关系不因收养人之死亡而全部消灭，唯因被收养人之死亡而解销。"[3] 以及司法院第3010号之解释："收养关系终止时，养子女子之子女，如经收养者及养子女之同意，不随同养子女离去收养者之家，则其与收养者之祖孙关系，不因终止收养关系而消

---

[1] 郭育艳：《立法语言规则之辨析》，载《河南师范大学学报（哲学社会科学版）》2014 年第 5 期，第 109 – 113 页。
[2] 吴岐：《中国亲属法原理》，中国文化服务社 1947 年版，第 22 页。
[3] 史尚宽：《亲属法论》，中国政法大学出版社 2000 年版，第 630 页。

灭。"① 据此分析可知，虽然养子与养亲之间的收养关系会因养子之自然死亡在法律上归于消灭，则养子之直系卑亲属，不论自然血亲或拟制血亲，在养子死亡后，若无司法解释规定之例外情形，则养子所收养之子与养家之亲属关系均告消灭，其对于原养祖父母遗产之继承期待亦告消灭，此时，即使代位继承其他要件发生，养子收养之子亦不可代位继承其原养祖父母之遗产。而即使司法院3010号解释发生之情形，即收养关系终止时，经收养者与养子之同意，收养者之祖孙关系则并不因收养关系之终止而消灭，但此时原有的收养关系已然消灭，存续之祖孙关系当属另一重新建立之收养关系，这一收养关系中，仅有养祖父母与养孙，因此即使养亲死亡后遗产归于养孙，然并不发生代位继承关系。第三种情况虽较为特殊，但就代位继承而言，与第二种情况在实质上并无差别，在解释上亦可依第二种情况之解释得出相同之结论，即当继承人为养子，且该养子于被收养期间又收养他人为子，则当继承人死亡或丧失继承权，且被继承人死亡时，并不发生代位继承，该养子所收养之子亦不可行使代位继承之权。因此从纯粹的律文法理角度出发，民国民法中养子代位继承仅在继承人为被继承人之亲子，代位继承人为继承人之养子可以发生。②

（二）国家与社会结构角度

南京国民政府时期，民国民法中的养子代位继承问题存在争议，与彼时的社会结构与社会环境还有密切的联系。1931年《中华民国民法·承继编》正式施行，虽然民国民法不仅废止了传统的宗祧继承之制，并且赋予异姓养子与女子继承权，但在民间继承实践中，与法律之规定相去甚远，虽然上海地区也出现了盛爱颐家产争夺案件，③是彼时民法继承编施行后因新法施行而生之较为轰动的案件。但是在民间尤其是内陆和农村地区，继承仍以宗祧继承为主导，根据最高法院所载之继承案件纠纷，④大部分仍牵涉宗祧继承之制，而根据华北农村之调查报告亦显示，⑤民国民法虽已施行，但农村地区大部分家族或民众完全不知有该法之施行，其继承仍遵循传统中国宗祧继承之习惯。而这也是由南京国民政府时期的国家与社会结构所导致的，南京国民政府时期，南京国民政府虽然在形式上基本统一全国，但是政府控制的范围主要还是在江苏和上海等华东地区，各地军阀实力已然十分强大，对于中央政府的法律和政令并不完全遵循，因此对于远离南京国民政府控制

---

① 梅仲协、罗渊祥纂辑：《六法解释判例汇编》（第二卷），昌民书屋1947年版，第543页
② 该种情形下，还需考虑代位继承发生之各要件的时间问题，主要为收养关系之成立的时间、继承人死亡或失权的时间以及民法继承编施行时间，三者之间的关系，笔者分析最后得出结论为：若继承开始在民法继承编施行之前，则养子之代位继承适用旧律。若继承开始在民法继承编施行之后，则不论继承人死亡或丧失继承权为何时，只需继承人死亡或丧失继承权之时收养关系已然存续，则继承人之养子可为代位继承人。
③ 参见《未出嫁之女子有承受遗产权》，《时报》1928年9月6日，第2版。
④ 参见刘昕杰等整理：《民国时期最高法院判例要旨》（1927－1940），法律出版社2022年版，第102－121页。
⑤ 徐勇，邓大才主编：《满铁农村调查》（总第1卷·惯行分类第1卷），中国社会科学出版社2016年版，第475－478页。

地区的底层民众,对于民国民法之颁布施行知之甚少,对于继承一事,当然仍旧延续传统中国的宗祧承嗣之制。

同时就彼时整体的社会结构而言,南京国民政府虽然作为中央政府具有较强的政治、经济和军事实力,包括各地军阀在地方上亦有较强的控制力,但是对于基层的治理仍然有赖于地方家族的势力。因此从国家与社会的结构以及底层治理而言,尤其是关于家事继承方面的管理,仍以传统家族治理为主,传统继承习惯和家族规范在继承纠纷的解决中,仍占据主导地位。即使在通商较早,并且南京国民政府控制较强的上海、苏州地区,世家大族传统的继承规范和继承习惯,仍然可以对抗民国民法之规定。其原因在于,根基深厚的家族经济实力一般较强,对于社会变动的抗风险能力较强,并且能够很快适应新的社会环境,以谋求长久的发展。但是对于外来思想与理念,尤其是事关香火延续、宗嗣绵延的家事管理与家庭秩序的变化,则一般较为抗拒。虽然随着封建王朝被推翻,民国政府建立,近代西方民主自由思想的涌入减轻了家族对于个体人身和财产的束缚,但继承作为宗族事务,仍然受到各个地方家族的严格掌控,即使民国民法的施行确立了一个人财产继承为核心的继承制度,但仍然无法突破地方家族对于继承事务的桎梏,因为彼时大部分地区仍以地方家族为单位而生活,个人即使有财产继承的权利,但是家族规范和秩序的强大迫使很多人不得不放弃民国民法所赋予之继承权,而已然遵循传统中国的继承传统。

而传统中国的继承传统,以宗祧继承为核心,关于养子之代位继承,实则主要以是否为嗣子为区分,由于传统中国嗣子虽为养子,但具有与亲生子同等之继承地位与权利,因此若为嗣子则必然具有所谓民国民法所称之代位继承之权利。但该养子并非为一家之嗣子,而仅为继承人生前收养之异姓之子或为从小收养之子,传统继承习惯并不认为该养子具有继承宗祧之权利,而仅有一部分之财产承受权,该种财产承受并非为法定之继承权,更接近与近代民法所称之财产遗赠或财产赠与,因此非嗣养子在正常情况下并不具有民国民法之代位继承权。但是南京国民政府是其也有一些地方家族开始承认非嗣异姓养子的继承身份,如民国章溪郑氏宗谱中有载:"是后凡吾族内有无后者,不必拘守血统之旧制,准行族外人入继制度,入继者多而宗族须有发展之一日云。"同时规定外继子与亲子具有同等之承嗣承产之权。但要求"欲置外子,其年龄须在八岁以内,以防复宗之虞。"① 但终究极为少见,大部分的地方家族对于养子继承,仍以嗣子承祀为核心,因此从彼时的国家与社会结构角度而言,养子之代位继承权仅限于嗣子一类,非嗣养子并不具有代位继承之权。

(三) 法律发展向性角度

法律的发展虽然曲折且复杂,但是中外法律的发展也具有一定的规律,"总体的发展

---

① 费成康:《中国的家法族规》,上海社会科学院出版社 2016 年版,第 352 页。

态势是由族群之法到世界之法;由神灵之法到人世之法;由情感之法到理性之法以及由特权之法到平权之法。这些发展折射出人类的法律精神从狭隘走向宽容、从神权走向人权、从情感走向理性以及特权走向平等的趋向。"① 民国时期本身就是中国从传统社会向近代转型的时期,而此时也正是中国传统的法律制度与法律思想向近代转型和发展的时期。在继承法领域,民国民法完全舍弃了传统之宗祧继承,而采近代民法之财产继承,基本符合从族群之法到世界之法、从神灵之法到人世之法、从情感之法到理性之法、从特权之法到平权之法的转变。

传统中国的宗祧继承是一种典型的族群之法,族群之法往往以紧密的血缘关系为基础,一方面以增强族群内部的团结和凝聚力,但另一方面也极易产生"非我族类,其心必异"的倾向。中国传统宗祧继承以同宗同族同一血脉为核心,其遵循着"神不歆(享食)非类,民不祀非族"②的传统,因此当没有亲生血脉可以继承时,则向前追溯,以祖父之血脉为纽带,收养同宗昭穆相当之侄为其嗣子,以继宗祧和血食,对于异姓养子则基本保持排斥态度,即使为养父母养老送终,也不可能获得宗族承认的继承资格。最重要的原因就是血缘。因此传统中国的养子继承实则是一种发生在统一血脉关系族群内部的权利传承与财产流转。在这一意义上,传统中国的嗣子继承本身就是一种以祖先崇拜为表现形式的神灵之法,收养同宗养子以为嗣子,其最重要的目的和功能,在于以其血脉的统一性对祖先神明进行祭祀,继承者本身也成为宗族之法的执行者,是祖先神明对族内成员的约束,是一种神圣的秩序。这种族群和神明之法也源自与族群内部基于血缘和长期生活所形成的集体情感,不仅使之具有较强的一致对外性,同时也导致了家族事务的处理必须都以家族利益为优先,这种以家族为单位的集体情感甚至能够超越法律的强制性,传统中国宗嗣的继承本身是作为一种家族事务而进行的,即使被继承人有选择嗣子的权利,但也必须在家族所划定的范围之内选择,符合整个家族的利益,该嗣子才可能顺利继承身份与财产。传统继承最重要的并非财产的继承,而是家族身份的继承,嗣子继承本质上是以身份人格为前提的特权之法,只有在取得了家族身份人格继承资格后,才有权利继承家族之财产,属于一种以身份人格为前提的特权之法。

而民国民法以西方近代民法精神为原则,舍弃了传统中国宗祧承嗣的继承传统,引入了以个人主义为核心的财产继承原则,养子继承之法律也开始摆脱传统族群之法的桎梏,在借鉴和移植了西方国家的继承法原则与精神后,养子之继承权不在限定于具有同宗血缘的嗣子,而是具有法律拟制意义上的养子,不论其同姓或异姓,不论其有无血缘关系,均可获取法定的继承权,因此民国民法中养子之继承权不再强调宗法血缘,继承范围突破了氏族之法的限制而向更为广阔的世界之法转变。与此同时,以同宗血缘为核心的祖宗祭祀

---

① 高鸿钧:《法律成长的精神向度》,载《环球法律评论》2003 年第 4 期,第 434 – 457 页。
② 《春秋》书"莒人灭鄫",出自《公羊传》襄公六年。转引自丁凌华:《五服制度御传统法律》,商务印书馆 2019 年版,第 309 页。

也就失去了条件基础,神明之法不攻自破。民国民法中的养子继承立法以个人主义为核心,不再继承在对于家族的利益,而更多的是考量被继承人与继承人在财产上的权益,养子继承中的家族情感开始转向对继承利害关系人法律权益的保障。正因如此,民国民法中养子继承之法不再是以身份人格为要件的特权之法,只需具备法律所规定的继承关系,即可享有财产之继承权。

综上可知,民国民法中关于养子继承之规定,基本符合近代法律发展之向性规律,即试图在法律制定之时就脱离传统继承之习惯,而向近代继承法律转型,因此以近代中国法律发展之向性言之,民国民法中的养子代位继承问题,应立足于民国民法之立法精神与原则,从个人主义与财产权利之保障出发,根据民法第1077条、第1138条以及第1140条之规定,养子基本被赋予与亲子同等的继承权,而代位继承本质上是为保障被继承人之财产能够被顺利流转至其直系血亲卑亲属,同时保障直系血亲卑亲属的财产继承权利,从这一角度而言,民国民法中养子当然具有代位继承之权。

余 论

民国民法中养子代位继承问题之争议,源起于民国立法之阙如与模糊性,因司法解释之矛盾而加深,以法学界各家之争论而扩大,究其本源为新旧法伦理之间的碰撞。而新旧法伦理之争自清末修律之始便已有之,长久以来,"家族主义及其所倡导的家族伦理,构成了中国伦理秩序、社会秩序、政治秩序的核心精神。"[①] 家族主义根植于民众之思想中,并融于地方习惯、家族规范、行业规范等生活规范之中,而并非以国家法律的形式体现,因此虽然民国民法继受近代西方民法思想而制定,在一定程度上突破了传统的家族法秩序。而立足于彼时的法律与社会环境,从不同的视角切入分析该争论,通过不同的理论基础与解决路径,得出的结果不尽相同,从律文法理角度虽然承认了民国民法养子的代位继承权,但仅承认养子作为代位继承人时可以发生代位继承,实则还是对养子之代位继承作出了一定的限制。从国家与社会结构角度则基于彼时的社会现实以及长期以来的民间继承习惯,基本否定了民国民法中养子代位继承权,除了传统宗祧继承之下所立之嗣子,其代位继承权得以在民间继承实践中得以实现。但从法律发展之向性角度,民国民法以近代西方民法精神为指导而修订,彼时的法律也正处于转型和发展时期,因此根据近代民法保护个人财产以公平理性之精神,民国民法中养子应当具有代位继承之权利。由此亦可知,民国民法对于养子继承之立法实则与彼时的法治环境以及社会环境有着较大的偏离,在民间继承实践中,仍然以传统继承习惯为依据,地方家族在处理相关纠纷之时,仍以传统宗祧继承为凭借,只有当案件诉至法院,才会以民国民法作为审判断案之依据。这也正说明了南京国民政府时期,国家立法和司法虽然已经向着近代西方的法伦理转向,但是在民间的

---

① 邹小站:《清末修律中的国家主义与家族主义之争》,载《中国文化研究》2017年第2期,第48-64页。

继承实践仍然停留于传统的法习惯和法理论,两者之间的鸿沟也是导致养子代位继承问题在当时并无法得出一个确切结论的根本原因,这种动态的不确定性,其实也是新旧法伦理之间相互协调和妥协的一种表现。

The Debate between the New and Old Laws and Ethics on the Inheritance of Adoptive Children through Subrogation
——A Study Centered on the Civil Law of the Republic of China

Shen Junjie

Abstract: The issue of subrogation succession in the civil law of the Republic of China originated from the lack of regulation and ambiguity in civil law, and was further exacerbated by the contradictions in various judicial interpretations, which sparked debates among various legal scholars at that time. They either started from the legislative intent of subrogation succession or from the nature of subrogation succession rights, but did not reach a consistent conclusion. The contradiction in judicial interpretation and the debate in the theoretical field all stem from the differences in views between the old and new legal ethics at that time on the issue of whether an adopted son can inherit through subrogation. Furthermore, it is a fierce collision between traditional Chinese familialism and modern Western individualism on the issue of adopted son succession. Although the civil law of the Republic of China continues to be influenced by modern Western inheritance law theories, it is still constrained and influenced by traditional Chinese inheritance law ethics, Therefore, the legislative choice of "ambiguity" is made on the issue of adopted son subrogation inheritance. The debate is analyzed from three different perspectives: legal principles, national and social structures, and the direction of legal development. Due to different theoretical foundations and paths, there will be different conclusions regarding the debate on the succession of adopted children in the civil law of the Republic of China.

Keywords: Adopted Son, Subrogation Inheritance, Familialism, New and Old Law Ethics

作为法律概念的谣言：
目的、要素及适用

修佳星[*]

摘　要　行政法领域众多法律法规中"谣言"的表述已被径直使用，但就"谣言"本身却未形成规范性意义的概念。通过回溯现有法律法规的理念，并在理论论辩的意义上呈现关于规制谣言的规范目的或法律价值，可以辨析得出构成谣言概念的事实性要素与结果性要素。作为法律概念的谣言，其在事实性要素上应剔除非事实内容，并强调该要素对于认知对象整体的主导地位；而就结果性要素则应当在公共秩序维护和规制伤害的意义上设定。在谣言概念确立的基础上，其法律适用应当在法律概念而非一般表述的意义上对待谣言现象，以促进适用的统一。当关涉谣言概念的法律适用出现文义与目的悖反的情形，则应当基于谣言概念的规范目的对概念要素进行调整，以平衡法律适用的稳定与妥当。

关键词　谣言　概念目的　事实性要素　结果性要素　法律适用

谣言作为当代社会尤其是被迭代升级的网络不断激越而变的重要法律现象，得到众多如刑事法和行政法等法律领域的高度关注。在刑事法领域，针对谣言刑法修正案已经放弃了谣言的直接运用，而是以"虚假信息"等进行表达。相应的学术研究虽然将自己归类为刑法的谣言研究，但也是围绕着虚假信息加其他相关要素予以展开。[①] 相比之下，行政法领域中的谣言更为常见，但相应的法律法规中对于"谣言"则直接引用表述而无要素分解或特征界定。因而在规制谣言的实践中谣言以通常涵义来确定。尽管词典涵义或通常涵

---

[*]　修佳星，西安交通大学法学院博士研究生。
① 　参见刘宪权：《网络造谣、传谣行为刑法规制体系的构建与完善》，载《法学家》2016 年第 6 期，第 105 - 119 页；苏青：《网络谣言的刑法规制：基于〈刑法修正案（九）〉的解读》，载《当代法学》2017 年第 1 期，第 15 - 26 页。

义能够给出理解谣言的出发点，但并不能作为确定概念涵义的终点，①涉谣言法律法规在适用中难免被不同的情境需求所拖曳，自然也并非都符合法律规制此类现象的目的，其引发的法律风险吸引了不少学术关注。对此，除了少数研究认为谣言不可定义外，②多数研究直指对谣言概念的需求，并试图从事实维度的细化作业来界定谣言。③界定谣言后的法律规范适用则应当加入公共秩序的判断。④然而谣言表述本身具有负面性评价，一旦被认定为谣言者即易得出其有负面影响，进而将之跨越勾连于损害公共秩序等，由此产生的问题难以应对。有鉴于此，本文欲深入行政法领域中涉谣言法律法规的文本及其实践，聚焦其存在的问题，并追溯至其理论上的争点，以明确从法律规制此现象的价值目的对其涵义进行规范性界定的必要性与方案，形成明确的谣言法律概念，并在此基础上探讨其与统一适用的关系，以深化对谣言法律概念的认识。

一、法律中谣言运用的实践及争议

在行政法领域的法律法规当中"谣言"这一表述明确被立法广泛接收与应用。然而法律实践中的案例及其所引发的争议却显示，谣言并非如初视乍观之下的那样明晰。就此，现有研究多指向谣言的规制方式，虽有提及但未能在规范性概念的意义上进行考虑，因而也未能将谣言指向一个妥当的法律概念。

（一）法律法规中谣言概念的普遍使用与内涵阙如

以"谣言"为关键词在北大法宝"法律法规"库中进行全文检索可以发现，在法律如《中华人民共和国治安管理处罚法》第二十五条第一项"散布谣言，谎报险情、疫情、警情或者以其他方法故意扰乱公共秩序的"；《中华人民共和国邮政法》第三十七条第三项"散布谣言扰乱社会秩序，破坏社会稳定的"，行政法规如《互联网上网服务营业场所管理条例》第十四条第六项"散布谣言，扰乱社会秩序，破坏社会稳定的"；《重大动物疫情应急条例》第四十八条"在重大动物疫情发生期间，哄抬物价、欺骗消费者，散布谣言、扰乱社会秩序和市场秩序的，由价格主管部门、工商行政管理部门或者公安机关依法给予行政处罚；构成犯罪的，依法追究刑事责任"；《中华人民共和国电信条例》第五十六条第六项"散布谣言，扰乱社会秩序，破坏社会稳定的"；《互联网信息服务管理办法》

---

① 参见陈林林、王云清：《司法判决中的词典释义》，载《法学研究》2015年第3期，第13-17页。
② 有观点指出，"坚信谣言是只可描述，而不可定义"，参见李大勇：《谣言、言论自由与法律规制》，载《法学》2014年第1期，第101页。
③ 参见林华：《网络谣言法律治理体系的完善进路》，载《行政法学研究》2021年第4期，第71页；胡国梁：《全媒体时代疫情谣言的公权干预：从新冠肺炎疫情防控切入》，载《法学论坛》2021年第5期，第140页。
④ 参见孟凡壮：《网络谣言扰乱公共秩序的认定——以我国〈治安管理处罚法〉第25条第1项的适用为中心》，载《政治与法律》2020年第4期，第74页；参见胡国梁：《全媒体时代疫情谣言的公权干预：从新冠肺炎疫情防控切入》，载《法学论坛》2021年第5期，第141页。

第十五条第六项"散布谣言，扰乱社会秩序，破坏社会稳定的"等十部行政法规，《网络信息内容生态治理规定》《网络信息内容生态治理规定》《互联网文化管理暂行规定》《互联网域名管理办法》等近二十部部门规章中，皆直接运用了"谣言"这一表述，足见其已被立法广泛地接纳与运用。然而，相关的法律法规中却并未见到对这一表述的进一步解释。除了可资运用的日常含义——"谣言是指没有事实根据的消息"①——外，只有全国人大常委会法工委刑法室曾在治安管理处罚法的释义书中为谣言做了重复日常涵义的解释，即"用语言或文字扩散没有事实根据的消息"。② 但这一释义既缺乏规范性的拘束力，也未成为关于谣言内涵的实践共识。

在实践中我们也不难看到，涉"谣言"案件中针对谣言的解释出现相应的浮动甚至随意，比如网络上发帖询问某事件是否存在，③ 发帖告诉存在新的与之前流行病毒相似的病毒，④ 甚至特定时期对专业提示"打新冠疫苗测核酸会阳性"的重复，⑤ 以及对特定紧急情境下的过度管理所作的发泄评论等，都有被当作网络谣言来处理。在这一系列引起关注的案件当中，对谣言的界定明显突破了其常用文字涵义，走向了过度扩张，甚至在可能涉及紧急状况的情形下发展至对合法界限的突破。⑥ 虽然有的被当作谣言处理的案件如重复医学专业的提示会在舆论的影响或法律的监督下撤销处罚，但谣言概念缺乏界定所引发的法律适用不确定问题并未改变。

由上不难看出，谣言在行政法领域的法律法规当中明确被广泛吸收入立法并用于实践。但从法律解释角度来看，即便被认为清晰的法律文本在面对具体案件时也会不可避免地问题化，⑦ 而谣言概念事实上并不如文本所表现的那样清晰，自然面临着更大的适用问题。因此，既然行政法律中谣言的概念内涵深刻地影响着相关法律的适用，那么对谣言概念进行厘定，从而以内涵明确的谣言概念来统一涉谣言法律适用，也就当然成为学术关注的方向。

（二）谣言概念辨析的理论努力

不同于极少数放弃对行政法上谣言概念内涵的确定，多数研究直接指出谣言概念内涵

---

① 中国社会科学院语言研究所词典编辑室编：《现代汉语词典》（第七版），商务印书馆2019年版，第1523页；现代汉语辞海编委会：《现代汉语辞海》，延边人民出版社2002年版，第2065页。
② 全国人大常委会法制工作委员会刑法室编著：《〈中华人民共和国治安管理处罚法〉释义及实用指南》，中国民主法制出版社2012年版，第107页。
③ 参见央视网：《女子贴吧问"是否发生命案"被拘 警方解释依法处理》，http://news.cntv.cn/2013/09/01/ARTI1378007688590175.shtml，访问日期：2024-1-26。
④ 参见财新网：《新冠肺炎"吹哨人"李文亮：真相最重要》，https://china.caixin.com/2020-02-07/101509761.html，访问日期：2024-1-26。
⑤ 参见央广网：《陕西彬州撤销对涉疫谣言案当事人处罚：不构成违法 警方赔礼道歉》，http://news.cnr.cn/rebang/20220120/t20220120_525720737.shtml，访问日期：2024-1-26。
⑥ 参见张新宇教授即指出，谣言规制状况是"网络谣言打击范围过宽"，参见张新宇：《网络谣言的行政规制及其完善》，载《法商研究》2016年第3期，第63-69页。
⑦ 参见[德]拉伦茨：《法学方法论》，陈爱娥译，商务印书馆2003年版，第193页。

的缺乏及厘清内涵的重要性,如有的认为网络谣言在法律规范中缺乏概念界定,[1] 有的指出厘清内涵是处理谣言问题的前提。[2] 具体就谣言概念的内涵而言,既有研究对于谣言的内涵辨析主要围绕着是否虚假以及是否还包含其他因素展开。

就将案件涉及的信息是否虚假作为谣言判断标准而言,常见的研究强调当以"虚假"这一要素为中心,不应当包括"未经证实"的要素。[3] 在有关疫情谣言的研究当中,主张以虚假或未经证实作为认定谣言的标准。[4] 有关谣言司法认定的研究则从众多案例中提取出三种标准,即消息虚构、消息未经证实和消息与事实不符,并指出"消息虚构"之外的标准系基于《治安管理处罚法》等相关法律的目的所进行的扩张性界定。该研究指出应当基于宪法目的在涉及政治性、公共性事务的言论时以"消息虚构"为标准,在涉及私人事务的言论时才可以拓展至三种标准共用。[5] 对此,有研究警示到,坚持以虚假或未经证实为标准,会使谣言的打击范围进一步扩大。[6] 所谓的打击范围扩大其实就是以与法律价值不相称的标准来界定事实,伤害到法律价值或目的。因为,就概念的构成而言,特定价值或目的关乎界定"虚假"要素的选取,即不同要素的选取意味着不同目的的实现。如果意在形成一个关于谣言的规范性概念,何种要素取舍才能保证概念承载的相关价值目的能够实现,就成了必须面对的问题。

现有相关研究进一步提出,除了探讨"虚假"要素完成对谣言的界定之外,更重要的是叠加扰乱公共秩序的危害后果及主观故意来加以判断,才能真正实现对谣言的规制。[7] 也就是说仅仅确定待判断对象为谣言,还不足以确定其为需要处罚的对象,还需要对谣言的后果及相应构成要件进行认定。另一类研究则或主张要看具体如信息是否直接造成了公众秩序的混乱,或主张在涉及疫情等紧急情形中谣言作为处置对象应当是"扰乱公共秩序的虚假信息"。[8] 在以上的努力中,看似在增加认定谣言的要素,实则只是在谣言概念成立之外完善规制谣言的构成要件。这一进路意在将谣言当作法律需要规制的一个事件或现象,而非形成一个更为妥当的谣言概念。可以想见,在缺乏妥当谣言概念的情形下,网络时代信息的翻腾涌动必然使谣言更易于被认定。而一旦谣言成立,则是否扰乱公共秩序认

---

[1] 参见林华:《网络谣言法律治理体系的完善进路》,载《行政法学研究》2021年第4期,第71页。

[2] 参见胡国梁:《全媒体时代疫情谣言的公权干预:从新冠肺炎疫情防控切入》,载《法学论坛》2021年第5期,第140页。

[3] 参见刘鹏:《网络谣言界定及其法律规制》,载《学术界》2016年第4期,第90页。

[4] 参见胡国梁:《全媒体时代疫情谣言的公权干预:从新冠肺炎疫情防控切入》,载《法学论坛》2021年第5期,第140-142页。

[5] 参见孟凡壮:《网络谣言扰乱公共秩序的认定——以我国〈治安管理处罚法〉第25条第1项的适用为中心》,载《政治与法律》2020年第4期,第73页。

[6] 参见张新宇:《网络谣言的行政规制及其完善》,载《法商研究》2016年第3期,第64页。

[7] 参见孟凡壮:《网络谣言扰乱公共秩序的认定——以我国〈治安管理处罚法〉第25条第1项的适用为中心》,载《政治与法律》2020年第4期,第74页。

[8] 参见胡国梁:《全媒体时代疫情谣言的公权干预:从新冠肺炎疫情防控切入》,载《法学论坛》2021年第5期,第141页。

定就会变得难以保持稳定，尤其在急迫情境下，因而也难以避免处罚的随意。

基于以上梳理可知，已有研究所指向的谣言规制方式，虽有利于避免对某些权利的伤害或者有利于保护法律的目的，但终因未在概念目的与概念要素的意义上进行考虑，最终并未指向一个妥当的法律概念。若要形成一个关于谣言的法律概念，则不能只取决于信息是否真实或是否经过验证。若某人宣称自己去过北极或有大量存款或者攀登过珠峰，即便在传播，显然也不应在法律上构成谣言。可见，除此之外在概念构成上还需要关注秩序的要素，才能保障关乎规制谣言的相应法律的目的和价值。反过来说，相关的法律目的、价值也制约着相应要素的选取，进而关乎概念的形成。可以肯定的是，一个要素明确以保障相应法律目的的关于谣言的法律概念，既能避免了法律目的上此重彼轻乃至紧急情形下的顾此失彼，也避免了认定谣言上的随意变动。更进一步，概念界定也意味着约束关于谣言概念的法律适用，其对于谣言的规制统一和约束谣言规制权也意义重大，最终影响着对谣言的有效治理。

二、规范目的下谣言概念的构成要素

关于谣言的法律概念不同于法哲学上回答"法是什么"的法律概念，而是制定法意义上的法律概念，[1] 即是指穷尽地列举了所要规范对象的特征的语言单位。何为所要描述对象的特征，从包含法学在内的不同角度观察会有不同的认识。法学角度的特征选取往往基于所要实现的目的与法学领域的特色，法律概念选取的特征甚至不能兼顾在法学范围之外仍可获得理解。[2] 其他学科所观察之"特征若不相干，则不论有多少个理由，主张那些特征有多么重要，亦不加以考虑"。[3] 法律概念所描述对象的特征既不可缺少也不可替代，其原因在于"基于目的性考虑，取舍该对象已经认知之特征时，已将其充分且必要之特征保留下来"，[4] "对法律概念价值负荷的期待，构成了对其特征进行取舍的根本目标"。[5] 可见，正是在规范目的的指引下，相应的特征才被选取为法律概念必不可少的组成要素。反过来说，我们也可以由法律概念中的要素去评价其所负荷的法律价值或规范目的。因此，概念的建构或者已存概念的辨析，主要在于如何以规范目的及其上的公平来评估被选取的要素。从这个意义上来说，针对作为概念的谣言可以追问的是，谣言概念的规范目的或价值负荷为何？谣言概念选取的要素是否体现了规范目的或负荷了相应的价值？更进一步，法律目的或价值负荷还需要哪些要素以形成更为妥当的谣言概念？

---

[1] 参见陈金钊：《论法律概念》，载《学习与探索》1995年第4期，第87页。
[2] 如将动物在法律上归入动产，不是像生物学那样归入生物，参见［德］拉伦茨：《法学方法论》，陈爱娥译，商务印书馆2003年版，第319页。
[3] 黄茂荣：《法学方法与现代民法》（增订第七版），根植出版社2020年版，第160页。
[4] 黄茂荣：《法学方法与现代民法》（增订第七版），根植出版社2020年版，第157页。
[5] 吴丙新：《法律概念的生成》，载《河南政法干部管理学院学报》2006年第1期，第105页。

(一) 谣言概念的规范目的

谣言概念的目的或所要负荷的价值可以从关于谣言的法律法规中进行追溯式分析。立法设定谣言相关条款即有其所要实现的目的，而在关乎谣言适用的辨析论争中也能看到基于其目的、价值的评论。从立法方面来看，以该领域最为典型的《中华人民共和国治安管理处罚法》为例，我们可以从针对谣言的具体法律条款（第二十五条第一项），其被置于"扰乱公共秩序的行为"的节、"违反治安管理的行为"的章结构中，以及总则第一、二、五条对保障公共安全和秩序、人权与人格尊严保障等的原则宣示中，解读出其目的或追求价值在于防止扰乱公共秩序，保障公共安全，保障合法权益，保障人权与人格尊严等。另一方面，关于谣言法律实践的研究，也反映出当前实践对法律目的或应负荷价值所带来的影响。在基于概念规范目的对概念的构成要素进行评估时，首先有必要结合对立法和学术争论的解读，探究所涉及的概念规范目的或所应负荷的价值。

谣言就其实质而言是一种信息，[①] 从法律上对其进行规制乃是对一种信息的规制。就此而言，其目的或应符合的价值当有以下三方面：第一方面涉及信息生产与传播中的相关价值。既然涉及识别特定信息以禁止其生产、发布与流通，那么也当然涉及并非该特定信息的生产流通。也就是说，这里既涉及对特定信息的生产与发布的禁止，也涉及对其他信息生产与发布的保护。如果不注意目的或所要负荷价值有两方面，就可能从对公共秩序安宁的维护这一目的溢出，侵入"对保障合法权益与保障人权"的价值范围。谣言的相关研究都无一例外地指出，现有关于谣言的规制在对言论的自由与权利的保护这一目的存在明显的问题。[②] 显然，在信息的生产与流通方面这里其实涉及两方面的价值，即确保公共秩序安宁的价值和保护合法权益、保障人权的价值。就此可以说，谣言作为规制相关信息生产与流通的概念工具，应当反映以上目的或负荷相应的价值。

第二方面涉及规制具有特定特征信息所要实现的价值。谣言规制系以公共手段禁止具备特定特征信息的传播，而现在最主要的公共手段就是政府管理权。何以具备一定特征的信息就必须由政府加以规制，这里就涉及进行管理、施加惩罚的理由或所欲达到的目的。关于一般意义上施加惩罚的理由，伦理学上的"伤害原则"显然能提供切实的论证支持。所谓伤害原则，在以强迫和控制的方式干预个人事务方面，"违反其意志而不失正当地施之于文明社会成员的权力，唯一目的也仅仅是防止伤害他人……要使强迫成为正当，必须

[①] 参见李大勇：《谣言、言论自由与法律规制》，载《法学》2014年第1期，第100页。

[②] 这些研究基本上都提到现有规范下的规制存在"对公民言论自由的过度限制""网络谣言打击范围过宽""网络谣言涉及言论自由的法律界限""寻求言论自由与谣言规制之间的平衡"之类的问题，也是从另一方面凸显了权利保障方面的目的。参见李大勇：《谣言、言论自由与法律规制》，载《法学》2014年第1期，第103页；张新宇：《网络谣言的行政规制及其完善》，载《法商研究》2016年第3期，第63-64页；林华：《网络谣言法律治理体系的完善进路》，载《行政法学研究》2021年第4期，第71页；孟凡壮：《网络谣言扰乱公共秩序的认定——以我国〈治安管理处罚法〉第25条第1项的适用为中心》，载《政治与法律》2020年第4期，第75-76页。

认定他被要求禁止的行为会对他人产生伤害",① 而关于伤害的内涵则与权利及权利的基础即生命、自由、财产、公平的保障紧密关联。② 具体到谣言方面而言,"任何人除非有充足的理由,都有不去伤害他人的道德义务……这一论证同样可以帮助我们解释传播有害的虚假信息在道德上是错误的,因为此举违背了无充足理由不得伤害他人的道德义务",③ 政府因此具有制止伤害的权力。针对谣言,政府管理权应主要关注其对社会秩序安宁的伤害,或者说谣言对社会秩序安宁的伤害或破坏即为规制谣言的实质理由。因此可以说,作为政府管理权规制的概念工具,谣言在概念的建构上应当提取体现这一价值或者具备促成这一规范目的的要素。

第三方面即涉及谣言概念的概念品格与规制谣言的权力规范行使。概念不重在描述或反映事务,而在于规范,因而包括概念在内的法律应当尽力保持清晰性。④ 政府具有依法行使的管理权,法律概念是否明确就当然会成为能否规范权力行使的重要工具。⑤ 若相关法律概念在要素表达上非常原则性或含混不清,那么必然会给行政执法及对其进行的司法审查留下恣意的空间。具体到谣言情形中,谣言内涵依赖于通常含义的解释来填充,而情境变动难免使通常涵义随之摇摆,政府规制谣言的权力就易于越界行使。显然,诸多涉及谣言的法律法规并未明确指出,谣言应包含着哪些要素或者具备哪些特征。因此,基于"谣言"在法律中的广泛适用和要素缺乏,且不论是否存在主观执法恣意,防止权力违规使用的规范目的至少在客观上存在困难。

由此不难看出,谣言概念作为一种关于规制特定信息的概念装置,应当体现其惩罚的理由或价值目的,也应当体现对普通信息生产与流通的保护这一目的。此外,作为法律概念普遍应当追求明晰性以制约权力这一价值,需要结合前面两个规范目的或价值立场一起,引导谣言概念要素的选取与组合,或就已有的概念要素进行评价。

(二)谣言概念事实性要素的界定

除了谣言的日常涵义,既有的法律法规并未给出关乎谣言特征的要素性界定。因而,我们需在上文所总结的谣言概念应负荷的价值或目的的基础上,从谣言的日常涵义、涵义界定的法律实践以及关于涵义的学术辩论来窥视其要素。虽然谣言的字典涵义或通常涵义

---

① [英]密尔:《论自由》,孟凡礼译,广西师范大学出版社2011年版,第10页。
② 参见张继亮:《伤害、利益与权利——理解密尔伤害原则的新视角》,载《道德与文明》2015年第5期,第134-135页。
③ Jeffrey Howard, *Coronavirus Misinformation*, *Social Media and Freedom of Speech*, *Political Philosophy in a Pandemic: Routes to a More Just Future*, edited by Fay Niker and Aveek Bhattacharya, Bloomsbury Academic Press, 2021, p170.
④ 参见[美]富勒:《法律的道德性》,郑戈译,商务印书馆2005年版,第75页。
⑤ 当然,我们都知道法律文本面临着哈特所强调的文本的"开放性结构"问题,但对于此处概念来说,即便存在文本的开放结构,也不影响首先弄清楚概念的内涵问题。关于文本的"开放性结构",参见[英]哈特:《法律的概念》(第二版),许家馨、李冠宜译,法律出版社2006年版,第117页。

只能作为起点而非终点,但法律实践却是基本上因循了这一含义,即谣言是指消息虚构、消息未经证实和消息与事实不符的信息。① 可见,针对何为谣言,"谣言"的词语涵义以及法律实务皆指向了对事实性要素的考量。相关研究虽基于言论自由、信息分享等法律目的或价值对既有的谣言界定实践提出批评,但并未完成在谣言概念要素构成上关于事实性要素的统一作业。基于规制谣言所要实现的禁止特定信息并保障其他信息的生产流动这一价值,首先应当剔除超出事实范畴的要素,进而在事实范畴内进一步对事实性因素进行更明确的界定。

基于事实与评价的区分,在谣言概念事实性要素的界定中,首先要剔除超出事实范畴评价性因素。众所周知,评价性要素虽然与事实相关或涉及事实,但却因重在表达一种立场而具备了价值判断的属性,自然无法与事实同等视之。不难推知,评价性因素之所以不能包含于谣言概念事实性要素之中,是因为针对事情的评价并不能构成对于事物本身特征的认识,也就无法帮助界定意欲规制的对象,自然也就无法回应禁止特定信息生产与传播并保护其他信息的目的。这也是相关研究强调区分事实性信息与评价性信息的原因所在。② 试想若将非事实性的要素加入谣言概念,则在操作上无法基于事实的判断进行概念涵摄或适用,在目的上也难以实现对具备特定要素的信息进行限制以及对一般信息生产发布的保护,易于扩大被规制信息的范围。至于具备评价性要素的信息比如涉及侮辱、诽谤等其他法规范所欲保护的目的或价值,则应当归入相应的概念或相应的规范表达中,以避免杂糅于谣言概念而引发混乱。

在剔除评价性要素之后,谣言还需对事实性要素进一步分析。谣言概念反映对象特征的事实性要素是指凡与事实范畴相关的要素?还是指须处于事物认知主导地位的事实性要素?这同样涉及对特定信息生产与传播的禁止以及对其他事实性信息的保护这一规范目的。显然,此处的事实性要素不应当界定为任何不与事实相符的要素,不应将可剔除的细节情形与在事物认知当中处于主导地位的情形不加区分的同等对待,即信息若存在任一不与事实相符的情形即将之视为虚假。如果特定信息中存在不实的部分,但其真实的部分仍足以符合对事件的整体性理解,则应当基于一般信息发布的保护以及明晰性的要求,将谣言概念中事实性要素界定为对事件整体认知具有主导意义的要素。③

此外,就事实性要素而言,往往涉及对未经证实内容如何界定的问题。对此可以追问

---

① 参见孟凡壮:《网络谣言扰乱公共秩序的认定——以我国〈治安管理处罚法〉第 25 条第 1 项的适用为中心》,载《政治与法律》2020 年第 4 期,第 72 - 73 页。

② 此一方面的相关研究,参见孙万怀、卢旨飞:《刑法应当理性对待网络谣言——对网络造谣司法解释的实证评估》,载《法学》2013 年第 11 期,第 11 页;张新宇:《网络谣言的行政规制及其完善》,载《法商研究》2016 年第 3 期,第 66 页。

③ 当然,事实性要素这里难免碰到可剔除情形与决定性情形的摆动地带,也就是基于目的的要求,判定性要素在不同情境下的摆动,也就是概念与类型的差异。但存在摆动不意味着核心地带不能尝试着去界定,否则便失去了对比的基础。关于概念与类型,参见 [德] 拉伦茨:《法学方法论》,陈爱娥译,商务印书馆 2003 年版,第 94 - 101 页。

的是，这里的事实性要素除了捏造外，是否也指尚未证明和无法证明情形，即不论能否以及应由谁证明，都将之包含在事实性要素内。若如此则不免出现这样的状况：如果验证性信息来自较为开放的专业或社会生活领域，则可能面临被界定为虚假的信息"复真"的情形；如果官方就此验证性信息有及时发布的义务，亦有验证的资源，则可能在息于发布信息从而无法证明的情况下，将特定信息判为虚假，进而被视为谣言。也就是说，事实性要素既不指向有可能复真的情形，也不指向包含最终与行政管理者的信息发布结果可能一致的情形。尤其是在行政管理部门有验证资源（针对开放或专业问题）或验证义务的情况下，谣言概念的事实性要素不支持将待判断消息视为虚假。诚然，这会给具有行政管理权的部门带来更多的业务负担，但也为行政管理部门积累信赖型权威并推进依法行政。通过这样的方式，被验证为谣言者当然应予以处理，而被证明为属实者则不应视为谣言。①而对于无法证明的消息，则需要结合其他因素进行判断。若信息具有急迫性或明显危害性，则应当结合"无法验证"与"急迫、危害"予以界定。显然，这里已经不是事实性要素的范围，而是进入对信息所引起结果的界定与评价之中。

（三）谣言概念结果性要素的界定

虽然针对谣言概念的要素辨析、案例分析甚至理论探讨都在强调事实性要素的根本性和典型性，但实践中广泛存在的事例多能符合这一特定要素，却不足以成为谣言，比如网络世界中假扮为古今名人名言的信息，甚至在不同人群中引发追捧或再传播成为网络"鸡汤"。尽管此类事例已然符合所强调的事实性要素，实践上也尚未见到将其当作谣言予以处理的情形。日常用语一旦转换为法律用语，其涵义将面临被特定化的问题，②谣言自然也包含其中。因而事实性要素的探讨虽有谣言的通常涵义为基础，显然并未完全把握谣言在法律上的核心特征。上文已经提到，除了与事实是否相符的特征之外还需要关注结果性的要素。也只有在谣言概念的构造中加入结果性的要素才能回应或实现谣言概念所应当承担的制止伤害的规范目的。

但由此首先提出的问题是，把结果性要素强行置于谣言概念中，与将结果作为谣言概念之外的法律规范组成部分来把握相比，似乎并无不同之处。而且后者更容易与现行法律的文本表达相符，这也体现在诸多相关研究中。③然而问题可能在于，缺乏结果性要素的谣言概念更易于在实践中满足适用条件，针对"谣言"一词的负面评价则会传导到仅有

---

① 这里当然可能存在信息管理的问题，比如行政管理部门管理的内容越过特定程序外泄或非法发布，属于不应当公布者则按照泄密予以处理；如果应当公布，则行政管理部门应当就按照事情的急迫程序及时地公布相关信息并承担相应义务，而非将相关信息界定为谣言。
② 参见［日］川岛武宜：《现代化与法》，王志安等译，中国政法大学出版社1994年版，第256页。
③ 参见张新宇：《网络谣言的行政规制及其完善》，载《法商研究》2016年第3期，第66-69页；孟凡壮：《网络谣言扰乱公共秩序的认定——以我国〈治安管理处罚法〉第25条第1项的适用为中心》，载《政治与法律》2020年第4期，第72-77页。

事实要素的概念中去。概念的涵摄即意味着必须予以法律规制，后续的对是否有损害的判断就难免掺入主观性的因素，形成"不实即危害"的趋向。故而，一旦基于概念适用而成为被规制的对象，对其是否会被处理的不可预期几乎不可避免。①尤其是遇到行政管理上的紧急状况，认定和处罚的扩大或随意也就在所难免。可见，在谣言概念内部对结果性要素予以再思考具有重要的价值和意义。

然而，符合事实性要素的信息在社会中流动必然会带来相应的结果，所不同者在于有的结果基于法律目的应予以关注，从而形成对对象的特征界定。根据结果所影响对象的不同，具备事实性要素的信息会带来针对特定个体的结果和针对非特定个体的结果。针对个体的相关信息所引发的结果之所以需要关注，是因为它对个体会造成不同程度的影响。就此类影响，法律已经发展出侵害名誉、诽谤等法律上的概念，分别从私法与公法的角度予以表达。这里不需要谣言作为一种法律概念介入其中即可获得在法律中的表达与规制，②尽管这并不影响人们日常仍称其为涉谣事件。而针对不特定个体的相关信息所引发的结果之所以需要关注，是因为其影响不指向具体个人，而是指向由不特定主体所表征的公共秩序。法律对于公共秩序的保护，乃是对公共秩序的安宁、稳定和有序等公众赖以正常生活和生产的秩序利益进行保护。③作为具备事实性要素的信息，若并未伤害到公共秩序的安宁、稳定或有序，即并未对不特定人造成伤害，也就没有对其进行规制的理由或依据。所以，基于对公共秩序的安宁、稳定与有序造成的维护以及规制伤害的目的，谣言概念中应当包含结果性要素。

进一步而言，因为网络迭代升级等造成社会管理的复杂性，应当借鉴刑事法上抽象危险的思想，④可对结果性要素进行进一步区分。通常的结果性要素必须是明确而具体的，而例外的结果性要素则可以是抽象的，即所谓缺乏事实根据的消息一发布即同时具备结果性要素，但应以常态与例外的结构归于结果性要素之下。由此，才能既打击谣言保障公共秩序，又允许其他信息自由流动以保持信息流动活力，进而保障诸法律目的均衡实现。

可见，从概念的规范目的考量，法律上的谣言概念在内涵上与日常语义中的谣言不能等同，而且从外延上来看，有相当一部分具备谣言日常涵义特征且广泛传播的信息并不属于法律规制的对象。或许我们可以就此表述谣言的概念如下，谣言是指事件整体上缺乏事

---

① 在涉及公共秩序损害如何界定案件中，即有主张"并非在发生了损害后果的情况下才给予处罚，而是只要实施了扰乱公共秩序的行为即可认定违法行为"的实践，坚持实施即损害这一标准，见赵清彦诉西安市公安局碑林分局处罚案。陕西省西安市碑林区人民法院（2013）碑行初字第00140号行政处罚案。

② "女子取快递被造谣出轨　杭州市公安局余杭分局对涉案两人依法立案侦查"，当时即以"公然侮辱、诽谤他人"被拘留。环球网：《女子取快递被造谣出轨　杭州市公安局余杭分局对涉案两人依法立案侦查》，https://baijiahao.baidu.com/s?id=1687113109675514083&wfr=spider&for=pc%EF%BC%8C，访问日期：2024-1-26。

③ 参见孙万怀、卢恒飞：《刑法应当理性对待网络谣言——对网络造谣司法解释的实证评估》，载《法学》2013年第11期，第14页；张新宇：《网络谣言的行政规制及其完善》，载《法商研究》2016年第3期，第67页。

④ 参见张明楷：《抽象危险犯：识别、分类与判断》，载《政法论坛》2023年第1期，第75-76页。

实上可验证的根据并对公共秩序造成损害的信息。显然，此处并未将传播、影响等因素接纳，其原因在于要对公共秩序造成损害，就必须流动传播，但对这一动态的描述并不能体现此处法律价值的关切。此处的要素或特征与概念规范目的之间没有互相制约、支持的关系，即所谓"没有特征之取舍，固不能造就概念的形式，但没有价值的负荷，则不能赋予法律概念以规范的使命"。[1]

三、谣言概念的法律适用

从法律适用的三段论逻辑来看，法律适用系"一个完整法条构成大前提，将某具体的案件事实视为一个事例，而将之归属法条构成要件之下的过程，则是小前提。结论则意指：对此案件事实应当赋予该法条所规定的法效果。"[2] 而法律概念则是作为大前提的法律构成要件的重要组成部分，其适用或涵摄事实即意味着"某法律事实为某概念所构成的法律构成要件所规范的案例之一"，[3] 大前提的效力规定则适用于该事实。此外，法律概念作为承载特定价值目标、凝结相关法律思维的重要工具，法律适用的法律方法操作自然也必须关照法律概念，因而其在法律适用中的意义不言而喻。[4] 具体到谣言概念，既强调事实性要素又重视结果性要素的谣言概念作为相关法律规范的重要组成部分，应成为法律适用的基础与界限，以实现法律适用的统一；当谣言概念在适用中出现文义与目的悖反的情形时，则要运用相应的法律方法进行妥当与稳定之间的平衡作业。

（一）谣言概念作为法律适用的界限

我们已通过概念目的与概念要素的对比分析得出，行政法领域频频使用的谣言概念需要在事实性要素和结果性要素结合的意义上予以界定，即谣言是指事件整体上缺乏事实上可验证的根据并对公共秩序造成损害的信息。这一谣言的法律概念与谣言的通常文义或词典文义并不相同，法律上的谣言概念基于特定的价值目标在范围上是被缩小的。在法律适用中，"如果某些用语在法律语言中已经有特定的涵义（例如，契约、请求、法律行为之撤销或无效、继承或遗赠），通常即以此特定涵义来运用这些用语"。[5] 因而，已知谣言概念在专业涵义与日常涵义上存在差别，其中组成概念的要素已经通过概念目的与要素的对比分析得到界定，所以应当首先尊重谣言概念。无重大理由不能轻易地突破这些要素，进行不当的概念涵摄，进而引起相关法律规范适用的混乱。当出现具体案例使其涵义变得有

---

[1] 黄茂荣：《法学方法与现代民法》（增订第七版），根植出版社2020年版，第168页。
[2] ［德］拉伦茨：《法学方法论》，陈爱娥译，商务印书馆2003年版，第150页。
[3] 黄茂荣：《法学方法与现代民法》（增订第七版），根植出版社2020年版，第162页。
[4] 关于法律概念在法律适用是否有独立意义的争论，参见雷磊：《法律概念是重要的吗》，载《法学研究》2017年第4期，第76–79页；陈曦：《法律概念与法律规范的关系》，载《苏州大学学报（法学版）》，2022年第2期，第55–56页。
[5] ［德］拉伦茨：《法学方法论》，陈爱娥译，商务印书馆2003年版，第201页。

疑问时，应当在其适用当中进行涵义的确定甚至论证。

谣言概念的适用以其要素在案例中的实现为前提，但这其中常常引发争议的是对事实性要素或结果性要素的不当解释，进而影响概念乃至法律适用的统一。关于事实性要素的问题主要表现为两个方面：第一，将超越事实验证性可能的信息归入谣言概念之下。如实践中往往因为特定情景发生大量谣言传播从而需要紧急规制的情况，除了规制符合事实性要素的信息外，也会发生连带将具有评价性特征的信息一同视为谣言以消解舆情的情形。这明显属于谣言概念的不合理扩张，不但超出了专业文义的范围，也超出了词语的一般涵义界限，无可避免地引发谣言相关法律适用的恣意。如此方式既无法实现谣言规制特定信息传播的目标，也伤害到保障一般信息畅通流动的目标。如前所述，若评价性信息涉及其他如"诽谤、侮辱"等规范所保护领域，则应当按照相应的规范构成要件及其相关概念来界定，而非以谣言概念的混乱适用为代价，却仅达到暂时的规制效果。

另一方面为判断对象虽然缺乏事实可验证性，但这一缺乏可验证性的要素在信息整体中的地位需要再确定。这里涉及案件是否可涵摄于概念之下时所需的法学方法上的"必要判断"。① 虽然一般来说，根据"感觉""对行为的解释""社会经验"，我们会获得关于某信息是否整体上属实的判断，比如将骑自行车的人违规上高速说成骑电动自行车的人违规上高速，事件所涉及的不合规交通工具之间的差别并不影响这个事件的整体可验证性。不应当仅以存在此一差别，即认为有虚假而涵摄于谣言概念之下。然而概念的要素或特征在程度上的增减，有时候会由量变引起质变，② 因此在进行"必要判断"时，可能先需要进行价值判断，以确定事实性要素在此一情境中的涵义，也才能确定案件中缺乏事实可验证性的因素是否已经处于主要地位。在特别情形中甚至还需要依赖于留给法官的判断余地，以便对涉案争议进行最终确定。

在概念的事实性要素之外涉及谣言概念法律适用的另一问题，是对结果性要素的不当解释。如果忽略了对结果性要素的判断，则谣言的概念及其法律规范适用同样会不当扩张，将相关法效果施与法律上本不属于谣言的对象，从而引发法律适用的混乱。在就结果性的要素进行"必要的判断"时，一般基于感觉或社会经验等即可实现。但在复杂的案件中，则涉及对结果性要素的解释与确定，就此显然需要结合伤害原则等价值或目的才能完成涵摄。除了必须关注结果性要素的构成性地位外，还需要将对公共秩序的损害区分为一般意义上的实际损害和特定情形下的抽象损害，通过结果性要素的细化来实现对相关价值的负荷。

具体而言，实际损害意义上的结果应当成为结果性要素的基本内容，比如引发了抢购、挤兑、拥挤或其他恐慌性行为，这样就可以基于感觉或社会经验完成必要的判断，从

---

① 参见［德］拉伦茨：《法学方法论》，陈爱娥译，商务印书馆2003年版，第165-177页。
② 参见黄茂荣：《法学方法与现代民法》（增订第七版），根植出版社2020年版，第155页。

而完成概念的涵摄以及相应的法律适用。而在这之外，结果性要素还需要关照特定情形下的抽象损害，来应对急迫的紧急情况，[①] 以期较为全面的回应在谣言规制上的公共秩序需求。当然，基于概念目的强调结果性要素，本就在于防止对缺乏结果性要素的事件进行规制；而抽象损害作为例外即意味着只要缺乏可验证性的信息被传播甚至仅被发布，即意味着事实性要素与结果性要素的同时具备，容易造成滥用，从而无形中扩张了谣言概念的适用范围，影响适用的统一。

（二）谣言概念的文义突破及其限制

法律方法理论认为，"实证法已忠实地反映其所追求的价值（正义）；其所引用之法律概念已具备适当之功能，来实现其所需要的正义"，[②] 因而应当尊重概念，不能随意突破其涵义的范围，造成适用混乱。包含事实性要素和结果性要素的谣言概念回应或实现了其相应的目的或规范价值，所以在概念的涵摄当中首先要尊重概念，这自然应当成为谣言概念适用的基本原则。

但我们也应知道，因为概念要素的确定所带来的明确化和固定化，容易使法律适用变成语义分析和逻辑分析的过程，"只能说明法律所使用之文字的文义所在，而无法说明该规定的规范意旨所在"。[③] 也就是说，为了实现稳定和统一，鉴于概念已经回应了其规范目的，法律适用中易于坚持概念涵义为唯一准则，不要轻易返回概念目的，避免造成不合乎目的或不公平的适用情形。只有面对严重不公平的情形，才有必要超越概念的要素或涵义。这显然就需要回到概念目的对其适用情形进行评价，对违反概念目的的概念适用进行必要的修正。其中又包含着两种情形：一种为将对象基于概念要素判定为谣言，但从谣言概念的目的而言不应规制，就此显然需要目的论的限缩。如明显与言论者的公共权利相关，且发布的信息是基于事实性的疑问而出现的公共权力监督，虽然其缺乏可验证的基础并引发相当关注乃至相当的舆情，却仍需要在谣言规制和监督之间进行平衡。不能以舆情即秩序伤害为理由，抽干公民行使权利进行监督的形式。

另一种是因为不符合概念诸要素，但却明显属于依概念目的应予规制的情形。这里又存在两种需要进行基于目的论扩张的情形，其一为规范环境发生变动，[④] 即比如由文字为主转向声音和画面为主的新的传播方式所发生的革命性变动，使得传播即损害的情形在个案中出现。即便未出现符合概念要素的伤害，基于谣言概念的规范目的仍应将此类情形归属于概念之下。另一方面则为涉及政治的谣言，基于政治秩序的需要，即"在政治性网络

---

① 关于紧急状态与法律的关联研究，参见孟涛：《紧急权力法及其演变理论》，载《法学研究》2012 年第 1 期，第 108 – 125 页。
② 黄茂荣：《法学方法与现代民法》（增订第七版），根植出版社 2020 年版，第 169 页。
③ 黄茂荣：《法学方法与现代民法》（增订第七版），根植出版社 2020 年版，第 187 页。
④ 关于规范环境的变动，参见 [德] 拉伦茨：《法学方法论》，陈爱娥译，商务印书馆 2003 年版，第 225 – 228 页。

谣言具有较强煽动性并对现实的公共秩序构成迫切威胁等特殊情形下",[1] 因其已经达到前文所提及的谣言概念中的抽象损害，所以基于概念目的可以扩张性地将其涵摄于谣言概念之下，即一经产生即认为属于谣言需要规制的范围。

既然可以对结果性要素进行基于概念目的的突破，那么是否也可以基于概念目的对事实性因素进行突破？显然，缺乏事实性因素的信息，基于事实与评价的分类属于评价性言论的领域，或涉及公民的相关权利，[2] 或者进入其他涉及言论行为的规制，已经不需要归于谣言概念之下，因而无法对事实性因素进行基于目的论的调整。当然，总体而言，不论是针对可能遗漏情形进行目的性扩张适用，还是针对过度规范情形所进行的目的性限缩适用，如果尊重概念及其要素的基本地位，在进行目的性论证时就要妥当处理超越概念要素适用的论证负担问题。有学者指出，依照目的进行超概念要素的论证时，"需要证明存在着实质性的优势理由乃至重大的实质理由来进行法的续造。如果不能证立这一点，就不得进行目的性的法的续造活动……（固定化明确化的概念要素）虽无法构成适用或不适用特定法律后果的终局性理由，却对反对者施加了论证负担"。[3] 就此而言，谣言的概念也在保证稳定方面发挥了作用。

可以说，经由概念目的所展开的谣言概念要素探讨，谣言概念得到界定，即应当是事件整体上缺乏验证可能性并对公共秩序造成伤害的信息，实现了概念形式与价值负荷的相互对应。谣言概念作为谣言相关法律规范适用的基础，应当基于法律权威和体系稳定的要求得到尊重，即肯定其作为判断对象是否为谣言的界限和基础。当情势或特定个案基于规范目的对概念提起挑战时，则必须既能顾及概念形式所具有的约束与限制作用，进行充分的论证来保证概念及其关联体系的稳定，又能基于概念目的纠正概念形式在应对变化上的僵化，适用上实现文义与目的的平衡。

四、结语

谣言的法律治理是网络时代环境巨变下的依法行政中既重要又棘手的内容。对谣言治理的呼声与法律法规对"谣言"表述的直接使用，容易造成以日常经验来启动法律机器的问题。应当看到，作为规制对象的谣言虽然具有立体多面性，但谣言的行政法规制首先是一个运用法律概念和法律规范的法律适用活动。为奠定规制谣言的基础，应从概念规范的意义上进行概念形式的确定。概念形式取决于其价值负荷，因而应以概念的规范目的为指引，全方位辨析其概念的构成要素，形成谣言的法律概念，进而助益于法律适用的统一。在这个意义上可以说，针对谣言治理从法律概念及其法律适用的进路进行努力，不应

---

[1] 孟凡壮：《网络谣言扰乱公共秩序的认定——以我国〈治安管理处罚法〉第 25 条第 1 项的适用为中心》，载《政治与法律》2020 年第 4 期，第 78 页。

[2] 参见张新宇：《网络谣言的行政规制及其完善》，载《法商研究》2016 年第 3 期，第 67 页。

[3] 雷磊：《法律概念是重要的吗》，载《法学研究》2017 年第 4 期，第 95 页。

当只在其他规制方案的探讨中附带地简要提及,而应成为谣言依法治理不可或缺的重要组成部分。也只有基于此,关于法律所规制的谣言才能驱除含混,逐步形成社会共识,才能更好地筑成关于谣言规制的法治环境。

Constructing Legal Concept of Rumor
——Perspective on Relationship between Concept Value and Concept Elements

Xiu Jiaxing

Abstract: In the field of administrative law, the expression of "rumor" has been used directly in many laws and regulations, but the normative concept of "rumor" has not be established. By retrospecting the ideal of the existing laws and regulations, and presenting the normative purpose or legal value of regulating rumors in the sense of theoretical debate, we can distinguish the factual elements and the result elements that constitute the concept of rumors. As a legal concept, the non-factual content should be excluded from the factual elements, and the dominant position of the factual elements for the whole cognitive object should be emphasized. The result elements should be set in the sense of public order maintenance and right protection. On the basis of the establishment of the concept of rumor, its legal application should treat the phenomenon of rumor in the sense of legal concept rather than general expression, so as to promote the unity of application. In the situation that the meaning and purpose are contrary in legal application of the concept of rumor, the conceptual elements should be adjusted based on the normative purpose of the concept of rumor to balance the stability and appropriateness of the application of law.

Key words: rumor; conceptual purpose; factual elements; result elements; application of law

社会情感正义与规则禁止悖反问题之破局[*]

张若琪[**]

> **摘 要** 法学理论、法学教育、司法判断逻辑的理性主义传统，不当规避了情感因素在法律、司法中的存在，导致公众的正当情感需求与司法者运用法律的禁止性条款做出的裁判结果出现悖反。直接依据法律的禁止性条款进行处罚，往往产生违背常情的司法裁判结果，使得公众期待的个案正义难以实现。这要求司法者不能冷漠地坚守"不违法"这一底线，而应当带着法律的温度审视社会公众的喜怒哀乐，不断深入领会法律的精神，提升法律的理解、适用能力。司法判断的方式应是分层次的，对不存在"事实之真"与"法律之真"分歧的简单案件，判断时应更注重公众的正当情感，在司法过程中实现法的价值，优化司法方式，尽量做到国法、天理、人情的协调统一，从而避免机械司法造成的表面符合法律效果实则产生负面社会效果的情况。
>
> **关键词** 正当情感 体系解释 司法机械化 优化司法方式

近年来，内蒙古王力军收购玉米案①、天津市赵春华非法持有枪支案②、广西毛某盗窃韭菜案③等案件，频繁引发公众热议和媒体关注。虽然这些案件中被告人的行为违反了法律的禁止性规定，且案件办理在法律形式上并无过错，但结果却超出了社会大众的认知

---

[*] 陕西省教育厅青年创新团队项目"革命根据地廉政法制建设的实践与经验研究"（编号：23JP177）；西北政法大学省部级科研机构项目"革命根据地廉政法制建设的制度经验研究"（编号：SJJG202309）。

[**] 张若琪，西北政法大学博士研究生。

① 内蒙古巴彦淖尔市临河区人民法院（2016）内0802刑初54号。

② 天津市河北区人民法院（2016）津0105刑初442号。

③ 广西壮族自治区桂林市灵川县人民法院（2021）桂0323刑初249号。

范畴和朴素的正义感，违背了常识、常理和常情，未能实现天理、国法、人情的有机结合，亦未能达到"三个效果"相统一。其实，这并非"法不容情"与"法不外乎人情"之间的冲突，而是社会情感正义与规则禁止之间出现了悖反。社会情感正义，亦可称为公众情感需求，是社会大众的普遍正义观，是评判刑罚正义与否的内在尺度，也是判决具有可接受性的社会心理基础。[①] 规则禁止，即为了维护社会秩序和平衡利益关系，法律法规等形式明确规定的行为限制或禁止。近年来，一系列备受批判的案件暴露出当前法学基础理论、制定法的不完善、司法适用法律不合理等问题。这不仅引发了公众对司法制度的疑虑，更对司法公信力造成了严重损害。令人遗憾的是，关于社会情感正义与规则禁止悖反现象的产生机制、原理以及解决途径，学术界尚未给予充分关注，相关研究仍显薄弱。为避免社会情感正义与法律，尤其是刑法的规则禁止之间出现的悖反，进一步损害公众对法治事业的信任，进而对司法制度的正常运行造成负面影响，我们不能简单地以"法律是入罪的基础，伦理是出罪的条件"来呼吁个案出罪，而应当从法学理论、立法论以及解释论层面进行深入探讨，寻求合适的出罪路径，从而为司法者提供理论依据、价值导向和实践指引。在实现"法律之内的正义"时，也关注"法律之外的正义"，使法治更具人文关怀，更符合社会道德期望，以便更好地化解社会矛盾，提升司法公信力。

一、社会情感正义与规则禁止悖反问题的缘起

（一）问题的提出

2023年4月2日，搜狐网一篇题为《"铁马冰河"案涉案母亲"改为无罪"》的报道，[②] 再次引发公众对法理与情理的热烈探讨。该案中，被告人李某由于为患病幼子购买特效药氯巴占而涉嫌走私、贩卖、运输毒品罪，被公安机关立案侦查，后检察机关做出"罪轻不起诉"决定。案件经媒体报道获得广泛关注，公众普遍认为不应当将李某的行为视为犯罪。随后，检察机关撤销了"罪轻不起诉"决定，改为"法定不起诉"。[③] 然而，

[①] 李建东：《刑事案件机械司法问题及其解决路径——以6起典型案件的不当判罚为例》，载《山东警察学院学报》2018年第5期，第23页。

[②] 《"铁马冰河"案涉案母亲"改为无罪"》，载搜狐网，https://www.sohu.com/a/661930283_121123857，访问时间：2024年4月23日。

[③] 李某于2021年诞下一名幼子，不久后发现其患有罕见癫痫病，发病时有生命危险。氯巴占是治疗该病的特效药，但被我国列为国家管制的二类精神药品，国内没有批准上市也不允许进口。李某通过网络与另一患儿家长"铁马冰河"取得联系，并成功购得氯巴占。此后，她不仅将该网友推荐给其他几位需要者，还提供了自己的邮件地址以便接收和保管这些药品，并将药品分发至其他需求者手中。2021年7月，"铁马冰河"被河南省中牟县警方以涉嫌走私、贩卖、运输毒品罪采取强制措施。不久，李某等4名患儿母亲，亦被指控涉嫌毒品犯罪。同年11月12日，中牟县人民检察院认为其构成犯罪，但考虑到其系初犯、从犯，为子女治病且其幼子用药后病情有好转，未获利等原因认为李某犯罪情节轻微，做出不起诉决定。李某李芳并不认可检方"定罪不诉"的结果，并提起申诉。该案经网络报道获得公众持续关注。2023年3月31日，中牟县人民检察院撤销了李某的"罪轻不起诉"改为"法定不起诉"的决定，案件中与李某相似的另外几位患儿母亲也接到了检察院撤销"罪轻不起诉"决定。

这一改变并没有使舆论得以平息，案件引发的深思也远未停止。如果仅从现有的法理逻辑上看，即实现"法律之内的正义"看，本案的事实认定和法律逻辑推理并不复杂：走私、贩卖、运输毒品行为应当受到刑罚处罚——氯巴占是国家管制的精神药品——氯巴占是毒品——李某走私、贩卖、运输毒品（氯巴占）——李某应当受到刑罚处罚。其实，公众对于该案的法律依据、推理过程及结果有清晰的认识，但在情感层面普遍不同意对李某实施刑罚处罚，甚至在道义与情感上支持李某。此案揭示了法律与情感、法理与情理之间的纷繁交织，凸显了公众情感需求与我国法律禁止走私、贩卖、运输毒品之间的严重悖反。

（二）情感正义与规则禁止悖反问题产生的根源探究

司法裁判要求天理、国法、人情相互融合，若未能达到和谐统一，便会产生悖反。其中所言之人情，涵盖了社会公众普遍认同的价值观与道德情感。然而，在传统的哲学与法学理论范畴内，情感被视为人类非理性的自然反应。相较之下，法律则是对生活普遍经验的规律性、思想性总结，是体现社会正义的文字表达，被认为是智慧和理性的结晶。故制定法一般排斥非理性的语言表达，即排斥或限制情感因素在法律规定中存在。因此，情感价值或情感正义便与法律的一般规定产生矛盾，尤其在法律禁止（限制）规定方面呈现出悖反。

1. 情感与法律在理性主义视角下的疏离

法学基础理论认为，对某种行为是否符合法律规范的判断，"是不以判断人的愿望和感情为转移的，它只能用一种客观的方法来测定"，[①] 而"判断者个人的价值标准和情感体验被祛除出去，或者至少被尽可能限缩在一个非常有限的空间，而它又具有事实和逻辑判断的性质"。在此基础上，"司法公正是一种法律之内的正义，它是以合法性的形态存在的正义，是具有法律性质的制度伦理意义上的正义"，在此意义上，"正义问题已经不再是一个超越于法律制度之外的价值问题和情感表达问题"，"价值判断的情感因素被以事实判断和逻辑判断的方式表达出来并受到限制，这种价值判断不再是不同情感自由驰骋的领土，而转变为一个理性和逻辑占据主导地位的王国"。[②] 此外，法律本身追求多种价值目标，包括秩序、自由、正义、效率、人权等，但这些价值目标并非完全统一，而是相互交融、既有联系又有矛盾，它们在地位上也并不平等，而是存在主次之分，并且会随着情况的变化而变化。在法律所追求的目标价值中，人类生活需求的多样性和利益主体的多元化，以及社会变迁、制度改革、立法政策调整、法自身存在的缺陷等因素，使得法律目的价值之间产生冲突不可避免。在法律单一价值目标的实现过程中，由于主体差异、个人与集体需求的不同，可能导致价值冲突。例如，在追求正义价值的过程中，个人在特定环境

[①] ［奥］汉斯·凯尔森：《法与国家的一般理论》，沈宗灵译，中国大百科全书出版社1996年版，第14页。
[②] 郑成良：《法律之内的正义——一个关于司法公正的法律实证主义解读》，法律出版社2022年版，第73页。

下的需求可能与社会基本制度及其中所包含的规则和原则产生不一致,从而出现个人正义与社会正义之间的不协调现象。而个人正义与社会正义则反映了个人行为伦理和社会制度伦理的不同。个人行为伦理与社会制度伦理在价值追求上不尽相同,甚至存在冲突。司法公正作为法律之内的正义,是制度伦理的一部分,是一种有限的正义,制度伦理要求为了实现较大的正义而牺牲较小的正义,即以最小的恶换取最大的善被视为正义的,即守护制定法保护的正义。[①] 这种理性的逻辑主义的法学理论和司法判断,是理性主义哲学观在法学领域的体现,正如美国哲学家卡尔纳普所说的,"一个价值判断是一项迷误人的命令"。[②] 因此,理性在解决逻辑推理问题时,发挥着至关重要的作用,而道德意义上的价值判断则与理性和逻辑无涉。所以,传统的法学理论认为,法律的基础建立在理性主义之上,[③] 即法学研究的基础认知是建立在情感与理性的两分哲学之上,[④] 认为法律与情感是分离的。在此背景下,法学教育也将"法律"与冷冰冰的"理性"联系在一起,形成一种"法律基于理性而非情感"的话语体系。立法以公共理性为基础,司法要求裁判者体现客观公允的理性运作,守法是个人反思性的理性活动,而情感在法律中似乎是无足轻重的,法律甚至应当摒除和禁绝人类情感。[⑤]

2. 传统法律文化中的情感因素被排斥与淡化

中国传统法律制度基于儒家思想建构,家庭伦理、亲情是法律制度的重要内容,其集中反映"情感"的当数"亲亲相隐不为罪"的法治理念和制度设计。孔子在《论语·子路》篇中首次明确提出:"父为子隐,子为父隐,直在其中矣",[⑥] 后经秦、汉、南北朝的法律制度演进发展,最终在中华法系的代表《唐律》第一篇《名例律》中,以基本原则的形式规定了"同居相为隐"的亲属相隐制度,其通常理解为"亲属之间相互隐瞒罪行不论罪或者减免其刑,当隐而不隐者则要定罪处刑的制度"。[⑦] 虽然"亲亲相隐"在中国传统法律制度中延续2000多年,但近代以来的法律人普遍认为,这一基于家庭亲情的"唯孝""唯亲""唯上"制度,与移植于现代西方法律文化的"现代法治社会的正义观判若云泥"。[⑧] 因此,"亲亲相隐"作为封建糟粕被现行刑事法律所摒弃,扔进了历史的垃圾桶。如:现行《刑法》第310条对窝藏、包庇类犯罪的规定,就被认为全面舍弃了"亲亲

---

① 参见郑成良:《法律之内的正义——一个关于司法公正的法律实证主义解读》,法律出版社2022年版,第75—76页。
② 参见[美] R. 卡尔纳普:《哲学和逻辑句法》,付季重译,上海人民出版社1962年版,第10页。转引自苏明月:《论规范刑法学中"犯罪"的价值因素——兼论刑法学与犯罪学在研究犯罪问题上的分野》,载《法学杂志》2010年第8期,第69页。
③ 参见刘晗:《平等、移情与想象他者:普遍人权的道德情感基础》,载《清华法学》2017年第4期,第53页。
④ 参见吴习彧、吾莹:《法律中的情感研究进路》,载《厦门大学法律评论》2016年第2期,第163页。
⑤ 参见王凌皞:《法律应当如何对待情感》,载《法律和社会科学》2013年第2期,第202页。
⑥ 参见李哲:《"亲亲相隐"的历史渊源》,载《河北法学》1989年第1期,第45页。
⑦ 钱叶六:《论"亲亲相隐"制度在中国刑事法律中之重构》,载《法学评论》2006年第5期,第26页。
⑧ 宋焱:《"亲亲相隐"与正义缺失》,载《法学论坛》1997年第1期,第54页。

相隐"制度。① 长期以来，正是由于这种排斥亲情的理论教育和立法现象，致使人伦、道德情感被排斥出现今"理性"的司法活动。然而，近年来，越来越多研究认为，现代刑法的谦抑性、期待可能性等诸多理论与"亲亲相隐"等传统理念存在契合，甚至有人提出应当在我国刑法中适当以"亲亲相隐"作为出罪或减免刑罚事由。

3. 机械司法限制法律条款的适用

司法裁判是法律的具体化表现形式，应当充分考量公众经验、常识认知、朴素理念及社会共识。然而，以直接体现民众正义情感的正当防卫条款为例，在漫长的司法实践过程中，正当防卫条款尤其特殊防卫难以被适用。有学者以"正当防卫"为关键词，在北大法宝检索选取了 1985 年至 2014 年全国范围内 2486 份样本案例进行统计后发现，其中仅有 37 例成立正当防卫。② 直至近年江苏"昆山反杀案"、河北"涞源反杀案"、福建"赵宇见义勇为案"等一系列案件的出现，才被认为激活了正当防卫条款。马锡五法官在总结自己多年审判经验时曾说，要透彻了解案件的始末与因果，"对于案件处理要客观，对案情的是非曲直、真伪虚实必须进行客观的分析与判断，不能凭主观的推测与'想当然'"。③ 正当防卫条款沦为"僵尸条款"的原因，恰恰在于司法实践一直坚持"唯结果论"，不探究案件发生的前因后果，甚至执果索因片段截取案件事实，只要出现死伤后果，就认定构成防卫过当甚至不认定具有防卫性质；不作是非善恶的判断，为涉案人员附加报警义务、躲避义务。这种片面理解、机械适用法律条文的思维方式，未能充分考虑法律规范的内涵及立法初衷。这种忽视社会大众普遍认知及基本正义观念的司法裁判，是缺失是非观念的司法。

二、法学理论与司法实践中情感因素的再审视

从更深层次和更广视域内认识、研究法学基础理论和制定法后，我们会发现，法学理论并未完全排斥道德情感和正义情感。刑法学界，有学者在探索以德、日刑法学者为代表的三阶层理论与我国传统观念（情感）之间的关系后，甚至提出我国的国法、天理、人情是三阶层理论的深层次思想基础。近年来的立法也逐渐体现并肯定了人伦、道德情感的正当性，司法个案的典型裁判同样体现并肯定情感的价值。④

（一）情感因素在法学研究中的发展

法学、法律乃至司法排斥道德情感，其实是一种有意识地规避。事实上，无论是理

---

① 陆建红、杨华：《现代法治条件下"亲亲相隐"制度之构建》，载《法律适用》2017 年第 3 期，第 30 页。
② 参见彭雅丽、邬丹：《正当防卫制度的司法症结和解决对策研究——基于全国 2486 件案例的实证分析》，载陈兴良主编：《刑事法评论》，北京大学出版社 2016 年版，第 132－133 页。
③ 杨正发：《马锡五传》，人民法院出版社 2014 年版，第 191 页。
④ 参见最高人民法院：《第三批人民法院大力弘扬社会主义核心价值观典型民事案例》，https://mp.weixin.qq.com/s/zQat2Heb3wLECDp5oF1LLw，访问时间：2023 年 11 月 15 日。

论、立法还是司法实践，从未也不可能完全排斥道德情感的存在，理性的认识论和逻辑推理在认识事物上是受限制的，不是万能的，犯罪的出现本身就说明人的理性是相对的，甚至是不理性的。近年来，越来越多的研究证明并倡导重视情感与法律的联系，包括在法学研究、立法、司法以及违法、守法活动中关注情感的作用，认为情感与正义密不可分。英国哲学家休谟在其名著《人类理智研究》一书中就提出，"人类理性或探究的一切对象，都可以分为观念的联系和实际的事实两类"，观念的联系通过证明就可以获得其确定性，而实际的事实是经验的总结，但经验的总结就像"太阳明天将不会升起"和"明天太阳将会升起"两个命题一样都是可以理解的。① 因此，理性总结的"实际的事实"必定具有"或然性"或"可能情况"的例外，② 即理性的总结本身就可能是不可靠的。与休谟同时代的英国经济学家、伦理学家亚当·斯密在其著作《道德情操论》中提出"人的本性中就存在怜悯和同情"，③ 这种包含同情心的情感是理想的理性应包含的情感，并在公共生活中发挥应有的作用，某种情感的指引也是公共理性的必须要素。所以，在事实判断的过程中，情感并不告诉人们怎样去解决问题，但增加情感因素使人们对事实的判断避免思维认识的空虚，④ 也避免判断者成为冷冰冰的"理性人"。⑤ 所以，裁判者带着情感去看待事物，培养把自己置身于情景之中的能力，就是一种同情（共情）能力，这种同情能力就是一种合宜的理性情感，从而成为"公正的旁观者"。⑥ 实质上，这种共情的情感是个人仁慈的关爱的利他德性，其在心理上是善良行为的内在来源，并体现为利他的外在正义行为。近代以来，虽然康德的理性主义哲学思想极大影响了近代以来的法学理论，但人们误解了康德对道德情感的批评，康德并未忽视人类道德情感的复杂性与丰富性，康德肯定和赞赏了人的"高贵"情感，这种"高贵"情感被认为是与善的理念相结合而出现的"热忱"。⑦ 现在，越来越多研究者认为，"法律中充满了情感，情感并不总意味着对法律运行的阻碍，相反，情感服务于理性并使理性成为可能"。⑧

2015年，第27届国际法哲学与社会哲学大会以"法律、理性与情感"为主题，世界各国的法哲学、法学学者认为，应在认识论和法学研究上将人类的情感、理性与法律相结合，认为"调整人类活动与人类社会的基本方式的法律规范与人类的情感、理性等因素之

---

① [英]休谟：《人类理智研究》，王江伟译，北京出版社2012年版，第22页。
② [英]休谟：《人类理智研究》，王江伟译，北京出版社2012年版，第52页。
③ [英]亚当·斯密：《道德情操论》，蒋自强、钦北愚等译，商务印书馆1997年版，第5页。
④ [美]玛莎·努斯鲍姆：《诗性正义：文学想象与公共生活》，丁晓东译，北京大学出版社2010年版，第104页。
⑤ 参见范昀：《情感与正义》，浙江大学出版社2022年版，第410页。
⑥ 参见范昀：《情感与正义》，浙江大学出版社2022年版，第410—411页。
⑦ 参见郁乐：《试析康德关于道德情感的理论》，载《西南政法大学学报》2009年第2期，第117页。
⑧ 参见李柏杨：《情感，不再无处安放——法律与情感研究发展综述》，载《环球法律评论》2016年第5期，第162页。

间具有不可分离的联系","法律至少部分植根于情感"。① 缺少情感因素的法学理论研究是不完整、不理性的;不考虑情感因素而制定的法律不会被认为是良法;不考虑情感的司法也必定会受到质疑。

(二) 正当情感在法律中的回归

应当强调,正当情感不仅包含家庭伦理情感,还包括族群、民族甚至全国人民对特定文化、风俗、历史记忆、英雄人物等社会大众普遍性的共同情感认同。其对立法影响具有双面性,不能因为前文所列举案件体现出公众对"重处"的不满,就认为情感正义只是一味地希望立法宽纵,我们还应充分重视公众对于一些行为犯罪化及重刑化的情感诉求。我国《刑法》第 250 条出版歧视、侮辱少数民族作品罪,第 251 条非法剥夺公民宗教信仰自由罪、侵犯少数民族风俗习惯罪,第 299 条侮辱国旗、国徽、国歌罪等,其法益保护的内容都包含了对特定群体的正当情感。近年来,《刑法》新增设的个别罪名,如《〈刑法〉修正案(十一)》新增的侵害英雄烈士名誉、荣誉罪,就保护了社会公众的这一情感需求。行为人侵害"英雄烈士名誉、荣誉的行为违背了社会主义核心价值观,损害了社会公众的历史记忆、共同情感和民族精神"。② 不仅如此,刑法对总则性规定的修正中,也在一定程度上体现了情感影响的两面性,如《〈刑法〉修正案(十一)》在对刑事责任年龄问题调整时,既有第十七条之一对年满七十五岁老年人从宽的规定,又有第十七条第三款对部分犯罪刑事责任年龄降低至十二周岁从严的变更。虽然,《刑法》中直接体现保护正当情感的条文不多,但十二个修正案整体表现出的死刑减少、自由刑趋重,无不彰显公众情感的影响力。囿于《刑法》条文规范性、简洁性的限制,其对公众共同情感的考量必须借助于司法解释的规定,如:最高人民法院 1998 年公布的《关于处理自首和立功具体应用法律若干问题的解释》第一条规定,经亲友规劝、陪同投案的认定为自动投案;最高人民法院、最高人民检察院 2011 年发布的《关于办理诈骗刑事案件具体应用法律若干问题的解释》第四条规定,诈骗近亲属财物取得亲属谅解一般可不按犯罪处理;最高人民法院 2016 年发布的《关于审理毒品犯罪案件适用法律若干问题的解释》第十二条第三款规定,容留近亲属吸食、注射毒品,情节显著轻微危害不大的,不作为犯罪处理等等。这些立法新增设的罪名和司法解释的处置规定等,都体现了立法、司法活动越来越认可、保护社会公众的正当情感。

此外,据最高人民检察院公布的数据显示,全国检察机关办理涉正当防卫案件不批捕、不起诉数量两年之间翻了两番。③ 这并不是因为正当防卫的防卫意图、防卫起因、防

---

① 章安邦:《"法律、理性与情感"的哲学观照》,载《法制与社会发展》2015 年第 5 期,第 132 页。
② 王政勋:《论侵害英雄烈士名誉、荣誉罪的保护法益》,载《法治现代化研究》2021 年第 5 期,第 65 页。
③ 全国检察机关 2017 年办理涉正当防卫案件中,被认定正当防卫不批捕案件 48 件、不起诉 54 件;2018 年不批捕 91 件,不起诉 101 件;2019 年不批捕 187 件、不起诉 210 件。

卫时间、防卫对象、防卫限度等基本理论发生了多大变化，而是在这些案件的办理过程中，人的"正当情感"受到了认可。过去，司法是一种排斥普通人"正当情感"的活动，司法者受制于超"理性"理论教育和严格的"逻辑"推理，在办案过程中没有站在"当事人"的角度考虑问题，如此也就大大限缩了

正当防卫条款适用的空间。2020年，最高人民法院、最高人民检察院、公安部联合下发《关于依法适用正当防卫制度的指导意见》，明确提出"坚持法理情统一，维护公平正义……认定是否构成正当防卫……要于理应当、于情相容，符合人民群众的公平正义观念，实现法律效果和社会效果的有机统一"。这一司法解释再次证明，"法"与"情"，"情"与"正义"相关联。

（三）情感作为司法裁判考量因素的价值

西方谚语云："法官是最孤独的职业者，他只忠诚于法律"。笔者认为，此话体现法官应当办案依法的价值观值得肯定，但将法律绝对化的做法并不应完全推崇。适当将公众的情感因素作为司法审判的考量因素，既是对人民群众情感关切的有效回应，也是司法审判人民性的体现。将其作为除依据法律法规、司法解释的规定之外的裁决理由融入判决结果，不但丰富了裁判理由的来源，还增强了裁判结论正当性，提高了文书质量，以及社会公众对于裁判的可接受性，有助于促进法律效果和社会效果的有机统一。如果司法人员在司法审判过程中，能够适当、合理考虑公众情感因素，可以有效避免僵化司法与机械执法，提升裁判的灵活度和法律中"人性"的温度，有助于凝聚社会共识，引领社会公共道德，以便于判决执行和社会冲突的减少。

（四）情感在司法裁判中的平衡

在探讨法学理论与司法实践中情感因素的作用时，我们不仅要认识到情感因素的重要性，还需明确理性、情感以及公平正义的标准，并探寻如何在司法实践中保持这三者之间的平衡。

理性的标准在于客观、中立和逻辑严密。在法学研究和司法实践中，理性是我们认识事物、分析案件的基础。它要求我们摒弃主观偏见，以事实为依据，以法律为准绳，进行逻辑推理和判断。然而，理性并非万能，尤其是在处理涉及复杂情感和伦理道德的问题时，具有局限性和不足。情感的标准在于真实、合理和适度。情感是人类与生俱来的心理体验，它在法学研究和司法实践中发挥着不可替代的作用。正当的情感表达能够增强法律的人文关怀，促进法律与社会的和谐。但情感因素也需要受到合理地规范和引导，避免过度情绪化导致司法不公。公平正义的标准则是法律追求的终极目标。它要求我们在处理案件时既要遵循法律规则，又要考虑社会公平公正的要求。公平正义的实现需要我们在理性与情感之间找到平衡点，既要保证法律规则的严格适用，又要充分考虑当事人的情感需求

和社会的道德期待。在处理具体案件时,我们应防止过度关注社会公众情感而忽视个案正义的情况发生。社会公众情感往往具有复杂性和多样性,它容易受到多种因素的影响而发生变化。因此,我们不能简单地将社会公众情感作为判断案件公正与否的唯一标准。相反,应当在充分尊重社会公众情感的基础上,坚持法律规则的适用和个案正义的维护。如前所述,刑法规定出罪的正当防卫制度,在相当长的时间内才被"唤醒",受到来自各方的诟病。2024年初,随着电影《第二十条》的上映,社会各界反响强烈,似乎出现了全民讨论的热潮。但笔者发现,真正有影响力的学者及司法实务专家发声的寥寥无几,这并非他们闭门塞户,而在于电影是文学艺术产品而非法律规定或者法学理论,其观点不一定与规范的法律规定及法学理论一致。专家学者们正是担心激发公众错误或不正当情感,才故意对《第二十条》的"热炒"保持了冷静的态度。

三、情感正义与规则禁止悖反问题化解的基本观念

(一) 坚持以罪刑法定原则为基础

罪刑法定原则是定罪量刑的基本准则。《刑法》第3条规定:"法律明文规定为犯罪行为的,依照法律定罪处刑;法律没有明文规定为犯罪行为的,不得定罪处刑"。该原则目的在于遏制国民处罚情绪高涨之时,法官不顾法律规定而处罚行为人的冲动。[①] 将情感因素融入司法,并不意味着放弃罪刑法定原则,也不是将情感抽象为一般性的指导原则,作为论证理由来滥用或者误用,而是在具体案件事实基础上,司法对情感的合理发现,而不能看作是对抗司法权威、挑战法律规则的例外。情感的融入与罪刑法定之所以会出现紧张或对立状态,是因为在司法过程中"法理"与"情理"都具有正当性,都有各自的逻辑与彼此张力。因此,在司法过程中,必须坚持以罪刑法定原则为基础,防止依法司法异化为情感司法。情感考量的融入应置于合法的立场下,继而追求合理,最终实现"情、理、法"的统一效果,避免出现"合理不合法"的情况。因此,笔者认为,刑事司法定罪的评判标准只能是刑事法律的规定,包括罪与非罪、此罪与彼罪、一罪与数罪。只有在考虑是否需要起诉、判处何种刑罚以及刑罚是否需要立即执行时,才能将公众的情感作为考量因素。

(二) 建立"理性+情感"的思维方式

理性与非理性的判断是一个认识程度的问题,在现有理性主义的司法逻辑上增加情感因素判断是一种更理性的认识。实现正义的方式是现代法治的标志之一。现代法治精神已经接受了这样一种司法判断方式:法律之内的正义在实现的方式上应坚持"法律之善优先

---

① 平野龙一,《刑法的基础》,东京大学出版会,1966年,第250页。转引自:蔡颖:《罪刑法定原则下正犯性的认定——以参加自杀行为为例》,载《中外法学》2023年第5期,第1561–1562页。

于事实之真,形式合理性优先于实质合理性,程序正义优先于实体正义"。① 这种判断方式无疑是现代司法活动应遵循的基本原则,脱离了这种方式,司法就会陷入混乱和无序,正义也就荡然无存了。所以,在此意义上,"法律效果与社会效果相比,法律效果是第一位的,社会效果是法律效果延伸出来的,离开法律效果就不会有社会效果",② 这种理性的司法判断方式在对"疑案"的处理上更能维护法治精神。然而,现实中的案件千差万别,不能一概而论,如果一些简单案件不当适用这种判断方式,极易使司法判断显得过于僵化。所以,司法的判断方式与案件的难易复杂一样,也应该是分层次的,或者说是分类的。像本文前述的几个备受争议的案例,它们不存在"事实之真"与"法律之真"的艰难判断和抉择,应该被认定为是第一层次的判断,即正义不需要严格的法律逻辑就可以实现,大众的观感和判断就具有很强的合法性基础。"如果一种行为在道德生活中被鼓励,那它不可能是犯罪",③ 司法应该尊重公众的这种道德情感。法律本身固有缺陷,尤其是法律的滞后性、法律过于刚性等,"司法的作用不是让本就刚性的法律更加刚硬,而是要用道德的润滑剂让法律柔软,满足民众的常情常感"。④ 如果在这类案件中,司法者过于坚持法律逻辑本身就极有可能丧失法律之善,更无实质正义。形式入罪易而实质出罪难,自然就会出现貌似符合法律效果,实则社会效果几乎是反面的不良后果。而在无法确定"事实之真"和"法律之真"的"疑难"案件场合,这类案件应该被认定为是第二层次的判断,对此应该坚持法律判断的逻辑理性以实现"法律之内的正义"。

(三) 树立能动司法的理念

在新的历史时期,人民群众日益增长的需求体现在司法领域,就是人民群众对民主、法治、公平、正义的期待更加强烈,我们必须注重法律、伦理和情感三者的有机结合,确保司法实践在遵循法律的同时,也符合伦理规范和社会情感,做到于法有据、于理应当、于情相容,实现政治效果、社会效果、法律效果的统一。由于法律规则的概括性与滞后性不可避免,在形式与实质合理性、法律与情理发生冲突时,倘若仅仅着眼于法律与事实的表层对应性作出裁判,一味强调司法被动消极的一面,则无法实现"三个效果"的统一,甚至落入机械司法的窠臼。⑤ 因此,在依法裁判的前提上应适当提倡能动司法。能动司法,是指在案件审理过程中,司法机构秉持一种不局限于既有判例、遵从成文法字面含义进行司法解释的理念,并据此实施相应的司法行为。这一概念强调司法者在法律适用过程

---

① 参见章武生、马贵翔、王志强、吴英姿:《司法制度的路径选择:从体制到程序》,中国法制出版社 2010 年版,第 36 页。
② 张军:《法官的自由裁量权与司法正义》,载《法律科学》2015 年第 4 期,第 21 页。
③ 罗翔:《法治的细节》,云南人民出版社 2021 年版,第 34 页。
④ 罗翔:《法治的细节》,云南人民出版社 2021 年版,第 85 页。
⑤ 杨建军:《裁判的经验与方法——〈最高人民法院公报〉民事案例研究》,山东人民出版社 2010 年版,第 143 页。

中，应积极发挥能动性，以实现司法公正和社会公平正义。当司法机构发挥其司法能动性时，它对法律进行解释的结果更倾向于回应当下的社会现实和社会演变的新趋势，而不拘泥于旧有成文立法或先例，以防止产生不合理的社会后果。[①] 换言之，即司法者在解释法律时，充分发挥主观能动性，对有缺陷的法律规定进行补充和完善。在行使自由裁量权时，带着法律的温度审视社会中的喜怒哀乐，"使情理带入法治之中，给情理在法律上一定的表达空间，指导司法实践"，[②] 充分考虑各方利益，做到利益均衡和情法兼顾。

（四）以发挥刑罚功能，实现刑罚目的为目标

刑罚具有预防犯罪的目的，包括一般预防和特殊预防，在制定、适用和执行刑罚的时候，会产生惩罚、威慑、法治教育、感化等效果。传统理论一般认为，刑罚目的和功能的实现需要经过完整的诉讼程序，特别是需要经过国家审判机关的审判活动、执行程序等才能实现。[③] 实际上，刑罚目的和功能的实现是一个体系性的法治活动，并不必须经过审判和执行环节。诚然，诉讼活动能够使刑罚功能的实现更加具体化和可感知化，但刑罚的制定和颁行本身就具有预防犯罪、威慑犯罪、法治教育等功能。所以，如何在合法的范围内将刑罚目的和功能最大化，同时最大限度降低刑罚带来的负面社会效果，应成为实现刑罚的目标。在一些特殊个案，尤其是引发公众情感正义与规则禁止相冲突的案件中，司法活动引起公众对案件的兴趣与关注，本身就是一次社会意义上的普法活动，在一定程度上实现刑罚的目的。司法者运用体系性的法律解释对涉案人员出罪或入罪，这一过程也可以达到或实现对涉案人员的特殊预防，对社会公众一般预防的目的。同时，司法人员对法律的解释与适用，可以让公众更清楚地了解到某一具体条款含义、作用，刑罚的威慑力、惩罚力，引导社会公众懂法、守法、信法，修正既有的情感，在社会主义法治化的基础上，树立新的、正确的观念。

（五）运用实质性、体系性的解释方法

司法者对某一犯罪构成要件的准确理解与适用，对特定诉讼程序的遵循，是司法活动的合法性基础，也是形式合法与程序合法的标志。但只做到形式合法并不能适应新时代人民群众对司法的需求和期待，只有对法律概念、条文的体系性、实质性理解适用，才能做出让人民群众满意的司法裁判。首先，对犯罪的理解不能停留在法条的字面意思上，要以法益保护为指引，进行违法性与有责性，社会危害性与可罚性，形式入罪与实质出罪的综

---

① 参见洪艳蓉：《虚拟货币"挖矿"行为的司法协同治理与实现路径——从最高人民法院"双碳"典型案例说起》，载《中国法律评论》2023年第4期，第39页。
② 张克祯，赵俊鹏：《传统"情理法"在陕甘宁边区的嬗变》，载《理论导刊》2018年第11期，第98页。
③ 参见陈兴良：《规范刑法学》，中国人民大学出版社2013年版，第293-264页。

合性评价。① 其次，在条文和章节逻辑自洽的基础上，将解释结论放在整个刑法典体系中进行检视，尤其是不能与法律的基本原则、目的相冲突。最后，将解释结论放在整个法律体系中进行考量，并与社会共同体认可的价值相平衡。② 司法者对案件事实的认定，要在事实与规范之间进行实质性、体系性的评判，避免断章取义，使解释结论与法律体系相协调，③ 才能得出符合法律规定、刑法目的、法律价值、公众认可的裁判结果，实现法律规定本身的正义性和司法对正义的保障。

四、情感正义与规则禁止悖反问题的具体司法化解措施

（一）创设矛盾评估审查机制，防止小案矛盾扩大化

矛盾评估审查机制旨在从源头上发现和处理案件中的矛盾问题，通过科学的评估、审查，有效防止小案矛盾的升级和恶化。④ 承办人首先对案件进行全面审查，找出案件中的矛盾问题及其根源和发展趋势。包括对证据、法律条款、当事人的意见进行全面梳理和分析。在坚持以事实为依据，以法律为准绳的基础上，秉持司法为民的理念，对案件特别是重大、敏感、引起社会广泛关注的案件，必须充分重视公众情感因素在定罪及量刑中的意义。通过细致地审查，制定出针对性的工作方案，为后续的处理提供科学依据。对于矛盾不大、犯罪情节显著轻微的案件，依法适用《刑法》第十三条"但书"的规定，不将其作为犯罪处理，或者依法从轻处理。相反，对于引起公愤的恶性案件，应当从严、从重处罚。例如："唐山打人案"⑤"邯郸三少年杀人案"，⑥ 以体现宽严相济的刑事政策。

---

① 参见张明楷：《实质解释论的再提倡》，载《中国法学》2010年第4期，第49页。
② 高维俭、王东海：《刑法体系解释层次论——兼以"赵春华案"为实践检验样本》，载《现代法学》2019年第3期，第35页。
③ 张明楷：《注重体系解释实现刑法正义》，载《法学评论》2005年第2期，第34页。
④ 参见刘锋：《当前我国社会整合的基本态势与应对方略》，载《中州学刊》2015年第3期，第81页。
⑤ 2022年6月10日2时40分许，陈某志、马某齐、刘某、陈某亮等八人，在河北省唐山市路北区机场路某烧烤店吃饭时，对正在店内用餐的王某某、李某、远某、刘某某桌旁，陈某志对王某某骚扰遭拒后殴打王某某，王某某与李某进行反抗。陈某志、马某齐、刘某、陈某亮等，分别在烧烤店内、店外便道及店旁小胡同内，对王某某、李某、远某、刘某某持椅子、酒瓶击打或拳打脚踢，并威胁远某不得报警。经鉴定，王某某、刘某某的损伤程度构成轻伤二级；李某、远某的损伤程度构成轻微伤。视频曝光后，司法机关迅速立案侦查、起诉、审判，最终以寻衅滋事罪、抢劫罪、聚众斗殴罪、开设赌场罪、非法拘禁罪、故意伤害罪、掩饰、隐瞒犯罪所得罪、帮助信息网络犯罪活动罪，数罪并罚，判处陈某志有期徒刑二十四年，并处罚金人民币三十二万元；对其余27名被告人依法判处十一年至六个月有期徒刑不等的刑罚，另对其中19名被告人并处人民币十三万五千元至三千元不等的罚金。
⑥ 2024年3月10日，河北省邯郸市肥乡区初一学生王某某被杀害。3月11日，涉案的张某某、李某、马某某3名未成年犯罪嫌疑人被公安机关全部抓获。检察机关高度重视，依法提前介入公安机关侦查活动。3月21日，邯郸市肥乡区公安局对涉嫌故意杀人罪的张某某、李某及马某某提请检察机关核准追诉。检察机关审查认为，张某某、李某及马某某3人作案时已满十二周岁不满十四周岁，故意杀人致被害人王某某死亡，情节恶劣，应当追究刑事责任。根据《中华人民共和国刑法》第十七条第三款的规定，河北省检察机关逐级层报最高人民检察院对张某某、李某及马某某核准追诉。近日，经最高人民检察院审查，依法决定对犯罪嫌疑人张某某、李某及马某某核准追诉。

(二) 适时公开侦查活动，保障公众、案件相关人员的知情权

案件信息的隐秘性、侦查工作的保密性与案情公开之间存在矛盾，但保密需要和信息公开之间并非完全对立。尤其在热点案件中，适时公开侦查进展，可以有效引导、培养公众的理性认知。否则，质疑和谣言就会获得生存空间。如：2022年10月14日晚，江西省上饶市铅山县致远中学高一学生胡鑫宇从校园失联。事发后，虽然公安机关、社会力量进行了大量搜寻，但80余天里，公安机关未能获得有价值线索，也未详细向社会公布搜寻进展。期间各类谣言充斥网络。据报道，新浪微博社区管理方就此事共清理传播相关谣言的违规内容3500余条，网站平台共处置违法违规账号1800余个，① 可以说造成了极其恶劣的影响。2023年1月7日，随着后续详细调查结果公布，谣言才逐渐平息。此次持续发酵的网络舆情事件足以说明，某些案件一旦受到公众关注，就不再只是一个涉及案件相关人员的案件，而成为公共事件。为避免公众被谣言误导，公安机关应适时公开案件信息，及时引导舆论。

(三) 紧紧依靠群众，抓好诉源治理

2021年，中央全面深化改革委员会第十八次会议审议通过《关于加强诉源治理推动矛盾纠纷源头化解的意见》，从矛盾纠纷源头预防、前端化解、关口把控三个维度对诉源治理作出顶层设计部署。诉源治理是新时代"枫桥经验"的延伸，它将司法触角延伸至基层，预防基层矛盾纠纷激化，担负着基层社会治理社会化、法治化、智能化、专业化实践的引领性和建构性功能。是一种以预防和解决纠纷为主要职能的基层司法活动，它是社会治理的重要组成部分，对于进一步提升群众获得感、幸福感、安全感，推进基层社会治理体系和治理能力现代化具有重要意义。具体到刑事案件中，诉源治理就是要在党的领导下，紧紧依靠群众，动员一切可以动员的力量，落实习近平总书记强调的法治建设既要抓末端、治已病，更要"抓前端、治未病"。针对情绪对实践中诸多犯罪的发生、发展、后果乃至罪犯刑罚执行的影响，司法人员要时刻关注舆情动向，及时掌握社情民意，无论是对已然之罪的惩处，还是对未然之罪的预防，都有着十分重要的意义。

(四) 落实听证解争机制，促进矛盾化解民主化、法治化

检察机关作为法律监督的主体，一旦刑事案件纳入其审查范围，社会公众对案件处理的公开透明、公正公平的要求将进一步提升。首先，承办检察官应全面分析案件事实，证据基础，形成基于既符合法律逻辑、又追求实质正义的司法先见；其次，在听证会之前，

---

① 中国互联网联合辟谣平台：《今日辟谣》，https://www.piyao.org.cn/20230203/2be65140a74447c296861a2eea1a264d/c.html，访问时间：2023年10月5日。

需要密切关注公众的关注点，并做好充分的准备，以确保在法理、逻辑和情感上都能做出有效的回应。再次，通过扩大听证员的多样性、专业性和代表性，让听证员成为案件处理结果的宣传者和公众舆论的反馈者。吸纳金融、教育、公共安全等专业知识领域专家、职能部门负责人、律师、乡贤能人、一线劳动者等，组建听证员库，使听证员来源多样化、专业化，使检察公开听证天然地具有回应公众关注的制度优势，利用公开听证的优势，把公众对案件的情感关注及时引导到理性、逻辑、公正、客观的司法活动中来。最后，强化听证的公开性，不仅在案件内容、说理、法律适用、处理结果上公开，同时，也要对公开听证的过程进行优化。

（五）把握公众情感融入司法的限度

我们应当清醒地认识到，情感在一定程度上存在盲目性、不稳定性，以及判断的困难性。因此，审判人员将情感作为定罪、量刑的依据时，要受到一定的限制，不能根据自己的喜好，或是当事人的认知进行选择，也不能将个别社会成员的、短期的认知当作公众的集体情感。而应当以国家现行法律或规范为基础，以维护国家与社会的整体利益为出发点，对因为一时、一事、一地所引起的社会舆论进行全面分析。用于法律推理的情感必须是具有合法性基础的，能够被主流价值观所接受的，有助于增强全民福祉的公众情感，如公平、正义、自由、人权等，这种公众情感会普遍且平等地要求社会中的每一名成员。只有那些经过广泛实践并加以严格论证的情感，才能够进入司法推理的过程中。[①] 力戒因过度关注社会情感而无法保证个案正义，一味地以情感为主，致司法规则无用。

（六）优化审判方式，让正义的实现看得见

当案件进入审判环节，公众对实现正义的期待达至最高，裁判的适当与否更容易引发舆论的褒贬。热点案件中，让公众看得见审判的过程，就是让事实和正义的实现看得见。一些地方法院在审理案件时"占坑式"旁听，在一定程度上加剧了公众对执法公正性的质疑，损伤了公众的情感。为避免这一问题，我们应继承并不断丰富马锡五审判方式，将审判过程、事实认定、法律适用、裁判结论呈现给公众。把审判过程、审判结果置于当事人和公众的监督之下。不仅有利于防止司法权的滥用，而且有利于加强社会公众对国家刑事司法活动的认同感。[②]

（七）以司法政策与司法案例为指引

司法政策作为司法活动的导向标，为实践提供了宏观方向和价值指引。司法政策通过

[①] 参见孙海波：《论道德对法官裁判的影响》，载《法制与社会发展》2022年第5期，第90-91页。
[②] 杨婷：《刑事案件在线庭审的问题检视与规则优化》，载《中南民族大学学报（人文社会科学版）》2022年第1期，第123页。

明确法律原则、规范司法程序，为司法活动提供坚实的依据，有助于确保法律的正确实施，维护社会公平正义。同时，司法案例作为司法活动的具体实践和经验积累，具有不可或缺的参考价值。通过对司法案例的梳理和分析，可以总结出法律实施中的成功经验，对准确理解和适用法律具有镜像的借鉴价值，为未来的司法活动提供宝贵的指导。因此，司法者应主动积极地学习掌握司法政策，深入探究其内涵与意义，拓宽司法政策的实际运用空间，使裁判更契合政策导向和社会大众的价值认同。此外，司法者在裁判过程中应充分借鉴同类案例的正面及负面裁判结果，避免因对法律条文的片面解读或机械理解而导致不良影响。通过深入分析和研究同类案件，了解不同裁判结果对社会产生的影响，从而作出更加符合公众普遍认可和预期的裁判。

结　语

公众的普遍性认知有其深刻而广泛的历史原因与现实基础，理论与实践相结合并不是一句简单空洞的说教，法律人对原则的"坚守"不等于"固执"与"保守"。执法者不能抱着《汉语词典》去解释法条，跟着感觉去办案，须知刑事法律制定、执行的终极目的在于预防犯罪，无论是为了实现其特殊预防还是一般预防，都应依靠广大社会成员的理解与支持。实践证明，迷信刑法万能主义，单纯依靠刑罚惩治，并不能一劳永逸地解决犯罪问题。对于社会而言，"刑罚惩治不是目的，教育预防才是初衷"。重刑主义非但达不到有效遏制犯罪的效果，反而可能阻碍社会生产力，破坏内生稳定。司法应强调以情感为基础，避免简单理性逻辑的"片段式"裁决，用真情实感去关心民众的疾苦与痛痒，摆脱冷冰冰完成既定任务的做法。在法律的制定与实施过程中，不陶醉于自我认可的法学"教义"而无视公众的正义情感，在社会现实已经发生改变时，不固守已有的成文法条及传统判罚标准，以公众情感具有盲目性为借口。必须与时俱进，必要时对法律法规进行适当修改，也可以在不违背罪刑法定原则的前提下，充分考虑公民的预测可能性，对现有立法进行解释，适当改变原有不合时宜的惯常做法。另一方面，应当坚持贯彻宽严相济的刑事政策，明确少捕慎诉慎押并非一概轻纵，对于那些情节极其恶劣、危害极其严重、人民群众反映强烈的犯罪绝对不能姑息。只有这样，才能走出机械执法的怪圈，真正"让人民群众在每一个司法案件中感受到公平正义"。

Breaking Down the Contradictions between Socio – Emotional Justice and Legal Prohibitions

Zhang Ruoqi

Abstract：The rationalist traditions of legal theory, legal education, and judicial reasoning have improperly avoided acknowledging the role of emotions in law and jurisprudence. This oversight has led to a disconnect between the public's legitimate emotional needs and the outcomes of legal judgments based on prohibitive clauses. Rulings that strictly adhere to these clauses often result in verdicts that defy common sense, making it difficult to achieve justice in individual cases as espected by the public. Judges must not rigidly adhere to the baseline of "not illegal" but should instead consider the full spectrum of human emotions within society, continuously deepening their understanding of the spirit of the law to enhance their capability in interpreting and applying it. Judicial decision – making should be stratified; for straightforward cases without discrepancies between "factual truth" and "legal truth," more emphasis should be placed on the public's legitimate emotions. By realizing the value of law in the judicial process, optimizing judicial methods, we can avoid the superficial compliance with the law that mechanical jurisprudence often entails, which can lead to negative social effects.

Keywords: Legitimate Emotions, Systematic Interpretation, Judicial Mechanization, Optimizing Judicial Methods

"习惯入典":《民法典》第 10 条的法理阐释

苏海平[*]

摘 要　《民法典》颁布以来,有关第 10 条("习惯入典"条款)中的习惯是否等同于习惯法、习惯可否作为法源学界观点不一。对于前一个问题,经过逻辑演绎与修辞论证发现"习惯入典"条款中的习惯仅具有"事实之习惯"要素,难以满足"法的确信"要素;行为之习惯与规则之习惯有效区分了习惯与习惯法;基于国家立场的"国家认可说"混同了习惯与习惯法的概念,从法的性质、概念范畴及研究场域等维度都发现"习惯入典"条款的习惯不应当被认定为习惯法。对于后一个问题,不同立场的学者对于"习惯入典"条款中习惯是否属于法源存在大相径庭的看法。应当采取法理论的观点,认定"习惯入典"条款中的习惯并非确立了习惯的法源地位,仅是作为制定法的适用规则。具体来说,"习惯入典"条款补足了司法机关在处理民事纠纷时适用习惯的更强正当性,确认了习惯为我国司法适用的依据。

关键词　"习惯入典"条款　法的确信　习惯　习惯法　法源

自《中华人民共和国民法总则》第 10 条将习惯纳入法条以来,有关条款中的"习惯"表述是否等同于习惯法、是否属于民法法源引发学界热烈讨论,观点各异。《中华人民共和国民法典》(以下简称"《民法典》")出台后则引起新的讨论热潮。《民法典》第 10 条(为方便讨论,下称"习惯入典"条款)规定:"处理民事纠纷,应当依照法律;法律没有规定的,可以适用习惯,但是不得违背公序良俗。""习惯入典"条款出台后,对该条款的理解在学界形成了两种截然不同的观点,第一种观点认为,此条款表达的习惯即为习惯法,与制定法相对,条款所述习惯构成民法法源,民法学者多持此种观点,如于飞[①]、

---

[*] 苏海平,海南大学法学院博士研究生。
[①] 参见于飞:《民法总则法源条款的缺失与补充》,载《法学研究》2018 年第 1 期,第 36–51 页。

石佳友①、彭诚信②等；第二种观点认为"习惯入典"条款中的习惯并不构成习惯法，当然也有学者进一步提出这一条款属于民法学界的法源误用，此条款中的习惯并非民法法源，这一观点主要为法理学者所持有，如刘作翔③、陈景辉④等。这些意见相左的讨论引发笔者思考：为何对于同一规范表达会得出完全不同的认识。法律规范的本质是法律实践。⑤ 因此，就"习惯入典"条款，不能停留在认识层面进行思想实验，必须依归规范本身，从法理论视角对学界现有观点进行检验修正，并最终立足司法适用讨论"习惯入典"条款中的习惯是否为法源。简言之，"习惯入典"条款的本质是什么，各方学者又是站在什么立场讨论这一概念。对问题进一步抽离，得出学界对"习惯入典"条款讨论的焦点主要可归纳为：（1）习惯满足"法的确信"吗？（2）习惯等同于习惯法吗？（3）"习惯入典"条款中的习惯是法源吗？本文将围绕上述焦点问题展开论证。

一、"习惯入典"条款中的习惯满足"法的确信"吗？

（一）学界相关研究概述

就习惯而言，学界有多种学说，但普遍认为习惯和惯例一般是在比较长期的社会生活中、在各种现有的制约条件下通过人们的行为互动逐步形成的规范。⑥ 说到习惯，与之密切相关的概念就是习惯法，学界已存在大量有关习惯法概念的研究。⑦ 虽然就习惯法是否

---

① 参见石佳友：《民法典的法律渊源体系——以〈民法总则〉第10条为例》，载《中国人民大学学报》2017年第4期，第12-21页。
② 参见彭诚信、陈吉栋：《论〈民法总则〉第10条中的习惯——以"顶盆过继案"切入》，载《华东政法大学学报》2017年第5期，第51-62页。
③ 参见刘作翔：《"法源"的误用——关于法律渊源的理性思考》，载《法律科学》2019年第3期，第3-12页。
④ 参见陈景辉：《"习惯法"是法律吗？》，载《法学》2018年第1期，第3-18页。
⑤ 如姚建宗教授就从实践视角出发将"法律实践"分为"法律的思想实践""法律的规范实践"和"法律的应用实践"三种类型，并已进行系统论述。参见姚建宗：《中国语境中的法律实践概念》，载《中国社会科学》2014年第6期，第141-162，209页；姚建宗：《论法律的思想实践及其实践理性原则》，载《河北法学》2022年第2期，第2-18页；姚建宗：《论法律的规范实践及其实践理性原则》，载《江汉论坛》2022年第1期，第119-127页；姚建宗：《论法律的应用实践及其实践理性原则》，载《法学论坛》2022年第4期，第41-51页。
⑥ 参见苏力：《当代中国法律中的习惯——一个制定法的透视》，载《法学评论》2001年第3期，第31页。
⑦ 参见谢晖：《论习惯法的国家立场与社会立场》，载《政治与法律》2023年第8期，第108-123页；孙康：《习非成是的舶来品：在中国重新审视"习惯法"与"民间法"》，载《史学理论研究》2023年第6期，第65-77，158页；李敏：《法教义学视野下的本土习惯法——以顶盆继承类案为样本》，载《政治与法律》2022年第12期，第113-131页；李建伟：《法源意义上的习惯与习惯法合一论——以商事习惯与商事习惯法为视角的研究》，载《政治与法律》2021年第11期，第63-76页；张琼文：《习惯法的严格概念与类型——兼与陈景辉教授商榷》，载《法学》2019年第11期，第136-151页；陈景辉：《"习惯法"是法律吗？》，载《法学》2018年第1期，第3-18页；孟强：《民法总则中习惯法源的概念厘清与适用原则》，载《广东社会科学》2018年第1期，第244-253页；蓝寿荣、何雪峰：《习惯法概念的定义问题》，载谢晖、陈金钊、蒋传光主编：《民间法》（第十六卷），厦门大学出版社2016年版，第28-41页；邓峥波：《从实证角度解析"习惯法"概念》，载《江西社会科学》2013年第3期，第160-163页；王林敏：《习惯法概念谱系的辨析与界定——基于法律实证主义视角的分析》，载谢晖、陈金钊主编：《民间法》（2010年卷），济南出版社2010年版，第43-73页；王新生：《习惯性规范研究》，山东大学2008年博士学位论文；张镭：《习惯与法律：两种规则体系及其关系》，南京师范大学2007年博士学位论文；厉尽国：《法治视野中的习惯法：理论与实践》，山东大学2007年博士学位论文；等。

可以在概念上证成并与制定法、判例法共同构成法律类型学界观点各异，① 就概念产生的成本而言，习惯法必然与制定法、判例法等其他法律类型相区别，否则习惯法就已经陷入概念冗余。② 囿于篇幅及讨论主题，本文无意在法概念层面讨论习惯法是否可以成立，因为无论习惯法在概念层面能否成立，学界基本上就习惯有别于习惯法已经达成共识，有效区分习惯与习惯法才是本文得以继续讨论下去的前提。

"习惯入典"后，学界对习惯与习惯法这两个概念本身的不同认识导致大家对这一条款的理解存在差异。有学者认为"习惯入典"条款中习惯应为事实上的习惯，而习惯法只是法律的下位概念，所以这里表述的习惯应区别于习惯法，并通过后段"不得违背公序良俗"的但书规定进行逻辑补强。③ 有学者认为这里的习惯并非仅指事实上的惯行，因为此类惯行可能是陈规陋习，尚不足以成为法源，并参考我国台湾地区民法第 1 条，认为此处习惯的具体涵义仍应指习惯法。④ 有学者认为这里的习惯仅指事实之习惯，并非习惯法。⑤ 有学者认为"习惯入典"条款中习惯就是习惯法，因为它可以被法官识别从而成为处理民事纠纷的依据，具备了"法"的要素，具有"应当性"，故将其称之为习惯法。⑥ 有学者认为，"习惯入典"条款中的习惯既包括习惯也包括习惯法，两者之间并非属于性质之别，仅是程度之差。⑦ 更甚者认为区分习惯与习惯法并无实质意义。⑧ 有学者在习惯与习惯法之外创设性提出"法源性'习惯'"，认为其有别于现有的习惯与习惯法。⑨ 有学者认为，第 10 条的习惯就是习惯法，并且认为其满足"事实上习惯+法的确信"这一语义规

---

① 如雷磊就认为当我们使用习惯法这一称呼时，就意味着已经将它视为具有法律效力的规范，也意味着已将它与制定法、判例法并列为法的一种类型。参见雷磊：《习惯作为法源？——以〈民法总则〉第 10 条为出发点》，载《环球法律评论》2019 年第 4 期，第 58 页。当然也有学者对此持反对态度，如陈景辉就认为习惯法在概念上不能成立，因此也无法与制定法、判例法共同构成"法律类型"。参见陈景辉：《"习惯法"是法律吗?》，载《法学》2018 年第 1 期，第 3-18 页。

② 参见张琼文：《习惯法的严格概念与类型——兼与陈景辉教授商榷》，载《法学》2019 年第 11 期，第 139 页。

③ 参见张志坡：《民法法源与法学方法——〈民法总则〉第 10 条的法教义学分析》，载《法治研究》2019 年第 2 期，第 36-37 页。

④ 参见于飞：《认真地对待〈民法总则〉第一章"基本规定"》，载《中国高校社会科学》2017 年第 5 期，第 84 页。

⑤ 赵忠奎：《"可以适用习惯"的司法应对：以逾期加价条款为样本》，载《社会科学》2021 年第 2 期，第 102 页。

⑥ 参见侯国跃、何鞠师：《我国〈民法典〉第 10 条中的"习惯"之识别》，载《甘肃政法学院学报》2021 年第 2 期，第 51 页。

⑦ 参见汪洋：《私法多元法源的观念、历史与中国实践：〈民法总则〉第 10 条的理论构造及司法适用》，载《中外法学》2018 年第 1 期，第 144 页。

⑧ 参见孟强：《民法总则中习惯法源的概念厘清与适用原则》，载《广东社会科学》2018 年第 1 期，第 246 页。

⑨ 参见宋菲：《论习惯作为民法法源——对〈民法总则〉第 10 条的反思》，载陈金钊、谢晖主编：《法律方法》第 23 卷，中国法制出版社 2018 年版，第 379 页。

范要素。① 有学者从商事法领域论证商事习惯法并不存在，得出法源意义上的习惯与习惯法应从合一论进行理解。② 通过梳理以上观点发现，虽然学界对"习惯入典"条款中的习惯是否等同于习惯法观点各异，但大家对于习惯具有"事实之习惯"要素没有疑问，关键在于习惯是否满足"法的确信"要素，如若习惯满足"法的确信"要素，则习惯等于习惯法的逻辑大致可以证成。

（二）习惯难以满足"法的确信"

法的确信是区分事实上习惯与习惯法的关键要素。③ 包含规范性的"法的确信"是习惯法成立的根本条件，它在一定区域内得到社会成员的认可，使习惯法成为对主体具有约束性、权威性的行为规范，具有一定法律规范性因素的行为模式。④ "'法的确信'，是指'认可此习惯具有法律约束力的确信'。'要求适用法律的机关和受法律约束之人确信，该被实践的习惯具有法的属性（合法及具有法律约束力）'"。⑤ 此概念表达中的修辞逻辑值得推敲，如"认可此习惯具有法律约束力的确信"，"此"在这里作何解释，是特指还是泛指？按照汉语表达规则，"此"应为指示代词，多指这个。翻译过来为"这个习惯"，是一种特指，就算进行演绎扩大，也应当表述为"这些习惯"，本质上还是一种范围限定。到底"哪些习惯"呢！该定义将其解释为"这些具有法律约束力的确信的习惯"。这一概念还预设了认可的逻辑大前提，即"法的确信"关键在于认可，基于补全规范要素角度分析，认可的主体是谁？后续又进行了解释，即"要求适用法律的机关和受法律约束之人确信，"也就是说，认可的主体包括法律适用机关和受法律约束之人，对于法律适用机关来说，他们须依照规范文本表达来处理民事纠纷。"法的确信"建立的基础是法官对某种习惯规则的确认，甚至"法的确信"的对象只是法庭判决所建立的规则，而这种规则不一定是对现实中存在的习惯的确认。⑥ "习惯入典"条款表述逻辑十分清晰，按照修辞语义可进一步表达为："处理民事纠纷，有法律应当依照法律规定，无规定者，可以适用习惯，且以公序良俗为习惯适用之前提。"

首先，法律适用机关适用习惯是一个选择逻辑，而非必然逻辑。按照规范语句分析，法律适用机关也可以选择不适用习惯。"可以"一词使得条款后半部分表达变成一个开放

---

① 参见彭诚信、陈吉栋：《论〈民法总则〉第10条中的习惯——以"顶盆过继案"切入》，载《华东政法大学学报》2017年第5期，第53页。
② 参见李建伟：《法源意义上的习惯与习惯法合一论——以商事习惯与商事习惯法为视角的研究》，载《政治与法律》2021年第11期，第63–76页。
③ 参见［德］卡尔·拉伦茨：《法学方法论》，陈爱娥译，商务印书馆2003年版，第303页。
④ 邵彭兵：《〈民法典〉第10条中"习惯"的司法适用：识别、顺位与限定要件》，载谢晖、陈金钊主编：《法律方法》（第29卷），研究出版社2022年版，第205页。
⑤ ［瑞］贝蒂娜·许莉蔓-高朴、［瑞］耶尔格·施耐特：《瑞士民法：基本原则与人法》，纪海龙译，中国政法大学出版社2015年版，第70页。
⑥ 王林敏：《论习惯法中的"法的确信"》，载《甘肃政法学院学报》2011年第1期，第27页。

式结构规则（亦称或然规则），这一或然规则又设置了禁止命令规则，但此禁止命令规则本身也是开放性结构规则。即，法律适用机关可以适用习惯也可以不适用习惯，在可以适用习惯的状态下也不得适用违背公序良俗的习惯。① 对习惯与公序良俗这两个开放性结构规则本身就没有形成统一界定标准与适用范围，那么"此习惯"就变成一个不可知命题，即只有那些被法律适用机关和受约束之人认可且不违背公序良俗的具备法的属性的实践习惯才可称为习惯法，还得以适用为前提，这里适用包含两层含义：第一，法律适用机关确信并认可，指法律适用机关采用习惯处理民事纠纷；第二，受法律约束之人确信并认可，指纠纷当事人承认法律适用机关处理纠纷适用的习惯。对受法律约束之人来说，也会产生两种解释，一种是广泛意义上的受法律约束之人，另一种则是法律适用机关之人（作为约束主体同时又作为被约束对象），对广泛意义上的受约束之人来说，他们适用习惯与否取决于法律适用机关是否对习惯产生确信并适用，即他们本身确信适用的习惯只要法律适用机关不确信便无法被适用，同一习惯产生大相径庭的适用规则，这一习惯是否还具备"法的确信"？何况，法律适用机关之人便会产生广泛意义的受约束之人与行使约束他人的机关权力之人两个身份重合，拥有两种不同身份属性的主体对于"法的确信"如何保持高度一致性本身又是一个开放性结构的命题。

其次，可以适用习惯本质上蕴含一个适用大前提，即可以被适用的习惯需在一定构成要素上满足法律的规则表达，否则就很难被法律适用机关适用。因为它在规范要素中作为法律补充适用方式，这就从效力渊源上排除了仅仅作为事实的习惯，在具备事实要素的基础上，只有满足规范这一可做纠纷处理的规则之习惯方可成为这一条款所要表述的含义。至此，我们发现一个习惯被适用成为习惯法充满了不确定性，既然只是具备可能性那么如何形成"法的确信"并最终被认可这本身就难以确信。况且，法律约束力是法律规范表达的一种效力状态。也就是说，上述所认为的习惯法必须具备一般制定法的约束力。进一步追问的是：习惯法是否可以同等具备制定法的约束力？若为肯定，这种约束力如何体现？若按照"国家认可说"，习惯法的这种约束力需要转换为法律渊源来保障。② 可见，"法的确信"这一要素修辞对习惯法的适用设置了许多条件，而且将法律约束力作为习惯法成立前提无疑是将习惯法的独立性削弱，按照一般理解，习惯法应区别于制定法，"习惯入典"

---

① 有关"可以适用习惯"更加具体论述可参考谢晖教授两篇文章。参见谢晖：《"可以适用习惯"的法教义学解释》，载《现代法学》2018年第2期，第3－24页；谢晖：《论"可以适用习惯""不得违背公序良俗"》，载《浙江社会科学》2019年第7期，第23－37，155－156页。

② 有关习惯法的"国家认可说"详细观点参考王林敏《民间习惯的司法识别》第一章概念谱系部分，参见王林敏：《民间习惯的司法识别》，中国政法大学出版社2011年版，第29－30页。

条款已经表述为制定法内容，必然不能再将两者简单等同，更不能将司法识别①作为习惯法成立之前提。如若认为习惯法与制定法概念相对，那么被制定法吸收的习惯规范还能称之为习惯法吗？如若认为这种被吸收采纳的习惯才能称之为习惯法，那么习惯法在何种价值层面上具有独立的正当性？

最后，缺乏具体规则指引的抽象习惯很难被直接适用。"习惯入典"条款是法律规则还是法律原则？当然从法的要素论对此则很容易作出认知判断，这一条款必然是法律原则，因为它没有具体明确的规则指引。我们不妨进一步论证具体适用情形，即"习惯入典"条款中习惯有没有具体明确范围，根据条款表达得出，对于习惯只有两个不得适用限制：一是法律有具体规定不得适用习惯，二是违背公序良俗的习惯不得被适用。当然第二个条件以第一个条件成就为前提，即便如此，此处习惯仍应当是广义上的泛指，毕竟满足这两个条件的习惯仍然是无法量化的。我们可以初步得出两个结论：第一，"习惯入典"条款并没有具体指引哪些习惯可以被适用，它是习惯适用的原则表达。第二，"习惯入典"条款本身属于《民法典》的原则表达，也就是被适用时须满足一定条件。② 基于此，缺乏具体意义的抽象习惯恐怕很难被法律适用机关直接适用，只有在具体案件处理过程中满足一定适用条件才可能会被适用。"习惯入典"条款就是对法律原则的适用规则当中穷尽规则的运用，即法律出现漏洞后如何适用。有学者认为这一条款是对司法适用过程中禁止法院"向一般条款逃逸"的规定，③ 但笔者对此存疑，"法律没有规定的，可以适用习惯"中的法律仅指司法适用过程中直接适用的法律规则还是包括穷尽规则后的法律原则并未予以明确，毕竟这一条款本身很可能被认定为"一般条款"。④ 如有学者就认为，原则作为

---

① 按照王林敏的观点，如若将习惯、习惯法与准用习惯不加区分视为集合A，A的下面应包含A1、A2、A3三个子集，A1中的规范即纯粹的习惯规范，A2中的规范是被判例吸收的习惯规范，A3中的规范则是经制定法明确指引赋予法律效力的习惯。"习惯入典"条款虽然是立法表述，但不符合A3明确指引这一规范要素，相反更加满足A2被判例吸收的习惯规范这一表达。理由是这一条款适用之前提是处理民事纠纷，首先是一种司法适用，其次可以适用习惯表达为或然规则，即没有明确指引赋予哪些习惯以法律效力，本质上仍旧只能通过司法适用来确认被适用的习惯，因此笔者在这里称其为司法识别。参见王林敏：《民间习惯的司法识别》，中国政法大学出版社2011年版，第45－47页。

② 舒国滢认为，适用法律原则须满足以下规则：（1）穷尽规则："穷尽法律规则，方得适用法律原则。"（2）实现个案正义："法律原则不得径行适用，除非旨在实现个案正义。"（3）更强理由："若无更强理由，不适用法律原则。"有关法律原则适用的三规则在学界也获得广泛认同。参见舒国滢：《法律原则适用中的难题何在》，载《苏州大学学报（哲学社会科学版）》，2004年第6期，第19页。

③ "向一般条款逃逸"（Die Flucht in die Gener－alklauseln）：是指在存在法律规则的情况下，法官不援引法律规则而直接援引法律原则来作出判决。参见王利明：《论习惯作为民法渊源》，载《法学杂志》2016年第11期，第9页；徐雨衡：《法律原则适用的涵摄模式：基础、方法与难题》，载《甘肃社会科学》2020年第2期，第23页。

④ 一般条款在补充法律漏洞方面的作用，实际上是最为重要的，如"公序良俗原则""诚实信用原则""禁止滥用权利原则"等，但是，由于一般条款弹性很大，法官在自由裁量之时，必须既注意个案处理的妥当性，又要注意法律整体的稳定性；既不能感情用事过于激进，又不能裹足不前因循守旧。因此，引用一般条款也要受到一定的限制：第一，在有具体的法律规定可以引用的情况下，无论引用一般条款得出的结论，与引用具体规定得出的结论是否一致，均不能引用一般条款；第二，通过类推适用等具体的漏洞补充方法能得出结果的，无论与引用一般条款得出的结论一致与否，均不得引用一般条款。

一种规范应隶属于"习惯入典"条款中"法律"这一范畴。① 甚至有学者认为我国"习惯入典"条款中的"习惯（法）"本身应作为规则适用从而区别于其他原则，对应于"全有全无"的规则适用。②

二、"习惯入典"条款中的习惯等同于习惯法吗？

（一）行为之习惯与规则之习惯

习惯是作为行为之习惯，习惯法是作为规则之习惯，作为行为之习惯可以在得到受众或传统的认同时演进为作为规则之习惯。③ 习惯与习惯法最本质的区别在于，习惯并非当然涉及纠纷，不仅是日常生活事实过程中的习惯，包括法律规范文本中一些习惯的表述，如苏力在研究当代中国制定法当中的习惯问题时就指出我们一些制定法当中对于习惯一词并非具有法律规范意义上的规则表达。④ 习惯法则不同，虽然习惯法范畴难以轻易界定，但有一点应当是值得肯定的，习惯法是围绕纠纷发生而形成的可被反复适用的规则，当然这种规则可能在司法纠纷中被适用，我们暂且不论它的规范到底是否具有法律上的正当性，但不可否认习惯法本身穿插在事实与规范之间，并可作为处理纠纷的选择途径。至此，我们可以得出初步结论：习惯与习惯法有一些交叉重合的部分，但两者不是同等范畴的概念，习惯的范围远大于习惯法，习惯法只包含那些具有规则意义、可被适用于纠纷处理的习惯规范。

一个习惯在法律上是重要的，与该习惯是一条习惯法，是两个不同的主张。其中，前一个主张是经验概念，指实践中值得法律尊重、认可的习惯，通过立法或司法裁判呈现；后一个主张是理论概念，是必须独立于制定法、判例法等其他法律类型的存在。换言之，即使理论概念上的习惯法难以证成，但就实践而言，习惯对法律依旧重要。⑤ "习惯入典"条款从规范语义进行分析，应当是对实践性的习惯予以立法上展现。如若这里的习惯是一个具备独立规范类型的概念性命题，则第10条在规范表达上就已经缺乏正当性了，会"先天不足"。"习惯法既是行为规则，也是裁判规范；更确切地说，它始终首先是行为规

---

① 参见汪洋：《私法多元法源的观念、历史与中国实践：〈民法总则〉第10条的理论构造及司法适用》，载《中外法学》2018年第1期，第141页。

② 参见《民法典》第10条"法律—习惯"构成民法典法源的第一层次，对应于"全有全无"的规则适用；民法基本原则构成民法法源的第二层次，对应于最佳化命令的原则适用。《民法典》由传统上价值中立的封闭式民法体系观演化为一个由"规则+原则"共同作用的动态体系的民法观，保持了足够的开放性与包容性，成为与时俱进的活法。参见刘亚东：《〈民法典〉法源类型的二元化思考——以"规则——原则"的区分为中心》，载《北方法学》2020年第6期，第49页。

③ 参见李可：《习惯法：理论与方法论》，法律出版社2017年版，第36页。

④ 参见苏力：《当代中国法律中的习惯——一个制定法的透视》，载《法学评论》2001年第3期，第19-33页。

⑤ 参见陈景辉：《"习惯法"是法律吗？》，载《法学》2018年第1期，第6页。am

则，通过行为规则才变成裁判规范。"① 通过分析可以更加直观理解，习惯（将其命名为A）具有二元属性：事实属性（A1）+规范属性（A2），规范属性又可分为行为规范（A2a）和裁判规范（A2b），当事实属性（A1）+规范属性（A2）出现时，我们无法判断此时习惯到底是一般意义上的行为习惯（习惯）还是规则习惯（习惯法），因为并不明确行为规范（A2a）和裁判规范（A2b）谁在发挥作用。只能更进一步进行具体推导，当裁判规范（A2b）出现时，我们通常认为作为规则之习惯条件满足，即习惯法出现。而且"习惯入典"条款的法律指所有制定法，② 因为"习惯入典"条款中表述为可以适用习惯，即只有当所有的制定法都没有规定时才可能适用习惯，简言之，在纠纷解决中习惯实际被适用的情形从概率上来讲是很小的，毕竟制定法体系已然十分完备，在制定法优先主义下，习惯在司法适用中的处境并不会因为这一条款的设置有根本变化。如若将此习惯认定为习惯法，那么习惯法就几乎形同虚设，没有实践适用的规范实际上没有生命力。

（二）"习惯入典"条款中的习惯是否属于国家意义上的习惯法？

有学者提出，习惯法可从国家法意义上与非国家法意义上两方面去理解，国家法意义上的习惯法强调习惯法出自国家，国家特定机关将社会上已经存在的规范上升为法律规范，赋予其法律效力，从而使其得到国家强制力的保障；习惯法虽出自习惯，但与习惯本质不同，习惯法属于国家法的范畴，习惯则为一般的社会规范，非国家法意义上的习惯法独立于国家制定法之外，依据某种社会权威和社会组织，是具有一定强制性的行为规范总和。③ 按照这一定义，国家法意义上的习惯法须满足三个条件：（1）国家特定机关将其上升为法律规范；（2）赋予其法律效力；（3）国家强制力保障。基于此，"习惯入典"条款中的习惯可以被看作是国家法意义上的习惯法。但当我们考察我国立法实践之后便会发

---

① [奥]欧根·埃利希：《法社会学原理》，舒国滢译，中国大百科全书出版社2009年版，第497页。
② 有学者认为这里的法律是狭义的而不是广义的，即仅全国人大和全国人大常委会制定的法律（狭义的法律）能够成为民法渊源，包括国务院的行政法规在内的所有其他制定法均不得成为民法渊源。参见张巳安：《〈民法总则〉第10条的成功与不足——我国民法渊源五分法理论的确立》，载《法治研究》2017年第3期，第22-35页。笔者不赞同这里将制定法仅理解为狭义上的法律这一观点，主要基于如下理由：（1）根据长期司法实践来看，法院在裁判时并非仅仅依据狭义上的法律，而是包括行政法规、规章、司法解释。（2）《民法典》多处有其他制定法的内容出现，如第58条第2款：法人应当有自己的名称、组织机构、住所、财产或者经费。法人成立的具体条件和程序，依照法律、行政法规的规定。第58条第3款：设立法人，法律、行政法规规定须经有关机关批准的，依照其规定；第1222条第1款第1项：患者在诊疗活动中受到损害，有下列情形之一的，推定医疗机构有过错：（一）违反法律、行政法规、规章以及其他有关诊疗规范的规定；第1251条：饲养动物应当遵守法律法规，尊重社会公德，不得妨碍他人生活。（3）最高人民法院早在1986年发布的《关于人民法院制作法律文书如何引用法律规范性文件的批复》中就已规定法院在制作法律文书时，可以引用法律、行政法规、地方性法规、自治条例和单行条例等法律规范性文件。（4）根据最高人民法院《关于裁判文书引用法律、法规等规范性法律文件的规定》（〔2009〕14号）第4条的规定，法律、法律解释、司法解释、行政法规、地方性法规、自治条例和单行条例皆可作为规范法源予以直接援用。（5）2015年3月15日修正的《立法法》在第六章"附则"部分通过设置第104条增加规定了最高人民法院和最高人民检察院的司法解释权，正式将司法解释纳入了立法法的规制范围。
③ 高其才：《中国习惯法论》（第三版），社会科学文献出版社2018年版，第ⅩⅠ页。

现，将习惯与习惯法的区分界定取决于是否被国家制定法吸收在理论逻辑与立法实践中都存在可商榷之处。

"习惯入典"条款本质就是习惯被制定法认可的过程，这一立法技术也并非《民法典》首创，无论是《民法典》施行之前的民事单行法还是除民法之外的其他制定法，都存在涉及"习惯"表述的条文。以《民法典》为例，光是直接表述有"习惯"的条款就有19处，具体分别表述为习惯、交易习惯及风俗习惯（参见表1），此外还有许多条款虽未直接表述有"习惯"字眼，但结合法条上下文可知其仍涉及"习惯"表述，如《民法典》合同编第九章买卖合同部分第602条，① 该条款提到了"适用本法第五百一十条"，而《民法典》第510条就是直接表述有"交易习惯"的条款之一，这就说明《民法典》第602条同样认可"交易习惯"，经过查找发现，《民法典》中提到"适用本法第五百一十条"的间接适用习惯条款就有26条，② 这还仅是《民法典》第510条的关联性条款。《民法典》当中已存在大量涉及习惯的条款足以说明习惯早已存在国家制定法当中，根据"习惯入典"条款所处的位置来看，其只是《民法典》其他涉及习惯条款的一般性、原则性表述，并不实际改变已有的制定法规则。况且这些条款大多数都是在《民法典》施行之前就存在于《民法总则》《物权法》《合同法》等制定法规范当中，③《民法典》更多是将这些法律规范进行系统科学的体系编排，不是"无中生有"的立法过程。

表1 《民法典》中直接表述有"习惯"的条文

条文在《民法典》的所处位置	具体条款	表述内容
总则编第一章基本规定	第10条	处理民事纠纷，应当依照法律；法律没有规定的，可以适用习惯，但是不得违背公序良俗
总则编第六章民事法律行为	第140条第2款	沉默只有……符合当事人之间的交易习惯时，才可以视为意思表示
总则编第六章民事法律行为	第142条第1款	有相对人的意思表示的解释……习惯以及诚信原则……

---

① 《民法典》第602条规定："当事人没有约定标的物的交付期限或者约定不明确的，适用本法第五百一十条、第五百一十一条第四项的规定。"

② 《民法典》第582条、602条、603条、616条、619条、626条、627条、628条、637条、674条、675条、709条、721条、730条、757条、782条、831条、833条、858条、861条、875条、889条、902条、955条、963条、976条。

③ 高其才教授对此做了详细罗列，其指出《民法典》中新增直接表述有"习惯"的条文只有第515条第1款、第680条第3款、第888条第2款、第1015条第2款等四个条文，其余条文基本承袭《民法总则》《物权法》《合同法》。参见高其才:《民法典中的习惯法：界定、内容和意义》，载《甘肃政法大学学报》2020年第5期，第23页。

续表

条文在《民法典》的所处位置	具体条款	表述内容
总则编第六章民事法律行为	第142条第2款	无相对人的意思表示的解释……习惯以及诚信原则……
物权编第七章相邻关系	第289条	法律、法规对处理相邻关系有规定的……可以按照当地习惯
物权编第九章所有权取得的特别规定	第321条第2款	法定孳息……按照交易习惯取得
合同编第二章合同的订立	第480条	承诺应当以通知的方式作出；但是，根据交易习惯……
合同编第二章合同的订立	第484条第2款	承诺不需要通知的，根据交易习惯……
合同编第四章合同的履行	第509条第2款	当事人应当遵循诚信原则……交易习惯……
合同编第四章合同的履行	第510条	合同生效后……交易习惯确定
合同编第四章合同的履行	第515条第1款	标的有多项而债务人只需履行其中一项的……另有交易习惯的除外
合同编第七章合同的权利义务终止	第558条	债权债务终止后……根据交易习惯……
合同编第九章买卖合同	第599条	出卖人……交易习惯……
合同编第九章买卖合同	第622条第1款	当事人约定的检验期限过短，根据标的物的性质和交易习惯……
合同编第十二章借款合同	第680条第3款	借款合同对支付利息约定不明确，……交易习惯……
合同编第十九章运输合同	第814条	客运合同……另有交易习惯的除外
合同编第二十一章保管合同	第888条第2款	寄存人到保管人处从事购物、就餐、住宿等活动……另有交易习惯的除外
合同编第二十一章保管合同	第891条	寄存人向保管人交付保管物的……另有交易习惯的除外
人格权编第三章姓名权和名称权	第1015条第2款	少数民族自然人的姓氏可以遵从本民族的文化传统和风俗习惯

除《民法典》外，我们发现还有大量的规范性文件都存在"习惯"表述，以北大法宝的"法律法规"数据库为例，就会发现制定法当中的"习惯"表述无处不在，从宪法、法律、行政法规、司法解释、部门规章、党内法规、行业团体规定到地方性法规、地方政府规章、自治条例和单行条例等各层级规范性文件都有认可"习惯"的相关表述，甚至囊

括了地方司法文件、地方行政文件及地方行政批复。鉴于统计数据十分庞大（具体数据参见表2），无法进行完整且细致的分析，此处稍微列举个别法律进行说明，仅法律而言，我国《宪法》规定了各民族都有保持或者改革自己的风俗习惯的自由、《刑法》规定了侵犯少数民族风俗习惯罪、《人民武装警察法》规定了人民武装警察应当尊重公民的宗教信仰和民族风俗习惯等，《老年人权益保障法》①《旅游法》②《反恐怖主义法》③《标准化法》④ 等都在立法过程中将习惯纳入其调整范围。简言之，制定法对习惯的吸收、认可并非始于"习惯入典"条款，当然制定法纳入习惯确实表明了其对习惯一定程度的承认，反映出国家立法对我国传统的赓续、对人民日常生活的尊重，也是立法对社会规范表示肯定态度的映射。⑤ 但是，这并不等于习惯就是国家意义上的习惯法。

表2 我国现有规范性文件认可"习惯"的基本数据统计⑥

检索关键词	法律	行政法规	监察法规	司法解释	部门规章	军事法规规章	党内法规制度	团体规定	行业规定	地方法规
习惯	148	362	2	258	4911	13	250	255	248	58430
习俗	14	37	1	34	451	1	41	30	17	6410
风俗	78	80	2	71	978	6	43	14	33	7645
民俗	7	50	0	32	1163	0	50	34	15	28387
惯例	33	114	0	165	1976	3	34	38	415	6995
交易习惯	4	1	0	56	35	0	1	1	29	431
风俗习惯	76	51	2	32	725	5	32	4	25	4834
民俗习惯	0	0	0	4	20	0	0	0	1	156
地方习惯	0	0	0	1	5	0	0	0	0	26
当地习惯	2	2	0	1	31	0	0	0	2	85
生活习惯	13	42	0	17	548	3	27	36	19	8635

---

① 《中华人民共和国老年人权益保障法（2018修正）》第83条规定："民族自治地方的人民代表大会，可以根据本法的原则，结合当地民族风俗习惯的具体情况，依照法定程序制定变通的或者补充的规定。"
② 《中华人民共和国旅游法（2018修正）》第10条规定："旅游者的人格尊严、民族风俗习惯和宗教信仰应当得到尊重。"
③ 《中华人民共和国反恐怖主义法（2018修正）》第6条规定："反恐怖主义工作应当依法进行，尊重和保障人权，维护公民和组织的合法权益。在反恐怖主义工作中，应当尊重公民的宗教信仰自由和民族风俗习惯，禁止任何基于地域、民族、宗教等理由的歧视性做法。"
④ 《中华人民共和国标准化法（2017修订）》第13条规定："为满足地方自然条件、风俗习惯等特殊技术要求，可以制定地方标准。"
⑤ 参见高其才：《民法典编纂与民事习惯——立法、司法视角的讨论》，载《交大法学》2017年第3期，第43页。
⑥ 本数据以北大法宝法律信息网"法律法规"数据库为检索平台，以"习惯"相关概念为检索关键词，检索方式为全文检索，https://webvpn.hainanu.edu.cn/https/32393332413339303239333421416369a8df145453aa7e15453b10678214/，访问日期：2024-1-14。

有学者认为法律对习惯有两种吸收方式，一种是直接作为制定法的内容被吸收，直接演化为制定法的部分。与之相对，法律还以准用式认可的方式承认了部分习惯的法律效力，① 同时保持了习惯在形式上的独立性，在法律的领地中保留了一块习惯的"自留地"，形成一种独立的法律渊源——习惯法。② 对于后一种准用式认可，作者认为这是国家法意义上的习惯法。这实则仍然是坚持"国家认可说"。高其才指出，"习惯入典"条款中的习惯是习惯法，属于由国家认可并由国家强制力保证实施的行为规范，为法的正式渊源，习惯法属于国家法的范畴。③ 如若按照这一结论反向推导，则凡是不被国家认可、不由国家强制力保证实施的习惯规范都不属于习惯法，这无疑又会将习惯法命题成立拉入"国家认可说"，从而又回到前述问题，虽然高其才教授在此又对习惯法进行了国家法意义与非国家法意义的形式区分，但这种区分会使习惯法这一命题在范畴内部陷入混乱，如何有效区分哪些是国家法意义上的习惯法、哪些是非国家法意义上的习惯法就会完全取决于国家是否将有关习惯纳入制定法，非国家法意义上的习惯法就只能"捡漏"，将那些国家暂未注意到的习惯归拢起来。一旦国家"看上"某些习惯，又径直拿走，然后非国家法意义上的习惯法又只能找寻新的习惯，不知哪天又会被国家法意义上的习惯法"抢走"。长此以往，非国家法意义上的习惯法相当于成为国家法意义上的习惯法的过滤器，难以体现其独立价值。况且，这里存在国家法与制定法、习惯法与民间法的混淆使用。某种意义上讲，国家法应当是与非国家法（民间法）概念相对，制定法与非制定法（习惯法）概念相对，两组概念只是不同的分类称呼，从范畴来说，国家法等同于制定法，习惯法等同于民间法，作者既然认为国家法意义上的习惯法属于国家法范畴，那也就是制定法了，在范畴语境下同一概念表达无法同时满足既作为制定法又作为与制定法相对的习惯法，这属于对相关概念的误用。

（三）"习惯入典"条款中的习惯不等同于习惯法

第一，"习惯入典"条款的习惯不应当被理解为习惯法。习惯入法不等于习惯法，习惯法起源于共同体的规范性实践，在性质上属于"法"的一种类型，是一种基于事实性权威的效力渊源，立法无权对它进行规定和限制；相反，习惯在性质上不是"法"，而是一种基于说服性权威的认知渊源，需要立法的认可。另外，《民法典》具备的裁判适用规范与行为指引规范之双重属性是就整部法典而言，至于法典当中条款的属性表达须结合条文所处位置及具体表述来确定，"习惯入典"条款结合上下文及具体表述，得出整个条文实

---

① 如《民法典》第289条："法律、法规对处理相邻关系有规定的，依照其规定；法律、法规没有规定的，可以按照当地习惯。"
② 参见张哲、张宏扬：《当代中国法律、行政法规中的习惯——基于"为生活立法"的思考》，载《清华法学》2012年第2期，第155页。
③ 参见高其才：《认可、吸纳与空漏：〈民法总则〉对习惯的规范及完善》，载《江海学刊》2017年第5期，第125-126页。

则更多表达为裁判适用规范,"习惯入典"条款规定习惯可以在法律缺位时成为法官的裁判依据,而对于大众日常的行为指引规范则主要表述为《民法典》第 8 条,该条款并没有规定民事主体从事民事活动不得违反习惯,① 因为并非所有规范都属于大众意义上的行为指引。相反,"法律"(制定法)却同时出现在这两个条款当中,这意味着,制定法既是行为规范,又是裁判规范,因而是完整意义上的法;而习惯只是裁判规范,不是行为规范,因而是不完整意义上的法。② 习惯法满足行为规范和裁判规范双重属性,习惯仅满足裁判规范这一属性。"习惯入典"条款中的习惯从整体理解,是作为裁判规范存在的表达,即这一条款的习惯不满足习惯法意义上的习惯表达内涵。

第二,习惯法应当在制定法之外,与制定法、判例法属于同一层次的概念范畴。法可分类为制定法、判例法、习惯法等类型,在当代中国,法律在一般意义上仅指制定法,甚至于仅指来自《宪法》与《立法法》规定的制定法规范形式。就制定法、判例法、习惯法而言,都可能会适用习惯,如立法明文确立某种习惯为制定法内容,"习惯一经制定法吸收,便不再是习惯而是制定法。"③ 司法直接援引某种习惯作为裁判依据,如引起大家广泛讨论的"顶盆过继案",就是其中最为典型的司法适用情形。④ 此外,也有学者基于个省实践,表明民间习惯的司法适用在司法事实认定、司法调解以及司法判决等工作方面发挥着积极作用。⑤ 至于习惯法,本身就来源于习惯这种社会实践。如果一项习惯被官方编纂所记载,那么该习惯就可以成为法律,但其本质是作为制定法而非习惯法。⑥ 既然制定法已经纳入习惯,那么此处的习惯必然不能等同于习惯法,"因为习惯法具有独立的效力来源,它与制定法同属地位平等的法的类型,所以立法无权对它进行规定和限制。"⑦ 因此,"习惯入典"条款规定的习惯亦不能被理解为习惯法。

第三,从研究范式的场域来说,习惯法在学界与民间法研究难分彼此,⑧ 此观点虽有进一步值得商榷之处,但从法律人类学的视角观察,习惯法与民间法在研究范畴上确实难

---

① 《民法典》第 8 条:"民事主体从事民事活动,不得违反法律,不得违背公序良俗。"
② 雷磊:《重构"法的渊源"范畴》,载《中国社会科学》2021 年第 6 期,第 161 页。
③ 徐国栋:《论民法的渊源》,载《法商研究》1994 年第 6 期,第 32 页。
④ 如有研究者以"顶盆继承类"案件为样本,通过检索中国裁判文书网上的数十个案例来全面呈现顶盆继承习惯的适用样态。参见李敏:《法教义学视野下的本土习惯法——以顶盆继承类案为样本》,载《政治与法律》2022 年第 12 期,第 113 – 131 页。
⑤ 多杰昂秀:《民间习惯司法适用的经验省思——基于青海省的实践》,载《湖北民族大学学报(哲学社会科学版)》2023 年第 1 期,第 66 – 79 页。
⑥ See Alan Watson, *An Approach to Customary Law*, *University of Illinois Law Review*, Vol. 1984 No. 3, p. 572 (1984).
⑦ 雷磊:《习惯作为法源? ——以〈民法总则〉第 10 条为出发点》,载《环球法律评论》2019 年第 4 期,第 59 页。
⑧ 如谢晖教授主编的"民间法文丛"出版了大量涉及习惯法研究的作品:厉尽国《法治视野中的习惯法:理论与实践》,中国政法大学出版社 2010 年版;王新生:《习惯性规范研究》,中国政法大学出版社 2010 年版;王林敏:《民间习惯的司法识别》,中国政法大学出版社 2011 年版;姜世波、王彬:《习惯规则的形成机制及其查明研究》,中国政法大学出版社 2012 年版;等。

以割裂。从这一意义上来说，"习惯入典"条款的习惯也不应当被认定为习惯法，否则就与当下学界欣欣向荣的民间法研究难以相符。如今，民间法研究蔚然成风，[①] 在概念范畴上也很容易将民间法与习惯法画上等号，[②] 学界关于习惯法与民间法的关系目前主要有两种观点：第一种观点认为习惯法就是民间法，两者是可以互相代替的同一性关系，两者在内涵与外延上趋于一致，使用时不用加以区分；第二种观点认为民间法的概念内涵大于习惯法，两者是属与种的包容关系，[③] 即民间法包括习惯法。[④] 无论采取何种观点，习惯法与民间法之间关系紧密则是事实。蔚为大观的民间法研究最根本的落脚点就在于这种与制定法相对的民间规范确实是可以解决实际问题的，这也是学术研究的生命力所在。甚至于，在许多民间法学者眼中，民间法定分止争的效果远胜于制定法，尤其是在一些民族地区或传统风俗盛行的生活区域。从实现正义的立场来看，习惯法比成文法更有利于实现社会而非国家的正义，因为前者比后者更加接近于社会正义，或者说前者直接源出于社会正义。[⑤] "整个基于正义的法只是既成的法的事实的表达"。[⑥] 对于民间法研究者来说，他们研究的概念范畴与国家制定法是泾渭分明的，不以制定法认可作为自己存在的价值。毕竟民间法是相对于国家法（尤其是制定法）提出的，如若现将"习惯入典"条款中的习惯等同于习惯法，则无疑是将蔚然成风的习惯法（民间法）研究置于一种逻辑上的悖论。因为作为其研究对象的习惯法已然被制定法吸收，那么民间法研究的独立性与学术意义就陷入一种法律修辞的二律背反。

我们前面已经论证了习惯为何不等于习惯法，"习惯入典"条款中的习惯为何不是习惯法。应该说，"习惯入典"是习惯法研究者们所喜闻乐见的，这表明国家开始注意到习惯被用以纠纷解决的实践价值，但这并不等于习惯法研究者应放弃习惯法作为独立范畴，有学者或许会认为国家意义上的习惯法并非等于习惯法本身独立性丧失，但一旦彻底接受"国家认可说"，就相当于给习惯法成立设置了国家认可这一前置程序，久而久之，未被国家认可的习惯法就会逐渐丧失价值层面的正当性，何况当下立法技术如此发达，法律规制

[①] 学界当前有关民间法的研究主要有"全国民间法·民族习惯法学术研讨会"（至今已成功举办19届），谢晖教授主编的"民间法文丛"系列书目，其主编出版的《民间法》已连续多年入选CSSCI来源刊物，此外还有"法律人类学云端读书会"等社群也聚焦民间法研究。

[②] 如王启梁在论文中就未区分习惯法/民间法。参见王启梁：《习惯法/民间法研究范式的批判性理解——兼论社会控制概念在法学研究中的运用可能》，载《现代法学》2006年第5期，第19-27页。高成军在梳理"习惯法"变迁的论文中就明确表示"民间法""习惯规范""民间规范"等指称与"习惯法"属于同一描述性概念，并且在文献搜集方面亦收集了这些研究成果。参见高成军：《转型社会的习惯法变迁——学术理路的考察及反思》，载《甘肃政法学院学报》2018年第6期，第44-57页。

[③] 如民间法研究领域的代表性学者谢晖教授就曾专门撰文讨论区分了民间法、习惯法与民间规范的关系，其认为民间法规范可以包含习惯法规范，两者之间为种属关系。参见谢晖：《论民间法对法律合法性缺陷的外部救济》，载《东方法学》2017年第4期，第7-8页。

[④] 参见李保平：《从习惯、习俗到习惯法——兼论习惯法与民间法、国家法的关系》，载《宁夏社会科学》2009年第2期，第19页。

[⑤] 李可：《习惯法：理论与方法论》，法律出版社2017年版，第58页。

[⑥] ［奥］欧根·埃利希：《法社会学原理》，舒国滢译，中国大百科全书出版社2009年版，第251页。

愈加全面，条文设置越加系统，很多习惯都逐渐被成文化、规范化，届时它们摇身一变就成为"正统"的制定法，或许那些本自同根生的"习惯法兄弟"就会发出相煎何太急的心声。再者，当前学者普遍认识到，在国家与制定法诞生前就存在习惯法，为何等到制定法诞生后习惯法反而需要被其认可方能生效？难道制定法不认可就代表习惯法不被社会接受适用吗？历史恰恰相反，只有法律因为不正义被抛弃，习惯法却延续下来，毕竟这是经过反复实践得以重复适用的规范。相较于高高在上的制定法"制作者"，人们更清楚自己需要什么。何况，在构成上，单纯习惯须经久长行，且不背于公序良俗。① 也就是说，若采取"国家认可说"认为"习惯入典"条款所述习惯为习惯法，则习惯法必然满足法的正当性要素，此时若加上不得违反公序良俗之否定限定无异于蛇足，因此也可以认为立法者在制定"习惯入典"条款时并未将习惯当作国家意义上的习惯法，仅仅是当作可被司法机关适用的一般习惯。

三、"习惯入典"条款中的习惯是法源吗？

（一）习惯可否作为法源的立场之争

民法学者与法理学者对于"习惯入典"条款中习惯是否属于法源存在大相径庭的看法。许多民法学者将"习惯入典"条款中的习惯认定为习惯法，与前半段的法律（制定法）相对，然后认为"法律——习惯"表达规则构成现有的二位阶法源体系，虽然许多民法学者也对这一规则表达产生意见，但更多是几位阶法源体系的表达。对于这一条款本身作为民法渊源则没有疑问。② 许多民法学者之所以认为习惯是法源是因为其没有区分事实性习惯与规范性习惯，也就是对于习惯与习惯法的概念混同适用，如王利明认为习惯是重要的法律渊源，将其中合法、符合公序良俗的作为民法渊源。③ 但他并未说明这里的习惯是事实性习惯（行为之习惯）还是规范性习惯（规则之习惯）。

法理学者对此则有截然不同的观点。刘作翔认为"那些具有法的效力作用和意义的法的各种外在表现形式最贴近法的渊源概念"。如果我们将法律渊源界定为"有效力的法律表现形式"，政策与习惯都是规范渊源而非法律（效力）渊源。规范类型由法律确认，"习惯入典"就是一种新的规范类型被确认，表示习惯具备了规范效力，但因为其与法律体系并列为规范体系层次结构中，所以习惯不能作为法律渊源。④ 苏力也曾坦言，"任何

---

① 姚辉和梁展欣在论文中也借鉴日本和我国台湾地区民法典及多位学者观点认为公序良俗原则所限制的对象应为单纯习惯而非习惯法。参见姚辉、梁展欣：《民法总则中的法源及其类型》，载《法律适用》2016 年第 7 期，第 58 页。
② 于飞在文章中对此做了大量表述与细致梳理，在此不再重复。参见于飞：《民法总则法源条款的缺失与补充》，载《法学研究》2018 年第 1 期，第 36－51 页。
③ 参见王利明：《论习惯作为民法渊源》，载《法学杂志》2016 年第 11 期，第 1－12 页。
④ 参见刘作翔：《"法源"的误用——关于法律渊源的理性思考》，载《法律科学》2019 年第 3 期，第 4－6 页。

习惯一旦纳入制定法，形成文字，就或多或少地失去了其作为习惯的活力。"① 虽然苏力说这话时还不曾预见到"习惯入典"条款，但对于表达观点是适用的，既然不同意习惯进入制定法，更加不可能同意将习惯通过制定法认可的方式成为法源。

当然，也有法理学者持不同意见，如高其才认为，制定法吸收后的规范均属于法的正式渊源。② 这里实则曲解了渊源的本质，从法理论视角来看，法的渊源最根本的目的是方便司法适用，正式法源指司法适用过程中不得拒绝适用的法的渊源。首先，法的正式渊源在法理意义上规范助词的表述可等同于"应当"，也就是正式渊源是法律适用机关就民事纠纷发生需要裁判规范时必须援引的，如法律，但很明显此条款关于习惯的规范助词表达为"可以"，"可以"当然包含有"可以不"的意思规则，既然是法的正式渊源又怎能以"可以不"作为依据呢？这对正式渊源的概念本身就是一种破坏。其次，从裁判规范指引角度分析，法的正式渊源都应当具有很明确的指引作用，如适用具体规则条款，因此对于原则条款的适用都是有严格规则限制的，而适用规则本身又是一种裁判指引，"习惯入典"条款本身也具有类似作用，即告诉法律适用机关与受约束之人，当民事纠纷发生需要解决时，首先应当寻求法律（制定法）的规范指引，当确定由于法律漏洞产生无制定法规范作为裁判指引时，也可以用习惯处理纠纷，并且对其设置不得违背公序良俗的禁止性命令。如果完整理解，那就是也可以不适用习惯，这是本条款的应有之义。最后，这一条款中并未说明可用于裁判的习惯具体是哪些、到底怎么用，一切都得案件实际发生之际，满足习惯适用条件时根据具体情况来判断，其不具备明确的指引性，所以条款中的习惯也不能理解为法的正式渊源。法的正式渊源不仅是那些可以从体现于国家制定的规范性法律文件中的明确条文形式中得到的渊源，③ 而且更应当满足具有明确指引这一实践性功能，如制定法渊源，它们之所以被确立为当代中国具有正式渊源性质的规范性文件，就是因为它们通过条文提供具体明确的裁判指引。

（二）"习惯入典"条款中的习惯不构成法源

法律渊源是法律认识的对象或起点，特别是在司法裁判中，法律渊源构成了司法推理的理由或前提。④ 当前学界对于法律渊源的观点主要有两种立场，即立法中心主义和司法

---

① 苏力也强调，"甚至我会反对将这一习惯写入制定法，而更情愿让这种习惯在民间活跃着，默默地发生作用，发生流变。"参见苏力：《中国当代法律中的习惯——从司法个案透视》，载《中国社会科学》2000年第3期，第130页。
② 1907年通过的瑞士民法典和1929年中华民国政府制定公布的民法均规定，民事事件适用法规之顺序为：有法律依法律；法律未规定者，依习惯；无习惯者，依法理。这里的法律、习惯、法理均为正式渊源。参见高其才：《作为当代中国正式法律渊源的习惯法》，载《华东政法大学学报》2013年第2期，第4页。
③ 高其才：《法理学》（第三版），清华大学出版社2015年版，第77页。
④ 马驰：《法律认识论视野中的法律渊源概念》，载《环球法律评论》2016年第4期，第122页。

中心主义。① 持立法中心主义立场的学者，如周旺生教授，认为"法的渊源是由三项基本要素所构成的综合的概念和事物。这三项基本要素分别为：资源、进路和动因。"② 在司法功能层面，法律渊源是实在法体系中的理论依据，也就是法治实践中司法领域的法理。③ "法律渊源不仅是一个描绘司法过程的概念，而且还是一个关于司法方法的概念。"④ 早在罗马法中有关法律渊源的历史就表明，法律渊源是为司法适用而产生的，而不是一个立法立场的问题，更不可能等同于法律形式。从司法立场讨论法律渊源，就会将法律渊源与法律形式区分开来。⑤ "习惯入典"条款属于法源条款是否等同于条款中的习惯属于法源？这应当是两个不同范畴的问题。

按照法理论的观点，"习惯入典"条款中的习惯只能是认知渊源，不能作为效力渊源。⑥ 在当代中国，习惯不具有法律效力，它仅是被立法认可的法的认知渊源。法的渊源由效力渊源加认知渊源构成，效力渊源只有制定法享有，习惯法本身是与制定法、判例法并列的独立类型，它的存在或效力不依赖于其他两种类型的认可，而是来源于稳定、持续不断的普遍交往实践（客观要素）及参与交往实践的民众的必要确信（主观因素）。法的渊源具有本体论与认识论双重视角，本体论上的法的渊源几乎等同于"法"与"法的本质"。认识论又分为创制与适用两个视角，创制视角的渊源因为确定性不强难以具备实践价值，因此主张通过法官裁判（适用视角）来探讨法的渊源。⑦

"习惯入典"条款是法源并不等同于其中的习惯是法源，此处应将整个条款统一理解，即这一条属于制定法法源，与习惯法、判例法等法源类型并存。"习惯入典"条款整体构成民法法源条款之一，但其中的习惯并非表达法源，倘若认为其属于法源便相当于限缩了民法的法源范围。整个条款以制定法的形式出现，本身是制定法的适用规则，可看作是制定法法源的来源之一，但是不能抽离制定法单独适用。

习惯法是法源，但不等于习惯是法源。虽然讨论法律渊源时都会将习惯纳入其中，但要注意的是，当我们之所以有意识将某种规则表达纳入法律渊源，本质上是为纠纷发生时可以有裁判规范，这里为何不是行为规范，因为行为规范也得满足规范的基本要素构成，但并非所有法律渊源都满足这一特征，如法理学说，我们很难认定法理学说的规范性是什么，

---

① 彭中礼在博士论文中用大量篇幅描述了不同立场对法律渊源的讨论。参见彭中礼：《法律渊源论》，山东大学 2012 年博士学位论文，第 8 – 11 页。
② 周旺生：《重新研究法的渊源》，载《比较法研究》2005 年第 4 期，第 1 页。
③ 杨春福：《法理概念的三个维度》，载《政法论丛》2022 年第 4 期，第 9 页。
④ 陈金钊：《法律渊源：司法视角的定位》，载《甘肃政法学院学报》2005 年第 6 期，第 1 页。
⑤ 参见彭中礼：《法律渊源词义考》，载《法学研究》2012 年第 6 期，第 62 – 63 页。
⑥ 在现代社会中，习惯只是认知渊源而非效力渊源，第 10 条这一法源条款意义上的"习惯"就在于认可了习惯的认知渊源地位，并具有对法官适用习惯解决纠纷进行授权和限制的双重功能。只有如此，才能在法源谱系中对习惯进行准确定位。参见雷磊：《习惯作为法源？——以〈民法总则〉第 10 条为出发点》，载《环球法律评论》2019 年第 4 期，第 66 页。
⑦ 参见雷磊：《重构"法的渊源"范畴》，载《中国社会科学》2021 年第 6 期，第 147 – 167 页。

但法理学说无论在我国还是国外都是法律渊源之一,甚至于在判例法国家许多先例都充斥着大量法理学说,与其说它们援引先例,不如说它们依据法理学说来判案更准确一些。法律渊源归根结底是为更好处理纠纷,博登海默基于此划分出国内盛行一时的法源分类,但这并非唯一、准确分类,更非排他性分类标准,例如,当下网络技术日益发达,在可见的未来网络习惯(规范)逐渐会成为越来越重要的裁判规范,虽然当下制定法当中已有意识地开始规制技术平台,但如同传统社会形态一样,在制定法之外仍会存在大量非制定规范,届时网络习惯法是作为传统习惯法范畴下的子集抑或是一类单独规范范畴从而成为与制定法、习惯法等并列的独立规范都是当下无法完全准确判断的。因此博氏之分类对我们研究法律渊源在一段时间内起到的作用毋庸置疑,但我们也要清醒认识到这并非万能、绝对分类。

"习惯入典"条款中的习惯不是习惯法,所以不能成为民法法源。"习惯入典"条款并非确立了习惯的法源地位。习惯成为法源有两种方式,一种是满足作为规则之习惯,即成为习惯法;另一种是被制定法或判例法所吸收,以制定法或判例法的形式成为法源。况且,进一步论证"习惯入典"属于民法法源体系就会存在以下问题:二阶民法法源体系均是民法的正式法源还是包括正式和非正式法源?如果均是正式法源那么在规范上就应当表达为"应当""必须""不得不"等义务性规范助词,而非"可以"这一权利性规范助词。对于"可以适用习惯"的"可以"如何解释?此外,如果正式法源和非正式法源都有,是否意味着民法只具有法律和习惯法这两种法源形式?判例、法理学说这些渊源如何处置?另外,作为与制定法相对的习惯法为何必须依据制定法来表达?且仅是作为补充条款(都没有独立成款),那么习惯法作为独立的民法法源是否在根本上就缺乏正当性?毕竟,一个独立规范范畴竟然要依靠他种规范完成自己的独立性证明这本身就匪夷所思、难以接受。

因此,通常表示法律渊源的习惯实则完整表达应为习惯法,是与制定法相对处理纠纷的规范,不能将作为法律渊源的习惯(法)与"习惯入典"条款当中的习惯简单等同起来,法律渊源不等于法律本身,这是不同等级范畴的概念。"习惯入典"条款中的习惯必须依托于两个条件存在:第一,无法律规定时可以适用,第二,适用时以符合公序良俗为前提。在这一条款表述中,习惯无法独立作为裁判规范存在,因此不能称之为法源。只有习惯法才可以成为法源,纯粹的习惯不能作为法源。

(三)"习惯入典"条款是对司法适用习惯的确认

"习惯入典"条款的习惯只是司法适用机关的找法规范,而非造法规范。"习惯入典"条款是对司法适用习惯的一种补足加强,并非属于确立。学界有观点认为"习惯入典"条款确立了习惯法为我国法律适用的依据。[①]"确立"由"确"与"立"两个汉字构成,我

---

① 参见高其才:《认可、吸纳与空漏:〈民法总则〉对习惯的规范及完善》,载《江海学刊》2017年第5期,第126页;邵彭兵:《〈民法典〉第10条中"习惯"的司法适用:识别、顺位与限定要件》,载谢晖、陈金钊主编:《法律方法》(第29卷),研究出版社2022年版,第204–216页;等等。

们有必要对汉字的本义追根溯源,在"确立"中,"立"是根本性含义表达,如"确立、确认、确保"等词语,含义大不相同,就是因为根本性含义语词发生变化。那么"立"字何解呢?在汉语词典中,"立"有名词性、动词性、副词性三种规范含义,动词性规范含义主要有:站立;竖起;建树、成就;设置、设立;制订、订立;帝王或诸侯即位;确定、决定等意思。名词性规范含义主要有:成熟;特指三十岁;存在;坚定;姓。副词性规范含义为即刻。根据这句话的整体含义,这里可以用设立、制订、存在等含义,但无论采取哪种意思表达,都包含从无到有的含义。按照如此理解,在"习惯入典"条款制定前我国不存在以习惯(法)作为法律适用依据的司法实践。这一结论是否符合实际情况呢?

学者们长期将习惯(法)的司法适用作为重要研究进路,[①]这主要得益于司法适用习惯案例的大量出现,尤其是"习惯入典"条款施行以后,习惯司法适用的案例数量就更为显著。[②]但这并非说明司法适用习惯的实践始于"习惯入典"条款。早在"习惯入典"条款制定之前,司法实践中就已存在大量适用习惯的案例,[③]对司法实践当中适用习惯的案件进行实证研究尽管并非本文讨论主旨,但为更加直观说明"习惯入典"条款并非开司法适用习惯之先河,文章也将从检索的司法案件中选取部分公报案例对习惯如何进入司法实践作以说明,之所以选取公报案件进行分析说明,主要是为保证选取样本的权威性,使得论证更具说服力。[④]通过分析公报案例可知,习惯在司法审判实践中适用功能不一,除作为判决依据外,还常作为事实证据、调解依据及辅助说理等发挥功能。对公报案例进一步研究则会发现,习惯的司法适用并非一种抽象笼统的概念修辞,根据具体案例发生的场景习惯会表征为不同内容,如在"福州商贸大厦筹备处与福建佳盛投资发展有限公司借款纠纷案"[⑤]中法院根据交易习惯认定,"银行利息作为主债权的收益,属于法定孳息,除法律有特别规定或者当事人有特别约定外,取得孳息的权利随着主物所有权的转移而转

---

① 以笔者在中国知网的检索为例,采用高级检索方式,将"司法适用"且"习惯"作为检索主题,截止2024年1月11日共检索到相关文献491篇,其中期刊论文193篇,学位论文235篇(其中博士学位论文25篇,硕士学位论文210篇),会议论文6篇,学术辑刊55篇,特色期刊2篇。

② 以北大法宝法律信息网为例,民事案件中检索方式选择全文出现"适用习惯",总计得到2538篇裁判文书。https：//webvpn. hainanu. edu. cn/https/3239333241333930323933342141 6369a8df145453aa7e15453b10678214/advanced/case/pfnl/,访问日期:2024 - 1 - 13。

③ 以北大法宝法律信息网(北大法宝V6)为检索平台,检索时间为《民法通则》施行起止时间的1987年1月1日到2021年1月1日,检索案由选择民事,裁判要点输入"习惯"总计检索可得案例195篇,前述检索条件不变,将裁判要点改为"习俗"检索可得案例34篇;裁判要点改为"风俗"检索可得案例17篇;裁判要点改为"民俗"检索可得案例3篇。https：//webvpn. hainanu. edu. cn/https/77726476706e69737468656265737421e7e056d2373b7d5c7f1fc7af9758/advanced/case/pfnl。

④ 经过检索统计可得,裁判要点输入"习惯"可得公报案例12个,裁判要点输入"习俗"可得公报案例2个,经过筛选掉与本文讨论主旨无关的案例,最终可用于分析的案例为11个。参见北大法宝法律信息网,https：//webvpn. hainanu. edu. cn/https/77726476706e69737468656265737421e7e056d2373b7d5c7f1fc7af9758/advanced/case/pfnl,访问日期:2024 - 1 - 10。

⑤ 中华人民共和国最高人民法院(2005)民二终字第147号民事判决书。

移。"而在"陆某东诉永达公司环境污染损害赔偿纠纷案"① 中法院根据居室内人们夜间休息时通常习惯暗光环境这一日常生活经验法则认定被告上海永达中宝汽车销售服务有限公司已构成由强光引起的光污染侵犯,并判处被告排除对原告陆某东造成的光污染侵害。

这些案例说明在"习惯入典"条款施行前司法机关就已在具体案件的审判过程中有条件、有意识地适用习惯,虽然有些案件在裁判文书中并未直接言明对习惯的认可与适用,但如果仔细研读就会发现其背后蕴含适用习惯的实质。如"大连佳期置业代理有限公司诉大连德享房地产开发有限公司委托合同纠纷抗诉案"② 当中虽未直接出现"适用习惯"等表达,但最高人民法院在审理过程中对委托代理行为是否合法的论证说理实则充满着适用习惯的味道。考察司法实践发现,在"习惯入典"条款之前,司法实践中就有大量适用习惯裁判的案例。并有许多学者对此进行了专门研究,如黄宗智③、苏力④、高其才⑤、彭中礼⑥、王林敏⑦等,仅"顶盆过继案",就有许多学者进行了细致入微的讨论。⑧ 综上,认为"习惯入典"条款确立了习惯法为我国法律适用的依据的说法在司法实践中难以站住脚跟。

准确来说,"习惯入典"条款应该是首次在法律原则的层面上明文确认了习惯为我国民事法律适用的依据。"确认"与"确立"一字之差,结果却大相径庭。"确认"是对司法实践中本已现实存在的情形从法律原则上予以认可,但这一认可本身并非说明在法律原则认可前习惯不可被司法适用。这一条款仅仅起一种补足加强的作用,并非属于有些学者

---

① 上海市浦东新区人民法院(2004)浦民一(民)初字第10589号民事判决书。
② 中华人民共和国最高人民法院(2013)民抗字第18号民事判决书。
③ 黄宗智在其法律史三卷本《清代的法律、社会与文化:民法的表达与实践》《法典、习俗与司法实践:清代与民国的比较》《过去和现在:中国民事法律实践的探索》中详细论述了习惯如何在司法实践中发挥不可替代的作用。
④ 参见苏力:《中国当代法律中的习惯——从司法个案透视》,载《中国社会科学》2000年第3期,第124 - 135,206页。
⑤ 比较有意思的是,高其才教授在一篇文章中提出"《民法总则》第10条确立了习惯法为我国法律适用的依据",参见高其才:《认可、吸纳与空漏:〈民法总则〉对习惯的规范及完善》,载《江海学刊》2017年第5期,第126页;但其却在另一篇文章中对于法院适用习惯进行了大量的案例检索并对一些具体案件作出细致分析,这实则与他本人提出的"第10条确立了习惯法为我国法律适用的依据"这一论断在前后观点上存在矛盾。既然之前大量存在为何又说才确立,这是不符合汉语表达习惯的。参见高其才:《民法典编纂与民事习惯——立法、司法视角的讨论》,载《交大法学》2017年第3期,第46 - 50页。
⑥ 参见彭中礼:《习惯在民事司法中运用的调查报告——基于裁判文书的整理与分析》,载《甘肃政法学院学报》2014年第6期,第16 - 30页。另外,彭中礼在博士论文第六章中用大量篇幅描述习惯进入司法实践的问题。参见彭中礼:《法律渊源论》,山东大学2012年博士学位论文,第185 - 210页。
⑦ 王林敏直接以"民间习惯的司法识别"作为自己的博士选题。参见王林敏:《民间习惯的司法识别》,山东大学2010年博士学位论文。
⑧ 参见汪洋:《民法典时代习惯法源的适用——以"顶盆过继案"为样本》,载《法治现代化研究》2020年第5期,29 - 38页;彭诚信、陈吉栋:《论〈民法总则〉第10条中的习惯——以"顶盆过继案"切入》,载《华东政法大学学报》2017年第5期,第51 - 62页;姜福东:《法官如何对待民间规范?——"顶盆过继案"的法理解读》,载《甘肃政法学院学报》2007年第4期,第41 - 45页;姜福东:《法哲学与法律方法——以"顶盆过继案"为例》,载陈金钊、谢晖主编:《法律方法》(第六卷),山东人民出版社2007年版,第528 - 540页;等。

认为其确立了习惯的法源地位。① 一般认为"习惯入典"条款中的习惯属于习惯法并可作为民法渊源的逻辑如下：第一步，许多国家与地区的民法都已明文规定了习惯法的法源地位；② 第二步，习惯唯经国家有权机关以法律规范性文件等形式认可者，方可被提升至习惯法之地位；③ 第三步，我国在《民法典》第 10 条首次将习惯纳入正式法源；第四步，"习惯入典"条款中的习惯就是习惯法，我国民法形成"法律——习惯"的二阶法源体系。这个逻辑看似清晰明了有法有据，实则混用了许多概念，如将域外情况简单等同于我国，认为习惯等同于习惯法，没有区分制定法与习惯法的关系，将习惯法的效力等同于法律约束力与强制力。这些概念的模糊也使许多研究者认为"习惯入典"条款确立了我国民法中习惯的法源地位。法律渊源本就是一种根据实践得出的学理分类，习惯法作为这一学理分类产生的次级概念，为何反而需要国家制定法认可，以便使它更好属于这个学理概念，这本身就经不住推敲。

"习惯入典"条款增强了法官适用习惯的权威理由。司法立场的法源理论认为，法官适用法律规范的过程就是为所要做出的司法决定寻找权威理由和实质理由的过程。④ "习惯入典"条款主要是从司法适用上增强了法律适用机关在处理民事纠纷适用习惯时更强的正当性。"在法院把它们适用于特定案件之前，这种规则只是习惯，绝不是法律。当法院

---

① 认为"习惯"属于民法渊源的文章有：杨立新：《论法理作为民事审判之补充法源——以如何创造伟大判决为视角》，载《中国法律评论》2022 年第 4 期，第 24 - 36 页；侯国跃、何鞠师：《我国〈民法典〉第 10 条中的"习惯"之识别》，载《甘肃政法学院学报》2021 年第 2 期，第 46 - 56 页；刘亚东：《〈民法典〉法源类型的二元化思考——以"规则—原则"的区分为中心》，载《北方法学》2020 年第 6 期，第 44 - 53 页；高其才：《民法典中的习惯法：界定、内容和意义》，载《甘肃政法大学学报》2020 年第 5 期，第 19 - 28 页；王利明：《民法》（第七版），中国人民大学出版社 2018 年版，第 17 页；于飞：《民法总则法源条款的缺失与补充》，载《法学研究》2018 年第 1 期，第 36 - 51 页；李敏：《论法理与学说的民法法源地位》，载《法学》2018 年第 6 期，第 99 - 115 页；朱涛：《法源条款之内涵与体系化辩思——〈民法总则〉第 10 条的一种解读》，载《河北法学》2018 年第 11 期，第 55 - 61 页；汪洋：《私法多元法源的观念、历史与中国实践：〈民法总则〉第 10 条的理论构造及司法适用》，载《中外法学》2018 年第 1 期，第 120 - 149 页；孟强：《民法总则中习惯法源的概念厘清与适用原则》，载《广东社会科学》2018 年第 1 期，第 244 - 253 页；宋菲：《论习惯作为民法法源——对〈民法总则〉第 10 条的反思》，载陈金钊、谢晖主编：《法律方法》（第 23 卷），中国法制出版社 2018 年版，第 378 - 391 页；郭少飞：《论习惯的民法构造》，载谢晖、陈金钊、蒋传光主编：《民间法》（第十九卷），厦门大学出版社 2017 年版，第 34 - 44 页；石佳友：《民法典的法律渊源体系——以〈民法总则〉第 10 条为例》，载《中国人民大学学报》2017 年第 4 期，第 12 - 21 页；彭诚信、陈吉栋：《论〈民法总则〉第 10 条中的习惯——以"顶盆过继案"切入》，载《华东政法大学学报》2017 年第 5 期，第 51 - 62 页；彭诚信：《论〈民法总则〉中习惯的司法适用》，载《法学论坛》2017 年第 4 期，第 24 - 34 页；高其才：《认可、吸纳与空漏：〈民法总则〉对习惯的规范及完善》，载《江海学刊》2017 年第 5 期，第 125 - 133 页；刘智慧：《习惯作为民法法源的类型化分析——以〈民法总则〉第 10 条的适用为中心》，载《新疆社会科学》2017 年第 4 期，第 109 - 115 页；王利明：《论习惯作为民法渊源》，载《法学杂志》2016 年第 11 期，第 1 - 12 页；高其才：《作为当代中国正式法律渊源的习惯法》，载《华东政法大学学报》2013 年第 2 期，第 3 - 7 页；等。
② 如《瑞士民法典》《奥地利普通民法典》《日本法律适用通则法》及我国台湾地区民法等。
③ 梁慧星：《民法总论》（第五版），法律出版社 2017 年版，第 28 页。
④ 彭中礼：《法治之法是什么——法源理论视野的重新探索》，载《北京航空航天大学学报（社会科学版）》2013 年第 1 期，第 56 页。

适用它们,并依照它们下达了生效的命令时,这些规则才第一次得到了承认。"① 王利明认为承认习惯的民事法律渊源地位可为习惯的司法运用提供基本依据。② 这一说法与司法实践存在明显抵牾,大量的司法裁判都已将习惯纳入司法实践,按照如上逻辑,指导性案例也应当呼吁自己在条文中有所体现,毕竟相较于习惯法而言在民事纠纷处理过程中指导性案例被法律适用机关作为裁判规范参考的情形更多,难道不更应当获得一个"名分"吗?如梁慧星就认为应当对"习惯入典"条款进行扩大解释:"虽然本条明文规定的民法法源仅有法律和习惯两项,但根据我国裁判实践,应当解释为,尚有第三项法源'最高人民法院司法解释',及第四项法源'指导性案例'。"③ 习惯法是民法法源这是毫无疑问的,不需要经过国家"认可"后才属于,更不需要国家制定法"认证"后才可被司法实践适用,倘若按照"认可"逻辑与"认证"要求,"习惯入典"条款制定出来前我们以习惯作为裁判规范或者参考习惯规范作出的司法裁判岂不是都"于法无据",岂非都属于"不合法"产品?

四、结语

《民法典》颁布以来,学界围绕"习惯入典"条款中习惯是否构成习惯法、习惯是否构成民法法源的讨论络绎不绝。立法的根本在于通过系统化、科学化地设置条款以便于更好地解决纠纷,在某种意义上,立法的本质就是司法。对具体案件中的是非曲直问题作出判断,从而解决社会纠纷,做到"定分止争",这是司法工作最根本的功用所在。因而本文坚持法理论的立场,从司法适用的视角对该条款进行了解读。通过逻辑演绎与修辞论证,发现该条款中的习惯难以满足"法的确信"要素,将习惯规范化约成行为之习惯与规则之习惯就可以有效区分习惯与习惯法。法源条款关乎司法裁判的合法性和妥当性,是民法典最重要的条款之一。④ 但要注意的是,该条款为法源条款并非等于条款当中的习惯也为法源,在法理论层面,"习惯入典"条款并非确立了习惯的法源地位,仅是作为制定法的适用规则。具言之,"习惯入典"条款主要是从司法适用上增强了法律适用机关在处理民事纠纷适用习惯时更强的正当性。厘清习惯、习惯法、法源等法学研究范畴当中的基础性概念对我们构建更加科学、规范的法学理论体系具有举足轻重的意义。

---

① [英]哈特:《法律的概念》,张文显等译,中国大百科全书出版社1996年版,第48页。
② 参见王利明:《论习惯作为民法渊源》,载《法学杂志》2016年第11期,第4页。
③ 参见梁慧星:《〈民法总则〉重要条文的理解与适用》,载《四川大学学报(哲学社会科学版)》,2017年第4期,第51页。
④ 张志坡:《民法法源与法学方法——〈民法总则〉第10条的法教义学分析》,载《法治研究》2019年第2期,第32页。

"Custom into the Civil Code":
Theoretical Interpretation based on Article 10 of the
"Civil Code of the People's Republic of China"

SU Haiping

Abstract: Since the promulgation of the "Civil Code of the People's Republic of China", there have been different opinions in the academic circles about whether the custom in Article 10 ("custom into the Civil Code" clause) is equivalent to customary law and whether it can be used as a source of law. For the former question, after logical deduction and rhetorical argumentation, it is found that the custom in the clause of "custom into the Civil Code" only has the element of "factual customs", which is difficult to satisfy the element of "opinio juris". The custom of behavior and the custom of rules effectively distinguish between custom and customary law; Based on the position of the state, the "theory of national recognition" mixes the concepts of custom and customary law, and it is found that the custom of the "custom into the Civil Code" clause should not be recognized as customary law from the dimensions of the nature, conceptual scope and research field of the law. On the latter question, scholars of different positions have very different views on whether custom is a source of law in the "custom into the Civil Code" clause. According to the view of legal theory, the custom in the clause of "custom into the Civil Code" does not establish the status of customary law, but only serves as the applicable rule of the statute. Specifically, "custom into the Civil Code" clause complements the stronger legitimacy of the application of customs by judicial organs in handling civil disputes, and confirms that custom is the basis for judicial application in China.

Key words: "custom into the Civil Code" clause; opinio juris; custom; customary law; source of law

制度分析

业主共有资金信托管理模式的普遍化：
问题与方法

管金平　吴慧仪[*]

摘　要　小区业主共有资金保值增值是"都市中国"时代社会治理的新生难题。这事关业主的核心利益，但当下管理中存在因管理不善和现有制度束缚导致的双重堵点，成效较低，需要民间智慧的补充。在正式制度缺位的情况下，以北京、成都等地为代表的部分小区自主探索，引入信托机制管理业主共有资金，取得了良好效果。目前，业主共有资金的信托管理模式仍然处于民间探索阶段，但该模式的普遍化具有坚实的理论基础和切实的可操作性。因此，探究如何完善和固化业主共有资金管理的信托模式，是纾解业主共有资金保值增值难题的有效路径。

关键词　物业管理　业主共有资金　信托模式　财产信托

一、问题的提出

业主共有资金是涉及区分建筑物管理活动的相关资金。《中华人民共和国民法典》（以下简称《民法典》）283条规定"建筑物及其附属设施的费用分摊、收益分配等事项，有约定，按照约定；没有约定或者约定不明确的，按照业主专有部分面积所占比例确定"。由此可见，涉及区分建筑物管理活动的一切资金，具有业主共有和共管的性质。[①]该资金基于管理目的和管理结果分为两大类：其一是基于对建筑物的管理目的，由业主归集的共有资金，包括住宅专项维修资金和物业费。住宅专项维修资金是建筑物的"养老

---

[*] 管金平，法学博士，曲阜师范大学法学院教授、硕士生导师；吴慧仪，曲阜师范大学法学院硕士研究生。
[①] 参见陈幽泓：《〈民法典〉后视野：物业管理资金的业主共有性质与物业管理模式的制度探源》，载《住宅与房地产》2021年16期，第28页。

金",事关住宅共用部位、共用设施设备在若干年后的维修、更新和改造,是业主居住体验的保障。物业费是由业主按期限归集的,用于公共部位日常维保的资金。物业费在去除物业管理成本后,即支付完物业提供服务的对价和对住宅、设备日常维修及小区环境改善等支出后,剩余的部分属于业主共有资金。其二是基于管理结果,业主共有财产的资金收益,是指利用业主共有部分产生的收入扣除合理成本后的收益。[1] 例如车位或场地出租收益、小区内公共部位或设施的广告收益等。

业主共有资金管理属于小区共同事务,其管理规则属于业主自治规约,包括管理规约和业主大会决议,是业主通过业主大会对共同决议事项的约定。《业主大会与业主委员会指导规则》第18条就规定了管理规约应对专项维修资金的筹集、管理和使用、物业共用部分的经营与收益分配等内容作出规定。且管理规约并不拘泥于形式,业主大会决议与管理规约形异实同,涉及业主利益,代表了全体业主的意志,并对全体业主具有拘束力。[2] 当前业主共有资金管理面临的核心难题是其管理窘境。一方面是当前管理模式和管理人设置,不可避免地存在因侵占导致的资金安全问题、因闲置导致的资金沉睡问题和因管理不专业导致的资金流失问题,共同妨碍了资金的保值;另一方面是制度的束缚导致了资金增值途径单一且低效,妨碍了资金的有效增值。

业主共有资金管理既是事关业主核心利益,也是事关社会治理的大事。随着"都市中国"进程的加快,对城市土地的利用从平地向立体发展,多功能住宅小区成为居民居住环境发展的趋势,多主体分享同一建筑物、共同使用同一资金池已成为常态。[3] 而作为建筑物"养老金"的住宅专项维修资金,如果管理不善,不仅会导致未来公共设施的维修成为"无米之炊",也会造成日常维护开支的捉襟见肘。如果属于业主的共有财产资金收益和物业费结余,流入物业企业的"私人钱袋",不但会导致业主共有财产管理不善,而且会引发大量诉讼纠纷案件,影响社会和谐。[4] 对小区管理的资源支持不能一味依赖不断加收物业费的外在"输血"模式,而应探索如何使得资金实现增值的自主"造血"模式。"在城市中,小区是基本的社会单元,小区管理是城市中'社会治理'的最后一公里"[5],是完善社会治理体系的重要环节。二十大报告强调要"推进多层次多领域依法治理,提升社会治理法治化水平"。因此,有必要关注业主共有资金管理的保值增值问题,而在上述管理与制度两方面管理堵点的共同作用下,共有资金的保值增值窘境无法得到妥善解决。故而,跳出传统管理框架约束,经民间探索得出的信托管理模式这一新的业主自治规约,更值得关注。全国多地已经进行了业主共有资金信托模式的诸多实践,其中以北京和成都两

---

[1] 参见黄薇主编:《中华人民共和国民法典物权编释义》,法律出版社2020年版,第182页。
[2] 参见曾琳:《住宅小区业主自治规约的合法性控制》,广东外语外贸大学2023年硕士学位论文,第3页。
[3] 参见马焕:《我国业主共有权行使的困境及其解决途径》,西北师范大学2020年硕士学位论文,第1页。
[4] 参见最高人民法院民事审判第五庭编著:《最高人民法院建筑物区分所有权、物业服务司法解释理解与适用》,人民法院出版社2009年版,第195—199页。
[5] 陈赤、管百海:《发挥信托制度优势,助力共同富裕》,载《清华金融评论》2022年第3期,第44页。

地最为典型,其率先将信托机制引入共有资金管理且取得了不错的成效。检视当前管理模式中存在的双重堵点,将民间有关业主共有资金信托模式的有益探索,固定为一般化应用模式,具有明显的现实需求。基于此,本文从业主共有资金保值增值窘境出发,以北京、成都两地的民间探索为样本,探究业主共有资金信托管理模式的普遍化,以期纾解当下资金管理的双重堵点,实现资金管理的专业化、高效化和安全化。

二、业主共有资金管理的双重堵点

当下的资金管理,因存在管理不善和现有制度束缚导致的双重堵点,形成了业主共有资金管理保值增值的窘境。

(一)共有资金管理不善之堵

业主共有资金是涉及区分建筑物管理的所有资金,因此,业主共有资金的管理贯穿物业管理的全过程,可以分为前期物业管理、物业管理和业主自管三个阶段。前期物业管理阶段是指"在业主、业主大会选聘物业服务企业之前,由建设单位委托物业服务企业对住宅小区进行管理"[①]的阶段。本阶段中,业主没有参与"前期物业服务合同"的签订,涉嫌违背了民法"意思自治"原则,且建设单位与前期物业服务企业间大多存在直接或间接关联,导致业主共有资金管理更加困难。业主入住后,由业主大会作为委托人重新选聘物业服务企业,即进入了物业管理阶段。[②] 委托管理模式包括物业费包干制与酬金制,本阶段中,虽然共有资金管理略有改观,但保值增值问题仍未妥善解决。除此之外,《民法典》284条规定业主除了可以委托管理人管理外,也可以自行管理建筑物及其附属设施,即业主自管阶段。主要包括两种模式,一种模式是纯粹由业主自行承担物业服务,这种模式仅仅适用于小规模小区;另一种是"自管+专业制"的模式,实际上是直聘与分包相结合的管理形式。在以上三个阶段的共用资金管理中,业主共有资金均面临着不同程度的因被侵吞、闲置与不专业管理导致的保值增值困难。

首先是因侵吞导致的资金安全问题。不管是在前期物业管理阶段还是在物业管理阶段,资金的安全都令人担忧。以物业管理阶段的包干制和酬金制为例,物业服务企业与小区业主均出于自利目的建立合作关系,物业服务企业在管理时会追求股东利益最大化。"包干制"是指业主向物业公司支付固定费用,物业公司自负盈亏,自行决定资金使用。这种模式下,业主无须承担决策、协调、执行等工作,管理成本大大降低,但也因其在管理过程中的缺位而无法实际监管管理人的管理行为。而由于物业公司的收益来自物业费和

[①]《物业管理条例》第21条"在业主、业主大会选聘物业服务企业之前,建设单位选聘物业服务企业的,应当签订书面的前期物业服务合同。"

[②] 参见罗卫平:《前期物业管理若干问题研究》,载《中南民族大学学报(人文社会科学版)》2006年第5期,第97-98页。

公共收益的盈余，因此物业服务企业提升利润的方式就是压缩成本、降低服务，从而导致公共设施设备因得不到必要的维护而加速老化，影响使用寿命和价值，进而影响业主居住体验和生活质量。"酬金制"正是为了规避以上风险应运而生，指物业服务企业只从物业费总额中提取一定比例或固定的酬金，剩余部分用于建筑物维护与管理，小区内各类事务的决策权移交到业主大会或业主委员会手中，物业管理企业作为执行者执行业主的决策。但由于共有资金管理的透明度只是相对的，对业主委员会一般透明，但对全体业主一般不透明。甚至可能存在物业服务企业与业主委员会联合，各自谋求自身最大利益，通过增加业主负债的方式来提升利润，以此来侵吞业主共有资金。镇江某小区业主委员会起诉物业服务公司要求返还侵吞的停车费、广告费等公共收益及退还多收取的公共能耗费共计70多万元，最终法院审理后判令被告深圳某物业镇江分公司、深圳某物业公司支付车位费、广告费等公共收益30余万元。①

其次是因闲置导致的资金沉睡问题。以住宅专项维修资金为例，因代管人自身缺少投资经验、缺乏理财动力，忽略业主对共有资金增值保值的需求，求稳而弱化对该部分财产的打理，导致其被闲置，增值率低。还有利用共有部分产生公共收益方面，也存在着怠于促进公共收益的问题。《民法典》278条关于改变共有部分的用途或者利用共有部分从事经营活动的规定，设置了双三分之二表决和双四分之三同意的门槛，比例设置得相对较高，在尊重业主意愿的同时，也会使得管理、处分该部分财产十分困难，最终导致资金沉睡而无法产生增值。

最后是因不专业的管理导致的资金流失问题。业主共有资金管理烦琐、复杂，需要付出大量的时间精力和细致的专业管理，例如预算审定和纠纷处理涉及了财务、法律、商务、工程等多个专业领域。由业主委员会主导的酬金制物业管理和业主自管模式下，重大决策均是由业主委员会作出，所以这两种模式均对业主提出了较高的要求。业主委员会中虽然不乏热心公益、维护全体业主利益的委员，但其毕竟缺乏业主共同财产管理的经验和知识，难免好心办坏事，导致资产的流失。业委会虽然承担了分散业主的集体利益代表这一角色，但因其管理能力的缺乏，依然属于"业主集体的弱代表"。② 即使是在物业服务公司负责决策的包干制模式中，物业服务公司也许是具备专业能力的好"管家"，能够提供出色的共有设施设备管理服务，但其在利用剩余资金进行有效安全增值管理方面却多数缺乏专业知识和能力，容易导致管理失败，造成资金流失。

（二）共有资金管理现有制度束缚之堵

上述实践管理中产生的业主共有资金增值困境，一直以来也难以诉诸制度规制，这是

---

① 参见润萱、徐烨：《小区公共收益被前物业公司"私吞"法院判决返还30余万》，https：//www.china-court.org/article/detail/2023/03/id/7216129.shtml，访问日期：2024-8-14。

② 参见李威利、马梦岑：《党建赋能的城市社区发展治理：成都经验》，载《华东理工大学学报（社会科学版）》2020年第5期，第25页。

由于当前没有一部囊括业主共有资金管理问题的专门保护法，而是参照《民法典》《物业管理条例》《住宅专项维修资金管理办法》等多项法律法规中的零散规定进行规制，并且相关制度规定中也存在诸多模糊不明、歧义误解甚至完全空白的问题，导致业主共有资金管理的制度缺位。

第一，共有资金归属规则不明确。《民法典》282条仅仅规定了利用业主共有部分产生的共同受益在扣除成本之后归业主所有，但对其他业主共同资金的归属没有明确规定，甚至作出了误解性规定。例如《民法典》937条①关于物业服务合同的定义和944条②关于业主支付物业费的规定，对这两款条文仅进行文义解释会得出，物业费是业主获得物业管理人提供的物业服务的对价。但若将该笔费用理解为物业管理人的私有财产，等同于免去公开物业费支出情况的义务，因为管理人无义务公开自身财产的使用情况。并且管理人会有动因通过降低服务来节省该笔资金，最终都会导致业主共有资金受到侵害。而事实上，物业公司收取的服务对价仅仅是物业费的固定索取部分，而业主是物业费的剩余索取权的权利人。③物业费扣除服务对价之后归属全体业主所有，用于建筑物的维护及环境改善等支出，需要通过"预算—决算"等方式，向业主们证明自己采购各项物品、服务和所需商品价格、质量的合理性以及必要性等。

第二，管理人与业主利益关系错配。财产管理人侵占业主共有资金的根源，深植于管理人与业主之间难以调和的利益冲突中，这是由于当前制度规范错配了业主与管理人之间的利益关系。建立在"当事人之间是平等主体关系"基础上的《民法典》，将物业管理人与业主视为平等主体，将物业管理关系置于"合同编"中，期望业主通过合同编的规定维护自己的权益，而对物业管理人的忠实义务未置一词。当前制度将业主与资金管理人之间的关系视为平等的合同关系，但事实上管理人和业主之间能力并不对等，是明显的"强弱关系"。业主共有资金的管理受城市开发过程中房地产商的权力支配地位、物业管理人背靠开发商的特殊地位、业主组织化水平低、物管企业逐利行为、政府监管不力等多重因素的影响，呈现"弱业主群体强物业企业"的现象。④在这种"强弱"对比悬殊的结构下，通过合同建立起来的市场关系，强调两者间均可追求自身利益最大化，这对弱势的业主方显然不具有任何公平与优势。作为市场关系一方的业主们具有规模巨大、低组织化的特

---

① 《民法典》第937条"物业服务合同是物业服务人在物业服务区域内，为业主提供建筑物及其附属设施的维修养护、环境卫生和相关秩序的管理维护等物业服务，业主支付物业费的合同。"

② 《民法典》第944条"业主应当按照约定向物业服务人支付物业费。物业服务人已经按照约定和有关规定提供服务的，业主不得以未接受或者无需接受相关物业服务为由拒绝支付物业费。业主违反约定逾期不支付物业费的，物业服务人可以催告其在合理期限内支付；合理期限届满仍不支付的，物业服务人可以提起诉讼或者申请仲裁。"

③ 参见赵廉慧：《信托受益权法律性质新解——"剩余索取权理论"的引入》，载《中国政法大学学报》2015年第5期，第41-44页。

④ 参见孙柏瑛、胡盼：《城市社区物管"信托制"实验：行动目标与行动路线》，载《学海》2022年第4期，第31页。

点,极易呈现一盘散沙的状态,且彼此间还存在"搭便车"现象。而物业管理人出于盈利目的,有统一的决策机构、清晰的价值目标,市场力量明显大于业主群体,但其对业主却缺乏忠诚义务。业主与管理人的这种力量差异使得双方难以形成真正平等的治理关系,管理人容易出于自利目的,通过不作为、关联交易、自我交易等方式侵占业主共有资金。而业主反抗的方式往往只有拒交物业费这种非理性手段。因此,若要从根本上解决业主与管理人间的信任问题,就要从两者的利益分配关系上动手,重新配置符合两者间力量对比的关系。

第三,增值途径单一。关于业主共有资金的增值途径,也存在制度供给不足的问题。例如《住宅专项维修资金管理办法》中规定的资金增值方式仅有银行储蓄和购买国债两种。维修资金具有一次性缴纳、长期"沉睡"的特点。虽然这两种理财方式相对较安全,但其增值率较为有限。考虑到通货膨胀、维修成本上升以及住宅老化速度较慢等因素,未来在产生维修需求并取用维修资金时,可能面临较大的贬值风险①。根据济南市政府官网《济南住宅专项维修资金 2023 年度账单公布》披露,截至 2023 年年底,维修资金结余总额达 241 亿元,年度增值仅有 6.9 亿元,年度收益率仅 2.8%。②

三、业主共有资金信托管理的民间探索

如前所述,现有制度规定中的业主共有资金管理模式,在实践中不可避免地会存在资金保值增值困难的窘境,而《民法典》《物业管理条例》等传统规则对此问题的解决存在制度缺位。因此,全国各地有不少小区进行了业主共有资金管理的民间探索,形成了一种业主共有资金管理的信托模式,并取得了一定效果。其中,以北京和成都两地最为典型。

(一)北京宣武(今西城)区物业管理权信托模式探索

北京朗琴园小区是北京市宣武区第一个尝试物业管理权信托的小区。朗琴园有 2400 户业主,物业费年总计 700 多万,地库收益预估 700 多万。其革新背景是,朗琴园小区业主没有成立业主委员会,一直以来延续着前期物业管理合同,但业主与前期物业服务企业以及开发商之间冲突不断、纠纷频发,广大业主维权困难。2006 年,业主因停车费这项公共收益的归属问题与物业公司发生纠纷,促使朗琴园全体业主私权觉醒,决定探寻一种更加专业、高效且安全的物业管理模式。

2007 年,朗琴园小区成立业主委员会,并召开业主大会解聘了原有的前期物业管理公司,公开聘任了北京嘉浩物业管理有限公司,并与之签订了《北京市宣武区朗琴园小区物业管理权信托契约》,正式开始尝试物业管理信托模式。该模式下,朗琴园业主大会是

---

① 参见管金平:《住宅专项维修资金制度之法律审视》,载《湖北警官学院学报》2019 年第 2 期,第 73 页。
② 参见吴晓璐:《济南住宅专项维修资金 2023 年度账单公布》,http://www.jinan.gov.cn/art/2024/4/25/art_25832_4975241.html,访问日期:2024 - 8 - 14。

委托人,北京嘉浩物业管理有限公司是受托人,全体业主是受益人(见图1)。对于该种背离传统模式的民间新探索,北京市住建委曾组织专家讨论,最终会议上定调可以尝试。物业管理权信托模式的建立,不负众望给小区带来了很多新变化:第一,明确资金归属。信托契约中约定"物业费的收取与支出均由业委会审批并公开,物业费属于全体业主",明确了物业费业主共有的属性,在该模式下不再是物业服务企业的营业收入,物业服务企业仅从其中提取属于自己的部分报酬,嘉浩物业公司的酬金仅占支出的6%,①不存在物业企业大量侵吞的情况了。物业费进入了资金池,成为独立于业主大会和物业公司的基金,由物业公司管理,业主受益。此外,公共收益也重归业主所有,业主共有资金增加。在前期物业管理阶段,小区内的停车费、广告费等公共收益均被侵吞,采用信托制后该笔资金成为业主共有资金,可用于物业管理,也可直接分摊给业主。第二,开放透明管理,重构信任基础。缴纳的物业费存放在独立于物业服务企业的账户之中。小区每月收支均要公示,并接受业委会和全体业主的监督。区别于酬金制仅对业委会透明,对业主仍是黑箱,朗琴园通过双密码账户实现了资金管理对全体业主的透明。自2007年至今,已有十几年之久,信托模式在朗琴园小区运营效果良好,有效缓解了共有资金管理的窘境。

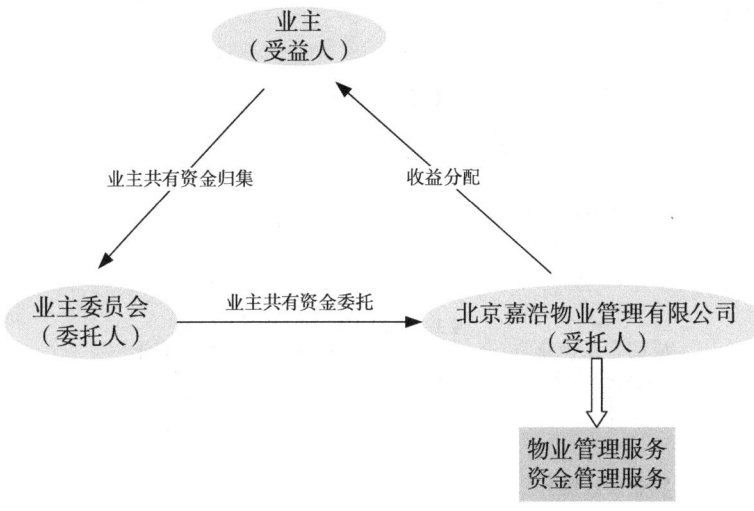

图1 北京朗琴园物业管理权信托模式

(二)成都武侯区"信托制物业"模式探索

成都市武侯区也通过创新自治规约的方式导入信托模式。在纠纷矛盾多、改制意愿高

---

① 参见辛章平:《物业管理的定位、行为规范和政府的强力介入》,载《宁夏社会科学》2012年第1期,第42页。

的小区院落，由小区党组织牵头，业主代表、业委会、物业服务企业共同组建联盟，指导居民制定业主公约或业主规约。以美领居小区为例，其首先召开业委会会议，由业委会成员投票决定将"包干制"管理模式转换为信托管理模式，后通过组织路演与招投标，并召开业主大会对信托合同和经费预算进行了表决，开始实行信托管理模式。

成都市武侯区一开始推行的也是类似于北京宣武（今西城）区的1.0模式，没有信托公司参与，物业企业是单一受托人，独立为业主提供服务。之后，成都市又采取了新的尝试，引入了物业委托型信托模式和双受托人物业服务信托模式，其共同点在于均引入了信托公司作为受托人，形成了"物业公司（管理日常物业服务）+信托公司（管理共有财产）"的专业化管理。

2021年9月，万向信托与成都智乐物业签订了信托合同，由物业公司作为委托人，信托公司作为单一受托人，受让物业公司从业主处获得的物业费、公共收益等资金，这就是物业委托型信托。首先，该模式保障了资金安全，信托公司能够提供账户独立、破产隔离的资金安全保障。其次，扩张了增值途径，还可以提供资产保值增值、资金运用、安全管理及信息披露等专业服务。该模式的特点在于，将业主共有资金交由专业金融机构监管，物业公司回归了管家角色，管理小区的费用要按需支取，由信托公司划拨，资金收支情况要公开透明（见图2）。

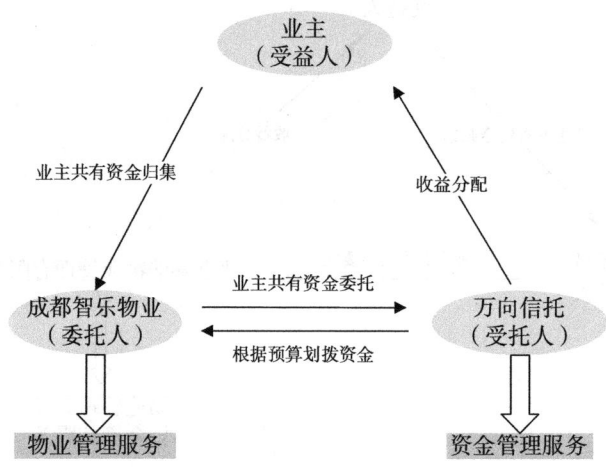

图 2　万向信托物业委托型物业服务信托

2021年10月，中航信托与成都市香城丽园小区、香江岸小区、福珠苑小区业委会以及成都益民源、成都诚智物业、成都智乐物业签订合同，正式落地双受托人物业服务信托模式。由业主大会作为委托人，物业公司与信托公司共同作为受托人，各自发挥其专业优势。其中，物业公司担当小区物业服务管家的角色，负责小区安保、维护业主共有的绿化、设施、不动产等等，做好业主共有资金增值的前期工作；信托公司承担资金管家的角色，为业主共有财产开设独立账户，在保障资金安全的前提下，提供保值增值的专业服

务，并进行信息披露等等。① 社区业主可以结合账户资金的使用明细，对管理人进行监督。（见图3）

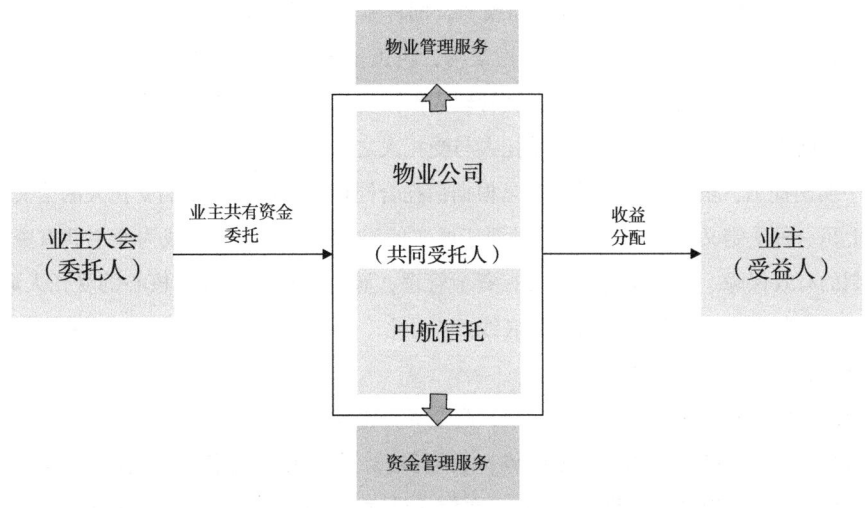

图3　中航信托双受托人物业服务信托模式

（三）民间探索实践的启示

对上述民间探索归纳可知，两地都是以业主大会决议通过信托合同的方式来确定信托管理模式，即通过创新业主自治规约引入信托模式，确定各方权利义务。"改革没有蓝图"，正是居民权利意识的觉醒，业主自治才得以前进发展。在资金管理困境面前，自治的业主并不缺乏创新的能力。对于创新小区而言，正是对传统框架的突破，业主共有资金管理的乱象才逐渐好转，相关纠纷也逐渐平息。② 武侯区"'信托制'预防化解小区物业矛盾工作法"还入选了全国"枫桥式工作法"。新时代"枫桥经验"的内涵是"打造共建共治共享社会治理格局中通过鼓励多元主体的参与、合作、协商整合各方优势资源，发挥整体治理效能"③，强调自治、法治与德治的"三治结合"。北京与成都采取的信托管理模式充分体现了这一内涵，其通过业主自治以发挥管理规约作用的信托合同确立业主共有资金信托管理模式，信托模式是在不违背《民法典》《信托法》等正式规范基础上的依法自治，其充分发挥了各方优势并以信义义务的方式体现了德治。真正做到了以自治为基础、

---

　① 参见杨凯育、陆睿泽：《我国物业服务信托发展研究及建议》，载《当代金融家》2022年第1期，第102–103页。
　② 参见张晓萍：《乡村社会的软法之治》，载谢晖、陈金钊、蒋传光主编：《民间法》（第22卷），厦门大学出版社2019年版，第61–64页。
　③ 徐汉明、邵登辉：《新时代枫桥经验的历史地位与时代价值》，载《法治研究》2019年第3期，第94页。

法治为保障、德治为支撑。① 并通过以下方式克服了前述管理难题：

第一，信托模式能够重置利益关系，避免资金闲置。成都武侯区还编制了《住宅小区（院落）"信托制"物业服务指南》和服务合同样本，将委托人、受托人、受益人三方信义关系条文化、规范化。通过建立信托架构，纠正传统管理模式之下的错位利益分配机制。由业主大会作为信托委托人，资金管理人作为受托人，全体业主作为受益人，业主与管理人之间由纯粹买卖关系变成了委托人与受托人之间忠诚、信任的信义关系。"九民纪要"中明确提出，虽然信托关系主要是根据信托合同构建，但并不影响受托人的信义义务本质上是一种法定义务的事实。② 这种严于诚实信用原则的信义义务成为业主共有资金管理机制的有效保障。信托参与业主共有资金管理，履行以信义义务为核心的受托人职责，确保受托人坚守受益人利益最大化为底线。③ 因此，受托人有义务积极管理共有资金，避免资金闲置导致的损失问题。

第二，信托模式能够保障资金安全，避免资金侵吞。信托作为一种财产管理制度，天然具有财产独立和破产隔离的制度优势。《信托法》第十五条规定："信托财产与委托人未设立信托的其他财产相区别。"因此，在信托设立后，设立信托的财产从委托人的其他财产中分离出来，委托人对信托财产不再享有处分权。同时信托财产独立于受托人财产，在信托制度下管理的业主共有资金安全性更高，有效避免了物业公司将资金挪用或携款跑路的风险。成都的美领居小区自采用信托模式后，原先物业上报的每月 2500 元停车费收益如今多达 10000 元，更多资金回到业主账户。区别于委托、代理等其他财产管理制度，信托具有财产独立和破产隔离的制度功能，是信托参与业主共有资金管理最为核心的制度基础。

第三，引入信托公司更能够实现资金活化，开放增值途径。业主共有资金的管理目的过去仅仅局限在满足业主维护小区建筑质量和维持小区秩序上。实际上，业主共有财产的管理目的之一也包括经济效益。物业管理作为房地产行业的配套行业，是帮助房地产保值增值的综合性工具，要充分发挥管理作用，活化信托财产，同时提高财产的使用价值和经济价值。在保障业主稳定生活环境的同时，通过金融手段从中获取正当利益，从而实现业主利益最大化。④ 信托模式可在保障资金使用不被挪用侵占的同时，投资流动性高、安全性好的金融产品，提高资金使用效率。信托公司作为专业的持牌金融机构，可在法律规定的范畴下，将沉淀资金进行安全地增值运作。如将闲置资金投资于安全性较强的货币基

---

① 参见李天助：《"三治结合"：当代村规民约的变革调适路径》，载谢晖、陈金钊、蒋传光主编：《民间法》（第27卷），研究出版社2021年版，第327页。
② 参见赵廉慧：《最高院"九民纪要"确认，受托人的主要义务是法定义务》，http：//www.cbimc.cn/content/2020-02/04/content_325484.html，访问日期：2024-8-14。
③ 参见徐化耿：《信义义务的一般理论及其在中国法上的展开》，载《中外法学》2020年第6期，第1577页。
④ 参见王芸：《信托物业管理模式的法律制度研究》，兰州大学2009年硕士学位论文，第33页。

金、现金管理类产品等,较之以往有限的增值途径,能够更好地满足业主共有资金管理增值保值的要求。

第四,物业公司与信托公司分工管理模式能够实现专业化管理。业主共有资金具有分散广、体量大、类型多、用途广的特点,因此对业主共有资金进行管理需要具备专业知识。在资金专业管理问题上,业主和业委会是弱者,物业公司也欠缺专业性,而信托公司是强者。因为业委会大多是自发且无偿的,业委会成员有自己的本职工作,工作重心并不在此,无法保证对共有资金管理的时间、精力,物业公司则在提供物业管理服务方面更为专业,但在资金管理方面实属外行。另一方面,业主共有资金的特点决定了其管理需要具备财务审定能力、相关法律常识等一系列专业知识,对业主素质要求高。而将业主共有资金信托,将业主分散的资金归集在一起进行整体化运作,能够带来规模效益。同时,物业公司与信托公司分别具备各自不同的专业知识和能力,能够以专业化分工运作来获得专业效益。受托人能够在该模式下充分发挥管理方面的优势,将不专业的意见隔离在财产管理之外,以期最大化维护业主共有财产。[①]

不过,两地探索中的监督机制有待健全。采用单一受托人对资金进行保管和使用的模式,虽然存在业主监督机制,但仍然会存在资金保管风险,存在一定的资金挪用可能。若由物业服务企业担任受托人,虽然其对物业管理具有专业性,但在资金增资保值方面能力欠缺,有财产损失风险。对此,可以引入信托监察人。在我国,公益信托中存在信托监察人制度。业主共有财产信托因涉及涉众资金,与社会公众的居住利益密切相关,与公益信托存在一定类似之处,因而完全可以借鉴公益信托制度,引入信托监察人制度。社区党委组织、居民委员会、律师、会计师等天然适合成为监察人,其作为监察人,十分了解小区情况,不仅可定时审查信托事务处理情况,还可在信托人侵犯业主权益的时代替业主提起诉讼,从而使业主共有财产得到业主与信托监察人的内外双重监督。与此同时,其加入形成了一种社会各方协同参与的结构,发挥了整体治理效能。

四、业主共有资金信托管理模式的普遍化

在北京、成都等不同地区背景和小区条件下推行的信托管理模式均取得了较大成功,在业主共有资金管理方面产生了显著效果,这启发了将这一模式普遍化的思考,要在符合理论前提的条件下,探究一般化应用该模式的具体路径。

(一)业主共有资金信托管理模式普遍化的理论前提

首先,社会治理需要非正式规则的融入。北京、成都等地的民间探索是对传统业主自

[①] 参见王玉:《"信托制"物业管理模式的社区实践及问题分析》,河南大学2022年硕士学位论文,第25页。

治规约的创新,形成了业主共有资金信托管理模式的非正式规则,有效实现了共有资金的专业化、高效化和安全化管理,解决了长期以来按照传统模式管理所存在的资金流失问题。那么这种资金管理模式就有普遍化的价值与意义。旧有观点认为,对习惯和非正式规则的研究只局限于"乡土社会""熟人社会"的乡村社会之中,此类研究才有意义,城市中的社会治理则完全依靠法律的正式规则。从现实来看,我国已经确立了全面城镇化战略,城市化是我国社会发展的基本模式,我国城市化水平会不断提高,城市人口会不断上涨,越来越多人成为城市"居民"。都市化进程日益加快的背景下,传统以"乡土中国"为核心参照的社会治理与社会发展的政策重心便逐渐转移到以"城市中国"或"都市中国"为核心参照的层面。在城市社会治理中,法律自然是必不可少,然而仅靠正式规则中载明的模式显然不能完全解决业主共有资金的管理问题,面对烦冗的小区纠纷,引入成功的民间模式化解资金流失问题方显必要。[①]而如何将作为正式规则的现有模式与作为非正式规则的民间经验结合,亦或者说是"在较为僵硬的立法中为具有创造性的民间经验保留空间"[②]也是研究的重点。

其次,民间探索对管理规约的创新遵循法治原则。现有的业主共有资金管理的立法体制内并不包含信托模式,《信托法》也并无有关涉众社会资金管理的制度规定,但"现代的法治原则早已超脱出传统的形式法制,而是更多地强调'良法善治'"[③],重点关注如何灵活运用僵硬、束缚的现有制度,满足人民日益增长的美好生活的需要,因此应当在坚持法治原则的基础上,给能够给人民带来增益的民间资金管理经验发放通行证。

其一,从民法思维出发,运用信托机制管理业主共有资金符合民法自治理念。我国《民法典》第300条规定约定管理,即共有人按照约定管理共有的不动产或者动产;没有约定或者约定不明确的,各共有人都有管理的权利和义务。这意味着,《民法典》在制度上开放了业主共有资金的管理模式,使得业主能够采取约定方式,以超出现有管理模式的方式管理共有资金。但此条款仅仅是一种概括型规定,大部分小区在制定管理规约时仍然束缚于现有模式。当前业主自治规约具有模板性与固定性,许多小区在成立业委会时都是从各地房办部门取得的模板化的"业主管理公约",其中对共有资金管理模式虽然都进行了规定,但大多是固化的传统模式,看似实现了"全覆盖",但忽略了其是否因地制宜和务实管用,导致业主自治规约与管理模式的选择呈现看似和谐的"千篇一律",而其对资金管理、区分建筑物维护、业主生活质量提升的目标实现却作用有限,只是一种表面的合法有序,这种同质化现象导致了规约下的矛盾重重。北京、成都等小区跳出框架创新自治

[①] 参见魏小强:《法律多元视域中的都市习惯法——规范领域、规范类型与规范功能》,载谢晖、陈金钊、蒋传光主编:《民间法》(第17卷),厦门大学出版社2016年版,第11页-13页。

[②] 刘力:《"枫桥经验"视角下基层群众自治制度的完善》,载谢晖、陈金钊、蒋传光主编:《民间法》(第29卷),研究出版社2022年版,第79页。

[③] 刘力:《"枫桥经验"视角下基层群众自治制度的完善》,载谢晖、陈金钊、蒋传光主编:《民间法》(第29卷),研究出版社2022年版,第80页。

规约的民间探索既提升了资金管理效能又不违背民法规定,具有普遍化的条件和意义。

其二,运用信托机制管理业主共有资金符合信托发展方向。信托机制在 13 世纪源于英国,以个人间信任为基础发展起来,美国从英国引入信托制度,却没有照搬英国的民事信托制度,而是把信托作为一种事业经营发展出了商事信托,大陆法系的日本在从美国引进信托制度时,同样也因地制宜紧紧抓住了本国特点,不断开发出适合本国特色的信托业务。可以说,各国不同的法律环境、社会条件和传统文化习俗都在影响着信托制度的演变,目前还没有哪个国家的信托制度与另一国家完全一致。[①] 我国《信托法》第三条规定的信托包括民事、营业和公益信托三种模式[②],在大陆地区,信托机制除了在社会保障和公益基金管理领域的应用已经纳入相关法律法规并形成良好实践经验以外,以受托服务为特色的服务信托仍处于起步阶段,并且其他领域尚无明确的相关制度规定,因此鲜有涉足。2020 年,中国银保监会信托部主任赖秀福提出两会建议,运用信托机制管理涉众性社会资金。业主共有资金因涉及了广大社会公众的权益,也是涉众性社会资金的一种,运用信托机制对其进行管理有利于提升资金安全性和使用效率,符合我国信托业的功能定位和发展方向。实际上,北京和成都等地的民间探索也证实了运用信托机制管理业主共有资金具有化解资金流失问题的显著效果,也反映了在不同地域、社区背景下,采用业主共有资金信托模式的可行性,为信托模式的一般化应用提供了借鉴和启发。

(二) 业主共有资金信托模式的固化

要将业主共有资金信托模式普遍化,一般化应用于全国各地,需要将民间探索的得失进行剖析与总结,固化为一般化应用的模式。

第一,引进信义关系,建立信托架构。信托架构的建立要明确信托关系人,并以信托合同作为载体,明确信托关系人之间的利益边界与权利义务。首先,信托关系人即委托人、受托人和受益人。信托模式是全体业主授权业主大会将业主共有资金通过信托形式委托给管理人,管理人忠于业主,以业主利益最大化为旨归管理资金。能够担任委托人的应当是业主大会。虽然共有资金的权利人是业主,但该权利的复合性限制了单个业主将共有财产信托出去,并且单个业主安排的信托也不满足资金管理的需要。因此,业主大会可以经授权,将共有资金统一委托给受托人。受托人是经业主大会按照决议选任出来的,物业服务企业和信托公司均可担任。业主将所有权、管理权和收益权分开,将共有资金的管理权移交给管理人。并且基于信托关系中委托人对受托人的充分信任,受托人享有充分的自主裁量权,能够以自己的名义遵循设立目的管理受托财产、实现收益。同时,基于信义义务,受托人必须忠于委托人,服务于业主利益,回归其"忠诚管家"的角色定位。受益人

---

① 参见齐佩金、陈文斌:《现代信托制度的发展》,载《经济管理》2009 年第 10 期,第 162 页。
② 参见江平:《信托制度在中国的应用前景》,载《法学》2005 年第 1 期,第 4 页。

当为全体业主，信托制物业管理将受益权还权于全体业主，并赋予其知情权、诉权。有别于包干制中物业服务企业享有剩余利益，重新定位业主才是受益人，是剩余索取权的权利人，形成了共享、公平的受益格局。其次，信托合同是信托架构的重要载体。不同于英美法系重意图而不重形式，我国的信托合同为要式合同。信托合同主要包含：其一，明确合同性质。不同于传统模式，业主与物业服务企业双方之间建立的市场关系，信托合同联结了《民法典》中规定的意思自治与《信托法》中规定的信义关系，将传统物业管理合同中构建的双方平等主体间的委托关系，转变为三方不平等主体间的信托关系。其二，明确各主体间的利益边界。要将业主与管理人的利益边界固定化而非最大化，因为利益目标能够决定主体的行动方向。管理人按照市场公允价格获得其提供服务的相应酬金作为对价，以此来激励管理人以业主利益最大化为旨归提供服务。业主能够获得共有资金在扣除成本之后的收益。通过明确利益边界实现定分止争。其三，分配各主体权利义务。作为委托人的业主大会，其享有知情权、监督权、决定权、诉权等权利，有权了解信托财产的管理、处分、收支情况，当发现管理方式不符合受益人利益时，可以要求受托人进行调整。并且在受托人违反信托目的管理、处分信托资金或者没有尽到职责不当管理资金时，委托人有权请求法院撤销处分行为或者行使对受托人的求偿权。作为受托人的物业服务企业或信托公司，享有取得报酬的权利。有权与委托人约定取得与其服务对应的、符合市场价的、有尊严的报酬。受托人的义务就是信义义务，即忠实勤勉义务，以业主利益最大化为行动指南。作为受益人的全体业主，均享有收益权、知情权和监督权。受益权即表明业主是共同财产管理剩余利益的索取权人，同时单个业主也有权查阅信托资金的管理情况。最后，除了以上内容，信托合同还应当载明信托资金管理办法、物业服务事项、要求和标准、会计与审计、公示与公开、受托人的赔偿责任、受托人的辞任和撤换等等。

  第二，明确共有资金，建立信托基金。与英美法上的信托财产确定性原则的要求一致，信托财产是委托人有权处分的独立财产，且于信托行为时已确定存在。信托财产的定义可以归纳为：委托人合法所有的、受托人因承诺信托而取得的财产。因此，要运用信托机制管理业主共有资金，要先明确业信托资金的业主共有属性。首先，住宅专项维修资金"系衍生于建筑物的区分所有权，为区分所有人之共有"。① 《民法典》281 条明确规定住宅专项维修资金属于业主共有财产。另从学理上分析，既然专项维修资金的设立目的是对业主共有财产的维护，在性质上也理应属于业主共有财产。且《住宅专项维修资金会计核算办法》从财会角度强调专项维修资金属于独立的会计主体，其是独立于代管人自身财产的资金。表明维修资金由代管机构管理，但不属于代管机构自身，其在管理使用上与信托法理相一致，充分体现了信托特性。其次，关于物业服务费是否属于业主共有财产，属于一个争议话题。在包干制物业管理模式中，物业费完全被看作是物业服务企业为小区提供

---

① 张军建：《住宅专项维修资金信托法律制度研究》，中南大学 2008 年博士学位论文，第 57 页。

物业服务的对价。然笔者认为这颠倒了基本逻辑。物业费应当区分为物业服务费和物业管理成本两部分，前者是物业提供服务收取的对价，后者则是对住宅、设备日常维修及小区环境改善等支出，属于小区建筑物及附属设施的费用分摊部分，是业主出资用于维护共有不动产、提升自身生活环境的，理当属于业主共有资金。同时，物业费也不是单个业主的个人财产，而是被视为维护建筑区划内业主共有财产的集体性投入。最后是业主共有财产的资金收益。《民法典》282 条明确规定，管理人利用共有部分产生的收入，在扣除合理成本后归业主共有。该规定延续了《建筑物区分所有权纠纷解释》第 14 条的规定，明确该部分收益的业主共有属性。[1] 并且根据原物孳息理论，业主共有财产是资金收益产生的物质基础，资金收益可以认定为业主共有财产产生的孳息，当无特别约定时，应当依据孳息跟随原物的原则来认定孳息的归属。[2] 这与信托法上的基本逻辑一致，即受托人管理信托财产取得的一切收益，除去受托人的报酬、激励和成本外，剩余利益归全体受益人。综上，明确公共收益、物业费、住宅专项维修资金属于业主共有资金，业主有权将这些财产作为信托财产，并设立信托基金，交由委托人管理。该部分资金将存入对公账户，独立于管理人自身财产。以信托财产独立性为前提，以信托账户为载体，以信托财产安全持有为基础，为委托人开立信托专户。

第三，搭建公共平台，保障业主知情权。以此促进业主积极行使参与小区治理的合法权益，规避了物业服务企业因贪婪侵占业主资金管理成本的风险，推动信任关系的建立。首先要采用开放式预算计划，赋予各业主知情权。在物业服务企业的主导下，发挥专业优势，协同业主和其他主体参与，明确各预算科目的资金分配。资金使用计划不再是暗箱操作，而是构建业主与管理人之间信任的基石。其次是建立双密码对公账户制度。每个小区设立专属的双密码资金账户，一个密码供管理人员支取使用，另一个密码则提供给业主进行查询。通过查询密码，每位业主都能够随时上网查看小区账户的资金使用情况，确保每个业主拥有查阅、抄录或复制共有资金流水信息的权利。[3] 最后，服务过程全程透明。资金管理人必须对本小区预算对应的每项服务实施过程进行全面记录，并向全体业主公示公开。这样业主可以清晰了解各项资金是否使用到位。结合双密码对公账户系统，业主能够对服务过程进行监督，从而提高和稳定资金管理人及所有外包供方的服务质量。

第四，设立监察人，实现多元协同共治。引入公益信托中存在信托监察人制度，完善监督机制，实现多元协同共治。社区党委组织、居民委员会、律师、会计师等均可作为监察人。[4] 监察人可定时审查信托事务处理情况，还可在信托人侵犯业主权益的时代替业主

---

[1] 参见连重阳：《论业主共有部分产生收益的分配》，载《法律适用》2022 年第 6 期，第 167 页。
[2] 参见吴香香：《民法典请求权基础检索手册》，中国法制出版社 2021 年版，第 282 页。
[3] 参见钱志远、张洁：《基于共有产权的城市社区治理共同体建设研究》，载《宁夏社会科学》2023 年第 5 期，第 187 页。
[4] 参见李威利、马梦岑：《党建赋能的城市社区发展治理：成都经验》，载《华东理工大学学报（社会科学版）》2020 年第 5 期，第 26 页。

提起诉讼,从而实现外部监督与内部监督的完美闭合。

最后,以上信托管理模式的引入要符合业主自治规约的合法性控制。业主共有资金管理模式的选择是业主自治规约的重要组成部分,要确保该模式的顺利施行,首先要保障自治规约确立合法,在规约内容上,前文已经论述了信托模式不违背法治原则,在程序上也要确保规约合法。已经成立业委会的小区,由业主大会授权业委会组织招投标,在招投标的过程中进行信托模式的说明与宣传,由业委会负责信托合同的签订,但业委会并不享有超越业主大会权限直接进行管理人选聘的决定权,而是要经业主大会投票通过信托合同设定的信托模式和管理人。对于没有成立业主委员会的小区,首先要产生业主大会筹备组,筹备组通过开放式路演选聘管理人,路演采用固定信托合同,参选的公司要事先承诺采取信托管理模式,业主从中选出合适的管理人。组织者将选出的管理人与信托合同文本一并提交业主大会表决。

五、结语

随着城市化进程的加速,"都市中国"的发展不可逆转。城市小区化、业主自治化是"都市中国"社会治理的重要环节,但法律制度面对新生事物却显得捉襟见肘,法律的空白之处需要民间智慧的补充,业主共有资金的管理就是这样一个问题。本文通过对这一问题的深入探讨,揭示了其产生的制度根源,进而对相关民间探索所积累的实践经验进行提炼总结,提出了信托模式作为一种可能的纾解路径。信托模式用于解决业主共有资金的管理难题,是将正式规则运用于民间自治领域,展现了社区自治中的民间智慧。尽管这种民间操作仍然处于探索阶段,但作为一种灵活且富有弹性的制度,信托模式在纾解业主共有资金管理中展现出了独特的优势。它不仅能够实现业主共有资金的专业化管理和高效保值增值,还能通过其独特的信义结构,确保各方利益的平衡和协调。然而,我们也必须清醒地认识到,当前民间对于业主共有资金信托管理的实践尚且存在不完善之处,也缺乏一种固化的成熟模式。因此,未来需要完善一般运用信托机制管理业主共有资金的模式,以实现业主共有资金信托模式的普遍化。

Owners share fundsThe Generalization of Trust Management Models:
Problems and Approaches

Guan Jinping Wu Huiyi

Abstract: The management of shared funds by property owners is not only related to their core interests, but also an important part of social governance. The existing fund management faces dual obstacles of management practices and institutional constraints, leading to concerns about preservation and weak appreciation. The folk explorations in Beijing, Chengdu and other places have shown that introducing trust mechanisms to manage shared funds in different regional and community backgrounds can achieve professionalization, efficiency and security in property management, providing rich experience and inspiration for solving financial management problems. Therefore, based on the theoretical foundation of exploring the universalization of the owner shared fund trust model, exploring how to solidify the owner shared fund trust management model is an effective way to alleviate the problem of preserving and increasing the value of owner shared funds.

Keywords: Realty management; Owners share funds; trust model; Property trusts

不完全契约条件下新乡贤激励约束机制的制度性建构[*]
——基于皖西华县"能人回归工程"的个案研究

陈寒非[**]

摘要 新乡贤是乡村治理的重要人才支撑，对乡村治理起到关键性的推动作用。由于新乡贤治村存在偏离乡村治理目标的风险，因此需要通过构建激励约束机制对其进行培育和监管。皖西华县与新乡贤签订的《"能人回归工程"协议》属于公私合作模式下的不完全激励合约。从TCE框架下不完全契约理论出发，新乡贤组织介于官僚制组织和市场化组织之间，其激励强度、激励偏差以及约束程度属于中等强度。政府基于不完全契约制度性建构出政治激励、经济激励、政策激励、文化激励等多元激励机制，以及摸排建档、责任设定、监督考核等责任约束机制，在提升激励强度的同时尽可能降低激励偏差，使新乡贤的行动方向不偏离组织目标方向。政府通过不完全契约设计尽可能地掌握剩余控制权，而这也为其灵活运用激励约束机制提供了极具弹性的制度基础。

关键词 新乡贤　能人回归工程　不完全契约　多元激励　责任约束

一、问题的提出

乡村治理离不开人才的作用，乡村振兴首先是人才的振兴。新乡贤是乡村治理的重要人才支撑，对乡村治理起到关键性的推动作用。新乡贤治村随着乡村权力转型而出现，既赓续了既有村治传统，又回应了当下现实需求。近代以来，随着"双轨政治"[①] 中国家

---

[*] 北京市社会科学基金青年项目"新时代北京乡村治理法治化的路径优化研究"（编号：22FXC017）。
[**] 陈寒非，法学博士，首都经济贸易大学法学院副教授。
[①] 参见费孝通：《乡土中国　生育制度　乡土重建》，商务印书馆2011年版，第379—387页。

"在乡村统治的代言人"[①] 的传统士绅阶层逐步瓦解，社会结构出现了断裂，基层社会"简约治理"[②] 模式难以存续，出现了"营利性国家经纪"[③]。改革开放后，乡村政治空间一度出现权力真空，富人、能人相继进入村治场域。晚近国家提出"双强双带"政策，倡导超越一般经济意义上的富人、能人治理，强调德才兼备的新乡贤治理。在此背景下，自2013年浙江上虞经验宣传推广以后，德能兼备的新乡贤逐渐成为乡村治理的新兴力量，后又有广东云浮、浙江德清、诸暨（"枫桥经验"）实践探索新乡贤治村模式。从2014年全国"两会"上全国政协委员王志良提议在全国推广乡贤文化，到2018年《关于实施乡村振兴战略的意见》明确指出要"积极发挥新乡贤作用"，再到2021年《乡村振兴促进法》第三章从法律层面规定乡村人才振兴，乡村人才建设方向进一步明确[④]，新乡贤参与乡村治理已备受关注。由于新乡贤治理属于人治范畴，因此实践中如何有效激励新乡贤参与村治的积极性，同时又监督防范其走向"人治"误区，是当前研究的重要课题。

从乡村权力转型角度来看，改革开放以后先后出现了多种权力主体，学术界自1990年以来相应形成了三个研究高峰。第一个高峰是1995年前后，这次高峰出现的原因在于1993年浙江、江苏等东南沿海地区省份开始大量出现致富能人积极参加村庄选举，这些致富能人对革命型干部及宗族长老等传统村庄治理主体构成了挑战，"能人治村"现象也引起了学界的关注和讨论。[⑤] 第二个高峰发生于2005年前后，这主要是因为2003年税费改革对农村治理结构产生了巨大冲击，国家权力逐步从乡村退场，富人、能人等力量占据乡村政治空间，形成"富人治村"[⑥] "混混治村"[⑦] 现象。第三个高峰产生于2017年前后，这是由于随着党的十八大以后江浙等地"新乡贤治村"的兴起，学者们关注并讨论新乡贤参与乡村治理以及促进乡村振兴的相关问题。

"新乡贤治村"不同于传统意义上的"能人治村""富人治村""强人治村"，而是在要求其致富才能的同时，更强调其道德品质。因此，新乡贤是指"具有一定知识和才能，品行高尚，具有一定的口碑威望，秉承现代民主法治精神和社会主义核心价值观，致力于一直生活的或曾经生活过的乡村建设的贤达人士"[⑧]。当前学术界关于新乡贤问题研究形

[①] 萧公权：《中国乡村——19世纪的帝国控制》，张皓等译，九州出版社2018年版，第83页。
[②] [美] 黄宗智：《过去与现在：中国民事法律实践的探索》，法律出版社2009年版，第78页。
[③] [美] 杜赞奇：《文化、权力与国家：1900—1942年的华北农村》，王福明译，江苏人民出版社2003年版，第37页。
[④] 参见蒲实、孙文营：《实施乡村振兴战略背景下乡村人才建设政策研究》，载《中国行政管理》2018年第11期，第90—93页。
[⑤] 参见徐勇：《由能人到法治：中国农村基层治理模式转换——以若干个案为例兼析能人政治现象》，载《华中师范大学学报（哲学社会科学版）》1996年第4期，第1—8页。
[⑥] 参见贺雪峰：《论富人治村——以浙江奉化调查为讨论基础》，载《社会科学研究》2011年第2期，第111—119页。
[⑦] 参见陈柏峰：《乡村江湖：两湖平原"混混"研究》，中国政法大学出版社2019年版，第373—406页。
[⑧] 陈寒非、高其才：《新乡贤参与乡村治理的作用分析与规制引导》，载《清华法学》2020年第4期，第8页。

成了四个主要议题，总体涵括新乡贤的基础理论和村治实践。第一，新乡贤的主要类型。根据不同标准可作不同分类：从新乡贤的空间流动来看，可分为"在场乡贤""不在场乡贤""外来乡贤"等类型；从新乡贤的职业来源分类，可分为"体制型乡贤""体制外乡贤"；从新乡贤的功能分化来分，可分为经济型乡贤、政治型乡贤、文化型乡贤、体育型乡贤、宗族型乡贤、任务型乡贤、治村型乡贤、乡土法杰型乡贤等；从新乡贤返乡动机来分，可分为告老还乡型、回报家乡型、项目分肥型、海外华侨型等。第二，新乡贤治村的主要模式。有学者总结了实践中存在的乡贤治村模式，包括乡贤理（参）事会的组织化参与村治模式、新乡贤组织嵌入村治模式、新乡贤个体式参与村治模式、新乡贤与传统治理资源协同治理模式、乡贤研究会治理模式等。第三，新乡贤治村的积极功能。新乡贤参与村治的积极功能主要包括发展经济、推进公益、解决纠纷、德治教化、促进自治、推行法治等方面。第四，新乡贤治村限度及防范。有论者认为新乡贤治村也存在一定的限度，可能会产生诸如以公济私、村庄民主萎缩、政府过度依赖私人资源等弊端，因而需要建立民主监督机制加以防范。

梳理相关学术成果可知，学术界对新乡贤关注逐渐加强，形成了丰富的研究成果。目前学术成果多集中在乡贤治村的模式、功能、竞争及类型等运行层面，而关于新乡贤有效参与村庄治理的合约基础以及在此基础上如何制度性建构激励约束机制则尚需进一步推进，而这正是本文拟重点探讨的问题。鉴于此，本文尝试从更为微观的不完全契约视角探析新乡贤激励约束机制的制度性建构问题，试图通过华县"能人回归工程"个案阐明本为市场化主体的新乡贤如何被地方政府纳入管理体系，通过激励合约的权责分配来充分发挥其正向积极功能。笔者于 2021 年 3 月 20 日—28 日在安徽调查期间，专门针对安徽省华县"能人回归工程"进行实地调查，收集到大量第一手资料，并运用扎根理论（Grounded Theory）对实施情况进行了深度访谈和编码，本文的讨论将围绕这一典型个案展开。

二、不完全契约视角下新乡贤的激励约束原理

如何对新乡贤这一新兴治村力量进行激励和约束？对此可从委托—代理模型下激励约束机制原理层面予以解释。信息经济学认为，在信息不对称条件下委托人和代理人之间的合约关系存在逆向选择（Adverse Selection）[1]、道德风险（Moral Hazard）[2] 和不可验证性（Unverifiability）[3] 等问题，赫维茨（Leonid Hurwicz）的机制设计理论从"激励相容原

---

[1] See Akerlof, George A. The Market for 'Lemons': Quality Uncertainty and the Market Mechanism. *The Quarterly Journal of Economics*, Vol. 84, No. 3, 1970, pp. 488 – 500.

[2] See Arnott, Richard J., and Joseph E. Stiglitz. The Basic Analytics of Moral Hazard. *The Scandinavian Journal of Economics*, Vol. 90, No. 3, 1988, pp. 383 – 413.

[3] 参见 [法] 让-雅克·拉丰、大卫·马赫蒂摩：《激励理论：委托—代理模型》（第 1 卷），陈志俊等译，中国人民大学出版社 2002 年版，第 188—207 页。

理"和"显示性原理"两个层面提出通过人为设计激励合同来驱使代理人为委托人的利益来行动①，以克服信息不对称情况下的市场失灵。机制设计理论中激励合约的设计以完全契约为前提，而这在有限理性、交易成本和第三方不可验证条件下注定是难以实现的，"无论是从激励形式上的缺陷、行动和结果的不确定性、产品考核还是履约问题等方面来评价，并不存在能对人们行为进行衡量的完美方法"②，所设计的激励合同容易产生激励偏差。新制度经济学承认合同的不完全性，通过分配剩余控制权的最优解来实现激励。其中，产权理论（PRT）将合同不完全之原因归结为第三方不可验证，故主张由一方将合同中不可验证部分的剩余控制权全部购买，此时获得剩余购买权的一方将强化激励③；交易成本经济学（TCE）将合同不完全之原因归结为有限理性，强调从治理结构层面尽可能地节约履约过程中因环境应对而引发的交易费用问题，主张合同不完全程度与激励强度成反比④。鉴于产权理论对谈判解的敏感性会导致激励翻转，故 TCE 框架下激励强度选择理论更具可持续性。TCE 框架下不完全合同理论主张根据组织形式设计激励合约，组织形式与激励强度正相关，激励强度与激励偏差成正比，但为了避免企业组织中"强激励机制的这种无效率的结果，还是引入弱激励机制比较适宜"⑤。TCE 框架下激励强度选择与组织形式理论为我们构建并调适新乡贤激励约束机制提供了理论框架。

表 1　TCE 框架下合同完全程度与激励约束机制的关联性

组织化程度	合同完备程度	激励强度	激励偏差	约束程度
高（官僚制组织）	低	弱	小	低
中（准行政组织）	中	中	中	中
低（市场化组织）	高	强	大	高

从上表 1 可以看出，在 TCE 框架下，官僚制组织的组织化程度相对较高，其所设计的激励合同完备程度相应较低，因此采用弱激励方式，激励偏差相应也小，具有明显的预算软约束特点；市场化组织的组织化程度较低（没有严格分明的科层制），其合同完备程度也相对较高，因此采用强激励方式，激励偏差相应也大，约束程度相对较高（剩余控

---

① See Hurwicz, L. Optimality and informational efficiency in resource allocation processes. In K. Arrow and L. Hurwicz (Eds.), *Studies in Resource Allocation Processes*. Cambridge: Cambridge University Press. 1977. pp. 393 – 460.
② 蒋媛媛：《不完全合同理论框架下的激励强度选择及其应用》，对外经济贸易大学出版社 2011 年版，第 121 页。
③ See Grossman, Sanford J., and Oliver D. Hart. The costs and benefits of ownership: A theory of vertical and lateral integration. *Journal of Political Economy*, Vol. 94, No. 4, 1986, pp. 691 – 719.
④ See Williamson, Oliver E. The Theory of the Firm as Governance Structure: From Choice to Contract. *The Journal of Economic Perspectives*, Vol. 16, No. 3, 2002, pp. 171 – 195.
⑤ [美] 奥利弗·E. 威廉姆森：《资本主义经济制度：论企业签约与市场签约》，段毅才、王伟译，商务印书馆 2020 年版，第 207 页。

权支配下的硬约束机制)。当前新乡贤主要通过官方批准设立的乡贤理事会之类的组织平台参与乡村治理，其既具有官僚制色彩，同时也具有市场化元素，故属于官民合作的准行政化组织。党政部门与新乡贤订立的激励合同的完备程度居于中等，其激励强度、激励偏差以及约束程度也介于官僚制组织和市场化组织之间。在此情形下，我们可以从委托—代理模型下合理构建新乡贤的多元激励约束机制①，在提升激励强度的同时尽可能减少激励偏差，使新乡贤的行动方向不偏离组织目标方向，其基本框架如下图1：

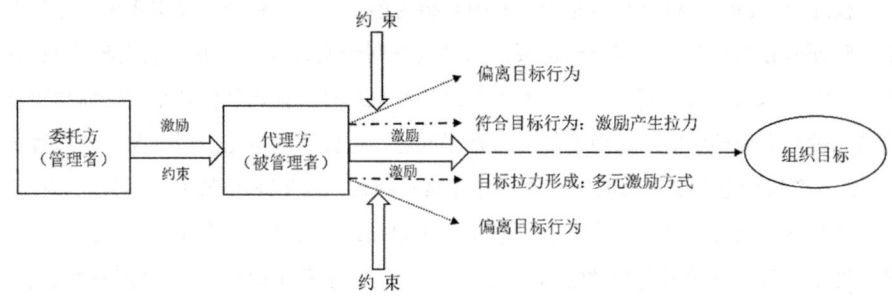

图1 委托—代理模型下新乡贤激励约束原理

在委托—代理模型下，委托方（管理者：基层政府）与代理方（被管理者：新乡贤）之间会谈判达成激励契约，既调动被管理者的工作积极性，又防止被管理者偏离组织目标。但是，正如我们在下文所看到的，当前官方与新乡贤之间达成的激励契约属于典型的不完全契约，剩余控制权被委托方所控制，当代理方出现偏离目标行为时，此时委托方就会通过监督机制对被管理者的行为进行约束，将被管理者的行为重新拉入组织目标行为轨道；当被管理者行为本身符合目标行为时，此时通过激励机制产生正向目标拉力，使得被管理者行为更趋向于组织目标，为了提高中等完备程度激励合同的激励强度，此时可以综合运用多元弱激励方式，如计时工资、固定工资、锦标赛和隐性激励等。因此，激励合同是解决"代理问题"所设计的主要治理机制，它将剩余索取权在委托人和代理人之间进行分配，具体表现为激励合同中委托人和代理人之间的责权利关系。② 从委托—代理模型下激励约束机制原理出发，我们将以华县"能人回归工程"及其激励合约为例，重点分析新乡贤培育监管过程中委托人和代理人之间的权责关系。

三、"能人回归工程"及其激励合约的不完全性

华县位于皖西边陲、大别山腹地，是国家首批重点贫困县，2011年被确定为大别山片区脱贫攻坚重点县，2020年4月正式退出贫困县序列。华县"能人回归工程"正是在

---

① 参见侯光明、李存金：《现代管理激励与约束机制》，高等教育出版社2002年版，第53页。
② 参见段文斌、董林辉：《代理问题与作为治理机制的激励合同：一个理论检讨》，载陈国富主编：《委托—代理与机制设计：激励理论前沿专题》，南开大学出版社2003年版，第22—23页。

脱贫攻坚背景下展开。"能人回归工程"旨在通过引导外出创业人士回归乡土，参与村级工作，进而为脱贫攻坚贡献力量。在华县县委、县政府看来，实施"能人回归工程"不仅可以促进农村经济发展，助推脱贫攻坚和乡村振兴，同时也能实现能人回报家乡、回馈社会和自身发展的有机统一。"能人回归工程"兼顾公与私，是地方政府与新乡贤式能人的合作共赢。

（一）"能人回归工程"的实施情况

华县"能人回归工程"按照"试点先行、典型带动、逐步开展"的工作思路，通过个人推荐、华县在外创业者协会推荐、乡镇党委推荐等方式，择优选配能人回乡任职，并与县委组织部、乡镇党委分别签订聘用协议（即《"能人回归工程"协议书》）。"能人回归工程"于2018年启动，当年5月选择了4个村进行了试点，回归能人王兴发、李大勇等分别担任鹊山镇菊花村、黄明乡刘家村等4个村党组织名誉书记、村创福公司董事长①，挂任所在乡镇党委委员。2019年，华县县委根据上年度考核和新的推荐结果，将试点村调整为5个，李友兵、张爱国、王庆3名回归能人分别到鼓山镇余村、洪山乡李家河村、明堂乡罗公村任职。2020年，华县县委新聘用8名回归能人到村任职。截至2020年11月下旬，能人任职村已增加到11个，回归能人增加至12名，其中有4位能人是"继续聘用"，另有8名是"新任职"。②所有回乡能人均与县委组织部签订《"能人回归工程"协议书》，明确双方权利和义务。

从实践情况来看，华县"能人回归工程"的主要特点如下：第一，"能人回归工程"由县委组织部主导自上而下推进；第二，返乡能人需与县委组织部签订书面的《"能人回归工程"协议书》；第三，经济贡献是回乡能人选拔的主要考量标准，特别是村集体经济增收方面的贡献；第四，从全县情况来看被吸纳的能人数量并不多（自试点实施以来仅12名能人），其类型以经济型能人为主；第五，回归能人发挥了理念新颖、信息灵通、资金充足等优势，创办经济实体、组建经济合作组织，取得了良好的效果。

（二）"能人回归工程"协议及其不完全性

华县主要通过与回归能人签订"能人回归工程"协议的方式建立起激励约束机制，充分激活回归能人的治理效能。"能人回归工程"协议的核心内容包括激励和约束两个方面。第一，激励机制设计。激励机制主要以甲方（华县县委组织部）的"职责"的方式

---

① "创福公司"是华县村级集体经济组织及其新型集体经济实体所采取的统一名称，全名为"华县××村创福发展有限公司"。创福公司以村集体资产、资源、资金等"三资"为资本成立，作为村级集体经济经营发展的重要平台。华县创福公司成立之初主要业务集中于光伏发电领域，后来延伸到中药材、食用菌、特色养殖等特色产业。

② 中共华县县委组织部：《关于乡村治理体系建设试点工作进展情况汇报》（2020年11月3日），内部资料，资料编号：HXNR2021002。

设置，甲方的职责主要包括教育、培训、管理和考核四项，从相关待遇的保障、结对联系、扶持政策以及考核管理四个方面进行了规定。激励方式包括了身份与报酬激励、政策激励（包括资金、金融及税收政策激励）以及文化激励等。第二，约束机制设计。约束机制主要围绕甲方监督考核乙方履职情况来设计，即乙方是否实现"四个一"目标（"制定一个发展规划""打造一项主导产业""组建一家劳务公司""增加一笔集体收入"）。

华县"能人回归"工程协议书①

甲方： 中共华县委组织部 （以下简称甲方）
乙方：_____ （以下简称乙方）

经研究决定，实施以外出创业能人回村任职为主要内容的"能人回归"工程，为明确双方职责，维护双方权益，经甲乙双方协商达成如下协议：

一、聘任职务

甲方聘任乙方为____乡（镇）____村____、创福公司董事长，任期一年。

二、甲方职责

甲方负责乙方的教育、培训、管理和考核，搞好协调服务。

1. 相关待遇。按照乡镇副科级领导职务待遇标准执行。

2. 结对联系。对接落实1名县领导联系帮扶，搞好协调服务，每季度听取一次工作汇报，分析存在的问题，帮助解决工作中的实际困难。

3. 大力扶持。扶持乙方领办创办新兴产业、组建农民专业合作组织，在土地、证照办理、税费减免、贴息贷款等方面予以支持和倾斜。对发展较好的项目可采取个人投资一部分，县、乡镇配套一部分，贴息贷款支持一部分的方式解决资金问题；对投资规模较大、发展前景较好的项目，享受县招商引资优惠政策；对由乙方领办的村级集体经济项目，可按入股比例进行分红。

4. 考核管理。每年履职情况开展一次集中考核，考核结果分为"优秀、称职、一般、较差"四个等次，对年度考核为"较差"等次的，解除聘任关系。对年度考核为"称职"以上等次的，优先列入党内表彰、各级"两代表一委员"的推荐人选。对连续3年考核结果为"优秀"等次的，优先推荐担任村主要负责人，符合基层公务员和事业单位招录条件的优先录用。

除上述职责外双方商定的其它职责。

---

① 《华县"能人回归"工程协议书》是华县县委组织部拟定的格式化协议，甲方为"华县县委组织部"，乙方为回归能人。协议由"聘任职务""甲方职责""乙方职责""其他"四个部分构成。参见《华县"能人回归"工程协议书》，内部资料，华县县委组织部提供，资料编号：HXNR2021003。

三、乙方职责

乙方参与村级事务管理和重大事项决策,对村级发展提出意见建议,可以不参与村级日常值班。

1. 制定一个发展规划。根据任职村资源禀赋,结合村情民意,制定三年任期发展规划和年度工作计划,建立目标、任务、责任清单,推进村级各项事业科学发展。

2. 打造一项主导产业。按照"一村一品"发展规划,充分发挥资金、人脉、技术等优势,为任职村选好并发展一项特色主导产业,推动产业规模化、品牌化、市场化建设。

3. 组建一家劳务公司。建立任职村劳动力资源信息库,依托村级创福公司组建一家村级劳务公司,提供就业岗位、信息,拓宽就业渠道,提高群众务工收入。

4. 增加一笔集体收入。深入挖掘村级在资源、区位、传统产业等方面优势,努力兴办一个致富效果好、辐射带动能力强、能够增加集体收入的特色项目,村集体经济年递增10万元以上。

除上述职责外双方商定的其他职责。

四、其他

1. 任职村所在乡镇党委需与乙方另行签订具体协议书。
2. 其它未尽事宜,双方协商解决。
3. 本协议一式两份,甲乙双方各执一份。
4. 本协议自签订之日起生效,有效期一年。

甲　方(盖章):　　　　　　　　乙方(签名):
代表人(签名):

　　　　　　　　　　　　　　　　　　　　年　　月　　日

从协议的性质来看,"能人回归工程"协议具有明显的公私合作属性,不同于一般的人事合同、民事合同、投资协议等,也没有规定相应的责任条款,协议履行的考核权限由县委组织部掌握,如果发生纠纷并无明确的救济方式。从协议内容来看,"能人回归工程"协议具有很大的弹性,其目标设定及职责内容存在"有意的制度模糊"(Deliberate Institutional Ambiguity)之可能。[①] 例如,激励机制中"大力扶持"部分规定,"对发展较好的项目可采取个人投资一部分,县、乡镇配套一部分,贴息贷款支持一部分的方式解决资金问题"。但是,这里所说的"一部分"到底是多少并无明确的规定,这为官方选择激励强度提供了操作空间。又如,在约束机制中,年度考核结果分为"优秀、称职、一般、较

---

① 参见何培生:《争论中的农村空间:土地纠纷、习俗权与国家》,载裴宜理、塞尔登编:《中国社会:变革、冲突与抗争》,夏璐等译,香港中文大学出版社2014年版,第106—119页。

差"四个等次，考核内容主要围绕新乡贤履行"四个一"目标的情况，但缺乏可操作性的标准和评价方式。因此，在委托—代理模型下，"能人回归工程"协议属典型的不完全合同，而且这种不完全性还是委托方"有意"主导形成，委托人（管理方）因此获得剩余控制权，而乙方（被管理方）也有在信息不对称情况下发生道德风险的可能。"四个一"目标如同"计件工资"，只要代理方达到经济发展的"四个一"目标，那么考核就可能就会通过，但这种强激励的"计件工资"的实施方式却是模糊的，因为"四个一"目标达成后等级划分并无明确的标准，确定权完全由委托方控制。

华县"能人回归工程"正是通过这种"有意的制度模糊"的方式设置激励约束机制，保留了官方（县委组织部）的主动权，为后续培育监管提供了操作空间。根据此协议，一方面可以激励新乡贤积极参与乡村治理实践，同时又能在其偏离组织目标时及时进行纠偏，将新乡贤改造为可助推乡村振兴与乡村治理的重要力量。

四、多元激励契约：新乡贤的选拔与培育制度

"能人回归工程"中的"能人"是指新乡贤式能人，不同于以往的能人、富人和强人。然而，一方面现实中新乡贤式能人与上述主体很容易混淆，乡村主体很难进行标签化认定；另一方面，如果不精准识别又会有"带病"选拔的风险，与政策精神不符。这使地方政府陷入一种"两难境地"，为了解决这一矛盾地方政府在选拔培育过程中采取强化控制权策略。

（一）新乡贤的多重选拔标准

谁能成为"能人"？按照华县的标准和要求，"能人回归工程"中的"能人"必须符合如下条件：第一，创业有成，社会口碑较好，且能达到"五有"标准（即有过硬的政治素质、有较高的领导水平、有良好的群众基础、有较强的发展思路、有一定的经济基础）；第二，乐于奉献，能够一直心系群众，对群众怀有深厚的感情，长期参与农村公共事业和公益事业，积极支持家乡建设和中心工作；三是就近就便，实行双向选择，外出创业回归的能人，一般回户籍所在的乡镇所辖村参与村级工作，鼓励引导外出创业成功人士回村"挑大梁"。① 从上述条件来看，新乡贤式能人应该具备事业、口碑及情感三个方面的要求，这也是新乡贤式能人的一般性标准。所谓"事业"主要是指经济层面的要求，即能人首先要是在外创业成功；"口碑"主要是指道德层面的要求，即能人应该有较好的社会口碑，具有一定的道德感召力；"情感"主要是指文化层面的要求，即能人应有乡土文化情结，乐于奉献并支持家乡的发展。其中，最为关键、最好衡量、最有说服力的是经济层面的要求。

---

① 《安山市华县实施"能人回归工程"助力脱贫攻坚》（安徽先锋网），载于华县农业农村局编：《乡村治理体系建设试点汇报材料（典型案例）》，内部资料，资料编号：HXNR2021008。

表 2　华县"回归能人"类别及类型分析

类别	新乡贤式"回归能人"的类别描述	新乡贤类型
类别 1	在外创业有成、愿意支持家乡建设、有强烈回归意愿的人士	经济型乡贤（外来）
类别 2	全日制大专及以上学历大学生	知识型乡贤
类别 3	退役士官	社会型乡贤
类别 4	本土农村产业发展带头人、农村经纪人、农民企业家以及现任村（社区）干部中的致富带头人	经济型乡贤（本土）

随着"能人回归工程"的不断试点推进，能人的主体范围也不断扩大，在事业、口碑和情感等一般性标准之上还需要更为细致的划分标准。2020年上半年，华县进一步细化新乡贤式能人标准，将"回归能人"范围确定为四类人员（见表2）。[①] 四类"回归能人"的认定基本上以职业身份和产业基础为前提，新乡贤的来源也更为灵活，基本涵括经济型乡贤、知识型乡贤和社会型乡贤，而四类乡贤中又以经济型乡贤为主，其中类别1为从外返乡的经济型乡贤，类别4为乡村本土成长的经济型乡贤。在明确主体范围和选拔条件后，选拔能人大体包括"摸排""确定""签约"等步骤。

（二）多元激励模式下的新乡贤培育

新乡贤式能人的后续培育是一个系统性工程，需要多个部门协作与合力。为此，华县综合从四个方面进行制度设计，构建出新乡贤培育的多元激励机制。第一，政治激励。所谓政治激励是指，将符合条件的新乡贤式能人非正式性地吸纳到科层官僚制中，给予其一定的官方身份和政治待遇。政治激励方式因能人类别而异，使激励更具针对性。对于类别1能人采取直接吸纳的策略，即让其"担任村名誉书记（主任）、创福公司董事长"，同时对于优秀回归能人则"优先作为县委组织部直管村书记推荐人选，挂任所在乡镇领导班子成员，享受副科级干部待遇，划拨办公经费，实行县领导联系、县直单位联合包帮，优先给予项目扶持"。[②] 对于类别2、类别3和类别4中的部分能人采取间接吸纳的方式，即将其纳入村级后备干部并从中公开选拔村党组织书记助理，对条件成熟的则通过换届、正常调整等程序充实到村"两委"值班干部队伍，特别优秀的可直接担任村党组织书记。这种科层吸纳方式是非正式性的，总体而言比较灵活，如类别1能人可参与村级规划、产业发展等重大事项决策，提出意见建议，但可不参与村"两委"班子分工和日常值班，而且也

---

① 《全面推广"能人回归工程"助力老区脱贫攻坚》（安徽先锋网），载华县农业农村局编：《乡村治理体系建设试点汇报材料（典型案例）》，内部资料，资料编号：HXNR2021009。

② 《中共华县县委关于推广实施"能人回归"工程促进乡村振兴的意见》（华〔2021〕2号，2021年1月4日）、《关于推进"能人回归"工程试点工作的通知》（华党建〔2020〕7号，2020年8月18日）、《关于印发〈中共华县县委组织部2020年工作要点〉的通知》，内部资料，资料编号：HXNR2021007。

可打破地域限制，实现跨乡镇、跨村任职，实现回归能人资源统筹利用、优化配置。除此之外，还根据年度考核情况灵活选择激励方式，如年度考核为"称职"以上等次的，优先列入党内表彰、各级"两代表一委员"的推荐人选；对连续3年考核结果为"优秀"等次的，优先推荐担任村主要负责人，符合基层公务员和事业单位招录条件的优先录用；每年评选出的"优秀回归能人"可挂任所在乡镇党委委员或副乡镇长，优先推荐劳动模范、优秀企业家等各类荣誉的评选，优先安排参加学历教育、外出学习考察等。①

第二，经济激励。所谓经济激励是指基层党政部门或村集体根据政策规定，适当地给新乡贤式能人支付金钱性报酬或奖励。例如，对参与村级事务管理和重大事项决策、挂任村名誉书记的回归能人，可从村集体经济经营性收入中的净增长部分拿出百分之三十进行奖励；将回归能人纳入村级集体经济发展绩效报酬发放范围，按村"两委"干部绩效总额同步发放绩效报酬；对全日制本科以上学历的回归能人，比照乡镇新录用的公务员试用期满工资水平确定基本报酬；对示范带动作用明显、担任村名誉书记的回归能人，可优先推荐为县委组织部直管书记，享受直管书记相关待遇。② 县委组织部直管书记享受较高的经济待遇和政治待遇，比一般的村党组织书记具有更大的吸引力③。每年评选"十佳"回归能人并进行表彰，对发展较好的回归村每年提供10万元专项经费。

第三，政策激励。政策激励主要是从资金、金融、税收等方面对新乡贤式能人的产业发展给予政策性优惠和扶持。首先，在资金方面，一般由政府设立"回归能人专项资金"，重点支持回归能人开展农田水利、大棚厂房、仓储物流等基础设施和产品营销渠道建设。此外，政府还整合职能部门的多项项目资金，以项目制的方式帮助解决回归能人开展创业创新所需项目资金。其次，金融支持方面主要表现为对回归能人领办、创办的项目给予农业信贷支持。再次，在税收优惠方面，由政府联合金融财税部门在生产用电、减税降费、金融支持、招商引资等方面提供优惠，从用地用电用水用气等生产要素方面做好保障。最后，在行政审批方面，政府职能部门对回归能人创办项目在审批环节开辟"绿色通道"，以确保项目尽早开工、尽快实施。④ 这些政策基本覆盖项目资金、金融信贷、税收减免、行政审批等多个环节，政府综合调动体制内力量积极培育能人，将"能人回归工程"作为全县"中心工作"。

---

① 《中共华县县委关于推广实施"能人回归"工程促进乡村振兴的意见》（华〔2021〕2号，2021年1月4日），内部资料，资料编号：HXNR2021007。

② 《全面推广"能人回归工程" 助力老区脱贫攻坚》（安徽先锋网），载于华县农业农村局编：《乡村治理体系建设试点汇报材料（典型案例）》，内部资料，资料编号：HXNR2021008。

③ 按照华县的规定，从直管之日起，县财政每月另行给予200元职业化管理补贴，养老保险金集体缴费数额年增加300元；每任满1届，离职补贴由县财政按每月增加30元标准计算补助；连续任满2届、考核均称职以上、年龄45周岁以下、大专以上学历的，可招聘为乡镇事业编制人员；连续任满2届、考核均优秀的，可以提拔或通过换届选举进入乡镇党政班子，也可以选拔挂任乡镇领导职务。

④ 《中共华县县委关于推广实施"能人回归"工程促进乡村振兴的意见》（2021年1月4日），载《华县乡村治理体系建设试点汇报材料（县及县直单位文件汇编）》，内部资料，资料编号：HXNR2021007。

第四，文化激励。文化激励主要是从文化情感、关系网络等方面对新乡贤式能人进行激励，使新乡贤能够融入乡土社会，在村治参与中获得文化认同。首先，赋予回归能人荣誉村民身份，提升新乡贤回馈乡土的荣誉感。地方政府动员新乡贤式能人回村投资发展的关键性因素是其基于地缘和血缘的乡土情结。大多数新乡贤式能人早年在外创业，回归乡土时需要重建乡土社会人际关系，而官方赋予其政治身份和社会荣誉可以帮助其在乡土熟人社会中重获人际关系资本，提升家庭（家族）在乡土社会中的社会地位。其次，协助成立各类文化性基金会。回归能人多在地方政府支持和协助下设立有教育基金会、慈孝基金会、互助养老基金会等各类基金会。新乡贤式能人在各类基金会中扮演了关键性角色，在传承弘扬乡村社会固有的耕读文化、慈孝文化及互助文化中发挥重要作用，极大地促进了新乡贤的文化融入。最后，鼓励支持新乡贤参与乡村文化事务。如支持新乡贤举办传统文化节、歌咏比赛、篮球比赛、广场舞大赛等各类文化活动，使其以领导者、组织者的身份参与乡村公共事务，帮助其更好地融入乡村文化，从而获得村民的文化认同。斯科特（James C. Scott）的研究表明，农民并不一定都是以逐利为其行为动力，当其遇到危机时会在家庭之外寻求"一整套网络和机构"来帮助其渡过危机，这种共同体内部的社会关系网络为其互惠通提供了"生存的道义承诺"。[①] 对于回归能人（新乡贤）而言，逐利也并不一定都是本性，本身也带有一定的试图融入尚未与本我切断但早已脆弱的乡土社会网络之目的，为自身寻求乡土社会网络的保障，由于地方政府的文化激励在一定程度上助推了能人回归的内在动力，使"文化资本"转化为"经济资本""社会（关系）资本"。[②]

五、契约责任约束：新乡贤精准监管的制度性建构

根据华县能人类别，除了类别3能人"退役士官"属于社会型乡贤（以村务管理执行能力见长）之外，其他类别中的能人均属"市场化"主体，其中占比最大的当数类别1和类别4经济型乡贤，这些人基本上都是民营企业家（如2020年华县签约聘用的12名回归能人均属经济型乡贤）。由于思维方式、利益偏好以及市场逻辑的差别，这些市场化主体容易偏离官方预设的发展目标，因此实践中必须合理设置约束机制，使新乡贤能够服从政府的管理，不偏离既定的乡村振兴和乡村治理目标。华县政府围绕《"能人回归工程"协议》设计了一整套制度及权力技术来监督管理新乡贤式能人。

第一，摸排建档式监管。摸排建档是委托方在信息不对称情况下采取的风险预防措施，旨在尽可能地为后续精准管理、责任设定和考核评价提供信息基础。一般由各乡镇（街道）对所辖区域内在外创业成功的能人进行摸底，其方法包括查询档案、询问各村村

[①] 参见 [美] 詹姆斯·C. 斯科特：《农民的道义经济学：东南亚的反叛与生存》，程立显等译，译林出版社2013年版，第33—34、41页。

[②] See Bourdieu, P. The Forms of Capital. In J. Richardson (Ed.), *Handbook of Theory and Research for the Sociology of Education*. New York: Greenwood, 1986, pp. 241-258.

"两委"负责人、发动群众推荐、个人自荐等，将符合条件的能人纳入信息库。然后对纳入信息库的能人逐一研判，重点考察能人所经营的产业是否符合乡村发展实际情况（可行性）、能人的经济实力、乡土关系网络、口碑和信誉度（群众基础）、回乡意愿、性格特点以及优缺点等。乡镇（街道）对能人"一人一档"建立档案，报送县委组织部门，再结合纳入"能人回归"工程人员的工作经历、从事行业和个人特点，立足所在乡镇（开发区）村实际，分别制定共性和个性目标任务。

第二，责任目标的设定。新乡贤的监管主要围绕"能人回归工程"协议中约定的新乡贤责任目标展开。根据"能人回归工程"协议的约定，新乡贤在协议期限内要完成"四个一"目标任务（具体参见《"能人回归工程"协议第三条"乙方职责"》）。协议所设定的"四个一"责任目标分别针对村级各项事业发展、村级主导产业发展、村级劳动力就业、村级集体经济增收四个方面，其初衷在于"改善农村产业结构，积极推进农村一二三产业融合发展，充分利用农村闲散资源开展创新创业"，实现经济社会发展，促进农民增收致富。回归能人必须围绕"四个一"目标落实责任，在协议约定的期限内做出工作业绩，以便后续考核管理能顺利通过。尽管从激励合同的完全性角度而言，官方所设定的"四个一"责任目标并不明确具体（存在较大的解释空间），但是这些责任目标至少在方向上限定了"回归能人"的工作任务，为委托方后续对其进行监督、管理和考核提供了弹性灵活的制度性依据。

第三，监督考核的约束。监督考核是从运行结果层面对能人履约情况进行约束的权力技术，它体现了主体之间的非平等性地位，表征出管理与被管理的关系。在签订协议书后，县委组织部根据协议书所设定的目标任务和具体职责，按照所制定的考核奖惩办法，对回归能人实行目标责任制考核和动态管理。监督考核技术的运作具有如下特点：一是实行分类考核，即根据回归能人的特长将其合理划分为产业发展、招商引资、网络营销、乡风文明等类型，分别制定量化考核指标，由县委组织部对其每年履职情况开展一次集中考核。二是强化考核结果运用，考核结果分为"优秀、称职、一般、较差"四个等次，对年度考核为"较差"等次的，解除聘任关系，对年度考核为"称职"以上等次的则给予正面激励。三是实行晋升和收入的差别化，这主要针对类别2和类别3能人的考核而设定。在一项自2020年1月开始执行的待遇计划中，华县对全日制本科以上学历的村"两委"值班干部，比照该县乡镇新录用公务员试用期满工资水平确定基本报酬；对全日制本科和二期士官退役军人到村任村"两委"值班干部的，在2019年村干部工资待遇基础上，给予800元/月的人才补助；对全日制大专和一期士官退役军人到村任村"两委"值班干部的，在2019年村干部工资待遇基础上，给予500元/月的人才补助；担任村党组织书记的额外增加800元/月。① 如果考核达不到目标，则动态取消此前的补助和待遇。

---

① 《关于印发〈华县村党组织书记队伍优化提升"三年行动计划"方案〉的通知》（华党建〔2020〕5号，2020年6月5日），内部资料，资料编号：HXNR2021005。

明确具体的工作表现测量标准是监督约束机制实现的关键,也是提高监督强度的前提。[①] 华县采用的摸排建档、责任设定和监督奖惩机制并不是硬性约束,实践中存在较大的弹性,属于典型的软约束机制。从目前考核情况来看,监督约束机制并不采用严格的末位淘汰制,而是采取相对较为宽松的任务完成制。同时,新乡贤的目标任务完成情况也主要由委托方来掌握,并没有明确具体的完成标准和评价方式,大多数时候也主要表现为一种弱约束形式的鞭策督促。例如,从2018年实施"能人回归工程"以来,华县尚未出现因考核较差而解聘的情况,尽管有些新乡贤式能人并未如期完成协议所设定的责任目标,但在年度考核时双方可再次协商出新的更低的考核标准。

六、结论

乡村振兴的关键在于人才振兴。为了解决乡村人才的不足,各地在实践中出台了一些相关的措施和政策,华县的"能人回归工程"具有一定的典型意义。"能人回归工程"是华县县委深入推进抓党建促脱贫攻坚、抓党建促乡村振兴的创新举措,在一定程度上加强了农村基层党组织建设,提升了党组织的凝聚力,在提升村级发展带头人队伍水平、激发农村干部队伍活力方面取得了一定的效果。

"能人回归工程"制度性地建构出一整套关于新乡贤培育与监管的激励约束机制,综合运用了诸如政治激励、经济激励、政策激励、文化激励、摸排建档、责任设定、监督考核等"规训"(discipline)权力技术。在此过程中,新乡贤式能人被"直接卷入了某种政治领域;权力关系直接控制它,干预它",使它得以完成某种政治任务,并在此基础上形成一种新型复杂的交互关系,与经济适用紧密相连,只有当其"既具有生产能力又被驯服时,它才能变成一种有用的力量"[②]。正是由于激励约束权力技术的运用,"回归能人"被体制吸纳并驯服后,不断实现身体的再生产,不断激发其创造活力,最终被转化为乡村发展的重要力量。然而,究竟这种力量发挥到何种程度以及是否可以持续,在很大程度上取决于权力技术运用的制度(纪律)基础。一旦权力技术赖以存在的制度(纪律)基础松弛或疲敝,那么权力驯化难以持续,回归能人甚至有可能转化为乡村治理中的消极力量。华县县委组织部负责人表达了这一担忧,认为回归能人"不能简单地搞搞'结对帮扶、拉拉赞助、给钱给物',要在自己任期内多做有利子孙后代的好事,同时也坚决不能以牺牲环境和资源为代价来换取眼前利益,更不能与全村党员群众的意愿和诉求背道而驰"[③]。为了更好地正面激励新乡贤积极参与乡村治理,实践中可以通过多元激励机制来增加激励

[①] 参见周雪光:《组织社会学十讲》,社会科学文献出版社2003年版,第200—201页。
[②] [法]米歇尔·福柯:《规训与惩罚》,刘北成、杨远婴译,生活·读书·新知三联书店2007年版,第27—28页。
[③] 《在全县"能人回归工程"座谈会上的讲话提纲》(2019年7月25日),内部资料,资料编号:HX-NR2021001。

强度，同时可以以模糊的责任约束机制来适度弱化监督强度，两者得以实现的前提就在于不完全契约条件下政府最大程度地掌握剩余控制权。

因此，在不完全激励合约下，弹性的激励约束机制仍然可以产生正向激励的效果。激励机制可以引导新乡贤围绕组织所设定的目标努力，而一旦发生激励偏差则会选择性运用约束机制进行纠偏。同时我们也要看到，从根本上解决农村人才问题是一个系统性的工程，"能人回归工程"仅仅只是其中有益的探索。除了致富带头人之类的新乡贤式能人外，还应该从更为宽泛的意义上理解新乡贤，乡村人才不能仅限于外出创业成功的能人，而应涵括其他技能性、服务性、管理性等人才的回归。在此基础上建构起分类别的综合性激励约束机制，才能进一步形成多元主体共同参与的村治合力，发展出基于乡村治理共同体的善治格局。

The Institutional Construction of the New Gentry's Incentive and Restrictive Mechanism under Incomplete Contract A case study based on the "Talent Return Project" in Hua County, Anhui Province

Chen Hanfei

Abstract: The new gentry is an important talent support for rural governance and plays a key role in promoting rural governance. Since there is a risk of deviating from the goals of rural governance in villages governed by gentry, it is necessary to cultivate and supervise them by building an incentive and restraint mechanism. The "talent return project" agreement signed by Hua County and the new gentry is an incomplete incentive contract. Starting from the incomplete contract theory under the TCE framework, the Xinxiang Xian organization is between the bureaucratic organization and the market – oriented organization, and its incentive intensity, incentive deviation and degree of restraint are moderate. Hua County has built multiple incentive mechanisms such as political incentives, economic incentives, policy incentives, and cultural incentives, as well as responsibility restraint mechanisms such as scouting and filing, responsibility setting, and supervision and assessment. The direction of action does not deviate from the direction of the organization's goals.

Key words: New gentry; Talent Return Project; Incomplete contract; Multiple incentives; Responsibility constraints

算法裁判的路径、功能及限度[*]

胡聪沛[**]

摘 要 算法裁判由理想逐渐成为现实的过程中,需要明确算法裁判的路径、功能及限度。从算法运行的一般原理出发,其数据、学习及执行这三个环节内部有复杂的运行流程。算法运用于司法裁判需将算法运行的一般原理与司法裁判的事实认定及法律适用这两端结合起来,才能够廓清算法裁判的路径、特点及方法。算法裁判的规模海量、快速流转、多样化及价值性这四个优点,具有提高诉讼效率、强化依法裁判以及推动同案同判的功能。相反,算法裁判的机械性、不透明性及歧视性这三个缺点,有可能导致算法裁判陷入有违程序正义及实质正义的困境。因此,司法裁判应当以法官为主导,我们不能够神话算法裁判的作用,而是应当将其定位于作为法官辅助性工具这一限度之内。

关键词 算法裁判 数据挖掘 深度学习 依法裁判 个案正义

引 言

"人工智能本身,就是一种过程类型模式、一种可以描述并付诸实践的算法。"[①] 其核心在于,"通过机器感知、推理、学习、沟通等智能化行为从而令机器首先能够理解人类行为,其次能够做人类所做之事、甚至更好"[②]。因此,作为人工智能的在司法裁判中的应用方式,算法裁判,也称AI裁判,一般是指人们通过人工智能技术或者工具分析具体案件得出案件结论的过程。

---

[*] 国家社会科学基金重点项目"现代诠释学视域下的法律原则研究"(编号:21AFX003);国家社会科学基金青年项目"类案裁判方法及其改进研究"(编号:23CFX079)。

[**] 胡聪沛,法学博士,福建理工大学(法学院·知识产权学院)讲师,福建理工大学数字法研究中心研究员、硕士生导师。

① Antonin Tuynman, *Is Intelligence an Algorithm?*, Iff Books, 2018, p. 14.

② Nils J. Nilsson, *Artificial Intelligence: A New Synthesis*, Morgan Kaufmann Publisher, 1998, p. 1.

1985年，中国科学家钱学森便提出了在中国实行人工智能算法裁判的理想。① 近年来，随着政策、实践以及理论的推进，算法裁判逐步由理想走向了现实。2017年4月20日，最高人民法院印发了《最高人民法院关于加快建设智慧法院的意见》要求"2020年深化完善人民法院信息化3.0版的建设任务，以信息化促进审判体系和审判能力现代化，努力让人民群众在每一个司法案件中感受到公平正义"。根据这一意见精神，北京市法院系统推出了"睿法官"、北京市检察院系统推出了"检立方"、上海市法院系统推出了"206刑事案件智能辅助办案系统"，这些人工智能的技术或产品虽然处于"弱人工智能"阶段，但是已经能够初步具备数据处理和算法裁判的功能。围绕算法裁判在司法实践的逐步展开，近年来也涌现了不少围绕算法裁判（AI裁判）的研究成果，虽然这些成果对算法裁判的路径、功能及困境都有所涉及，但是，这些研究成果都没有回归到算法的基本运行原理进行分析，有的将算法裁判简单地理解为"自然语言——法律语言——计算机语言+法律规范的算法化=裁判"②，有的将算法裁判分为"显示编码、封闭规则的算法和机器学习算法"③，还有的将算法裁判的运行原理理解为"通过计算机程序模拟和归纳法律论辩，回答其中的问题"④。这些将算法裁判简单化甚至是错误的理解，导致其由此得出的算法裁判的功能及困境，没有回到算法运行原理本身的优缺点上来讨论，由此得出的结论势必可能缺乏逻辑融贯性或者不大全面准确。

因此，为了廓清算法裁判的全貌，本文的论述思路和写作安排如下：（1）首先，本文先从算法运行的一般原理出发，对算法裁判路径进行流程化的梳理，明确算法裁判从原始数据到裁判结论的各个环节及流向；（2）其次，在明确了算法裁判运行全流程的基础上，笔者提炼出算法裁判所具有的优点能够为我们传统司法裁判的过程及其目标，提供哪些积极的功能；（3）再次，同样在明确算法裁判运行全流程的基础上，我们提炼出算法裁判本身所具有的劣势，这些劣势在遇到司法裁判中的疑难案件可能会出现哪些困境。（4）最后，我们得出的结论是，算法裁判在简单案件中能够帮助法官提高诉讼效率，在疑难案件中算法裁判的结论仅仅只能够作为辅助性的参考。

一、算法裁判的路径

算法裁判的路径，是关于算法裁判过程的描述，这必然就要回到司法裁判本身的流程当中予以分析。一般认为，司法裁判分为事实认定与法律适用两端，化约为简单的公示表示就是 Rule * Fact = Decision，"事实认定与法律适用都需要法官经过分析以后的创造性

---

① 参见钱学森：《现代科学技术与法学研究和法制建设》，载《政法论坛》1985年第3期，第1－6页。
② 胡铭、张传玺：《人工智能裁判与审判中心主义的冲突及其消解》，载《东南学术》2020年第1期，第214页。
③ 宋旭光：《论司法裁判的人工智能化及其限度》，载《比较法研究》2020年第5期，第82页。
④ 罗维鹏：《人工智能裁判的问题归纳与前瞻》，载《国家检察官学院学报》2018年第5期，第22页。

解释"[1]。因此，作为代替人类进行司法裁判的过程的算法裁判，其路径就是，在要明确算法运行的一般原理的情况下，分析算法在司法裁判事实认定与法律适用两端中如何运行的过程。

(一) 算法运行一般原理

从要素上看，大数据、算法、算力堪称人工智能的三驾马车，大数据是基础，算法是关键，算力是保障，算法贯穿了人工智能运行的整个环节，也是最终的任务执行者。[2] 从运行环节上看，算法运行一般包括数据环节——学习环节——执行环节三个阶段，其中数据环节又包括数据收集——数据库——数据仓库——数据挖掘——模式评估——知识表示，学习环节包括机器学习——深度学习，执行及应用环节目前主要将算法运行运用于图像识别、自然语言处理、智能控制等领域。

1. 数据环节

算法起源于数据，因此对数据的收集、处理、挖掘、转化是算法的基石。数据环节包括以下步骤（如下图1）：第一步，数据的收集，我们常听说的网络爬虫技术就是获取数据的一种方式，例如，Apache Nutch 是适用 Java 语言编写的，能够提供完整的数据爬取的知名网络爬虫工具。第二步，数据预处理，数据收集的是原始数据，这些数据往往存在大量的缺失、重复、异常的数据，所以需要先对原始数据进行清理，清除数据噪声和无关数据，然后将来自多数据源中的相关数据组合到一起形成数据库，再将数据库中的数据转换为易于数据挖掘的数据存储形式，并做出适当的缩减形成数据仓库。第三步，数据挖掘，在成立数据仓库以后，还需要通过算法对数据仓库进行深度挖掘，并且对挖掘的数据进行意义评估，如果认为是有意义的数据组合，再通过可视化和知识表示技术，形成知识库。

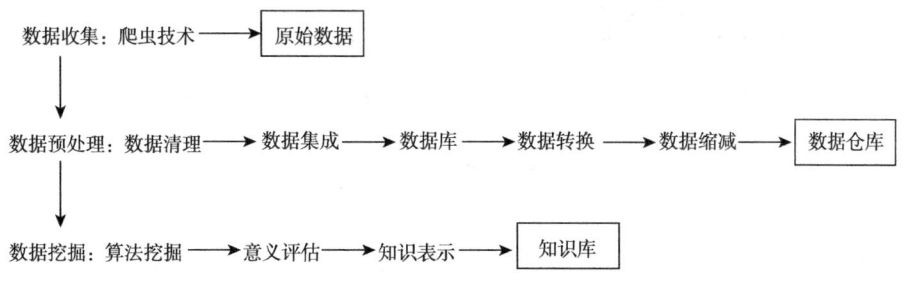

图1 数据环节流程图

2. 学习环节

大数据任务完成收集、处理、挖掘以后，我们已经形成了大的知识库。这些知识库类

---

[1] Frank Jerome, Brian H. Bix, *Law and the Modern Mind*, Routledge, 2017, p5.
[2] 张云泉、方娟、贾海鹏、陈建辉：《人工智能三驾马车》，科学技术文献出版社2020年版，第9页。

似于已经存在的书本知识，对于人类来说还需要通过学习才能够转化为解决问题的能力，对于以算法为核心的"机器"而言，同样需要通过学习才能够转化为执行、预测具体事务的能力。这里的学习按照难度、深度分类，可以分为传统的机器学习、高难度的深度学习（如下图2）。

传统的机器学习，主要包括监督式学习（Supervised Learning）和无监督式学习（Unsupervised Learning）。监督式学习是有目标的学习，当目标变量是连续型（例如温度、价格）的时候，监督式学习的任务是回归任务（Regression Task）。当目标变量是离散型（例如借款人是否构成违约、某人是否与某企业具有劳动合同关系）的时候，监督式学习的任务是分类任务（Classification Task）。无监督式学习是无目标的学习，它的学习任务是聚类任务（Clustering），这一分类不同的是，聚类仅仅是将具有相似性的数据对象进行集合，这种集合不具有目的性。

深度学习，是通过深度神经网络进行特征提取+分类一体化的学习方式。传统机器学习，是通过简单的浅层神经网络的逻辑回归模型进行先逐个特征提取后逐个分类的学习方式。由此可见，深度学习是传统机器学习的提升版本和未来趋势。

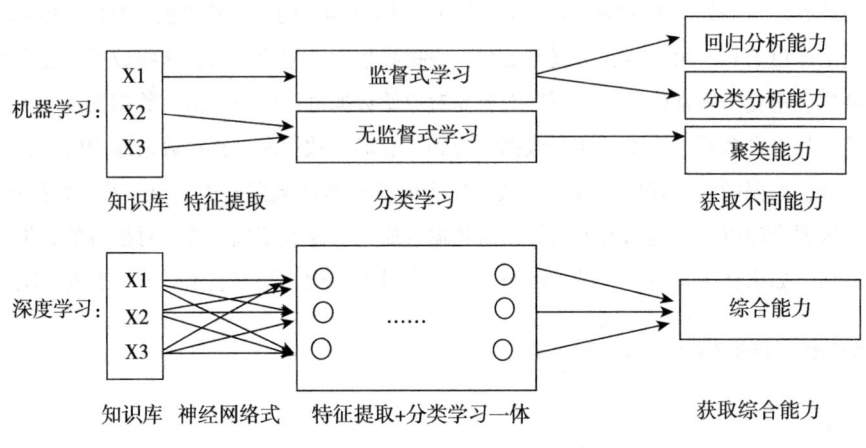

图2　学习环节流程图

3. 执行及应用环节

机器经过对大数据仓库中的历史数据进行学习，获得了一定的经验模型，从而产生了预测、运算新的事物的能力，人们只要输入新的数据及可以获得我们想要的结果。这个过程中，无论是大数据仓库的形成还是机器的学习乃至最后的预测都离不开算法，其核心就是算法。目前人工智能这种算法科技主要运用在自然语言处理、图像识别技术、智能控制等领域，具体产品有例如自动驾驶与YOLO算法、细胞图像与深度卷积、苹果树病虫害识别等。[①]　那么，算法

---

① 参见董相志、张志旺、田生文、曲海平：《大数据与机器学习经典案例》，清华大学出版社2021年版，第1页。

运行在司法裁判中可以如何运用，其具体的路径分析是接下来的重点所在。

（二）事实认定

所谓的案件事实的认定过程，并不指将未经加工的原始事实的简单描述过程，而是通过事实发现与事实论证的过程，将未经加工的原始事实转化为再现事实——证据事实——裁判事实的过程。① 从原始事实——再现事实——证据事实——裁判事实（案件事实）各个事实之间的转化过程中，每一个环节都需要法官的创造性活动。算法裁判所能够介入的环节实际上只能是从再现事实这一环节开始，根本原因在于从原始事实到再现事实的转化需要诉讼各方参与者进行原始事实的再处理的转述过程，这个过程往往无法避免的具有价值判断的介入。

算法裁判进行事实认定的一般路径：第一步，数据环节，具有一定量的事实认定的知识库是算法裁判的起点，犹如一个法官在进行案件事实认定之前应该具有一定的常识、社会经验、专业知识等"前见"一般，算法裁判也要先建立起事实认定的知识库，根据上文所描述的算法运行的一般原理，事实认定的知识库也是要经历数据库——数据仓库——数据挖掘——意义评估——知识表示的阶段。从素材和知识形式来看，经过诉讼各方"加工"以后的再现事实往往变现为碎片化的陈述、图片、录音录像等素材，这些素材经过数字化以后，经过挖掘形成有用的事实认定知识库。第二步，学习环节，通过传统机器学习和深度神经网络学习，具备了图像识别、语音识别、气味识别、自然语言处理等算法能力。第三步，执行环节，在知识库已经建立和机器已经具备算法能力的前提下，法官输入特定案件的再现事实，在经过机器的运算，先形成了证据支撑的证据事实，再经过裁判规则认定的裁判事实，也就是我们所需要的案件事实。

（三）法律适用

所谓的法律适用过程，是在案件事实进行认定的基础上，通过法律推理得出司法裁判结论的过程。法律推理中的演绎推理与类比推理转化为算法裁判中的推理就是规则推理和案例推理。法官的演绎推理和类比推理往往是择其一而行事的，一般而言，在简单案件中法官只需要通过三段论的演绎推理就可以得出裁判结论，然而，算法裁判中的规则推理和案例推理往往是同时进行，相互印证以后得出裁判结论的。② 因此，关键的问题在于澄清规则推理模型和案例推理模型的运作机理及流程步骤，以及两者是如何相互印证。

1981年兰德公司建立了一个用于解决产品责任案件的规则推理系统是归责推理建模

---

① 杨贝：《论案件事实的层次与建构》，载《法制与社会发展》2019年第3期，第39页。
② 参见凯文 D. 阿什利：《人工智能与法律解析》，邱昭继译，商务印书馆2020年版，第165页。

路径的第一个尝试。① 在规则推理过程中,跟法官进行演绎推理的过程不同的是,按照诠释学观点,法官具有前见所在,这些前见是经过几十年的法学教育习得的,所以在简单案件中通过简单的三段论即可完成视域融合,最后得出司法裁判的结论,然而,算法既没有前见,又没有视域融合的能力,它需要建构"前见"以及设计出"视域融合"的系统模型。算法裁判中建构"前见"的过程就是要完成算法裁判系统的"法规库"的建构、学习以及识别,算法裁判中的"视域融合"过程就是通过构建算法推理模式,不断地在各个微观环节通过三段论的规则进行符合和证立的工作:第一步,需要形成作为数据仓库的"法律库",然后在"法律库"中进行各个法律条文的词法、句法、段法、文法的语言要素的自然语言处理,在这些要素之间进行符合和证立过程从而得出作为大前提的法律构成要件;第二步,对作为算法认定完成的小前提的案件事实与作为大前提的法律构成要件进行三段论的符合和证立的工作;第三步,如果第二步得出的结论是大前提与小前提相互符合的,那么径直得出算法规则推理的答案,如果第二步得出的结论是大前提与小前提不符合的,那么继续寻找与已经确立的小前提相互匹配的大前提。事实上,这里所说的符合,是一种概率性的符合,因为算法不同于人脑,它不可能完全理解语境下的意义,而只能理解固定的词语含义,它所进行的是大小前提各个要素(词、句、段、文)之间的吻合度测试,得出来的是百分比%的吻合度数值。因此,算法裁判不可能只经过规则推理系统就得出最后裁判结论的,它需要借助案例推理这一"语境"学习的结论相互进行印证。

1984年,里士兰和阿什利发明了海波(HYPO)系统,是人类史上第一个案例推理系统。② 与规则推理系统不同的是,案例推理系统关键在于目标案件与"案例库"案件的比较,在法官司法裁判中常称为类比推理,在算法裁判中实际上是进行相似性点的爬取与比较,"通过海量数据的存储,以及对同类案件所进行的打标签,在结合一定的算法规则,司法审判大数据系统会自动向裁判者推送与眼前待决案件相关或相类似的案件"③。其基本的流程大致为:第一步,先要将"案例库"进行提炼,提炼出案例库中大多数案件共同的特征;第二步,通过算法计算出各种共同特征中影响裁判结论的关键性特征,例如将这些关键性特征用符号表示为 A、B、C、D、E、F、G、H、I 这9个特征;第三步,将目标案件根据案例库中的关键性特征进行提炼,例如用符号表示为 A1、B1、C1、D1、E1、F1、G1、H1、I1 这9个特征;第四步,将目标案件的关键性特征放到"案例库"中进行检索和比较,将"案例库"中的9个特征具有高相似度(80%)以上相似度的案例归纳、搜集和排序,组建成"来源案件";第五步,将这些来源案件与规则推理系统中的裁判结

---

① Rissland Edwina L. et al., *AI and Law: A fruitful synergy*, Artificial Intelligence, Vol. 150, No. 1 – 2, 2003, p. 7.

② Rissland Edwina L. et al., *AI and Law: A fruitful synergy*, Artificial Intelligence, Vol. 150, No. 1 – 2, 2003, p. 8.

③ 孙海波:《反思智能化裁判的可能及限度》,载《国家检察官学院学报》2020年第5期,第89页。

论进行进一步的相互印证，得出最终的裁判结论。

二、算法裁判的功能

算法裁判的功能是算法裁判外在价值的体现，这种外在价值往往是一种目的论或者说后果论的考量，往往我们经常称为工具价值。[1] 由此可知，作为工具价值体现的算法裁判功能必须结合其服务的对象进行挖掘与讨论，这个对象就是司法裁判本身。以往谈及算法裁判的功能经常忽视从司法裁判出发，而是随意将某种经济上的或者法律上的目标、原则纳入算法裁判的功能范畴。回归司法裁判本身谈算法裁判的功能，就是要从算法本身的有点出发，回答：其一，算法能够为司法裁判的每个过程环节起到什么积极作用；其二，算法能够为司法裁判的目标起到什么积极作用。

算法裁判是依靠大数据为基础的裁判，国际化数据公司（IDC）将大数据的优点概括为4V：规模海量（Volume）、快速流转（Velocity）、多样化（Variety）、价值（Value）。第一，规模海量（Volume）。随着数据存储和网络技术的发展，使数据产生量和存储量成倍增长，这就为算法的全本分析提供了基础。第二，快速流转（Velocity）。算法的快速流转体现在数据的流动速度和处理速度方面，对大数据要求快速、持续的实时处理，也是大数据算法技术与传统海量数据处理技术的关键差别之一。第三，多样化（Variety）。大数据的种类具有多种类型，例如有常见的档案、文件、多媒体、公共网络、社交媒体、商业应用、传感器数据等类型。第四，价值（Value）。这里所说的价值性指的是数据经过算法挖掘提纯使得最后呈现出来的是有一定价值的知识。

（一）诉讼效率

"迟来的正义非正义"（Justice delayed is justice denied）是一句来自英国的著名法谚，体现了司法裁判的及时性要求。一般来说，如果司法裁判过程效率低下，将会导致与案件有关的许多证据材料容易随着时间推移而流失，从而导致司法裁判的结论可能不公正，从这个角度而言，司法裁判如果不及时将有可能导致实体正义的缺失。另一方面，司法裁判的不及时还可能导致被害人因为在司法程序中收到忽视和慢待而产生"第二次伤害"，这将可能导致司法裁判中程序正义的缺失。

算法具有快速流转（Velocity）的优点，其中一个重要体现在于算法处理数据的速度非常快，另外一个重要体现在于处理很及时。因此，算法裁判比起法官需要深入思考甚至有时候可能忘记及时处理案件的情况，有非常明显的效率性。在这个意义上，算法裁判既有助于提高司法裁判的过程本身的效率，还有助于实现司法裁判的实体正义和程序正义这一价值目标。

---

[1] Louis P. Pojman, *Ethics: Discovering Right and Wrong*, Vintage Books, 1994, p.60.

(二) 依法裁判

依法裁判是司法裁判的重要目标，正如美国大法官克拉伦斯·托马斯（Clarence Thomas）所言，"法官没有理由将自己的先见投入司法裁判，即使在模棱两可或者含糊的问题上，我们也必须竭尽全力适用原则和规则；否则案件的裁决结果将仍然只是个人偏好的反映"[1]。所谓依法裁判的关键在于法官必须受到法律拘束，而不能够恣意裁判。法官恣意裁判的主要原因在于法官具有主观性，当疑难案件中出现法律漏洞之时，法官可能根据自己的价值观念进行司法裁判，甚至在简单案件中，法官也有可能受到外力的干扰进行偏离法律拘束的恣意裁判。这种所谓的外力干扰往往就是腐败、懒政、渎职等职务型犯罪的诱因所在。

然而，算法裁判与法官裁判其中一个重要不同在于算法本身不具有主观性，从来源上看，算法的基础在于大数据，从运算过程上看，算法主要遵循算法规则。大数据和算法规则都是人为设定的，算法本身不具有人类的思维创造能力，其来源及其算法的运算过程不具有主观能动性。正是基于这一特性，算法裁判更加能够遵循法律的拘束，特别是在简单案件中，不会受到情感性的外力干扰而作出恣意裁判，从这个角度看，算法裁判有利于减少司法系统的职务型犯罪。

(三) 同案同判

近年来，无论是法学的实务界还是学术界对司法裁判提出了更高的要求，那就是"同案同判"。对于普通民众，由于缺乏法律专业知识，要其辨识某个案件是否依法裁判有一定的难度，但是，要其比较两个类似案件是否得到类似的判决，直观上容易得到辨别。因此，"同案同判"对于提高司法裁判的公众认同这一社会效果具有重要的意义。

司法裁判要实现"同案同判"这一要求，关键要确立类案检索的机制以及案件相似性比对的标准。[2]"类案检索与发现"是实现同案同判的逻辑前提，只有与待决案件具有类似的案例群集，才具有比对的可能。"案件相似性比对标准"是实现同案同判的技术前提，只有具有一定的相似性比对标准，才能够选取类似的案件作为比对案例群，并且将待决案件与类似案件的案例群进行相似性比对。

然而，无论是类案检索与发现，还是案件相似性比对，这两个工作对于法官而言都具有一定的难度，甚至加重了法官的裁判负担。正因为如此，在以往的司法实务中，法官基本上不会去主动做类案检索工作，律师提交类似案件的裁判文书也仅仅作为参考资料。伴随着互联网及其人工智能的发展，"同案同判"的实现具有了强有力的技术支持，也正是

---

[1] David M. O'Bren, *Judges on judging*, SAGE CQ Press, 2016, p. 251.
[2] 参见孙海波：《类案检索在何种意义上有助于同案同判》，载《清华法学》2021年第1期，第81页。

在这个背景下最高人民法院出台了《最高人民法院司法责任制实施意见（试行）》《关于统一法律适用加强类案检索的指导意见》等一系列相关规定，在制度层面推动了司法裁判的"同案同判"的要求。

正如上文所述，算法具有规模海量（Volume）、快速流转（Velocity）、多样化（Variety）、价值（Value）等4V的优点，这些优点为人类利用算法进行类案集群的建立以及类案之间的相似性比对提供了重要的技术基础。算法裁判在法律适用中一个重要的组成部分是案例推理模型的建立，上文所描述的通过算法进行"案例库"的建立、"关键性特征"的提取以及"相似性的比对"，这些都说明算法裁判具有助力司法裁判"同案同判"目标实现的功能。

三、算法裁判的困境及限度

"算法只能延续和提炼人类知识，但很难开拓和创造人类知识。"[1] 算法最大的缺点在于无法独立思考和缺乏创造性思维，算法只会遵循规则，而不会创造规则。正因为如此，算法在疑难案件中所起到的作用，往往捉襟见肘。例如，在大家熟知的，泸州二奶案、天津赵春华气枪案、冷冻胚胎案、许霆案等，这些疑难案件中，法官要么无法像简单案件那样利用涵摄模式进行三段论的推理，要么也无法找到类似的案件进行相似性对比，法官需要在法律之内进行法律续造，甚至在法律之外进行法律续造，这些法律续造都需要法官发挥自己的主观能动性进行创造性的诠释活动。

此外，普遍认为，与算法裁判具有4V优点相反的是，算法还具有机械性、不透明性以及歧视性这三个缺点。第一，机械性（Mechanistic）。与法官在司法裁判中充满主观能动不同的是，算法裁判是一种程式化的运算过程，这种程式化的运算过程只要算法裁判的程序模型和规则不变化，那么算法裁判就会一直反复运行下去，呈现一种机械性。一旦形成对算法程序的依赖，最终的结果可能是："司法裁判的决定性力量将赋予历史统计数据，法律的理性论证不再重要，重要的是对算法的数据驱动规则"[2]。第二，不透明性（Opacity）。算法的不透明有三个层面的含义：首先，算法的不透明是源于商业秘密的保护，因为算法的底层是一系列统计模型和源代码，这些都是专业的开发人员的知识产权；其次，算法的不透明来源于代码不存在普遍的可读性，因为代码具有很强的专业性，普通的诉讼当事人和法官无法理解代码的含义；最后，机器学习算法的数学过程与人类语义解释风格之间存在不匹配，尤其是机器进行深度学习的情况下，深度学习具有可能多个的隐藏层，

---

[1] 马长山：《司法人工智能的重塑效应及其限度》，载《法学研究》2020年第1期，第40页。
[2] Mireille Hildebrandt, *Law as computation in the era of artificial legal intelligence Speaking law to the power of statistics*, University of Toronto Law Journal, Vol. 68, No. 3, 2018, p. 24.

这样将导致算法不具有可解释性，无法通过人类语言对算法过程进行解释。[1] 第三，歧视性（Bias）。所谓算法歧视，是指算法在对待相似特征的个体或群体之时，经常会进行不同的对待。其主要表现为算法分类的不公平性，其成因源于算法的运算过程并不是基于因果关系的理性判断，而是来源于数据诱导的相关性。

现代司法裁判是一个非常复杂的事业，既有法律的不确定性，又有内部审判过程的复杂性，还有外部政治和社会环境的复杂性。这种复杂性与算法的机械性、不透明性以及歧视性等特点经常会出现无法相容的情况，这将导致算法在疑难案件中可能会出现以下困境：

（一）机械裁判困境

司法裁判的复杂性，首先源于作为裁判依据的法律的复杂性，这种复杂性又根源于语言的开放结构，语言具有核心区及半影区。[2] 在简单案件中，往往语言落在核心区，算法能够通过简单的法律推理模型进行裁判。然而，在疑难案件中，法律概念往往存在模糊性和含混性，导致机械的算法无法进行创造性的解释或推理。

1. 概念的模糊性

概念的模糊性，是指概念的外延无法界定。例如，在日常用语中的"清晨与黎明""黄昏与夜晚""秃头"等概念，在法律概念中的"数额较大""淫秽物品"等概念。对于类似"数额较大"这些容易量化的模糊概念，经过不断的司法经验总结，往往以司法解释的形式予以具体化。然而，对于类似某一影像资料属不属于"淫秽物品"、员工在上下班途中出现交通事故属不属于"工作过程中的工伤"，这类带有浓厚价值判断的模糊概念，并不能够简单的量化，需要法官通过价值判断行使自由裁量权。在这一类需要法官根据每个案件的不同情况进行价值判断的案件，算法所能够起到的作用是微乎其微的。

根据上文描述的算法在司法裁判运行一般原理可知，算法裁判的过程并不能够进行价值判断，它只能进行机械的相似性比较，得出类似情况历史数据是如何处理的"经验规则"。这种"经验规则"往往是不可靠的，一方面有可能目前出现的新案例与以往的案例都不具有相似性，经验规则根本无法适用到这个新案例中，另一方面有可能社会整体价值观念的变化，导致以往的经验规则并不能够适用，因此，如果这种"经验规则"非常稳定可靠，就不存在推翻先例的情况存在。

---

[1] See Jenna Bureel, How the machine thinks: Understanding opcity in machine learning algorithms, *Big Data & Society*, Vol. 3, No. 1, 2016, p. 1.

[2] H. L. A. Hart, *The Concept of Law*, Oxford University Press, 2012, p. 124.

2. 概念的含混性

概念的含混性，是指概念的所指不明确。例如，在著名的"朱建勇毁坏财物罪"[①] 中的毁坏的定性就与该案以前人们对毁坏概念的理解有较大不同，该案以前的毁坏主要是指物理层面的损坏，该案中朱建勇通过侵入他人股票账户采用高买低卖的方式造成他人财物损失，这个案件当时可谓是新型案件，这种犯罪方法属不属于毁坏他人财物，无法通过直接的涵摄模式或者类比推理得出结论。根据概念分类理论，概念大体上分为自然种类概念、功能种类概念以及道德种类概念，概念的含混性主要源于不同种类概念的本质属性不一样。[②] 对于类似"水""死亡"这类自然种类概念，其所指的确定一般通过自然科学理论予以界定。对于类似"办公文具""割草机"这类功能种类概念，其所指确定经常通过性能予以界定。对于类似"公平""民主"这类道德种类概念，其所指确定经常需要通过价值判断予以界定。三种不同种类概念中，自然种类概念一般不会有争议，功能种类概念一般不会有较大争议，但仍有可能产生争议，道德种类概念经常可能出现争议，用争议的大小排列则是：自然种类＜功能种类＜道德种类。

通常情况下，自然种类概念具有较大的稳定性，"水"是指一种 H_2O 的东西，这种所指一般不会改变。功能种类概念和道德种类概念往往可能随着所指的事物的性能的变化或者社会整体价值观念的变化而导致这两种概念所指发生变化。正如上文所举的"朱建勇毁坏财物罪"中的"毁坏"一词的所指就发生了变化。对于类似疑难案件中遇到类似含混概念，法官就能够通过人类的理性价值判断进行裁判说理。相反，算法在这类疑难案件中也许只能够机械裁判，要么得不出结论，要么得出不符合个案正义的结论。

综上所述，由于算法裁判的机械性特征，算法在疑难案件中遇到模糊概念和含混概念之时，可能会出现无法通过历史数据进行直接裁判的困境。

（二）实质正义困境

司法裁判的复杂性，还源于其内部审判过程的复杂性和外部政治、社会环境的复杂性。这种复杂性根源于司法裁判本身的程序性和社会性特点，司法裁判个案正义不仅仅要实现实体正义，还要实现程序正义，不仅仅要实现形式正义，还要实现实质正义。

秉持形式正义的人认为，"法律推理应该仅仅依据客观事实、明确的规则以及逻辑去决定一切为法律所要求的具体行为。"[③] 然而，因为立法具有滞后性的特点，制定法规范

[①] 参见《上海市静安区人民检察院诉朱建勇故意毁坏财物案》，载《最高人民法院公报》2004 年第 4 期，第 303 页。

[②] See Michael Moore, The Interpretive Turn in Modern Theory, *Stanford Law Review*, Vol. 41, No. 4, 1989, p. 882; Michael Moore, A Natural Law Theory of Interpretation, *Southern California Law Review*, Vol. 58, No. 1 – 2, 1985, p. 294; Michael Moore, Law as a Functional Kind, in Robert P. George ed., *Natural Law Theory*: Contemporary Essays, Oxford: Clarendon Press, 1992, pp. 207 – 208.

[③] Steven J. Burton, *An Introduction to Law and Legal Reasoning*, Little Brown & Company Limited, 1995, p. 3.

总是存在不完满性,法律漏洞的产生是不可避免的,相应的法官的自由裁量权也是不可避免的。因此,实质正义问题经常就出现在法律漏洞型疑难案件中,问题的关键不在于如何消除法官的自由裁量权,而在于如何规制法官的自由裁量权,使得这种自由裁量权不沦为恣意裁量权。我们把规制法官这种自由裁量权的方法,可以大致归纳为:个别类推、整体类推、目的性限缩、目的性扩张、利益衡量、事物本质的考量、法伦理性原则考量等①,这些方法都是法官创造性的认知贡献。

与法官裁判不同的是,算法裁判是根据历史统计数据为基础的裁判,这些数据形成的"法律库"和"案例库"本身存在法律漏洞。加之,算法本身无法进行创造性的认知活动,无法进行价值判断和创造性的法律推理。因此,算法裁判在遇到这类法律漏洞型的疑难案件,实际上是无能为力的。

(三)算法裁判的限度

基于上述算法裁判的困境描述,结合算法那裁判的功能,可以明确算法裁判的限度在于:算法裁判在司法裁判过程中只能够充当辅助的工具,不能够完全替代法官裁判案件。具体而言:

1. 算法裁判不能够进行价值判断

正如上文所述,由于法律概念的模糊性和含混性以及法律漏洞的普遍存在,"价值判断是法官在个案中获致正义裁判结论所不可或缺的手段。"② 然而,通过上文对算法裁判路径的归纳可知,人工智能无论如何学习都不可能像人类一般进行价值判断,甚至就连作为大数据的"法律库"和"案例库"中法律漏洞也未必能够发掘。这就意味着,法官并不能够完全运用算法裁判来裁判案件,但是也并不意味着算法裁判无用武之地。算法裁判至少在两个方面能够发挥有限的作用:算法裁判能够更精准地为法官提供初步的裁判结论。

在司法裁判中,法官在面对一个待决案件,必然会首先产生"法感觉"③ 从而得出"初显的法律命题"④。在此基础上,进一步裁判案件。这种"法感觉"往往是不可靠的,具有很强的可辩驳性,甚至可能方向完全是错误的。因为法感觉"乃是一种自身包含了立场选择或价值判断的心理过程,而立场选择或价值判断则是对判断的确认或否弃。"⑤ 从算法裁判的运行原理及其功能上看,算法裁判正好可以为这种不太精确的"法感觉"提

---

① 参见 [德] 卡尔·拉伦茨:《法学方法论》,黄家镇译,商务印书馆 2020 年版,第 481 – 538 页。
② Meera Matthew, Relevance of Value Judgment in Law, *National Law School of India Law Review*, Vol. 14, No. 1, 2012, p. 152.
③ 参见吴从周:《初探法感(Rechtsgefühl)——以民事案例出发思考其在法官判决中之地位》,载舒国滢主编:《法学方法论论丛》,中国法制出版社 2014 年版,第 95 页。
④ 陈坤:《法律命题与法律真理》,中国政法大学出版社 2021 年版,第 189 页。
⑤ [德] 卡尔·拉伦茨:《法学方法论》,黄家镇译,商务印书馆 2020 年版,第 164 页。

供更为精确的辅助工具。例如，法官可以运用算法对待决案件相关的"法律库"和"案例库"进行分析，比法官个人更精准的梳理出相关的法律条款及其类似案件的裁判结果，从而为法官形成初步裁判结论提供更为准确的参考。

2. 算法裁判不能够实现程序正义

程序正义基本构成要素包括：程序的参与性（亲历性）、裁判者的中立性、程序的对等性、程序的合理性、程序的及时性以及程序的终结性等这六个要素。[1] 算法裁判的不透明性及其歧视性的特征有可能导致程序的参与性和裁判的中立性的缺失，从而导致个案的程序不正义的困境出现。

程序的参与性，或者说程序的亲历性，它的核心思想在于无论是法官还是其他诉讼参与人，都应该有公开的、充分的机会亲自参与司法裁判的全部过程。它的具体表现在于诉讼程序需要遵循司法公开原则和直接言词原则。这两个具体原则基本要求可以概括为：(1) 法官及其所有利害关系人在司法裁判过程中始终在场；(2) 利害关系人应当有足够的机会和便利进行必要的防御准备；(3) 利害关系人应当有机会提出本方的证据，传唤本方的证人出庭作证；(4) 利害关系人应有机会对不利于本方的证据进行质证和反驳，并对不利于本方的证人进行当庭询问；(5) 所有作为法庭裁判根据的证据和观点都应当经过法庭调查和辩论过程，裁判结论应建立在当庭出示、质证和辩论过的证据和观点基础上。

算法裁判的不透明性与程序的参与性有较大的冲突，主要体现在：一方面，算法裁判是根据历史统计的大数据，经过机器深度学习以后，在程序员设定的算法规则模型中得出结论的过程。这个过程中，只有数据，既没有法官和利害关系人在场，也没有法庭调查和法庭辩论的环节。因此，整个算法裁判的过程是不符合程序的参与性要求的，相应的也不符合诉讼法的规定。另一方面，算法裁判的不透明性还体现在算法裁判的整个过程，普通人无法理解和解释。由于算法具有较高的专业性，以及算法语言的复杂性，对于法官和参与诉讼的利害关系人几乎无法理解算法底层的代码含义，也很难转化为普通的日常语言和法律语言进行解释。这种由算法裁判的不透明性衍生的算法裁判的不可解释性，将导致法官及其诉讼利害关系人根本无法知道算法裁判结论的推导过程，更无法检验算法裁判过程是否存在错误的可能。因此，算法裁判的不透明性违反了程序公开和直接言词原则，若仅凭算法进行裁判，将导致司法裁判程序正义的缺失。

裁判中立性，要求法官在整个司法裁判的过程中都不得对任何一方存有偏见和歧视。它的具体要求可以概括为：(1) 回避原则，与案件有利害关系的人不得担任案件的法官；(2) 防止利益输送，法官不得与案件结果或者各方当事人有任何利益输送关系；(3) 态度不偏不倚，法官不应存在有支持一方、反对一方的偏见或歧视；(4) 外观中立，法官在外观上不能使任何一方对其中立性产生合理怀疑。

---

[1] 陈瑞华：《刑事诉讼的前沿问题研究》，中国人民大学出版社2016年版，第234页。

算法裁判的不透明性和歧视性也破坏了裁判的中立性。一方面，算法裁判的不透明性导致算法裁判的过程充满了神秘色彩，诉讼利害关系人根本无法看到整个算法裁判过程，即使看到也无法理解和解释算法裁判如何得出裁判结论的。这种不透明性导致诉讼利害关系人在外观上可能对算法裁判的中立性产生合理怀疑。另一方面，算法裁判歧视性违反了作为裁判者需要态度上不偏不倚的要求。上文可知，算法裁判需要经过大数据的挖掘——机器深度学习——执行环节这几个运行阶段，算法在大数据挖掘阶段需要进行分类、过滤等挖掘程序，这种分类、过滤并不是像人类理性那种经过价值判断、因果关系的实践理性的推导进行的，而是通过数据诱导的相关性进行的。这种挖掘出来的大数据有可能是带有歧视性的不公平性分类数据，根据这类歧视性数据学习的机器就可能成为带有偏见的裁判者。

美国著名的"卢米斯 COMPAS 系统量刑案"[①]中，作为被告的卢米斯就认为法院利用 COMPAS 系统算法对其进行量刑有可能导致程序不正义，他的上诉理由包括：（1）透明度质疑：由于算法属于商业秘密，作为被告无法看到算法的整个过程，者将导致"算法黑箱"的可能；（2）诉讼程序违法质疑：COMPAS 系统的算法运算过程，都没有被告的参与辩论，和法官的调查环节；（3）歧视性质疑：COMPAS 系统的大数据系统存在数据不完全、数据不具有代表性等歧视性数据的存在，可能导致算法裁判结论具有歧视性。这个案件也印证了算法裁判不能够实现程序正义。这就意味着，无论算法裁判功能如何巨大，最终还是需要法官的亲自参与。

四、结语

"那些乐观断言人工智能将会代替律师、法官或者其他法律工作者的人，似乎错误地理解了计算机能够执行以及不能执行的法律任务的类型。"[②] 的确，算法裁判具有提高诉讼效率、强化依法裁判以及推动同案同判的功能。但是，算法裁判本身具有的机械性、不透明性以及歧视性的缺点，有可能导致其陷入违背程序正义及实质正义的困境。归根结底，司法裁判是以人之理性为基础的复杂事业，特别是在社会发展日新月异的今天，立法的滞后性更是加剧了法官在疑难案件中作出正当性裁判的难度。概念法学帝国的崩溃，表明法官不能够仅仅作为"法律的嘴巴"成为"自动售货机式的法官"，而是需要以谨慎和理性的态度"认真对待司法"，不断在依法裁判和个案正义之间发挥"主观能动性"。由此看来，我们不能够神话算法裁判的作用，那些具有情感、价值、理性的机器人只存在科幻电影之中，司法裁判应该以法官为主导，算法裁判的结论必须限定在作为法官司法裁判过程中的辅助性工具参考这一限度之内，切不能够直接将算法裁判的结论作为司法裁判的最终结论。

---

① 参见江溯：《自动化决策、刑事司法与算法规制》，载《东方法学》2020 年第 3 期，第 78 页。
② Dana Remu, Frank Levy, Can Robots be Lawyers: Computers, Lawyers, and the Practice of Law, *The Georgetown Journal of Legal Ethics*, Vol. 30, No. 3, 2017, p. 501.

Research on the Path, Function and Limit of Algorithm Referee

Hu Congpei

Abstract: The clarification of the path, function and limit of algorithm referee in the transformation process from ideal to reality is necessary. There are complex operation processes in the three links of data, learning and execution by starting from the general principle of algorithm operation. To apply algorithm into judicial adjudication, it needs to combine the general principles of algorithm operation with the fact – finding of judicial adjudication and the application of the law, so that the path, features and methods of algorithmic referee can be clarified. The four advantages of algorithm referee such as massive scale, rapid circulation, diversification and value have the functions of improving litigation efficiency, strengthening adjudication in accordance with the law, and promoting the same judgment for the same case. On the contrary, the algorithm referee may fall into dilemmas that violate procedural justice and substantive justice under the mechanical, opaque, and discriminatory shortcomings. As a result, judicial adjudication should be dominated by judges. We should not blindly promote the role of algorithm referee, which should be defined as an auxiliary tool of judge instead.

Key words: algorithm referee, data mining, deep learning, adjudication according to law, case justice

知情同意视角下隐私协议的价值证成与优化提升[*]
——成文法与民间法的融合探索

刘鑫鹏[**]

摘 要 作为知情同意原则的表现形式之一，隐私协议是平台企业收集、处理个人信息时发送给用户满足其在完全知情的情况下做出同意与否的前置条件，但在实践中，隐私协议出现异化，继而使得知情同意原则亦陷入适用困境。以法律经济学为分析工具，借助于科斯定理的检视，隐私协议实现了存续的价值证成。站在成文法与民间法的融合视角，基于隐私协议之格式合同与商业惯例属性，发现用户友好型隐私协议可助力用户真实意思表达，该类型协议由基本条款与特别条款共同组成，其中基本条款由专家统一进行制定并经行政部门审查，在确保权威性的基础上，可降低用户阅读门槛；特别条款则由企业根据自身业务制定，并辅之以民间自治组织的监督，从而助力平台企业实现合规经营，为构建和谐、有序的社会秩序奠定坚实基础。

关键词 隐私协议 知情同意原则 科斯定理 商业惯例

一、引言

以《民法典》《个人信息保护法》《网络安全法》为主，辅之以民间法所传承的契约与商业惯例等精神，我国基本构筑起了个人信息保护的法律框架。在这其中，知情同意原则被奉为圭臬，其由告知用户相关内容和取得用户授权同意两个部分组成，该原则的适用

---

[*] 国家社会科学基金项目"检察案例指导制度的理论创新与实务提升研究"（编号：21BFX011）。
[**] 刘鑫鹏，天津财经大学法学院法律经济学博士研究生。

不仅属于民法上意思自治原则在个人信息保护领域的延展,是私权神圣不可侵犯理念在数字时代的勃兴,① 更与民间法所强调的"契约"精神相契合,旨在明确表达交易双方意思的真实性。② 知情同意原则背后所折射出的个人隐私信息保护,不仅事涉民间法所研究的范畴,更体现在以民法为核心的私法领域。从"家丑不可外扬"的民间习俗③到隐私权之民法保障,无一不体现出隐私保护对民众的重要性。但在面对海量的数据收集与庞大的信息处理工作时,本应作为知情同意原则主要落地方式之一的隐私协议(用户协议),④ 却消解了其保护隐私的部分功能,导致知情同意原则的适用遭遇困境,既无法有效体现用户的真实意思,亦无法为隐私保护提供助力。

其困境集中体现在,设计者忽略了隐私协议内容过长与专业词汇过多等问题,导致其被多数用户直接忽视。在信息收集者与所有者之间产生了"囚徒困境"的结果:双方均从追求自身利益最大化的角度出发,信息收集者为尽可能地免除自身责任,而信息所有者则为节约阅读的时间成本,两者共同作用导致隐私协议出现知情的形式化与同意的虚置化。⑤ 武汉大学的课题组曾经做过相关调研,结果显示,在受访的1000余人中,有将近80%的被试者表示很少或是从未阅读过隐私协议,将近70%的被试者会直接忽略隐私协议的更新提示。⑥

申言之,当下的隐私协议仅从形式层面而非实质层面保障了用户的知情权,存在被平台企业滥用的可能,使其在一定程度上甚至可能成为削弱用户知情权的"武器"。由此形成了个人信息保护领域的二律背反现象:隐私协议越适用,信息所有者越不知情,最终,可能会导致知情原则被架空,使其有效适用陷入困境。⑦ 另则,当下隐私协议在贯彻同意原则方面亦备受质疑。点击"同意"似乎已然变成信息所有者获取产品、服务的预设前提,拒绝隐私协议就等于拒绝了相关产品与服务。而互联网的普及加剧了这种"同意"的不可拒绝性,为同意增加了几分"强迫"的色彩。拒绝的缺位使得同意成为一种假象,最终使得同意与拒绝均失去了现实的意义。⑧ 如果仅仅从私法的视角审视同意原则,可以认

---

① 参见侯佳儒:《民法基本原则解释:意思自治原理及其展开》,载《环球法律评论》2013年第4期,第88页。
② 参见黄积虹:《论我国合同法中交易习惯的适用》,载《云南大学学报(法学版)》2013年第4期,第46页。
③ 参见王建民:《社会转型中的"己"与"家"——"家丑可以外扬"的社会学解读》,载《人文杂志》2013年第9期,第99页。
④ 本文与2022年《互联网平台及产品服务隐私协议要求》(征求意见稿)中的名称保持一致。
⑤ 参见张新宝:《个人信息收集:告知同意原则适用的限制》,载《比较法研究》2019年第6期,第15页。
⑥ 参见王井怀、刘惟真:《你没读过的APP用户协议有哪些"坑"》,载《新华每日电讯》2022年3月15日,第6版。
⑦ 参见万方:《隐私政策中的告知同意原则及其异化》,载《法律科学(西北政法大学学报)》2019年第2期,第63-64页。
⑧ 参见陈峰、王利荣:《个人信息"知情同意权"的功能检视与完善进路》,载《广西社会科学》2021年第8期,第107页。

为,全盘同意和全部拒绝的选择模式,在一定程度上动摇了该领域当中意思自治的基础,这一点与私法的立法精神相左。[①] 若从民间法的角度考量,此种同意与拒绝会加剧用户信息不对称,违背用户的自主选择,长此以往不仅会侵蚀民众对平台企业的信任,亦存在网络秩序难以为继的可能。

鉴于大数据时代对于富含信息数据的挖掘与分析具有高度的不可预测性和模糊性,颠覆了传统的社会场景,打破了信息收集者与所有者的利益平衡,[②] 致使知情同意原则的具体展开——隐私协议出现问题,继而影响知情同意原则的实施。针对隐私协议遭受诟病的现状,部分学者以此为基础提出,正是其适用的异化导致了知情同意原则陷入困境。[③] 此外,还有学者认为知情同意的传统架构与大数据时代个人信息生态系统的新局面格格不入,既无法为用户隐私提供有效保护,亦阻止了数据红利的释放等。[④] 而现行与个人信息保护有关的法律却继续将知情同意原则明确其为保护个人信息安全的黄金原则。由此,不禁引人深思,承载知情同意原则的隐私协议已经在适用过程中遭遇困境,继续适用现行的隐私协议,可能不仅无法从知情与同意双重维度真正保护信息所有者的信息安全,使知情同意原则遭受诟病,而且亦会破坏双方的真实意愿表达,有违民间传承的商业惯例。既如此,如何化解当下饱受争议的隐私协议所遭遇的问题,使其快速优化升级,跟上不断迭代的大数据脚步,以更加全新的形式呈现于用户眼前,确保民众选择自由的同时,最大程度保护其合法权益,已成为当下研究的重点内容。在追寻最优解的过程中,亦需探寻权衡平台企业收集信息与保护用户隐私的纾解之道,助力知情同意原则的进一步优化。

二、隐私协议基于科斯定理的价值证成

在优化隐私协议的伊始,应将视角聚焦于其所存在的价值,以为其后续的优化提供合理性依据。作为知情同意原则的传承,隐私协议是知情同意原则的具体展开,因此,二者的效用亦具有一致性,也即分配风险。针对风险分配,传统的法教义学更多地聚焦于权利界定,采用诸如所有权归属之物权角度、过错与无过错之侵权角度以及契约履行角度展开。相反,法律经济学则更加看重效用的最大化,优化资源配置是其所追求的目标,而这一点在风险分配方面尤为明显,法律经济学的相关研究在这方面更为独树一帜,故笔者将视角转向经典的法律经济学工具——科斯定理,对隐私协议的价值证成进行分析,尝试为隐私协议后续优化找到更为合理的依据,此亦为本文研究所做出的边际贡献。

在整个信息收集过程中存在两方当事人,即信息收集者与信息所有者。依据科斯定

---

① 参见王俐智:《隐私政策"知情同意困境"的反思与出路》,载《法制与社会发展》2023年第2期,第217页。
② 参见张建文、时诚:《个人信息的新型侵权形态及其救济》,载《法学杂志》2021年第4期,第40页。
③ 参见吕炳斌:《个人信息保护的"同意"困境及其出路》,载《法商研究》2021年第2期,第89-92页。
④ 参见范为:《大数据时代个人信息保护的路径重构》,载《环球法律评论》2016年第5期,第93-94页。

理，当不存在交易成本时，双方当事人均可通过向对方支付相应费用，以弥补给对方造成的损害（或制止对方对自己造成的损害）。即在不存在交易成本的世界中，无论信息的产权归谁所有，其资源配置效果都是一样的，但这仅是最理想的状态。在现实中，当然存在交易成本，这亦引发了大数据时代的核心问题，即个人数据（信息）权属配置的问题。[①] 交易成本在《企业的性质》一文中被概括为三个方面的内容，搜寻交易对象所需付出的成本、为与交易对象达成合约而讨价还价的成本以及执行合约所付出的成本。[②] 如果将权利赋予信息收集者，为了避免其出现过度收集等情况，信息所有者需要向其支付费用，以减轻此种行为的出现，但是可能会出现异常偏高的交易成本，更有甚者会出高价以阻止收集者对其所有信息的收集，这种行为不仅会扰乱正常的秩序，甚至会阻碍平台企业的发展，妨碍大数据的形成。故此，应当将权利赋予给信息所有者为宜，此时信息收集者可通过向其支付费用的方式进行收集。结合现实情况来看，隐私协议就是信息收集者为获取信息而支付的交易成本，也即信息收集者为与信息所有者之间达成收集合约而讨价还价的成本。

假设1：伴随信息收集者对用户信息收集已经存在一定积累，且随时间推移收集程度不断加深，其对用户信息权益的损害可能性亦随之增加。即收集数量愈多，对于用户损害的可能性也随之增加。

假设2：当信息收集者收集的信息数量达到某一临界值时，其可根据已掌握的信息，通过算法等方式对信息所有者的其他信息进行准确刻画，从而无需再进行更多的信息收集，即越过临界值后信息收集者的边际收益会随收集量的增加而下降，且其下降速度不断减少，直至为零。

假设3：对信息所有者而言，为防止收集者过度收集信息所投入的边际预防成本，随收集行为的持续而增加，且其速度不断增加。

假设4：存在最佳信息收集量。

假设5：对于信息收集者而言，交易成本变现为与隐私协议相关的投入。

基于上述假定，若以 MC 代表信息所有者的边际预防成本，以 MR 代表信息收集者的边际收益，则存在 $\frac{\partial MC}{\partial Q} > 0, \frac{\partial^2 MC}{\partial Q^2} > 0, \frac{\partial MR}{\partial Q} < 0, \frac{\partial^2 MR}{\partial Q^2} > 0$。假设除交易成本外，不考虑其他因素，仅将分析焦点置于 MC 与 MR 之间变化情况，并依据二者的变化规律绘制下图。

[①] 参见黄铠：《大数据时代个人数据权属的配置规则》，载《法学杂志》2021年第1期，第99-100页。
[②] 程承坪：《理解科斯定理》，载《学术月刊》2009年第4期，第57页。

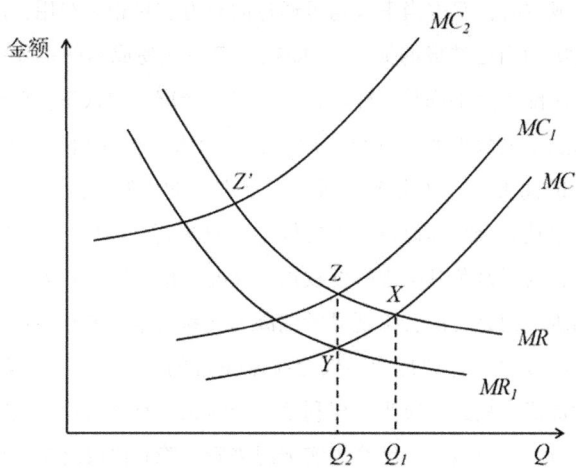

图 1　收集信息的数量与为之付出的金额①

由图 1 可知，当不存在交易成本时，MC 与 MR 相交于 X 点，信息收集量为 Q_1，借由 MC 与 MR 相等，可知 X 为此时的均衡点，且 Q_1 为最佳信息收集量。当 $Q > Q_1$ 时，$MC > MR$，此时信息所有者的边际成本大于信息收集者的边际收益，说明 Q_1 符合卡尔多—希克斯效率。当存在交易成本，且交易成本为正时，若由没有信息产权的一方承担交易成本，设信息所有者的交易成本为 α，信息收集者的交易成本为 β。将交易成本加诸信息所有者，MC 会上移至 MC_1；而若将交易成本加诸于信息收集者，MR 会下移至 MR_1。

此时，假设一种较为极端的情况，当 $\alpha = \beta$ 时，两次不同的移动会出现两个不同的均衡点 Z 与 Y，在横坐标轴上均体现为下降至 Q_2 的位置，可以得知，由于存在交易成本致使信息收集量 Q 在数量上有所下降，均小于理想状态下的最优水平 Q_1。此外，由于 $\alpha = \beta$，加之两者致使信息收集量的下降幅度相同，可知，交易成本的存在对于信息的收集者与所有者均会产生影响，结合现实情况进行分析，α 作为所有者需要支付的交易成本，必然会远大于收集者的交易成本 β。此时 MC 会上移至 MC_2 处，其原因在于，由用户支付交易成本，其必然会设置各种较为严格的收集门槛，以约束平台企业对其信息的收集，而用户群体的人数规模庞大，且兼顾个体的独特性，即便不考虑其制定的文本是否符合法律规定及相关行业规定，其交易成本势必会大于由平台企业制定隐私协议而付出的成本。观察 MC_2 与 MR 的交点 Z'，将其与 X 点对比可知，除交易成本上升外，信息收集的数量明显下降。此时，不利于富含个人信息的数据进行流转，而且有违前述信息收集的目标水平。

基于上述分析，可以得知，隐私协议作为信息收集者所支付的交易成本是信息交易中不可缺少的存在，亦是其存续价值的彰显。身为信息收集者的平台企业将隐私协议的使用作为支付交易成本的渠道，有助于其在收集限度内将信息收集数量调整至最优水平。作为交易成本的隐私协议，不仅可以有效约束信息收集者过度收集的行为，亦会对信息所有者的权益给予最大限度的保障。作为数字时代的新兴产物，隐私协议的存续是必要的，其在有效降低平台企业交易成本的同时，对于消费者福利的增进亦有积极作用，[1] 这也为后续隐私协议的优化提供了逻辑前提。虽然当下隐私协议在具体适用环节出现问题，但在明确其所具有价值的情况下，才能为隐私协议在实践中寻求更好的优化路径。

三、隐私协议之法理属性揭示

前文借由法律经济学上的科斯定理在实质上回应了关于隐私协议存续价值的种种争议，此处将视角由法律经济学转至法教义学，目的在于揭示隐私协议背后蕴含的法理属性，从而为其优化提供逻辑基础。

(一) 隐私协议之格式合同属性介评

平台企业向用户发送隐私协议的行为，属于民法之调整范畴，[2] 这是毋庸置疑的，观察其行为过程可知，就该行为具体属于哪种民事法律行为而言，学界基本肯定了其格式合同的本质。为快速、高效地收集与处理各类用户信息，平台企业会向用户发送其提前拟定好的隐私协议，该环节系合同法所规定之要约，而用户勾选同意选项，该环节系合同法所规定之承诺，由此，二者之间形成合意。[3] 尽管也有部分学者提出该行为并非订立合同行为而是履行告知义务或单方允诺，但这些观点较之合同说而言稍欠合理性。[4] 更为重要的是，司法审判基本上肯定了隐私协议的民事合同属性。[5] 依循此路径深入观察该行为的发生过程不难发现其与其他类型合同存在的显著区别——其他类型合同往往经过要约、反要约等多轮协商，但所有涉及用户重要身份信息的隐私协议却无一例外地只经过一轮"协商"，其原因当然是显而易见的——用户在这一过程中并不具备发出反要约的能力。所以，

---

[1] 参见罗寰昕：《隐私政策的过去、现在和未来：从合同、基准到信任背书》，载《南大法学》2023年第5期，第105页。

[2] 参见齐爱民：《信息法原论》，武汉大学出版社2010年版，第58页。

[3] S. Killingsworth, Minding Your Own Business: Privacy Policies in Principle and in Practice, *Journal of Intellectual Property Law*, Vol. 7, No. 1, 1999, p. 57；谈咏梅、钱小平：《我国网站隐私保护政策完善之建议》，载《现代情报》2006年第1期，第216页。

[4] 有部分学者认为隐私协议本质并非格式合同，而是告知义务的履行行为或是单方允诺，对于这种观点最大的质疑可能是，其与真实世界几乎完全背离。现实生活中的隐私协议发挥的作用与其说是"告知义务履行"，不如说"免责声明"，至于单方允诺说也难以站得住脚，理由同样是现实生活中的隐私协议约束的更多是用户而非做出声明的平台企业一方。参见刘颖、王佳伟：《平台经济中个人信息"告知—同意"的性质认定与规范解释》，载《同济大学学报（社会科学版）》2023年第3期，第114页。

[5] 甘肃省天水市中级人民法院（2016）甘05民终427号民事裁定书；贵州省高级人民法院（2019）黔民辖监14号民事裁定书；北京市高级人民法院（2020）京04民终451号民事裁定书。

最终呈现的是，用户与平台企业之间就隐私协议仅一次便达成一致，或协议不成两种结果。从上述不可协商之特征出发，再结合该协议向不特定受众重复使用之现实，不难发现隐私协议的法教义学内核——格式合同。① 这一结论在学术界受众不少，如万方从《全国人民代表大会常务委员会关于加强网络信息保护的决定》中"收集、使用公民个人电子信息不得违反……双方的约定"中的"约定"一词推导出立法机关对于隐私声明性质的态度——将其视为合同，同时认为，隐私声明在性质上属于格式合同，且在适用层面出现了衔接问题。② 林洹民认为可以参照适用《民法典》中的格式条款规则对隐私协议加以约束。③ 王俐智也认为，信息收集者利用优势地位对信息所有者进行过度收集的行为理应被规制，诸如不利解释等措施就是弥补格式合同中双方势力悬殊造成的差距。④ 在司法实践中，该观点亦被最高人民法院所认可。在《最高人民法院公报》所刊载的"来云鹏与北京四通利方信息技术有限公司服务合同纠纷"⑤中，法院明确将新浪网向用户发送的网站服务条款内容定性为格式条款，并据此进行判决。由此引致的一个问题是，作为一种特殊类型的合同，为实现实质正义，《民法典》为格式合同单独制定了多项规则，如合同提供方的强说明义务，出现争议时的不利解释法则等，为何现实中隐私协议争议类案件仍然频发？

对于上述问题而言，"肖某与廊坊京东吉特贸易有限公司"一案⑥提供了较好的分析文本。在该案中，京东公司将其收集的用户肖某的个人信息在未经额外授权的情形下传递给了供应商，双方的主要争议在于，隐私协议中京东利用用户信息的概括性约定是否足以被解释为包括"将用户信息径直传递给供应商"。主审法官认为，隐私协议涉及的概括性约定并无不当，肖某作为完全民事行为能力人具有理解上述条款的能力，故认定该隐私协议对双方具有约束力。从判决来看，显然法官认可了此处的概括性约定包括"将用户信息径直传递给供应商"，其说理看似合理实则忽视了一个重要前提，继而导致其处理可能在一定程度上背离了最高人民法院对此类案件的审判精神，那便是该隐私协议的格式合同本质。不利解释原则看似不合理，实际上恰恰是为了实现实质正义，是在双方力量失衡的情形下做出的一种"纠偏"。但遗憾的是，该案的处理似乎忽视了这一点。学者万方在2021年发表于《中国法学》的一文⑦中，也提出了相近的质疑，认为肖某是在无法全面知悉的

---

① 参见李伟、蒋文杰：《隐私协议用户知情同意的认定》，载《中国检察官》2021年第2期，第7页。
② 参见万方：《网站隐私声明的效力与解释规则》，载《北外法学》2019年第2期，第204页。
③ 参见林洹民：《论个人信息主体同意的私法性质与规范适用——兼论〈民法典〉上同意的非统一性》，载《比较法研究》2023年第3期，第149页。
④ 参见王俐智：《隐私政策"知情同意困境"的反思与出路》，载《法制与社会发展》2023年第2期，第219页。
⑤ 中华人民共和国最高人民法院公报《来云鹏诉北京四通利方信息技术有限公司服务合同纠纷案》，http://gongbao.court.gov.cn/，访问日期：2024-03-19。
⑥ 北京互联网法院（2019）京0491民初313号民事判决书。
⑦ 参见万方：《个人信息处理中的"同意"与"同意撤回"》，载《中国法学》2021年第1期，第170页。

情况下进行的同意,尤其缺乏对于重要事项的知悉。

与上述案件处理相反的是黄某与腾讯科技（深圳）有限公司案,① 在该案中,法院最终认为,黄某在登录微信读书时如果不同意被告获取相关信息,则无法正常使用微信账号进行登录并使用,且被告未以合理透明的方式获取黄某的同意,最终以告知行为不清晰、不充分,影响用户选择意愿为由,判处腾讯公司承担责任。该案看似以用户胜诉告终,但却没有破解真正的难题。实际上,上述两起案件背后折射出的问题存在相同之处,即在释法明理的过程中,法官均或回避、或忽视了对隐私协议性质的申明,而是选择了意思表示真实与否作为论证的重点。

这种绕过隐私协议本质属性的判决思路所衍生的效果可能是——反向激励后续更多同类企业以隐私协议作为责任豁免之挡箭牌、保护伞,② 从而使隐私协议背后所蕴含的知情同意原则失去原有价值。更深层次的问题则是,所谓的"意思表示真实"是否真的达到了审判者"自由心证"的程度？抑或其不过是一种"倒置"？就如同冯亚东对刑法中"情节显著轻微危害不大"的界定——"更像是一枚标签,即在已经得出结论后以此'封箱'",从而"无法为结论的证成或证伪提供先验性的支持。"③

（二）隐私协议之意思表示真实性探析

作为民事法律行为生效的前提之一,意思表示真实从来都是重点。民法学者主要从两个方面考察意思表示真实,一是行为人的内心意思与外在行为相一致；二是行为人是在意思自由的状态下做出表示的。④ 聚焦于信息收集场景,可以体现为用户将内心真实意思（真正知悉隐私协议全部内容）在自由状态下通过外在行为（点击同意）表示出来,并且其内心想法与实际行动相一致。只有符合上述条件,用户同意隐私协议之行为才是真实且有效的,此时刚好对应知情同意原则两个部分"知情+同意"的无瑕疵适用,否则,该过程则存在瑕疵。

然而,意思表示之"表示"可区分为形式意义上的表示与实质意义上的表示,虽然两者都是将内心想法通过外在行为表达出来,只有在意志自由情况下做出的意思表示,才是民法上所追求的实质意义上的表示,否则《民法典》在第146条至第150条也无须规定虚假表示、基于重大误解或欺诈而做出的意思表示等,这些表示行为皆未能将内心真实想法充分表达或当事人在他人误导下形成了错误认识,仅符合表示行为的形式要件,而不符合

---

① 北京互联网法院（2019）京0491民初16142号民事判决书。
② 参见赵婧薇、尹伟民：《个人信息保护中告知同意规则的立法纾困》,载《内蒙古社会科学》2022年第2期,第88页。
③ 参见冯亚东：《罪刑关系的反思与重构——兼谈罚金刑在中国现阶段之适用》,载《中国社会科学》2006年第5期,第128页。
④ 参见王轶：《论合同行为的一般生效条件》,载《法律适用》2012年第7期,第23页；李庆海：《建议改意思表示真实为意思表示自由》,载《法学杂志》1999年第2期,第49页。

真实性与一致性要件。《民法典》对这类行为的效力判定为可撤销民事法律行为，这充分说明民法对实质意义上意思表示的追求。将视角转入隐私协议的发送与同意领域不难发现，由于缺乏与平台企业讨价还价的能力，[①]用户常常不得不在没有充分知悉隐私协议后（或知悉虽有不认可之处，但因其劣势地位而无可奈何），便被迫点击同意选项。此种同意行为显然仅构成形式意义上的表示。另则，考虑到不点击同意将无法使用相关产品与服务的窘境，也不难推导出此时用户的意志受限，其所做出的意思表示之真实性亦有待商榷。

反观作为信息收集者的平台企业，其在取得信息所有者的"同意"后，则变相取得了免责依据。在司法实践中，部分审判机关往往认为用户所主张的"其同意缺乏真实性"带有主观色彩，而平台企业提供的隐私协议却是客观的，从而更倾向于以隐私协议的有效性作为裁判的事实依据，这对于信息所有者而言是极为不利的。

实际上，意思表示真实本就是用户内心的主观状态，确实不易举证。一般来说，对于此类事实往往通过一定外在客观事实加以推知，但具体到隐私协议的适用场景下，仅仅通过"点击同意按钮""民事行为能力判断"等方法显然不足以实现对实质意义上意思表示真实的追求，再结合隐私协议背后所蕴含的知情同意原则——同意必然以知情为前提，如果告知信息主体的方式与内容欠佳，当然会影响其同意的真实性。至此，应当说，以"意思表示真实与否"作为决定隐私协议争议双方孰胜孰败的绝对依据，缺乏足够的合理性支撑。不仅如此，当审判者更倾向于支持平台企业而非用户的请求时，"意思表示真实"标准甚至可能会构成干扰，导致处理失当。

（三）隐私协议之商业惯例属性检视

前述对隐私协议之格式合同属性的厘清，以及对意思表示真实性之探究，仅是将隐私协议局限于私法层面进行分析，但在适用过程中其亦表现出民间法之相关特性。展开来谈，在大数据时代，平台企业需要频繁收集不特定用户的个人信息，因兼顾用户的隐私信息安全与企业成本之考量，企业广泛采用隐私协议获取处理用户个人信息的权限，但借助隐私协议在企业与用户之间达成的交易不同于传统商事活动下的实物交易，在排除前文所述用户真实意思表示受影响的情况下，平台与用户均通过此次交易获得所需——平台获得收集与处理用户个人信息的权限，而用户得到了平台提供的相应服务。虽然该行为与传统商事行为存在差异，但在协议中就用户的权利与平台责任进行明确分配一事，使其具有了一定的规范性，间接体现出商事交易的核心特征。

不仅如此，平台企业对用户个人信息进行收集与处理的法律依据是《个人信息保护法》第 14 条的相关规定，但梳理可知，其中仅明确以保证用户的知情与自愿为前提，而

[①] 参见于改之：《从控制到利用：刑法数据治理的模式转换》，载《中国社会科学》2022 年第 7 期，第 65 页。

并未明确要求平台企业需以向用户发送隐私协议的方式获取其个人信息。由此可以推知，借由隐私协议方式获取用户个人信息行为并非源于法律的明确规定，而是平台企业为有效快速收集用户信息，兼之成本考量而自发形成的方法。结合平台企业涉及行业众多、领域多元之特性，其对个人信息收集与处理的程度势必存在差异，由此导致不同企业之间制定的隐私协议亦可能存在不同。因此，实难通过成文法对存在如此差异的隐私协议进行详细而完备的规定，只能通过原则性规定保证用户的知情与同意，而这也使得隐私协议进入了习惯法的调整范畴。① 鉴于民间法亦被称为广义的习惯法，② 其自然亦落入了民间法的规范内容之中。

民间法具有较为宽泛的内涵与外延，但其来源于民间，汇聚于习惯，被民众所遵守。作为非正式的行为规范之一，民间法对国家法存在留白之处起到了填补作用。③ 聚焦于本文的研究而言，平台企业反复且广泛向不特定用户发送协议的行为，已在行业内达成有效共识，且已经大量付诸实践，加之当下社会快速发展的影响，使得习惯形成的时间逐步缩短。④ 魏志勋认为，确定性与重复性是惯例形成的两个预设前提，⑤ 基于此，可以将隐私协议视为平台企业收集用户信息的既定国内商业惯例。⑥

此时引发一个新的思考，商业习惯在规制交易双方方面发挥了重大作用，当冲突发生时，其常常被作为间接证据，用以佐证案件的真实性。⑦ 但其存在预设前提，即在交易双方对落于纸面形成契约的某些商业惯例存在理解不一致时，还需探求双方之真实本意，⑧ 以准确理解其中蕴含的契约精神。本文所研究的隐私协议虽在表象特征上近似符合商业惯例的要求，但是基于其在现实适用之考察，可以发现其中并未真正完全体现出契约精神之内核。究其原因在于平台企业向用户发送隐私协议的方式，仅体现出自身的单方意志，并未真实反映作为契约另一方用户的主观态度，甚至可以说其忽视了用户真实想法的表达。此种现实不仅有失公允，亦忽视了契约中最为重要的信任，故而，隐私协议实难体现出商业惯例中的契约精神。

综上，本文认为有必要另辟蹊径，以隐私协议所体现的民法之格式合同属性与意思表示真实标准为遵循，以民间法之商业惯例为传承，对隐私协议进行相应的优化与提升，使

---

① 参见罗筱琦、陈界融：《交易习惯研究》，载《法学家》2002 年第 5 期，第 89 页。
② 参见梁治平：《清代习惯法：社会与国家》，中国政法大学出版社 1996 年版，第 15－16 页。
③ 参见朱垭梁：《民间法的地理分层与民间法研究的学理架构》，载《学术论坛》2018 年第 2 期，第 130 页。
④ 参见宋阳、陈莹：《民商事习惯司法适用地位研究》，载谢晖、陈金钊、蒋传光主编：《民间法》（第 26 卷）研究出版社 2021 年版，第 53 页。
⑤ 参见魏治勋：《民间法思维》，中国政法大学出版社 2010 年版，第 210 页。
⑥ 由于梁慧星曾指出习惯即为事实上的惯例，因此本文并未对"习惯"与"惯例"进行明确的区分。参见梁慧星：《民法学》，法律出版社 2001 年版，第 25 页。
⑦ 参见陈奕豪：《合同解释中的交易习惯运用规则研究——兼评〈合同编通则解释（征求意见稿）〉第 2 条》，载《北方法学》2023 年第 4 期，第 73 页。
⑧ 参见罗筱琦：《"交易习惯"研究》，载《现代法学》2002 年第 2 期，第 139 页。

其不仅可以从源头对用户的个人信息安全起到一定保护作用，亦可使其成为社会规范在平台经济领域的行为准则，继而维护社会公众利益，营造良好的社会氛围，促进社会总福利的增加。

四、隐私协议的优化路径

为有效解决当下隐私协议所遭遇的适用困境，在促进平台企业由纸面合规走向实践合规的同时，[①] 实现隐私协议在社会规范层面的修正，恢复民众对平台企业的信任，有必要对隐私协议的制定与适用等加以优化。结合前述隐私协议法理属性的分析，本文通过有效融合隐私协议中格式合同属性与意思表示真实标准的模糊性，找寻优化隐私协议的突破口，关注平台企业与用户双方利益的均衡点，并辅之以民间组织对优化后的隐私协议进行有效监督，继而有效保护双方权益。笔者尝试在兼顾保障用户知情、格式合同属性以及商业惯例等方面，提出优化隐私协议生成的纾解之道——构建用户友好型隐私协议。

（一）用户友好型隐私协议的生成

作为当下隐私协议的优化升级形式，用户友好型隐私协议与其相区别的地方即在文本的构成，突破既往的文本形式，改变以往的呈现方式，在内容上区分为基础内容与特别内容，以此将隐私协议优化为涵盖"基础条款+特别条款"的新型隐私协议。在基础条款中明确某一领域或近似行业在收集信息与处理信息而普遍适用的条款，在特别条款中则包含某一企业在发展过程中与其自身业务所需的独特性规定。进行如此设计的原因在于致力化解当下适用的隐私协议存在的"囚徒困境"，用户因为协议中存在过多专业词汇且内容冗长繁杂，加之知识水平差异，出现略读或是不读的情况。将近似行业大致相同的基础条款进行有效统一规范，则可大大节约用户阅读的效率，改变之前协议冗长，无人阅读的情况。用户仅需在首次对基础条款进行阅读即可，后续在使用类似软件时可以略读或跳过，但亦能保证其对相关基础规定知情。此时会存在问题，何人可作为协议中基础条款与特别条款的适格制定主体？如果继续将其全部交由企业制定，不仅无法满足某一领域或是近似行业的普遍适用性，而且亦无法取得用户对基础条款部分的信任，最终依然会落入现下隐私协议的窠臼当中。故此，在用户友好型隐私协议生成过程中，制定主体是关键。为最大限度保证用户的知情，尽最大可能纾解因专业词汇所产生的阅读困难，耗时过长等问题，笔者认为从隐私协议制定主体着手调整，将单纯依靠企业制定的模式转变为由民间第三方与企业共同制定的模式，以此改变当下隐私协议遭遇的困境。

---

① 参见李延舜：《隐私政策在企业数据合规实践中的功能定位》，载《江汉论坛》2020年第10期，第139－140页。

1. 基础条款的制定

此时，定会存在为何选取第三方参与隐私协议的制定；选取谁作为适格民间第三方之疑问。首先，根据隐私协议的双边适用特征，其制定主体可以为用户或平台企业，但审视二者亦不难发现，双方单独作为隐私协议文本制定主体均存在不当之处。

其一，客观地讲，用户自身无法成为合适的隐私协议文本生成主体，基于前文论述，最为主要的原因在于其缺乏输出协议文本的专业知识，如果强制用户对于相关专业知识进行学习，所耗费的时间成本与金钱成本将是巨大的，这或许会与其最后所获得的收益不相符（实际上如果不考虑用户签署隐私协议后续使用产品/服务所带来的效用，仅就隐私协议本身而言，用户所获得的收益趋近于0），这显然有违经济常识。据此，可以提炼出隐私协议文本制定主体应具备的特征之一——专业性。

其二，正如前文所述，隐私协议本质上属于民法上的格式合同，《民法典》对于格式合同理解出现歧义须朝向不利于制定一方做出解释的规定（即所谓不利解释原则）实际上包含了一个前提——假定合同的制定者势必会朝着利己的方向撰写文本，因而，考虑其在制定环节处于有利地位，则在解释环节必须通过制度设定的方式将其置于不利状态中。据此可知，用户和平台企业均不宜作为制定主体，当然，这里亦暗含了另一个前提，即无论将谁作为制定主体，另一方均有能力解释隐私协议，否则就无法保证前述的不利解释原则能够得到有效执行。而当下的隐私协议多是由平台企业自行制定，其并未发挥隐私协议应有效果的原因恰恰在于不利解释原则的缺失。实际上，追溯格式合同的根源可知，该规则的制定，必定暗含了合同双方为零和博弈的假定，而零和博弈意味着双方均不可能站在居中立场制定协议，据此，可以提炼出隐私协议文本应具备的特征之二——中立性。

根据前述总结的隐私协议文本应具备的特征之专业性与中立性可确定适格制定主体。考虑到用户与企业作为制定主体存在缺陷，有必要另辟蹊径。故，在结合隐私协议格式合同特性的基础上，可考虑融入行政力量，并选定兼具专业性与中立性的人才共同组成专家库作为隐私协议文本基础条款部分的第三方制定主体。专业性方面，专家库可以高等学校、科研院所中具备法学、计算机知识的研究人员为主，并吸收社会各领域优秀人才，在保证制定的隐私协议贴近该项目所处领域的同时，亦能确保其被普通用户所阅读与接受。中立性方面，以团体为基本单位可以有效克服因个人任职导致中立性不足的阻碍。另则，为进一步保证中立性，防止出现暗箱操作等行为，在专家库人员数量充足的情况下，可考虑建立动态调整机制，并落实回避制度。在具体制定相关条款之前，需要剔除不符合条件的专家，之后通过分组随机抽选不同领域的专家，组成临时专家组，发挥民间专业人士的力量，可有效保证新型隐私协议制定过程中的中立与客观。

如此，便回应了为何该新型隐私协议被称为用户友好型的疑问，其原因在于，鉴于行政力量的介入，由其选聘、组织的民间专家，所具有的知识储备、风险防范意识均优于普通用户。其在制定基础条款时，考虑的会更为全面且谨慎，亦会尽最大限度保障用户的合法权益，加之政府机关的背书，其公信力不言而喻。诚然，用户间存在的知识差异是无法在短时间内消除的，但是对于公信力较强的内容，用户的接受程度与信任程度亦会大大提升。即便发生当下隐私协议被略读的情况，但隐私协议中的基础条款部分已由专家库制定，其内容的完善程度与保护力度，势必较之前完全由企业制定的版本要有所优化，就基础条款部分发生侵害用户权益的行为势必会因专家的介入而大大降低。如此安排，在行政机关与民间专家合力的情况下，最大限度保障用户熟知隐私协议的基本内容，以便其做出与之意思表示相一致的决定，达成原本商业惯例中所追求的契约精神，因而笔者将该协议称为用户友好型隐私协议。

2. 特别条款的制定

前文明确了以专家作为隐私协议基础条款制定主体的优势，但需注意的是，其仅是制定基础条款的适格主体，而非全部条款。原因有二：其一，当下快速迭代和千差万别的个人信息处理生态，以及平台的快速发展需要，如果将协议的全部内容交由第三方的专家进行统一制定，可能无法与现实情况相融合。其二，个人信息的处理与企业的经营活动密不可分，完全将隐私协议交由外部专家制定，与平台经济的基本发展逻辑相左。在有效平衡平台经济快速变化趋势与尽最大可能保护用户信息安全的前提下，笔者认为平台企业才是最了解自身业务与发展的主体，因此由其自行制定特别条款才是最佳方案，但为了避免当下适用困境的复现，应对特别条款部分采取较为严格的限制，以反向激励其在制定过程中遵循《民法典》格式合同的相关规定，诸如在某些需要用户注意的地方进行特殊标记，便于用户和监管部门以注意等。

在面对由专家与企业协同制定的新型隐私协议时，用户可以有所选择与取舍阅读的部分，但是对于这种取舍，并非以牺牲用户合法权益为代价，基础条款部分已经由专家进行制定，其安全性存在一定的保障。而用户可以实时选择将时间与精力更多地放在企业制定的特别条款上，以注重自身利益的维护。故此，由第三方的专家库与平台企业合理制定的用户友好型隐私协议，在纾解当下隐私协议内容过于冗长繁杂，而鲜有人读的窘境前提下，亦能保障用户的基本权益，使其免受企业侵害。但该隐私协议文本发挥效用还需要分别从基础条款与特别条款角度进行增进与监督，以此进行完善，使其真正成为用户友好型隐私协议，为知情同意原则的落实奠定基础。

(二) 用户友好型隐私协议中基本条款的权威性增进

借助于不同领域专家力量，在隐私协议基本条款的基础上，若想使得该文本具有法律效力，吸引更多企业使用该统一文本，还需经过规范的程序认证，以宣告其内容的合法性。故而，专家撰写的隐私基本条款应及时报请监管部门，待审查后方可成为向用户发送的正式文本中的内容。其中监管审查应从两个维度进行把握，第一，对于相关企业、行业来说，业务近似的企业在处理个人信息行为时具有一定共性，其自行制定的隐私协议在告知的事项、内容等基本规则体系与表现形式上亦存在一定的趋同性。① 故，其使用由专家统一制定的隐私基本条款时，不仅可以有效缩减制定协议的时间成本，而且有助于提升用户的信任度，为其信息安全增设了防护盾，使用户的个人信息在收集时拥有了双重保障。第二，严格禁止对个人信息的过度收集。监管部门对基础条款中涉及收集信息的相关内容进行严格审查，防止其中暗含对用户信息不利收集等内容。如此，经过上述事前审查流程规范之后的文本，不仅从形式上具备专业性，从实质上亦具备合法性。除此之外，使用经专家库制定的协议，亦可以为企业增加公信力，使良好的声誉成为平台企业的核心竞争力，从而反向激励身为信息处理者的平台企业更为规范地处理收集的信息。②

监管部门除行使审查权外，还可以通过抓关键少数，以点带面形成强大合力，推动整个平台行业自律性提升。展开述之，针对大型平台企业，通过监管部门的推动，促使其积极与专家库开展合作，使用经过专家编撰的隐私协议文本，进而替代企业自行设计、制定的基本条款，以此吸引更多中小企业与专家开展合作，制定与其业务范围相一致的隐私协议。如此，在保证行业发展的同时，亦可培养自律风气。

除前述事前审查外，监管部门还可形成动态监管模式，在日常工作中对平台使用隐私协议的细节进行监督，并配以个人信息的风险评估与风险预警机制。在加强执法检查的同时，还应提升处罚力度，严格肃清市场乱象。

（三）用户友好型隐私协议中特别条款的监督机制

针对由企业自行制定的特别条款，在后续的适用过程中，势必不能缺少有效的监督机制。对此，笔者根据互联网行业的特点以及民间自治组织的优势提出：可以选取互联网信息商会（协会）作为第三方监督的重要主体。首先，这一考量主要是基于商会（协会）的性质做出的，因其通常登记在民政局之下，系自律性、非营利性的社会组织；其次，商会（协会）的宗旨是为政府与企业搭建良好沟通的桥梁，助力于网络信息行业的规范与发展；再次，商会（协会）的章程一般会包含承办政府部门相关事项的规定，足见其与政府等公权力机关的联系紧密，相较于选定其他外部监督机构更具优势；最后，商会（协会）的成员为互联网行业的相关企业，具备专业知识与能力，其成员之间在优化资源配置与功能对接方面具有较高的信任，且就信息共享方面亦具有其他组织或机构无可比拟的优势。此外，各地互联网信息商会（协会）等民间组织，还可以在遵守行业规范与习惯的基础上，根据不同地区互联网发展的不同情况及特点，制定一整套完善的行业行为准则，对平台企业的日常活动开展有针对性监督工作，发挥民间组织的力量，更好地推动平台企业的有序发展。正是基于上述原因，选定商会（协会）担任第三方民间监督机构可以确保独

---

① 参见宁红丽：《平台格式条款的强制披露规制完善研究》，载《暨南学报（哲学社会科学版）》2020年第2期，第63页。
② 参见常宇豪：《论信息主体的知情同意及其实现》，载《财经法学》2022年第3期，第94页。

立性与专业性,防止其在完全与政府脱离的前提下开展对特别条款的监督工作。同时,此举还利于行业自律机制的形成,促使各地平台企业在商会(协会)的带领下,进行自我监督,明确自身在制定特别条款时的权利与义务,进一步增强其遵守法律、法规以及行业规范的意识,借由制定用户友好型隐私协议特别条款出发,提升平台行业整体的规范水平。

除此之外,监管部门还可以通过开通举报违规行为的渠道,举全民之力促进用户友好型隐私协议的积极落地,遏制平台企业在收集用户信息方面出现侵权行为的可能,在保障平台企业发展的同时,将知情同意原则真正落实到位,助力我国在数字时代的腾飞与发展。

五、结语

伴随数字技术的快速发展,信息数据的重要作用日益凸显。在实践中,极易出现平台企业过度收集个人信息的情况。因此,兼顾个人信息权益保护与个人信息商业化利用成为该领域内重点研究议题。作为个人信息保护帝王原则——知情同意的落地形式之一,隐私协议尽管在当下的适用出现了异化困境,但使用科斯定理分析,发现其依然具有存续的价值,不仅如此,其亦是事前预防个人信息安全风险的重要保障,是对个人信息所有者自决权的尊重和信息收集者收集个人信息正当性的体现。为力求当事人可以准确进行真实意思表示,在明确隐私协议法理性质为格式合同,以及经过民间法对其商业惯例属性检视的情况下,提出需由行政部门牵头,组织民间专家进行用户友好型隐私协议基本条款的制定工作,并将统一的协议文本经相关部门审查以增进其权威性,在此基础上引入企业制定的特别条款,并重视民间自治组织的监督,为个人信息安全提供保障。

Value Proof and Optimization of Privacy Agreement from the Perspective of Informed Consent
——TheExploration of the Integration of Statutory Law and Civil Law

LIU Xin - peng

Abstract: As one of the manifestations of the principle of informed consent, privacy agreement is a precondition for platform enterprises to send users to satisfy their fully informed consent when they collect and process personal information, but in practice, privacy agreement is alienated, and then the principle of informed consent is also in a dilemma of application. Using legal economics as an analytical tool and the Coase Theorem as a review, privacy agreements realize the value of survival. Standing in the perspective of integration of statutory law and civil law, based on the attributes of form contracts and commercial practices of privacy agreements, it is found that user – friendly privacy agreements can help users express their true meanings, and this type of agreement consists of basic terms and special terms, of which the basic terms are uniformly formulated by experts and reviewed by the administrative department, which can lower the threshold for users to read on the basis of ensuring authority; the special terms are formulated by enterprises according to their own business and supplemented by the special terms. Special clauses are formulated by enterprises according to their own business and supplemented by the supervision of civil self – governance organizations, thus helping platform enterprises to achieve compliant operation and laying a solid foundation for the construction of a harmonious and orderly social order.

Key words: Privacy Agreements; Principle of Informed Consent; Coase Theorem; Business Practice

司法裁判中的优良家风与家庭文明条款[*]

丁 诚[**]

摘 要 优良家风与家庭文明条款的基本原则与倡导性条款功能定位争论应当由司法裁判予以回应。分析《民法典》颁布以来人民法院援引第1043条作出的929份裁判文书可见，各级法院援引第1043条的主要路径为与其他规范联合适用。在具体案件中，法院通过第1043条适用在婚姻关系纠纷中明确了彩礼给付目的、给予了夫妻忠诚相对效力、形成了诉讼离婚分级调节机制，在亲子关系纠纷中加强了赡养义务之孝道内涵、延续了抚养义务之外的父母慈爱，并且为家庭财产纠纷的解决提供思路。司法实践视角下，优良家风与家庭文明条款应当具有多重定位，且已经也将继续发挥其补充回应、融合传承、区分矫正与引导激励功能，成为婚姻家庭编自我完善的内源动力。

关键词 优良家风 家庭文明 裁判说理 倡导性条款 社会主义核心价值观

一、问题的提出

亲属制度总是由文化构造的，[①] 无论时代如何变迁，家事立法与司法必须尊重一个国家的内在文化同一性。[②]《民法典》第1043条所确立的优良家风与家庭文明条款为当代家庭法体现并运用中国内在文化同一性提供了可能性。立法方面，第1043条承担了中华民

---

[*] 教育部重大攻关项目"民法典民族性表达与制度供给研究"（编号：21JZD033）；西南政法大学2023年度学生科研创新项目"当代家庭发展的公私法协同保障研究"（编号：2023XZXS-001）。

[**] 丁诚，西南政法大学民商法学院博士研究生。

[①] 参见[美]司马少林（米歇尔·萨林斯）：《亲属关系是什么，不是什么》，陈波译，商务印书馆2018年版，第39页。

[②] 参见金眉：《婚姻家庭立法的同一性原理——以婚姻家庭理念、形态与财产法律结构为中心》，载《法学研究》2017年第4期，第37页。

族在当代家庭制度中的价值宣誓功能，完成了融汇代表优秀传统文化的"优良家风"与内蕴社会主义核心价值观的"家庭文明"的重要任务，展现了我国在家庭治理中德治与法治结合的独有智慧。司法方面，随着《民法典》落实实施与全国各级人民法院运用社会主义核心价值观进行释法说理频率不断攀升，[①] 我国传统与现代的家庭文明开始突破"教条"领域，通过第1043条的司法适用"介入"裁判。

但是，极高的立法认同并未带来法律适用的统一性认识，优良家风与家庭文明条款的法律实践现今正处于"有法可用"而非"适用有度"的状态之中。作为婚姻家庭编中的一般规定，第1043条面临着基本原则或倡导性条款的定性之争，在规范意旨和适用路径方面均未有定论。若作为基本原则，规范效力则是其核心功能。[②] 若作为倡导性条款，其规范效力就必然被削弱，转而强调社会引导作用。[③] 优良家风与家庭文明条款应当如何适用？裁判者亦在努力探索答案，试图在包含权利义务关系构型的法律"利合之家"与伦理原则支撑的文化"义合之家"中找到平衡。[④]

本文通过考察《民法典》通过三年以来人民法院援引第1043条的929份裁判文书，[⑤] 尽可能"描绘"出法院在裁判时对优良家风与家庭文明条款探索、[⑥] 利用之"面貌"，试图为探求司法适用之"度"提供材料。

二、优良家风与家庭文明条款的援引适用

优良家风与家庭文明条款的一般条款性质和"德法融合"内涵决定了其法律适用的灵活性。裁判，尤其是家事纠纷裁判若要做到法、理、情融合，实质弘扬社会主义核心价值观，就不能单纯只为得出结论而进行裁判，法官应当在个案中通过行为正当化处理、诉讼伦理化转译、道德性条款适用综合发挥"司法的道德能力"。[⑦] 根据裁判文书中是否被作为裁判依据援引，是否被独立作为裁判依据适用，第1043条的裁判援引方式可初步分

[①] 参见雷磊：《社会主义核心价值观融入司法裁判的方法论反思》，载《法学研究》2023年第1期，第4页。

[②] 参见张力：《我国〈民法典〉中优良家风条款的规范效力》，载《暨南学报（哲学社会科学版）》2022年第3期，第107页。

[③] 参见李永军主编：《中国民法学（第四卷婚姻家庭编）》，中国民主法制出版社2022年版，第44页。

[④] 参见李平：《〈民法典〉中"家庭"的双重意涵及文化启示》，载《云南社会科学》2022年第6期，第112页。

[⑤] 以"第一千零四十三条"为关键词，通过威科先行·法律信息库－案例－裁判文书模块进行检索，截至2023年5月28日，共检索到裁判文书1039份。在排除85份"干扰文书"，23份由当事人提出第1043条但裁判未援引的文书，以及非以文书呈现的2份典型案例后，本文将以全部检索到的929份裁判文书为研究对象。

[⑥] "描绘"一词与研究方法之运用灵感来源自王轶、包丁裕睿"夫妻共同债务的认定与清偿规则实证研究"一文中"白描"的研究方法。参见王轶、包丁裕睿：《夫妻共同债务的认定与清偿规则实证研究》，载《华东政法大学学报》2021年第1期，第8页。

[⑦] 参见江国华：《论司法的道德能力》，载《武汉大学学报（哲学社会科学版）》2019年第3期，第133－139页。

为单独作为裁判依据适用、与其他规范联合适用、[①] 作为说理材料运用。

(一) 主要援引路径：与其他规范联合适用

与其他规范联合适用是优良家风与家庭文明条款法律适用、发挥规范效力的主要路径。研究对象中，以第 1043 条和其他民事实体法、社会法等规范共同作为裁判依据的裁判文书共 838 份，约占 90.2%。根据联合适用的法条不同及第 1043 条发挥的作用不同，可以分为以下四种类型。

第一，解释型适用，表现为以第 1043 条的文义及扩展内涵作为解释材料，对联用法条进行不超过合理限度的解释。如以"夫妻互相关爱"解释第 1059 条的夫妻扶养义务在分居后仍需履行;[②] 以"和谐家庭环境"解释第 28 条中的监护人要与未担任监护人的亲属互助监督，共同维护被监护人利益;[③] 以"互相忠实"解释"出轨"行为属于第 1091 条规定的"重大过错"，具有离婚精神损害的可赔偿性,[④] 等等。在解释型适用中，由于解释内容处于法条规则本身可映射范围内，故法官在文书中说理负担较小，只需稍作解释说明或直接联动援引即可。

第二，倡导型适用，表现为借第 1043 条的价值引导功能发挥所联动规范的行为指引作用。如，在裁判中以孝道家风文化强调第 1067 条规定的赡养义务具有美德属性，倡导对父母尽孝,[⑤] 提倡养身养心的全面赡养;[⑥] 以"互相关爱"引导尚未达到第 1079 条"情感破裂"程度的离婚当事人相互宽容，积极沟通;[⑦] 以"互帮互助"内涵，倡导继承人应当在第 1123 条等继承编规则的指引下互谅互让、和睦团结,[⑧] 等等。倡导型适用相对偏重第 1043 条的行为规范意义，法官可结合纠纷情况，使用优良家风素材，如典故、名句等进行倡导性说理，而非受限于法律关系分析。

第三，创设型适用，表现为以第 1043 条所蕴含的立法目的、优良传统对所联动法条做出文义之外的解释。如，借第 1043 条将第 26 条所规定的赡养义务内涵拓展至丧葬费支付，以符合民间发丧习俗;[⑨] 以"死者为大"民俗将第 1151 条中"妥善保管遗产"与第 1159 条额中遗产分割的义务拓展至"被继承人尸骨得到妥善处置以前，任何继承人提出

[①] 作为裁判依据适用在裁判文书中体现为"依据（或依照）《中华人民共和国民法典》第一千零四十三条，判决……"。

[②] 参见河南省宜阳县人民法院（2021）豫 0327 民初 783 号民事判决书。

[③] 参见上海市长宁区人民法院（2021）沪 0105 民特 310 号民事判决书。

[④] 参见湖南省醴陵市人民法院（2021）湘 0281 民初 2825 号民事判决书；安徽省泗县人民法院（2022）皖 1324 民初 1671 号民事判决书等。

[⑤] 参见山东省枣庄市台儿庄区人民法院（2022）鲁 0405 民初 871 号民事判决书；辽宁省沈阳市和平区人民法院（2021）辽 0102 民初 2614 号民事判决书等。

[⑥] 参见山东省威海市环翠区人民法院（2021）鲁 1002 民初 7190 号民事判决书等。

[⑦] 参见安徽省萧县人民法院（2021）皖 1322 民初 7011 号民事判决书等。

[⑧] 参见河北省泊头市人民法院（2022）冀 0981 民初 2299 号民事判决书。

[⑨] 参见辽宁省盘山县人民法院（2021）辽 1122 民初 2711 号民事判决书。

分割涉案遗产的请求均不具备处理条件",① 等等。创设型适用涉及扩大解释、目的性限缩等法律解释方法，且裁判结果往往涵摄出所联动规范原意之外，故法官说理义务较重，应当先将第1043条中的抽象要求具体化，再证明其可转化性，而后对所联动规范进行"创造性"解释，最后用于个案裁判。

第四，体系型适用，表现为基于1043条的多元属性定位，通过与不同一般规定条款进行组合适用，完成规范之间的体系构建以解决具体纠纷。在婚姻家庭编内部，法官主要通过与1041条"婚姻家庭编原则"联用形成"婚姻家庭受保护，不得破坏侵犯"的价值体系，在纠纷中体现为对文明家庭的悉心维护、② 对家庭成员权益的切实保障、③ 对不良行为的坚决反对。④ 在婚姻家庭编外部，法官主要通过与第8条、第153条等公序良俗规范联用，形成民法基本原则与婚姻家庭编原则共建的多层次公序良俗规范体系，主要用于否定违反婚姻家庭伦理的法律行为效力。⑤ 此外，法官通过与第10条"法源条款"联用，使第1043条拥有法源条款属性，形成了总分模式下的婚姻家庭编法源体系，为传统家庭优良风俗进入婚姻家庭司法提供正当性来源。⑥

（二）辅助援引路径：作为说理材料运用

作为说理材料进行援引，是指法官在裁判过程中依当事人请求或依职责加入优良家风与家庭文明的考量因素，并通过说理呈现结果，但最终并不以第1043条作为法律依据进行裁判的路径。其中，第1043条之作用在于辅助法官完成说理与价值引导，或完成法律关系梳理，以更好适用其他规范，或完成司法裁判的社会效果拓展。在研究对象中，非以第1043条作为裁判依据的文书共51份，约占5.4%。

不作为裁判依据适用时，第1043条显示出对民法外其他部门法的裁判指引和评价补充功能。929份研究对象中，涉及刑事案件的2份文书皆采用辅助型援引路径。在张某、郭尧丰故意杀人罪一审刑事判决书中，第1043条起到了司法指引作用。法官以古训与第1043条说明夫妻关系应当"忠贞"，出轨行为与社会主义核心价值观相悖，并结合"犯罪中止"的事实，认为被告人的杀妻行为是因"妻子出轨被抓现行"，主观恶性"较小"，而被害人过错程度属于"极其严重"，从而做出"追求公平正义的社会主义法治价值取向"的判决。⑦ 在牟某、林某某刑事一审刑事裁定书中，第1043条起到了评价补充作用。

---

① 参见北京市通州区人民法院（2022）京0112民初3613号民事判决书。
② 参见辽宁省沈阳市沈河区人民法院（2021）辽0103民初13097号民事判决书等。
③ 参见四川省眉山市东坡区人民法院（2022）川1402民初1456号民事判决书等。
④ 参见广西壮族自治区全州县人民法院（2021）桂0324民初2608号民事判决书等。
⑤ 参见贵州省铜仁市碧江区人民法院（2021）黔0602民初1899号民事判决书；重庆市潼南区人民法院（2021）渝0152民初6123号民事判决书等。
⑥ 参见江苏省如皋市人民法院（2021）苏0682民初852号民事判决书等。
⑦ 参见河北省海兴县人民法院（2020）冀0924刑初80号刑事判决书。

虽然法院认为重婚罪不成立，但通过第 1043 条进行了补充性司法评价，表明了对被告人的谴责。① 此外，在涉家庭暴力申请人身安全保护令的纠纷中，法院也通过第 1043 条融入说理，进行了裁定禁止违法行为外的合法行为指引。②

在此种援引路径中，由于第 1043 条不直接影响裁判规范的解释，只在说理中发生价值指引与行为规范作用，担任"辅助性"作用，故法官可根据案件事实与所欲表达的价值内涵进行不同程度和不同形式的说理。其形式要求仅为在裁判文书中体现第 1043 条精神，至于是以详细解释或直接利用法条原文根据所欲达成的目的运用较为灵活即可。

（三）特例援引路径：单独作为裁判依据适用

单独作为裁判依据适用指在裁判文书中仅以《民法典》1043 条作为实体法规范依据的援引路径，包括第 1043 条与程序法规范，与司法解释、答复等非法律形式的规定与文件联用的情形。研究对象中共有 40 篇仅以第 1043 条作为裁判依据的文书，约占 4.3%。

第 1043 条在性质上属于一般条款，虽然一般条款可以确立超越于特别法之上的法律待遇的统一性，③ 但是补充性也是其适用的基本立场，若有具体规则可解释适用，则必须"禁止"向一般条款逃逸。故单独作为裁判依据适用应当是优良家风与家庭文明条款援引之"特例"。根据所发挥作用不同，法官援引第 1043 条单独作为裁判依据第可分为"补齐型"适用与"补足型"适用两种情况。

补齐型适用表现为在裁判过程中，由于"法官认为"相应法律规范缺失，只得适用第 1043 条作为个案裁判规则，实践中主要有以下三种情况。第一，补齐"不准予离婚"事由，即在离婚纠纷中，以矛盾不大、一方认错或双方有孩子等事实判断夫妻双方可以做到"互相忠实、互相尊重、互相关爱"，④ 或为"爱幼"给孩子创造和睦的成长环境等情况，⑤ 补齐不准予离婚的法定事由。第二，补齐婚姻家庭编的道德调整规则，即以第 1043 条为依据，指出家庭矛盾的普遍性，⑥ 并强调当事人需要以家庭成员之间敬老爱幼，互相帮助，维护平等、和睦、文明的家庭美德处理矛盾，不能全靠诉诸法律解决，⑦ 需兼顾情、理、法。⑧ 第三，补齐忠诚义务规则，即从"夫妻互相忠实"规定出发，推断夫妻双

---

① 参见云南省西畴县人民法院（2021）云 2623 刑初 96 号刑事裁定书。
② 参见北京市顺义区人民法院（2021）京 0113 民保令 4 号民事裁定书。
③ 参见［意］那塔利诺·伊尔蒂：《解法典的时代》，薛军译，载徐国栋主编：《罗马法与现代民法（第四卷 2003 年号）》，中国人民大学出版社 2004 年版，第 102 页。
④ 参见上海市浦东新区人民法院（2021）沪 0115 民初 24823 号民事判决书；河南省武陟县人民法院（2021）豫 0823 民初 1762 号等。
⑤ 参见辽宁省灯塔市人民法院（2021）辽 1081 民初 1428 号民事判决书等。
⑥ 参见四川省西充县人民法院（2021）川 1325 民初 961 号民事判决书。
⑦ 参见辽宁省阜新蒙古族自治县人民法院（2021）辽 0921 民初 4633 号民事判决书。
⑧ 参见云南省姚安县人民法院（2021）云 2325 民初 687 号民事判决书；广东自由贸易区南沙片区人民法院（2021）粤 0191 民初 15932 号民事判决书等。

方负有忠实义务。① 此外，补齐型适用还使第 1043 条在补齐事实继父母子女关系的调整规则、② 补齐子女探望父母权利等法无明文规定的纠纷解决中有所作为。③ 对于补齐型适用，若非已穷尽其他裁判规范，非必要、非经充分证明说理不得以第 1043 条单独作为法律依据。即使第 1043 条有基本原则之潜力，也区分原则性条款与概括条款，④ 警惕裁判者为便利以第 1043 条替代有解释空间的其他规范，造成法律适用错误。

补足型适用表现为在法无明文规定，但司法解释等非法律形式文件对相关法律关系做出规制的情形下，以第 1043 条"充当""被解释"之法律规范的适用路径。在实践中，主要表现为对《最高人民法院关于适用〈中华人民共和国民法典〉婚姻家庭编的解释（一）》第 5 条对应的彩礼婚约法律规定、⑤ 第 29 条对于父母为子女出资购置房屋法律关系规定的补足。⑥

（四）援引路径的功能混合与错位性适配

第 1043 条的各种援引、适用路径虽有不同的方法偏重，但裁判文书展示出的思路其实并非分野清晰、非此即彼的。第 1043 条出现在裁判文书中往往要起到多重作用，通常表现为与其他规范联合适用时的子功能混合，如法官在赡养纠纷中同时以第 1042 条、第 1043 条、第 1063 条以及《老年人权益保障法》相关规范作为裁判依据，其中第 1043 条既起到了融贯老年人权益保障法律体系的体系型适用功能，也起到了援引传统美德发扬孝老精神的提倡型适用功能。⑦ 甚至在个别裁判中，补足型适用功能与创设型适用的功能也存在交集。如在生育欺诈纠纷中，法官通过第 1043 条与第 1073 条联合适用，并适用《最高人民法院关于确定民事侵权精神损害赔偿责任若干问题的解释》，即使亲子关系否认的受欺诈方受否定性评价，也补足了生育欺诈精神损害赔偿的请求权基础。⑧ 可见，裁判援引第 1043 条是以纠纷需求和功能发挥为导向，而非片面强调各路径的区分。换言之，第 1043 条作用发挥不应也不能被路径归纳所束缚。本文对于援引路径进行分类归纳，也只是为了更好展示现阶段法院的探索情况。

第 1043 条应在裁判对优良家风与家庭文明功能的具体需求下进行援引适用，裁判者与文书写作者应当做与功能相对应思路梳理与文字引导。目前，司法裁判中也确实存在援

---

① 参见广东省惠州市中级人民法院（2020）粤 1302 民初 16317 号民事判决书等。
② 参见河南省浚县人民法院（2022）豫 0621 民初 1570 号民事判决书。
③ 参见北京市海淀区人民法院（2021）京 0108 民初 27667 号民事判决书。
④ 参见于飞：《基本原则与概括条款的区分：我国诚实信用与公序良俗的解释论构造》，载《中国法学》2021 年第 4 期，第 40–43 页。
⑤ 参见河北省迁安市人民法院（2021）冀 0283 民初 6336 号民事判决书；辽宁省北票市人民法院（2022）辽 1381 民初 3340 号民事判决书等。
⑥ 参见安徽省合肥市瑶海区人民法院（2021）皖 0102 民初 1086 号民事判决书。
⑦ 参见广东省广州市白云区人民法院（2022）粤 0111 民初 718 号民事判决书。
⑧ 参见湖北省沙洋县人民法院（2022）鄂 0822 民初 753 号民事判决书。

引路径的适配性错位问题,即说援引第 1043 条所起功能与裁判需要、说理程度不匹配。主要存在以下三种情况:第一,作为裁判依据援引匹配的说理程度不足,即裁判结果明显只是依据具体规范形成,文书也无任何价值引导与行为说理,甚至不存在对第 1043 条原文之引用,却直接将其作为裁判依据;第二,辅助性功能错却作为裁判依据援引,即第 1043 条在裁判中明显起辅助性作用,却将其作为裁判依据对待;第三,草率的独立作为裁判依据适用,即法律对于纠纷涉及的法律关系有所规定,第 1043 条可补齐空间与必要甚小,法官却逃避规则的解释适用,不与其他可解释规范联合适用,而直接单独依据第 1043 条进行裁判。虽然裁判文书所展示的路径功能具有"隐蔽性"特征,但裁判是否应当以第 1043 条作为依据,若作为依据,是否有与介入作用相匹配的说理是较为显性的且可判断的,介入路径的灵活性与功能取向并不能成为实践混乱的合理性理由。第 1043 条适用不是为社会主义核心价值观融入裁判文书释法说理工作"造势",随意地、过度地援引只会降低优良家风与家庭文明条款之效用。

三、优良家风与家庭文明条款的效力实现

采用适当援引路径是优良家风与家庭文明条款进入司法裁判之程序、形式必要,但适用之效果则追求对于婚姻家庭建设更为重要。面对多元化的婚姻家庭观念,裁判者正通过在不同纠纷场景中实现第 1043 条规范效力,对婚姻家庭司法疑难问题做出回答,在法律适用中诠释仁、孝、爱、悌等中华传统家庭美德以及文明、友善、和谐、平等、自由等社会主义核心价值观,告诉当事人内含优良家风与家庭文明的法律支持什么,又反对什么。①

(一)贯穿婚姻关系的保障效力

1. 明确彩礼收受给付的目的要件

《唐律疏议》释曰:"婚礼先以聘财为信,故礼云聘则为妻,虽无许婚之书,但受聘财亦是"。在我国古代,收受聘财是婚姻成立的形式要件,订婚索财是合乎婚约伦理与法令的行为。彩礼虽然保障了婚姻诚信,但将女性视为聘币等价物有着明显的尊卑等级色彩。② 经历了近代以来的婚姻改革运动,婚约在我国法律上已不具备强制效力。但是,彩礼在当代仍以明确收受或无彩礼名义的基于结婚目的的赠与形式存在。③ 婚姻立法对于婚约、彩礼的回避带来了婚约纠纷类案不类判的弊端。④ 相关司法解释虽对彩礼返还问题有

---

① 参见方乐:《法律实践如何面对"家庭"?》,载《法制与社会发展》2011 年第 4 期,第 58 页。
② 参见王歌雅:《中国婚姻伦理嬗变研究》,中国社会科学出版社 2008 年版,第 84-85 页。
③ 参见金眉:《民法典体系下婚约性质之辨》,载《政法论坛》2022 年第 6 期,第 113 页。
④ 参见陈会林:《回避婚约:新中国婚姻立法的历史选择及其因由》,载《政法论坛》2021 年第 2 期,第 186 页。

所规制，但司法层面始终缺少对于彩礼问题的统一价值认知。

第 1043 条为司法处理婚约彩礼纠纷提供了价值遵循。整体层面，婚约与彩礼的传统习俗地位仍被承认，即彩礼是自古存在的一种准婚姻制度，属于中华民族相互表示尊重与祝愿的传统。[①] 在具体纠纷中，裁判明确支付或索要彩礼的目的须积极，即应以缔结婚姻关系为目的，[②] 用缔结婚姻诚意、组建家庭决心作为标准，[③] 并以此区分彩礼与借婚姻索取财物行为的界限。在处理彩礼纠纷时，要谨防"良好的传统习俗演变成影响人民生活的恶习"风险。若抱有随大流、攀比、爱慕虚荣的心态，收受不符合新时代婚姻价值观念、不利于树立勤俭节约文明新风尚的高额彩礼，则是违反了社会主义核心价值观弘扬的"和谐、自由、平等、友善"价值，亦不符合公序良俗。[④]

2. 确认"夫妻忠实"的相对效力

自古至今，婚姻忠实的要求在我国经历了从义务主体单一到双方互负的变革。《管子·五辅》有言："为人夫者，敦蒙以固；为人妻者，劝勉以贞"。夫妻一体主义下，伦理文化强调夫妻和谐，但也片面要求女性"三从四德""从一而终"[⑤]。随着一夫一妻制的立法贯彻，忠诚为夫妻平等的伦理要求成为社会共识。但不同于古代的惩罚型规制，当代对于婚姻忠诚的规制表现为"伦理为主，法律为辅"的倡导型规制。2001 年《婚姻法》修订，第 4 条引起学界争论，[⑥] 直至今日未有定论。在司法实践中，夫妻忠实也无统一法律效力共识，表现为在涉忠诚协议效力判断、婚姻不忠行为损害赔偿、配偶权侵权损害赔偿等案件中对"忠实义务"的多元认知。

整体层面，"夫妻应当互相忠实"是统一的裁判认知。在性质定位方面，有法院认为第 1043 条的规定将道德义务上升为法律义务，[⑦] 夫妻忠诚具有传统美德与法定义务的双重属性，[⑧] 是法律规定的义务。[⑨] 虽有法院单纯将夫妻忠实视作道德义务，[⑩] 但也有法院将夫妻忠实定性为一项法律规定、[⑪] 基本原则，[⑫] 以"迂回"方式承认其法律性。而对于婚内非正常男女关系，在道德视角下，法院认为此种行为违反社会主义核心价值观，[⑬] 违反

---

① 参见湖北省蕲春县人民法院（2021）鄂 1126 民初 1474 号民事判决书。
② 参见四川省雷波县人民法院（2021）川 3437 民初 772 号民事判决书。
③ 参见云南省富源县人民法院（2021）云 0325 民初 697 号民事判决书。
④ 参见湖北省蕲春县人民法院（2021）鄂 1126 民初 1474 号民事判决书。
⑤ 参见王歌雅：《中国婚姻伦理嬗变研究》，中国社会科学出版社 2008 年版，第 82 页。
⑥ 参见余延满：《亲属法原论》，法律出版社 2007 年版，第 10、52 页。
⑦ 参见河南省襄城县人民法院（2021）豫 1025 民初 1844 号民事判决书。
⑧ 参见贵州省贵阳市云岩区人民法院（2020）黔 0103 民初 12135 号民事判决书。
⑨ 参见安徽省凤阳县人民法院（2021）皖 1126 民初 155 号民事判决书；黑龙江省宾县人民法院（2021）黑 0125 民初 2764 号民事判决书。
⑩ 参见山东省鱼台县人民法院（2022）鲁 0827 民初 67 号民事判决书。
⑪ 参见山东省泰安市岱岳区人民法院（2021）鲁 0911 民初 2730 号民事判决书。
⑫ 参见河南省洛阳市涧西区人民法院（2021）豫 0305 民初 1533 号民事判决书。
⑬ 参见北京市延庆区人民法院（2021）京 0119 民初 8192 号民事判决书；广东省罗定市人民法院（2021）粤 5381 民初 3149 号民事判决书。

伦理秩序,[①] 败坏社会风气,[②] 有损社会公德与公共利益。[③] 在法律视角下,婚内不正当男女关系通常被认定为违反公序良俗,[④] 违背民法典的禁止性规定,[⑤] 是法律不允许的。[⑥] 可见,无论如何定性夫妻忠实,都表明了司法裁判对于夫妻忠实的认可以及对不忠行为的反对。

但在家庭文明视角下,夫妻忠诚也并非用强制手段"灭人欲"。第一,司法实践中夫妻忠诚具有防御性与相对性,裁判并不当然赋予夫妻配偶权绝对权效力。虽然有法院在裁判文书中写明"配偶权",并支持夫妻一方向不忠方请求精神损害抚慰金。[⑦] 但是,在无过错方向侵害夫妻感情"第三者"主张赔偿的纠纷中,除"第三者"故意侵害"原配"名誉权须赔礼道歉、[⑧]"第三者"自愿支付家庭损害补偿的场景,[⑨] 多数法院均认为,因破坏他人婚姻家庭所引起的精神损害赔偿无法可依。[⑩] 第二,裁判仅对夫妻忠诚自治行为提供有限支持。对于夫妻忠诚协议,法院认为其属于道德范畴,不属于合同法调整范围、[⑪]没有合同拘束力,应出当事人本着诚信原则自觉履行。但若违约方已经履行了赔偿等义务而又反悔的,不予支持。若守约方要求违约方赔偿或承担违约责任的,同样亦不能通过诉讼方式予以强制履行。[⑫] 第三,法院认为不忠一方有受"规训"之必要。除使过错方在离婚时承担离婚损害赔偿或少分财产的不利后果外,在出轨一方向婚外第三人"追回"赠与财物的相关纠纷中,有法院认为赠与行为属不合法的行为,不受民事法律的保护。[⑬] 也有法院认为,若支持返还请求,会使出轨方无任何经济损失,未体现对其过错的惩罚,可能造成"婚外寻欢作乐不用付出代价"假象,助长不正之风,故仅支持部分返还请求。[⑭] 第四,司法偏向保护不知情婚外第三人合法权益。对于不知情交往方已婚的婚外第三人,有法院认为其在主观上没有过错,交往行为不违背公序良俗。[⑮] 亦有法院认为,在第三人

---

① 参见江苏省常州市钟楼区人民法院(2021)苏0404民初3419号民事判决书。
② 参见福建省大田县人民法院(2021)闽0425民初428号民事判决书。
③ 参见山东省宁阳县人民法院(2022)鲁0921民初402号民事判决书。
④ 参见辽宁省凤城市人民法院(2022)辽0682民初4577号民事判决书。
⑤ 参见重庆市九龙坡区人民法院(2020)渝0107民初16859号民事判决书;福建省厦门市湖里区人民法院(2021)闽0206民初7948号民事判决书。
⑥ 参见广东省佛山市禅城区人民法院(2022)粤0604民初120号民事判决书。
⑦ 参见河南省洛阳市中级人民法院(2021)豫03民终7677号民事判决书。
⑧ 参见陕西省山阳县人民法院(2022)陕1024民初37号民事判决书。
⑨ 参见四川省盐边县人民法院(2021)川0422民初14号民事判决书。
⑩ 参见广西壮族自治区防城港市中级人民法院(2022)桂06民终3号民事判决书;福建省建宁县人民法院(2022)闽0430民初1370号民事判决书等。
⑪ 参见陕西省周至县人民法院(2021)陕0124民初1197号民事判决书;陕西省西安市中级人民法院(2021)陕01民终13697号民事判决书等。
⑫ 参见北京市第三中级人民法院(2021)京03民终8334号民事判决书。
⑬ 参见陕西省平利县人民法院(2021)陕0926民初648号民事裁定书。
⑭ 参见湖南省慈利县人民法院(2021)湘0821民初2646号民事判决书;辽宁省海城市人民法院(2021)辽0381民初5272号民事判决书。
⑮ 参见河南省睢县人民法院(2021)豫1422民初4542号民事判决书。

知道对方有配偶之前,基于交往行为获赠的财物属于善意取得。①

3. 形成诉讼离婚分级调节机制

"三纲五常"伦理下,我国古代离婚规范具有家本位特征,② 个人感情被置于家族整体利益之下。当代,尊重个体意志成为婚姻伦理主流思想,以"情感自由论"为本位的情感破裂主义被确立。③ 但观念解放使得离婚冷静与婚姻神圣持久、婚姻私人性与公共性等价值之间表现出激烈冲突。④ 若对离婚赋以苛刻条件则有可能使得离婚自由无法得到保障,⑤ 但若完全放任离婚自由无序扩张,则可能给社会和家庭造成较大负面效应。⑥ 在优良家风与家庭文明视角下,裁判者在面对诉讼离婚时,努力寻找自由与限制中的"审慎"平衡点,以实现我国离婚法"保障离婚自由,反对轻率离婚"的基本思想。

总体上,法院将离婚自由作为基本出发点,⑦ 明确以情感是否破裂为准予或不准予离婚的标准。⑧ 但同时,人民法院也认为家庭是社会基本单元,当事人需要从顾全家庭整体的角度审慎对待婚姻,⑨ 法院对离婚判决采取谨慎态度的初衷是希望能重归于好,维护家庭稳定与社会安定。⑩

在具体案件中,维护家庭稳定的优良家风与家庭文明体现为对矛盾的分级调节处理机制。首先,多数法院认为因琐事争吵属正常现象,若无根本性、不可调和矛盾,则应给予双方维系夫妻关系的机会,引导双方真诚沟通,化解矛盾。⑪ 其次,在纠纷中给予"认错方"改正机会。若过错方或双方愿意主动承认错误,表示会积极改正,⑫ 或愿意去改变造成矛盾的现实状况,⑬ 法院一般会站在"矛盾可调和角度"不准予离婚。最后,对于双方

---

① 参见山东省东明县人民法院(2023)鲁1728民初1270号民事判决书。
② 参见买小英:《论敦煌放妻书中所反映的伦理观念》,载《甘肃社会科学》2016年第2期,第118页。
③ 参见马智勇:《"离婚冷静期"制度的生成逻辑及其反思》,载《法学家》2022年第3期,第17页。
④ 参见郭峻维:《离婚冷静期制度实施中的价值冲突与衡平》,载《东北师大学报(哲学社会科学版)》2021年第6期,第137页。
⑤ 参见李洪祥、王畅:《离婚苛刻条款的利弊分析》,载《求是学刊》2020年第1期,第107页。
⑥ 参见马忆南:《离婚冷静期是对轻率离婚的限制和约束》,载《妇女研究论丛》2020年第4期,第105页。
⑦ 参见河北省阜平县人民法院(2021)冀0624民初354号民事判决书。
⑧ 参见黑龙江省明水县人民法院(2023)黑1225民初506号民事判决书;湖南省慈利县人民法院(2023)湘0821民初481号民事判决书等。
⑨ 参见上海市浦东新区人民法院(2021)沪0115民初61712号民事判决书。
⑩ 参见辽宁省营口市鲅鱼圈区人民法院(2021)辽0804民初5958号民事判决书;河南省郸城县人民法院(2021)豫1625民初7063号民事判决书等。
⑪ 参见北京市朝阳区人民法院(2021)京0105民初43203号民事判决书;江西省瑞金市人民法院(2021)赣0781民初410号民事判决书等。
⑫ 参见云南省澜沧拉祜族自治县人民法院(2021)云0828民初1214号民事判决书;上海市浦东新区人民法院(2021)沪0115民初9704号民事判决书等。
⑬ 参见上海市浦东新区人民法院(2021)沪0115民初27346号民事判决书。

离婚意志坚决、① 离家或分居多年弃家庭不顾、② 双方互不履行夫妻义务、③ 有赌博、出轨、家庭暴力等恶习且不改正的离婚纠纷,④ 为防止对当事人造成更大伤害,应当准予离婚。⑤ 需要注意的是,在夫妻一方处于危困、患病状态时,法院认为另一方更需要珍惜感情,履行夫妻间的扶助义务,而不应采取离婚的消极方式处理夫妻关系。⑥

离婚裁判中体现出的另一家庭文明是基于"为子女计深远"的个人自由让步。在子女仍需抚养的离婚纠纷中,法院认识到离婚对家庭成员的重要影响,⑦ 提醒当事人需要认识到自己作为父母的责任,⑧ 应当适当考虑子女的健康成长。⑨ 许多法院在判决不予离婚时会以"考虑到孩子健康成长""完整的家庭对孩子成长有益""以孩子作为纽带"和"多为孩子考虑"等子女最大利益化考虑限制离婚自由。⑩

(二) 展现亲缘伦理的延展效力

1. 加强赡养义务之"孝道"内涵

"孝"是中国传统法律文化的核心价值,⑪ "具有超越时代的普适性和共通性"。⑫ 但是,囿于身份型"孝"的广阔内涵,如孝敬、孝心、孝行、孝顺等内容,尤其是"安亲""顺心"等精神方面的要求无法完全用外部性的法律概念或权利义务关系进行表达和规制。孝在民事实体法上只得被限制在赡养义务中,实现方式也常局限于以赡养费为主的物质赡养。近年来,权利义务的契约型观念也对孝的单向性提出质问。⑬ 孝道立法的低可操作度并不代表司法的不可为,优良家风与家庭文明使作为"孝道"载体的赡养义务定位与内容更加清晰。

---

① 参见河南省许昌市建安区人民法院(2021)豫 1003 民初 309 号民事判决书;辽宁省黑山县人民法院(2022)辽 0726 民初 1114 号民事判决书等。
② 参见山东省高青县人民法院(2021)鲁 0322 民初 202 号之一民事判决书;辽宁省彰武县人民法院(2021)辽 0922 民初 2852 号民事判决书等。
③ 参见广西壮族自治区柳州市柳北区人民法院(2021)桂 0205 民初 3318 号民事判决书;广西壮族自治区浦北县人民法院(2021)桂 0722 民初 571 号民事判决书等。
④ 参见辽宁省彰武县人民法院(2021)辽 0922 民初 2777 号民事判决书;广西壮族自治区隆安县人民法院(2021)桂 0123 民初 643 号民事判决书等。
⑤ 参见辽宁省营口市鲅鱼圈区人民法院(2021)辽 0804 民初 6364 号民事判决书。
⑥ 参见广东省广州市增城区人民法院(2021)粤 0118 民初 1720 号民事判决书。
⑦ 参见辽宁省营口市鲅鱼圈区人民法院(2021)辽 0804 民初 5820 号民事判决书。
⑧ 参见河南省鹤壁市山城区人民法院(2021)豫 0603 民初 898 号民事判决书。
⑨ 参见河南省鹤壁市山城区人民法院(2021)豫 0603 民初 868 号民事判决书。
⑩ 参见山东省威海经济技术开发区人民法院(2022)鲁 1092 民初 2243 号民事判决书;广西壮族自治区田林县人民法院(2021)桂 1029 民初 1312 号民事判决书;福建省宁德市蕉城区人民法院(2021)闽 0902 民初 884 号民事判决书。
⑪ 参见龙大轩:《孝道:中国传统法律的核心价值》,载《法学研究》2015 年第 3 期,第 176 页。
⑫ 林明:《中国法制中的孝道文化因素释明》,载《法学论坛》2001 年第 6 期,第 52 页。
⑬ 参见李拥军:《"家"视野下的中国法制现代化》,上海三联书店 2020 年版,第 120 - 125 页。

在价值认知方面，司法裁判明确赡养义务具有道德与法律双重属性,[1] 虽然直接使用孝道相关表述的文书数量不多,[2] 但对于赡养义务的双重定位已经能够说明孝道传统在当代家庭治理、亲子关系构建中的重大影响。

裁判中，法院亦将传统孝道精神作为赡养义务履行的必要内涵，体现在以下三方面。第一，强调赡养义务的强制性。裁判明确赡养义务为非契约型义务，赡养人无先履行抗辩权利。孝不是基于取得利益后而必须支付的对价,[3] 即使父母未适当履行抚养义务，子女也不能以此为由拒绝赡养"有过错"父母。[4] 第二，限制赡养义务自治。除为更好赡养父母外,[5] 不允许为履行赡养义务而设置条件,[6] 子女订立赡养协议时，赡养义务不能被人为免除，不得以放弃继承权或者其他理由，拒绝履行赡养义务。[7] 第三，通过多元方式提倡全面赡养。其中多数是以说理、寄语方式提醒儿女要时常关爱父母，在情感上让父母得到慰藉,[8] 也有法院以轮流赡养判决保障精神赡养。[9] 值得注意的是，尽管在父母收入能够满足其生活花销，不缺物质供养的场景下，有法院依然通过支持每年1元的赡养费请求，判决子女给予父母精神慰藉,[10] 使回家探望成为一项可诉请履行义务。

2. 延续抚养义务外的父母慈爱

优良家风除要求子女孝顺父母，也要求父母慈爱。现代家庭法对于父母慈爱的要求大都落实在子女利益最大化原则以及抚养、监护制度中。受"爱幼"之年龄局限性以及完全行为能力人"独立"的民法观念影响，民事法律对于父母和成年子女关系的调整呈单向性特征，尤其缺少父母行为指引。优良家风与家庭文明虽不强调慈与孝间的因果关系，但也指明了"体谅与理解"的相处之道。

在部分赡养纠纷中，父母和成年子女间的情感矛盾是子女不愿履行赡养义务的主要原因。虽然关系失和不能作为不履行赡养义务的理由，但法官也在文本中对父母的不当行为

---

[1] 参见江苏省盐城市盐都区人民法院（2022）苏0903民初4238号民事判决书；云南省个旧市人民法院（2022）云2501民初486号民事判决书等。
[2] 参见重庆市潼南区人民法院（2022）渝0152民初975号民事判决书；（2022）渝0152民初1203号民事判决书等。
[3] 参见李拥军：《"家"视野下的中国法制现代化》，上海三联书店2020年版，第122页。
[4] 参见河南省沁阳市人民法院（2021）豫0882民初727号民事判决书；河南省伊川县人民法院（2021）豫0329民初2110号民事判决书。
[5] 参见辽宁省庄河市人民法院（2023）辽0283民初1839号民事判决书；北京市怀柔区人民法院（2021）京0116民初5210号民事判决书。
[6] 参见福建省莆田市荔城区人民法院（2021）闽0304民初2232号民事判决书。
[7] 参见四川省邻水县人民法院（2021）川1623民初629号民事判决书。
[8] 参见山东省诸城市人民法院（2021）鲁0782民初2055号；广西壮族自治区柳州市柳北区人民法院（2021）桂0205民初3520号民事判决书等。
[9] 参见重庆市潼南区人民法院（2021）渝0152民初4761号民事判决书；新疆维吾尔自治区叶城县人民法院（2022）新3126民初315号民事判决书等。
[10] 参见辽宁省鞍山市铁东区人民法院（2021）辽0302民初1217号民事判决书。

进行定性，明确指出，家庭矛盾中有长辈没有平等对待子女、对孙辈失于慈爱，① 或父母没有顾及子女的实际生活情况和感受，对子女过于苛责的原因，指出这种行为是与第 1043 条规定以及社会主义核心价值观不符的。② 对于父母的不当行为，法官也给予修复关系的劝诫指导，即父母要多体谅儿女不易，③ 遇到问题要多与子女良性沟通解决。④

父母对成年子女的慈爱具有延续性，"体谅与理解"的家庭文明还体现为司法对隔代协助抚养关系在调整上的谦抑态度以及在道德上的鼓励态度。对于祖父母、外祖父母帮助子女照顾孙子女辈的行为，有法院认为除非发生突破一般家庭伦理观念上的利益失衡，达到需要法律调整的程度，否则司法应当谨慎介入。裁判认为基于亲情关系的隔代协助抚养家庭美德要求的实践，⑤ 是属于符合社会习俗和家庭伦理的行为，⑥ 是家庭成员间的互助行为，⑦ 并非金钱可衡量的等价有偿行为，隔代抚养照顾期间父母支付零碎照顾费用的行为属于自愿赠与。⑧ 且隔代抚养之目的在于营造和睦的家庭氛围，父母自身也可以获得天伦之乐，⑨ 被协助子女应当心怀感恩。⑩ 即，父母协助照顾孙辈是人之常情，⑪ 对三代人皆有好处，应当鼓励。

（三）融汇传统文明的补充效力

1. 指明家庭财产关系法律调整原则

"同居共财"一直是我国家庭财产关系的基础理念，在古代体现为尊长家主对财产具有绝对的控制权与支配权的家庭财产制。家庭财产制的优势在于财产为所有家庭成员共有，所有家产一般皆用于家庭生活与发展，以最大化保障家族成员的生存发展。当代，虽然传统家庭财产制在现代社会逐渐走向式微，⑫ 家庭财产也被我国民法体系"隐名"近四十年，⑬ 但是这并不代表家庭财产这一客观财产状态在现实生活中消失。优良家风与家庭文明视角下，法院积极探寻家庭处理财产之道，重申家庭之财"以合为基础"的基本立场，使家庭财产发挥优势效用。

---

① 参见广西壮族自治区贺州市八步区人民法院（2021）桂 1102 民初 825 号民事判决书。
② 参见广西壮族自治区北流市人民法院（2021）桂 0981 民初 2130 号民事判决书。
③ 参见江苏省泰州医药高新技术产业开发区人民法院（2021）苏 1291 民初 2258 号民事判决书。
④ 参见江西省上饶市中级人民法院（2021）赣 11 民终 1022 号民事判决书。
⑤ 参见云南省腾冲市人民法院（2021）云 0581 民初 3066 号民事判决书。
⑥ 参见北京市第一中级人民法院（2022）京 01 民终 32 号民事判决书。
⑦ 参见北京市门头沟区人民法院（2022）京 0109 民初 1946 号民事判决书。
⑧ 参见内蒙古自治区包头市昆都仑区人民法院（2021）内 0203 民初 6981 号民事判决书。
⑨ 参见北京市延庆区人民法院（2021）京 0119 民初 8410 号民事判决书。
⑩ 参见广东省汕头市濠江区人民法院（2021）粤 0512 民初 52 号民事判决书。
⑪ 参见北京市朝阳区人民法院（2021）京 0105 民初 38318 号民事判决书。
⑫ 参见池骋：《法律困境与路径选择：家庭共有财产制度再探析》，载《华中科技大学学报（社会科学版）》2016 年第 4 期，第 54 页。
⑬ 参见赵玉：《家庭财产功能主义的法律范式》，载《中国社会科学》2022 年第 8 期，第 88 页。

裁判中，优良家风与家庭文明作为家庭财产法律规制的原则具有以下三方面内涵。第一，家庭财产处理应当尊重"家庭自治"。对于家庭财产纠纷，尤其是不动产纠纷，法院会建议当事人采用友好协商、召开家庭会议等方式处理，[①] 而不应发展为"对峙型"矛盾，即家人不应为财产互相伤害，[②] 诉至法院对簿公堂实属遗憾、不该。[③] 第二，承认涉及家庭财产的物权保护特殊性。有法院直接指明，家庭内部财产纠纷在处理上应有别于一般的物权保护纠纷，[④] 需要结合道德、传统等其他社会规范，根据个案情况进行考量，[⑤] 尤其需要考虑法以外的情理。[⑥] 第三，家庭财产之存在、使用目的在于保障养老育幼、支持家庭发展。即无论何人所有或占有，家庭财产都应当运用于家庭建设，供孩子健康成长，[⑦] 为父母老人提供便利。[⑧] 尤其对于家庭生活中的弱势群体，如残疾、无居所成员等，更应当给予特别照顾，[⑨] 不能以所有权或继承绝对之名激化矛盾，阻碍家庭成员正常生存。[⑩] 此外，同居共财观念也表现为"有所可居"的基础条件保障。在与家庭有关的不动产纠纷案件中，有法院也积极利用裁判创设居住权以保障家庭成员最基本的居住权利。[⑪]

2. 重视老年人权益的特别保护

尊老理念与孝老礼制深刻内蕴在中华文明中，[⑫] 尊老文化与孝道传统共同构成了我国老年人权益保障法制的价值基础，并以此为指导，形成了国家重老、社会敬老、家庭孝老的三重养老保障体系。在当前应对人口老龄化社会阶段，我国养老的主要载体仍然是家庭，[⑬] 多国养老实践也已证明家庭养老不可替代。[⑭] 在今日家庭文明视角下，家庭与家庭成员除要保障父母个体老有所养外，还要为他人树立榜样，成为"尊老敬老"的载体与宣传者，弘扬优良家风以引领全社会以积极态度应对老龄化危机。

[①] 参见贵州省绥阳县人民法院（2021）黔0323民初136号民事判决书等。
[②] 参见河南省许昌市魏都区人民法院（2021）豫1002民初1886号民事判决书；辽宁省凌海市人民法院（2020）辽0781民初878号民事判决书等。
[③] 参见山东省聊城市茌平区人民法院（2022）鲁1503民初3423号民事判决书；新疆维吾尔自治区奇台县人民法院（2022）新2325民初274号民事判决书等。
[④] 参见广东省广州市荔湾区人民法院（2021）粤0103民初390号民事判决书等。
[⑤] 参见山东省枣庄市市中区人民法院（2021）鲁0402民初5048号民事判决书。
[⑥] 参见吉林省长春市二道区人民法院（2023）吉0105民初2206号民事判决书。
[⑦] 参见云南省昆明市西山区人民法院（2021）云0112民初8684号民事判决书。
[⑧] 参见河北省邢台市信都区人民法院（2021）冀0503民初1342号民事判决书；福建省厦门市中级人民法院（2022）闽02民终3869号民事判决书等。
[⑨] 参见福建省厦门市思明区人民法院（2020）闽0203民初19526号民事判决书等。
[⑩] 参见辽宁省岫岩满族自治县人民法院（2021）辽0323民初4098号民事判决书。
[⑪] 参见上海市浦东新区人民法院（2022）沪0115民初5148号民事判决书。
[⑫] 参见景天魁：《传统孝文化的古今贯通》，载《学习与探索》2018年第3期，第46页。
[⑬] 参见张朝霞：《人口老龄化背景下家庭财产关系的法律适用释——以老年人为婚后子女出资购房为例》，载《西北民族大学学报（哲学社会科学版）》2022年第3期，第60页。
[⑭] 参见曹海苓、赵继伦：《论家庭养老功能提升》，载《社会科学家》2019年第6期，第43页。

价值认知方面，法官认可尊老敬老养老是中华民族的传统美德，社会的伦理道德。[①] 老人在家庭照顾方面具有优先地位，[②] 家庭成员应在尊重老年人自身意愿的基础上，[③] 尽力解决好老人的养老问题。[④]

处理具体纠纷时，除上文提到的家庭财产须发挥养老功能外，法院也以尊老敬老为原则最大限度保护老年人权益。对于老年人婚姻问题，其婚姻自主应当被保证，子女不可随意干涉，[⑤] 老年夫妻更加需要相互扶持，[⑥] 一方年老困顿，有扶养能力的一方更应给予对方扶助。[⑦] 对于隔代赡养问题，除在第 1073 条规定的情形中认可隔代赡养义务外，[⑧] 有法院认为，若孙辈从小由老年人照顾长大，形成了事实上的抚养关系，即使直接赡养义务人仍可履行义务，孙辈也仍须对老人进行赡养。[⑨] 对于老人身后之事，法院认为，虽然我国法律没有规定丧葬费的负担主体，但根据传统观念和善良风俗，近亲属在法律和道德层面均有对逝者遗体进行妥善安置的义务，[⑩] 以发扬慎终追远的优良家风。

四、优良家风与家庭文明条款的功能实在

（一）优良家风与家庭文明条款的性质回应

《民法典》颁布三年来，优良家风与家庭文明借第 1043 条介入司法裁判的丰富实践与多元效力实现已经对学界倡导性条款与基本原则的性质之争作出有力的回应。优良家风与家庭文明借第 1043 条进入法典、进入司法裁判，不仅起到了政治文明向法治文明的转化作用，更起到了婚姻家庭编，甚至整个民法典的原则性条款作用。

对于 1043 条倡导性规定的理解应当从功能出发，而非以倡导功能制约其本身的原则条款性质。正如"民法基本原则是民事主体进行民事活动的基本准则"只是民法基本原则的原则性功能一般，[⑪] 对于家庭成员的行为引导功能也仅仅是优良家风与家庭文明原则的功能之一。或者说，倡导性也只是第 1043 条的性质之一。裁判文书中对于第 1043 条倡

---

① 参见山东省桓台县人民法院（2021）鲁 0321 民初 2917 号民事判决书；湖南省祁东县人民法院（2021）湘 0426 民初 916 号判决书等。
② 参见云南省大关县人民法院（2021）云 0624 民初 1093 号民事判决书。
③ 参见河南省驻马店市中级人民法院（2021）豫 17 民终 3620 号民事判决书；北京市怀柔区人民法院（2021）京 0116 民初 5210 号民事判决书等。
④ 参见四川省茂县人民法院（2021）川 3223 民初 9 号民事判决书。
⑤ 参见云南省大关县人民法院（2021）云 0624 民初 488 号民事判决书。
⑥ 参见河南省息县人民法院（2021）豫 1528 民初 2531 号民事判决书。
⑦ 参见四川省绵阳市中级人民法院（2021）川 07 民终 1940 号民事判决书。
⑧ 参见河南省宁陵县人民法院（2022）豫 1423 民初 1725 号民事判决书；山东省青岛市中级人民法院（2023）鲁 02 民终 74 号民事判决书。
⑨ 参见甘肃省敦煌市人民法院（2022）甘 0982 民初 819 号民事判决书。
⑩ 参见重庆市忠县人民法院（2022）渝 0233 民初 3205 号民事判决书等。
⑪ 参见张鸣起主编：《民法总则专题讲义》，法律出版社 2019 年版，第 37 页。

导性规定、[1] 道德性规定、[2] 原则、[3] 等定位的多元表述，以及学界争论未定的现状，反而说明了第 1043 条的性质多元特性。

在不同场景下，优良家风与家庭文明条款具有不同的性质表达与功能偏重。

在婚姻家庭法内，优良家风与家庭文明条款是婚姻家庭编所确立的基本原则之一，是婚姻家庭编基本价值取向的表达，是一项原则性规定。[4] 在民法典视阈下，它是我国民法典中的次级原则，是诚实信用原则与公序良俗原则在婚姻家庭私法领域的具体体现。在中国特色社会主义法律体系中，它是社会主义核心价值观入法的实践表达。[5] 在司法适用中，它是重要的一般条款，是推进社会主义核心价值观融入裁判文书释法说理的重要制度抓手。在中华法治文明视角下，它是融汇中华法系法律优秀文化与制度的重要支撑。在社会生活视角下，它是"贯彻落实习近平总书记有关加强家庭文明建设的重要讲话"的法律表达，是指引公民文明生活的指南针，等等。

（二）优良家风与家庭文明条款的实际功能

第 1043 条的性质、意义不胜枚举，但理论上的讨论、预设与赞颂需要通过其在司法实践中所起的功能体现、证明与发扬。在功能主义视角下分析第 1043 条现有司法实践之效果意义，可印证对于其多重性质定位的基本认知。

1. 补充回应功能

优良家风与家庭文明条款具有补充婚姻家庭法粗放立法与制度供给不足的功能。多元的援引和适用实践证明了第 1043 条作为一般条款的可操作性，对于向来"宜粗不宜细"的婚姻家庭立法，[6] 第 1043 条通过发挥其裁判规范解释功能，填补与补白了婚姻家庭法的规范漏洞与留白。主要体现在以下三方面：一是对存疑规范予以解释，如使婚内出轨行为成为离婚损害赔偿的"其他重大事项"等；二是使现有制度扩容，如使将子女赡养义务延长至父母去世之后等；三是补充规范缺失，如使家庭财产制度可以脱离隐名化困境等。

通过发挥补充功能，优良家风与家庭文明条款也在婚姻家庭编内、外回应了社会需求。在婚姻家庭编基本原则层面，优良家风原则已初显"克服成文法局限"的工具性功能，展现其应对社会发展的能力，成为婚姻家庭编应对社会频发多样婚姻家庭问题的基础性"兜底"规定。通过适用第 1043 条，司法裁判对出轨惩罚、隔代抚养及"喜当爹"欺

---

[1] 参见贵州省盘州市人民法院（2021）黔 0281 民初 4199 号民事判决书等。
[2] 参见吉林省农安县人民法院（2022）吉 0122 民初 4263 号民事判决书。
[3] 参见河南省新安县人民法院（2022）豫 0323 民初 2565 号民事判决书。
[4] 参见石雷：《"优良家风"入法：性质、内涵和适用》，载《西南政法大学学报》2021 年第 2 期，第 54 页。
[5] 参见陈锐：《社会主义核心价值观融入民法典的理论意蕴与实践样态》，载《理论探索》2021 年第 3 期，第 105 页。
[6] 参见夏吟兰：《民法分则婚姻家庭编立法研究》，载《中国法学》2017 年第 3 期，第 73 页。

诈抚养、祭奠权保护等大众关注的热点问题予以"理性回应",做到了以案释法、以法释理,在规范适用基础上展现了婚姻家庭编的"制度修为"。①

2. 融合传承功能

优良家风与家庭文明条款具有融合道德与规范、伦理与法律的功能。伦理性是婚姻家庭法的基本特性。② 长期以来,虽然公序良俗给予家庭伦理一席之地,但是其仍主要为财产法伦理,③ 婚姻家庭法缺少对于自身伦理的集中性制度表达。第1043条给予婚姻家庭伦理司法可转化操作依据,通过共同适用第1043条或与公序良俗条款,使婚姻家庭道德具有了可规则性,使我国家庭文明得到了新的治理能力更新,推动了德法合治的实践化。

优良家风与家庭文明条款具有传承、发扬中国传统家庭文明的功能。家文化是中华文化的核心内容,④ 面对西方自由主义至上和极端个人主义观念的冲击,⑤ 中华民族独特的家庭文明提供了独有的价值与秩序维护。⑥ 通过与法源条款联合适用,第1043条成功使慎终追远、祖孙和谐等中华优秀家庭文化成为婚姻家庭编的规范来源,使传统家文化成为实在制度资源。通过运用古文、古训说理,完成了家庭文化与法治文明的传承与现代性转化。

3. 区分矫正功能

优良家风与家庭文明条款具有区分法律与道德调整范围,对婚姻家庭法调整对象再强调之功能。任何法律都只调整极为有限的行为,⑦ 婚姻家庭法的伦理属性也不能成为调整范围过度扩张的理由。第1043条的融合与区分功能共同构成了道德"入法"的通道与界限,在界限方面主要有以下三点体现。第一通过偏向发挥第1043条道德性条款作用,可证明家庭诉讼的有限性。第二,通过第1043条适用相对否认配偶权、赡养权等道德性权益的可诉性,⑧ 可为"家庭法介入家庭关系的界限"问题提供制度表达。⑨ 第三,通过对

---

① 参见王歌雅:《民法典婚姻家庭编的价值阐释与制度修为》,载《东方法学》2020年第4期,第170页。
② 参见余能斌、夏利芬:《试论亲属法的基本属性——兼谈亲属法应否从民法典中独立》,载《湖北社会科学》2007年第9期,第138-139页。
③ 参见薛宁兰:《婚姻家庭法定位及其伦理内涵》,载《江淮论坛》2015年第6期,第138-193页。
④ 参见李拥军:《民法典时代的婚姻家庭立法的突破与局限》,载《法制与社会发展》2020年第4期,第138页。
⑤ 参见钟瑞华:《西方传统婚姻制度的当代危机:历史溯源与法治回应》,载《比较法研究》2022年第6期,第130页。
⑥ 参见孟庆吉:《"优良家风"入法——〈民法典〉婚姻家庭编的中国底色及其价值》,载《学术探索》2023年第2期,第80页。
⑦ 参见谢鸿飞:《论创设法律关系的意图:法律介入社会生活的限度》,载《环球法律评论》2012年第3期,第5页。
⑧ 参见河南省洛阳市中级人民法院(2021)豫03民终6290号民事判决书。
⑨ 夏江皓:《家庭法介入家庭关系的界限及其对婚姻家庭编实施的启示》,载《中国法学》2022年第1期,第56-76页。

忠诚协议效力有限认定,可防止身份关系向协议关系无序扩张。①

优良家风与家庭文明条款具有矫正身份法过度个人主义与财产化诱导的功能。物文主义民法观的兴盛使婚姻家庭法长期受到轻视,② 私法观念的过度推崇使得家事领域自由泛滥,一定程度上误导了立法、司法实践与社会舆论。③ 民法典施行后,已有法官注意到婚姻家庭观念受到经济利益追求和个人自由强调的冲击,④ 亦有法官以第1043条限制家庭成员使用无因管理制度以逃避家庭互助责任,⑤ 使家庭关系司法调整回归团体本位下的个人主义。

4. 引导激励功能

优良家风与家庭文明条款具有对民事主体行为"向善尽美"的引导功能。作为法典第1条在婚姻家庭编的具体化,第1043条与其上位核心价值观条款一样,具有强大的行为引导作用。⑥ 实践中,以第1043条说理或转化为寄语已成为《民法典》行为规范功能发挥的重要路径,如法官以"反对轻率离婚"文明引导夫妻以平常心看待小矛盾,以"谏劝父母"家风使不负责父母思考自身问题,以赞扬主动履行照顾义务的孝道家风使子女认识到精神赡养与陪伴照顾的重要性,等等。由此,第1043条引导当事人树立正确的婚姻观和家庭观,其引导具有拓展性与长久性,而非只解决当前的诉讼问题。

这种引导功能上升到社会层面,就体现为对全社会弘扬优良家风、建设家庭文明的激励功能。作为基础性法律中的原则性规定,第1043条也应在家风建设、家庭治理中起到基础性作用。通过汇集裁判共识与宣传典型个案,可将司法适用的法律效果延展至社会效果,使家庭治理的司法环节成为家风建设的不竭动力,如通过在裁判中反对天价彩礼宣扬勤俭节约的社会主义家庭文明新风尚,通过宣扬孝道赡养为老龄化社会打造敬老爱老的友好氛围,等等。

结　语

优良家风与家庭文明条款的原则性条款属性是其法律适用的必要基础而非阻碍,广阔内涵与相对不确定性亦不能成为优良家风与家庭文明条款发挥多元作用的障碍。司法实践的现实打破了对于其宣誓性、倡导性条款的单一认知。在裁判中,优良家风、家庭美德、家庭文明对家事纠纷的"介入"已不只停留在行为引导层面,更多是借援引、适用第

---

① 参见张力、丁诚:《〈民法典〉背景下身份关系协议的概念性要素》,载《北方法学》2022年第6期,第88-89页。
② 参见徐国栋:《民法哲学(增订本)》,中国法制出版社2015年版,第48-49页。
③ 参见巫若枝:《三十年来中国婚姻法"回归民法"的反思——兼论保持与发展婚姻法独立部门法传统》,载《法制与社会发展》2009年第4期,第71页。
④ 参见北京市顺义区人民法院(2020)京0113民初18438号民事判决书。
⑤ 参见河北省玉田县人民法院(2020)冀0229民初1455号民事判决书。
⑥ 参见孙宪忠:《中国民法典国家治理职能之思考》,载《中国法律评论》2020年第6期,第47页。

1043条完成对于司法裁判的指引与"干预"。但多元援引路径也仅是现阶段呈现的探索结果之一,绝不代表可以任意适用第1043条,介入路径的错位性适配问题必须得到重视。应当肯定,裁判者已通过第1043条适用在多种婚姻家庭关系纠纷中完成了优良家风与家庭文明的司法内容转化,实现了第1043条的裁判规范效力,实质弘扬了社会主义核心价值观与社会主义家庭文明新风尚。第1043条应当也已经成为婚姻家庭编自我完善、发展的不竭动力源泉。

Good Family Custom and Family Civilization Clause inJudicial Adjudication

Ding Cheng

Abstract: The debate as to whether the functional orientation of good family custom and family civilization clause is a fundamental principle or an instructive clause should be answered by judicial adjudication. Analysis of 929 judicial filings invoking Article 1043 of the Civil Code shows that the main way courts invoke Article 1043 is by applying it in conjunction with other rules. In the cases of marital relationships, the courts have applied Article 1043 to prove the purpose of betrothal gifts, the relevant effectiveness of marital fidelity and the hierarchical regulation mechanism of divorce proceedings. In the cases of parentage, courts have applied Article 1043 to increase the contents about filial piety of maintenance obligations and loving parents parenting obligations. In addition, courts have applied Article 1043 to provide ideas for resolving family property litigation. In fact, we should recognize the good multiple position of good family custom and family civilization clause. It serves to supplement and respond, to integrate and inherit, to differentiate and correct, to guide and encourage within the judicial process. It has also become a source of intrinsic motivation for The Marriage And Family Section of The Civil Code.

Key Words: the Good Family Custom, the Family Civilization, Giving Reasons in Adjudication, Instructive Clause, the Core Socialist Values

司法裁量权的行使基准与审查标准[*]

栾春明[**]

摘 要 司法裁量源于事实的不确定性和法律的未完成性,存在于事实认定和法律适用的两个维度中,是对"严格依法裁判"模式的完善和超越。为了防范和限制恣意裁量,需要从内部和外部维度施行裁量规制。内部规制致力于设定裁量权的行使基准,即围绕结果的似真性与效益性,设定事实裁量基准;围绕最优裁判效果,设定法律裁量基准。外部规制以协商对话程序为载体,旨在构建商谈式的裁量审查标准,关注公众意见表达与参与,以确保最终裁量结果符合社会期待。从内设定行使基准、从外构建审查标准,有助于实现司法裁量权的理性化行使,最终实现法律效果和社会效果的统一。

关键词 司法裁量权 行使基准 审查标准 社会期待

一、司法裁量的机理与实践

"裁量权"(*Discretion*)一词有两个含义:一是主体的个人品质,如合理、谨慎和良好的判断力;二是主体在特定情况下决定应当做什么的自由。[①] 在疑难案件的裁量判断中,法官会基于自身不同感知对同一或类似争议作出不同裁量解读。保守立场的法官偏向于依法裁判的稳定性追求,而激进立场的法官则注重裁判结果的个案公正的践行。两种立场下的裁判均符合合法性,但"同案同判"的实现只能坚守唯一的立场。因此司法裁量的规制路径应当首先解读其内在机理与实践形态,探析自由裁量本质以及具体裁判中裁量适用的弊端与不足,力图从理论与实践两个面向去思考如何更为精准地规制裁量运作。

---

[*] 国家社会科学基金重大项目"社会主义核心价值观的司法贯彻机制研究"(编号:17VHJ008)。
[**] 栾春明,中南财经政法大学法学院博士研究生。
[①] Frisa Iglesias Vila, *Facing Judicial Discretion – – legal Knowledge and Right Answers Revisited*, Kluwer Academic Publisher, 2001, p. 3.

（一）司法裁量内在机理：事实与法律疑难之断

司法裁判结果的产生是裁判者目光在事实与规范之间流连忘返的最终结果，案件事实与法律规范是制作判决理由的原始材料与关键依据，其中离不开裁判者的认知与判断。

事实认定作为法律适用的第一个环节，因其具有不可再现特质，裁判者需要依据一定的程序，以自身积累的经验知识、感知以及常识等，对当事人陈述的案件事实进行深层次加工与总结，在发现事实的基础上重构出适用于案件审理的案件裁判材料。所以，事实的认定需要对案件具体行为以及其实施中的客观表现之上，对其进行价值分析与社会性评价，对事实定性中的着复杂的内容和材料予以评判与筛选。① 毫无疑问的是，这是一种将客观之于主观的行为。② 这种主观性彰显为，作为事实认定者的法官通过对已经掌握证据的有效提炼，借助裁判经验筛选案件所需的证据，基于不同事实认定者自身经验积累的差异，对证据信息的价值判断视角的不同。③ 落脚于具体案件审判，事实认定体现为诉讼主体对证据信息的主观陈述与构建，故案件事实的确认建立在法律制度框架内法官与诉讼当事人的认知与复述。④ 案件的相关信息在裁判者与当事人的举证、质证、到认证过程中交流往复，会掺杂着不可避免的个人偏见。在参与主体的主观意志参与下，在将案件事实重构为裁判事实的过程蕴含了不可避免的价值判断，尤其在案件真伪不明情形中，裁判者对重构裁判事实的还原，无法确保一定是案件真相，事实认定的确定性难以把控。这种"共识"程序中生成的事实认定，在一个动态交流的下构建出的法律事实，渗透了主观价值的表达，具有明显的不确定性。⑤

法律规范适用是链接事实与法律的渠道，是法律确定性实现的关键。法律确定性内涵是指，人们通过诉讼过程就某一案件能够得到相对稳定的裁判结论，并对该法律后果具有可预见性。⑥ 但是在某些情境下法律后果无法预见，以致法律确定性难以维系。第一种情境是鉴于立法者能力的有限，他们无法预设出能够解决未来社会生活中全部纠纷的规范，致使无法通过事先立法的模式去保护所有个案中的价值目标，显示出司法裁决中的法律规则能力有限性。⑦ 对此，裁判者将各种事实归类到法律命令之下的同时，还需在规则的缺

---

① 参见于立深：《行政事实认定中不确定法律概念的解释》，载《法制与社会发展》2016 年第 6 期，第 84 页。
② 参见张榕：《事实认定中的法官自由裁量权》，载《法律科学（西北政法大学学报）》2009 年第 4 期，第 77 页。
③ 参见郑凯心：《案件事实认定中法官的经验偏差防范研究》，载《河北法学》2021 年第 11 期，第 186 页。
④ 参见杨知文：《指导性案例中的案件事实陈述及其编撰》，载《环球法律评论》2020 年第 5 期，第 41 页。
⑤ 参见杨军：《论法律事实的不确定性》，载《行政与法》2017 年第 10 期，第 127 页。
⑥ 赵秉志、张心向：《刑事裁判不确定性现象解读——对"许霆案"的重新解读》，载《法学》2008 年第 8 期，第 37 页。
⑦ 参见陈伟：《自由裁量的理性限度：为演绎主义辩护》，载《中国社会科学评价》2021 年第 4 期，第 6 页。

失与不足的地方架构新的规则。① 第二种情境是某些法规范的构成要件存在模糊歧义，具体案件的审理，不同法官对其内容的理解与适用所表现出的观点也存在差异。如于书祥案对案发地游乐场是不是"公共场所"的认定，一审法院运用文义解释，从字面含义解读为众多人群聚集的区域，而二审法院主张目的解释，将"公共场所"应解读为被多数人获悉的空间，两级法院对"公共场所"的不同解释方式所产生的裁判效果也存在质的区别。在不确定性下的裁判，法官不仅需要对案件适用的规范予以筛选，而且在规则不明或者缺失的疑难案件中还需进行解读甚至创造。

事实与规范是司法裁判的两种质料，司法裁判的裁量机理正来源于事实认定与法律规范适用的不确定性，本质上是"事实与规范的不对应"，要么是"事实不清"，要么是"法律不清"。在"事实疑难"和"法律疑难"不确定的情境下，单纯依赖于法条主义无法实现公平正义的裁判目标。消减事实与法律两个层面存在的不确定性，既是自由裁量产生的缘由又是规制自由裁量权行使的核心。

（二）司法裁量实践难题：失范形态与影响要素

司法裁量权作为一种权力的存在，具有的扩张性和易腐蚀性，会出现行使恣意性与事后监督不可及性，形成司法专横的困局。从具体裁量适用的实例总结可知，司法裁量权行使的失范是一种"误用"或者是"滥用"，其具体情形可以总结为：其一，法官因为专业素养以及业务能力欠缺，在无意识下不当行使裁量权而引起的判决失准；其二，出于规避风险和节约成本等客观原因，法官为规避风险而逃避行使自由裁量权；其三，法官为谋取不正当利益，而故意滥用自由裁量权。而产生失范的原因一方面是法官依据简单法律规定所提供的裁量标准而展开自由裁量或者逃避裁量，从而造成的机械裁量困境，另一方面是法官对某一个规则恣意裁量困境。这一系列情形的出现意味着，案件审判中裁量正义的实现的关键一环是要确保裁量权行使主体，即法官的裁量举措是规范有效的，这就要求法官应当进行专业的培养与训练，使其具有较高的司法判断水平与断案经验。② 故裁量规制关键之一便是规制权力主体裁判行为。在重视裁判者自身法学素养的培养的基础上，以相关的奖惩机制赋予责任，致力于将法官培养为优秀之人。

从规制裁量权行使主体的行为去解决司法裁量失范无疑是实践中最普适以及最直接的控制手段。但是，要实现裁量权行使的规范化，更要注重其内在的机制运作。这是因为从内部视角来看，影响裁量的要素并不是某个单一的元素，而是一个种类繁多、类型化多样的复杂系统。不仅包含了以法律原则与规则为基础的法内裁量因素，更是涵盖了诸如习

---

① 参见陈林林：《裁判的进路与方法——司法论证理论导论》，中国政法大学出版社 2007 年第 1 版，第 176 页。
② 参见王国龙：《自由裁量及裁量正义的实现》，载《上海政法学院学报（法治论丛）》2020 年第 4 期，第 66 页。

惯、传统、公共利益等非法律因素的裁量。① 法官对于法律规则、法律原则以及相关法政策等在具体审判中的选择与适用的法内要素，② 与社会舆论、经验常识、偏见以及道德信念等体现公共利益的法外要素，都直接或间接地影响司法裁量权行使。因此面对复杂多样的影响要素，即便将法官规制成为德沃金设想的那样完全理性而具有高超的专业品质与素养的"赫拉克勒斯"般的法官，也无法完全确保裁量公正的实现。故，除防范权力主体裁量权滥用与误用视角去解决裁量权行使失范外，还要从内部视角出发，以设定裁量权行使的基准，实现裁量的准确性与高效性。为了防范和限制恣意裁量，需要从内部和外部维度施行裁量规制。内部规制致力于设定裁量权的行使基准，外部则需构建审查标准以检视裁量结果。最终让结果符合社会期待。

二、内部规制：设定裁量权的行使基准

如上文所述，事实的相对无知性（Relative Ignorance of Fact）与目标的相对不确定性（Relative Indeterminacy of Aim）是法官在案件裁判过程中所面对的两大裁量困境。③ 司法裁量权的正当行使一方面归因于法律规范精准解读与适用，另一方面根源于事实认定的真实性与切合性。故纠正司法裁量权行使的关键便是如何以最大程度消减这两大环节中的不确定性，得到"唯一正确的判决"。

（一）基准设定的法理基础：后果考量

针对不同的标准，法官需要仔细权衡标准与标准之间、法律因素与非法律因素之间的决定性要素与适配性要素之间的重要性与优先性择取关系，最终目标的实现在于完成最优化比重下的裁量的公正。④ 应当明晰的是，司法裁判中的疑难案件审理是一个法官需要从案件事实的认定到法律规则的择取适用的过程，在这个过程中不仅需要在各个环节中进行价值判断，而且从事实认定至法律规则适用再到裁判结果的得出，更是一个思维不断转变、跳跃、来回游动与博弈的过程，从这一本质上出发，严谨的裁判三段论只是引导与影响法官思维的表层因素，法官脑海的后果考量才是直接作用于裁判视角的关键因素。⑤ "后果取向"裁判范式是法律现实主义的裁判模式，与法教义学所主张的法条主义不同的是，后果取向式的裁判模式在适用传统裁判的三段论形式的前提下，而且更重视裁判的合

---

① 王国龙：《自由裁量及裁量正义的实现》，载《上海政法学院学报（法治论丛）》2020年第4期，第77页。
② 在这里，笔者将蕴含了法理念的裁量要素都归结于法内因素，不再区分法律规则是直接性法律规范与法律原则、政策为间接性法律规范。此外，没有具体法律精神依托的裁量要素统归于法外因素。
③ See H. L. A. Hart: Dicretion, *Harvard Law Review*, vol. 127, no. 2, 2013, p. 652 – 665.
④ 参见王国龙：《自由裁量及裁量正义的实现》，载《上海政法学院学报（法治论丛）》2020年第4期，第77页。
⑤ 王德玲：《法律现实主义、后果取向与大数据——疑难案件裁判范式新探》，载《山东社会科学》2019年第5期，第104页。

法性及理性审视。其具体路径遵循"预设在前，论证在后"，面对个案审理中出现的相互冲突的多个解决方案予以比较、权衡与选择，从各个可行性方案执行后所产生的裁判效果的衡量出发，以后果预测论证选择一个认为最佳的方案。

从裁判可能出现的后果预想出发，去权衡具有争议但彼此平等有效的裁量途径，以逆向思维消减了疑难案件中事实与法律的不确定性提供了一种新的理论思路。故笔者以后果考量视角，基于事实认定与法律规范各自的特性，从事实裁量与法律裁量两个方面设定裁量权的行使基准。事实裁量基准以裁量后果似真性与效益性出发，而法律裁量基准致力于最优裁量后果予以考量。

(二) 事实裁量基准

所谓"事实问题"是指探寻本案发生过或将要发生的行为、事件、行为人的主观意愿或其他心理状态时所产生的问题。[1] 基于认识的局限性，司法活动中的案件事实的认知不可能达到完全符合真相的程度，甚至一个细微的情节都会对案件的审判起到决定性作用，因此事实裁量在实践中必不可少。又因为事实认定的正确性一方面取决于法官对案件整体的掌握与解读，另一方来源于控辩主体对相关证据的证明与推理的影响。故法官在还原案件审理的"真相"时，还要充分听取控辩主体的意见表达，做出恰当的反馈，以实现事实认定的精准性。由此事实认定蕴含着丰富的主观性，是指法官对证据的解读，进而凭借着自身的经验将事实还原为真相的过程。基于事实认定中主观性渗透程度不同，可将事实裁量分为强意义与弱意义两类，如下文所述。

1. 事实裁量的两种形态：弱意义上的事实裁量与强意义上的事实裁量

弱意义上的事实裁量出现在两个场景中。一种是案件事实清楚、证据充分的情形。此时法官仅需要在众多事实材料中收集、判断真伪以及挑选出适用于案件审判的要件事实，然后将其直接糅入法律推理中适用即可。因此事实裁量判断的主观性较弱，因而是一种弱意义上的事实裁量。另一种是法官面对事实真伪不明对证明责任制度的运用。证明责任分配是指，法律明文规定的，在某些特定要件事实出现真伪不明情形下，根据已有的实体法明确指出将某种败诉后果归责于特定当事人负担的风险归属状态，此时真伪不明的情况下出现的败诉后果可依赖于法律具体规定赋予某一方当事人，并不需要法官对不确定的案件情形行使、斟酌判断的裁量行为。[2] 因为证明责任制度是将不利后果的归属于证明责任本身的规范性，致使法官在真伪不明情形中，无论案件事实与客观事实是否吻合，都不会被追究责任，故也是一种弱意义上的事实裁量。

另一类是强意义上的事实裁量——即以经验法则推定事实。证明责任规则是事实真伪

---

[1] 陈杭平：《论"事实问题"与"法律问题"的区分》，载《中外法学》2011 年第 2 期，第 323 页。
[2] 胡学军：《中国式举证责任制度的内在逻辑——以最高人民法院指导案例为中心的分析》，载《法学家》2018 年第 5 期，第 95 页。

不明时，法官最优先考虑适用的原则。然作为立法规制手段的证明责任制度，其包含的类型纠纷处理规则有限，以至面对复杂多样的事实存疑情形，无法确保每一个案件都能提供明晰的解决规则，此时只能依赖于运用经验法则进行事实推理，从而还原案件真相。在这个事实推理的过程中，推理的大前提是各种社会经验与司法活动认知下的基础事实，推理的小前提则是由法官价判断与证据证明以后所得的裁判事实。① 在该过程里，法官个体的认知与价值判断发挥了关键的作用，具有较强的裁量性。但是法官终究不是神，作为具有感情的人，法官个体间的情绪调控以及不同价值观构建都会有所不同，致使案件事实认定的不确定性难以避免，致使案件审理中或多或少会掺杂着有意识或无意识的裁判偏差。② 故，此时得到的法律事实可能是符合真相的，也有可能是与真相相悖的，难以确保案件事实的精确性。其相较于弱意义的事实裁量更难以规制。本文所探讨的事实裁量基准的设定即是围绕着这种强意义上事实裁量进行。

2. 事实裁量基准的设定：似真性与效益性

事实裁量基准设定是围绕着事实推理展开，理解和分析事实推理中的概念与逻辑，对事实裁量基准的设定有着重要的指导意义。首先，事实推理是以经验法则处理证据的过程，证据是事实推理中的关键质料。据此，事实裁量的根本是将证据事实加工为所需的法律事实，以证据为指引去最大化还原案件真相，裁量基准的设定是一种对真相的追求。其次案件事实存疑的解决在本质上是一种法庭证明活动中的事实风险评估，若能够以法律的方式去鼓励当事人在事实存疑前采取合理有效的防范措施，在一定程度可以给予真相最优的保证。③ 因此，事实裁量本质上是一种风险预测，而裁量基准设定的便是风险的防范，是一种成本的评估。如上述所论可知，事实裁量的本质一方面是对真相的追求——似真性，另一方面是法官权衡事实认定中存在的各种成本风险，致力于实现风险的防范——效益性。故，事实裁量应当从事实裁量结果的似真性与效益性两方基准考量予以设定。

"似真性"是指法官或陪审员会根据自己听到与看到的证据，进行组织、发挥和解释，以构造出一个或多个能对相关证据进行总括性说明的"故事"的符合性程度。④ 作为事实裁量基准之一，似真性要求事实认定者的常识性的经验性判断和解释，不能仅来源于自身的认知与感受，而是应该经过一定科学的验证，确保最大程度地祛除事实认定中的恣意成分，防范法官做出不公正的经验认知。对此在事实认定的过程中，不能单纯地认为法官主观上认定事实是什么就是什么，而是需要给法官的内心确信施加两方面的限制，以确保似真性的实现。

---

① 参见胡建萍：《从一起案例看逻辑推理在案件事实认定中的运用》，载《法律适用》2004 年第 12 期，第 39 页。
② 参见郑凯心：《案件事实认定中法官的经验偏差防范研究》，载《河北法学》2021 年第 11 期，第 188 页。
③ 参见袁建刚：《法经济学视野中的侵权法——风险预防的视角》，载《现代法学》2021 年第 5 期，第 83 页。
④ 陈林林：《证据推理中的价值判断》，载《浙江社会科学》2019 年第 8 期，第 52 页。

首先，以程序性规定予以限制。以程序限制实现事实认定中法官自由裁量权的真实性主要表现为两个方面。一方面，裁判者的决策过程可以通过明确的程序性规定为自由裁量权的行使增添理性色彩，以此削减非理性的因素对裁量行为结果的影响，更为重要的是可以用程序性规定理性调控对决策有影响的各种价值观的表达与渗透。[①] 另一方面通过举证、质证或是辩论程序，确保当事人双方对涉案证据的了解与反馈，使证据在当事人与法官之间充分地交流。敦促当事人与法官一样都是充分参与了事实认定环节之中，杜绝法官独白式审判。通过程序可对事实认定过程予以监督，可在保证事实裁量的预见性、透明性基础上实现事实认定的全面性、精准性。其次从实体性规定的限制。事实推定实质上是一种允许不利方当事人进行反驳的一种证据规则，该过程表现为案件裁判者将已知的基础性事实推断出尚未确定的推定事实，并且在这个过程中要根据已有的日常生活经验法则。[②] 故，实体上限制法官事实裁量可以从证据规则的设置进一步精细化进行。以此为法官提供了更为明确具体的操作准则，限缩事实认定中自由裁量权任意性空间，进而控制事实认定的界限和范畴。

以似真性为事实裁量设定基准，旨在确保法官认定的事实不仅是案件真实相貌的还原，而且认定的事实能够最大化实现裁判公正。似真性是法官事实裁量基准的第一要义，但似真性只是事实裁量基准的充分不必要条件，法官在具体的事实裁量中还需要遵循第二要义——效益性。

"效益"是经济学中的一个概念，旨在实现在一定的投入量中，以最少的消耗量获得同样多的效果或以同样的资源消耗取得最大的效果。[③] "效益性"最早出现在法经济学中，指以成本最小化、实现社会公共效益最大化。引至事实裁量则表述为以尽可能少的诉讼成本，实现诉讼收益产出的最大化，这本质上是一种对成本与收益的权衡适用。这一理念早在中国传统的司法裁判中便初有显现。如苏力教授提出的海瑞定理Ⅱ（差别原则）中的经济资产上的弱势保护原则（定理ⅡA）和文化资产上的优势保护原则（定理ⅡB），[④] 其以中国传统司法裁判现象为视角，主张法官在不同情境下化解权益分歧的最大公约数，即两可案件的判决应社会损失最小化。桑本谦教授在苏力教授主张的海瑞定理的基础上提出了进一步的扩展提出疑案的判决应有利于预期错判损失与证明成本之和较高的一方当事人的定理ⅡG。[⑤] 通过理论对比分析可知，这二人主张的海瑞定理均预设了一定的审判规则，将错判的后果转换到错判的风险之中，使法官脱身于事实裁量不确定性的旋涡，通过预防

[①] 参见赵培显：《事实认定中的法官自由裁量权及其程序控制》，载《国家检察官学院学报》2013年第5期，第31页。
[②] 参见陈洁：《内幕交易事实认定中自由裁量权的适用及其规制》，载《清华法学》2018年第6期，第9页。
[③] 参见肖璐：《经济法的成本与效益分析》，载《铜仁学院学报》2008年第5期，第5页。
[④] 苏力：《"海瑞定理"的经济学解读》，载《中国社会科学》2006年第6期，第118页。
[⑤] 桑本谦：《疑案判决的经济学原则分析》，载《中国社会科学》2008年第4期，第114页。

和减少因错判的成本而带来的损耗,提升事实真伪不明下的裁判效用的收益。以此思想为基点,笔者认为事实裁量的效益性基准的设定,可通过对案件的错判概率、实际错判损失、预期错判损失以及证明成本进行单项或综合比较,致力于构建能够实现最小化证明成本及错判损失的一套比较完善的关于疑案判决的操作原则,确保最终认定的要件事实是最小损失范围内的个体及社会成本效益最大化的产物。

(三) 法律裁量基准

本文所指法律规范适用是指三段论推理的大前提,在此视域下的裁量运作称之为法律裁量。实践中,法律裁量的具体情境有三:法律条文不当的情形、适用的法律条文解释不当的情形,以及某些尚没有可适用法律条文的情况下不当类推或法律原则不当适用的情形。下文结合于书祥案与李昌奎案,探讨法律裁量的发生情境与基准设定。

1. 法律裁量基准适用情境:规范要件与法律后果的不确定

于书祥和李昌奎两个案件虽都围绕着量刑幅度发生争议,但是两案的争议焦点不同。于书祥案是因法律概念解释存在不确定性,李昌奎则是自首情节的采纳与否存在不确定性。根据这两个案件各自一审二审判决结果与理由阐述,可知法律裁量适用缘由。一是,自然语言存在空缺导致某些情形下法律规范的解释方式会出现差异。此时司法裁量权产生于法律概念空缺或者模糊歧义。比如在于书祥案件中,案发地是否应当被视为"公共场所"是一审二审法院判决歧义的关键。二是,法律结果的多元化是典型的理性法律体系的结果,既有一个带有不止一个解释指令的解释法典,又没有多余的法律规则。[①] 因此会存在某种疑难案件审判情境,即同时存在多种影响司法裁量的因素,选择不同的因素会出现不同的裁判效果,而这些裁判效果虽然相互矛盾但法律上都是平等有效的。比如李昌奎案件的一审二审法院的判决争议便是围绕着"自首情节"能否适用展开,若视为减刑因素,则彰显了案件审理对慎刑思想的维护,若不纳入减刑因素则切合了保障公众安全实现的目的。在该案中无论是否将自首视为减刑的条件,都是符合公正的。法律裁量可能会出现多个选择模式,但司法公正性要求,法官在多个合法有效的裁量结果中,有且只能选择一个。如于书祥案与李昌奎案,均彰显了法官在慎刑与社会安全这两个同样合法有效的法律材料的权衡选择。此外于书祥案与李昌案,于书祥案是围绕规范要件不确定导致的法律裁量,李昌奎案是围绕法律后果不确定性导致的法律裁量。两案最终审判均是通过权衡所有合法有效的裁判结果后,将最优的那一个裁判效果视为法律裁量基准。那么如何确定最优裁判效果便成为裁量基准设定正当性的关键。

[①] Sebastián A. Reyes Molina, Judicial Discretion as a Result of Systemic Indeterminacy, *Canadian Journal of Law & Jurisprudence*, XXXIII, No. 2, 2020, p. 372.

2. 法律裁量的基准设定：最优裁判效果

首先，最优裁判效果的考量需要明确后果的类型。后果主义分为行为后果与规则后果两类。张彬教授指出，行为的正当性的着力点在于其产生了一套带来最好后果的规则，而不是执着于最好后果的单一形成。[1] 因此，单纯的功利性取向的行为后果，并不能彰显最优性。反而是吸纳了道义论思想，强调基本道德要求的规则后果，因其注重社会群体间的相互性，关注裁判结果能否实现人们所期望的长远利益，更切合我们所寻找的最优后果。以李昌奎案为例，该案再审法院认为虽然二审法院主张的生命价值至上，反对以舆论的狂欢去审判一个已有悔过之人的裁判理由无可厚非，但基于案件的恶劣程度而言，这一裁判带来的效果并不符合道德伦理和人们长远利益，严重破坏了社会稳定安宁效果。此案中的法官正是从规则后果考量出发，主张社会安宁与民心所向之裁判效果才是案件正义实现之最终实现。

其次，最优裁判效果的考量需要需经受一定的系统性评价。通过实践分析可知，后果主义应用于司法裁判中，由于尚缺较为统一完善的方法构建缺乏统一的裁判方法建构，致使后果主义的裁判思维可预测性低，这便极易导致裁判结果是法官个人主观臆断的产物，难以确保后果主义裁判结论能够践行普遍正义、防范司法腐败等，破坏了后果主义在实现司法裁判实质正义上的优势。[2] 这一问题称之为"后果泛化"，会导致权衡的后果出现某种失范或变异。防范"后果泛化"可以诉诸"结论证立"，通过实现裁判结论的正义性与安定性，在促使最终结果在合法性与合理性的范畴之内。[3] 结论的证立从两方面进行，一方面是辨认判决后果正当性，另一方面是说明价值衡量的具体尺度。[4]

关于判决后果的正当性辨认，有学者以个人利益、公共利益和一般常识进行后果权衡是法官常用的裁判方法，这种方法以可预见的社会后果为标尺来寻求与社会发展、时代变化、合理常识相适应的裁决。[5] 也有学者将"法律体系内的标准"和"法律体系外的标准对应于"适用规则的后果主义推理"与"创设规则的后果主义推理"，并将此作为后果评价的标准。[6] 亦有学者基于后果主义论证对自由裁量中价值导向的倡导，提出了以制约后

---

[1] 参见王彬：《司法裁决中的后果论思维》，载《法律科学（西北政法大学学报）》2019年第6期，第18页。

[2] 参见陈锐、王文玉：《论司法裁判中后果主义的适用定位与论证路径——以"冰面遛狗溺亡案"与"摘杨梅坠亡案"为例》，载《河北法学》2021年第6期，第36页。

[3] 参见王德玲：《法律现实主义、后果取向与大数据——疑难案件裁判范式新探》，载《山东社会科学》2019年第5期，第104页。

[4] 参见王彬：《司法裁决中的后果论思维》，载《法律科学（西北政法大学学报）》2019年第6期，第18页。

[5] 任强：《司法方法在裁判中的运用——法条至上、原则裁判与后果权衡》，载《中国社会科学》2017年第6期，第140–141页。

[6] 参见孙海波：《通过裁判后果论证裁判——法律推理新论》，载《法律科学（西北政法大学学报）》2015年第3期，第92页。

果论证进而规制自由裁量的途径。比如后果主义法律论证应受逻辑一致性和连贯性的制约。① 还有的学者提出，以常识、常情、常理明立场、以同案同判助公正；以驳论和证立促服判；以体系化论证保融贯的方法论建构，有效提升后果主义裁判思维的可预测性和可接受性的对策。② 借鉴已有的学理研究，笔者主张判决后果的正当性辨认应关注该后果是否不违背法体系融贯一致性，即这一后果是否满足形式上的正义、规范层面的融贯性以及法律体系内部一致性。实际操作中，不仅需要审视该后果从前提到结论推得的过程中不存在矛盾或冲突的连贯性，而且要检验司法裁判创设出的后果，其运用能否有效地嵌入现有的法律体系并使之成为法律体系的一部分，确保法律体系的融贯性。

后果考量的作用形式较为隐晦，普遍以价值判断的方式内嵌于法律解释、法律推理与法律论证等各种其他法律方法之中。③ 因此具体价值衡量的尺度以证立结果是另一个不容忽视的评价体系。众所周知的是，涉及自由裁量权的决定之所以合理，主要是因为它们的制定方式，当然，这里必须将"方式"一词理解为不仅包括狭隘的程序因素以及有意地排除私人利益、偏见，以及在该领域的经验的运用，还要坚决识别自由裁量过程中必须考虑和接受的以某种形式的妥协或从属关系的各种价值观。④ 尤其在疑难案件中，价值的多元化致使在某些情形下法官不得不对多种相互冲突却皆合法有效的价值观念进行选择。不同价值权衡会出现不同利益取向的裁判效果。此时，法官作为司法掌权者，应当如何在这种利益纠缠下予以裁量，以促使司法公正的实现得益于共同价值观的确定。保障裁判客观性的重要前提之一是，裁判者理解规范理应从一般价值理念的社会公众视角出发，将此作为判断的基础。⑤ 笔者认为社会主义核心价值观作为判断社会事务时依据的是非标准，以遵循的行为准则的道德共识，可为后果预测的准确性与统一性提供理论支撑，理应作为具体价值衡量的尺度。

实际上，法官需要合理预测裁判后果，理性抉择出能够产上最佳裁判效果的更佳后果，抑或能够以创制规则的方式续造法律，合理预测裁判规则所引起的结果，据此选择出能够对后案的良性示范效应的最佳裁判理由。⑥ 因此，法律裁量以最优裁判效果为基准，通过权衡各规范后果逆推出选择取向。不仅弥补形式正义的不足，还为法官疑难案件的自

---

① 王彬：《逻辑涵摄与后果考量：法律论证的二阶构造》，载《南开学报（哲学社会科学版）》2020 年第 2 期，第 42 页。
② 陈锐、王文玉：《论司法裁判中后果主义的适用定位与论证路径——以"冰面遛狗溺亡案"与"摘杨梅坠亡案"为例》：《河北法学》2021 年第 6 期，第 22 页。
③ 参见孙海波：《在法律之内考量裁判后果》，《比较法研究》2022 年第 4 期，第 187 页。
④ H. L. A. Hart, Dicretion, *Harvard Law Review*, vol. 127, no. 2, 2013, p. 664.
⑤ 参见黄京平、陈鹏展：《刑事裁判过程中价值判断问题研究》，载《法学家》2005 年第 6 期，第 63 页。
⑥ 参见王彬：《司法裁决中的后果论思维》，载《法律科学（西北政法大学学报）》2019 年第 6 期，第 27 页。

由裁量的幅度提供了可控的手段与方案。① 法官在这一过程中充分考量后果,同时为确保裁判结果符合正当性,还需以一定的评价系统去检验裁量结果是否符合融贯一致性要求。通过这种预测理性后果的模式,为法官应对规范要件与法律后果的不确定性提供了解决途径,即便存在法外因素对裁量的干扰,法官也可通过社会主体间共同的价值认知在不违背法治精神的框架下做出合法且合乎理性的统一裁决。

三、外部规制:构建裁量的审查标准

上文通过在事实认定与法律规范适用两个环节,设定具有指导性意义的裁量基准以约束司法裁量权行使的失范现象,是一种法律效果上的裁量规制手段。但是需要明确的是,即便法律效果与社会效果是一个统一体,但是案件法律效果的案件并不必然具有好的社会效果。② 比如社会热议的彭宇案,之所以引起了人们如此激烈的批评的关键是,案件的最终结果与推理是一种对社会情理的公然扭曲和违背。③ 因此还应当进一步从外部视角审查是否符合社会期待,防范司法裁量权的行使流于质变。

(一) 审查标准构建的法理基础:商谈式裁量

商议式司法是指,通过平等而理性的参与,商谈参与者对具有争议的案件事实、证据、程序以及规范适用等进行合理性的对话、商议和论辩,旨在于"理想的话语情境"中达成"普遍有效性"的共识。④ 司法裁量的话语空间,既是法官对法律规范与经验常识的杂合渗透,又包含案件参与双方的对立主张和复数立论。因此裁量审查可依托于该理念为标准,检验最终的裁量结果是否符合社会期待。

法官在疑难案件中惯用自身积累的经验以及道德直觉所做出判决,这种视野下的裁量正义的解读是一种"半洞察"性的,往往在自身尚未察觉的前提下做出偏颇的判决,缺乏整全性的正义。因此,单独依赖于法官与法官之间的裁量商谈,最终结果的理性难以满足社会期待,易使司法裁量陷入了一场独白式的审判。法律言语的本质并不仅是一种对法律生活的刻板描述,而是一种蕴含于各主体间交往行动有效性的驱动力。⑤ 而在这一环节中,法律适用的前提是个案情境中诉讼参与者之间以一定理性规范对话和交流所产生的

---

① 参见王彬:《逻辑涵摄与后果考量:法律论证的二阶构造》,载《南开学报(哲学社会科学版)》2020年第2期,第42页。
② 参见张军:《法官的自由裁量权与司法正义》,载《法律科学(西北政法大学学报)》2015年第4期,第21页。
③ 参与凌斌:《法律与情理:法治进程的情法矛盾与伦理选择》,载《中外法学》2012年第1期,第122页。
④ 参见[德]哈贝马斯:《在事实与规范之间:关于法律和民主法治国的商谈理论》,童世骏译,生活·读书·新知三联书店2003年版,第104页。
⑤ 参见孙桂林:《哈贝马斯商谈理论及其中国化意义》,载《法学杂志》2010年第3期,第83页。

"规范性共识"。① 因此纠纷是否真正解决还应当关注于当事人"服判"程度。就比如许霆案审理,原审法院仅法官参与审理,导致量刑过重。直至公众通过传媒平台对该案理性、广泛且持续的关注下,法官与法学家、专家、律师等其他社会群体进行了沟通,对案件争议点进行了更为全面的互动与研析,才最终做出了更符合社会公众的裁判结果。

不言而喻,公众对法官的信任是法治实现的关键前提,对司法权威信任践行的重要基础。② 以协商对话程序为载体,构建商谈式的裁量审查标准可有效避免司法裁量场域中独白式的审判造成恣意裁量问题。正如在行政裁量中,王锡锌教授所言:"确保参与司法裁量的主体不仅是执法者,更是包含了诉讼当事人,在全部参与者的商谈下构建出一种制约机制,起到了防范裁量权非理性的行使的作用。"③ 故,以商谈式裁量作为司法裁量权行使的审查判准,其关键一环是案件当事人的参与,既公众意见的表达与反馈。这直接反映出裁量结果是否具有可接受性,能否符合社会期待。

(二)公众意见表达与制约:社会期待之检验

公众意见的英文是 public opinion,可以理解为民意以及公共舆论。在司法裁判中,公众意见的内涵可解读为:在某种特定的社会背景中,社会中的大多数人对于某一特殊的社会现象以及问题的意见表达、情感的倾向以及价值的判断。司法裁判中公众意见表达与法官司法裁量作为裁量信息交流两方主体,决定了裁判结果能否达成社会期待。然,司法裁量中的公众意见的表达往往不是来源于理性的分析与法律的影响,更多地受道德直觉的支配。因而其作为裁量信息交流的一方,参与作用应当受到一定的约束。

公众意见和司法裁判的关系,实际内含了三个层次的分析维度:宏观的法和社会的互动;中观的法律制度(程序)和社会事件的互动;微观的法律推理中法律规范和作为个案事实之一的公众意见的互动。④ 本文指向的司法裁量场域中的公众意见,蕴含在司法裁判与公众意见微观层面的关系中。公众意见中蕴含的司法判意是商谈式裁量中,审视司法个案裁量结果与裁量过程是否满足社会利益期待的重要依据。公众意见表达发挥着查明案件事实,实现个案公平正义的作用。但发挥作用的同时,又存在着不容忽视的弊端,常见于案件审判因听从民意而导致错判。比如杜培武故意杀人冤案,民意驱使法官推翻原本于法有据或并无不当的判决。因此,应当警醒的是,参与协商裁量的公众应当是一种经过筛选与约束的理性化众意,而不是恣意下的舆情。对此笔者认为疏缓分流众意,挑选理性众意参与协商裁量路径如下。

---

① 参见王彬:《逻辑涵摄与后果考量:法律论证的二阶构造》,载《南开学报(哲学社会科学版)》2020 年第 2 期,第 39 页。
② 张玫瑰:《论司法裁判中的自由裁量及其规制》,载《国家检察官学院学报》2011 年第 2 期,第 63 页。
③ 参见王锡锌:《行政自由裁量权控制的四个模型——兼论中国行政自由裁量权控制模式的选择》,载《北大法律评论》2009 年第 10 卷,第 318 页。
④ 陈林林:《公众意见在裁判结构中的地位》,载《法学研究》2012 年第 1 期,第 97 页。

从制度上来看，我们应当确保裁量过程始终坚持司法权的独立行使，反对一味地放大公众意见的缺点。具体而言，法官若能在自由裁量的过程中坚守司法公正的程序、原则以及裁判既判力，将公众意见纳入案件的裁判过程中，那么非理性的民意也可以在合法的规制下发挥其正当性的作用。

从理论上讲，因目前尚未构建出明确的可以将公众意见引入有关裁量中规范性依据，所以民意融入裁量时，要注重对其合理性进行检查。目前已有学者提出有关公众意见合理性检验的原则。比如褚国建教授认为可以借助普遍化原则、一致性原则和融贯性原则三项原则加以检验。[①] 旨在从保障整个裁判体系的稳定性视角，检验民意作用于审判中是不是恰当的。陈林林教授对普遍化进一步细化，提出三个具体维度的审查：一是"向上"审查，看其是否融贯法律秩序，尤其是宪法规范中的法理念与法价值；"向下"审查，验证其是否见容于具体规范的规范意图；三是"向外"审查，检视其是否符合社会通行的正义观或价值取向。[②]

从理性的交流平台设定考虑，建立中介咨询机构，通辨识和引导公众判意中的利益诉求和情感偏向，可以实现从社会大局发展所需要的诉求和偏向态度。[③] 平台的参与者不仅包含社会公众，还要引入专家以及具有专业经验的社会人士，统计归纳社会公众以及各方专家人士对某一裁量问题的看法与见解，以调查方法捕获公众舆论对裁量结果的基本态度，及时与审判机关进行交流，传递意见促进形成裁量共识。除上述路径外，我们还应当注意公众意见的吸纳程度。法律的难点不仅在于确定哪一利益值得保护，更是面对与之冲突的利益也需保护时如何以恰当的方式平衡冲突、纠结的利益。[④] 依循该种理念，裁量应确保听取公众意见时要全方位、多角度地将社会各方团体的意愿纳入审判，不能仅关注绝大多数意见和态度，在合理的范围充分听取少数人的想法，实现最大程度的利益。在这一过程中可以以罗尔斯提出的差别原则中"优先权"的概念来平衡社会中不同的声音。"优先权"：就先验原则而言，要证明哪怕是一个小小的损失是合理的，就必须能够进行辩论，对于从属原则来说，这是获得重大利益的必要条件。[⑤] 依照差别原则中对优先权的解读，在公众意见的接纳过程中，对不同意见声音最终取舍也可以遵循这样一种优先选择，即法官在听取最认同一方当事人的意见的同时，要确保维护另一方当事人最低限度的利益满足，以实现最大值最小值的期待。

---

① 参见褚国建：《法院如何回应民意：一种法学方法论上的解决方案》，载《浙江社会科学》2010年第3期。
② 陈林林：《公众意见在裁判结构中的地位》，载《法学研究》2012年第1期，第76页。
③ 参见季卫华：《接纳与互动：大众舆论和刑事裁量》，载《中共南京市委党校学报》.2010年第5期，第89页。
④ 参见苏力：《隐私侵权的法理思考——从李辉质疑文怀沙的事件切入》，载《清华法学》2019年第2期，第112页。
⑤ Samuel Freeman, the Cambridge companion to Rawls, Cambridge University Press, 2003, p.226.

综上，社会公众通过平等主体间的程序性互动进行议论，在司法场域内达成某种共识或者准共识，将司法保守性与社会的开放性在程序性互动中相互融会贯通。同时要时刻警醒个案公正裁量的精准实现，面对充满分歧的司法舆论环境，在最大程度地发挥社会共识的司法确认的同时，理性地剔除偏倚的、激进的舆论，从而防止司法裁量陷入"舆论审判"的不公陷阱中。

四、结语

在完全由个人一时冲动决定的选择，和为了遵守适用于特定情况的规则而实现具体目标的明确方式作出的选择之间，自由裁量权占据了一个中间位置，这种行为指向的是某种智慧或深思熟虑的指导性选择。① 自由裁量既是法官享有的一项特权，又是法官独有的一种自由，为事实与规范之间有效搭建相互沟通的桥梁。逻辑推理主体本身亦是一个会牵连利益、情感、道德的平凡人，故而相关推理势必会存在的不确定性，尤其是法官作为裁判者会受到委托人与律师的思维影响，且作为裁判主持者会受到诸如个人背景特点（种族和性别）情感、人格、生活经历以及意识形态等不同"先验知识的认知结构"的影响，这直接导致大前提经验法则的选取具有难以回避的差异性，加重了推理的不准确性。② 因此规制司法裁量首要一步可以从约束权力主体进行。然面对纷繁复杂案件，让法官成为德沃金构想中的赫拉克勒斯更是不切实际的。我们需要独辟蹊径，在依法裁判与个案正义间构建一套司法裁量权的行使合理性规制的机制。

裁量基准作为一种约束自由裁量权失范的手段，其相关制度构建的本质是对自由裁量空间的压缩，甚至用细化的规则来取代自由裁量。③ 行使基准应最大程度地满足形式正义与实质正义的统一性要求，不仅应当是合法，而且还要满足合理性。"合理性"标准的实现，取决于如何制定相应的标注以在最大程度上"排除主观意识干扰，规避裁判任意性"得出最佳的裁量结果。对此，本文依托于后果考量理论，根据司法裁量本质内涵与实践经验，从事实裁量基准设定的似真性与效益性以及法律裁量基准设定的最优裁判效果追求出发，设定行使基准，以确保司法裁量是能动司法下的最大理性实现。在此基础上，鉴于司法裁量所确认的个案的裁判规则往往具有溢出效应，单纯依赖于内部设定行使基准是无法确保司法裁量结果满足社会效果。由此笔者从外部视角，引入理性商谈理论构建审查标准。通过将司法裁量的最终结果投至于协商对话的程序，关注公众意见表达、及时回应民众的需求，理性吸纳民意，检验裁量最终结果是否社会效果。从内设定行使基准，指导法官理性且充分地行使自由裁量权，从外构建审查标准，检验法官裁量结果是符合社会期待，旨在实现司法裁量权行使满足法律效果与社会效果的统一。

---

① H. L. A. Hart, Dicretion, *Harvard Law Review*, vol. 127, no. 2, 2013, p. 658.
② 参见郑凯心：《案件事实认定中法官的经验偏差防范研究》，载《河北法学》2021 年第 11 期，第 193 页。
③ 王锡锌：《自由裁量权基准：技术的创新还是误用》，载《法学研究》2008 年第 5 期，第 42 页。

The exercise criteria and review criteria of judicial discretion

Luan Chunming

Abstract: Judicial discretion originates from the uncertainty of facts and the uncompletion of law, exists in the two dimensions of fact identification and law application, and is the perfection and transcendence of the mode of "strict judgment according to law". In order to prevent and limit arbitrary discretion, it is necessary to implement discretion regulation from internal and external dimensions. The internal regulation is devoted to setting the exercise criterion of discretion, that is, to set the criterion of fact discretion around the truthfulness and benefit of the result. Centering on the optimal judgment effect, the standard of legal discretion is set up. The external regulation takes the negotiation and dialogue process as the carrier, aiming to build a negotiable discretion review standard, pay attention to public opinion expression and participation, and ensure that the final discretion results meet social expectations. It is helpful to realize the rational exercise of judicial discretion and the unification of legal effect and social effect by setting the exercise benchmark from inside and constructing the examination standard from outside.

Key words: Judicial Discretion, Exercise Basis, Review Criteria, Social Expectation

经验解释

农地"三权"分置的法权构造与《民法典》的制度回应[*]

李语湘[**]

摘 要 农地"两权分离"形成于计划经济时期,有力地促进了农村土地的流转。《民法通则》《土地管理法》《农村土地承包法》对土地承包经营权进行了全方位、立体式的体系化构建,将其从一项基本政策确定为了一项私人财产权,建立起了我国农地双层权利模式。《民法典》因应时代发展的要求,从基本法律制度层面对"三权"分置作出体制化的安排。在维持"两权分离"基本权利架构的基础上,《民法典》明晰了土地经营权的用益物权的法律属性和基本特征,不仅进一步落实和强化了农民集体所有权的私法效力,也将农村承包土地流转后的权利链条成功向后延伸

关键词 农地"三权"分置 法权构造 《民法典》 制度回应

引 言

"以家庭承包经营为基础、统分结合的双层经营体制"是我国经过近几十年的改革探索、自下而上逐步建立起来的具有中国特色的农村土地承包经营制度。围绕着统筹兼顾实现保障农地流转和适度规模经营的任务目标,"两权分离"在实践中逐渐演变成"三权"分置的模式,在承包权与经营权的有序分离的基础上,实现了经营权的自由流转。创设土地经营权是农村土地"三权"分置的重大创新,《民法典》从基本法律制度层面对此作出了制度回应,确认了土地经营权的相关物权归属、权能及法律效果,进一步完善了土地产

---

[*] 国家社会科学基金一般项目"合同返还清算规则的适用研究"(项目编号:24BFX045);湖南省教育厅重点项目"民法典实施中合同返还责任统一适用问题研究"(编号:22A0689)。

[**] 李语湘,法学博士,湖南警察学院法律系教授。

权职能,也使我国土地产权的交易体系更加公平合理。

一、新中国成立以来农地产权结构的变迁

土地归属与利用方面的制度安排是国家的一项基本财产制度,与社会稳定发展息息相关。新中国成立后,农村土地的物权关系的形成与发展以农民所有农民利用为开端,历经集体所有集体利用之后,最终确立了集体所有农民利用的家庭承包经营制。[①]

(一) 土地改革与农民私有土地所有制的确立

新中国成立初期国家政权刚刚建立,国内斗争形势复杂,恢复国民经济是国家面临的首要任务。从新中国建立到1952年底,通过土地改革对封建土地利益关系进行重新调整,建立起了农民单独所有的土地产权制度。1949年《共同纲领》中明确规定:"必须保护农民已得土地的所有权"。[②] 1950年颁布的《土地改革法》首次以立法的形式提出在原始耕种土地的基础上实行"农民土地所有制",保护富农、中农和所有自耕以及雇人耕种的土地及其他财产,通过颁发土地所有权证书承认土地所有者的权利,明确其可以以自由贸易方式经营、出售及土地。[③] 同时,根据《土地改革法》的相关规定,将部分农地比如大型森林、荒山、盐田、牧场被收归国有,城市土地以及郊区部分农业用地收为国有。没收的农业用地由国家分配给农民使用,农民可以享受分配土地的使用权,但无权出租、出卖土地,从而实现了国有土地所有权和农民土地所有权既相互区分又互相并存的土地政策。土地改革的完成消灭了中国存在两千多年的封建土地所有制,土地所有、使用和经营统一归农民享有,真正实现和确立了"耕者有其田"的农民土地私有制。

(二) 从土地私有制到土地公有化的转型

土地改革激发了农民的主人翁意识,农民劳动生产的积极性被充分调动,农村生产力得到了极大的解放和发展。然而,个体、分散的经营模式自身固有的局限性,不利于扩大生产经营和农村市场的长期发展需求。对此,1953年中央作出《关于发展农业生产合作社的决议》,明确提出要克服分散经营中的问题和困难,引导农民走合作化的发展道路。这一时期,农村土地政策先后经历了四个发展阶段:第一个阶段是以生产资料私有制为基础的互助组为主要形式,但互助组的私有制与集体劳动之间存在着无法调和的矛盾,导致生产力受限,互助组难以长久持续;第二个阶段是以土地入股、统一经营为特点的初级农

[①] 参见庄斌:《土地承包权与经营权分置制度研究:改革逻辑与立法选择》中国社会科学出版社2018年版,第34页。
[②] 中共中央党校教研室选编:《中共党史参考资料(七)》人民出版社1980年版,第22页。
[③] 参见张海明:《当代中国土地产权制度变迁研究:1949—2015》,山东大学2019年博士学位论文,第49页。

业合作社。通过变分散经营为集中经营,初级农业合作社使劳动者各尽其能,提高了劳动生产率适应了生产力的发展的需要,是一种半社会主义性质的农民组织;第三个阶段是在初级合作社的基础上,成立以生产资料集体所有制和按劳分配制为基础的高级农业合作化。土地不再作为私有财产入股分红,而是将私人的土地直接交给合作社,由合作社统一组织农业经营;第四个阶段以人民公社为主要形式,实行"队为基础,三级所有"体制,以生产队为基本所有单位,农民的生产资料转为公社集体所有,集体组织劳动。农村土地集体所有制的确立完成了对农业社会主义的改造,标志着农村土地关系的完全公有化。农村土地从农民分散占有转变为集体集中占有,农民不再享有土地的所有权,包括土地的使用权也有集体统一行使,农民只作为公社社员共同进行农业生产。[1]

(三) 土地公有制下农地两权分离产权结构的变革

农村土地公有制下的土地产权和经营模式强调生产资料、分配制度的公有,集体成员内部实行平均主义。高度集中的土地经营管理体制有违等价交换和按劳分配的基本原则,违背了经济和社会发展规律,严重地打压了农民劳动生产的积极性,对农业生产力的发展也不利。为了解决温饱问题,自二十世纪七十年代末期,由农民自发组织形成了包产到组和包产到户的生产形式,取得了良好的效果,并且得到了中央和各级政府的肯定和重视,从基层经验逐步上升为国家政策。1982年到1984年连续三年党中央的"一号文件",都明确肯定了"包产到户""包干到户"在内的各种责任制是以土地公有制基础的、社会主义集体性质的生产责任制,具有广泛的适用性。同时,为进一步巩固农村改革成果,满足农民对土地经营权的合理要求,家庭联产承包责任制被不断深化和规范,并最终以法律形式将其制度化。

"承包经营权"作为法定概念首次出现在1986年的《民法通则》中。《民法通则》不仅肯定了土地承包经营权受法律保护,而且将其视为财产所有权的一种,明确规定了承包双方的权利和义务。1988年、1993年和1999年《宪法(修正案)》先后将土地使用权依法转让、"家庭承包经营"确定为我国的一项基本经济制度。同时,通过制订和颁布相关的法律及政策文件,进一步将农村土地的"所有权"与"经营权"合理分开,确保了"劳动群众集体所有,家庭承包经营"农村土地政策的长期稳定,巩固和落实农村土地经营制度。2002年修订的《土地承包法》将根据承包的主体将承包具体分成了两类,分别是家庭承包和其他承包方式。为了实现农民长期而稳定的土地使用权限,确保农民在自主决定土地使用方式和流转方面的权利有具体的法律保障。家庭承包经营权的受让方被严格限制"其他从事农业生产的农户"这个范围之内,同时从流转的范围、对象、期限等方面

---

[1] 参见侯栋:《建国以来党的农村土地政策与土地管理体制的变迁研究》湖南大学2010年硕士学位论文,第15-30页。

进行具体规定。2004年中央一号文件重新回归"三农"主体,对土地征用制度、土地补偿机制、失地农民保障问题进行了规定,强调土地权责制度要保持稳定的双层经营体制。2005年农业部颁布的《农村土地承包流转管理办法》,从流转方式、流转合同、流转管理等方面作了较为详细的规定,基本形成了农村土地流转的法规性框架,农民的权益有了更加具体的保障,土地的流转也得到进一步规范。2007年《物权法》从法律层面将土地承包经营权归属于"用益物权"的篇章体系之中,规定承包户可以申领产权证并依法处置土地,从流转方式、限制条件及互换和转让形式下的登记对抗效力三个方面对土地承包经营权的流转进行了法律层面的规定。[1] 因此,我国农地产权"两权分离"制度的发展及变迁大体可以分为以下几个阶段,如下图1所示:

阶段名称	时间	立法发展
承包经营开始时期	1984—1992年	土地政策出现松动,允许"包产到户",确定"家庭联产承包责任制"为农村基本经济制度。农村土地"所有权"与"承包经营权"两权分置架构形成,允许农村土地的合法流转
农地产权发展时期	1993—2002年	农村人口非农化的增多,实践中农村土地流转问题逐步呈现,《土地管理法》等法律加强了对土地流转的法律规范,进一步确认了承包经营权归农户所有,确立了农地二元产权格局
产权制度规范时期	2003—2012年	《农村土地承包法》《物权法》等法律明确了土地承包经营权的性质,细化了农民对承包土地的各项权利,具体规定了农地流转的方式、范围、期限等,农地流转逐步走向规范,实现了农村土地从单一产权向二级产权的转变

图1 农地产权"两权分离"发展变迁阶段

二、农地"两权分离"的立法构造与权能困境

(一)农地"两权分离"的法权构造

以家庭联产承包责任制为基础,构建了"两权分离"的权能架构。农地"两权分离"形成于计划经济时期,对农村土地的权利主体、行使方式进行了全方位改造,有力地促进了农村土地的流转。首先,在土地的纵向结构上为了贯彻权利主体所有的特征,行政组织性质"三级所有"的集体所有被经济组织性质的农民集体所有取代,实现行政组织与经济组织的分离;其次,为了保障以家庭承包经营为基础的双层经营体制,对土地产权结构进行第一次横向细分。[2]

《民法通则》《土地管理法》《农村土地承包法》对土地承包经营权进行了全方位、立

---

[1] 参见洪名勇,等:《农地"三权"分置及实现路径研究》中国财政经济出版社2020年版,第76-79页。
[2] 参见房绍坤主编:《承包地"三权"分置的法律表达与实效考察》,中国人民大学出版社2018年版,第5页。

体式的体系化构建,将其从一项基本政策确定为了一项私人财产权。围绕两权分离,1986年《民法通则》是最早在法律层面对土地经营权做出的规范调整,从民事基本法的高度将土地承包经营权认定为一种民事权利,但立法规定相当简约,在名称的使用上也并未统一。1998年修订的《土地管理法》首次使用"土地承包经营权"的概念,但由于该法的立法目的在于对经济的宏观管理,对土地承包经营权的规定并不详细且不具有可操作性。2002年《土地承包法》明确应对土地承包经营权登记确权,并第一次从法律上确定了农民对承包期土地的使用、收益权,农民真正拥有了承包土地的私有产权的核心权利,其性质从纯粹的债权性质过渡为具有一定意义上的物权属性,初步具备了作为私有财产的条件。2007年《物权法》从民事基本法的层面规定了土地承包期届满后可以继续承包,并且承包土地可以采取转包、互换、转让等方式流转,保障农民享有长期而稳定的土地使用权,土地承包权的用益物权属性及私有财产的权利属性已经得到法律的确认与保护。① 经由上述法律规范群,建立起了我国农地双层权利模式。即,第一层为土地集体所有权,第二层为土地承包经营权。对集体所有权采用集体"所有+管理",私人"经营+收益"的模式,实现农村土地的"公有私用";对土地承包经营权则通过代表集体的农村集体经济或者村委会等与承包经营户个体签订承包合同赋予其合法权益。

(二)农地"两权分离"的权能困境

两权体制确立的农村土地的双层产权模式,目的是解决土地的静态利用问题,通过土地承包经营权承担农地资源市场化配置的功能让农村土地产权的重心重新落实于农民个人(家庭)。然而,"两权分离"更多反映的是土地承包经营权发生流转时土地权利的一种理想状态,可以在农业生产的范围内对集体土地行使支配和限制的权利。从现实情况来看,"两权分离"并非对农地上权利结构的划分,更多的是在权利流转的情形下对土地状态的一种描述。

"两权分离"的土地权利结构以土地集体所有权为基础。土地集体所有权溯源于农民土地所有权,具有私权的表面特征,应该具备权利的行使主体和内容。从主体方面而言,我国《宪法》和相关法律中已经明确农村土地的所有权属于农民集体,但是对于何为集体却一直缺乏清晰的界定;② 从权利内容方面而言,土地承包经营权的存在全面限制了土

---

① 参见洪名勇,等:《农地"三权"分置及实现路径研究》中国财政经济出版社2020年版,第76-79页。
② 关于集体的具体含义,从1982年《宪法》到《物权法》,对于农民集体所有的表述使用了"村农民集体""村内农民集体""乡(镇)农民集体"三个土地所有主体,同时这三个层次的土地所有由"村集体经济组织"或"村民委员会""村民小组""乡(镇)农村集体经济组织"经营管理或者代表行使所有权。农村土地分三个层次(范围)的农民集体所有,分别由不同的集体组织来代表,保留了传统的"三级所有"痕迹或影子。不仅每一个层次农民集体成员的范围不清楚,而且三个层次的农民集体可支配范围存在重叠或模糊之处,导致看似清晰的农民集体所有权,在现实中变得虚无缥缈。参见房绍坤主编:《承包地"三权"分置的法律表达与实效考察》,中国人民大学出版社2018年版,第5页。

地所有权。土地承包经营权具有的占有、使用、收益的权能几乎将所有权的权能"掏空",集体作为所有人既无法实现对土地的使用和收益,利益诉求无法实现,通过处分权体现的农地经济价值也受到较大程度的影响。① 一方面,农民集体所有权是一种传统计划经济体制下的模式,未能按照市场经济体制要求进行法律化改造;另一方面,以优化资源配置为主旨的现代市场经济体系在农村尚未建立,现阶段仍然以落后的自然经济为主体。② 所有者主体虚位和权能空置意味着产权不明,农地产权结构实际上演变成了"虚化的农民集体所有权+实化的集体成员土地承包经营权"模式,土地承包经营完全依靠农民个体实现,背离了最初的农地"去行政"和"还权于民"的制度设想。

"两权分离"的核心是通过土地承包经营权承担起市场化的配置功能,明确其财产属性的物权性质。建立在土地所有权之上设定的一种他物权,虽然其用益物权性质在我国法律被反复确认和强调,但从其权利内容和实践表现则更多地体现为一种债权性倾向。比如土地承包经营权的设立就是典型的债权意思主义,在土地承包经营权的流转方式、受让主体、用途性质等方面的严格限制,都表明其并没有突破债权属性的特点。③ 因此,没有完全物权化的土地承包经营权导致其商品化的经济性功能难以体现,如转让、抵押、置换等物权性的财产权利一直被所有权裹挟,造成农地分散经营、资源配置效率低下,农地的正常市场价值难以显现,导致农地流转的不稳定和封闭性,不利于农村经济的壮大发展和整个社会结构的稳定,也背离了两权分离的初衷。④

三、"三权"分置的权利结构与应然属性

(一)"三权"分置的权利构造:土地承包经营权的存废之争

土地制度改革是现代化的重要起点,社会主义现代化建设就是一部土地政策的实践史。承包经营权从农民集体土地所有权分离,是农村土地结构的第一次变革,解决了集体土地的分散利用问题,提高了农业生产的效率。经营权从土地承包经营权的分离,是农村土地关系为适应生产力发展而进行的第二次变革,有效地解决了农地资源的优化配置问题。在这个过程中,无论承包经营权如何分离或流转,我国土地政策秉持的原则始终是土地所有权属于农民、承包权属于农民家庭。因此,我国土地结构的第一层次是被宪法严格锁定的土地的基本权利属性,即土地的所有制;土地结构的第二层次由权利构成,农村土地制度改革与创新只能在这个层级进行。为了推动农业发展的规模化和现代化,各地积极

---

① 参见袁震:《论集体土地所有权与土地承包经营权之间的冲突与协调》,载《河北法学》2010年第9期,第155页。
② 参见高富平:《农地"三权"分置改革的法理解析及制度意义》,载《社会科学辑刊》2016年第5期,第75页—76页。
③ 参见张保红:《论农村双层土地权利制度的重构》,载《西北大学学报(哲学社会科学版)》2011年第1期,第106页。
④ 参见李海霞:《农地"三权"分置制度构建研究》,华南理工大学大学硕士论文:15,35。

探索多种土地流转的新形式,中央也从政策上鼓励、支持和引导,并且通过一系列政策文件对农村土地改革从立法表达和顶层设计方面都提出了比较明确的要求。2014年中央一号文件①中首次从农村土地制度层面提出对土地承包权和经营权进行分离,放活土地经营权。2015年、2016年2017年连续三个中央一号文件,通过界定"三权"关系不断完善"三权"分置的实施办法,实现土地承包经营权的二次分离。

在不改变土地承包关系这个前提下,让土地能够集中流转,关键是要理顺好土地承包权和经营权的关系。在"三权"分置的语境下,承包权到底是继续内含于土地承包经营权中,还是从土地承包经营权中派生出来、介于土地所有权与土地承包经营权之间,事涉土地承包经营权的存废问题。② 在法律文本中,是以承包权与经营权取代原有的土地承包经营权,还是在继续保留土地承包经营权名称的同时新增土地经营权? 表面上是对土地承包经营权的调整,其背后是对农民集体土地产权的法律化改造,也必然导致"三权"分置的权利结构与实施路径呈现出显著差异或严重分歧。

土地承包经营权是一种较为复杂的复合权利形态,具有身份权、物权、债权以及行政管理等多重法律属性,是我国农业农村从计划经济向市场经济体制转轨的特定历史条件下形成和发展起来的。土地承包经营权质态的多样性也间接表明了其具有不稳定特性。在未发生流转时,自主经营与土地承包两种权利同时归承包农户行使;在发生流转之后,根据承包合同及农户意愿,土地的占有、使用、收益权能可以转移给第三方,由其自主经营、收取收益,甚至可以进行抵押融资。规范而言,只有集体经济组织成员才能享有土地承包权,这是土地承包经营权的身份属性在土地关系上的具体化,是设定土地经营权首先应当具备的资格条件。从权利性质上而言,土地承包权与土地经营权天然分离、相互排斥,土地承包权是土地经营权取得的一种中介,土地经营权是土地承包权的逻辑后果。因此,土地承包经营权的权利内容并不能被彻底取代或拆解,"分置"也不应当被简单理解为是对土地承包经营权中纯粹的承包权与经营权的分离,除非这些法律概念被赋予一种有别于既有规定的新内涵。③

(二) 土地集体所有权:奠定经济制度基础

土地产权关系是直接决定社会关系的本质,对土地产权的分离、细分是农村土地制度变迁的重要方式和途径。"三权"分置表面上是对土地承包经营权的进一步细分,但实际

---

① 全称是中共中央、国务院印发的《关于全面深化农村改革加快推进农业现代化的若干意见》。
② 参见高小刚、谷昔伟:《"三权"分置中农地经营权融资担保功能之实现路径——基于新修订〈农村土地承包法〉的分析》,载《苏州大学学报(社会科学版)期刊》2019年版第4期,第72–82。
③ 参见孙宪忠:《推进农村土地 "三权"分置需要解决的法律认识问题》,载《行政管理改革》2016年第2期,第22–24页。

上是农地产权结构的调整。① 中国特色社会主义建立在社会主义集体所有制和集体土地所有权制基础之上,落实集体所有权、保持土地承包关系稳定并长久不变、保护农民利益不受损失,是"三权"分置的出发点。通过不断优化集体所有权的权利体系、科学设计集体所有权的权利内容,丰富和完善集体土地所有权的实现形式。

土地是农民最重要的生产资料和财产权益,也是其最可靠的生活保障。农村土地集体所有制作为社会主义公有制的重要形式和内容,奠定了各个相关利益主体对农村土地使用行为关系的基础,为实现农村土地权利类型的不断增进、权能内容的日趋完善提供了制度保障。作为社会主义公有制在土地产权上的表现形式,农村土地集体所有权具有不可分割和不可让与的特殊属性。一方面,集体所有权是为集体成员共同利益而存在的所有权。为了确保集体所有权的实现并落实集体所有权的各项权能,集体组织的成员享有类似按份所有的共有权,通过集体参与和民主议事行使土地的保障、收益、管理和监督的权利;另一方面,农民集体所有权是一种不可分割的按份所有权,与一般意义上的所有权相区别。集体成员有权转让其所有的土地财产份额,但却无法享有和行使解除共有关系、分配实物的权利,集体将土地发包给农户后,在发包期内,集体不得收回、调整承包地。因此,所有权中的处分权受到承包权、经营权的限制,集体对农地并不能进行全面支配;而农户享有长久不变的土地承包经营权,是土地权利真正意义上的行使主体。②

(三)土地承包权:强化身份属性

"两权分离"模式完成了农地产权分离的历史演变,在其确立的农地二元产权结构中,"土地承包经营权"是建立在农村土地所有权基础上的次级权利,由承包农户享有对土地的使用权和经营权。③ 土地集体所有权的存在导致集体成员无法对土地所有权进行实物分割,对土地权属的利用只能由土地承包经营权作为一种替代形式进行流转。然而,由于土地承包经营权同时承载了集体经济组织成员权的重要内容,其流通的范围和方式被严格限制,即不能向集体成员之外的第三人流转,只能以互换、转包等有限方式在集体成员之间流转,导致土地的经济价值无法彰显。④ "三权"分置中所有权、承包权的权能都有部分限缩,"两权分离"中承包经营权的部分权能则由经营权享有。为了与原来的土地承包经营权相区别,这种设有经营权负担的土地承包经营权被称为土地承包权。

---

① 参见房绍坤主编:《承包地"三权"分置的法律表达与实效考察》,中国人民大学出版社2018年版,第13页。
② 参见李国强:《论农地流转中"三权"分置的法律关系》,载《法律科学》2015年第6期,第179页。
③ 参见肖卫东、梁春梅:《农村土地"三权"分置的内涵、基本要义及权利关系》,载《中国农村经济》2016年11月,第19页。
④ 参见黄薇:《中华人民共和国农村土地承包法释义》,法律出版社2019年版,第44,152,201页。

土地承包权和经营权由于权利状态的需要在土地承包权内部形成自然分离。① 在"统分结合"的双层经营体制中，集体将集体土地所有权"分享"给农户使用是农村集体经济经营中"统"的基础；同时，根据实际需要，农民占有、使用承包地，以及在承包地上从事农业生产经营，并巩固和完善农村基本经营制度之下"分"的目标。② 土地承包权包含集体经济组织成员权的重要内容，仍然体现为承包土地的一种权利资格；同时由于发生土地流转，土地承包权让渡部分权能给土地经营权，形成了新的权利内容。但是分置出来的"土地承包权"与原来的"土地承包经营权"在法律意义上并无实质区别，均兼具身份和财产的双重属性。

然而，较之"土地承包经营权而言"，分置出来的"土地承包权"具有更加强烈的身份属性。承包权本质上是一种分配权与资格权，是基于集体成员身份性质、以家庭为单位取得的土地民事权利。作为承包方必须具有集体成员的资格，集体将土地发包给本集体组织的成员，与其签订承包合同，明确承包方的权利和义务，这是让渡土地经营权的基础和前提。③ 同时，"土地承包权"还包含了"两权分离"下所有权的部分权能，集体土地所有权是"形式意义上的所有权"，土地承包权发挥"实质意义上的所有权"功能，明确了土地在私权主体意义上的权能归属。④

（四）土地经营权：显化财产功能

土地承包经营权是土地经营权的基础性权利，土地经营权是土地承包权的逻辑结果，因为农户只有对土地享有的独立支配权，能够自由实现将土地经营权让渡给其他土地经营主体，在市场流转的过程中体现其权利内容，才能体现附着于经营权之上的承包权价值。如果不发生承包地流转，土地经营权将隐而不彰，当承包地发生流转时，则将分离生成"土地经营权"这一新型土地权利，反映的是土地承包经营权承载的社会保障功能与经济性功能的分离，也是对农村土地产权结构的调整。⑤ 由于经营权将不再附载社会保障功能，其享有和行使不再受到身份的限制，集体成员以外的人可以通过市场化配置取得土地经营权，解除了土地对农民的束缚，释放了土地的财产功能。

土地上承载的身份性权利和财产性权利的进一步剥离的逻辑结果就是土地承包经营权

---

① 参见肖卫东、梁春梅：《农村土地"三权"分置的内涵、基本要义及权利关系》，载《中国农村经济》2016 年 11 月，第 21 页。
② 参见高圣平：《农村土地承包法修改后的承包地法权配置》，载《法学研究》2019 年第 5 期，第 44 - 62 页。
③ 参见肖立梅：《论"三权"分置下农村承包地上的权利体系配置》，载《法学杂志》2019 年第 4 期，第 28 - 33 页。
④ 参见房绍坤主编：《承包地"三权"分置的法律表达与实效考察》，中国人民大学出版社 2018 年版，第 97 页。
⑤ 参见耿卓：《农地"三权"分置改革中土地经营权的法理反思与制度回应》，载《法学家》2017 年第 5 期，第 18 - 22 页。

的二次分离。土地经营权不仅为土地承包经营权设定了权利负担,同时也拓展了土地承包经营权的权能,尤其是为经营主体设定相应的权利。虽然经营权在分置时仍然受到承包经营权的影响,但分置之后的土地经营权已经明确为一项单独的经济权利,不再受到原有土地承包经营权上身份属性的约束。土地经营合同订立后,承包人转让经营权取得转让收益,经营权人在支付了分离对价后,取得承包地的经营处分权,按照自己的意志支配土地并享有利益。① 土地经营权人在行使时可以对抗一切主体,有权依照法律规定自主行使土地经营权,这是承包权、经营权分置发挥各自功能的前提。因此,"三权"分置的关键就在于放活经营权,赋予其独立的纯粹财产权属性,清除农地权利流转障碍,在稳定土地承包权的基础上设立、流转或收回土地经营权,允许经营权抵押、入股,将有效地促进农村土地规模化经营,为农村推行市场经济体制铺平道路。

四、《民法典》对农地"三权"分置法律问题的制度回应

(一)《民法典》对土地经营权的原则确权及其重要意义

2018年12月修订的《农村土地承包法》通过法律的形式确立了农村土地"三权"分置的权利结构,对农地经营权制度进行了确认,并规定了经营权的流转规则,为"三权"分置的实践提供了相对具体的法律依据。② 2019年4月,《民法典·物权编(二审稿)》将土地经营权纳入农村土地承包经营权整体框架中,对"三权"分置进行了一般规定。2021年公布的《民法典》在物权编"土地承包经营权"一章中,对土地经营权作出详细规定③,从民事基本法的层面确定了"三权"分置的法律规范的基础地位,是对我国土地承包经营权制度体系的重大发展。

《民法典》延续了《物权法》中对土地承包经营权的"原则确权"或者说是"框架确权"的立法模式,采用体制和部分机制相结合的方式规定土地经营权制度,有针对性地对法律体制确立具有关键意义的相关内容或者整体框架进行设定,而不是将所有问题一体化地转化到民法典中。《民法典》第339—342条中确立的关于土地经营权的四条基本规则,其并非一个具有独立适用意义的规范系统,而是作为一种基本制度媒介发挥作用。通过与作为更高法律的宪法,即所谓基本经济制度规定的关联构建,发挥宪法决策具体化和物权正式赋权的作用,以及与作为下位法律的《农村土地承包法》的关联,发挥提升和勾连具体制度的功能。④

---

① 参见裴颖颖:《农地"三权"分置背景下土地承包权研究》,沈阳工业大学2019年硕士学位论文,第9页。
② 参见高圣平:《承包地"三权"分置的法律表达由于实效考察》中国人民大学出版社2018年版。
③ 详见《民法典》第339-342条的规定。
④ 参见龙卫球:《民法典物权编"三权"分置规范的体系设置和适用》,载《比较法研究》2019年第6期,第59-60页。

(二)《民法典》对土地经营权的属性安排及法律构造

2007年的《物权法》在农村土地上构建了"所有权—用益物权"的产权结构。这种双层物权复合结构模式,按照"归属物权—利用物权"的逻辑展开,遵循了传统大陆法系物权理论的基本范式,即在所有权这种自物权上可以产生和存在用益物权这种他物权,初步实现了农村土地这一物上"静态归属与动态利用"的分离。然而,对于土地经营权的性质,相关法律法规中却并未明确。如果将土地承包经营权明确为他物权,在内部关系上对所有权人的权利行使进行限制,在其作用范围内对第三人具有绝对效力或者排他性。在双层物权结构上架构起第三种权利,无疑是对传统民法物权架构的突破与挑战。[①]

《民法典》删除了《物权法》中耕地土地使用权不得抵押的规定,明确了出租、入股或者其他方式流转土地经营权,规定五年以上的土地经营权具备普遍性的对抗第三人的效力,确认流转期限并赋予土地经营权登记、融资担保等权能,在农地上相关物权的归属、权能、权利变动规则和法律效果等方面,充分体现了对土地经营权从债权向物权保护的倾向性。同时,在兼顾农村土地相关物权身份特征与保障功能的同时,为实现农民集体经济与市场经济的对接。其一,在权利构造方面,《民法典》在经由法律构建的土地权利的第二个层级中,充分发挥土地作为生产要素的经营功能,实现将土地权利纯化为完全的财产权利。其二,在权利内容方面,通过增加承包地权利主体,即将土地经营权分离出来后允许自由流转给集体之外的其他农业经营主体,确认承包土地的物权结构,构建稳定、清晰、完整的产权内容。[②] 其三,在体系方面,《民法典》直接将"土地经营权"放置于"物权编"第十一章的末尾,彰显"土地经营权"的物权属性,从法律上明确可并保障土地的财产权利,体现了立法者对承租人提供物权化保护的政策性立场。

(三)《民法典》对土地经营权的法律规范及其适用

《民法典》改变了《物权法》将转包、互换、转让等流转方式一体混杂规定的模式,将农户流转承包地的行为明确区分为"变动土地承包关系的流转"与"保留土地承包关系的流转"两大类型,是《民法典》对完善土地权利体系的主要贡献。《民法典》分别规定"互换、转让土地承包经营权"的流转方式(第335条)和"以出租、入股或者其他方式流转土地经营权"的流转方式(第339条)。前者为"两权分离"权利体系下的流转,导致土地承包关系和土地承包经营主体的变动;后者在农户享有的土地承包经营权不发生变动的基础上派生出作为"子权利"的"土地经营权",形成土地"三权"分置权利

[①] 参见龙卫球:《民法典物权编"三权"分置的体制抉择与物权协同架构模式》,载《东方法学》2020年第4期,第93页。

[②] 参见肖卫东,梁春梅:《农村土地"三权"分置的内涵、基本要义及权利关系》,载《中国农村经济》2016年第11期,第17-29页。

结构，是对在"两权分离"基础上形成的土地基本权利利益链条的向后延伸。[1]

经由《民法典》第339到342条对"土地经营权"的取得方式、流转方式、权利内容、登记效力的文本规范，已经描绘出了三权分置农地权利的基本体系，即，集体土地所有权（限制性所有权）—土地承包经营权（高级用益物权）—物权性土地经营权（一般用益物权）。[2] 在这个体系下正确理解"土地经营权"成为规范适用土地权利的逻辑起点。实际上，《民法典》规定的"土地经营权"实际上是一个集合性概念，真正意义上用益物权属性的是以入股或其他物权性流转方式取得的土地经营权。除了适用物权编第十一章"土地承包经营权"中有关规定外，还可以适用用益物权编的一般规定，当承包地被征收、征用致使用益物权消灭或者影响用益物权行使，土地经营权人享有一定的补偿请求权。同时，在《民法典》已有明确规定的情形下，对以出租方式流转的土地经营权优先适用有关土地经营权的统一规定，承认其（期限五年以上）可以进行不动产登记和融资担保。[3]

五、结语

党的二十大报告中指出，深化农村土地制度改革，赋予农民更加充分的财产权益。鉴于当前土地流转情形的复杂多样性，短时期内从法律层面对土地经营权进行全面系统的规定还存在一定难度。但是，土地经营权成为物权已经是一种必然趋势与要求，其在稳定经营权人的经营预期、促进农地资源的有效利用方面发挥了不可替代的作用。《民法典》将《土地承包法》中部分农村土地经营规则的特别法规范提升到了基本法律的位阶层面，在农村土地经营权的定性上取得了一些突破。不过，从修改后的《农村土地承包法》到最终的《民法典》，土地经营权的性质一直还有一些模糊地带，这将对分配集体、农户以及经营权人之间的权利义务关系产生一定的不利影响。今后，无论是从解释还是立法论的角度来看，农村土地经营权在权利内容设置和具体权能设置上都应当进一步塑造为物权性质的权利，尽可能优化权利人的法律地位。这既是农村土地财产归属与利用分离的逻辑结果，也是持续推进乡村全面振兴、实现农业农村现代化发展的长远需求。

The Legal Structure of the Separation of Three Rightson Agricultural Land and Its Institutional Response of the Civil Code

Li Yuxiang

Abstract：The "Separation of Two Rights" in rural land was formed in the planned econo-

---

[1] 参见宋志红：《民法典对土地承包经营制度的意义》，载《农村经营管理》2020年第11期，第24页。
[2] 参见屈茂辉：《民法典视野下土地经营权全部债权说驳议》，载《当代法学》2020年第6期，第55页。
[3] 参见陶密：《土地经营权的权利类型及规范逻辑解析》，载《中国法律评论》2021年第1期，第87页。

my period, which effectively promoted the circulation of rural land. The General Principles of Civil Law, Land Management Law and Rural Land Contracting Law have systematically constructed the right in a comprehensive and three-dimensional manner, transforming it from a basic policy to a private property right, established a dual rights model for agricultural land in China. In response to the requirements of the development of the times, the Civil Code has made institutionalized arrangements for the "Separation of Three Rights" from the basic legal system level. On the basis of maintaining the basic rights framework of "Separation of Two Rights", the Civil Code clarifies the legal attributes and basic characteristics of the land management rights. It not only further implements and strengthens the private law effectiveness of collective ownership of farmers, but also successfully extends the rights chain after the transfer of rural contracted land.

Keywords: the "Separation of the Three Rights"; Agricultural Land; the Response of the Civil Code

论互联网空间禁止单方面交流规则面临的挑战及其应对*

邹梅珠**

摘　要　基于互联网空间隐秘性、单向性以及信息泡沫化等特性，禁止单方面交流规则在互联网空间呈现规制失范现象。这些问题引发了一系列实践与立法争议。实务部门和学界就"法官能否实施互联网取证行为""互联网单方调查行为与传统司法理念的冲突""法官实施互联网单方面交流行为的立法选择"等问题进行了争议性探讨。要在互联网时代继续发挥禁止单方面交流规则原有的效用，就有必要对传统禁止单方面交流规则予以调适，具体可采用"对典型法官互联网单方面交流行为提供专门性伦理指引""向法官提供面对和处理社交媒体机器人程式和算法泡沫的伦理指引"以及"强化法官互联网单方调查行为的披露义务"三项措施。

关键词　单方面交流　社交媒体　机器人程式　算法泡沫　网络取证

在21世纪，法律职业群体面临的最大政策挑战之一是互联网技术扩散。互联网技术给法律职业群体带来了无数好处，诸如电子归档、电子案件管理、改进公众宣传以及通过在线形式为诉讼当事人和法律职业群体提供了更多便利。但是，互联网环境的独特性也给法律职业群体伦理规制带来了困境，而法官单方面交流行为就是其中必须予以面对的问题之一。为此，下文就禁止单方面交流规则在互联网空间运行中面临的挑战及其应对予以剖析，以期为法官职业伦理在互联网空间面临的挑战及其应对研究起到"抛砖引玉"的效果。

---

*　国家社会科学基金青年项目"互联网时代法官职业伦理面临挑战及其应对研究"（编号：19CFX003）。
**　邹梅珠，法学博士，广东金融学院副教授。

一、禁止单方面交流规则在互联网环境中面临的规制困境

法官在互联网空间中实施单方面交流的形态有两种：一是与一方当事人或其律师、案件证人等存在网络社交关系，在互联网社交过程中与一方当事人或其律师、案件证人实施单方面交流行为；二是法官撇开当事人及其律师等主体的互动关系，借助于互联网直接检索、整合与案件事实相关的材料，实施单向互联网调查行为。与传统单方面交流形态相比，法官在互联网空间中的单方面交流具有如下特征：法官更容易实施单方面交流行为；法官单方面交流行为更加趋于隐秘；社交媒体信息泡沫加剧了法官单方面的偏好。上述互联网空间带来法官单方交流行为的变化使得禁止单方面交流规则在互联网空间呈现规制的失范。

（一）网络去抑制效应导致禁止单方面交流规则内在规制力降低

互联网空间有别于现实空间，个体网络行为不同于非网络行为。早在20世纪80年代中期，心理学家在研究个体的E-mail行为时就发现了个体网络行为的去抑制特性。[1] 早期心理学家主要关注个体网络交流行为（以计算机为媒体的交流行为）与现实交流行为（面对面交流行为）的差异。心理学家普遍意识到以计算机为媒体的交流（Computer Mediated Communication）与面对面交流（Face to Face）的显著差异。[2] 心理学家Suler认为"网络去抑制效应"可以解释个体网络行为与现实行为之间存在差异的现象，诸如个体在网络环境中表现出更为放松、较少的约束感和较开放的自我暴露。[3] 为此，至于为什么个体在网络空间会出现"网络去抑制效应"，学者形成了不同的原因理论，诸如去个体化、社会线索减少、社会呈现度、自我意识二因素以及社会身份解释等。[4] 不论哪种理论，心理学界普遍认为影响去抑制效果的因素包括匿名性、隐形性、异步性、文本性和缺少眼神交流，以及与个人相关的因素等。虽然心理学学界对于去抑制的界定存在争议，[5] 但主流

---

[1] See Sproull. L, Kiesler. S, Reducing Social Context Cues: Electronic Mail in Organizational Communication. *Management Science*, Vol. 32, No. 11, 1986, p. 1492 – 1512.

[2] "在一般的FTF的社交情境中，交流受到很多严格的社会规范和惯例的制约，在大多数情况下，人们在与他人的FTF交往中，能够做到友爱、体恤他人，很少出现愤怒的冲突以及恶毒的口头谩骂。而在CMC中，根本不存在关于交谈的一般的约束和准则，个体似乎有着不同的规则。"转引自王静等：《导致网络去抑制行为的原因理论综述》，载《哈尔滨学院学报》2007年第7期，第14页。

[3] See Suler, John. The Online Disinhibition effect. *Cyber Psychology & Behavior*, Vol. 7, No. 3, 2004, p. 321 – 326.

[4] 参见王静等：《导致网络去抑制行为的原因理论综述》，载《哈尔滨学院学报》2007年第7期，第15 – 16页。

[5] 在CMC（Computer Mediated Communication）领域，去抑制常常被简单等同于"flaming"（去抑制沟通）。"flaming"行为在CMC中确实占据了重要位置，但仅仅将去抑制界定为"flaming"无疑排除了很多更广意义上的去抑制行为，如，去抑制浏览、过度暴露。此外，去抑制的概念是否应当包含"匿名性"也存在争议。参见王静等：《导致网络去抑制行为的原因理论综述》，载《哈尔滨学院学报》2007年第7期，第16 – 17页。

观点将网络去抑制界定为:基于互联网空间所提供匿名性与虚拟网络社会情境,使网络社会个体形成去个体化或日常压抑减弱的心理知觉空间。网络去抑制可能释放用户的负面冲动而实施不恰当行为,网络去抑制也可能降低某些使用者在现实社会中的消极情绪。简而言之,在互联网空间中,人们会说他们一般在非互联网空间不会说,做他们一般在非互联网空间不会去做的,甚至去(或点击)他们一般在非互联网空间不会去的地方。与面对面交往者相比,互联网空间交往者在展示真正的自我方面更成功。[1] 在互联网这一虚拟空间中,现实世界中优越的"主体",傲慢的"主体",有阶级、等级、财富阶层分割的"主体",矜持的王后,傲慢的王子……无一不显露出微妙的一面,没有等级、阶级、性别、年龄、性别、种族、地位、教育水准等的分别,进而"忘却"现实中的"律令"规训,放飞自我,甚至到放肆的地步。

在非互联网空间中,单方面交流通常是当事人或其律师与主审法官的互动式交流。在互动式单方面交流中,主审法官更容易觉察该种单方交流的伦理禁制,继而倾向于遵从法官职业伦理,规制自我行为,规避单方面交流。基于互联网空间所提供的匿名性、隐形性、异步性、文本性等特殊环境,主审法官更容易"忘记"现实"法官职业伦理"的规训,在无伦理禁制意识下抑或是一方当事人或其律师不知情的情况下,浏览一方当事人或其律师的帖子或主页,"肆无忌惮"地在互联网上开展单方面调查,最终引发一方当事人及其律师对其公正性的质疑。

(二)法官互联网单方调查行为导致禁止单方面交流规则外在规制力降低

在即时性和简单性的诱惑下,互联网社交平台的用户数量和推文数量急剧增加,其中涵括很多证明案件事实的证据材料。诸如,在一起工业事故后的诉讼过程中,就在一位专家证人解释公司是如何认真遵守所有必要的安全协议和程序时,原告律师却在YouTube上看到了被告公司一些员工拍摄的视频,这些视频显示了他们是如何偷工减料的;或者,一场毁灭性事故中,作为被告的司机一方面在庭审过程中否认自己当时匆忙、事故的发生完全属于意外事件时,另一方面他在其微博上发表言论表明在事故发生时其存在失误;抑或,在一起人身损害赔偿案件中,一个"严重和永久性受伤"原告为获得高额人身赔偿金向陪审团讲述了自己几乎不能行走的悲惨故事后,被告律师在原告Facebook账户上发现其最近在太平洋西北部完成了十公里跑步或爬山的大量照片。[2] 面对互联网资源的多元化

---

[1] 巴格等人认为网上交往之所以更容易真实的自我,其缘由为:网上交往的匿名程度更高;可以更自由地讨论个人的禁忌以及较为负面的东西;面对面谈话时使人焦虑的一些因素(诸如外表)的重要性降低;可以对谈话的步调进行更大的控制。See Bargh, J A., K. Y. A. McKenna and G. J. Fitzsimons, "Can You See the Real Me? Activation and Expression of the 'True Self' on the Internet", *Journal of Social Issues*, Vol. 58, No. 1, 2002, pp. 33 – 48.

[2] See John G. Browning, Digging for the Digital Dirt: Discovery and Use of Evidence from Social Media Sites, *Science and Technology Law Review*, Vol. 14, No. 3, 2011, p. 465.

和便捷性，法官也无法克制实施互联网调查行为。例如，在一个案例中，一名社会保障残疾索赔人因哮喘寻求额外的福利。在社会保障委员会否认这一说法后，一名行政法法官支持了这一说法，并驳回了索赔人的上诉，认为他的症状不可信。法官指出："在自己的研究调查过程中，发现了一个据信是原告 Facebook 页面上的个人资料，她似乎在抽烟……如果描述准确，原告的可信度是有理由怀疑的。"①

数字世界对公众司法信心的威胁不同于其他政府机构网络安全漏洞造成的尴尬和国家安全担忧。虽然法院互联网安全是一个重要问题，但数字世界对公众司法信心的威胁或许更为严峻（数字世界对公众司法信心的威胁大多来自法官在数字世界中互动时的行为）。就现有数据来看，法官对通过快速求助于互联网调查来满足其好奇心的普遍愿望毫无抵抗力。在某些情况下，法官甚至没有耐心等待当事人将案件相关证据提交给他们，而是自行对其开展互联网司法调查。就现有法官伦理惩戒判例来看，只要法官不自行披露其互联网调查行为，当事人是不可能知晓法官在互联网上进行了单方面交流行为。例如，北卡罗来纳州 B. 卡尔顿·特里法官脸书（Facebook）事件就起始于法官特里在于一方当事人交谈时的自行披露。

（三）社交媒体信息泡沫全面弱化禁止单方面交流行为规则的规制力

互联网社交机器人程式是社交平台上的自动化软件程序，通过算法生成内容与人类互动，通常不被标记为社交机器人程式，很容易与人类社交账户混淆。一些机器人程式整天在 Twitter 等互联网社交平台上运行，阅读的推文比任何人类都多。与人类互动的社交机器人程式越来越多地出现在 Twitter、Facebook、微信等互联网社交平台上。南加州大学和印第安纳大学的研究人员进行的一项研究估计，9% 到 15%（可能有 4800 万）的活跃 Twitter 账户是机器人程式。机器人程式可以执行看似有益的功能，如每天分享一首诗、传播新闻和协调志愿者活动。然而，恶意机器人程式已经出现。人类互联网社交用户在不知情的情况下与机器人程式频繁互动，而这些互动可能会产生诸如传播"假新闻"或窃取机密信息等后果。互联网社交平台通过机器人程式以及算法精准捕捉用户个人偏好，并由此创建符合用户特性的虚拟信息世界（也被称为"信息泡沫"）。互联网社交平台一般通过算法过滤产生的在线生态系统实现精准定制用户体验的目标。在该生态系统中，算法根据用户以往的在线行为为其定制可查看的内容。互联网社交平台上的在线过滤生态系统有利有弊：一方面满足了人们在虚拟世界中的个性化需求，另一方面加剧了人们选择媒体和内容的倾向、强化了用户现有个体偏好。② 为此，互联网社交平台上的在线生态系统有可能促使虚拟回音室的形成，阻碍个体全面获取思想和信息。在虚拟回音室里，人们"遇到

---

① Theresa Purvis v. Commissioner of Social Security, 2011 WL 741234, at *4 (D. N. J. Feb. 23, 2011).

② See Elizabeth Dubois, Grant Blank, The Echo Chamber is Overstated: The Moderating Effect of Political Interest and Diverse Media, *Information Communication & Society*, Vol. 21, Issue. 5, 2018, p. 731.

他们已经赞同的事件。如果没有思想和信息的自由流动，回音室的人会相信这就是一切。"①

随着机器人程式和信息泡沫在互联网社交平台出现，法官们保持公正的能力将面临巨大威胁。恶意机器人程式作为虚假信息传播的主要来源，已经成为威胁法官公正能力的重大隐患。例如，Facebook 抑或微信上的法官每天都会暴露在由机器人程式控制的虚假热门账号的关于药物危机的"假新闻"报道中，而碰巧法官随后主持了指控该药物警告标签缺陷的诉讼案件，该法官在处理该案时是否仍然能够保持不偏不倚？对此，美国律师协会的一份伦理意见宣称，互联网充满了真假，暗示也许互联网社交平台和互联网资源天生比书籍和研讨会更容易导致"偏见、不可靠或虚假"："互联网社交平台提供了广泛的信息，用户可以分享关于自己和他人的信息。在互联网上发现的信息可能具有很高的教育性，对法官来说就像司法研讨会和书籍一样有用。但从互联网搜索中收集的信息可能不准确。它可能是有偏见的、不可靠的或错误的"②。

虚假信息泡沫所造成的法官单方信息接收具有如下特殊性：其一，法官对偏见的产生无意识。只要法官使用社交媒体，被虚假信息泡沫包围将无可避免。虚假信息泡沫客观上在法官意识层面形成了偏颇，即便法官在主观层面否认该种偏颇的存在。其二，双方当事人对法官单方信息接收不知情。为此，在虚假信息泡沫充斥的互联网空间禁止单方面交流规则将面临主体无意识的规制力全面失控状态。

二、法官在互联网空间实施单方面交流引发的争议及立法选择

（一）法官在互联网空间实施单方面交流而遭受惩戒的典型案例——北卡罗来纳州 B. 卡尔顿·特里法官脸书（Facebook）事件③

北卡罗来纳州 B. 卡尔顿·特里法官脸书事件被认为是最臭名昭著、经常被引用的案例。根据北卡罗来纳州法官司法标准委员会的报告，法官特里与当地的一名律师查尔斯·希克在脸书上建立了"友谊"。在他们成为脸书好友时，一个重大的危机便相随而来，即律师希克正好是特里正在审理的一个儿童监护权案件一方当事人（丈夫）的代理律师。律师希克在该儿童监护权案件尚未审结的情况下，在其脸书账户中发表了"对方当事人（妻子）指出了我的委托人有外遇的事实，我很担心，我如何证明该事实不存在？"的言论。作为"好友"的法官特里在看见律师希克在脸书账户中的言论之后，便给出了"他有两个好父母可以选择""他（明确指出是丈夫）将会回到法庭的"的评论。律师希克在

---

① Elizabeth Dubois, Grant Blank, The Echo Chamber is Overstated: The Moderating Effect of Political Interest and Diverse Media, *Information, Communication & Society*, Vol. 21, Issue. 5, 2018, p.731.

② ABA Comm'n on Ethics & Prof'l Responsibility, Formal Op. 478, at 1 (2017).

③ See Herbert B. Dixon Jr, The Black Hole Effect: When Internet Use and Judicial Ethics Collide, *Judges Journal*, Vol. 49, No. 4, 2010, p.38.

看见法官特里的评论后,便回复称"我有个明智的法官"。除了和律师希克在脸书中就案件事实的"你来我往"的交流外,2008年9月11日,特里和希克在Facebook上就此案是否进入最后一天的审判交换了意见,特里回应说:"你已经进入最后一天的审判。"特里法官还上网查看了惠特利夫人为自己的摄影业务维护的一个网站,查看她发布的照片和诗歌。2008年9月12日,特里法官在宣布裁决时甚至引用了她的一首诗。

主审法官特里在和另一方当事人(妻子)代理律师交谈时,提及其之前和一方当事人代理律师M在脸书上有过接触。在主审法官特里作出裁决之后,另一方当事人(妻子)代理律师便以主审法官特里在脸书中的单方交流行为有损法官中立性为由,提出了要求进行重新审理该案和主审法官特里回避的动议。2008年10月14日,主审法官特里选择了自行回避;同时,他就该案作出的判决被撤销;2008年10月22日就该案启动了重新审判。北卡罗来纳州司法标准委员会认定,主审法官特里"受到他独立收集的信息以及他与希克先生的单方面通信的影响"。此外,主审法官特里的行为还表现出"对北卡罗来纳州司法行为准则所体现的原则的漠视"和"构成有损司法公正的行为,使司法机关名誉扫地"。

(二) 法官能否实施互联网取证行为的实践争议

各界对互联网取证行为的态度经历了"否定——肯定——质疑"的转变。这从美国联邦法院对互联网证据及互联网取证行为的态度变迁中可窥见一斑。在20世纪末,法官认为从互联网上获取证据是"谣言、影射和错误信息的一大催化剂",结论是"从互联网上获得的任何证据几乎都不足够"。[①] 然而,在随后的几年里,美国法院对运用互联网获取证据行为的态度情况发生了变化,从对被送达的当事人进行尽职调查到挑选陪审团,全国各地的法院都希望律师能够利用网上资源。[②] 至少有一个联邦巡回法院承认,法官通过互联网调查来确认自己的司法判断是完全可以接受的。[③]

美国最高法院的法官们因援引通过在线资源发现的事实或在"友好"简报中提出的事实,而不是在审判法院的记录中发现的事实而受到审查和批评,因为这些事实受到对抗性程序和通知规定的制约。

(三) 法官实施互联网单方调查行为所引发的伦理争议

法官实施互联网单方调查行为所引发的伦理争议主要围绕着"互联网单方调查行为与对抗式诉讼程式的冲突"展开。在司法伦理领域,一直为实务界和学术界高度关注的问题之一:法官可以在多大程度上独立收集、调取互联网上的事实和政策信息,以帮助其裁决案件。现代法治国家均建立了以程序正义为内核、对抗式诉讼程式为表征的裁判程序。按

---

① Teddy St. Clair v. Johnny's Oyster & Shrimp, Inc., 76 F. Supp. 2d 773, 774 - 775 (S. D. Tex. 1999).
② See Carino v. Muenzen, No. A - 5491 - 08T1, at *9 - 10 (N. J. Super. Ct. App. Div. Aug. 30, 2010).
③ See United States v. Bari, 599 F. 3d 176, 181 (2d Cir. 2010).

照程序正义的基本理念，法官必须"听取双方的陈述"。为了确保控辩双方（原被告）有效参与诉讼对抗过程，各法治国家均设置了如下程序保障：向法庭提交本方的证据、观点和主张，要求法庭以强制手段确保本方证人出庭；对对方的证据、观点和主张提出有效的反驳，向对方证人进行充分的交叉询问……。法官不得与任何一方当事人进行单方面接触，对抗式诉讼程式被认为是司法正当性的基石。正如一位学者所说："对抗性的诉讼程式设计与法院在民主社会中应发挥有限作用的普遍观点密不可分；它既确保法院不超越其应有的作用，又为它们提供了一种很好地填补这一作用的手段"。[1]

对抗式诉讼程式发挥着三方面的效能：其一，最大限度还原案件事实真相，确保裁判的公正性。基于理性人趋利避害的本性，纠纷双方均倾向于出示有利于其主张的证据。为此，法官要最大限度还原案件事实真相、作出正确裁判，兼听（充分听取纠纷双方当事人的主张和证据）便至关重要。对抗式诉讼程式，通过赋予控辩双方（原被告）向法庭提交证据（主张）、对对方证据（主张）反驳、对对方证人进行充分交叉询问的权利，有助于将案件事实最大限度还原在裁判者面前，以确保其裁判的公正性。其二，有助于在司法裁判过程中贯彻程序正义，对维护司法客观公正、提高裁判公信力起积极作用。在英国学者达夫看来，一项司法裁判的质量会因为产生它的程序本身不具有正当性而受到质疑，因此，法院通过司法审判所作的裁判必须具备合理的根据并经过充分论证；同时，法院还必须向控辩双方（原被告）以及其他社会公众展示其裁判的公正性。[2] 司法公正要以人们看得见的方式实现，这就需要裁判程序符合最低限度的公正性：使那些受决定直接影响的人亲自参与决定的产生过程，向他证明决定的根据和理由。[3] 如果法官在案件审判过程中以单独、秘密的方式进行互联网调查取证，这显然违反了最低限度程序公正的要求，在根本上损害了司法外观公正和裁判公信力。其三，有助于实现对裁判权的监督和制约。在对抗式诉讼中，控辩双方（原被告）亲历了面对面的证据展示和质证过程，双方对法官裁判结论是否恰当、是否滥用裁判权，大体都能够形成较为直观的判断。为此，与法官单方调查程式相比，对抗式诉讼程式能有效实现对裁判权的监督和制约。案件主审法官利用实施单方面案件事实调查行为可能带来如下问题：

1. 促使对抗式诉讼程式瓦解

波斯纳法官在处理 Rowe v. Gibson 案时为了确定囚犯的医疗需要，引用了包括维基百科和 WebMD 在内的各大网站上有关医疗条件和药物问题的背景资料（并以此为基础评估

---

[1] Brianne J. Gorod, The Adversarial Myth: Appellate Court Extra – Record Factfinding, *Duke Law Journal*, Vol. 61, No. 1, 2011, p. 13.

[2] See Michael D. Bayles, *Procedural Justice*, Kluwer Academic Publishers, 1990, pp. 99 – 104. 转引自陈瑞华：《刑事审判原理论》（第二版），北京大学出版社2003年版，第33页以下。

[3] See J. R. Lucas, On Justice, Oxford University Press, 1980, pp. 1 – 19. 转引自陈瑞华：《程序正义论——从刑事审判角度的分析》，载《中外法学》1997年第2期，第71页。

了监狱的医疗条件和医生的专业背景和声誉），最终以上述资料为基础作出了即时判决。① 与此同时，波斯纳法官对其互联网调查行为的正当性予以了论证，他认为对互联网调查行为不应当都持否定态度，理由有二：其一，他认为严格遵守对抗式诉讼程序并不总是有利于维护正义，尤其是在涉及诉讼当事人的案件中；② 其二，他声称，通过互联网调查的事实类型不一定是需要出庭作证证人在场的裁决性事实。③ 波斯纳法官关于互联网调查的言论无疑引起了强烈的异议，如法官大卫汉密尔顿指出："互联网调查的便利性使上诉法院关于独立事实调查的正当性和局限性的老争论有了新的活力……然而，无论采取何种措施，利用独立的事实调查来发现实质性、裁决性事实的真实问题，从而决定上诉，都不在允许的范围之内。"④

当办案法官在互联网上开展案件事实调查时，对抗式诉讼程式可能被颠覆，因为任何一方都无法知晓法官在互联网上挖掘到了何种"事实"，更毋庸置疑法官在互联网上挖掘到的"事实"的真实性或可信度。在"假信息"时代，当法官运用其从互联网上挖掘"事实"得出裁判，由于控辩双方有效参与诉讼对抗过程的缺失，法官裁判的公正性缺乏事实根基。即便法官通过互联网挖掘的信息系真实的，其也可能面临互联网信息快速变更所带来的不当后果。例如，首席大法官约翰·罗伯茨（John Roberts）在口头辩论中引用了亚利桑那州一家网站的过时信息而受到批评，为此，他不得不在裁判书中指出网站信息发生了变化。⑤

2. 对司法公正、司法公信力等核心价值形成威胁

与法官在互联网平台上发表亵渎言论等显性不端行为不同，法官互联网单方调查行为对司法外观公正、司法公信力等核心价值观的损害则没那么明显。随着互联网上即时可用信息的激增和"假信息"在互联网上层出不穷，引发了人们对如何维护司法公信力的担忧。如同法官在互联网之外所主导的任何形式独立事实调查一样，法官实施互联网事实调

---

① Rowe v. Gibson, 798 F. 3d 622, 623 (7th Cir. 2015). When discussing the possible credibility of information found on corporate websites, Judge Posner also noted that "it might be thought that a corporate website … would be a suspect source of information. Not so; the manufacturer would be taking grave risks if it misrepresented the properties of its product." Id at 626.

② Rowe v. Gibson, 798 F. 3d 630 (7th Cir. 2015). ("It is heartless to make a fetish of adversary procedure if by doing so feeble evidence is credited because the opponent has no practical access to offsetting evidence.").

③ Rowe v. Gibson, 798 F. 3d 628 (7th Cir. 2015). (Judge Posner described a number of scenarios where he felt Internet research of facts is appropriate, such as web searches for background information and facts that can be judicially noticed. Even so, Judge Posner wrote: When medical information can be gleaned from the websites of highly reputable medical centers, it is not imperative that it instead be presented by a testifying witness. Such information tends to fall somewhere between facts that require adversary procedure to determine and facts of which a court can take judicial notice ….)

④ Rowe v. Gibson, 798 F. 3d 638 (7th Cir. 2015).

⑤ See Dahlia Lithwick, Supreme Court Year in Review, SLATE (June 27, 2011, 6: 17 PM), https://perma.cc/3BCE-GYLP (noting a problem that arose when Chief Justice Roberts cited a state website for information during oral arguments regarding the state's reason for adopting certain campaign finance restrictions when the website was later changed to identify a different reason for the legislation – a point that was raised in the Chief Justice's opinion).

查被认为是一种单方面交流行为,因为这种交流发生在控辩双方(原被告)缺场的情况下,控辩双方(原被告)均无机会对其使用进行盘问或提出异议。笔者相信所有的法官在运用互联网进行事实调查的初心是良善的——以实现司法公正为根本驱动力。不少法官可能希望通过互联网搜索一方当事人的基本信息或查找案件有关的背景信息,但无意中发现可能明示(暗示)对一方诉讼当事人或律师的不利信息。法官在调查与其即将审理案件有关的"背景"资料时,可能就与本案密切相关的有争议的事实问题提出强有力的意见或结论,进而导致对抗性诉讼程式形式化。

对抗性诉讼程式是最低限度程序正义的要求,控辩双方(原被告)对抗形式化在根本上违背了程序正义最低限度要求。控辩双方(原被告)对抗形式化不利于说服控辩双方(原被告)接受裁判结果的正确性和合理性,也发挥不了向其他社会公众宣示和证明其判决的公正性,在根本上阻碍了司法公正以看得见的方式实现,这也是法官惩戒实践中对法官互联网调查行为予以公开谴责的重要理由。例如,北卡罗来纳州司法标准委员会公开谴责一名法官访问监护权纠纷中母亲的网站,认为法官在互联网上的独立调查行为损害了司法机构应该体现的所有核心价值观,主要表现包括"未能亲自遵守适当的行为标准,以促进公众对法院的廉正、独立和公正的信心。"[①] 同样,在纽约医疗和神经诊断,P. C. v. 共和国西部保险案中,一家上诉法院推翻了一名初审法官根据他对被告在纽约的商业运作进行的独立互联网研究驳回案件的决定。[②]

3. 不利于对司法权开展监督和制约

法官网络独立调查行为具有隐蔽性特征,其访问网站收集当事人或案件信息一般很难被发现,除非该信息在公开法庭上注明或在意见书中引用,将有碍社会各界对司法权开展监督和制约。

(三) 对法官实施互联网单方面交流行为的立法选择

伴随着法官在互联网上检索对案件有用事实信息的行为是否合乎道德的争论,互联网上的外部独立调查问题已经成为美国律师协会关注的重要伦理问题之一。《美国律师协会司法行为示范法》第2.9(C)条规定,"法官不得独立调查某一事项的事实,而只应考虑所提出的证据和任何可适当地在司法上予以注意的事实。"对这一规则的评论清楚地表明,这项禁令适用于电子信息。此外,美国律师协会还发表了一份罕见的司法伦理意见,专门解释了《司法行为示范法》,以解决互联网上的独立调查问题,即使在寻求司法上注意到一个事实。如第478号正式意见所述:"法官不得从互联网上的任何来源收集判决事实,除非这些信息受到适当的司法通知。更进一步……,法官不应利用互联网就悬而未决或迫

---

① Public Reprimand of Hon. B. Carlton Terry, Jr., Inquiry No. 08 – 234, at 4 (N.C. Judicial Standards Comm'n April 1, 2009).

② NYC Med. & Neurodiagnostic, P. C. v. Republic W. Ins., 798 N. Y. S. 2d 309 (N. Y. App. Div. 2004).

在眉睫的事项进行独立的事实收集,在这些事项上,可以很容易地要求当事方研究或提供信息。"法院和美国律师协会通过咨询意见、规则修改、工作组以及在必要时对法官采取惩戒行动,表明了相关部门对保障对抗性诉讼程序和维护司法公正性的坚持。

三、禁止单方面交流规则在互联网时代的调适

互联网社会对司法伦理每个新挑战都必须通过制定一系列规则来予以解决。要在互联网时代继续发挥禁止单方面交流规则的原有效用,诸如维护司法公正、维持司法公信力等,就有必要对传统禁止单方面交流规则予以调适。

(一)对典型法官互联网单方面交流行为提供专门性伦理指引

学界和实务部门对"现行司法行为规范是否足以为法官的互联网社交行为提供指引"这一问题存在分歧。不少学者认为现行司法行为规范足以为法官的互联网社交行为提供指引,其中包括对单方面交流的限制。针对法官在互联网空间实施违反禁止单方面交流规则的现象,美国许多道德委员会都相继发表了声明,提醒法官在互联网社交环境中应当一直保持不偏不倚的行为态势。例如西弗吉尼亚州司法行为准则强调,"《司法行为准则》中关于司法官员亲自、书面或通过电话进行社交和交流的规定同样适用于互联网和Facebook等社交网站。"一位新墨西哥法官警告说,法官必须牢记司法行为守则适用于"与虚拟行为和在线评论同等效力"。《新墨西哥司法行为守则》的序言鼓励法官"格外关注围绕新兴技术的问题,包括那些涉及社会媒体的问题,并敦促其在使用中要极其谨慎,以免违反法规。"在纽约州司法行为委员会的意见中,该委员会指出,司法行为规则适用于"互联网空间以及更传统的通信形式……"。

如前文中论证的,互联网空间有其特殊性,传统司法行为规范在互联网空间面临失范等危机,为此有必要对法官网络空间中的典型单方面交流行为提供专门的伦理指引。具体而言,法官除了遵守传统司法行为规范中的禁止单方面交流规则之外,还必须审慎对待互联网社交平台上可能构成单方面交流的行为。诸如俄亥俄州法官申诉和纪律委员会法官互联网社交行为伦理指引规定:(1)法官不应在网络社交平台上浏览一方当事人或者证人的主页,也不能通过互联网获取其所处理事项的信息;(2)法官应当知道他(她)的网络社交账户页面的内容,熟悉网络社交平台上的政策和隐私控制,并且审慎地对待网络社交平台上的所有互动行为。①

(二)向法官提供面对、处理社交媒体机器人程序和算法泡沫的伦理指引

人们已经意识到法官运用互联网社交平台所带来的道德影响,且该种公众意识越来越

---

① Ohio Bd. of Comm'rs on Grievances and Discipline, Op. 2010-7, at 7-8 (2010). available at http://www.Sconet.State.Oh.us/Boards/BOC/Advisory_Opinions/2010/default.asp.

强烈,但很少有人论及法官在机器人程式和算法泡沫中驾驭互联网社交的可能性以及可能面临的伦理困境。尽管不少司法伦理标准和意见已经确认,司法伦理的要求应当延伸至互联网社交活动,但他们还没有就机器人程式和泡沫对司法公正构成的潜在危险予以充分关注。为了避免社交媒体机器人程式和算法泡沫对司法公正造成损害,学者卡特里娜·李(Katrina Lee)主张建构多元解决机制:其一,法官应发现和避免机器人程式;其二,法官应当拥有多元化的"媒体饮食";其三,考虑综合方法;其四,定期重新审视司法伦理规则。① 本文赞同卡特里娜·李(Katrina Lee)的观点,法官要避免社交媒体机器人程式和算法泡沫所带来的消极影响并非依靠单一措施就能够实现的,确实需要采取多元措施。

1. 法官使用互联网社交工具时应当保持审慎态度

面对机器人程式(尤其是"恶意"机器人程式)所带来的消极影响,互联网社交平台开发公司、互联网社交平台研究人员以及立法者均已在其权限范围内采取了一定的应对措施。诸如互联网社交平台研究人员已经努力通过简单的过滤工具来检测机器人程式、互联网社交平台开发公司也发布了一系列打击问题账户的公告,立法者也着手调查互联网社交平台上的机器人账户。② 为此,持乐观态度的学者认为,互联网社交平台面临清除恶意机器人和假账户足够压力的情况下,"恶意机器人程式"和假账户将在未来几年内消失。③ 但是,持悲观态度的学者则认为像 Twitter、Facebook、微信这样的互联网社交平台"有商业动机,不至于过于激进地淘汰机器人程式。"④

各国政府和互联网社交平台持续打击"恶意机器人程式"和假账户无疑是未来的趋势,但要彻底取消机器人程式也非一朝一夕之事。为此,法官在使用互联网社交平台时应当保持审慎的态度:一方面法官应当尽量选择具有过滤机器人程式和假账户的互联网社交平台;另一方面法官应当学会和掌握识别机器人程式和假账户的技巧,当其在无法评判某一账户是否为机器人程式账户时,应当尽量避免与该账户互动。

2. 法官面对互联网社交账户发布的信息时应当秉持开放态势

大法官斯卡利亚(Scalia)在撰写明尼苏达州共和党诉怀特(Republican Party of Minnesota v. White)案判决书中意见时,指出:法官对法律问题和事实问题持有一种开放态度系"公正性"的实质含义之一。法官所应当持有的开放态度在其面对互联网社交账户信息时也同样适用。法官面对互联网社交账户信息时应秉持开放态势,具体而言:其一,法官应该养

---

① See Katrina Lee, Your Honor, on Social Media: The Judicial Ethics of Bots and Bubbles, Nevada Law Journal, Vol. 19, 2019, pp. 819 – 821.

② See Yoel Roth & Del Harvey, How Twitter is Fighting Spam and Malicious Automation, TWITTER BLOG (June 26, 2018), https://blog.twitter.com/official/en us/topics/company/2018/how – twitter – is – fighting – spam – and – malicious – automation. html [https://perma.cc/Y5J5 – C79Z]

③ See Katrina Lee, Your Honor, on Social Media: The Judicial Ethics of Bots and Bubbles, Nevada Law Journal, Vol. 19, 2019, pp. 819 – 821.

④ Nicholas Confessore et al., The Follower Factory, N.Y. TIMEs (Jan. 27, 2018), https://www.nytimes.com/interactive/2018/01/27/technology/social – media – bots. html [https://perma.cc/8DKW – MDBF].

成多元化的互联网社交信息阅读和互动习惯，以避免单一阅读倾向所引发的泡沫。互联网社交信息泡沫的形成很大程度上是由法官自己或算法（记录法官的阅读喜好，并根据其喜好有意识地过滤和推荐信息），或两者共同创造。法官只有养成多元化的信息阅读和互动习惯才能最大限度避免泡沫的形成及其可能带来的负面效应。其二，法官对其在互联网社交过程中接触到的与案件事实相关的信息应当持有开放态度，避免形成偏向性预断。

3. 定期审视法官职业伦理以便适应情势变更

如果法官面对互联网社交的保持审慎态度和开放态势被证明不足以抵消机器人程式和虚假账号所带来的弊病，法官伦理委员会和学者必须定期审视司法伦理规则，以便及时进行相应的修改。就实践来看，法官伦理委员会和学者对司法伦理规则的审视路径一般为：就法官在互联网社交平台上某些行为规定为"公正性可能受到合理质疑"的情况开始。例如美国律师协会就法官是否可以利用互联网社交平台或其他互联网手段来发现"判决事实"的问题进行了审视并发表了一份伦理意见，该《意见》宣称法官不能利用互联网社交平台或其他互联网手段来寻找"判决事实"，并强调法院不得根据记录在案或法庭上陈述事实以外的事实来裁判案件。[①]

（三）强化法官互联网单方调查行为的披露义务

1. 法官公正性的基石——法官披露义务

法官披露义务，即法官根据职业伦理的要求，在被指定时或被选定后，应主动向当事人披露对其公正性会产生合理怀疑的任何事实或关系，包括但不限于与当事人及其律师之间存在金钱或社交方面的关系（接触），以及与裁判结果存在直接或间接的利害关系，当事人根据其披露的事项决定是否继续接受其担任裁判主体或决定是否申请其回避。绝大多数法治国家均建立了法官披露义务，以确保法官公正裁判。[②] 法官披露义务被认为是由自然公正理论要求"任何人不得担任自己案件的裁判者"衍生而来，是一项为法治国家所普遍确立的伦理准则。

法官披露义务制度的积极作用表现为：其一，法官披露义务制度与法官回避制度之间具有密切关联性——当事人申请回避权利有效行使有赖于法官充分披露。只有法官主动披露其私人场域中不为人知的事实或情况，当事人才能及时知悉并作出是否要求法官回避的决定。其二，督促法官严格按照职业伦理规范的要求行事。及时、充分地向控辩双方（原被告）及其律师履行披露义务，有助于督促法官更加自觉、主动地公正司法，不偏私地对待控辩双方（原被告）。法官自觉地披露不为控辩双方（原被告）所知的事实与利害关

---

① ABA Comm'n on Ethics & Prof'l Responsibility, Formal Op. 478, at 1 (2017).
② 如 ABA《司法行为守则》规定，"法官应披露其认为当事人或律师可能合理地认为与可能的取消资格动议有关的信息，即使法官认为该动议没有依据"。澳大利亚《法官伦理道德》规定，"披露所有可能会产生司法偏见的事实是法官的基本义务"。

系，能够起到时刻提醒法官中立、公正行事，从而规范法官行为，督促其在履行职务的过程中严格遵循职业伦理规范。其三，有助于保障司法的中立性和公正性。获得中立裁判机构审判是国际社会普遍认可的人权。法官主动披露可能质疑其中立性和公正性的事实或利害关系，不仅符合程序公正的要求，通过赋予控辩双方（原被告）裁判主体变更权而确保司法公正。其四，有助于维护司法效率价值。法官及时披露有助于控辩双方（原被告）及时知悉裁判主体某些具有隐蔽性的损害裁判主体公正性或中立性的事实或利害关系，确保及时决定是否继续指任该名法官，避免在审判过程中乃至裁判作出才发觉法官存在可能影响司法公正或中立性的相关事项。

大多数情况下，法官实施单方联络行为具有隐蔽性，当事人往往无法知悉法官实施了单方联络行为。法官在互联网上的单方调查行为更具隐蔽性。为此，没有人比法官本人更清楚其是否实施了单方调查行为。在司法实践中，存在当事人在审判开始前没有发现法官的单方调查行为，在审判程序已经进行或终结之后才知悉法官单方调查行为，据此提出回避申请或者申请撤销原判，必将浪费司法资源。为此，法官披露义务既可以彰显法官的公正性，也可以防止司法资源的无端消耗。而披露义务一般规定了当事人未就法官披露事项提出异议的，则视为放弃异议权（当事人认为法官的单方面联络行为不会损害其司法公正性并默认该法官继续）。因此，大多数法治国家均将法官披露义务作为法官实施单方面联络行为后的重要补救方法。我国现行的法官职业伦理对其他国家伦理规则中普遍设定的法官披露义务没有作出任何规定。我国法官职业伦理中的这一缺失，会带来以下不利影响：其一，不利于保障当事人的合法利益；其二，不能对我国法官群体起到良好规范作用；其三，长此以往将会影响国内司法机构的公信力。为此，我国需要在法官职业伦理规范中增加法官披露义务制度。

2. 建立书面且持续的披露机制

大多数仲裁规则关于披露方式一致规定：采用书面方式且持续进行披露。[①] 之所以大多数仲裁规则确立书面披露方式，在督促仲裁员履行披露义务的同时保留其已经履行披露义务的书面证据，以防止当事人后期以仲裁员未履行披露义务为由申请撤销或不予执行仲裁裁决。[②] 此外，大多数仲裁规则确立了仲裁员持续性的披露义务，即：在整个仲裁程序

[①] 例如ICC《仲裁规则》第7条第2款规定："在指定或确认其指定前，相关仲裁员应签署一份独立声明，向秘书处书面披露在当事人看来可能影响仲裁员独立性的任何事实或情况。秘书处将此信息书面通知各方当事人，并规定期限要求他们予以评论。"UNCITARL《仲裁规则》在附件中提供独立性声明范本如下："本人公正不偏，独立于每一方当事人，此后亦将如此行事。……谨此附上有关以下方面的声明：（a）本人过去、现在与各方当事人在专业、业务和其他方面的关系，且（b）其他任何有关情形。[列入声明] 本人确认，这些情形不影响本人的独立性和公正性。本案仲裁期间随后一旦出现可能引起本人注意的任何此种进一步关系或情形，本人当迅速通知各方当事人和其他仲裁员。"CIETAC《仲裁规则》（2015年版）也规定了相关内容："被选定或指定的仲裁员应签署声明书，披露可能引起对其公正性和独立性产生合理怀疑的任何事实或情况；在仲裁程序中出现应披露情形的，仲裁员应立即书面披露。"

[②] 参见张圣翠：《论国际商事仲裁员披露义务规则》，载《上海财经大学学报》2007年第3期，第19-20页。

中,只要有新的可能引起对仲裁员中立性和公正性的合理怀疑的情况产生,就应当立即向当事人和其他仲裁员披露。① 大多数国家并没有明确要求法官进行书面且持续披露。从长远来看,法官职业伦理委员会也应当采用书面披露方式,一方面起到提醒法官的作用,另一方面也能够保留纸面证据。此外,在法官披露制度中也应当确立持续性披露机制,即:法官在整个裁判程序中,只要存在新的可能引起对其中立性和公正性的合理怀疑的情况产生,就应当立即向控辩双方(原被告)披露。

On the Challenges and Solutions to the Rules of Prohibiting Unilateral Exchange in Internet Space

Zou Meizhu

Abstract: Based on the characteristics of the Internet space, such as secrecy, one – way and information bubble, the prohibition of unilateral exchange rules shows regulatory anomie in the Internet space. The above – mentioned issues have sparked a series of practical and legislative controversies. The practical departments and the academic circles have carried out controversial discussions on such issues as "whether judges can implement the act of Internet evidence collection", "the conflict between unilateral Internet investigation and traditional judicial concepts", and "the legislative choice of judges to implement unilateral Internet communication". In order to continue to play the original role of the rules prohibiting unilateral exchanges in the Internet era, it is necessary to adjust the traditional rules prohibiting unilateral exchanges. Specifically, three measures can be adopted: "providing specialized ethical guidance for typical judges' unilateral Internet communication behavior", "providing judges with ethical guidance for facing and dealing with social media robot programs and algorithm foam", and "strengthening the disclosure obligation of judges' unilateral Internet investigation behavior".

Key words: Unilateral communication; Social media; Bot; Algorithm bubbles; Network forensic

---

① IBA《指南》就认为仲裁员的披露义务应适用于仲裁全部过程,其在第一部分一般适用标准中规定:所有仲裁员从接受指定时直至最终裁决作出或仲裁程序因其他事由而终止时,都应当是独立、公正的。此外,UNCITRL《示范法》第12条第1款、新加坡2002年《仲裁法》第14条第2款、香港2011年《仲裁条例》第25条第1款等均明确了仲裁员的持续披露义务。参见徐敏:《仲裁员披露义务制度研究》,西南政法大学2019年法律硕士论文,第16页。

论法律舆情作为民间法观念的集中表达

刘世杰[*]

摘　要　法律舆情作为同时涉及国家法律和民间社会观念的产物，其自身是民间法观念的集中表达。过往研究中"涉诉舆论"与司法间紧张对立的关系设定掩盖了这种民间法观念的属性，也难以和当前数字时代下法律舆情现状相适应。在民间法观念视角下对法律舆情进行再审视，可以发现法律舆情基于法学和社会学的共同视域，其具有观念上的集中表达效用，且对司法乃至法律有更加复杂和多面的影响。在集中表达的价值内容层面，法律舆情反映着社会公众的价值关切、法律观念"偏好"、法治价值传统。在集中表达的规范内容层面，法律舆情反映着法律体系的完善指向、预演法律规范的社会效应、展现法律规范的适用环境。在民间法观念视角下重新审视法律舆情及其集中表达内容，有助于更好解读法律舆情信息、消解法律舆情相关问题，从而推动法治社会建设。

关键词　法律舆情　民间法观念　涉诉舆论　法治社会

舆情问题对于社会的运行和治理产生了重要影响，进而被法学领域所注意和重视，尤其是受到法律实践中具有社会影响力的司法案件的推动。随着网络技术在信息交换传播方面的发展和运用，"浮桥案""订婚强奸案""校园霸凌案"等许多案件引发了大规模的网络讨论甚至影响了法律适用环节，产生了许多"法律舆情"。"法律舆情"这一概念可以拆解为"法律"和"舆情"两个部分，表明了其自身所具有的交叉属性，既表现出社会公众对于法律问题的直接态度和意见，也蕴含着社会层面的公众心理和文化价值的动态。并且，在当前数字时代的背景下，法律舆情也不再是此前的偶发舆论风波，而是在出现频率、涉及领域、传播速度、影响力和社会公众参与度等方面都有了大幅提升。可以说，当

---

[*]　刘世杰，中国人民大学法学院博士研究生。

前法律舆情相较于此前的舆论事件而言已经发生了质的变革，对于社会和法律的影响也绝不仅限于所谓的"舆论影响司法"这样单一和有限，而是出现了大量的新变化和新情况。

然而，长期以来形成的认识和研究传统逐步走向了一种固化闭塞的状态。一方面，随着数字时代的到来，"舆情"这一概念已经逐步成为"舆论"概念的最新指向和表现，其对法律部门整体的影响也更为复杂，这需要我们重新审视舆情和舆论的实质与联系。传统研究大多重视微观个案中的具体舆论研究，这并不能够完全平行适用于舆情的新内涵和实际情况，许多所得结论已并不适应当前环境。另一方面，传统以"涉诉（司法）"视角下的研究在态度上对法律舆论较为消极，注重于对之的回避和规制工作，这客观上直接将舆论和法律推向了对立面。但是，舆论和舆情本质上是社会公众的意见表达，其中当然存在合理性因素和积极意义，而这些积极内容在此前的涉诉舆论研究中没有被完全明确。如此种种，启示我们在当前需要革新对法律舆情的认知，用新的视角来理解法律舆情的实质与作用。

实际上，法律舆情作为社会学和法学交叉视野下的产物，提示我们需要从法律和社会的共同视角而非对立紧张的关系视角出发进行理解。在此间诸多的理解进路中，"民间法观念"是一个相对适合的视域，这种视域下的法律舆情充分展现了其自身的特质。① 从外在来看，法律舆情是社会公众对国家正式法律规范的反应和态度，但是如果我们用一种内在回溯的视角来看，法律舆情的生成和运行则更多代表着民间社会的观念情感在法律的认知、习惯和传统等方面与国家正式法律的碰撞调和过程。这样的视野能够使我们更好理解当前时代法律舆情的产生、运作、内容及影响等具体情况。

因此，本文基于对法律舆情进行民间法观念的视域分析，认为法律舆情是民间法观念的一种集中表达的方式。第一章首先对法律舆情的研究现状进行反思；第二章在民间法观念的视域下重新理解法律舆情的属性、特点以及具体影响；第三章从价值层面入手，分析法律舆情在价值上表达的民间社会法治价值内容；第四章从规范层面入手，分析法律舆情中所表达的民间社会对国家正式法律的规范层面意见。通过本文的研究，有助于明确当前时代法律舆情的重要意义，解读法律舆情中所蕴含和传达的民间社会信息，能够在当前数字时代背景下发展更新过往"涉诉舆论"主题的研究基调和内容，从而为更好处理法律舆情相关问题提供原理性的支持，为我国法治社会建设提供帮助。

---

① 关于"民间法观念"这一表述，俞政曾撰写系列文章通过案例来探讨晚清时期的"民间法观念"。他认为"案例远不能反映民间法观念的全貌，但是可以初步看出，晚清民间法观念与官方法观念（以法律条文为准）差异甚多"。这样的研究实际上反映了"民间法观念"的大致特征，即在民间普遍或典型存在、与官方法律条文有差异、一种法律意识和思维等。据此，民间法观念可以被概括为社会成员中关于法律问题的一种非正式的、非官方的法律思维或法律意识。参见俞政：《晚清民间法观念初探——以〈点石斋画报〉为例》，载《苏州大学学报（哲学社会科学版）》2008 年第 1 期，第 126 页。俞政撰写的系列文章可参见《晚清民间法观念再探——以〈点石斋画报〉为例》，载《苏州科技学院学报（社会科学版）》2007 年第 4 期，第 106 页；《晚清民间法观念四探》，载《苏州大学学报（哲学社会科学版）》2009 年第 4 期，第 111 页；《晚清民间法观念五探》，载《苏州大学学报（哲学社会科学版）》2010 年第 2 期，第 103 页等。

一、法律舆情的研究现状反思

"舆情研究兴起十年来,引起社会学、政治学、新闻传播学、管理学等多学科的广泛关注,极大地推进了舆情基础理论研究的深化和拓展"。[①] 而随着技术的发展演进,网络化的舆情已经成为舆论问题在当前时代的表现形式,当前的"舆情"与"网络舆情"正在发生语义趋同。数字时代的到来特别是互联网技术的发展极大地链接了不同地域和范畴的社会主体,提供了一个更加快速和便捷的交流平台,大大加速了舆情的发展过程。而在这样的背景下,法学研究中对于数字时代舆情与法律的关注和研究则略显更新缓慢。一方面在态度上大多仍是认为其与司法是对立紧张的关系,从而以回避和规制的角度出发进行分析,这实际上已经与当前法律舆情的具体情况不符;另一方面,在理论更新上没有将舆论和舆情研究进行衔接,忽视了当前情况下舆情作为一种新的表现形式对法律产生的深刻影响。

(一) 过往"涉诉舆论"研究的局限

法学视角下的法律舆论研究大多以司法过程为参照物,且以对立影响为基调,实际上具有一定的研究局限性。长期以来,基于"主流舆论场"和"民间舆论场"[②] 紧张对立的状态设定,法学研究中对于法律舆论的态度大多是消极的。例如周安平提出,"网络舆论介入司法的现象越来越普遍,其影响司法的程度也越来越严重",他称此为"涉诉舆论"现象。[③] 这样的观点并不是个例,在相关研究中有大量内容都聚焦于如何使司法消解和摆脱这种涉诉舆论的影响。[④] 但是,这样的认知极易对当前舆论与法律的互动关系把握不全,从而忽略了很多重要且有价值的知识内容。

第一,研究内容集中于"涉诉舆论",限缩了研究对象的性质范围。在以往涉诉舆论或是说与司法有关的舆论研究中,研究的焦点往往集中于"舆论如何影响诉讼",而这种研究的代表性模式就是个案研究。例如周安平在其《涉诉舆论的面相与本相:十大经典案例分析》一文中,"对近年来十大经典涉诉舆论案例进行多角度的分析,旨在揭示舆论与司法十分紧张的关系,并从中发现造成这一紧张关系的原因"。[⑤] 这样对典型案例进行深度剖析的研究方法确实能够深刻地理解舆论影响司法的内在机理。但是不得不注意的是,

---

[①] 张文英、李莹:《"舆情研究学术论坛"会议综述》,载《理论与现代化》2013年第5期,第125页。
[②] "主流舆论场"和"民间舆论场"的概念,可参见人民网舆情监测室:《2014年:两个舆论场共识度明显提高》,载《光明日报》2015年1月16日,第5版。
[③] 周安平:《涉诉舆论的面相与本相:十大经典案例分析》,载《中国法学》2013年第1期,第160页。
[④] 例如可参见刘李明:《社会舆论与司法审判互动的个案研究》,载《甘肃政法学院学报》2007年第6期,第109页;姜西恒:《法官为何难以应对涉诉舆论——一个传播修辞学的进路》,载《甘肃社会科学》2015年第5期,第167页;魏小强:《司法与舆论的冲突何以发生——兼论缓解司法与舆论冲突的内在途径》,载《河北法学》2017年第3期,第122页等。
[⑤] 周安平:《涉诉舆论的面相与本相:十大经典案例分析》,载《中国法学》2013年第1期,第160页。

由于采用多个个案研究并总结得出结论的思路，这样的"提取公因式"研究方法极易忽略"经典案例"轮廓以外的内容，所得出的"本相"的一般性受到了限制。事实上，舆论对于司法乃至整个法律的影响是广阔且十分复杂的。例如一些案件中舆论会对诉讼产生正面影响，表达社会对司法机关的支持，使案件的社会效益实现，因而不是绝对对立的。① 此外，舆论不仅在诉讼阶段会产生影响，在立法阶段也会产生影响，甚至通过影响法律的产生而更具有广泛的影响力，而在执法和守法方面亦是如此。由是，法律舆论以及当前的法律舆情的"本相"是什么，就难以单纯从涉诉舆论的局域研究中推导出来，而是需要更多具有广泛性的研究。

第二，"对立紧张"的研究视角忽视了司法和社会（民间）意见的互动联系，限制了研究范式的展开。许多涉诉舆论研究的出发点和研究价值在于化解典型个案中较为尖锐的司法和舆论"对立紧张"的局面，这也是涉诉舆论研究兴起的重要原因。但是，这样先入为主的对立紧张视角实际上忽视了司法与舆论间的广泛联系和良性互动，而这也在研究中限制了不同范式的展开。司法的运行从来都不是脱离社会孤立存在的，裁判过程也并不仅仅是按照法律条文进行照本宣科，法官对于案情的判断很大程度上是需要基于社会知识和民间视角而进行。例如侯猛就指出，"在司法裁判过程中，法律人需要法律逻辑推理，也需要社会科学判断"，"社会科学的核心是解释因果关系，法律人在裁判过程中进行社会科学判断，有助于实现法律效果与社会效果的统一"。② 因此，通过研究阐述司法乃至法律和舆论的多种互动关系同样也应是研究的重点内容，从而能够以多种视角和范式切入两者的关系，这样的研究才能更加全面反映舆论与法律的关系全貌。

第三，研究结论大多落脚于"回避消解"舆论的影响，单一结论忽视了涉诉舆论潜在的积极作用。从法教义学的视角来看，舆论通过"外力"影响干扰了具有逻辑性和纯粹性的司法思维运行，有观点将此种现象称为"舆论审判"③，因此在司法中将舆论视为洪水猛兽，唯恐避之不及。但是，这样的研究忽视了舆论的积极价值，从而掩盖了其他的妥善处理舆论与司法关系的方法。例如，法律思维往往在个案中将法律视为完善的规范并严格遵守，但如果法律存在漏洞且通过法律思维无法化解漏洞，那么就仍需要关注社会舆论的意见以辅助审判，以达到个案正义和案件社会效果。例如著名的"许霆案"中，对于许霆利用 ATM 机的故障漏洞进行盗取钱财 17.5 万元的行为，正是因为缺乏适当的罪名进行定罪量刑而在法律上"不得不"判处他无期徒刑，并不符合比例原则和公众一般认知。也正是如此，在相关舆论发生后，二审才根据案件的特殊情况和社会意见，经最高人民法院核

---

① 例如近年来拐卖妇女、儿童案件的审判受到社会高度关注，公众在表达对司法机关支持的同时，也推进了全社会法律意识的提升，有力震慑了相关犯罪活动，这使司法的社会效益不断扩大。参见赵春晓：《依法严厉打击拐卖妇女儿童犯罪》，http：//opinion. people. com. cn/n1/2024/0321/c431649 - 40200619. html，访问日期：2024 - 8 - 26。

② 侯猛：《司法中的社会科学判断》，载《中国法学》2015 年第 6 期，第 42 - 43 页。

③ 参见徐志新：《律师不应热衷于"舆论审判"》，载《民主与法制时报》2015 年 1 月 17 日，第 2 版。

准,对其在法定刑以下量刑。并且,这一案件客观推动了相关法律的完善,弥补了我国刑法在当时处理金融类新型犯罪时的不足。这一过程,正是由社会舆论发挥了推进司法和法律发展的良性作用,推进了个案正义和法律完善。这也是在考虑舆论对司法的影响时应当纳入的积极因素之一,启示我们需要重新辩证审视舆论对司法与法律的影响。

(二) 从法律舆论到法律舆情的转变

舆论和舆情是一对在词源上具有相近性的概念,但是随着新闻传播领域的发展以及概念的细化,这两个概念所代表的社会现象已经发生很大的变化。[①] 并且从学理上看,两者的总体差异已经得到充分展现,进而在概念上得到分离:舆论更加注重于社会公众的看法和意见,强调的是其内容性和独立性;而舆情则侧重于公众的情感表达,这种情感表达并不意味着抛弃了看法和意见,反而是一定范围内的看法和意见经过复杂的"发酵"之后所形成的"内容+情感"的混合物,强调的是其混合性和情感性。[②] 而在当前时代,借由网络媒体技术发展所提供的平台和场域,原有的公众意见和看法的表达活动正在逐步向情绪反应和表达意见的混合状态所过渡。可以说,当前的网络社会舆情是传统舆论问题的新的表现形态,需要被重点关注。[③]

但是,法学研究领域似乎对这样悄然发生的概念变化和演进并不敏感。近年来,一方面"涉诉舆论"研究的讨论盛况逐渐声微且热度下降,另一方面法律舆情的研究似乎并没有被法学领域明显重视。[④] 关于这一现象的原因,有学者在十年前的分析和预测可以为我们提供一些启发。陆宇峰认为,随着2014年法制改革转向顶层设计模式以及三重网络规训的相应强化,法律领域中民间舆论和主流舆论的尖锐"对立"的态势趋向了缓和,但是更深入的观察表明:民间舆论场反而超越具体法律事件,试图借助各种非对抗性的舆论

[①] 关于舆情和舆论的概念辨析和相互关系研究大多集中在新闻传播等学科领域中,可以参见李昌祖、许天雷:《舆论与舆情的关系辨析》,载《浙江工业大学学报(社会科学版)》2009年第4期,第393页;朵丰丽:《"同根生""共进退":舆论与舆情的关系探究》,载《新媒体与社会》2017年第4期,第73页;韩运荣、张欢:《民意、舆论与舆情:概念歧义、功能辨析与实践限度》,载《中国新闻传播研究》2021年第4期,第17页等。

[②] 参见丁柏铨:《略论舆情——兼及它与舆论、新闻的关系》,载《新闻记者》2007年第6期,第8-11页。

[③] 例如丁柏铨提出:"舆论与舆情之间的紧密联系提醒我们:准确及时地研判舆情,对于行之有效地进行舆论引导工作,是何其重要"。丁柏铨:《自媒体时代的舆论格局与舆情研判》,载《天津社会科学》2013年第6期,第42页。

[④] 在"北大法宝"法学期刊数据库中分别以"舆论"和"舆情"为标题进行检索,检索结果表现出近年来法学界对舆论问题的关注度下降和对舆情问题的关注不全面。一方面,在"舆论"标题的检索结果中,近三年的相关文章数量要远少于前些年"涉诉舆论"的热烈讨论时的文章数量,反映出法学界对舆论这一问题的关注度大幅下降。另一方面,在"舆情"标题的检索结果中,近三年中的文章数量相对较多,但是大多集中在"涉警舆情"这一话题上,且发表的刊物多为警察学院学报。例如何飞:《涉警网络舆情引导与处置难点及其破除》,载《四川警察学院学报》2023年第1期,第87页;侯利敏:《自媒体时代涉警舆情治理路径探究》,载《河南警察学院学报》2022年第4期,第120页;崔世文:《自媒体时代网络涉警舆情的成因及应对策略》,载《山东警察学院学报》2021年第3期,第154页。

策略表达其意见并推动法律顶层设计变革。① 也就是说,当前存在一种假象,似乎"主流舆论场"和"民间舆论场"公开且尖锐的对立局面逐渐消失了。但是,从另一个角度来看,两个舆论场理想化的同一似乎也难以完全实现,主流舆论场和民间舆论场的分野自身就意味着不同角度与不同态度。真实的情况可能会导向第三种状态,也就是民间舆论在以其他更特殊的形式表现其观点,甚至试图逐步改变主流舆论场的状态。而法律舆情这个概念,很好地阐释了当前"两个舆论场"的新的互动和表现形态。

回顾近年来有重大影响力的法律案件,社会公众所在的"民间舆论场"逐渐抛弃了原有的尖锐舆论观点表达方式,转而以形成法律舆情的方式推进和影响法律活动。其中最为明显的变化就在于相比前些年的法律舆论事件,当前的法律舆情摆脱了原有的观点对立,而是在许多方面扩大自身的"输入"因素和"输出"影响,也加入了许多非法律观点的情感因素和其他因素,从而在法律领域以外的整个民间和社会领域表达其影响。例如,"唐山烧烤店打人案"引发社会舆情的持续关注,不少网民对打人者的嚣张态度和凶狠手段感到震惊。② 在网络舆情发酵中,除了传统的对于公众社会安全的考虑外,同样甚至更重量的网络舆情声音是对女性权益的保护,而这与近年来女性权益保护的思潮有很大联系。相较于前些年盛行的法律舆论对司法机关的批评乃至反对态度,虽然这种舆情表达在法律意见上与司法机关的观点是相趋同的,但是实际上反而会使得司法机关采取和其他案件所不同的、更多的回应和措施,例如在案件办理中额外加强对女性权益保护的关注和考量以回应社会关切。③ 可以说,随着社会变化和网络传媒技术发展,法律舆情即使没有前些年法律舆论中民间舆论和主流舆论(司法观点)的尖锐的对立紧张关系,但是其复杂程度和对司法的影响反而是大幅提升了,在舆情的主体、内容范围、表现方式、表达时间和影响因素方面都发生了显著的变化。这启示我们,法律舆情的面貌已经不能够被我们传统理解的法律舆论的概念所容括,需要我们在研究中更新对这一问题的理解。

二、民间法观念视角下法律舆情的再审视

当前的法律舆情研究是一个社会学和法学交叉的领域,既是社会学在研究中所长期关注的重要话题,同时其内容也与法律极为相关。所以,在社会学和法学两者交叉的庞大范畴中,需要我们寻找一个契合于法律舆情的具体视角,从而在限缩的范围内更加精准地理解分析法律舆情。法社会学中的"民间法"视角则很好地契合了法律舆情的自身特点,表

---

① 参见陆宇峰:《策略型网络法律舆论:方式、影响及超越》,载《法商研究》2016年第5期,第39页。
② 参见新华网:《河北唐山烧烤店打人事件:涉案9人全部执行逮捕》,http://www.news.cn/legal/2022-06/12/c_1128734449.htm,访问日期:2024-8-26。
③ 例如《中国妇女报》曾发文讨论,"唐山烧烤店打人案"虽然与其它"打人案"一样均涉嫌故意伤害罪等暴力犯罪,但因为本案中的受害者为女性且案件起因是一名男子对女子的骚扰,因此该案还涉及强制猥亵罪的定罪问题。该案中的罪名讨论显然考虑到对女性权益的保护,并未单纯归为打架斗殴类案件。参见王春霞:《唐山烧烤店打人事件依法严惩有哪些法律依据?》,载《中国妇女报》2022年6月13日,第4版。

现出了法律舆情在生成和发展中最为典型的"非官方"的特点。进一步地，舆情作为一种观念性的集合，其自身的"观念表达"特征极为明显。因此，法律舆情实际上可以纳入围绕法律领域所产生的民间观念的范畴中，也即"民间法观念"。在这样的视域下，有助于我们重新审视当前的法律舆情自身所蕴含的内容和价值。

（一）法律舆情的属性重构：基于法学和社会学共同视域

如同"涉诉信访"这样的话题一样，法律舆情同样是一个社会学和法学所共同关注的话题。① 一方面，法律舆情为社会学研究提供了一个了解社会公众态度的窗口，另一方面法律舆情也反映了社会公众对于法律运作的态度和评价。

社会学视角下的法律舆情研究大多集中于具有社会影响力的案件中。特别是一段时间以来，许多法律案件成为社会热点和社会事务的缩影，深层次地反映出了社会公众中特别是民间观念对于法律背后所蕴含的许多社会因素的意见，因此这些法律案件所引起的舆情也成为社会学研究所关注的焦点。例如前述的"唐山烧烤店打人案"中，社会公众在感到震惊之余，也引发了对于扫黑除恶专项斗争、公共空间安全和女性权益保护等社会话题的讨论。例如有学者对当时网络上的评论留言经过统计分析后得出其中的高频词有："严惩""唐山""女子""保护""扫黑""受害""安全""法律""暴力"等，其中的"女子""受害""暴力"等词汇表明公众对该事件的基本态度，"严惩""扫黑""保护"等词汇则表明公众对公安机关和法律的期待。② 这些研究在社会学的视角下对法律舆情背后的社会学问题作了分析，并将结论与法学问题进行连接。

由此，法律舆情可以看作法学研究和社会学研究中的交叉领域，特别是社会学的视角可以为我们认知和研究法律舆情提供独特的观察视角，从而摆脱单纯法学研究在面对此类社会属性极强的事物时所存在的局限性。这启示我们可以尝试通过结合的方法，引入社会学中的"民间"概念和舆情学中的"观念表达"概念，在法学和社会学所交叉形成的"民间法观念"视域下对法律舆情的内容和意义进行理解。

（二）法律舆情在观念上的"集中表达"效用

被称为"第四次工业革命"的数字时代的到来，使法律舆情的表现形式日趋网络化。"网络舆情是通过互联网表达和传播的，公众对自己关心或与自身利益紧密相关的各种公

---

① "涉诉信访"话题与本文所讨论的法律舆情相似，当前涉诉信访的研究充分表明其是一个需要兼顾法学和社会学两个领域的学科知识才能够更好理解的研究对象。例如彭小龙在研究中提出："涉诉信访治理不仅涉及调整机制等技术层面，同时也涉及调整机制背后的正当性基础以及两者的关系。正当性基础反映了特定历史文化和社会环境限定下的价值倾向、民众心理和行为逻辑"。彭小龙：《涉诉信访治理的正当性与法治化——1978—2015年实践探索的分析》，载《法学研究》2016年第5期，第106页。

② 刘辉、陈相谭：《安全、女性权利与法律：网络舆情中的公众话语——以唐山烧烤店打人事件为例》，载《中国应急管理科学》2023年第8期，第75页。

共事务所持有的多种情绪、态度和意见交错的总和"。① 而作为网络时代下新型舆情的代表，法律舆情也表现出更为具体且强大的集中和表达效用，使得原本分散和隐含在民间社会的观念进行快速汇聚、发酵和传播。

第一，共同意见集中。相近的社会群体成员中往往都会具有共情的现象，因此借由网络平台的交互作用，法律舆情也表现出明确的群体意见情感特征。例如"高铁（火车）霸座案"，此类案件并非新型案件，以往多是以乘务人员和乘警对当事方进行劝解的"软执法"方式进行的。而近年来，随着网络的发展和高铁出行的普及，在舆情中出现类似霸座案件时，许多社会公众纷纷站出来"共情"和表达自己曾经遇到过的类似遭遇，并且提出法律应该对这类问题严肃处理，通过汇聚意见使个例"扩大"从而引起舆论共鸣。这使得相关部门重点关注这一类案件，并且客观上推动了《民法典》中旅客乘运义务的一般规定条款的完善。②

第二，主流观点引导。由于数字技术的便利条件，成员主体表现出"人人皆可参与"的混合性，既有普通民众，也有专业人士，这也使社会舆情的形成过程具有导向性。例如2021年12月，《妇女权益保障法（修订草案）》公开征求意见，在一些专家学者的推动下，其中的拐卖妇女儿童如何定罪量刑的问题引发了大讨论。并最终在舆情上形成了以罗翔为代表的"提高派"群体，并且与车浩为代表的"维持派"群体分庭抗礼。③ 可以看出，在法律舆情的网络场域中，参与成员的身份和条件是多样的，并且部分成员的行为和意见会对整个舆情的发展有推动导向作用。

第三，产生时效热点。社会舆情对于社会现象的关注往往表现出一种"随波逐流"的时效特点。也就是说，一方面社会公众会选择自身关切或利益相关的案件表达关注并短时间推动舆情形成。但是另一方面，这样的"热点认知"也表现出时效性的特征。根据事件的重要性、典型性和社会利益相关度的不同与变化，社会公众的关注点往往会很快被新的热点事件所取代，而一些相对"老"的问题可能就又会被冷落和暂时搁置。这样的过程就表现出一种"筛选"和新陈代谢的机制特征，使得和社会成员当下切身利益最为密切和重要的事件能够最大限度获得关注。有学者针对这一过程提出"衰减—转移"模型进行规律总结，而伴随着衰减和转移过程的不断进行，法律舆情自身的时效性特征也更为明显，保证了其内容上的重要性。④

---

① 刘毅：《略论网络舆情的概念、特点、表达与传播》，载《理论界》2007年第1期，第11页。
② 参见我国《民法典》第八百一十五条的规定。该条文为《民法典》中新增条文，此前的《合同法》（已废止）中并无此项规定。
③ 参见金泽刚：《收买被拐卖的妇女罪的法定刑要不要修改——兼谈罗翔、车浩等学者论争中的几个问题》，载《青少年犯罪问题》2022年第3期，第39页。
④ "衰减—转移"模型即"情感衰减导致此情感对应的舆情信息量增长变缓，而其他类别情感对应的信息量增长加快，导致衰减情感信息量在所有舆情信息中的比例减少，而其他情感信息量所占比例则对应增加"。夏一雪：《基于舆情大数据的网民情感"衰减—转移"模型与实证研究》，载《情报杂志》2019年第3期，第150页。

总而言之，在当前网络社会的意见交流和汇聚作用下，法律舆情的生成和发展使得原本较为难以固定和探寻的民间社会对法的观念得以通过典型且具体的形式进行表达。法律舆情就像民间法观念经由网络的加工产物一般，通过一个个具体舆情集中表达着民间社会对法的认知和看法，其"集中表达"的作用为我们理解和研究民间法观念提供了一个良好且高效的窗口。

(三) 法律舆情集中表达民间法观念的具体影响

通过分析民间法观念视域下法律舆情的具体影响，能够帮助我们从更加广阔的视野中寻求处理舆情与司法乃至法律的关系问题的方案。相较于"舆论影响司法"的传统分析路径，民间法观念视域下的法律舆情的影响更加多元和全面，并且不断在冲突与共识中努力达成一种调和的结果。

一方面，从作用的角度来看，法律舆情对于立法和法律适用环节均有推动作用，并有助于构建法律信任并塑造公众法律意识。法律舆情的发生会对整个法律部门产生一系列影响，这种影响并不仅仅局限于诉讼过程中。例如，在执法环节中同样需要考虑舆情的因素，代表性产物是各地公安机关根据舆情所发布的许多"警情通报"。很多情况下公安机关不仅因为舆情形成而介入案件调查，同时还需要向社会进行回应，特别是发挥引导作用和"真相补位"作用，防止舆情在谣言干扰下的恶化和蔓延。[①] 此外，法律舆情有助于构建法律信任并塑造公众法律意识。早在上个世纪末，舒国滢就提出了"司法广场化"这一概念，认为这种方式是一种司法的民主化，是"从群众中来，到群众中去"的一种法律实践。[②] 而在如今的网络信息化的社会，互联网真真切切地拉近了人和人之间的距离，使这种"广场化"的状态借由网络空间的方式实现，并且进而形成了法律舆情这样的具体产物。网络空间下的司法广场化有助于社会公众共同检视当前的法律活动，是感同身受地从中认知法律、了解法律并逐步信任法律的重要路径。

另一方面，从相对关系的角度来看，法律舆情与国家正式法律处于紧张和共识的双重关系中，并且总体处于朝向调和的趋势。第一，法律舆情的确可能和国家正式法律发生冲突，表现为两者的不匹配和差异性。由于长期以来存在的传统因素影响，当前在民间法观念中仍然存在一定的内容落后于国家正式法律，从而产生偏差。例如在"张扣扣案"中，对于张扣扣"为母报仇杀人"的行为，一审辩护律师所采用的辩护策略是回避事实和法

[①] 参见姚广宜、王栋：《"微传播"环境下警情通报在涉法舆情演变中的作用》，载《现代传播（中国传媒大学学报）》2020年第10期，第118页。
[②] 舒国滢认为司法广场化是"一种人人直接照面的、没有身份和空间间隔、能够自由表达意见和情绪的司法活动方式"。舒国滢：《从司法的广场化到司法的剧场化——一个符号学的视角》，载《政法论坛》1999年第3期，第12页。

律基础上的"情理与道德的对抗式辩护",用这样的传统价值观点获得了大量舆情的支持。① 而显然这里面的情理因素并不是司法在评价案件时的法定因素。受到社会思潮的影响,民间法观念中也会出现一些"超前"于国家正式法律的观点。例如近年来新出现的未成年人沉迷网络和网络游戏消费的问题,民间社会早已形成了一系列的观点意见,而这些观点意见事实上是先于法律的,客观上推动了诸如《未成年人网络保护条例》等的出台。② 第二,当法律舆情与国家正式法律在演进关系上处于大致平行的状态时,两者会产生诸多共识,可以消除隔阂、同力同行推进法治建设。例如,在妇女权益保障的问题上,社会舆论与国家正式法律有着共同的价值追求,舆论环境长期以来关注聚焦女性权益保护热点难点,并形成广泛的社会意见和建议。③ 而 2022 年《妇女权益保障法》修订的过程中,为期一个月的征求社会公众意见阶段,共有 8 万余人参与,共收到 30 万余条意见,而这些数据远高于同期公开征集意见的其他法律草案,极大地推动了《妇女权益保障法》的修改完善。④ 第三,法律舆情与国家正式法律的关系中,调和往往是最终的演变方向。这种调和表现为有时是民间法观念受到国家正式法律的影响而发展,有时则是国家正式法律吸收民间法观念的新观点而完善,但最终都达到化解冲突并形成共识的地步,从而使双方都能够有序参与法律运行。可以说,我国的民间法观念和国家正式法律始终处于一种朝向调和的状态过程中,并没有出现国外所曾经发生的"割裂"现象。⑤

三、"集中表达"的价值内容分析

从价值层面来看,对法律舆情所进行的民间法视野研究提供了一个认知和分析社会大众法治价值的窗口。长期以来,法社会学研究方法中将实证研究和事实研究作为自身研究的主要进路,因而在"价值分析缺乏"的问题上招致批评。⑥ 但是这种批评并不能够代表法社会学特别是其中民间法研究的真实情况,对于价值层面的分析实际上是民间法研究中的重点研究进路。民间法观念的价值分析可以揭示法律现象背后的深层次价值基础,从而

---

① 潘鑫:《过度辩护及其规制——以"张扣扣案"一审辩护为切入》,载徐涤宇主编:《中南法律评论》第二辑,郑州大学出版社 2021 年版,第 201 页。
② 参见张璁:《呵护未成年人健康成长》,载《人民日报》2023 年 8 月 3 日,第 19 版。
③ 苏悦:《舆论持续聚焦女性权益保护热点难点》,https://www.cnwomen.com.cn/2021/01/26/99219649.html,访问日期 2024 - 8 - 27。
④ 参见王春霞:《坚持男女平等基本国策 保障妇女合法权益》,载《中国妇女报》2022 年 5 月 20 日,第 1 版。
⑤ 关于民间法观念和国家正式法律"割裂"的现象,可以参见美国"乔治·弗洛伊德案"。该案中,美国黑人乔治·弗洛伊德被白人警察暴力执法后死亡。案件发生后,引发了美国社会的轰动并使社会舆情快速激化,由此在美国多地爆发了大规模抗议浪潮甚至是暴力骚乱,反映出美国执法机构基于法律的暴力执法观念和美国民间反种族歧视的平权运动观念之间所存在的巨大的、难以修复的割裂。参见邓仙来、徐剑梅:《弗洛伊德案正式审理 美种族歧视痼疾难除》,载《新华每日电讯》2021 年 3 月 31 日,第 11 版。
⑥ 例如有学者认为,"社会实证研究者坚持把法学的研究对象定位于'事实'从而回避价值问题,试图以实证研究包打天下,这实际上是一种'科学主义'情结在作祟"。参见任岳鹏:《法的社会实证研究之能与不能》,载《政治与法律》2009 年第 8 期,第 59 页。

更加清晰地认知法律现象的社会和民间价值逻辑。通过这一研究进路对法律舆情进行价值分析主要表现在法律舆情关注热点反映公众价值关切、公众法律"偏好"的民间观念属性、法律舆情表现社会公众的法治价值传统等方面。

(一) 法律舆情关注热点反映公众价值关切

如果论及社会公众对于法治的价值追求，许多学者可能会通过公平、正义、效率等法治的一般价值予以解释，而如果进一步追问社会公众价值关切的具体表现和指向时，似乎难以通过一般价值的细化而进行回答。其难点在于单纯通过法律的思维方式很难准确感知和测量社会公众在当下的具体价值关切，这也是为什么许多司法案件虽然案情简单但是引发的舆情关注却居高不下。这时候，就需要引入法律舆情这样一个"晴雨表"，通过对社会公众以及具体案件中的法律舆情进行民间法观念视野下的分析，从而明确当前公众对于法治的具体价值关切。

在价值关切的问题上，此前的相关研究大多集中在司法如何回应甚至规避社会舆情的"价值拷问"。① 例如有学者认为法官在面对涉诉舆论时往往因为"缺乏有效的修辞技艺"而变得捉襟见肘。② 但这一观点只关注到了"拷问"，而没有对"价值"进行把握。事实上，当前司法对于社会舆情价值关切的缺乏并不是单纯的"技艺不足"，而是缺少对社会公众价值面向的准确把握，因而变得难以回答。法律舆情关注热点反映着公众价值关切，而这恰恰是司法过程中保证社会效果时应当注意的价值面向。以近年来发生的"订婚强奸案"为例，在2023年1月，被告人席某某与被害人经当地某婚介所介绍认识，双方在5月订立婚约，在没有领取结婚证但女方收取礼金的情况下，席某某强行与女方发生了性关系，随后女方报案。12月2日，阳高县人民法院依法公开宣判席某某犯强奸罪，而这也成为引爆舆论的导火索。此事经由网络和媒体的报出后，引发了社会公众对于"订婚""礼金"等话题的广泛讨论。其法律舆情核心在于，民间法观念中往往广泛存在以"订婚""婚宴"等习俗作为婚姻成立的实效标志，而法律则是以双方领取结婚证为婚姻成立的效力标志，发生了"行动中的法"与"书本上的法"相脱离的情况，使得社会大众的民间法观念受到冲击并产生舆情。为此，阳高县人民法院和许多新闻媒体专门对案件进行了内容披露，证实席某某确有法律意义上的强奸行为，这才缓解了社会舆情的激烈程度。③ 令

---

① 具体研究可参见赵双阁、艾岚：《论舆论监督法治建设的价值维度》，载《上海交通大学学报（哲学社会科学版）》2011年第1期，第39页；周恒：《法治社会视阈下网络舆论的法治功能研究》，载《时代法学》2017年第5期，第63页；魏小强：《法治的国家面相与社会面相——再论司法与舆论的冲突》，载《西部法学评论》2018年第3期，第1页等。

② 张西恒：《法官为何难以应对涉诉舆论——一个传播修辞学的进路》，载《甘肃社会科学》2015年第5期，第167页。

③ 参见阳高县人民法院：《阳高县人民法院审判长就席某某强奸案答记者问》，https://dtgxfy.shanxify.gov.cn/article/detail/2023/12/id/7725883.shtml，访问日期：2023 – 12 – 30。

人深思的是，这一案件在刑事案件领域可以算是事实清楚证据充分的简单案件，但是简单案件却反倒引爆了舆情，其原因就在于案件所附加的社会公众对于案件所涉价值层面的关切和敏感。这样的强烈对比启示我们需要通过对舆情的关注和分析从而解读当前社会公众的价值关切，才能够在司法和法律工作中全面做好相应的解释回应工作，更好地结合发挥司法和法律工作的法律效果和社会效果。

(二) 公众法律"偏好"的民间观念属性

法律"偏好"这一概念反映了社会群体对法律的选择和适用上的倾向性，例如为什么有的当事人倾向于调解而非诉讼来解决纠纷等。对于公众的法律"偏好"研究，较为具有代表性的是白建军等学者所进行的调查统计研究工作，例如其在《中国民众刑法偏好研究》中通过调查问卷的方式对民众的刑法"偏好"进行统计，从而得出中国民众不是过分偏重刑法的结论，改变了此前对于中国民众"重刑"的刻板观念。① 但是，通过统计所得出的结论往往是静态的，是通过公式计算出的固定结果，然而社会公众的法律偏好本身是一个复杂的有机运作的过程，难以通过静止的统计报告展现其真实表现与运作形态。事实上，对于这一问题的理解需要民间法观念视角的参与，而法律舆情则是我们研究这一问题的一个窗口。

例如对于社会公众刑法"偏好"中极为重要的死刑废除问题，法律舆情中表达的民间法观念就与理论界的观点表现出了强烈的矛盾和反复：

一方面，理论界涌现大量废除死刑观点。由于法律自身的价值因素考虑，死刑废除正在成为一项受到理论界共识而逐步推进的"事业"，在实践中我国也多次削减死刑罪名数量。② 在理论研究中也有许多学者都主张废除死刑，早在 21 世纪初，邱兴隆就主张"死刑在道德上是一种不能证明其正当性的刑罚。既然如此，在中国，废除死刑是一种合理的选择"。③ 而这种谦抑思潮发展至今，逐步在理论界获得了共识，即使并不主张立即废除死刑的学者，也会认同应该谨慎适用死刑。同时，主张死刑废除的部分学者将舆情视为一种阻力，甚至有学者认为以死刑"平民愤"是"对民众原始报复本能的放纵"。④ 事实上，这样的观点并没有关注到我国社会本土因素对死刑观点形成的影响，只是用所谓"现代"的观点去试图替代本土观点，较为绝对化了。

另一方面，社会公众意见的具体表现复杂且反复，对这一问题的研究事实上可以从法律舆情的具体表现入手。通过对法律舆情的观察不难发现，社会公众对很大比例的刑事犯

---

① 参见白建军:《中国民众刑法偏好研究》，载《中国社会科学》2017 年第 1 期，第 143 页。
② 根据学者统计，2011 年颁布的《刑法修正案（八）》一次性取消了 13 个不常用的、经济性非暴力类犯罪的死刑，占死刑罪名总数的 19.1%，2015 年通过的《刑法修正案（九）》再取消 9 个罪名的死刑。刘春花:《向死而生：公众舆论影响下的死刑正义实现》，载《理论导刊》2015 年第 12 期，第 112 页。
③ 邱兴隆:《死刑的德性》，载《政治与法律》2002 年第 2 期，第 51 页。
④ 贾宇:《中国死刑必将走向废止》，载《法学》2003 年第 4 期，第 49 页。

罪都没有表现出"要求死刑"的舆论，甚至在"大义灭亲杀人"等个案中会因"惋惜"之情而向司法机关求情的情况发生。① 但是，在诸如拐卖妇女儿童犯罪的案件中，法律舆情不仅被广泛引发，并且有大量要求死刑的呼声，似乎只要社会事件中"拐卖妇女儿童"几个字出现，那么法律舆情必然会站到严惩甚至死刑的一端。② 这提示我们法律舆情背后所包含的是广阔且复杂的我国社会本土因素，是具有现实性的动态运行的变动过程，不能轻易作出结论。因此，在进行研究时可以将民间法观念下的法律舆情作为观察的窗口，有助于我们更加深入地理解这一问题。

（三）表现社会公众的法治价值传统

在法律舆情的民间法观念分析中，传统和历史的分析方法是极为重要的，可以提示我们法律舆情中所蕴含的那些或明或暗的历史和传统因素。加之我国本土因素长期形成的价值传统所具有的稳定性，通过法律舆情理解我国社会公众的法治价值传统，对法律工作的开展具有辅助意义。

例如 2023 年 12 月宣判的"浮桥案"就曾引发了舆情的大争论。案件起因于吉林省白城市的黄某某和亲友焊接了一座浮桥并收费，但是之后被水利部门拆除，公安机关对黄某某和亲友因涉嫌寻衅滋事而采取了刑事强制措施。社会公众对于这一案件的关注点在于政府行为不足后的"私力行为"是否真的被"打压"，以及这种行为本身的正当性。在我国的民间文化传统中，所谓"修桥补路"是一件具有社会公益效应的"善人善事"，甚至部分可以据此成为犯罪后免罪的理由。③ 同时，这样的事件在历史上往往伴随着"官府不作为"的对比，因此便形成了暗示效应。在这样的文化传统下，社会公众对于"个人修桥被罚被抓"事件的第一观感极其容易和文化传统进行联系，伴随着"当地政府为什么没有主动修桥"的批评的同时对当事人产生共情。然而，随着调查工作的进行，有消息指出黄某某和其亲友是"村霸"，为了让车辆走他修建的浮桥并缴费，甚至挖断了当地的河道。④ 然而即便如此，也难以改变一部分观点认为由于政府没有修桥在先，因此个人修桥"即使收费也是无错"的理解。

在这起案件的争论中，我们可以清晰地看到社会公众对案件的理解并不仅仅是涉及法律条文本身，而是夹杂着民间法观念的传统，因此并不是一个纯粹"法教义学"的问题。

---

① 参见《兄长杀弟　上千乡亲联名为凶手求情》，https：//zqb.cyol.com/content/2005 - 03/19/content_1052174.htm，访问日期：2024 - 8 - 26。
② 参见清扬：《草率建议"拐卖儿童判死刑"于法不符》，载《人民法治》2019 年第 7 期，第 62 页。
③ 例如我国古代存在的"八议制度"中，对于一些"贤人君子"在犯罪后进行"议刑"并对一些小罪进行赦免，因此成为一定程度上的脱罪理由。参见吕川：《〈周礼〉八议制度源流考论》，载《法律史评论》2023 年第 1 卷，第 79 页。
④ 参见央广网：《私搭浮桥为何会被定为寻衅滋事罪？办案民警和洮南市人民法院最新回应》，https：//news.cctv.com/2023/07/12/ARTIHzZ86PNxkLrhGwZPozPw230712.shtml，访问日期：2024 - 8 - 26。

但是,这些并非法律适用考虑内容的传统却又同时是司法机关所需要澄清和回应的问题,这使得案件的社会影响远远大于案件判决本身。公众在讨论该案的出发点自发带入了我国传统文化中的"修桥补路"概念,使得这一问题的讨论回到了我国本土社会文化的语境中,而这与单纯从法律条文的"罪与非罪"进行讨论是完全不同的。这启示我们对法律舆情中所表达的法治价值传统进行研究,实际上可以帮助我们了解到在法律运行过程中所需考虑的本土文化传统因素,有助于更好处理法律案件。

四、"集中表达"的规范内容分析

法律规范的合理性问题是法学研究中一个长期讨论的主题,特别是法社会学研究中通过社会视角出发,对法律规范与社会结构、文化传统、社会实践所发生的互动进行观察,从而对法律规范的合理性得出判断。但是,这一研究过程的路径是较为复杂的,需要研究者在研究方法和进程的设计上进行许多考量,特别是如何将法律规范与其特定的社会传统进行链接和对比分析。在这样的情况下,民间法视野下的法律舆情可以提供一个较为明确的载体,能够主动且生动地展现这种法律和社会的互动过程,减少研究复杂程度的同时,帮助研究者获取社会层面对法律规范合理性的判断,从而推动法律规范体系的自身完善。这主要表现在法律舆情是法律体系完善的舆情指向、是法律规范的社会效应预演、展现法律规范的适用环境等方面。

(一)法律体系完善的舆情指向

近年来,在法律体系的完善过程中,有许多立法和修改工作都是由法律舆情所推动的。法律舆情表现出了社会公众对于法律体系的满意程度和发展要求,对于其中需要完善以及如何完善的法律规范表达了直接的观点。例如"长生疫苗案"舆情推动《药品管理法》的修正。[1] 疫苗是绝大多数社会公众都要接触到的医疗药品,是社会公众的高度关切,因而需要法律对这一事项进行规范和约束。这也正是"长生疫苗案"能够引爆舆论的原因,社会公众惊愕在法律制度如此健全的情况下还会有假疫苗的出现,在舆情对长生医药公司假疫苗的声讨中,也再次呼吁法律规范的完善。而这也成为随后《药品管理法》进行修订的重要内容,修订草案中强化了对疫苗等特殊药品的监管,大幅增加了对责任人和责任单位的惩罚措施。[2] 又例如,"医闹事件"舆情推动《基本医疗卫生与健康促进法》出台。近年来,"医闹"所引发的治安问题和司法案件逐步增多,并且向犯罪问题愈演愈烈。[3] 因此,法律舆情对于完善"医闹"治理相关立法的呼声极为强烈,治理"医闹"为

---

[1] 关于长生疫苗案,可以参见《长春长生疫苗案》,载《人民法治》2018年第17期,第49页。
[2] 参见秦平:《从热点案件中发现推动法治进步的力量》,http://www.npc.gov.cn/zgrdw/npc/cwhhy/13jcwh/2018-10/29/content_2064691.htm,访问日期:2024-8-26。
[3] 参见徐明:《反思与完善:医疗纠纷中的多元法律治理》,载《政法论丛》2020年第2期,第48页。

核心的法律规范成为社会公众对法律规范的显著需求。在这样的情况下,立法机关注意到这一法律舆情,并且重点积极推动《基本医疗卫生与健康促进法》等相关法律法规的出台。①

可以说,法律舆情是社会公众对于法律需求的"风向标",每当某一社会领域中发生了法律舆情时,往往意味着这一领域的法律规范存在缺失和不足之处,而这也就事实上推动了相关领域法律的变革。在当前的立法研究中,对于探寻法律体系完善的方向是一个重要但是极为复杂的问题,对于许多法律法规及其条文"向何处去"的问题,如果单从法教义学的视角出发,事实上难以完全契合社会公众的需求,而这就需要在研究中对法律舆情进行适当分析和意见吸收。

(二) 法律规范的社会效应预演

法学作为一门社会科学,其相对于自然科学的一个重要区别就在于,法律是不能在"实验室"里完成的。对于自然科学来说,许多研究和实践可以在实验室中进行反复地检验和完善之后再加以运用,而法律则不行。法律的施行并非纯粹的法律事务,而是牵扯到全社会的行为变化、社会部门运行以及价值观念转变等抽象且复杂的社会领域,往往"牵一发而动全身"。因此,对于立法者而言,一部法律在施行后会产生怎样的影响,既是需要重点关注的,但同时也是难以在法律实施前进行预料的。对于一部法律实施之后会出现怎样的社会反应,往往只能通过理论的推演和预测来进行,而这种推演很多时候并不能准确反映社会实际。因此,对于立法工作来说,是否有一个"望远镜"能够预演和预测法律出台之后的社会反应,成为一个具有建设性的话题。

法律舆情实际上可以作为法律实施后社会效应的预演。在一部新的法律出台前以及其在制定过程中社会各界的关注、讨论所形成的法律舆情,往往能反映出这部法律在实施后可能的公众接受程度以及遭遇的社会问题,这能够在法律正式实施之前为立法者提供预演,使立法者可以酌情根据社会反应程度对法律进行调整。例如 2023 年 12 月,国家新闻出版署发布《网络游戏管理办法(草案征求意见稿)》(以下简称"意见稿"),公开向社会征求意见,其中以第十七条、第十八条为主的一些条文对网络游戏的大额充值和消费的商业行为作出了一定的限制。② 虽然这个意见稿在我国众多规范性文件的意见征求中并不算显著和特殊,但是却产生了巨大的影响力,对整个游戏行业乃至互联网行业产生极大震

---

① 参见新华社:《力除用药之痛、疫苗之虑、"医闹"之患——我国加快医药卫生立法为就医顽疾"开药方"》,https://www.gov.cn/xinwen/2018-10/27/content_5334944.htm? cid = 303,访问日期:2024-8-26。

② 参见《国家新闻出版署关于公开征求〈网络游戏管理办法(草案征求意见稿)〉意见的通知》,https://www.nppa.gov.cn/xxfb/tzgs/202312/t20231221_823187.html,访问日期:2023-12-30。

动，最显著的表现便是短期内股市中相关版块的暴跌。① 这样的巨大影响使得国家新闻出版署也立即进行了回应，并提出"对于各方就征求意见稿第十七条、第十八条及其他一些内容提出的关切和意见，国家新闻出版署将认真研究，并将在继续听取相关部门、企业、用户等各方意见的基础上进一步修改完善"。② 这说明立法阶段的法律舆情承载着民间社会对于法律规范的大量态度信息，这些信息的分析有助于立法者进行法律规范的社会效应预演，从而在立法中进行及时的调整，以更加平和地推进法律规范的实施。

（三）展现法律规范的适用环境

法律舆情同时也反映社会公众对于法律适用层面的态度和思考，展现了法律规范的适用环境，具体影响着法律适用。法律舆情对于法律适用的意见也并不一定完备，但是其中反映了民间社会在相关问题上基于本土文化而形成的一些意见和观念。

12月26日，全国人大常委会法工委主任沈春耀向十四届全国人大常委会第七次会议报告2023年备案审查工作情况，其中提出了对于一些地方在法律适用中的"连坐"现象的叫停。报告中提出，有的机构在对涉某类犯罪的重点人员采取惩戒措施时，附带对其配偶、子女等近亲属在受教育、就业、社保等方面的权利进行限制。这种行为并不合法，属于"连坐"行为，并不能够被我国法律所接受，应予停止执行。③ 一些地方在打击电信诈骗工作中所采取的一些措施是这一现象的代表。一些电信诈骗犯罪高发地区，当地为了打击犯罪而采取对其近亲属进行限制的行为，例如禁止子女就读公立学校，取消其近亲属的一些补贴等。然而，这样的措施在舆论上却表现出了极大的分化。一方面，有观点认为这种行为并不符合现代法治精神；另一方面，许多饱受电信诈骗摧残的受害者却对此拍手称快，并表达了支持。而在实际中，一些地方的措施甚至正是在后者这样的舆情环境支持之下公开执行了一段时间，舆情支持成为一些措施存在的土壤之一。④

这样的法律舆情事件为我们讨论如何进行法律适用提供了一种视角，在法律适用中，除了规范本身之外，更多的还有以法律舆情为代表的适用环境的影响。"连坐"这种早已应该湮灭在历史中的现象，居然能够再次出现，这与法律舆情的意见是分不开的。按理来说这些采取措施的相关部门的法治意识应该是非常高的，然而却在一段时间内公开采取这样的措施，很大程度上是迎合了当前社会中对电信诈骗严厉打击的法律舆情。因此不仅没

---

① 根据新闻报道，意见稿发布当日的港股中，腾讯控股一度跌超15%；A股中多个股跌停，10余个游戏概念股跌幅超10%。参见财联社：《网游将出新规，影响有多大？多家上市公司最新回应》，https://news.sina.cn/gn/2023-12-22/detail-imzywsmv3956330.d.html，访问日期：2024-8-26。
② 参见《关于网游管理办法草案，官方最新回应》，https://law.cnr.cn/zfkx/20231224/t20231224_526532931.shtml，访问日期：2024-8-26。
③ 参见沈春耀：《全国人民代表大会常务委员会法制工作委员会关于2023年备案审查工作情况的报告》，http://www.npc.gov.cn/npc/c2/c30834/202312/t20231229_433996.html，访问日期：2024-8-26。
④ 参见每日经济新闻：《多地限制涉电诈人员子女上学、就业等，人大法工委：废止地方涉罪人员近亲"连坐"规定!》，https://www.mrjjxw.com/articles/2023-12-28/3185291.html，访问日期：2024-8-26。

有遭到广泛反对,反而受到了民间的支持。对于这一问题的研究,实际上能够揭示出我国法律适用中所存在的本土社会因素的环境影响,有助于我们思考如何更好处理法律规范适用中的社会性问题。

五、结语

长期以来,法学研究中对待舆论和舆情"避之不及"的态度实际上忽视了法律舆情所向我们传递的社会中民间法观念的宝贵信息,也失去了相关学科的许多重要研究内容。民间法观念的研究注重法律在社会生活中的实际运作、效果产生以及法律与社会间的互动关系。因此,寻找恰当的"窗口"对民间法观念进行观察是极为关键的,而法律舆情提供了这样具有典型意义的研究窗口。同时,在当前数字时代的快速发展下,网络已然成为社会的另一个场域,网络化的法律舆情日新月异,使得传统涉诉舆论研究的结论不能很好地适用当下。因此,民间法观念视角下的法律舆情既是研究法律与民间社会交互的重要对象,也展现了数字时代民间社会发展的特征,因此具有较高的研究潜力和价值,是值得在未来研究中不断探索和推进的话题和对象,更契合了当前对于法律舆情进行规制的工作要求,有助于更好地建立舆情应对机制。当前,民间法观念视野下对法律舆情的研究还处于自发阶段,相对较为分散且不成体系。下一步可以推进相关研究的系统化建设,并且在方法论上进行发展,推进法律舆情的研究工作和应对机制不断完善,从而为我国法治社会建设提供支持和帮助。

On Legal Public Opinion as a Concentrated Expression of Folk Legal Concepts

Liu Shijie

Abstract: Legal public opinion, as a product that involves both national laws and folk society concepts, is a concentrated expression of folk legal concepts. The tense opposition between "litigation related public opinion" and the judiciary in previous research has obscured the nature of this folk legal concept and is difficult to adapt to the current legal public opinion situation in the digital age. From the perspective of folk legal concepts, a re examination of legal public opinion reveals that it is based on the common vision of law and sociology, and has a concentrated expression effect in terms of concepts. It also has more complex and multifaceted impacts on the judiciary and even the law. At the level of concentrated expression of value content, legal public opinion reflects the value concerns, legal concept preferences, and legal value traditions of the general public. At the level of concentrated expression of norm content, legal public opinion reflects the direction of improving the legal system, rehearsing the social effects of legal norms, and demonstrating the applicable environment of legal norms. Re examining legal public opinion and its concentrated expression from the perspective of folk legal concepts can help better interpret legal public opinion information, resolve legal public opinion related issues, and promote the construction of a rule of law society.

Keywords: Legal public opinion; Folk legal concepts; Public opinion involved in litigation; Rule of law society

乡村社会秩序中"后家"权威及其治理效能
——基于豫北乡村丧葬仪式的田野考察

李 霄 王伟亮[*]

摘 要 当前乡村社会秩序不仅依靠国家法来构建外部刚性框架，更需要民间权威通过特定的仪式和符号构建内部柔性规范，以此来在乡村社会场域中达到和谐共治的善治愿景。在村民的活动中，丧葬不只是通过仪式将逝者的伦理生命延续下去，更重要的是更迭生者的地位和再造秩序关系。在丧葬仪式中，国家法的强制性要求难以符合乡村实践的多重需求，而母亲娘家亲兄弟所形成的"后家"权威则在丧葬仪式中展现了建立柔性秩序、降低"人情负担"、再造社会秩序的治理效能。由此，"后家"权威是乡村治理中的一种重要内生资源，其价值需要予以充分挖掘，从而在既定的治理体制下推动乡村治理机制创新，促进乡风文明建设和移风易俗的顺利开展。

关键词 "后家"权威 丧葬仪式 乡村秩序

一、研究缘起

村民在从事各类民俗活动时，必然发生在某种仪式的特定空间场域内。依据布迪厄和华康德的界定，"一个场域可以被定义为在各种位置之间存在的客观关系的一个网络或一个构型。"[①] 虽然场域有空间的指向，但是在仪式活动中，更深层的内涵则是不同主体间

---

[*] 李霄，文学硕士，周口师范学院新时代乡村建设研究院研究人员；王伟亮，沈阳工业大学文法学院硕士研究生。

① ［法］布迪厄、［美］华康德：《反思社会学导引》，李猛、李康译，商务印书馆2015年版，第122－123页。

的层级网络与多方主体参与，通过传统的伦理秩序、礼仪禁忌等文化秩序规范来约束人们的行为。在仪式活动场域内，通常有多种权威出现，他们往往通过各类符号、仪式来展示其尊贵的地位，具有"凝聚社会团结"和"强化集体力量"的功能，[1] 也是社会性联结的关键节点。伴随着国家政权现代化建设的持续推进和基层政权的重构，当代中国乡村社会秩序固然需要国家强制法来建构外部刚性框架，即"国家共同体中的所有人都必须遵守统一的法律规范，通过一致性的法律将所有人统合到国家共同体内。"[2] 然而，在乡村社会内部，仍然需要以家庭和宗族为基础、通过习俗和舆论等多种权威和柔性约束机制来构建乡村社会秩序。

丧葬仪式历史悠久，最早在氏族部落产生，是人类自我意识发展的产物。后来受到宗法等级制和伦理价值的影响，丧葬仪式的功能就主要表现为通过礼节和符号确立人的角色定位和社会秩序，因为"个人的死亡必然会使他的家族网络、乡邻网络以及姻亲网络中原有人际的稳定状态失去某些平衡。"[3] 基于此，经过一系列的角色分工和扮演使人们参与到丧葬活动中，丧葬仪式作为一种半强制性的联结机制，通过礼仪禁忌和民间舆论来连结起参与丧葬仪式的各个主体，譬如逝者、本家一族、母舅一族、孝子贤孙、亲属和邻里朋友。

在调研地区，拥有"舅权"的主体被称为"后家"。"后家"不单指舅舅一人，而是孝子之母舅一族，因姻亲关系而形成，以母亲娘家亲兄弟（舅舅）为代表。当舅舅一辈亡故时，舅舅的子侄亦可称为"后家"。"后家"在丧葬仪式中不可或缺，并在仪式中主导秩序的调整和建构，促进两个主要家族的互动，维系乡村社会秩序。

本文选取丧葬仪式来作为考察"后家"权威的分析视角，是因为在村庄社会内部，"后家"权威在丧葬仪式中所出现的权威中处于最高地位，而通过考察后家权威在仪式中的各类象征符号和仪式步骤轨迹来分析乡村社会秩序的运行逻辑。但是如果要进一步深入挖掘后家权威在乡村社会秩序中更深层次的生成机理及其效能，那么对丧葬仪式完整的参与并记录显得十分必要。通过筛选具有后家权威的礼节和符号表现，借助诸如传统丧葬仪式所确立的角色分工、关系更迭、回礼等环节的解读，从而整合、优化丧葬仪式，获得村民心理认同，实现乡村社会"整体性"治理的现实路径。得到村民认同和建构秩序是我国基层乡村治理的重要环节，包括传统文化在村落发展过程中塑造了村落教化共同体，规范着村民的观念与行为，维系着村落共同体的秩序认同，[4] 有利于填补国家法在利益分配不

---

[1] 参见张秀梅：《仪式的实践与乡村共同体重塑——关于浙江农村文化礼堂建设的思考》，载《浙江学刊》2018年第3期，第108页。
[2] 徐勇：《国家化、农民性与乡村整合》，江苏人民出版社2019年版，第199页。
[3] 肖坤冰、彭兆荣：《汉民族丧葬仪式中对"运"平衡观念的处理——对川中地区丧葬仪式中"找中线"环节的分析》，载《民俗研究》2009年第1期，第186页。
[4] 参见宋才发、许威：《传统文化在乡村治理中的法治功能》，载《中南民族大学学报》（人文社会科学版）2020年第4期，第171-173页

符合民众期望、群众认可接受程度差和自治失灵的窠臼。

本文选取河南省西北部的林州市作为田野调研地。林州市西临太行山脉,与山西省的平顺县隔山相望;北临漳河,与河北省涉县以河为界;地处晋、冀、豫三省交界之处,人员流动量大,使得此地风俗受豫北、冀南、晋西三地影响,经过不断吸收演变,独具特色。时至今日,丧葬仪式仍保留着相对完善的传统仪轨,是民间场域内一种特色的乡土仪式,并且是乡土社会重要的地域文化构成。经历不断的代际传承,不断契合于时代的发展,虽然很多烦琐迷信环节被历史所抛弃,但是有关尊崇"后家"的礼节在丧葬仪式中仍然保存得相当完整。"后家"在农村社会中的地位极高,在葬礼上更是不可或缺的主体,享有知情权、监督权、建议和否决权、受尊重权等社会权利,通过贯穿于整场葬礼的礼节,我们可以清晰的了解在乡土社会关系中人们的族群文化与尊长观念,同时也能认识到后家主体在维护乡土社会秩序中所存在的隐性功能。在丧葬整个环节,"后家"不仅有足够的话语权,而且享有专属的、尊荣的礼节待遇。

那么,"后家"权威生成的原因是什么?丧葬仪式中的"后家"权威对乡村社会秩序构建有何种作用?"后家"权威在乡土社会中是一个不可忽视的社会力量,那么这对乡风文明建设又有何启示?本文将对丧葬仪式中"后家"权威进行考察,并在此基础上尝试解答上述问题。

二、"后家"权威的仪式呈现

"仪式"是人类社会发展过程中的最具特色的文化现象。维克多·特纳将仪式发展区分为"分离、阈限、聚合"三个阶段,在提出"分离、阈限、聚合"仪式三阶段理论的同时,特纳着重分析了仪式的阈限阶段,并指出此阶段是对正常生活"正结构"的打破,是一种反结构,仪式的举行正是为了稀释"反结构"带来的社会秩序,从而让其回归到"正结构"的社会秩序中去。基于此,可将仪式分为三个阶段:阈限前、阈限和阈限后,对应着的是一个"结构——反结构——结构"的过程。[①] 当社会结构的稳定受到冲击时,仪式建构出"神圣空间,个体在其中完成社会角色的过渡",[②] 所以仪式便具有了形塑社会秩序的力量。在此研究视阈下,讨论"后家"权威在乡村社会秩序中的作用,自然要探索丧葬仪式对社会秩序的形塑作用。

调研发现,豫北林州一带的丧葬流程分为前期准备、报丧守孝、入殓、发丧、出殡、下葬、答谢、做节日等八个环节。通过采取观察法记录丧葬程序,对于一些需要完善的地方辅之以访谈法,主要的访谈对象是主祭人、家族长者、孝子、"后家"等丧葬仪式中的

[①] [英]维克多·特纳:《仪式过程:结构与反结构》,黄创波、柳博赟译,中国人民大学出版社2006年版,第78页。

[②] 参见夏建中:《文化人类学理论学派:文化研究的历史》,中国人民大学出版社1997年版,第314-319页。

重要人物。基于特纳的理论，可以将前期准备和报丧守孝为阈限前；入殓、发丧、出殡和下葬环节为阈限；答谢和做节日为阈限后。在这些环节中，"后家"权威有不同程度的体现。

（一）阈限前：后家角色的出场

在逝者弥留之际，就要由子女帮其要穿好寿衣，这个过程被称为"挺丧"。换好寿衣后，在等待彻底离世前后这段时间，亲人要在旁边守候，称为"送终"。待其彻底死亡后，由子女打一盆井水（现多用自来水），用白帕给逝者擦净躯体，分别擦拭面部、胸腹、腿脚，此活动称为"净身"。随后在逝者口中放置"含口钱"。

将逝者从离世的地方移到堂屋正中的灵床上，称为"移铺"。由五层青砖堆垫四个角，上面铺设单扇门板，即为"灵床"。灵床通常布置在堂屋中央，避开房梁，下铺干草，入殓前，尸体停放在"灵床"上，面蒙帷巾，称为"小敛"。草铺要顺着放谷草，意思是死人与生人有别。覆盖被单，被单忌讳选用动物皮毛制作的，人们认为尸体沾染了动物的气息会导致下一世沦为畜生，将遗体头朝西脚朝东放置在上面。在逝者脚踝处上以麻纰捆绑，称为"绊脚绳"，意为防止"起尸"，直到大殓入棺时再解去。在灵床前设灵位，点燃三炷香随即反插入香炉中使其熄灭，再正过来插好，右侧点燃长明灯，左侧用三叉木枝插住三块面饼，称为"打狗棍"和"打狗饼"，相传灵魂进入阴间要经过"恶狗岭"，用此物可以保护灵魂不受恶狗伤害。正中位置摆放逝者照片，前面放置瓦盆，用以让吊唁的宾客烧纸钱，逝者有几个儿子，就在盆底钻几个眼，称为"老盆"。随后用白纸糊门，现在多用菱形白纸粘在门窗上，大门上需要盖住门神，堂屋内用竹篦盖住堂屋桌上的神像，竹篦上也要粘上白纸，以避免逝者的魂灵与神明冲撞。门挂白幡，名曰"岁头纸"，以告示外人，家里有人去世。随后在大门处放置纸马（女性逝者放置纸牛，现多通用纸马），马头朝西，意为载着灵魂前往西方极乐世界。在此时间直至孝毕，孝子身穿孝服，腰系麻绳，头戴孝帽，称为"成服""戴孝"，逝者的儿子女儿身着"大孝"（亦称"重孝"），不仅要戴孝帽，还要用孝帽颜色来区分辈分的不同（早先还在帽上缠几圈麻丝，耳挂棉絮，现多不再使用）。

根据"爹亲有叔，娘亲有舅"的传统习俗，按照严格的形式和顺序规定，死亡时间和原因要首先通知"后家"。孝子首先到"后家"报丧，一路啼哭直到"后家"门口，这时需"跪门"，急速拍门，告之家人何时因何原因在何处去世，包括请"后家"人前来商议如何办理丧事，如果不是及时报丧或者直接报丧，比如请人转达离世消息则被认为不孝，也会留下话柄。如果"后家"的长辈没有搀扶，是不能起身的，也不能进入大门。之后，请"后家"来，查看死者的遗体有无伤痕、衣着是否妥当、物品准备是否充分。待"后家"查验后，议定发丧日期，再到其他亲戚家报丧。

阴阳先生根据逝者出生和死亡的时间以及其他信息确定葬日，让孝子提前到坟地烧香上供，然后在预定的地点挖三下，即为"动土"。随后将一些禁忌记下，由"主事人"安排人员正式通知到各个亲友老人死亡时间、葬礼安排和一些其他事宜，最后再用讣文告知亲友邻居。随后请"主事人"和本族长者，对占役、打墓、做饭、帮厨、男女知客、记账、摘礼、搭棚等人员做出安排，并派人及时通知。丧事活动的"主事人"一般由逝者家族的长辈担任，主要包括制定丧事活动中人员安排、礼金和库房的保管、饭菜的采购与制作、拟定治丧规模和时长、迎送吊唁宾客等事宜，最终方案要征得"后家"的同意，丧事安排才得以正式开始。

守孝时，孝子们跪于灵床两侧，男性在东，女性在西，依据辈分排列，长子长孙靠南，其他孝子按照亲疏和辈份往北摆列。男孝子看管"长明灯"，掌管续油、整点为逝者烧纸等活动。有亲朋好友前来吊唁时，孝子们必须哭祭，如果是男性则由男孝子回礼，女性由女孝子回礼，并被搀扶到侧屋，与逝者配偶或长辈交流谈话。晚上需要守夜，以确保长明灯不灭，隔一段时间要有人烧纸，使亡灵在黑暗中也能看到家中灯光和供养。

一般棺木会直接运送到家中，棺材布置完毕后，请"后家"来看棺木的优劣，棺材以柏木为上等，桐、槐稍次，其他杂木为下等，本着"穷儿不可厚葬，富儿不可穷埋"的原则，决定棺木是否合适逝者。棺木确定后，就要请人用一条红纸，上写道："盖世xxx显考（妣）之灵柩"，证明此棺材属逝者的亡魂专用，以防其他鬼魂霸占，写好贴在棺材前头中间。有的还要在棺材大头上贴一副对联："在阳间积德行善，归阴府灵魂平安"，此行为称为"开灵堂"，如果逝者火化，还会在棺材上放置一个小棺材，内部放置人形面团。在此期间，"后家"全程监督，并且可以决定棺木是否应该更换。

（二）阈限：后家对丧葬秩序的见证

安葬当天根据阴阳先生所选的吉时将逝者放进棺材，称为"大殓"。"殓"大时，要等儿女全部到场方可开始，先要在棺材底下放置干草，一般将棺材底稍稍盖住即可，再顺放七根麻，铺七张白纸，尸体底下放"垫背钱"七枚铜钱，放北斗七星形并压住白纸。亲属守候左右，还要有人撑起床单，以防逝者遗体见到日光或者月光。装殓时，将逝者的四季衣物放在棺材四周，双手一侧挂上一包金银元宝，一侧挂上逝者生前喜爱之物，将棺材四周压实确保搬运时遗体不会晃动，随后即开始为逝者净身、净面，孝子从家中的水井旁叩头拜祭井神，随即打水，用带籽的棉花沾水为逝者净面，用棉花由额头到下巴，由左脸颊到脸颊"十字"型擦脸，最后在鼻尖轻点一下，碗里剩的井水要由孝子喝掉。入殓后，把棺材抬到"灵棚"内，"灵棚"一般设置在胡同口或岔路口，前面挂上"祖宗轴子"，静候亲朋好友前来致祭。

早饭前，请乐队前来吹拉弹唱助祭吟经（古时请和尚通街诵经，逐渐由唢呐乐队代替）时，所有男孝子排成一列，孝帽用不同颜色表示辈序，即子白、孙黄、重孙（曾孙）红、"嫡流孙"（玄孙）绿。后边有唢呐乐队跟随，绕村中老街一周，行"诰庙礼"，请人手持木盘，盘上放置一个馒头，在队伍前领路，遇到神庙要点一挂鞭炮，并叩头行礼，以示感谢村内神灵保佑，并请求神灵护佑亡魂往生极乐。一路上哀乐低沉、行礼队伍肃穆，送行队伍不走原路返回，直到出殡时返回"灵棚"，等待出殡。

宾客通常带馒头、花糕、挽幛、花圈等前来吊唁。女客坐棺材旁哭，由女孝子陪哭，随后由女知客扶起；男客在灵前跪拜，由男知客主持礼仪，特别是老少"后家"到来，更得以礼行事。在乡土葬礼中，"后家"的受到的礼遇在发丧当天体现最为明显。一般孝子须着孝服，持哀杖，在灵棚内等候"后家"到场。"后家"一般在临近中午到场，跪拜放置好供桌之后，孝子贤孙根据长幼顺序跪姿爬出灵棚外列队迎接，并叩头还礼，由"后家"搀扶起孝长子，并言"起升"①。后，孝子贤孙们方可跪姿回棚。

随后请人将"后家"吊唁队伍恭迎到孝子家主客室休憩。待"后家"安坐后，主事人从库房拿出最好的烟酒招待。在饮食方面，后家在主厅、坐上座。开饭时第一碗米和菜，供奉到逝者灵前，孝子吃一口，往棺前的食缸中添一口，并说请逝者来吃饭的话，以回报逝者对自己的养育之恩。第二碗就要由"后家"来享用，"后家"盛饭落座后，其他的孝子宾客才能就餐。如果"后家"邀请落座，孝子一般只能蹲下，或者只坐凳子的一半。

客人带来的祭礼（供），有馒首（15个），有膳桌（5个），需要摆放灵前的即时摆放，不需摆放灵前的就由"摘礼人"收摘。礼品不论是馒首、膳桌还是现金，一并由记账的记入账册。

把入殓逝者的棺材运往茔地叫"出殡"。出殡时，先要"请客化纸"（即焚化冥币），男知客喊过"请客化纸"后，哀乐响起，亲人晚辈在灵棚内哭祭，老少"后家"，亲戚朋友到灵前鞠躬祭奠，孝子将"含口钱"取出，将遮面布揭开后，就要"盖棺"（又称"合棺"）。盖棺前，孝子最后瞻仰遗容，然后由七人（或是五人）同时将钉子砸下，孝子们大哭一场，并高呼"躲钉了"，防止钉棺时亡灵受到伤害，至此"殓成"。

随后，长子在灵棚前将烧纸用的"老盆"摔碎，方可起灵。请运棺材时多为人抬，取八名大汉称"八大金刚"（现多用车拉）。男性孝子走在棺材前边，并由长子领幡。女性孝子跟在棺材后边，直到坟上。葬日，用纸人、纸马、鼓乐等开道，孝子执纸幡，用布挽着棺材慢慢前行，亲属皆随其后。

(三) 阈限后：孝与礼的最终合奏

灵柩运到坟上，放进墓穴称"下葬"。下葬前长子向帮忙的宾客磕头答谢，然后往墓中铲土。下葬后，墓穴填满土，并在上边拢起土堆称"墓冢"或"墓谷堆"，最后由长子

---

① "起升"，采访家族长老，其一意为"起身"即可以不再跪地，其二意为逝者离去，孝子地位上升。现多理解为"起身"。

挖一锹土,背身向家的方向扔去。墓谷堆拢好,称"圆墓"。在圆墓之后,用五谷洒遍,由长子将哀仗抱住一起插在坟上,插得竖起来的越多,人丁越旺。有的客死异乡的,要在此时将"领魂鸡"放在墓上,以示逝者亡灵归位。再焚烧香箔纸钱、黄表、放鞭炮、焚烧"纸扎",男女孝子及亲友跪拜叩头。下葬毕,将孝服脱下在焚烧的火焰上挥甩三圈,去除丧气后即可回家。到家门口放置一个盆,盆中放有一把菜刀,逐人洗完手后,将菜刀顺时针旋转一圈,方可进入家门。

当日晚,确定好答谢的对象和谢礼,葬埋后第二天即"答谢"。答谢包括:谢"后家"、谢本家亲戚、谢占役、谢宾客以及街坊送礼者。谢礼均为头天收的供馍。后家为4—8个,近亲为2—3个,占役、宾客、街坊送礼者皆是1个。葬毕还要做节日,埋葬后的第三天,孝子、近亲到坟上向逝者致祭,并给坟上覆土,这个礼仪叫"复三"(旧时称"复山"),这时通常还会邀请"后家"来参加。"复三"后,还有一个重要的节日叫做"五七",说是"五七"(即五个七日),实际以一月为准,再减去儿子数(一个儿子减一天)和逝者本人一天,现大都择日做。最大的节日是做"周年",是逝者去世一周年和三周年忌日,两周年不做,只有闺女或家人去上坟即可。一周年和三周年要请"后家"和主要亲友前来上坟纪念,这也是"亲人对于亡人的情感的真切表达——在亲人看来,亡人仍然还活在他们心中"。[①] 三周年后,即为"孝尽"。

三、"后家"权威的表现

由上述流程可知,"后家"在农村社会中的地位极高,在葬礼上更是不可或缺的存在,享有首要知情权、监督权、建议或否决权与受尊重权等重要的权力,其各项权力贯穿整个丧葬仪式的进程。

(一)首要知情权

子女在逝者离世后,应首先到"后家"跪门报丧,将离世过程、原因和时间等信息告知"后家"。在灵位时,孝子也应当将阴阳先生所确定葬日和禁忌。首先告知"后家",待"后家"了解并且提出建议后,才能用讣文告知其他的亲友邻居。

在中期葬礼流程中,丧事活动的"主事人"对于丧事活动中人员安排、礼金和库房的保管、饭菜的采购与制作、拟定治丧规模和时长、迎送吊唁宾客等事宜也需首先告知"后家",请求其意见。包括棺木的选择、花圈花篮的规格、爆竹烟火的数量等与逝者最后的"脸面"息息相关的事项,也都要首先告诉"后家"。

[①] 黄健、郑进:《农村丧葬仪式中的结构转换与象征表达——基于一个丧葬仪式的分析》,载《世界宗教文化》2012年第4期,第102–108页。

（二）监督权

在前期葬礼流程中，"后家"要监督孝子为逝者净身、净面的活动，以此来细致察看逝者的身体是否有伤痕、瘀血等非正常状况。还要监督棺木的"开灵堂"活动，查看逝者的衣着、棺木等是否妥当。"后家"还要监督孝子对于宾客来访时所做出的礼节反应，同时也会和主事人交谈，了解整个葬礼的进程。

在后期葬礼流程中，"后家"要监督送葬队伍的人员排列次序，保证送葬队伍的辈分次序完整适当、保证葬礼的最后圆满结束。在置办用料、设灵位、入殓、吟经等"后家"未直接参与的环节中，前来吊唁的宾客大多会留意布置的细节，在发丧当天吃饭时便会进行讨论。对于不妥的地方，"后家"在场时大多也会听取宾客的看法，但此时由于葬礼流程已进行过半，这些细节便难以进行事后监督，就容易给他人带来不良印象。而唯一的补救措施就是观察孝子对于葬礼的投入和对于"后家"尊重的表现，如果处理得当，人们便会更多地看到孝子的"孝"，而忽略细节的"过"。如果孝子在葬礼上表现不佳，对于"后家"也没有尽到尊重义务，那么在事后如果"后家"对孝子评价不高，则孝子一家势必会成为民间舆论、茶余饭后的谈资。

（三）建议或否决权

在葬礼流程中，丧事活动的"主事人"负责制定丧事活动中人员安排、礼金和库房的保管、饭菜的采购与制作、拟定治丧规模和时长、迎送吊唁宾客等事宜，但是"后家"则对于丧事活动中的礼数细节安排有建议或否决权。如果"后家"认为丧事活动的规模与逝者身份不符，或者认为礼数安排不周，可以提出建议措施或直接否决拟定的行为。协商的最终方案征得"后家"的同意后，丧事活动才可以正式开始。

在棺木、规格问题上，后家的权力更为显著。调研地区曾发生过一例因"后家"更改决定而临时更换棺木的情况：逝者的朋友前来吊唁时，认为棺木不足以与逝者生前身份地位相匹配，"后家"听后马上改变主意，决定要求孝子立即更换优质棺木，孝子只得向棺材铺退货并赔偿违约金，当天赶到县城购买新的棺木。"内在的自我裁决与他人的外在压力结合一处，社会控制的良性运行就建立起来了。"[①] 丧葬仪式中，由于民间对于纲常伦理的信守以及强大的舆论压力，使得"后家"的建议或否决权达到顶峰。

（四）受尊重权

在前期葬礼流程中，孝子报丧时，要跪在"后家"门外，待"后家"搀扶起立而且

[①] 鞠春彦：《教化与惩戒——从清代家训和家法族规看传统乡土社会控制》，黑龙江教育出版社2008年版，第179页。

不能进入门内。发丧当天,孝子着孝服,持哀杖,在灵棚内等候"后家"。"后家"到场,孝子贤孙根据长幼顺序呈跪姿爬出灵棚外列队迎接,并叩头还礼,由"后家"一一搀扶。"主事人"将"后家"吊唁队伍恭迎到孝子家主客室休憩。待"后家"安坐后,"主事人"从库房拿出最好的烟酒招待。在饮食方面,"后家"在主厅、坐上座。开饭时第一碗米和菜,供奉到逝者灵前,第二碗要由"后家"来享用,如果"后家"有什么忌口,还需要另起小灶。"后家"盛饭落座后,其他的孝子宾客才能开始就餐。如果这时"后家"邀请孝子落座询问情况,孝子一般只能蹲下,或者只坐凳子的一角。

在葬礼结束后的答谢环节中,答谢"后家"要赠送4—8个馒头,近亲为2—3个,占役、宾客、街坊送礼者皆是1个。这种分配的多寡显示了"后家"的尊崇地位,同时也是对于母亲家族的族群认同,在做"节日"、做"周年"的时候,也必须邀请"后家"参与。"后家"权威必须由次序、数量、礼节等进行提示和传递,可以说,整个丧葬流程都在突出以"后家"为代表的姻亲宗姓在丧葬礼仪过程中享受的殊荣。

四、"后家"权威生成的内在逻辑

(一)宗族血缘下的权利保护

在我国古代,亲缘关系中外戚一族,"后家"代表着外戚中父权的延伸,毫无疑问是最重要的一支。而姨母之辈,则是不太有权威的,如《封神演义》中,妲己害死姜皇后,要杀姜皇后的儿子殷郊和殷洪,这时两个孩子首先想到就是逃去东鲁找外公姜恒楚、舅舅姜文焕。如塔西佗对古代日耳曼人亲族关系的描述:母亲的兄弟把他的外甥看作自己的儿子;有些人甚至认为舅父和外甥之间的血缘关系,比父子之间的血缘关系还要神圣和密切,所以当要求人质的时候,那个将受到约束的人的姊妹的儿子被认为是比他自己的儿子还要可靠的保证。

人类社会存在后,由于生产力的发展和社会分工差异,开始从母系氏族社会向父系氏族社会演变。在母系氏族时期,"舅"肩负着由于母系社会中"父亲"角色缺失所带来的家庭抚育责任不明的任务。在进入父系社会之后,继续承担着家庭中女方家族的同辈"代言人"的角色。这样一来,舅权在程度上有明显差别,但是指明了以父母来包办子女抚育作用的弱点。"母系社会中,父亲一旦豁免了做严父的角色,家庭团体更不易成为抚育上的自足结构,于是母舅的出面也就成了最可能的解决办法"。① 在这个意义上,即舅舅以母系家族的"中心人物"出现,对普通老百姓来说,如果母亲在婆家受到了欺负,在本家族内无法得到妥善解决的情况下,那求助于外家几乎是唯一的选择,舅舅的看重等于是给女性一个保障,也是给女性的子嗣另外一个机会。出嫁女性的家族有权持续关注出嫁女儿的生活,并有权力保障女儿在夫家的权益,而孝家对于"后家"的一系列尊崇活动,也是

---

① 费孝通:《乡土中国》,北京大学出版社2012年版,第185页。

对于母系亲属权利的认可,这是调节两个家族关系的直接有效表现。孝子与"后家"在丧葬仪式上的互动,就是两家联合的最好纽带,宗族势力盘根错节的地方,"后家"的地位突出也反映了强大的宗族血缘对个体权益的影响力。

具体到丧葬仪式中。在葬礼结束后,"供馍"会拿来答谢,包括谢"后家"、谢占役、谢宾客街坊。在供馍数量上,"后家"为4—8个,占役、宾客、街坊送礼者皆是1个。庄孔韶先生的《银翅:中国地方社会与文化变迁(1920 - 1990)》也有相关的表述,书中讲述了女方将男方的礼饼在宗族、亲戚中进行分配的原则:"新娘的伯叔各15斤;新娘的母舅各15斤;新娘的爷爷和叔公各10斤;新娘父亲的堂兄弟各5斤……这种分配的顺序和多寡除了显示母舅地位(姻亲关系)重要外(母舅是母亲的脸——玉田谚语),其余分配表现房份的原则和辈分差等。"① 通过对礼品数量的区分,增强新娘对家族和娘舅的族群认同,衬托地方宗姓势力和族群力量,以"母舅"为代表的姻亲宗姓在女子出嫁过程中享受的殊荣。

中国传统乡土社会组织结构孕育了基于"家长制"来平衡性别权力的内在要求。在丧葬仪式中,"后家"所享受的尊崇地位,是由于"后家"作为母系氏族成员组成部分,又承载了父系氏族权力的重要部分,从而享有着保护母族成员权利的权力。进而言之,"后家"种种权力的存在,就是母权观念的延伸,并且与父权观念相互交集。

(二)利益分配的主导与舆论助力

丧葬仪式属于一种集体行为,同时也涉及了集体利益。集体利益可以分为相容性利益与排他性利益,两者的区别就在于利益主体在追求利益时,利益主体之间是正和博弈还是零和博弈。"在严格坚持经济学关于人及其行为的假定条件下,经济人或理性人都不会为集团的共同利益采取行动"。② "实际上,除非一个集团中人数很少,或者除非存在强制或其他某些特殊手段以使个人按照他们的共同利益行事,有理性的、寻求自我利益的个人不会采取行动以实现他们共同的或集团的利益。"③ 因此,对于一项集体行动而言,必要的监督与制裁是不可或缺的。

为此,需要一种动力机制"主导利益分配"。按照我国《民法典》规定的继承制度,兄弟姐妹为第二继承人,当没有第一顺序继承人继承时,由第二顺序继承人继承,即孝子的叔伯是潜在的继承人。若逝者的子嗣突发意外,则逝者的财产可能会被自己兄弟继承,所以叔伯和孝子是有利害关系的。"后家"一族是整个以孝子为中心的两大家族中唯一跟

---

① 庄孔韶:《银翅:中国地方社会与文化变迁(1920 - 1990)》,三联书店2000版,第259页。
② 贾滕:《纾解农村家庭养老集体行动困境:在"情""理""法"之间——基于中原传统农区的田野调查》,载谢晖、陈金钊、蒋传光主编:《民间法》(第26卷),厦门大学出版社2021年版,第38页。
③ [美]曼瑟尔·奥尔森:《集体行动的逻辑》,陈郁、郭宇峰、李崇新译,格致出版社2011年版,第2页。

继承人没有直接利益关系,而又有血缘关系的男性亲属。

"后家"以本族女性与另一个家族的男性成员所形成的姻亲关系为基础,能够参与到戚属家族的事务当中。一方面,可以保证本家族女子的现实利益不受侵犯。作为女性在新家庭中财产的"监督人",每当父系家族在财产等利益分配过程中产生纠纷,家族内部无法实现调和的情况下,"后家"往往作为平衡相关当事方利益的权威而出现,发挥着公正、协调的作用。如费孝通先生所讲:"旧的立法原则规定严格沿着父系传嗣单系继承⋯他的女儿,出嫁后与丈夫住在一起并参加后者的经济单位。她没有赡养娘家父母的义务。在人们的思想里,女人是没有继承娘家父母财产的权利是公平的"。① 所以,母亲的兄弟,也就是"未来的舅舅",承担了娘家的财产,为了弥补她丧失的这部分损失,民间习俗赋予"舅舅"参与甚至干预外甥家重大事务的权力。而且女性出嫁到另一家族,并不是完全脱离本家族的庇护,受夫权和夫家的压制,"后家"则起到了对夫权的抗衡作用,成为维护本族女性在另一家族权利的坚实后盾。

另一方面,"娘亲舅大""爹死随便埋,娘死等舅来"的传统观念是民间舆论的温床,"后家"的尊崇地位,成为一种秩序规则约束着每一位村民。有着此种民间舆论的助力,"后家"便可以对自己的"外甥"辈进行社会教化,使其懂得孝顺母亲,平衡男方家族的教育力量,使得父母地位在他们的认识里衡平。如果孝子反抗"后家"的决定或者要求,孝子就会面临大家族的排斥,甚至面临整个村庄的舆论压力。这一针对个体的评价模式对内塑造了宗族互惠共同体,对外构建了广泛的村庄公共舆论场域,从而更加强化了"后家"的权威。

(三) 仪式权威主导者的需求

在丧葬仪式中,参与者通常都沉浸在悲痛之中。这时就需要一个足以担当"主心骨"的角色的存在,此角色要与孝家存在较少的利益关系但是又必须有血缘关系,以此血缘纽带来为孝家提供情感上的支持,帮助他们渡过难关。丧葬仪式强化了"后家"权威民间社会威权的社会权力地位,形成了对社会成员的心理强制和内心服从。"仪式不仅在认知层面上对人们界定政治现实产生影响,而且在情感上也具有重要影响力。人们投身仪式之中获得颇多满足。"② "后家"的参与不仅使亲人之间的相互联系、相互扶持更加紧密。在情感维度,"后家"的权威地位是无可比拟的。

马克斯·韦伯曾经将传统统治权力的合法性归结为遗传制度和统治权力神圣性,统治者是依照传统遗传下来的规则确定的。③ 基层社会的权力逻辑亦是如此,丧葬仪式中围绕"后家"开展的活动,在一定意义上也是对传统民间社会权力权威的服从。丧葬仪式组织、

---

① 费孝通:《江村经济》,北京大学出版社2012年版,第70页。
② [美] 大卫·科泽:《仪式、政治与权力》,王海洲译,江苏人民出版社2015年版,第18页。
③ 参见 [德] 马克斯·韦伯:《经济与社会》(上),林荣远译,商务印书馆1997年版,第251页。

发生、展演过程中，主要包括横向的"时间过程"和纵向的"空间过程"。① 当后家参与到丧葬仪式中时，由于其特殊的地位，在整场仪式的时间和空间上都彰显出了具有明显差别的秩序，同时在出场、受礼等环节，又展现出不同于其他宾客亲友的待遇，显示出一种阶序。正是由于这种"差序格局"，实现丧葬仪式的顺利完成，在"差序格局"中进一步强化了"后家"的权威地位。

五、"后家"权威的治理效能

"中央集权国家对乡村社会的部分管理与乡村社会的自我运行，共同构成中国传统乡村治理模式的基本特征"。② 马克斯·韦伯强调，"行动者的一切行动都是有意义的行动"。③ 相对于传统时期乡村风俗演化的自发性和存续的自主性，政府推动的"移风易俗"成为丧葬习俗演化的新型动力机制。在基层政府的基层党组织的引导和推动下，丧葬仪式变得更加文明，但是不可避免地存在现行政策要求和传统礼俗的碰撞与对抗。意图实现移风易俗平稳有效的实现，就要深入挖掘丧葬活动中的"后家"权威，在外部国家强制法的要求框架下，充分发挥"后家"权威的治理效能。

（一）建立"柔性秩序"

秩序是指"人们在长期社会交往过程中，形成相对稳定的关系模式、结构和状态"。④ 乡土社会的内生性秩序产生并维持于乡土场域内，限定了民间行动的意义，定义并维系着乡土社会的存在。传统的风俗习惯存在着巨大的惯性，通过外部"刚性"力量来改变风俗习惯，很难成功得到村民的认可和支持，外力的压制往往会产生相反的"弹力"，使得不良风俗容易反弹。2024年中央一号文件第23条提到："坚持疏堵结合、标本兼治"，乡土社会移风易俗的实践不能完全被动地接受强制法的"堵"，要主动发挥内生秩序去"疏"。

"民间权威中心的兴起，充分反映了变迁中的社区中的人们寻求历史的稳定和命运的解脱的心态。"⑤ 农村社会尊崇"后家"的传统能够存留至今，是因为"后家"权威仍然能够在农村社会当中发挥着稳定基层社会秩序、教化民众和保护女性权益等社会功能。

乡村社会秩序是在连续的实践中不断发展，丧葬仪式前后所体现的社会秩序和社会结构不是断裂的，而是阈限阶段所描述的"一种模糊不定的时空"，没有阈限前或阈限后的

---

① 赵旭东：《"差序"秩序的再生产——围绕皖南一村落丧葬仪式的时空过程而展开》，载《民俗研究》2019年第3期，第125页。
② 杨国安：《国家权力与民间秩序：多元视野下的明清两湖乡村社会史研究》，武汉大学出版社2012年版，第403页。
③ [德]马克斯·韦伯：《经济与社会》，阎克文译，上海：上海人民出版社，2010年版第3页。
④ 杨国安：《国家权力与民间秩序：多元视野下的明清两湖乡村社会史研究》，武汉大学出版社2012年版，第23页。
⑤ 王铭铭、王斯福：《乡土社会的秩序、公正与权威》，中国政法大学出版社1997版第95页。

社会文化生活所具有的那些特征以及世俗社会的种类和分类。原因就在于个体的死亡给乡村社会秩序带来变化，但"后家"通过在丧葬仪式中对于仪式、程序、人事、利益等安排，形成了一套独特而体系化的程序，包括丧葬仪式在内的一系列民间规范来源于实践，并已经接受过实践的检验，所以能够切实有效地调整人们的行为。[①] 使得乡村社会秩序得以在丧葬仪式中互动与调适。"后家"凭借姻亲关系和尊崇地位，对他姓家族的丧葬活动的"重大事务"享有话语权。可以说，"后家"权威贯穿并决定了整场的葬礼，甚至在一定程度上要高过逝者的直系血亲。在葬礼流程中，"后家"要监督送葬队伍的人员排列次序，保证送葬队伍的辈分次序完整适当、保证葬礼的最后圆满结束。同时，"后家"的一系列行为也维系两方家族之间感情联络，减少因利益分配、丧葬责任等问题而引发的矛盾，是维护乡土社会和谐、解决丧葬纠纷的重要力量，实现了丧葬仪式中各类现实问题和潜在矛盾的"疏"。

（二）降低"人情负担"

随着经济的发展，富人群体在村庄事务中逐渐活跃起来，通过参与集体活动来彰显经济实力和社会地位，尤其是婚丧嫁娶等公共参与的仪式性活动，为富人群体提供了展示实力的机会，随之而来的就是大操大办和铺张浪费。当前铺张浪费之风形成的原因，主要是由于公共性群体之间形成的"面子竞争"，富人群体的行为得到了乡土舆论的肯定，形成了衡量"孝"的非正式标准。为了逝者最后的"脸面"和村民对自己的评价，很多并不富裕的"孝家"都担负了沉重的"面子成本"。葬礼结束后"孝家"还要回礼，如此一来，形成了不可小觑的"人情负担"。在这种竞争性行为中，丧葬活动占去了大量的经济资源，对于家庭单位而言，是沉重的"人情负担"，对于乡土社会来说，是隐性的"阶层障碍"。长此以往，不但容易使乡土社会关系更加敏感，更有可能造成集体认识的撕裂，和村庄公共性的消弭。

2024年中央一号文件第23条提到："大操大办、散埋乱葬等突出问题综合治理"，"降低农村人情负担"等要求，多地基层政府为了遏制不良之风，因地制宜出台了符合当地实际的丧葬标准。但是由政府对家庭单位的监督通常会陷入监督难的困境，政府组织无法介入到乡土集体行为中，对仪式活动难以进行有效监督，而且实际操作起来也有干预村民民事权利之嫌。这就需要一个能全程参与并且监督丧葬活动、又能干预孝家各项活动开销、同时能够得到乡土社会认可和支持的一个角色。

丧葬仪式的举行，不可或缺的就是"后家"。"后家"的介入伴随着固定的程序和尊贵的礼节，使得被现实生活中社会身份地位所遮掩的家族地位被有意识地强调并置于仪式

[①] 参见汪全军：《农村丧葬活动的自主治理机制考察——以沅水流域Z村的"抬丧"习俗为例》，载谢晖、陈金钊、蒋传光主编：《民间法》（第18卷），厦门大学出版社2016年版，第188页。

中,并受到族人和村民的监督。无论"孝家"的经济实力和社会地位如何,都需要听从"后家"的安排。在棺木选择上,后家可以决定孝家选择的棺木是否需要更换。在葬礼流程中,"后家"认为丧事活动的规模与逝者身份不符,或者认为礼数安排不周时,"后家"可以提出建议措施或直接否决。对于"后家"所享有的权利,如果能够进行引导和利用,那么对于丧葬改革是大有裨益的。政府组织可以通过村支书来传达当前殡葬改革的政策要求,对"后家"提出适当的建议,使得政策可以实现"软着陆",由"后家"来把握整体丧葬规模和相关开销,既能避免村民对于国家强制干涉的抵触心理也能够降低"孝家"的"人情负担"。这一程序加强了仪式参与者对"后家"权威的明确和认同,增强了其主观上维护和遵守共同规范的意识,也有利于其在实践中自觉践行和构建共同规范。

(三) 再造社会秩序

"仪式都有一定的程序、步骤、规则甚至特殊的要求。……其规范和过程的约束,无形中即让参与者受到很好的约束意识教育。"[1] 就丧葬仪式来说,它是中国传统乡村文化神圣性和超验性的载体,它使生死连接在一起,并且"建构出了一套完整、神秘、严肃的乡村社会规范"。[2] 丧葬仪式蕴含了乡村社会秩序建构逻辑,一方面,"后家"的地位是对社会关系的规约,将丧葬仪式的参加者之间纷繁复杂的社会交往差序化;另一方面,"后家"的指令则是对社会行为的规范,是孝家行动的指南。"后家"的地位和指令共同构建了丧葬仪式中的规范体系,从关系和规范两个维度共同建构乡村社会的内生秩序。同时,"后家"以其礼化的实践对以亲缘、宗族和代际为代表的诸多乡村社会关系进行再生产,从而实现构建乡村社会秩序的效能。

滋贺秀三认为,子代的继承包括人、祭祀和财产这三个要素,"所继的是人,这是继承的本质",而财产的继承象征着"人格连续关系的实际上的效果"。[3] 即财产可以在继承者之间均分,但逝者的人格,在乡土社会中只能有长子继承,需要且只能通过葬礼中后家对于长子的礼仪、待遇来进行见证和最终确认。在丧葬仪式中,男孝子叩头还礼时"后家"所言的"起升"并不是所有的孝子贤孙都能有被"后家"言之"起升"的资格,按照风俗,只有长子才能享此殊礼。同时,只有孝长子在"后家"的注视下将"老盆"摔碎后,方可起灵出发,这代表着经过"后家"见证长子此时可以决定家庭事务,也可以继承财产。孝子得以在葬礼中继承逝者的责任、权利和义务,延续逝者的伦理生命。

孝子在治丧时行为举止的主要作用是在保障继承人和继位者能接替死者的位置,家庭

---

[1] 参见刘翠、郭立锦等:《论仪式教育及其现代功能》,载《安徽大学学报》(哲学社会科学版) 2011年第1期,第3页。

[2] 陈柏峰:《火化政策的实施与丧葬仪式的变迁——基于江西安远县的调查》,载《南京农业大学学报》(社会科学版) 2012年第3期,第6页。

[3] 参见 [日] 滋贺秀三:《中国家族法原理"》,张建国、李力译,商务印书馆2013年,第128页。

得以稳固以及社会地位得以确认，最后恢复新的家庭秩序。长子作为家庭的代表必须通过此种仪式加以确定，他的继承权也因此仪式方能得到乡土社会的认同。以此种象征符号和程序的设置，来通过强调孝子地位取得的正当性，"后家"实则是通过程序重新厘定了新的家庭秩序，将社会结构再造和象征符号融合在一个统一的框架内。

六、结语

乡土社会是以人际关系所组成的网格，每个交点都代表着单一的个体，个体的变动都直接或间接地影响整个网络。丧葬仪式以逝者为核心，以孝子为主要行为人，以"后家"为仪式过程的最高统筹者。"后家"所引导和监督的一系列礼节不仅是逝者伦理生命的承载和延续，而且是孝子地位权力继承得以被民间社会见证并肯定的最"官方仪式"。"后家"起着衡平和连接两个家族的重要作用，同时也是新家庭和孝子社会地位过渡时期的"压舱石"。"后家"发挥着从外部调节家庭和社会关系网络失衡状态的功能。当然，如果"后家"滥用其权威，简单粗暴地处理丧葬事宜，不正视其中的伦理、利益关系，不发挥其积极作用，则有可能导致两家族关系恶化，或者过分重视排场，隆重操办，造成铺张浪费和经济负担，导致丧失交点的网络再度撕裂。

准确理解和正确把握乡村社会的脉搏，是推进新时代基层治理的重要前提。作为一种地方性民俗实践，"后家"权威是再造民间秩序的重要治理资源。在丧葬仪式中所展现的"后家"权威，某种意义上就是乡村社会内生秩序的命脉所在。在现代化进程中，基层政府、党政干部更应该把握好、运用好"后家"权威，促进丧葬传统的创造性转换和基层治理方式的适应性变革，而不是采取"一刀切"的简单粗暴方法，借用公权力代表身份直接介入到丧葬治理中。在实现乡村善治的过程中，基层政府与党政干部如果能够正确识别并适当运用"后家"这一重要内生治理资源，积极发挥使其在葬礼活动中的权威作用，引导葬礼向好、向节俭、向科学、向文明、向进步的方向发展，则对于乡风文明建设大有裨益。"后家"权威作为治理资源及其治理效能，需要予以认真对待和充分挖掘，在既定治理体制下推动治理机制创新，以促进乡风文明建设目标在乡村社会中的落地。

The authority of "Mother's brother" and its governance effectiveness in rural social order
——A field investigation based on the funeral ceremony in the countryside of Northern Henan Province

Li Xiao, Wang Weiliang

Abstract: The current rural social order not only relies on the state law to build the external rigid framework, but also needs the civil authority to build the internal flexible norms through specific rituals and symbols, so as to achieve the vision of harmonious and co – governance in the rural social field. In the activities of villagers, burial not only extends the ethical life of the deceased through rituals, but more importantly changes the status of the living and reconstructs the order relationship. In the funeral ceremony, the mandatory requirements of the national law are difficult to meet the multiple needs of the rural practice, and the "Mother's brother" authority formed by the mother's family and brothers shows its great role in maintaining the rural social order, protecting the interests of the mother, confirming the social status of the filial son, and rebuilding the order relationship in the funeral ceremony. Therefore, the authority of "Mother's brother" is an important endogenous resource in rural governance, and its value needs to be fully explored, so as to promote the innovation of rural governance mechanism under the established governance system, and promote the smooth development of the construction of rural culture and the transformation of customs and customs.

Key words: The authority of "Mother's brother"; Funeral rites; Rural order

域外经验与会议综述

历史决定论与意义整体论：
原旨主义翻译的失败[*]

[美] 乔纳森·吉纳普[**] 著　邹　奕　李思洁[***] 译

摘　要　在美国，以劳伦斯·索勒姆为代表的原旨主义者主张逃离历史方法的原旨主义。该理论将宪法语言的原初含义界定为其"交际内容"，并且认为历史方法对于确定"交际内容"功效甚微。作为历史翻译的两个关键方面，意义整体论和历史决定论有助于校正此种原旨主义的方法论错误。前者主张基于整体语境理解部分文本，后者主张基于建国时期的历史背景和语言习惯理解文本。根据整体的历史决定论，宪法语言的原初含义存在于建国时期的整体历史语境之中，释宪者不宜对其采用原子式的原旨主义翻译。因此，为了真正复原宪法语言的原初含义，任何类型的原旨主义者都不能逃避历史方法。

关键词　历史决定论　意义整体论　原旨主义　历史翻译

导　论

自《美国宪法》问世以来，美国人就试图通过制宪历史解释其含义。但是只有原旨主

---

[*] 国家社会科学基金一般项目"制宪修宪史料在我国宪法解释中的应用价值和方案研究"（编号：22BFX165）；中央高校基本科研业务费（法学）研究课题"原旨主义在我国宪法解释中的价值研究"（编号：2023fxzy-07）。本文原载于《福特汉姆法律评论》2015年第84卷，第935-956页。原文出处为：Jonathan Gienapp, Historicism and Holism: Failures of Originalist Translation, Fordham Law Review, Vol. 84, No. 3, 2015, pp. 935-956. 本文的翻译以及翻译版本的发表已获授权。原文不含摘要和关键词，本译文的摘要和关键词系译者所加。

[**] 乔纳森·吉纳普（Jonathan Gienapp），原文发表时为美国斯坦福大学历史系助理教授，现为该系副教授、法学院副教授。

[***] 邹奕，法学博士，四川大学（法学院）副教授，博士生导师；李思洁，四川大学（法学院）2022级硕士研究生。

义——众所周知的要求当前依据其原初含义解释《宪法》的宪法理论——出现以来,历史研究才如此直接与宪法解释相牵涉。虽然原旨主义者与历史学者之间存在进行有意义之交流的可能性,但是此种交流进展甚微。鉴于原旨主义在当代政治文化中发挥着日益重要的作用,此种对话的缺失更加令人遗憾。

基于这些原因,劳伦斯·索勒姆(Lawrence Solum)和索尔·康奈尔(Saul Cornell)最近的交流引发了一场姗姗来迟的探讨,最终指向一个根本问题:专业历史学者的历史探寻与法学者的原旨主义理论有何关系?[1] 粗略观之,康奈尔主张,原初含义的发现必然牵涉历史学者所实践的历史推理,这似乎很直观。[2] 但是索勒姆却认为,历史学方法在发现原初含义的过程中所起的作用,远比历史学者所愿意相信的有限得多。实际上,他有效地论证了逃离历史的原旨主义。这是具有倾向性的论点,因为索勒姆承认,原旨主义者必须依凭美国十八世纪的历史。但是他认为,这一目标很大程度上可以在无须传统的历史学知识或者实践的情况下得以实现。

然而,这一论点具有若干致命的困难,其中最大的问题莫过于它对各类原旨主义所牵涉的核心问题的处理:历史翻译(historical translation)。[3] 当下的宪法与其制定之时具有不同的含义,因此,原初含义的复原必然需要进行某种翻译,将宪法重新转换为十八世纪的含义(或者将十八世纪的宪法转化为二十一世纪的语言)。以索勒姆为代表的原旨主义者承认这一要求的核心地位,但错误地理解了其内涵。由于未能对美国建国时期进行历史解读(historicize),[4] 他们的翻译方法立足于一个错误的前提,即建国一代与我们今天处于几乎相同的语言世界,这一假设使他们的翻译采取了一种狭隘的、原子式的形式。由于未能进行此种历史解读,他们无法理解含义的整体性——单个话语的含义依据它们如何融入一个语言整体而获得——因此,他们瞄准了错误的解释对象,当他们必须首先掌握这些组成部分所产生的更广泛的习语之时,却专注于个别的语词和表述。鉴于理解历史决定论的必要性,以及含义和翻译的整体论要求,无论面向何种原初含义,唯一适宜的翻译方式

---

[1] See Saul Cornell, Meaning and Understanding in the History of Constitutional Ideas: The Intellectual History Alternative to Originalism, *Fordham Law Review*, Vol. 82, No. 2, 2013, p. 722; Lawrence B. Solum, Intellectual History As Constitutional Theory, *Virginia Law Review*, Vol. 101, No. 4, 2015, p. 1113; Lawrence B. Solum, The Fixation Thesis: The Role of Historical Fact in Original Meaning, *Notre Dame Law Review*, Vol. 91, No. 1, 2015; Lawrence B. Solum, Originalism and History (Aug. 29, 2014) (unpublished manuscript, on file with the Virginia Law Review).

[2] Saul Cornell, Meaning and Understanding in the History of Constitutional Ideas: The Intellectual History Alternative to Originalism, *Fordham Law Review*, Vol. 82, No. 2, 2013, pp. 725 - 740.

[3] 需要说明的是,"historical translation" 可谓本文原文的核心概念,本文将其直译为 "历史翻译"。"translation" 一词在我国还有其他译法,部分学者将其译为 "转译"。根据《现代汉语词典》的解读,"转译" 意为 "不直接根据某种语言的原文翻译,而根据另一种语言的译文翻译,叫作转译",由此,若将 "historical translation" 译为 "历史转译",恐有解读历史文本之嫌。同时,"转" 似有将译者的主观意图附会其上之意。此外,"retranslation" 更有 "转译" 之意。综上,译者认为,"历史翻译" 这一译法更能够体现本文的核心论点,更为精准。——译者注

[4] "历史解读" 对应的原文为 "historicize",意为在历史语境中解读某事。——译者注

是公认的历史方法。

一、逃离历史的原旨主义

索勒姆至少以三种不具备说服力的方式将历史学者边缘化。首先,他混淆了原旨主义的方法和理论;其次,他声称原旨主义者和历史学者面向不同种类的含义;最后,他指出,历史学者不能提供适当的方法来发现正确的原初含义。

(一) 理论抑或方法?

首先,通过混淆议题并且不必要地探究思想史取代宪法解释的可能性,索勒姆贬低了历史。① 任何历史学者都不会承认这就是对历史的正确运用,所以,证明这样一种假想的课题已经误入歧途,实属徒增困扰。有待于探讨的问题是:就理解 1787 年至 1788 年前后 (或其他相关的历史时刻)《宪法》的含义而言,历史方法应当发挥何种作用? 对于宪法理论和法理学的后续影响问题完全独立于发现原初含义这一纯粹的方法论议题。

(二) 何种含义?

然而,当索勒姆正确地聚焦于方法论的探讨时,他也明确表示:"原旨主义者和历史学者对'含义'存在不同的理解,这反映了宪法史和当代原旨主义实践的根本不同目的",历史学者在原初含义的探寻方面,只能扮演"辅助和补充"的角色。② 原旨主义者所追求的这种含义即其主张的"交际内容",索勒姆对这一含义的阐述重申了他在其他场合中提出的一系列相互关联的论点。③ 宪法含义可以分为两类——交际内容与法律内容——以及探寻这两种内容的活动——解释与建构。④ 交际内容不应该与法律效力相混淆。但是,它也不应该与其他类型的含义相混淆,无论是其建构之后的"动机或者目的",

---

① Lawrence B. Solum, Intellectual History As Constitutional Theory, *Virginia Law Review*, Vol. 101, No. 4, 2015, pp. 1112 – 1114.

② Lawrence B. Solum, Originalism and History, p. 1 (Aug. 29, 2014) (unpublished manuscript, on file with the Virginia Law Review); see also Lawrence B. Solum, Intellectual History As Constitutional Theory, *Virginia Law Review*, Vol. 101, No. 4, 2015, p. 1155.

③ See Lawrence B. Solum, Originalism and Constitutional Construction, *Fordham Law Review*, Vol. 82, No. 2, 2013, p. 455; see also Lawrence B. Solum, Communicative Content and Legal Content, *Notre Dame Law Review*, Vol. 89, No. 2, 2013, p. 480; Lawrence B. Solum, District of Columbia v. Heller and Originalism, *Northwestern University Law Review*, Vol. 103, No. 2, 2009, p. 924; Lawrence B. Solum, Originalism and the Unwritten Constitution, *University of Illinois Law Review*, Vol. 2013, No. 5, 2013, p. 1937; Lawrence B. Solum, The Interpretation – Construction Distinction, *Constitutional Commentary*, Vol. 27, No. 1, 2010, p. 96; Lawrence B. Solum, Semantic Originalism (Il. Pub. Law & Legal Theory, Research Paper No. 07 – 24, 2008).

④ 这种区分在索勒姆的论著中随处可见,但在晚近原旨主义者的学术研究中也被证明是重要的。See, e. g., Jack M. Balkin, *Living Originalism*, Harvard University Press, 2011, p. 129; Keith E. Whittington, *Constitutional Construction: Divided Powers and Constitutional Meaning*, Harvard University Press, 1999, p. 3; Randy E. Barnett, An Originalism for Nonoriginalists, *Loyola Law Review*, Vol. 45, No. 4, 1999, p. 622。

抑或是期望它所遵循的"结果或者应用"。[1] 交际内容仅仅只是"文本在语言学上的含义",并且,因为这种含义"不是历史学者的主要目标",所以他们无法为原旨主义者提供"一种确定宪法文本交际内容的独特方法"。[2] 因此,那些坚持认为原旨主义者应当更加深入了解历史实践的历史学者,不过是犯了"概念混淆"的错误。[3]

由于支持"公共含义原旨主义",索勒姆偏好交际内容。[4] 正如当今众所周知的那样,这种理论将宪法的原初公共含义置于制宪者之主观意图、批准者之主观理解以及大多人民群众从该文件制定之初所期望的适用上。[5] 当前,在原旨主义者中占主导地位的原初公共含义构建于基于习惯的语言理解之上,这意味着:含义是由公众共享的习惯所调控的,而且,唯一具备法律效力的宪法含义即为其常规含义。公共含义原旨主义者认为,不同于普通的对话,当《宪法》制定之时,言者与听者之间的距离(地理间隔和语境差异)甚远,这意味着刚开始研究《宪法》的人无法了解制宪者的交际意图(尤其是无法了解宪法制定的复杂的起草历史)。相反地,他们只能获取文本本身和所有合格读者可以掌握的语言习惯。[6] 此外,由于该文件是人民同意的产物,所有可以执行的内容无非就是具备建国时期语言习惯之人士原本所理解的含义。[7] 基于这些理由,索勒姆注重交际内容。[8]

---

[1] Lawrence B. Solum, Intellectual History As Constitutional Theory, *Virginia Law Review*, Vol. 101, No. 4, 2015, pp. 1123, 1115 – 1116.

[2] Lawrence B. Solum, Intellectual History As Constitutional Theory, *Virginia Law Review*, Vol. 101, No. 4, 2015, p. 1155; Lawrence B. Solum, Originalism and History, pp. 1, 2 (Aug. 29, 2014) (unpublished manuscript, on file with the Virginia Law Review).

[3] Lawrence B. Solum, Originalism and History, p. 1 (Aug. 29, 2014) (unpublished manuscript, on file with the Virginia Law Review); See Lawrence B. Solum, Intellectual History As Constitutional Theory, *Virginia Law Review*, Vol. 101, No. 4, 2015, p. 1164.

[4] Lawrence B. Solum, Originalism and History, p. 1 (Aug. 29, 2014) (unpublished manuscript, on file with the Virginia Law Review).

[5] 关于向公共含义原旨主义的转变,参见 Keith E. Whittington, Originalism: A Critical Introduction, *Fordham Law Review*, Vol. 82, No. 2, 2013, p. 377; Keith E. Whittington, The New Originalism, *Georgetown Journal of Law & Public Policy*, Vol. 2, No. 2, 2004, pp. 609 – 610。

[6] See Vasan Kesavan & Michael Stokes Paulsen, The Interpretive Force of the Constitution's Secret Drafting History, *Georgetown Law Journal*, Vol. 91, No. 6, 2003, p. 1115.

[7] See generally John O. McGinnis & Michael B. Rappaport, *Originalism and the Good Constitution*, Harvard University Press, 2013; Antonin Scalia & Bryan A. Garner, *Reading Law: The Interpretation of Legal Texts*, West Group, 2012; Keith E. Whittington, *Constitutional Interpretation: Textual Meaning, Original Intent, and Judicial Review*, University Press of Kansas, 1999.

[8] See Lawrence B. Solum, Communicative Content and Legal Content, *Notre Dame Law Review*, Vol. 89, No. 2, 2013, pp. 494 – 502, 507 (解释宪法固有的交际限制); Lawrence B. Solum, Originalism and the Unwritten Constitution, *University of Illinois Law Review*, Vol. 2013, No. 5, 2013, pp. 1937 – 1938 (描述语言的常规特征); Lawrence B. Solum, Originalism and History, pp. 11 – 12 (Aug. 29, 2014) (unpublished manuscript, on file with the Virginia Law Review) (解释公共含义原旨主义的规范历史正当性); Lawrence B. Solum, Originalism and History, pp. 16 – 17 (Aug. 29, 2014) (unpublished manuscript, on file with the Virginia Law Review) (主张如果制宪者的意图被发现,很可能与文本的公共含义相一致)。

（三）何种方法？

对于索勒姆关于交际内容的狭隘观念，存在多条批评进路，它们包括：坚持主张建国时期的意图和理解无法轻易地与公共含义进行区分。① 但是，倘若我们暂且承认（无论这存在多么严重的问题）原旨主义者可以仅仅考虑基于习惯的含义，索勒姆是否有理由认为，他已经通过缩小目标而摆脱了对历史的倚赖？他暗示，如若作者的意图、预期的目的或者其他类型的含义确实是解释的对象，那么，传统的历史方法将被证明是必要的。类似的方法果真与发现公共含义无关吗？

换言之，无论索勒姆注重何种宪法含义，他依然需要历史翻译的方法。由于语言随时间而流变，语词被给予了不同的含义，他承认了值得任何原旨主义者注意的如下事实：根据其所提出的"固定命题"，②"当《宪法》的任何一个条文被起草或者批准时，它的原初含义遂得以固定或者确定。"③ 因此，问题的症结就是：为了证立自己有关历史与原旨主义之关联的宽泛主张，仅仅将交际内容作为解释的目标是不够的；索勒姆还必须说明如何在不依凭历史方法的情况下将交际内容翻译成其原初形态。索勒姆阐明了如下含义的区分：原旨主义者关注公共含义，历史学者则另有考虑。但是，此种区分并不充分，因为无论注重何种含义，他都必须证明自己得以在不依靠历史翻译技术的情况下复原它，这些技术由历史学者所践行。唯其如此，公共含义原旨主义者方能声称，自己摆脱了对于历史的倚赖。

倘若索勒姆的论证立基于他的方法而非其论证的对象，那么，他究竟打算如何确定原初的交际内容呢？他的进路始于依据语法的操作规则来识别各个单词、短语或者它们之组

---

① 该观点已经被一些宪法学者和类似的历史学者所强调。See Larry Alexander & Saikrishna Prakash, "Is That English You're Speaking?" Why Intention Free Interpretation Is an Impossibility, *San Diego Law Review*, Vol. 41, No. 3, 2004, p. 968; Saul Cornell, St. George Tucker's Lecture Notes, The Second Amendment, and Originalist Methodology: A Critical Comment, *Northwestern University Law Review*, Vol. 103, No. 3, 2009, p. 1544; Richard S. Kay, Original Intention and Public Meaning in Constitutional Interpretation, *Northwestern University Law Review*, Vol. 103, No. 2, 2009, p. 704; Caleb Nelson, Originalism and Interpretive Conventions, *University of Chicago Law Review*, Vol. 70, No. 2, 2003, pp. 556 – 560; Jack N. Rakove, Joe the Ploughman Reads the Constitution, or, The Poverty of Public Meaning Originalism, *San Diego Law Review*, Vol. 48, No. 2, 2011, p. 586; William Michael Treanor, Taking Text Too Seriously: Modern Textualism, Original Meaning, and the Case of Amar's Bill of Rights, *Michigan Law Review*, Vol. 106, No. 3, 2007, p. 504。

② Lawrence B. Solum, What Is Originalism? The Evolution of Contemporary Originalist Theory, in *The Challenge of Originalism: Theories of Constitutional Interpretation*, p. 33 (Grant Huscroft & Bradley W. Miller eds., 2011) (ebook).

③ Lawrence B. Solum, What Is Originalism? The Evolution of Contemporary Originalist Theory, in *The Challenge of Originalism: Theories of Constitutional Interpretation*, p. 33 (Grant Huscroft & Bradley W. Miller eds., 2011) (ebook); See Lawrence B. Solum, Intellectual History As Constitutional Theory, *Virginia Law Review*, Vol. 101, No. 4, 2015, p. 1150 (承认原旨主义必须避免不合时宜); Lawrence B. Solum, The Fixation Thesis: The Role of Historical Fact in Original Meaning, *Notre Dame Law Review*, Vol. 91, No. 1, 2015, pp. 13 – 16, 62 – 68 (识别"语言漂移")。

合的一般含义,他称之为"平白含义""字面含义"或"语义含义"。① 其中一些含义在十八世纪可能具有不同的含义,因此,为了领会原初的语义含义,翻译者必须研讨建国时期的语言使用方法。② 当然,这类有关定义和语法之工作的开展有可能或好或坏,某些存在重大缺陷的原旨主义工作就说明了这一点。③ 但是,索勒姆假定语义含义以可信的方式得以复原,他解释称:我们有必要认识到,这并非交际内容,因为法律言语要比其字面内容传递的信息多得多。"语义内容和完整的交际内容之间的鸿沟是由我们可称为'语境丰富性'来填补的",这种填补有赖于两件事情。④ 其一是将《宪法》置于其创制之时就存在的"公众可知的宪法交际语境"中。⑤ 其二是获取语言哲学中的语用充实经验,这似乎的确就像是保罗·格莱斯(Paul Grice)的工作。⑥ 因为很多事情都是不言而喻的,所以这些技巧对于掌握宪法言语所预设或者暗示的内容是必要的。⑦ 较之于探讨十八世纪的语言使用方法,探讨格莱斯显然耗费了索勒姆更多的时间,尽管个中原委只是隐晦的,却深刻地塑造了他的论点。他一再提出,哲学在概念上先于历史,原旨主义者因而得以绕过后者。因此,由于原旨主义者(总之是其中一些人士)致力于研究格莱斯,他们比历史学者具有更加可靠的解释基础。而且,从历史学者转向语言哲学来看,这样做只是强化了索勒姆更深层的论点:原旨主义方法并非以历史为基础。因此,对建国时期语义使用方法的关注,尤其是对格莱斯的欣赏,似乎为原旨主义者提供了一种完整的、无关历史学者的方法。

诚然,索勒姆无法代表所有的公共含义原旨主义者,更遑论代表所有的原旨主义者。但是,鉴于他们的其他论证,难以相信任何主流的公共含义原旨主义者会质疑索勒姆方法的基本逻辑。⑧ 与此同时,即使其他原旨主义者持有不同见解,公共含义原旨主义者也已

---

① Lawrence B. Solum, Intellectual History As Constitutional Theory, *Virginia Law Review*, Vol. 101, No. 4, 2015, pp. 1116 – 1118, 1125 – 1126.

② Lawrence B. Solum, Originalism and History, pp. 12 – 13 (Aug. 29, 2014) (unpublished manuscript, on file with the Virginia Law Review).

③ Saul Cornell, Meaning and Understanding in the History of Constitutional Ideas: The Intellectual History Alternative to Originalism, *Fordham Law Review*, Vol. 82, No. 2, 2013, pp. 740 – 742. David Thomas Konig, Why the Second Amendment Has a Preamble: Original Public Meaning and the Political Culture of Written Constitutions in Revolutionary America, *UCLA Law Review*, Vol. 56, No. 5, 2009, p. 1302.

④ Lawrence B. Solum, Originalism and History, pp. 2, 13 (Aug. 29, 2014) (unpublished manuscript, on file with the Virginia Law Review).

⑤ Lawrence B. Solum, Originalism and the Unwritten Constitution, *University of Illinois Law Review*, Vol. 2013, No. 5, 2013, p. 1942.

⑥ Lawrence B. Solum, Intellectual History As Constitutional Theory, *Virginia Law Review*, Vol. 101, No. 4, 2015, pp. 1125 – 1132; Lawrence B. Solum, Originalism and History, pp. 13 – 14 (Aug. 29, 2014) (unpublished manuscript, on file with the Virginia Law Review).

⑦ Lawrence B. Solum, Intellectual History As Constitutional Theory, *Virginia Law Review*, Vol. 101, No. 4, 2015, pp. 1125 – 1132.

⑧ See Jack M. Balkin, *Living Originalism*, Harvard University Press, 2011, pp. 3 – 58; Randy E. Barnett, *Restoring the Lost Constitution: The Presumption of Liberty*, Princeton University Press, 2014, pp. 389 – 395; John O. McGinnis & Michael B. Rappaport, *Originalism and the Good Constitution*, Harvard University Press, 2013, pp. 123 – 126; Antonin Scalia & Bryan A. Garner, *Reading Law: The Interpretation of Legal Texts*, West Group, 2012, pp. 15 – 28.

经在该领域占据了主导地位,以至这一论点依然具有广泛的影响。因此,如果索勒姆的原旨主义翻译的理念经不起推敲,那么,本文的发现就可以大体上阐明原旨主义与历史的关联。

二、有关原旨主义翻译的争议:意义整体论与历史决定论

只有当索勒姆提出可行的替代方案时,他方才能够逃离历史方法,这种方法可以令人满意地复原某种原初的宪法含义,而不需要从事历史学者的工作。不过,他的方法最终正如原旨主义工作中常见的诸多方法那样,存在重大缺陷。理解这些缺陷以及适当替代方案的构成有助于揭示:历史的方法和实践为何对任何类型的原旨主义都是不可或缺的——这一论点与索勒姆持有的主张相反。

即使本文的理论关注仅限于公共含义,充分描述原旨主义翻译之适当方法的各个方面也超出了本文简要回应的范畴。但是,首先,我将关注历史翻译的两个关键方面,这些方面或许最为重要,毋庸讳言,也是最能直接纠正索勒姆方法之缺陷的两个方面。倘若不了解历史翻译的这两个关键方面,就根本不可能复原历史文本的任何含义——尤其是其公共含义。

(一)意义整体论

第一个方面是"意义整体论",该学说认为:只有将部分文本置于整体文本的语境下才能理解该文本的含义。单个语言构件——单词、短语或者言语——的含义只能依据它们在概念词汇表中的关系来理解,而它们是该表的一部分。

索勒姆以及其他原旨主义者未能把握这一点。他们未能从整体上看待含义和翻译,而是完全从原子式的角度加以构想,认为有效的翻译可以在术语对术语的层面上进行,而无需利用任何更加广泛的置换机制。索勒姆最青睐的历史翻译实例——十八世纪的"domestic violence"和十二世纪的"deer"——是按照稳定语境被挑选的公认的概念对象。[①] 他不经意保持了语言习惯在过去与当下之间的结构不变,而只是使用谨慎的成分内容来填补这个结构。

但是,此种进路未能将语言完全解释为一种社会习惯,即一套主体间建构的规范。公共含义原旨主义完全立基于语言含义系约定俗成的这一事实,然而,索勒姆至少提出了一种明显肤浅的语言习惯主义。作为一种社会实践,语言必然具备偶然性,这一事实既适用于习惯的结构,也适用于该结构中单个语词的含义。这让人想起克利福德·吉尔茨(Clifford Geertz)的反对意见,即人类科学家时常将文化的多样性与人类思想的统一性对立起

[①] Lawrence B. Solum, District of Columbia v. Heller and Originalism, *Northwestern University Law Review*, Vol. 103, No. 2, 2009, pp. 945 – 946; Lawrence B. Solum, The Fixation Thesis: The Role of Historical Fact in Original Meaning, *Notre Dame Law Review*, Vol. 91, No. 1, 2015, pp. 15 – 16.

来,此种做法存在问题。人类思考的事物是多元的,但思考方式本身可以被假定为具有跨越时间与空间的同一性。① 对于语言而言,此种明显的区分将不同语言使用的多样性与语言逻辑关系之结构的统一性并置,后者则被推定为构成此种多元性之整体的基础。② 通过将语言的逻辑结构及其分立的部分③作为翻译对象,整体翻译消除了这种区别。它可以翻译语言的整体。

(二) 历史决定论:建国时期的异质性

由于解释通常采取原子式的翻译模式,索勒姆以及诸多原旨主义者不经意地采用了此种方式。新颖的评论通常来自与听者大致处于同一概念和语言世界的言者。通过共享这种背景,言者与听者已经充分分享了整体语言,从而使原子式的翻译成为可能。不过,如若此种言语并非于今日而是于几百年前所表达的——那是一个与我们当下所处的世界截然不同的概念、语言世界,情况就会发生变化,并且是决定性的变化。原旨主义者未能领会这一重要训诫,致使其采用了存在缺陷的翻译方法。他们不甚严谨地假设,建国一代和我们差不多存在于同一个语言、概念世界中。因此,尽管原旨主义者严谨地承认建国一代与我们自己之间的语词使用方式存在差异,他们仍将这种差异与明显由所有人共享的共同语言结构对立起来。

但是,理解美国建国时期的第一个关键是认识到这是一个异世界。原旨主义者经常谈论要复原"丢失的宪法",却未意识到,为什么它应该被贴上这个标签。④ 并非因为当代的法官已经抛弃了它,而是由于概念词汇表的变化已经模糊了它的原初含义。理解美国的建国时期以及复原"丢失的宪法",需要意识到这一历史距离。伯纳德·贝林(Bernard Bailyn)恰如其分地指出:"过去是一个不同的世界。"⑤ 里斯·伊萨克(Rhys Isaac)以同样的方式补充道:"无论一个人是在文化空间抑或历史空间中远离自己,他走不了多远,就会来到一个世界,在这个世界里,理所当然的事物不再如此……必须找到方法,来理解

---

① Clifford Geertz, *The Way We Think Now*: *Toward an Ethnography of Modern Thought*, in *Local Knowledge*: *Further Essays in Interpretive Anthropology*, Basic Books, 1983, pp. 152 – 153.

② 由于哲学中语言学转向的一个关键结果是认识到,拥有思想在本质上就是拥有使用语言的能力,吉尔茨对人类思维的观察被证明更适用于理解人类语言。See, e. g., Robert B. Brandom, *Perspectives on Pragmatism*: *Classical*, *Recent*, *and Contemporary*, Harvard University Press, 2011, pp. 22 – 23; Michael Dummett, *Frege*: *Philosophy of Language*, Harvard University Press, 1993; Richard Rorty, *Philosophy As Cultural Politics*, Cambridge University Press, 2007, p. 176; Richard Rorty, *Philosophy and the Mirror of Nature*, Princeton University Press, 1979; Wilfrid Sellars, *Empiricism and the Philosophy of Mind*, Harvard University Press, 1997; Donald Davidson, *Seeing Through Language*, in *Truth*, *Language*, *and History*, Oxford University Press, 2005。

③ "分立的部分"对应的原文为"discreet parts",但若按原文翻译将使读者费解。我们认为,前述原文中的"discreet"应该是"discrete"之误。——译者注

④ See generally Randy E. Barnett, *Restoring the Lost Constitution*: *The Presumption of Liberty*, Princeton University Press, 2014, pp. 389 – 395; Lino A. Graglia, *How the Constitution Disappeared*, in Joseph S. McNamara & Lissa Roche ed., *Still the Law of the Land*?, Hillsdale College Press, 1987.

⑤ Bernard Bailyn, *Sometimes an Art*: *Nine Essays on History*, Knopf, 2015, p. 22.

其他世界的居民赋予他们日常习俗的含义。"① 要理解这些不甚熟悉的含义，就需要对过往进行历史解读，并且以其自身的异质术语来考虑它。② 正如贝林所说的，它涉及"渗透到思想和行为的子结构中，渗透到沉默的假设、感知的地图、形成公开表达和事件的内部体验"，从而解码"参与者的感知世界"。③

对于当代美国人来说，从美国人民提出的问题、使用的概念、生成的理论、支持的事业以及讨论的议题来看，也许美利坚鲜有历史时期比建国时期更加容易辨识。但事实上，过往看似很熟悉，获知其与当下的内在差异却是最为重要的。伯纳德·贝林和戈登·伍德（Gordon Wood）的学术研究领域在很久之前就改变了我们对于革命时代的认识，正是由这种洞察力所驱动的，其出发点是革命者的指导假设与我们自己的不同，他们独特的语言行为需要根据其自身的术语来把握。④ 正如伍德自己在其巨著《美利坚共和国的缔造》中所说的那样，"当我探寻[革命者的]观念模式之时，很明显，"对美国建国时期的普遍的历史解释方法"是非常不符合历史的，对十八世纪的不可挽回性和差异性的认识太少了。"⑤ 那些认为不需要历史决定论就能理解建国一代的人，会长期深感困惑，因为那一代人对代表权看似矛盾的痴迷，却对投票毫不关心，他们在州一级对两院制展开辩论，却对横向分权毫无兴趣，他们同时痴迷于权利法案，并致力于检验誓言。此类例子有可能会无限量地成倍增加。但是通过了解建国者不常见的词汇，这种困惑就会消解。至关重要的是，在这个过程中，看似熟悉的部分文本具有不同的含义。历史决定论和意义整体论可以发展到极端的程度——在过去，已经有人这样做了⑥——但是这一教训不应使其实质重要性被低估。

---

① Rhys Isaac, *The Transformation of Virginia* 1740 – 1790, Omohundro Institute and University of North Carolina Press, 1999, p. 5.

② 更多有关历史决定论的论述一般参见 Jonathan Gienapp, Using Beard to Overcome Beardianism: Charles Beard's Forgotten Historicism and the Ideas – Interests Dichotomy, *Constitutional Commentary*, Vol. 29, No. 3, 2014.

③ Bernard Bailyn, *Sometimes an Art: Nine Essays on History*, Knopf, 2015, p. 22.

④ See generally Bernard Bailyn, *The Ideological Origins of the American Revolution*, Belknap Press, 1967; Stanley Elkins & Eric McKitrick, *The Age of Federalism: The Early American Republic*, 1788 – 1800, Oxford University Press, 1993; Gordon S. Wood, *The Creation of the American Republic*, 1776 – 1787, Omohundro Institute and University of North Carolina Press, 1969. 有关他们发起的史学革命的更多信息，参见 Daniel T. Rodgers, Republicanism: The Career of a Concept, *The Journal of American History*, Vol. 79, No. 11, 1992, p. 22。

⑤ Gordon S. Wood, *The Creation of the American Republic*, 1776 – 1787, Omohundro Institute and University of North Carolina Press, 1969, p. xvi. 具有讽刺意味且发人深省的是，原旨主义者经常赞许地引用伍德的精湛研究，他们几乎没有意识到，该研究的基本自负往往会破坏他们所争论的大部分内容。说明性的例子，参见 Saikrishna B. Prakash & John C. Yoo, The Origins of Judicial Review, *University of Chicago Law Review*, Vol. 70, No. 3, 2003, pp. 933 – 934。

⑥ 关于这些极端例子的讨论，参见 Mark Bevir, Why Historical Distance Is Not a Problem, *History and Theory*, Vol. 50, No. 4, 2011, p. 24; Donald Davidson, On the Very Idea of a Conceptual Scheme, in *Inquiries into Truth and Interpretation*, Oxford University Press, 2001; A. P. Martinich, A Moderate Logic of the History of Ideas, *Journal of the History of Ideas*, Vol. 73, No. 4, 2012, p. 610; Richard Rorty, The World Well Lost, in *Consequences of Pragmatism*, University Of Minnesota Press, 1982, p. 4。

如同大多数原旨主义者一样,索勒姆延续了一个有缺陷的假设,即坚持认为建国时期的言语相当容易理解,因为它们是用英语言说和书写的。[1] 正如他存有问题的断言,"当代美国的英语与十八世纪晚期美国的英语并不相同。然而,在许多特定情况下,今天宪法文本中的单词和短语的含义与宪法被制定与批准之时的含义是相同的。"[2] 同样地,为了解释理解历史文本不需要事先了解作者的动机或者背景知识,他在另一个场合轻率地断言,

> 当你遇到一个能用自然语言(英语)和你交流的陌生人时,通常你们就可以就各种各样的话题进行交流,而关于这个陌生人的信息却非常稀少……依托于广泛共享的常规语义含义和陌生人可能会拥有的语境信息。[3]

根据索勒姆的观点,理解亚历山大·汉密尔顿(Alexander Hamilton)、威廉·芬德利(William Findley)或者十八世纪街头的普通人(一个广受欢迎的公共含义原旨主义人物模型),就像今天面对说英语的陌生人一样简单,因为可以适当地假设,双方都拥有共同的语义结构和语言能力,可以将东拉西扯的荒诞言论进行语境化处理。

恰恰相反,若要复原十八世纪的交际内容,我们就必须放下自己当下行之有效的语言学知识——如何追踪含义之间的逻辑联系,如何充实模糊的言语以及如何将含义与语境联系起来——而改用建国时期的语言学知识。由于索勒姆以及其他原旨主义者未能对语言学知识进行历史解读,他们没有认识到整体翻译的必要性。

三、寻求原旨主义翻译的校正

领会历史决定论与语言整体论的训诫,不仅有助于揭露原旨主义者最流行之历史翻译的缺陷,而且有助于提供补救。仅此还不够。许多关键和相关的方面亟待研究,在目前进行的工作中,我尝试描述原旨主义翻译的所有相关内容。[4] 尽管如此,引发人们对于意义整体论与历史决定论的关注乃是必要的开端。

---

[1] 这个问题很普遍。See, e. g., John O. McGinnis & Michael B. Rappaport, *Originalism and the Good Constitution*, Harvard University Press, 2013; Saikrishna Prakash & John Yoo, Against Interpretive Supremacy, *Michigan Law Review*, Vol. 103, No. 6, 2005, p. 1540. 例如,一些法学者提出,这些训诫无济于事,参见 Larry D. Kramer, When Lawyers Do History, *George Washington Law Review*, Vol. 72, No. 1 - 2, 2003; H. Jefferson Powell, Rules for Originalists, *Virginia Law Review*, Vol. 73, No. 4, 1987, p. 673。

[2] Lawrence B. Solum, Communicative Content and Legal Content, *Notre Dame Law Review*, Vol. 89, No. 2, 2013, p. 498.

[3] Lawrence B. Solum, Intellectual History As Constitutional Theory, *Virginia Law Review*, Vol. 101, No. 4, 2015, p. 1144.

[4] See generally Jonathan Gienapp, Historical Translation and Constitutional Originalism (Sept. 1, 2015) (unpublished manuscript, on file with author).

(一) 历史与哲学的融合

意义整体论与历史决定论的观点不仅是多种原旨主义的良方，而且正是许多启发性的语言哲学、思想文化史论著共同聚焦的论点。两者不分先后，各自都可以被独立强调。事实上，人们可以纯粹通过研究历史论著来汲取关于历史决定论和意义整体论的大量知识——无论是隐含地来自实证研究，或者明确地来自深入人心的方法论作品。[1] 然而，既然索勒姆和许多其他公共含义原旨主义者认为，他们可以通过哲学的方式来绕过历史，那么阐明这种融合的哲学进路是至关重要的。尽管我可以轻松依凭历史学者针对类似观点的方法论反思从而得出类似的观点，并且乐于同意杰克·拉科夫（Jack Rakove）的观点：历史学者可以"愉快度过一生，而不必担心他们在多大程度上忠诚于乔姆斯基（Chomsky）、奥斯汀（Austin）、维特根斯坦（Wittgenstein）或者……格莱斯的论著"，[2] 但是，鉴于索勒姆所选择的策略，在他所选择的地方与其交锋是至关重要的。虽然哲学不提供基础（正如索勒姆暗示的那样），但其确实提供了强大的工具，这些工具极大地强化了历史学者自身的方法论直觉。[3] 因此，若要揭示历史实践之于原旨主义为何不可或缺，至少在当下，最有效的进路便是强调语言哲学是如何指向这个方向的。

此外，索勒姆对语言哲学的描述实际上是基于哲学家保罗·格莱斯的观点，格莱斯以几近民间英雄的方式被呈现出来，他显然是揭开所有宪法奥秘的关键。虽然格莱斯在现代哲学中的地位是不容否认的，但是，由于不曾研究过弥合言者与听者之间的历史差距的必要举措，较之于其他主流哲学家，他就具体的原旨主义探究所提供的方案要少得多。[4] 的确，他的工作只有在《宪法》被翻译后才有效用，在这方面并无助益。另一派语言分析哲学家的论著为当前的问题提供了更为有效的工具集合，这些工具可以与许多主流的思想文化史学者自己打磨的工具并肩。

---

[1] 此类例子不胜枚举。See, e. g., Keith Michael Baker, *Inventing the French Revolution: Essays on French Political Culture in the Eighteenth Century*, Cambridge University Press, 1990; Mark Bevir, *The Logic of the History of Ideas*, Cambridge University Press, 1999; Elizabeth A. Clark, *History, Theory, Text: Historians and the Linguistic Turn*, Harvard University Press, 2004; Ian Hacking, *Historical Ontology*, Harvard University Press, 2002; J. G. A. Pocock, *Virtue, Commerce, and History: Essays on Political Thought and History, Chiefly in the Eighteenth Century*, Cambridge University Press, 1985; William H. Sewell, Jr., *Logics of History: Social Theory and Social Transformation*, The University of Chicago Press, 2005; Gabrielle M. Spiegel, History, Historicism, and the Social Logic of the Text in the Middle Ages, *Speculum*, Vol. 65, No. 1, 1990, pp. 59 – 86。

[2] Jack N. Rakove, Joe the Ploughman Reads the Constitution, or, The Poverty of Public Meaning Originalism, *San Diego Law Review*, Vol. 48, No. 2, 2011, p. 588.

[3] Lawrence B. Solum, Intellectual History As Constitutional Theory, *Virginia Law Review*, Vol. 101, No. 4, 2015, pp. 1122, 1128 – 1129（违背了康德学派对哲学推理之逻辑优先权的基本坚持，认为任何关于交际的历史或者法律描述都必须与哲学家和语言学者工作相协调）。关于哲学与历史的关系，我提出的解读来自 *Philosophy in History*, Richard Rorty et al. eds., Cambridge University Press, 1984。

[4] See generally Paul Grice, *Studies in the Way of Words*, Harvard University Press, 1989.

(二) 斯金纳和维特根斯坦

为了更好地了解思想史与语言分析哲学的融合，我们应该从最自觉、最广泛地借鉴分析哲学的思想史学者——也即索勒姆谈论最多的思想史学者——开始讨论，他就是昆廷·斯金纳（Quentin Skinner）。也许因为其他人提醒索勒姆，斯金纳的观点会驳斥他的观点，由此，索勒姆不留余地地加以指责，试图揭露斯金纳的错误。他原本可以简单地基于相关性（仅仅针对错误的文本含义）而否定斯金纳的工作，但是他选择了理论上的无所作为，认为斯金纳对解释方法本身"深感困惑"。① 显然，这是理解索勒姆之误区的起点，因为强调索勒姆如何错过斯金纳的历史决定论和意义整体论有助于揭示其历史翻译进路的缺陷。

粗略观之，索勒姆认为斯金纳的观点如此令人反感，这无疑是个不小的讽刺。毕竟，斯金纳是一位彻底的语言习惯主义者，几乎只对公共含义感兴趣。他认为，解释工作需要从理解作为言语行为的文本开始，从而理解"施为的习惯"②。③ 此外，他还主张，对于文本解释至关重要的两个维度——言内之意（言语的意涵和指称）和言外之力（表达此种言语的含义）——都完全源自公众知晓的习惯。斯金纳自然强调了复原作者意图的重要性，但他强调的总是通过行为呈现的意图而非行为本身的意图。④ 他对混淆意图和动机不感兴趣，因此也对混淆在言语行为之前的心理状态与实施此种行为的公共含义不感兴趣。他最感兴趣的意图是"从对行动本身含义的理解中推论出来的"。⑤ 斯金纳的一个著名论点是：马基雅维利（Machiavelli）在《君主论》中提出的众所周知的建议——君主"应当知道在必要时如何步入邪恶之路"⑥——在含义（被理解为力量）上的差异，取决于同时代所有其他上呈君主的建言书是否都提供了相同的建议。⑦ 这无关先前的心理状态或者主

---

① Lawrence B. Solum, Intellectual History As Constitutional Theory, *Virginia Law Review*, Vol. 101, No. 4, 2015, p. 1153; Lawrence B. Solum, Originalism and History, p. 26 (Aug. 29, 2014) (unpublished manuscript, on file with the Virginia Law Review).

② "施为的习惯"对应的原文为"the conventions surrounding the performance of"。"施为"一语"系指实施某种行为。斯金纳认为：言语的运用是一种行为，具有"施为"的目的。"施为的习惯"即指言语运用的习惯。——译者注

③ Quentin Skinner, "Social Meaning" and the Explanation of Social Action, in James Tully ed., *Meaning and Context: Quentin Skinner and His Critics*, Princeton University Press, 1988.

④ 在这一论点上，斯金纳总是被误解。他最清晰的论述，参见 Quentin Skinner, A Reply to My Critics, in James Tully ed., *Meaning and Context: Quentin Skinner and His Critics*, Princeton University Press, 1988, pp. 231, 278-280。

⑤ Quentin Skinner, A Reply to My Critics, in James Tully ed., *Meaning and Context: Quentin Skinner and His Critics*, Princeton University Press, 1988, p. 279.

⑥ Machiavelli, *The Prince*, in Charles W. Eliot ed., *The Harvard Classics*, Forgotten Books, Vol. 36, 1910, p. 68.

⑦ Quentin Skinner, Meaning and Understanding in the History of Ideas, in James Tully ed., *Meaning and Context: Quentin Skinner and His Critics*, Princeton University Press, 1988, pp. 61-63.

观目标。它所关注的是该陈述对于沉浸在相关交际语境之读者的公共含义。

索勒姆何以反对这一论点呢？斯金纳对语言含义和施为言语基于习惯的理解，似乎类似于索勒姆与其他公共含义原旨主义者所捍卫的方法。斯金纳将言外意图从先前动机或者预期目标中分离出来，这恰好与索勒姆推进格莱斯之交际意图理论时所得出的结论一致。① 斯金纳对于言内之意与言外之力的区分类似于索勒姆本人对于语义含义与语境丰富性的区分。② 斯金纳坚持认为，破译言外之力需要"描述出在特定场合通过特定言语的习惯施行所能实现的整个交流范围"③，这听起来似乎与索勒姆坚持的观点惊人地相似，即含义必须在日常交流的公共语境下得以丰富。也许索勒姆并没有完全理解斯金纳之方法的内在逻辑。但是，人们必须意识到这些方法的相似之处，因为索勒姆对斯金纳的两个主要批评之一是：过度倚赖格莱斯对"言者之意"的阐释时，斯金纳只不过是一位原旨主义者。实际上，二者在这方面的相似之处更为明显。究其原因，从索勒姆在此方面的区分来看，自己与斯金纳的差别仅在于，后者似乎偏重原初意图原旨主义。不过，正如索勒姆自己告诉我们的那样，"在通常情况下，法律文本的作者之交际意图与文本之公共含义趋于一致"，这意味着，公共含义原旨主义者与老练的原初意图原旨主义者的追求几乎相同。④ 除此之外，斯金纳最具有说服力的批评者，批评他过于简单地将作者之意图简化为统治性的语言习惯，因为他相信"根据假设，任何人进行任何成功的交流行为的意图，都必须是公众可以知晓的"，而这一相似之处更加惊人。⑤

尽管如此，索勒姆明显没有兴趣将斯金纳视为理论盟友，他的第二次主要批评表明了这一点，他对于斯金纳的批评并非基于后者的平庸，而是基于后者的混淆，因为斯金纳自相矛盾地将格莱斯对于言外行为的阐述与路德维希·维特根斯坦（Ludwig Wittgenstein）的含义与使用理论结合在一起。⑥ 索勒姆认为：维特根斯坦将含义等同于使用，他一定是

---

① Lawrence B. Solum, Intellectual History As Constitutional Theory, *Virginia Law Review*, Vol. 101, No. 4, 2015, pp. 1132 – 1136.

② 索勒姆不同意言外之力是公共含义的重要组成部分，他或许为此肯定性地引用了 A. P. Martinich, Four Senses of "Meaning" in the History of Ideas: Quentin Skinner's Theory of Historical Interpretation, *Journal of the Philosophy of History*, Vol. 3, No. 3, 2009. 但马蒂尼奇（Martinich）的批评意见是：只有句子而非整个文本可以具备言外的维度，这种调和可能导致我们质疑作为单一言语的《宪法》是否具有言外之力，但并非否认其条款具有这种效力。

③ Quentin Skinner, *Meaning and Understanding in the History of Ideas*, in James Tully ed., *Meaning and Context: Quentin Skinner and His Critics*, Princeton University Press, 1988, pp. 63 – 64.

④ Lawrence B. Solum, Originalism and History, p. 17 (Aug. 29, 2014) (unpublished manuscript, on file with the Virginia Law Review); See, e. g., Lawrence B. Solum, Intellectual History As Constitutional Theory, *Virginia Law Review*, Vol. 101, No. 4, 2015, p. 1134.

⑤ Quentin Skinner, *A Reply to My Critics*, in James Tully ed., *Meaning and Context: Quentin Skinner and His Critics*, Princeton University Press, 1988, pp. 279. 斯金纳最犀利的批评者，参见 Mark Bevir, Why Historical Distance Is Not a Problem, *History and Theory*, Vol. 50, No. 4, 2011, pp. 40 – 50, 135 – 136（认为基于习惯建立的"语言含义"不能固定"解释学含义"，它是特定言语的预期表现）。

⑥ Lawrence B. Solum, Intellectual History As Constitutional Theory, *Virginia Law Review*, Vol. 101, No. 4, 2015, p. 1151.

在阐述,"表述的含义就是它被使用的方式"①,这一点已由许多原旨主义的批评者所提出,此种提法错误地将交际内容与目的或者动机等同起来。因此,在同时使用格莱斯(指向交际内容)和维特根斯坦(并转移它)时,斯金纳的论题被认为是不连贯的。

我们历史学者有理由感谢索勒姆揭露了这样一位虚假的偶像。但是,斯金纳本人并不感到困惑。索勒姆说得很对,斯金纳对维特根斯坦之理论的倚赖是极其重要的,但这并非索勒姆所指出的原因所致。若要更好地理解斯金纳为何大幅引用维特根斯坦的观点,就必须理解这位奥地利籍英国哲学家的著名格言"语言的含义服从语言的使用"究竟有何含义。依据索勒姆所说的,

> 的确,维特根斯坦将含义与使用这一概念联系起来,或者如他所说,"言语即行为"。这一观点认为,表达的含义在于它的使用。维特根斯坦深入到某个事物之中,但它并不是关于交际内容的理论。言语被使用来完成行为,但行为并不是相关意义上的言语含义。我们可以将维特根斯坦对语词的观察延伸到文本中。简单地说,文本可以被用来完成行为。洛克(Locke)的《政府论》(下篇)有可能就是沙夫茨伯里勋爵(Lord Shaftesbury)政治纲领的一部分。托马斯·霍布斯(Thomas Hobbes)的《利维坦》可能是意识形态的复辟。约翰·罗尔斯(John Rawls)的《正义论》可能是对"伟大社会"的致歉。将这些历史文本的政治目的称为它们的"含义"并没有错,只要我们清楚,这并不是它们在交际内容维度上的含义。②

无论索勒姆在此有可能意欲表达什么,它都绝不是晚年维特根斯坦那句名言所表达的意思:"从我们使用'含义'一语的一大类情况来看,它可以被如此界定:一个语词的含义就是其在语言中的用法。"③ 维特根斯坦非但没有放弃对交际内容的探寻,反而精确地描述了掌握交际内容所必需的东西:意义整体论和历史决定论。

此后,维特根斯坦对其经典的表征语言图像(在这种图像中,句子的内容是语词试图反映的前语言所指物的产物)提出了质疑,并提出了功能主义的含义解释(在这种理论中,句子的内容是词语在偶然话语语境中使用方式的产物)。④ 他认为,长此以往,哲学家们一直沉迷于通过定位词语所代表的概念来确定词语的基本含义。他在其最重要的作品

---

① Solum, Originalism and History, p. 25 (Aug. 29, 2014) (unpublished manuscript, on file with the Virginia Law Review) (alteration in original).
② Lawrence B. Solum, Intellectual History As Constitutional Theory, *Virginia Law Review*, Vol. 101, No. 4, 2015, pp. 1151 – 1152.
③ Ludwig Wittgenstein, *Philosophical Investigations* § 43, p. 20e (G. E. M. Anscombe trans., 1953). 关于维特根斯坦后来的工作是如何对他早期的哲学进行戏剧性修正的,参见 Richard Rorty, *Wittgenstein and the Linguistic Turn*, in *Philosophy As Culture Politics*, Cambridge University Press, 2007, pp. 160 – 175。
④ See Richard Rorty, *Wittgenstein and the Linguistic Turn*, in *Philosophy As Culture Politics*, Cambridge University Press, 2007, pp. 160 – 175.

《哲学研究》中以这样的图像为中心"每个词语都有其含义。这个含义与该词相关联。它是这个词语所表征的对象。"① 假设语词的所有可能用法都有其本质上的共同之处，那么，通过捕捉其统一的本质，就可以认识其含义。但是，为了区分这种含义——这些使用语词的必要和充分条件——哲学家们就不得不把语言从凌乱的日常语境中抽象出来，以便在纯粹逻辑的崇高环境中分析它。② 因此，维特根斯坦推测，他们这样做的代价是根本不学习任何学习语言含义。正如他所述，"我们步入了光滑的冰面，那里没有摩擦，所以在某种意义上，条件是理想的，但也正因为如此，我们无法行走。我们想行走，所以我们需要摩擦力。回到粗糙的地面上！"③ 通过类比，哲学家们曾试图有效地分析单独的一枚棋子或一步棋，它们脱离了象棋游戏本身的背景。只有当棋子被重置于游戏环境中时，人们才能理解用它可以做出的走法。语言也是如此：只有当语言回归到日常使用方法的凌乱现实时，用法和含义才会被阐明。

在此层面，维特根斯坦将使用语言比作玩一场游戏，旨在重新认识这是语境化的活动。④ 哲学家们错误地认为语言只有一个单一的目的，但显然，人们玩的多种多样的"语言游戏"体现了语言的多重目的。⑤ 根据人们所玩的语言游戏——无论是下达命令、描述物体或者讲笑话——语言的功能不同。这些游戏都表现了规则，或者维特根斯坦所说的"语法"，来支配他们的操作。但是这些语法是隐含的、内在的规范，而不是由上而下的技术的、正式的规则。就像所有的游戏（篮球、板球、捉迷藏）都没有本质的、内在的结构——而是只有所谓的家族类似性——也没有共同的特征，只有人们使用单词和句子的多种方式的大量重叠。含义因讨论的语言游戏而异。⑥

因为维特根斯坦认为语言本质上是一种社会实践——而不是一种本质上与外界事物相联系的媒介，他因而认为，语言的构成要素是偶然的和历史的。语言游戏也会随之发生变化。"多样性不是某种固定的、一劳永逸的……正如我们可以说，新的语言、新的语言游戏产生了，其它的就被淘汰和遗忘了。"⑦ 因此，从历史上研究语言不仅仅是研究单个语词的不同用法，而是更广泛地研究不同的语言游戏。将言语与这种语境隔离开来意味着将解释者自己的语言游戏强加于言语，从而模糊其原初含义。

---

① Ludwig Wittgenstein, *Philosophical Investigations*, p. pt. I (G. E. M. Anscombe trans., 1953).
② 维特根斯坦指的是哲学中悠久的表征主义传统，可以追溯到柏拉图，但更直接的是分析哲学的主导趋势，特别是逻辑实证主义，它试图将语言分解为其原子属性以进行逻辑概念之分析。See Ludwig Wittgenstein, *Philosophical Investigations* §§ 23, 46 (G. E. M. Anscombe trans., 1953).
③ Ludwig Wittgenstein, *Philosophical Investigations* § 107 (G. E. M. Anscombe trans., 1953).
④ Ludwig Wittgenstein, *Philosophical Investigations* §§ 7–42 (G. E. M. Anscombe trans., 1953).
⑤ Ludwig Wittgenstein, *Philosophical Investigations* §7 (第一次讨论概念) (G. E. M. Anscombe trans., 1953).
⑥ Ludwig Wittgenstein, *On Certainty* § 65 (G. E. M. Anscombe & G. H. von Wright eds., Denis Paul & G. E. M. Anscombe trans., 1969).
⑦ Ludwig Wittgenstein, *Philosophical Investigations* § 23 (G. E. M. Anscombe trans., 1953).

因此，对于历史文本的维特根斯坦式解读并不专注于文本得以撰写的目的，这一点被索勒姆所效仿。相反地，此种解读会将构成文本的言语置于他们发展的原初的语言游戏（或者游戏）中。由此，恢复原初含义主要是恢复原初语言游戏。换句话说，它需要意义整体论。通过将含义建构为使用，维特根斯坦并没有为了目的放弃交际内容，而是解释了理解它实际上需要什么。

从维特根斯坦的这些见解中可以得出以下三个结论。第一，斯金纳对维特根斯坦的倚赖并不连贯。事实上，被斯金纳借鉴的大多数言语行为理论家，都将维特根斯坦向日常语言的转向作为他们的灵感来源。① 斯金纳的方法很可能需要改进，一些学者也提出了这样的建议，而它们也被索勒姆正面引用，但这些批评并不是以维特根斯坦和日常语言哲学构成的相互排斥的方法为前提的——远非如此。②

第二，除了弥合斯金纳的一致性之外，意识到斯金纳对维特根斯坦的倚赖有助于揭示：尽管斯金纳与公共含义原旨主义者对于语言习惯主义有着共同的解释承诺，他们依然存在严重的分歧。这种分歧不能用斯金纳的前后矛盾或不忠来化解（正如索勒姆所说，斯金纳是一个不真实的原旨主义者）。相反，斯金纳与宪法原旨主义者的分歧在于，相比之下，他被证明是一个更真实的公共含义原旨主义者，而且正是因为他认识到了维特根斯坦的基本哲学训诫——适当的历史决定论的公共含义，需要将原初言语整体地置于历史语境当中。事实上，斯金纳对过去的异质性有着深刻的理解。他的方法论著作（当时在政治思想史上占主导地位的）主要针对那些，倾向于以深刻的非历史的和去语境化的方式来阅读历史文本的人，他们相信，伟大的文本独立于其时间和地点，因为它们的作者谈论的是永恒的问题。③ 斯金纳认为，历史文本不是自主的，而是主流语言习惯的产物，与我们自己的习惯相比，这些习惯往往是奇怪的。斯金纳选择了历史唯名论，摒弃了非历史本质主义，后者将文本置于长期争论的跨历史语境之下。他拒绝将语词视为思想家获取不变概念的过度媒介，而是将概念视为知道如何偶然使用语词的延伸。尽管柏拉图（Plato）、马基雅维利、霍布斯都可能提到过"state"，但是他们对这个词语的使用——由如此不同的语言游戏所规制——是如此不同，因此，假定他们选择了相同的概念是错误的。④ 所以，斯金纳认为，对获取文本的原初公共含义感兴趣的任何人都必须了解，语词在其时代的语言游戏中是如何具体发挥作用的。

虽然斯金纳对于阐述维特根斯坦式方法的优点有所助力，但是，我们得出的第三个也

---

① See, e. g. , J. L. Austin, *How to Do Things with Words*, Harvard University Press, 1962.

② See generally A. P. Martinich, Four Senses of "Meaning" in the History of Ideas: Quentin Skinner's Theory of Historical Interpretation, *Journal of the Philosophy of History*, Vol. 3, No. 3, 2009.

③ See Quentin Skinner, *Meaning and Understanding in the History of Ideas*, in James Tully ed. , *Meaning and Context: Quentin Skinner and His Critics*, Princeton University Press, 1988, pp. 43 – 56.

④ See Quentin Skinner, *A Reply to My Critics*, in James Tully ed. , *Meaning and Context: Quentin Skinner and His Critics*, Princeton University Press, 1988, pp. 278 – 281.

是最重要的结论,远远超出了斯金纳的理论范畴。原旨主义翻译为何必须以整体语言为对象,现在已经清楚多了。因为言语的原初含义不能脱离它所出现的语言游戏,所以翻译不能原子式地专注于单个语词或者表达。为了正确地阐明任何一个建国时期的言语,必须把它恢复到原初的话语语境当中,就像维特根斯坦所描述的那样去理解。

(三) 维特根斯坦的后继者

以唐纳德·戴维森（Donald Davidson）和罗伯特·布兰德姆（Robert Brandom）为首的主流哲学家以维特根斯坦的研究为基础,发展了他的历史决定论和意义整体论。① 正如戴维森所言,

> 如果句子的含义取决于其结构,并且,我们对结构中每个单元之含义的理解,系从其句子的整体中抽象出来的,那么,我们只有通过给出语言中每个句子（或者语词）的含义,才能给出任何句子（或者语词）的含义。②

简单地说,"只有在语言的情境中,句子（以及语词）才有其含义。"③ 这些整体论者挑战了支撑原子式原旨主义翻译的两个重要目标——语义原子主义以及含义与观念的区分,从而生动地揭示了此种翻译的局限性。

语义原子主义以如下观念作为基础：语义属性可以提供个体的语言单位,而不依赖于其他属性。仅仅通过指称或者实指定义的力量,人们就能清楚地掌握语词的含义。换句话说,语义术语的基本属性可以与语言的其余部分隔离开来。

推论主义之整体论通过断言,句子的语义内容是它与其它句子推论关系之产物,来挑战这种原子主义。没有任何一个句子（就像没有任何一个知觉经验）可以拥有自身单独的概念内容。这一点最早是由相对于原子式经验主义的传统而提出的,其中以威尔弗里德·塞拉斯（Wilfrid Sellars）最为突出,他将对亲知知识④的原子式描述称为"所予神话"⑤。⑥ 他认为,这种所谓的亲知知识不恰当地将因果关系与理由混为一谈,或者将导致

---

① 理查德·罗蒂（Richard Rorty）所著的《维特根斯坦和语言学转向》（Wittgensteinean and the Linguistic Turn）是对维特根斯坦之后关于这些主题的工作的最好概述。See Richard Rorty, *Wittgenstein and the Linguistic Turn*, in *Philosophy As Culture Politics*, Cambridge University Press, 2007, p. 176.
② Donald Davidson, *On the Very Idea of a Conceptual Scheme*, in *Inquiries into Truth and Interpretation*, Oxford University Press, 2001, pp. 17, 22.
③ Donald Davidson, *On the Very Idea of a Conceptual Scheme*, in *Inquiries into Truth and Interpretation*, Oxford University Press, 2001, pp. 17, 22.
④ "亲知知识"对应的原文为"knowledge by acquaintance",意指通过实践即亲身而得的直接经验知识。——译者注
⑤ "所予神话"对应的原文为"the Myth of the Given"。"所予"是指经验中直接给予意识即通过非推论的方式而获得的东西,"所予神话"是指此种哲学思维模式。塞拉斯对"所予神话"进行了批评。——译者注
⑥ Wilfrid Sellars, *Empiricism and the Philosophy of Mind*, Harvard University Press, 1997, pp. 32 - 34.

经验片断①的物理过程与将该片断作为认识某事的证据的能力混为一谈。要使它符合后者,即具有概念性的命题内容,人们还必须知道如何将它与许多其他观念推论联系起来,或者更简单地说,知道如何将它用作推论的逻辑前提或者结论的理由。②(换句话说,使得观察者认为天空是蓝色的这一物理过程,只有在观察者已经被特定的概念词汇编程的情况下,才会导致他实际上形成这种观念。世界可以使人们形成一个观念,但是只有其他的观念才能真正证明这个观念的真实。)那么,单个片断的内容,就是其如何融入这些关系的机理,这些关系涉及有关并且先于该片断的所有事物,以及该片断本身的物理成因或者过程。认识某事并不是要对某一片断进行"经验描述",而是要"将其置于理由的逻辑空间中,该逻辑空间证明以及能够证明人们所言。"③因此,塞拉斯得出了这个著名的结论:"所有的意识……是一种语言事件"——对知觉片断的认识是知道如何将这些片断置于推论链条中的一种功能。④语言通过一系列推论关系联系在一起,构成了一个概念的整体,人类通过其环游世界。⑤

罗伯特·布兰德姆通过构建完全表现主义的含义解释,最广泛地研究了这种推论主义的含义,其中"掌握应用于"句子的概念相当于"掌握其推论用法"。⑥他认为,概念的——也就是语义的——内容,在性质上是相互关联的。因为"人们必须拥有许多概念才能拥有任何概念",所有,如果不"掌握支配其他概念和内容使用的推论的性质",就无法理解任何概念的内容。⑦因此,布兰德姆认为"语义内容的推论概念本质上是整体的。"⑧他详细阐述了,

> 推论包括前提和结论。某一前提的推论角色本质上取决于某一结论的推论角色,反之亦然。如果人们对于由特定内容推论之或者推论特定内容之其他内容的推论角色一无所知,那么他们也就无从知晓特定内容的推论角色。⑨

正如理查德·罗蒂(Richard Rorty)所言,他简要地总结了布兰德姆的洞见,"从句

---

① "片断"对应的原文为"episode"。塞拉斯唯名论论证的预言就基于对"片断"经验描述的过程。——译者注
② Wilfrid Sellars, *Empiricism and the Philosophy of Mind*, Harvard University Press, 1997, pp. 13–25.
③ Wilfrid Sellars, *Empiricism and the Philosophy of Mind*, Harvard University Press, 1997, p. 76.
④ Wilfrid Sellars, *Empiricism and the Philosophy of Mind*, Harvard University Press, 1997, p. 63.
⑤ Wilfrid Sellars, *Empiricism and the Philosophy of Mind*, Harvard University Press, 1997, p. 76.
⑥ Robert B. Brandom, *Articulating Reasons: An Introduction to Inferentialism*, Harvard University Press, 2000, p. 11. 关于布兰德姆的哲学如何增强思想史中的提示性观点,参见 David L. Marshall, The Implications of Robert Brandom's Inferentialism for Intellectual History, *History and Theory*, Vol. 52, No. 1, 2013。
⑦ Robert B. Brandom, *Making It Explicit: Reasoning, Representing, and Discursive Commitment*, Harvard University Press, 1994, pp. 89–90.
⑧ Robert B. Brandom, *Making It Explicit: Reasoning, Representing, and Discursive Commitment*, Harvard University Press, 1994, p. 90.
⑨ Robert B. Brandom, *Making It Explicit: Reasoning, Representing, and Discursive Commitment*, Harvard University Press, 1994, p. 90.

子中得出的从断言到断言的推论构成了句子所拥有的唯一内容"。① 根据推论主义的逻辑，成功翻译一个句子，就必须同时翻译其与其他句子的关联关系。只有这样，它的含义才能得以保存。掌握任何宪法用语的原初含义，意味着首先知道如何在其产生之时，将其作为其他推论的前提或结论。

哲学整体论也指向含义与观念的区分。此区分设想了一个两阶的过程，在这个过程中，人类首先设计出一种语言，然后将这些含义应用到世界上，形成观念。在其最有影响力的哲学形式中，它被称之为"分析与综合的区分"，在这种区分下，分析观念是仅凭含义就正确的观念，而综合观念是基于世界的经验状态而真实的观念。"所有单身人士都是未婚的"提供了一个分析观念的著名例子（仅从语词的含义来看是正确的），而"有一些单身人士"提供了一个综合观念的著名例子（一个正确的例子不是因为语词的含义，而是由于世界的偶然状态）。但是，广为人知的是，W. V. O. 奎因（W. V. O. Quine）推翻了这种区分，他认为在分析性陈述和综合性陈述之间，不存在这种断然的区分。他指出，当面对挑战既定观念的相反经验时，含义或者观念的调整也可以成功地适应一种新的经验。② 在对人类理性的整体理解中，含义不是先于观念，而是与观念密不可分地交织在一起。布兰德姆敏锐地引出了这些更广泛的含义，他断言："为了理解自然语言，我们必须理解我们所做的一件事，即使用语言，如何能独立即确定我们表达的含义，并且确定其中哪些含义为真。"③ 换句话说，含义不能独立于观念而被识别。与原子主义者所主张的相反，语言使用（运用含义来形成观念）是一个统一的、不可分割的过程。

戴维森对含义与观念的相互倚赖进行了最全面的探讨，特别是探讨"彻底解释"（建立在奎因的"彻底翻译"之上）的过程中，他试图理解人们如何解释那些持有完全未知的语言的人的含义。④ 他旨在揭示所有语言理解所基于的知识，以掌握翻译问题最纯粹的形式。但是，他的研究也提供了关于翻译和含义之更加一般性的见解。正如他所述，"解释的难题不仅是对另外一种（语言）而言，也是对同种（语言）而言……对他人言论的所有理解均涉及彻底翻译。"⑤ 他得出结论，破译他人言语的含义应该基于同时牵涉含义

---

① Richard Rorty, *Wittgenstein and the Linguistic Turn*, in *Philosophy As Culture Politics*, Cambridge University Press, 2007, pp. 120, 123.

② See generally W. V. O. Quine, *Two Dogmas of Empiricism*, in *From a Logical Point of View: Logico-Philosophical Essays*, Harvard University Press, 1953.

③ Robert B. Brandom, *Perspectives on Pragmatism: Classical, Recent, and Contemporary*, Harvard University Press, 2011, p. 25.

④ See generally Donald Davidson, *On the Very Idea of a Conceptual Scheme*, in *Inquiries into Truth and Interpretation*, Oxford University Press, 2001, p. 125; W. V. O. Quine, *Translation and Meaning*, in *Word and Object*, The MIT Press, 1960.

⑤ Donald Davidson, *On the Very Idea of a Conceptual Scheme*, in *Inquiries into Truth and Interpretation*, Oxford University Press, 2001, p. 125.

与观念的研究,该研究因为认识到"彻底解释"必然需要"善意原则"而赋予观念。① 翻译者需要提供一些基本的观念,至少通过确认言者何时同意了某些句子,即使它们仍然是未知的句子,来开始理清言者的意思。② 在此基础上,人们可以提供足够的工作观念,以便建立足够的临时含义,进而完善现存的工作观念理论,通过它,可以进一步完善现存的工作含义理论,以此类推。解读另一个"从头开始"的演讲,表明了含义与观念从根本上交织在一起。含义只能在假定的观念背景下被理解,而观念也只能在假设含义的背景下才能被理解。这两者形成了一个"环环相扣"的整体,因为"所作出的每一个解释和对态度的归属都是整体论的理论范畴内的一个动作。"③

这些观点对于正确理解宪法原旨主义具有重要影响。因此,如果含义与观念是交织在一起的,那么,即使公共含义原旨主义者坚持认为,主观意图和目的在探寻原初含义中都不起任何作用,他们依然必须承认:对于建国时期人们普遍持有的观念所进行的更加宽泛的理解,发挥着构成性作用。如果不了解任何言语所处的观念背景,就不可能了解其含义。如果不理解言者可能的观念,就无法推断其含义。我之所以说"可能",是因为即使听者不知晓言者实际上相信什么(公共含义原旨主义者不愿将其合法化),听者依然必须熟知此种历史上特定的观念从而合理推断言语的含义,该观念使人可以理解言语。简单地说,含义与观念密不可分地相互纠葛。举一个重要的例子:即使可以合理地把麦迪逊和他的国会同僚在起草第二修正案时的意图归为一类,也不可能将当时所有人赋予其措辞含义时所依据之一般观念(1791年前后普遍存在)归为一类。只有深入探究该时期我们不甚熟悉的观念,才能理解该时期我们不甚熟悉的含义。正如戴维森的推测,"也许有人认为,有可能在不了解或者创建大量关于观念的情况下,确保解释理论的正确性,但是,难以想象这是如何做到的。"④ 如果这对于公共含义原旨主义者而言是可行的,那么原因仅在于:他们不经意地提供现代观念作为确保含义得以稳定的必要背景,因而未能如戴维森所说的那样"避免假设被忽视"。⑤ 因此,原旨主义者不仅倾向于将现代语言游戏强加于十八世纪的言语上,而且倾向于将现代观念强加于这些言语上。如此一来,他们势必无从解读原初意义的《宪法》。

---

① Donald Davidson, *On the Very Idea of a Conceptual Scheme*, in *Inquiries into Truth and Interpretation*, Oxford University Press, 2001, pp. xviii – xx, 36.

② Donald Davidson, *On the Very Idea of a Conceptual Scheme*, in *Inquiries into Truth and Interpretation*, Oxford University Press, 2001, pp. xviii – xx, 27.

③ Donald Davidson, *On the Very Idea of a Conceptual Scheme*, in *Inquiries into Truth and Interpretation*, Oxford University Press, 2001, p. 154.

④ Donald Davidson, *On the Very Idea of a Conceptual Scheme*, in *Inquiries into Truth and Interpretation*, Oxford University Press, 2001, p. 143.

⑤ Donald Davidson, *On the Very Idea of a Conceptual Scheme*, in *Inquiries into Truth and Interpretation*, Oxford University Press, 2001, p. 125.

结　语

无论从何等广泛的例子中进行剔除分析[①]，翻译都必须超越语词的原子式含义。证据的数量不是问题，解释的对象才是关键。系统地复原建国时期言语的原初含义，需要整体地翻译十八世纪的语言。只有这样，我们才能复原连接一个含义与下一个含义之间的结缔组织，以及赋予单个言语以特定内容的推论关系网络。

若要理解此种意义整体论，只能通过再次辩论来实现，在这种辩论中，关键的宪法条款得以相当具体的指涉。[②] 任何关于建国时期的浓厚历史论的研究都涉及这样的辩论——有时是为了追踪学术影响，或为了探测个人或政治动机，但总是为了将含义置于话语活动的流变中。[③] 没有什么能代替仔细研究整个论点的逻辑。因为这样不仅表达的推论内容会变得清晰，更广泛的含义结构也会变得清晰。只有这样，隐藏的预设和缄默的逻辑连接词才会开始出现。维特根斯坦认为，我们应该习惯性地从内部学习语言游戏。[④] 我们只有通过案例才能接触到语法。我们应该听从这一建议，根据建国时期的实际行动，从内部重新创建建国时期的语言游戏和相关实践。

毫无疑问，这项工作要求很高。学习如何在这类游戏中移动，就相当于掌握了一套概念性的词汇。我们必须和当地人居住在一起，尽力观察他们的语言行为，从而学习如何像他们曾经那么说话。没有可靠的替代方案。由于忽略了含义之间的整体联系，关键词搜索或者语料库语言错过了太多含义内容。[⑤] 只有看到这些联系，原初含义才能再次出现。

长期以来，维特根斯坦、戴维森或者布兰德姆一直是严格的历史方法的核心人物，因此，不管大多数历史学者是否熟悉他们，大多数人都会认识到他们的训诫。除了斯金纳，基思·贝克（Keith Baker）、J. G. A. 波科克（J. G. A. Pocock）、马克·贝维尔（Mark Bevir）的论著也尤其证实了这一事实。[⑥] 即便如此，历史学者也不需要被告知，厚重的历史语境对于理解历史言语的含义是不可或缺的。尽管如此，揭示这种哲学如何强化历史本能，有助于使观点更加清晰。语言整体论基本上也会导向历史学者长期推崇的历史决定论。原旨主义者应该重视此种观点。

[①] "剔除分析"对应的原文为"analysis is culled"，"剔除"意为挑选并筛选掉不合格的，此处意指从广泛的历史翻译例子中进行选择分析。——译者注

[②] 关于我自己试图提供这样的解释，参见 Jonathan Gienapp, Making Constitutional Meaning: The Removal Debate and the Birth of Constitutional Essentialism, *Journal of the Early Republic*, Vol. 35, No. 3, 2015。

[③] 最好的例子仍然是 Jack N. Rakove, *Original Meanings: Politics and Ideas in the Making of the Constitution*, Vintage, 1996.

[④] Ludwig Wittgenstein, *Philosophical Investigations* §31 (G. E. M. Anscombe trans., 1953).

[⑤] Lawrence B. Solum, Originalism and History, pp. 12–13 (Aug. 29, 2014) (unpublished manuscript, on file with the Virginia Law Review) （鼓励使用这些方法）。

[⑥] 参见 Quentin Skinner, "Social Meaning" and the Explanation of Social Action, in James Tully ed., *Meaning and Context: Quentin Skinner and His Critics*, Princeton University Press, 1988, 并且参见其附随文本。

意识到意义整体论和历史决定论，只是开始揭示完整翻译建国时期之话语实践所需要的东西。但是，就目前而言，对它们的欣赏至少表明了对索勒姆及其他一些原旨主义者之翻译方法的关键局限性，特别是包括，为什么将含义指向公共含义这一点，尽管索勒姆坚持这样做，但这并没有使他们脱离历史学者的技巧。所有的原旨主义者，无论他们所推崇的是何种原初含义，都必须表现出对历史决定论和意义整体论的敏感。换一种说法，也即为了真正复原宪法文本的原初含义，任何类型的原旨主义者都必须像历史学者那样行事。

Historicism and Holism: Failures of Originalist Translation

Gienapp Jonathan Zou Yi, Li Sijie (Trans)

Abstract: In the United States, originalists represented by Lawrence Solum advocate for an escape from the originalist approach of the historical method. This theory defines the original meaning of the Constitution as its "communicative content" and argues that the historical method is of little use in determining the "communicative content." As two key aspects of historical translation, historicism and holism contribute to correcting the methodological errors of this kind of originalism. The former advocates for understanding parts of the text based on the overall context, while the latter advocates for understanding the text based on the historical background and linguistic conventions of the Founding period. According to the holistic historicism, the original meaning of constitutional language exists within the holistic historical context of the Founding period, and interpreters should not adopt an atomistic originalist translation of it. Therefore, in order to truly restore the original meaning of constitutional language, no kind of originalist can escape the historical method.

Key words: historicism; meaning holism; originalism; historical translation

第二十届全国民间法、
民族习惯法学术研讨会会议综述

向 玥[*]

摘 要 在完善中国特色社会主义法治体系背景下，民间法如何发挥自己的优势服务于我国法治建设，是民间法研究所应当面对的时代课题。第二十届全国民间法、民族习惯法学术研讨会以"民间法研究与中国法学的创新"为主题，研讨了民间法与法学话语体系构建、民间法与中国治理能力的创新等前沿问题，以及民间法与法学学科体系、法学学术体系、法学教育的创新等领域的问题。民间法在中国法学体系中的探索，也是民间法研究者对这个新时代命题的积极回应。

关键词 民间法 民族习惯法 法学话语体系 法治机制

2024年7月6-7日，由怀化学院主办，怀化学院法学与公共管理学院承办，湖南省法学会法学理论研究会、广州大学人权研究院、湖南怀天律师事务所协办的第二十届全国民间法、民族习惯法学术研讨会在湖南怀化召开。本次会议的主题是"民间法研究与中国法学的创新"。

本次会议共有来自全国各地100余所高校、期刊杂志社、司法机关和律师事务所的200余位专家学者和实务工作者参与。会议收到论文121篇，围绕本次研讨会主题展开了多领域、多层次、多角度的讨论。会议设一个主会场和三个分会场，主会场有6人发表了主题报告，分会场有58人围绕民间法基础理论研究、民间法司法实践研究等议题做了主题发言，会议还设有民间法青年论坛，有21名青年学者在青年论坛上发表了学术观点。本次会议上8人主持了各阶段的会议，共有24位评议人对发言人的发言做出点评。会议学术讨论氛围热烈，各会场中学者们竞相发表学术观点，不乏相互间的学术交锋与碰撞，

---

[*] 向玥，法学硕士，怀化学院法学与公共管理学院副研究员。

掀起了多次学术讨论的高潮，从法律人类学、司法适用等多角度，运用多种学科方法深入解剖和分析了"民间法研究与中国法学的创新"这一主题，取得了丰硕的成果。

会议开幕式上，怀化学院党委委员、副校长周小李教授代表学校对本次大会顺利召开表示热烈祝贺，向长期以来支持关心学校建设发展的各位领导、嘉宾表示衷心感谢。周校长先从"历史文化"和"民族交融"的视角向大家介绍了文脉久远、独具魅力的"宝地"怀化；接着从办学历史、人才培养两方面介绍了具有丰富底蕴和人才济济的"民（名）校"怀化学院，最后从学科建设和专业发展的角度介绍了我校法学专业在民间法和民族习惯法的"特色"研究。周校长指出："作为法学研究重要分支的民间法、民族习惯法是法律的不可或缺的实践智慧，是推动法治文化多样性的关键理论支撑。全国民间法、民族习惯法研究会是提升民间法、民族习惯法理论与实践水平，加强学术前沿交流的重要平台。"湖南省法学会办公室主任、副秘书长罗良方表示，民间法、民族习惯法是我国法学体系的重要组成部分，民间法的发展至今已形成"一书一会"的学术格局，离不开各位学者的领导与贡献。他指出，民间法和民族习惯法研究与中国法学创新需注意四个方面。一是要坚持正确政治方向，要以习近平新时代中国特色社会主义思想为指导，落实精神，围绕推进中国现代化，为法治国家贡献力量；二是要坚持实践，服务实践，立足新时代法治建设实践，总结经验，发展法学知识体系；三是要坚持传承中华传统法律文化，对民间法、民族习惯法蕴含的精髓进行转化、发展和继承，彰显历史底蕴、民族特色；四是要坚提炼原创性、自主性概念，当前在这方面我们存在差距，提升理论思维能力和概念化学体系是当务之急。广州大学人权研究中心教授、博士生导师谢晖在致辞中强调，学术一定要有自主性，学者们不应该出现偏差，只解构而不建构。在此基础上，他认为学术研究要从下面五个方面努力：第一，要求学术自主，反对一切权力对学术自主的不当影响；第二，要求学术交流，拒绝闭门造车；第三，要求专业分工，反对挂帅思维；第四，要求学术批判，反对上纲上线；第五，要求允许学术试错。

一、主旨报告

主旨报告分两个单元，共有六位学者作主旨发言。第一单元，南开大学法学院教授、博士生导师于语和首先发言，报告题目是"民间法研究及其对法学学科体系建设的驱动"。于教授从三个维度来进行阐述，其一是30年来民间法研究所取得的成果。民间法研究蓬勃发展，成果递增，学术队伍壮大，交流平台拓展。其二是民间法研究对学科体系的发展的贡献。通过深化理论研究，可以拓展民间法研究的领域和深度，推动法学研究的创新和发展，为法学学科的繁荣贡献力量。其三是对于将来的民间法研究、对学科发展的建议。为了更全面、更深入地理解民间法的本质功能和演变过程，跨学科研究显得特别重要，应当结合特别是历史学、社会学、民族学等相关学科进行调查研究，丰富民间法的跨学科研究成果。接下来，天津市社科院法学研究所所长刘志松教授作了题为"民间法与社会治理法学学科的构建"的主题报告，认为民间法概念的提出，揭示了中国社会秩序，特别是基层社会秩序生成的一个核心机理。其着重论述了民间法规则在社会治理中的作用，包括民间法如何参与社会治理实践，如何进入社会治理场景等等。同时提出我们要在成熟的时候推动民间规则成为国家规则，此外，也要推动国家法成为民间法，尤其是在执法和守法的过程当中。中南大学法学院教授、博士生导师胡平仁以"民间法和习惯法的合理定位"为题，围绕民间法和习惯法的语义学定位、体系定位及渊源和效率方面的定位展开报告。从语义学层面来看，民间法不等于习惯法，也不等于社会规范；从体系层面来看，应当把民间法、习惯法这类概念放在法学领域中的其他范畴体系中来看待，关注其所处位置，以及彼此间的协调关系；从渊源和效率层面来看，民间法并不会冲击国家法。

第二单元由黔南民族师范学院历史与民族学院教授、博士生导师周相卿作关于"法人类学田野调查方法的形成历史及价值"的报告拉开帷幕。报告中尤为强调田野调查在法学研究中的重要性，指出实践是检验真理的标准，理论来源于实践。并阐述了五大观点：研究对象是未知他者的法文化；研究内容具有地方性；习惯法文化多不成文；田野调查虽有局限性但不可替代；习惯法规范与其他文化现象及地理生态条件关系需实证研究。西北师范大学法学院教授牛绿花作了题为"民间法研究对促进我国基层社会治理能力的可能贡献"的报告，提出民间法、习惯法研究始终坚持围绕中心、服务大局，坚持两个结合。坚持和加强党的全面领导，确保法学教育和法学理论研究朝正确的政治方向前进。另外，认为民间法、习惯法研究必须扎根于基层社会治理的实践，其研究在非诉纠纷解决领域应当大有作为，还可为促进基层社会治理的能力提升培养大量人才。怀化学院沅水流域民族文化博物馆馆长、教授李晓明的报告围绕"民族民间法文化文物抢救性收集整理保护研究"进行，论述了在文化自信背景下，民间契约文书（包括乡规民约、婚姻、生产、和谐交往、禁约等方面）博物馆表达方式的可能性。

在主旨报告环节，每位发言人的主题不同，研究方法多元、研究视角独特，从不同的角度来阐述民间法、民族习惯法的研究价值。其中，于语和教授从民间法对法学学科体系建设的驱动的视角来谈，刘志松和牛绿花两位教授从民间法在社会治理中发挥的作用进行分析，周相卿教授谈了法人类学的研究方法，胡平仁教授从民间法和习惯法的合理定位来厘清研究的对象，李晓明教授谈了以博物馆为载体来展现民间法的法文化价值。

二、民间法基础理论研究

围绕"民间法基础理论研究"这一主题，共有十一位专家学者在第一分会场第一场发言。兰州理工大学常丽霞教授作题为"生态法治视域下民族习惯法的可能贡献"的报告，认为民族习惯法在通过促进生态环境法律渊源体系的开放性，确立符合民族地区生态法治紧迫需求的生态法治基本原则体系，吸纳习惯法智慧补给民族地区生态环境地方性立法，创新蕴含本土法文化资源的生态环境纠纷解决机制四个方面为生态法治作出了可能的贡献。湖南理工学院副教授孟磊报告的题目为"铸牢中华民族共同体意识地方立法研究——基于305部地方立法文本的实证分析",提出应及时总结铸牢中华民族共同体意识的地方立法经验教训,在地方立法研究时增强针对性和回应性。曲阜师范大学副教授王林敏作题为"先秦法家'立法化俗'思想的逻辑与实践"的报告。从法俗关系、立法化俗的环节、实践效果三个方面对商鞅立法化俗思想进行了讨论,认为先秦法家"立法化俗"思想的逻辑中仍有适用于当今社会的部分,并能在我国司法工作中实践。广东外语外贸大学法学院副研究员李杰作题为"论新时代民间法的发展基础与法治地位"的报告,指出新时代民间法研究应当进一步嵌入现代社会治理的各个领域,促使其发挥更大功能。西北政法大学枫桥经验与社会治理研究院研究助理郭守福作题为"'枫桥经验'软法治理理念的文化根脉"的报告,指出法治社会的建设对软法治理提出了更高要求,面对社会问题的复杂性与不确定性,软法治理理念的研究应探索新的路径。广州大学法学院师资博士后武剑飞作题为"时间的松动:从清代'越日自尽'旌表看国家律法与民间规则的互动"的报告。从清代"越日自尽"旌表的正式立法、司法适用以及民间回应等三个方面切入,研究了官方制度与民间规则互动的动态过程。湖南省怀化市溆浦县人民检察院第五检察部检察官助理陈亦昕作了题为"乡村振兴战略下乡村治理的民间法研究"的报告,提出新时期乡村法治化治理要融合"本土"法治资源,重视民间法的研究,进而促进五治结合的乡村振兴新模式发展,助力新时期乡村振兴战略的实施。厦门大学博士研究生康志雄作题为"作为方法的民间法:面向作为本体的民间法的叙说"的报告,认为作为"方法"的民间法既是一种研究视角与参照系的转换,亦是从本体论向方法论过渡的反思。湖南师范大学法学院博士生胡惠婷作了题为"民间法研究二十五年发展历程综述"的报告,认为与其思考民间法应往何处去,不如在现有民间法研究的基础上,重新反思民间法的基础概念、理论体系、研究范式。中国人民大学法学院博士研究生刘世杰作了题为"立法视角下我国民间社会对法律概念的影响"的报告,指出我国法律中法律概念的生成和变动受到民间社会的影响,而这种影响在立法视角下的表现较为明显。北方民族大学法学院硕士研究生熊绿源作题为"铸牢中华民族共同体意识的民事司法路径——基于民族习惯的视角"的报告。认为民事司法作为解决民事纠纷的主要途径,能够发挥铸牢中华民族共同体意识的作用。

第一分会场第二场共有九位专家学者发言。长沙学院法学院教授周执前作题为"清代前中期民间组织与城市管理研究——以苏州为例的考察"的报告。报告以苏州为例,对我国清代民间组织与城市管理做研究,认为清代前中期中国的城市也有一定程度的自治,但这种自治与欧洲中世纪城市自治的性质完全不同。江西财经大学法学院副教授熊云辉作了题为"立论民事诉讼国家主义及其缓和"的报告,认为应以民事诉讼社会化、个人化缓和民事诉讼国家主义的刚性。郑州大学法学院讲师牛鹏作题为"民初商事习惯的司法适用及历史镜鉴"的报告。其研究了民国初年的商事习惯中的司法适用,表示商事习惯作为商法的重要渊源，不仅是商人之间的行为准则，更是司法裁判的重要依据。山东省济南市槐荫区人民法院法官赵冰作题为"法家思想与市域社会治理法治化的政策优化——兼论焕发法家管理哲学时代活力的话语建构与路径选择"的报告，认为法家管理哲学是中华优秀传统文化的构建核心，其内含丰富的智慧与思想，对于社会治理的思想、行为和价值观有着深远的影响。湖南师范大学硕士研究生彭程作题为"法律与习惯的辨析——以哈特《法律的概念》为切入视角"的报告，指出对待法律和习惯的关系可以采取法律人类学的辩证态度，即法律与习惯既对立又统一，这有助于我们更好理解习惯法，也有助于理解中国基层的秩序格局。山东大学博士研究生王书剑作题为"刑事司法中少数民族习惯的功能及其提升"的报告，指出刑事司法中，应将少数民族习惯适度融入刑事司法以发挥功能具有必要性与可行性，要让"平等""公正""法治"等核心价值在涉民习惯刑事案件中切实体现。中南大学博士研究生郑志泽作题为"论超越守法及其治理"的报告，认为合理规制超越守法，需从立法上明晰相关主体的法律责任，建立合理的社会规范备案审查制度，形成完备、有效的司法审查制度。湘潭大学法学院博士研究生李梓豪作题为"网络空间民间法及其治理效能提升研究"的报告，表示网络空间民间法贯彻自下而上的治理模式，立足传统民间法治理经验，面向虚拟空间特征，在纠纷解决与秩序构建两方面展现了独特的社会治理功能。怀化学院法学与公共管理学院本科生李嘉文作题为"民间法研究对我国治理能力的可能贡献"的报告，认为民间法与国家法友好互动，有助于实现法治建设的协调发展，从而达到提高我国的治理水平，推动社会的和谐稳定发展的目的。

本分会场的发言中，各位学者从不同的角度来论证民间法基础理论研究的价值，民间法不同于成文法所代表的国家公权力和强制性，但却更加普遍地嵌入基层社会治理体系当中，学者们普遍认可民间法作为社会治理工具的有效性和时代价值，在当代被赋予法律文化价值和基层社会治理价值。

三、民间法司法实践研究

会议设有"民间法司法实践研究"分会场，共有十位专家学者在该主题的第一场中发言。河南大学法学院教授、博士生导师李延舜作了题为"企业隐私政策中数据共享条款的合规性审视——基于30例隐私政策文本的考察"的报告，基于对隐私政策文本的考察，强调关注数据共享，通过行使合规判断和实体合规判断分析得出结论。贵州大学法学院教授赵翔作了题为"规范与禁忌：西南民族地区生态保护红线制度的功能解读"的报告，采用习惯法，以西南民族地区生态保护红线制度功能为切入点，为该地区生态保护工作提供理论支持，促进当地生态环境的可持续发展。怀化学院法学与公共管理学院副研究员向玥作题为"湘黔边区少数民族环境习惯法的当代生态文明建设价值研究"的报告，阐述了湘黔边区少数民族习惯法概念、特征，表明深入挖掘湘黔边区少数民族环境习惯法中蕴含的生态智慧和理念，为当代生态文明建设提供有益的借鉴和启示。怀化学院法学与公共管理学院博士徐辰作题为"王阳明'觉民行道'与《南赣乡约》——民间法视野下的法律儒家化研究"的报告,以民间法视角剖析《南赣乡约》背后折射出的王阳明"觉民行道"理念,分析这种法律儒家文化对当时社会秩序和民众观念的深刻影响。吉首大学法学与公共管理学院副教授向达作题为"能动司法背景下的马锡五审判方式:一个法社会学解读"的报告,从法社会学的角度分析马锡五审判方式的本质、内涵和运作,为当前能动司法提供理论参考。探讨如何在现代司法环境中更好地借鉴和运用马锡五审判方式,推动司法改革和发展。贵州财经政法大学法学院副教授钟一苇作题为"中国传统契约中的本土权利话语研究——以清水江文书为视角"的报告,以清水江文书为具体实例,从"分""业""主"三个方面分析深入挖掘中国传统契约中所蕴含的本土权利观念和表达方式,为我国法律话语体系提供了有益的启示。广州商学院讲师李沁霖作题为"村规民约在乡村治理中的作用——以《南赣乡约》为考察对象"的报告,通过对乡村治理中存在困境的详细分析,探究了《南赣乡约》在乡村治理中的实践作用,为当下乡村治理中更好地运用村规民约提供理论支持和实践借鉴。中共甘肃省委党校政治和法律教研部讲师曾荔作题为"国民政府时期甘肃基层治理中的司法弥合"的报告,通过对这一时期的相关历史资料进行研究,透过民国政府时期社会治理对司法的依赖情形,揭示了司法在解决基层社会矛盾、调和各阶级利益、促进社会稳定与发展等方面的具体表现和成效,为理解当时的社会治理机制以及当代基层治理中的司法运用提供历史借鉴和启示。西南政法大学民商法学院博士研究生李彤作题为"司法裁判中的习惯法思维及运用方法研究——以婚内三子非亲生案为例"的报告,深入探讨了司法裁判中习惯法思维的具体表现及其运用方法。她认为习惯法思维可运用于多种法律方法之中,从而解决民事纠纷,推动法律实践的创新发展。陕西师范大学博士研究生吴俊作题为"地名、生计与规约:明清以来湘西的民间习惯法与森林保护研究"的报告,认为随着西方林业经济学等学科知识体系的传入,湘西森林维护的主体制定并运用各类新的民间习惯法,为湘西的森林保护贡献了重要力量。

"民间法司法实践研究"分会场第二场共有十位专家学者发言。周口师范学院政法学院副教授王耀彬作题为"'家暴'的民间调查及规范治理"的报告,认为在"家暴"行为刑法规制的范畴下,要考虑"家暴"行为的典型类型和危害,积极适用"家暴"行为"形式入罪",理性限缩"家暴"的"实质出罪"。对于家暴治理,应当合理适用民间规范调控手段与法律治理手段,将"亲权"保护与"法权"限定统一考量。黔南民族师范学院副教授曾凡忠作题为"民间法在网络社区管理中的应用研究"的报告,主要是探索如何将民间法有效地应用于网络社区管理中,以提高网络社区的治理效果和秩序。他认为网络空间民间法在纠纷解决与秩序构建方面展现了独特的社会治理功能。广州大学人权研究院特聘副研究员陶文泰作题为"描述性视角下受教育权保护范围的排除与补足"的报告,从描述性的角度,清晰地界定受教育权保护范围中应当被排除的部分以及需要补足的部分,从而更加准确和全面地理解受教育权的内涵和外延。西南政法大学博士研究生丁诚作题为"司法裁判中的优良家风与家庭文明条款"的报告,认为在司法实践视角下,优良家风与家庭文明条款应当具有多重定位,成为婚姻家庭编自我完善的内源动力。海南大学法学院博士研究生苏海平作题为"共同'在场'的权威:精英共治民族村落的个案实践"的报告,通过近距离观察民族村落的权力权威,考察不同权力结构在民族村落社会的互动逻辑以及村庄社会内部结构的变化。广西师范大学博士研究生朱健香作题为"客家宗族治理功能的类型分析、现实样态与发展策略——基于广西博白县的考察"的报告,全面梳理广西博白县客家宗族治理功能的类型,清晰呈现其现实状况,并据此提出合理有效的发展策略。贵州民族大学法学院博士研究生朱飞作题为"基于法官法律解释权下的法律适用机制创新研究"的报告,认为当前司法实践中统一法律适用存在一定的问题,所以结合法官法律解释权的运用,提出了具有前瞻性和可行性的创新方案,推动我国司法制度的不断完善。怀化学院法学与公共管理学院教授郑代良、本科生胡嘉浩作题为"民间法在乡村治理中的时代价值、运行困境与发展趋势研究"的报告,深入剖析民间法的内涵和时代价值,明确其在实际运行中面临的困难和阻碍,进而预测其未来的发展走向。旨在为优化乡村治理体系、提升治理效能提供理论支持和实践参考,同时也为相关学科的学术研究增添新的内容。黑龙江大学法学院博士研究生王玥琪作题为"引俗入审:彩礼习俗适用的价值意蕴与动态调试"的报告,认为应采实体及程序双重向度检视彩礼习俗的解纷机制,进而推演应然进路。甘肃政法大学环境法学院硕士研究生宗婷作题为"环境教育的规范意义——以环境教育的权利义务关系为基础"的报告,认为该议题为我们思考环境法治如何从被动抑负到主动增益提供了新的视角,进而构建出了以环境教育的权利义务关系为基础的现代环境教育法律制度。

本分会场的发言中,各位学者从不同的视角、不同的研究领域来阐述习惯法的司法实践研究。如赵翔、向玥、吴俊、宗婷都以少数民族环境习惯法作为研究对象。康兰平、李沁霖从司法实践中来论述民间法的价值。王玥琪谈了彩礼习俗适用的适用。钟一苇阐述了中国传统契约中的本土权利话语研究。这些报告既有对古代社会中习惯法的话语体系研究、少数民族生态环境保护智慧的探索,又有对现代社会彩礼习俗适用价值的分析等。

四、青年学者分论坛

为鼓励更多的青年学者参与到本届学术研讨会中来,本届大会专设了"青年学者分论坛",有九位来自不同高校的青年学者在这一论坛的第一分会场作了发言。中南大学法学院博士研究生左泽东作题为"自由恋爱的'民间规则'叙事"的报告,自由恋爱的"民间规则"主要面向自由的双重维度,在民间法层面用"法"为自由恋爱提供规范,达到内心的道德。湖南大学法学院博士研究生王鑫作题为"作为新兴权利的算法权利证成"的报告,指出尽管算法权利是一种新兴权利,其实质标准和形式标准已实际存在于人们的日常交往之中,而证成算法权利需要概念独立性标准、价值标准以及逻辑标准这三个方面。中南大学法学院博士研究生范学超作题为'枫桥经验'的理论边界与概念重构——基于 Cite Space 的文献计量分析"的报告,利用 Cite Space 对"枫桥经验"相关文献进行了计量分析,表示其历史经验提供了一种社会规范,同时在分析出现有研究存在问题的基础上,对"枫桥经验"进行了概念重构。湘潭大学法学院硕士研究生谭馨瑶作题为"民间法研究对促进我国法学教育的可能性贡献"的报告,表示民间法研究不仅为法学教育提供了新的研究视角和内容,对加深法学文化的理解等方面也发挥着积极作用。湖南师范大学法学院硕士研究生韩玉作题为"论司法政策的治理效能及其——实现从百年政法体制变革的视角"的报告,以百年政法体制变革的视角切入,对司法政策进行了学理分析,探讨了司法政策的积极效能,并尝试探索优化国家治理能力提升发展的路径。兰州大学法学院硕士研究生付裕媛作题为"论村规民约基层治理的现实困境与优化路径——以帕森斯结构功能主义为视角"的报告,借助结构功能主义的分析方法,从适应、目标实现、整合、潜护四个方面对村规民约基层治理的现状进行了解读,对在实践过程中面临着结构性困境提出了优化路径。内蒙古工业大学马克思主义学院硕士研究生王景繁作题为"枫桥经验背景下民间法适用研究"的报告,在"枫桥经验"背景下,运用民间法特色为在乡村治理中提供借鉴与实践指导。西北政法大学法学院硕士研究生马耀飞作题为"新时代'枫桥经验'视域下彝族德古调解的完善路径思考"的报告,将民间法研究与枫桥经验相结合,民间法在诸多方面具有优势,但需与国家法相衔接,确保法律适用的规范性和合法性。青岛科技大学法学院硕士研究生张瑞祺作题为"'凶宅'交易纠纷类型化裁判规则"的报告,分析了"凶宅"交易面临的三个主要难题,提出可通过分级处理裁定标准、规范司法适用、发布典型案例的路径规范"凶宅"交易纠纷的裁判,因此法律适用和裁判规则需不断探索和完善。

在"青年学者分论坛"的第二场共有九位青年学者发言。贵州财经大学法学院硕士研究生冯钰清作题为"民间法赋能社会信用体系治理法治化研究"的报告,提出民间法赋能社会信用体系在治理过程中面临着三大挑战,创造性提出在规范、技术、教育与文化以及社区共治四条赋能路径。湖南机电职业技术学院教师曾诚作题为"瓦乡人的婚姻习惯及其法理考察"的报告,基于湘西的社会变迁,分析出瓦乡人婚姻习惯三大特征,表示瓦乡人对婚姻习俗的重视,进而探寻民族婚姻习惯影响婚姻关系和民族地区的运行机理。湖南师范大学法学院硕士研究生黎正作了题为"岳阳市华容县丧葬习俗的法文化功能"的报告,以岳阳华容的丧葬文化入手,分析了其民间习俗背后的具体功能,其背后思想为当代法治提供更多精神内涵。中央民族大学法学院硕士研究生王楠作了题为"少数民族环境习惯法参与恢复性司法的机制研究——以环境犯罪领域为例"的报告,以侗族地区为主要研究对象,对少数民族环境习惯法参与恢复性司法的可行性展开论述,并尝试构建少数民族环境习惯法参与恢复性司法的本土化改造路径。兰州大学法学院硕士研究生赖源水作了题为"适配与错位:三治融合背景下的村规民约及其司法适用"的报告,认为要解决村规民约司法适用的不规范问题，要从理论和实践两个方面入手，同时要通过进一步规范化来解决。湖南师范大学法学院硕士研究生王宁作了题为"法律人类学视域下诉源治理研究"的报告，立足法律人类学视角，认为当下新时代诉源治理要注重法律多元并建立多元解纷机制，要构筑半自治社会领域以及传承弘扬"枫桥经验"智慧。湖南师范大学法学院硕士研究生魏胡俊怡作了题为"法律人类学对法律史研究的意义"的报告，认为法律人类学的研究和理论能为法律史研究提供新的视角和思路，一定程度上可以实现两个学科间的对话交流。贵州民族大学法学院硕士研究生张宇翔作了题为"多元解纷机制基层模式的探索、检视与优化——以贵州省L县矛调中心为例"的报告，以贵州省L县矛调中心为研究对象，提出当地现有矛盾纠纷化解的话语模式、协同模式和情感模式，并对其潜在问题提出了完善路径。湖南师范大学法学院硕士研究生周浩航作了题为"司法裁判中彩礼返还规则认定实证研究"的报告，通过司法案例对彩礼问题进行分析，发现彩礼返还规则存在诸多问题，并提出相应路径尝试进行优化。曲阜师范大学法学院硕士研究生吴慧仪作了题为"业主共有资金信托增值的民间探索与法律调适"的报告，分析了业主共有资金在管理过程中出现的诸多现实困境，进而提出完善相关法律制度、构建管理实施细则的解决路径。

本分会场青年学者的发言既有对枫桥经验、婚姻习惯法、村规民约以及民事习惯、民族习惯司法适用的深入分析，又有对环境习惯法、民间法与国家法冲突的思考，还有关于法律人类学的研究，展现出多角度的研究视角、多元化的研究对象、多样化的研究方法，体现了青年学者们敏锐的观察视角和独到的研究能力。

会议闭幕式上，新疆理工学院李可教授对第一分会场和第二分会场的报告作总结发言，指出这两个会场呈现出如下特点：第一，主题跨度大。研究主题从传统民间法、到明清时期民间法再到当代民间法都有涉及。第二，研究做到了"常读常新"。把习惯法的概念、功能、作用等问题进行了新的解读。第三，研究视角新。针对网络空间民间法等新兴问题进行了研究。湖南师范大学副教授刘顺峰对第三分会场作总结发言，他认为第三分会场的汇报呈现出议题多元、与时俱进的特点。最后，他提出关于民间法研究未来发展的想法。首先，要立足实践，深描法治中国，注重田野调查；其次，要加强经典作品阅读，研究经典作品，模仿经典作品；最后，要提高学术发表质量。贵州省社会科学原党委书记、教授、博士生导师吴大华谈了三个方面内容。第一，民间法、民族习惯法研究对于推动中国法治实践的重要意义。民间法、民族习惯法是值得国家制定法综合考虑权衡并保持适当克制之处，促使国家制定法能够得到进一步的科学完善，从而有力地推动依法治国的进程。从制度变迁和社会发展的视角看，二者的互相沟通和相互理解，以及由此形成妥协或合作的调适，可以是制度创新的一个重要途径。第二，民间法、民族习惯法研究对于讲好中国法治故事的重要意义。未来民间法、民族习惯法研究需要站在真实的大地上，在研究方法要重视在场性价值，重视局内人视域，重视对基层的关怀，讲好民间法治故事。第三，民间法、法律人类学等跨学科人才培养问题。跨学科人才培养必定是多元化模式，更加注重对新媒体或信息技术的运用，使得法律人类学逐渐由"边缘性概念"向"标识性概念"转变。广州大学人权研究中心教授、博士生导师谢晖教授认为本次会议体现出以下特点：一是会议参与性强，尤其是大量年轻学者参会，令人看到民间法研究的未来。二是研讨主题广泛，涉及领域广泛，研究方法多样，体现了我国民间法学者很强的研究能力和宽广的研究视角。三是扎根田野做研究，民间法、民族习惯法的研究不仅能繁荣法学学科体系的发展，更加需要服务社会。

五、结语

本届研讨会呈现出一系列鲜明特征，可概括为三大亮点与若干待深化领域。首先，在学术成果方面，会议展现了极高的丰富性与广泛的影响力。它标志着民间法作为中国特色社会主义法治体系中不可或缺的基层治理与文化传统元素，已深入学界及社会各界的视野，成为共同关注的焦点。这充分证明了民间法研究的价值所在，以及其对于推动法治理论创新与实践发展的重要意义。其次，研讨会的主题设置彰显了时代性与传承性的融合。它既紧扣构建中国特色法学知识体系的时代命题，又承继了民间法、民族习惯法研究领域的深厚底蕴与独特视角。这一特色表明，民间法研究不仅是学术探索的前沿阵地，更是服务法治中国建设的实践舞台，其生命力在于不断适应时代变迁，回应社会法治需求。再者，会议成果呈现出多元化与综合性的特点。通过对民间法的理论挖掘、规范分析以及事实梳理，展示了其作为社会规范体系重要组成部分的复杂性与多样性。这种多样性的展现，不仅丰富了法治研究的理论宝库，也为法治实践提供了多元化的智慧源泉。

与会的学术成果存在一些可能的不足。一是法学创新探讨尚显零散，深度有待加强。特别是在法学话语体系构建、学术体系完善及法学教育改革等方面，缺乏深入系统的案例分析与理论支撑，难以形成强有力的学术共识与理论突破。二是研究对象与范围有待拓宽。当前民间法、民族习惯法的研究多集中于乡村或少数民族地区，忽略了城市这一重要场域。在城市化进程加速的今天，忽视城市民间法的研究不仅与现实相脱节，也限制了研究的广度和深度。三是数字社会背景下的民间法研究亟待加强。随着数字技术的迅猛发展，新的民间法规范不断涌现，对传统社会秩序与法律关系构成挑战。虽然本届研讨会已初步触及这一议题，但深入分析与系统探讨仍显不足。

Summary of the 20th NationalAcademic Symposium on Folk Law and EthnicCustomary Law

Xiang Yue

Abstract: Against the backdrop of enhancing the socialist rule of law system with Chinese characteristics, a pivotal question arises for the research on folk law: how can it leverage its unique strengths to contribute effectively to China's legal construction? The 20th National Academic Symposium on Folk Law and Ethnic Customary Law, with the overarching theme of "Exploring Folk Law Research and Driving Innovation in Chinese Jurisprudence," delved into cutting-edge topics encompassing the integration of folk law into jurisprudential discourse systems, the innovative interplay between folk law and China's governance capabilities, as well as the transformative role of folk law in jurisprudential disciplines, academic frameworks, and educational paradigms. This exploration by folk law researchers constitutes a proactive embrace of the challenges and opportunities posed by the new era, aiming to enrich and diversify China's legal landscape.

Keywords: folk law; ethnic customary law; jurisprudential discourse system; legal governance mechanism